V&R unipress

Gründungsmythen Europas
in Literatur, Musik und Kunst

Band 13

Herausgegeben von
Uwe Baumann,
Michael Bernsen und
Paul Geyer

Roland Ißler / Rolf Lohse / Ludger Scherer (Hg.)

# Europäische Gründungsmythen im Dialog der Literaturen

Festschrift für Michael Bernsen zum 65. Geburtstag

Mit 19 Abbildungen

V&R unipress

Bonn University Press

UNIVERSITÄT BONN

MIX
Papier aus verantwortungsvollen Quellen
FSC® C083411
FSC www.fsc.org

Bibliografische Information der Deutschen Nationalbibliothek
Die Deutsche Nationalbibliothek verzeichnet diese Publikation in der Deutschen Nationalbibliografie; detaillierte bibliografische Daten sind im Internet über http://dnb.d-nb.de abrufbar.

**Veröffentlichungen der Bonn University Press erscheinen im Verlag V&R unipress GmbH.**



Umschlagabbildung: Jacob Jordaens, Het schip van Odysseus door Calypso bevoorraad, 1630–1635, Zeichnung, Museum Plantin-Moretus (Printroom collection), Antwerp - UNESCO, World Heritage.
Druck und Bindung: CPI books GmbH, Birkstraße 10, D-25917 Leck
Printed in the EU.

**Vandenhoeck & Ruprecht Verlage | www.vandenhoeck-ruprecht-verlage.com**

ISSN 2198-610X
ISBN 978-3-8471-1016-3

# Inhalt

## IV Gründungsmythen der europäischen Romantik und Moderne



## V *Ce que nous en faisons:* Europäische Perspektivierungen

# Europäische Gründungsmythen im Dialog der Literaturen. Einleitung der Herausgeber

> Was an uns Original ist, wird am besten erhalten und belobt, wenn wir unsre Altvordern nicht aus den Augen verlieren.
> Johann Wolfgang von Goethe[1]

## I

Literarisches Wirken ist bis ins Zeitalter der Klassik mit einer Rückbesinnung auf früheres Schaffen verbunden. Der Blick auf die Werke der »Altvordern« regt an zur Anverwandlung und Amalgamierung, zur produktiven Rezeption der Traditionen des Erzählens und Dichtens. Die Rezeption des Vorangehenden ist ihrerseits der Rezeption durch Künftige ausgesetzt; dabei entsteht das vielfach verflochtene Netzwerk von Gattungen, Positionen, Motiven, Figuren und Handlungskonstellationen der europäischen Literaturen – und es wird fortwährend weiter an ihm geknüpft. Spätestens seit der Romantik aber, mit deren neuem Selbstverständnis die Distanznahme der europäischen Literaturen zu ihrem eigenen Erbe einhergeht, steht die europäische Kultur vor der dilemmatischen Entscheidung zwischen Tradition und Innovation, zwischen Konzentration und Rückzug auf die überlieferten, aber als prekär empfundenen Sinnstiftungen auf der einen, deren Missachtung und drohendem Selbstverlust auf der anderen Seite.

In einer Zeit der beständigen Infragestellung kultureller Zugehörigkeiten und sozialer Identitäten wird das Wissen um diese immer neu sich lösenden und bildenden Konstellationen zu einer bedeutenden Gewissheit, die nicht zuletzt auch dem Netz der europäischen Literaturen und Kulturen selbst Halt gibt. Zugleich ist mit ihr die Verpflichtung verbunden, die gesponnenen Fäden und ihre Verknüpfungszusammenhänge, aber auch ihre Risse und Wiederanknüpfungen nicht aus dem Blick zu verlieren, das tradierte kulturelle Erbe als Quelle der eigenen kulturellen Identität anzuerkennen und seine Witterung und Spur aufzunehmen.

1 Johann Wolfgang von Goethe, *Maximen und Reflexionen*, Hamburger Ausgabe, hg. v. Erich Trunz, Bd. 12, München: dtv 1998, S. 505.

Im Bild des Gründungsmythos werden diese Ankerpunkte, von denen wirkmächtige Verzweigungen ausgehen, sichtbar. Sie lassen sich dingfest machen, weil in ihnen eine Weltauslegung Gestalt gewinnt, die zeitenthoben und in reduzierter Form als Ursprungserzählung zum Ausdruck kommt. Michael Bernsens Schriften, insbesondere die der letzten vierzehn Jahre in Bonn, sind wesentlich davon geprägt, solche Mustererzählungen der europäischen Literaturen ausfindig zu machen und zu beschreiben.[2] Vor dem Hintergrund der disziplinären Verschränkung der Vergleichenden Romanischen Literaturwissenschaft mit der romanistischen Mediävistik ist er dabei selbst neben der generellen Frage nach Kanonisierungsprozessen in den europäischen Literaturen insbesondere dem Mythos von der Weisheit Ägyptens, dem Petrarkismus als europäischem Gründungsmythos sowie diversen Gründungsmythen Europas im Mittelalter nachgegangen.

## II

Der hier vorgestellte Band, den wir Michael Bernsen als Festgabe zu seinem 65. Geburtstag zueignen, greift seine Forschungen zum Dialog der Literaturen in Europa und zum Phänomen der europäischen Gründungsmythen insofern auf, als er sie gleichermaßen als Impuls und wissenschaftlichen Auftrag begreift. Festschriften erlauben es, Bilanz zu ziehen über das Lebenswerk eines Gelehrten und über die vielfältigen Netzwerke, die sich in einem langen Forscherleben entwickelt haben. Netzwerke dieser Art sind filigrane Gebilde, die über die Jahre hinweg eigene Forschungsschwerpunkte und Diskurskonfigurationen hervorbringen. Werden sie beim Blick von außen auf die Institutionen womöglich allzu schnell übersehen, so etablieren sie sich doch über fruchtbare Anregungen, Auseinandersetzungen, Begriffsbildungen und -erweiterungen. Sie geben zudem Aufschluss über die Vernetzung, die ihr Adressat zu weben vermocht hat.

Diese Festschrift ist keineswegs ein schlichter Spiegel, in dem sich der Jubilar selbstzufrieden betrachten kann, sondern selbst Teil eines dynamischen Austausches zwischen Wissenschaftlern. In der Festschrift ist dies das Netz, das die Gedanken Michael Bernsens an ihn zurückspielt in den verschiedensten Brechungen, die durch die je eigenen Forschungsschwerpunkte, Fachperspektiven und Diskurstraditionen entstehen. In einer solcherart erweiterten Reflexion lässt sie die Felder erkennen, in denen er anregend hat wirken können. Die Festschrift

2 Allein anhand der Einzeltitel der von Michael Bernsen mitbegründeten Buchreihe »Gründungsmythen Europas in Literatur, Musik und Kunst« lässt sich die Vielfalt des Bedeutungsgeflechts derartiger Ursprungserzählungen nachlesen.

bildet so die Verarbeitung der Anregungen und Forschungspositionen ab, die Michael Bernsen ins Feld der Literatur- und Kulturwissenschaft weit über die Romanistik hinaus eingebracht hat. Sie macht nachvollziehbar, wie diese Gedanken allmählich in Schwingung geraten, den Radius um sie herum erweitern und in einer Bewegung zunehmender Expansion die lebendige Auseinandersetzung mit Forschungspositionen in verschiedenen Fachdisziplinen europaweit befördern.

Diese weit über die Grenzen nationaler Literaturgeschichtsschreibung und Literaturanalyse hinausreichenden Anregungen verdanken sich vor allem dem Interesse Michael Bernsens für die europäischen Literaturen, die europäischen Künste und die europäische Musik. Daraus erwuchs ein mittlerweile fest etablierter Austausch mit den Partneruniversitäten Paris-Sorbonne und Florenz sowie weiteren renommierten europäischen Universitäten unter dem Thema »Gründungsmythen«. Gründungsmythen sind ein Phänomen, das die Entwicklung von sprachlichen Gemeinschaften beständig begleitet. Immer wieder – nicht nur zu den »Anfängen«, die in kaum fassbaren Vorzeiten zu situieren wären – besteht in den kulturellen und sozialen Konfigurationen die Notwendigkeit, etwas grundzulegen: Das kann längst Bekanntes, das in Gefahr gerät, das kann aber auch etwas bislang Unerhörtes sein, dem Raum geschaffen wird, indem es durch einen Gründungsdiskurs unterfüttert wird. Denn innovative und späterhin traditionsstiftende Aufbrüche finden kontinuierlich statt und münden immer wieder in Begegnungen, die mit Lernprozessen ebenso wie mit Erkenntnissen und der Verständigung über das eigene Selbst verbunden sind. Das eigene Gestade zu verlassen, ausgestattet mit Vorräten für künftige Ungewissheiten und Erfahrungen mit fremden Umgebungen, ist eine zeitlos wiederkehrende Szene des menschlichen Daseins und der menschlichen Kultur; sie findet ihren Niederschlag nicht zufällig in einer mythischen Verdichtung.

Einen solchen Aufbruch stellt der flämische Barockmaler Jacob Jordaens in seiner Skizze »Calypso belädt das Schiff des Odysseus vor dessen Aufbruch« (1635) dar, die wir als Titelbild für den vorliegenden Band ausgewählt haben. Sieben Jahre weilte der schiffbrüchige Odysseus bei Kalypso auf der Insel Ogygia, bevor sie ihn schließlich schweren Herzens ziehen lassen musste (Hom. Od. 5,260–270). Doch der neugierige Blick des Betrachters richtet sich in die Zukunft, das Segel ist bereits gehisst, kaum dass das Schiff beladen wurde, und Odysseus wird neuen Abenteuern an neuen Ufern entgegenfahren. Die Skizzenhaftigkeit der Darstellung antizipiert mitten im 17. Jahrhundert die Moderne; das Unfertige, Eilige, das Angedeutete und Auslegbare findet hier einen Reflex und lässt es zu, den Fortgang der Reise zu imaginieren. Die letztlich zum Erfolg führende Odyssee kann als eine Folge von immer neuen Aufbrüchen und provisorischen Ankünften gelesen werden, aus denen wiederum neue Begegnungen und Aufbrüche resultieren. Mit ihrem Proviant an

Traditionen verweist sie auf den Dialog der europäischen Literaturen in Vergangenheit und Zukunft.

Der diskursfundierende Gründungsmythos bietet aufgrund seiner Ubiquität und der immer wieder erneut dringlichen Notwendigkeit der Verständigung über ihn Einstiege in Vergleiche zwischen Artefakten, Texten, Körperhaltungen, Ausdrucksdimensionen, die kaum durch einen anderen Zentralbegriff zusammengehalten werden können. Die thematische Breite der hier versammelten Beiträge fährt genau diese Ernte an historischen, systematischen und transversalen Vergleichen und Verknüpfungen ein, die der Zentralbegriff des Gründungsmythos in Aussicht stellt.

Die methodologischen und thematischen Divergenzen sind damit nicht Ausdruck eines willkürlichen »n'importe quoi«, sondern der Ertrag und das Ergebnis eines internationalem Austausches, der jeden der beteiligten Wissenschaftler dazu einlädt, in den eigenen Forschungsbereichen nach der Anknüpfung und der Vergleichbarkeit zu suchen. Die Beiträge lassen sich auf die hier vorgeschlagene, aber auch auf ganz andere Weise ordnen. Die Zusammenfassung unter thematische Begriffe bedeutet mithin nicht, dass die hier versammelten Resultate produktiven Denkens sich in engen thematischen Abgrenzungen entfalten. Sie soll vielmehr auf den ersten Blick die Breite der Anregungen erkennbar machen, die Michael Bernsen um sich herum zu geben vermochte und vermag: Ägypten und Orientalismus, Mittelalter und Renaissance, Aufklärung und Moderne, Lyrik, Drama und Roman, Reflexionen über die Funktionen von Literatur, die genaue Fokussierung der Ausformung von Gründungsdiskursen, die Darstellung von Gründungsgesten und Szenen ihrer Genese, die Etablierung von Gründungsgattungen, das Zirkulieren von Motiven und Verarbeitungsweisen wie Utopien oder Theatergenera und begleitenden Manifesten, die in die sozialen und politischen Felder hineinwirken – die Vielfalt dieser Auswahl mag bereits die Vielgestaltigkeit der Gesprächsthemen andeuten, über die die europäischen Literaturen in diesem Band in Dialog treten werden.

So verraten die einzelnen Beiträge die Lust am wechselseitigen Austausch und an der Neustrukturierung und Bereicherung der eigenen Interessensgebiete. Freude und Forscherdrang, nicht versiegende Faszination für die kulturellen Leistungen von Literatur, Kunst und Musik und ihre Wechselwirkung und Kontinuität verbinden sich aber auch mit dem kritischen Blick auf die Brüche und Diskontinuitäten.

Die Festschrift ist ein Werk der Potentialität. Sie legt die Spur eines potentiellen Kolloquiums um die Thesen, Methoden, literarischen Vorlieben des Jubilars und derjenigen, die sich auf dieses Feld begeben. Vor diesem Hintergrund sind die hier versammelten Beiträge aufschlussreich: Sie antworten auf die Frage, wie sich internationaler Austausch hinweg über die Grenzen von etablierten Diskursen und Forschungsbereichen produktiv entwickeln kann, mit gegenseitiger Hochschätzung und philologischer Finesse.

## III

Die 39 Beiträge dieser Festschrift zielen in unterschiedlichem Maße auf eine Reflexion über europäische Gründungsmythen, auf die beispielhafte Darstellung eines einzelnen oder mehrerer solcher Mythen, auf den Vergleich zwischen verschiedenen Realisierungen von Gründungsnarrativen in verschiedenen Epochen, Nationalliteraturen und Kunstformen, auch über deren Grenzen hinweg, sowie auf die Kritik und methodologische Erweiterung des Konzepts.

Der **erste Teil** – *Gründungsmythen zwischen Mittelalter und europäischem Petrarkismus* – enthält Arbeiten über dichterische Werke des Mittelalters und der Frühen Neuzeit. Dabei stellt das Werk Petrarcas sowie der an ihn anknüpfende Petrarkismus einen Schwerpunkt dar, der bereits in spätere Rezeptionsprozesse überleitet. Ausgehend vom Motiv der Phantasiereise, beschreibt zunächst Giovanna ANGELI (Florenz) mit dem Lai *Lanval* der Marie de France und den höfischen Dichtungen *Floire et Blanchefleur* und *Le Bel Inconnu* drei epische Texte des 12. Jahrhunderts, denen sie den Status von Gründungstexten der europäischen Literatur zuerkennt. Elke BRÜGGEN (Bonn) untersucht die Figur des kranken Königs Anfortas im *Parzival* Wolframs von Eschenbach im Vergleich zu Chrétiens *Perceval.* Petrarcas *Rerum vulgarium fragmenta* spüren sodann Paul GEYER (Bonn) und Bernhard HUSS (Berlin) nach. Nachdem Geyer das wirkmächtige Liebeskonzept des italienischen Musterautors entfaltet und gleichsam seine Gründungsakte geöffnet hat, rekonstruiert Huss die Sinndetermination, die Petrarcas Manuskript des *Canzoniere* in seinen Ordnungsschemata erkennen lässt. Dass sich mit der Rezeption Petrarcas auch außerhalb Italiens neue Gründungstaten verbinden, machen die folgenden Beiträge deutlich: Thomas HUNKELER (Fribourg) erörtert den petrarkistischen Aufbruch im rinascimentalen Frankreich anhand ikonographischer Zeugnisse, und Christine OTT (Frankfurt/Main) präsentiert den wenig bekannten italienischen Autor Francesco Cei als alternativen Petrarkisten, während Roland ISSLER (Bonn) demonstriert, wie der Petrarkismus früh bereits auch auf Spanien übergreift und dabei mit der Rezeption Ovids kontaminiert wird. Das Kapitel beschließt eine Reflexion von Michela LANDI (Florenz), die die Tradition des Petrarkismus als »constellation du sens« bis ins Frankreich des 19. und 20. Jahrhunderts weiterverfolgt und damit eine Brücke in die Moderne schlägt.

Im **zweiten Teil** – *Dialoge und Entgrenzungen der Moderne* – werden verschiedene moderne Autoren miteinander in Austausch gebracht, die sich jeweils an ästhetischen Traditionen der Literatur und Bildenden Kunst orientieren und dabei über ihre eigene Nationalliteratur hinausweisen. Linda SIMONIS (Bochum) plädiert im Zuge ihrer vergleichenden Lektüre Machiavellis und Ronsards für die Auslegung des Gründungsmythos als Gründungsszene. Helmut J. SCHNEIDER (Bonn) präsentiert den Spaziergang als kulturpraktischen Gründungsgestus und legt damit nicht nur die intellektuelle, sondern auch die prozessuale Seite von Gründungsmythen offen. Der Auseinandersetzung Jean Cocteaus und Louis Aragons mit dem klassischen Erbe des deutschen Gelehrten Johann Joachim Winckelmann und dessen Wirkungsstätte, der Dresdener Gemäldegalerie, widmet Patrizio COLLINI (Florenz) seine Betrachtung, während Lucia BRUSCHI BORGHESE (ebenfalls Florenz) von einem deutsch-italienischen künstlerischen Austausch berichtet: Sie stellt den Maler und Restaurator Otto Vermehren als ersten deutschen Leiter der Galleria degli Uffizi in Florenz vor und öffnet für ihren Beitrag das Privatarchiv des Künstlers, um seine Rezeption Arnold Böcklins zu erhellen. Ludger SCHERER (Aachen / Bonn) präsentiert den nicaraguanischen Schriftsteller Rubén Darío und den von ihm initiierten *modernismo* als intertextuellen und interkontinentalen Gründungsmythos. Henryk CHUDAK (Warschau) wendet sich dem Manifest *L'Art cérébriste* (1914) des italienischen Avantgardisten Ricciotto Canudo zu, dessen Wirkungskreis die französische Kulturszene darstellt. Roland GALLE (Duisburg-Essen) untersucht mit Blick auf die Entgrenzung des Tragischen das moderne Monumentaldrama *Le Soulier de satin* (1929) von Paul Claudel, das an das spanische Welttheater des Barock anknüpft. Patrick MAROT (Toulouse) stellt die Bezüge vor, die den französischen Schriftsteller Julien Gracq mit der deutschen Philosophie Friedrich Nietzsches verbinden. Zum Abschluss des zweiten Teils wertet Véronique GÉLY (Paris) Fragmente aus dem Nachlass des Theaterautors Jean Giraudoux aus und weist in seiner *Electre* (1937) Spuren der deutschsprachigen Theatertradition und -kritik von Goethe über Bachofen und Nietzsche bis Hofmannsthal nach.

Der **dritte Teil** – *Orient und Okzident: Literarische Transgressionen* – ist im weiteren Sinne dem europäischen Orientalismus gewidmet und setzt sich in unterschiedlichen Perspektivierungen mit den Beziehungsgeflechten zwischen Orient und Okzident auseinander. Historisch reicht das Kapitel vom Mittelalter bis zur Postmoderne, räumlich spannt es einen Bogen von Europa in den Nahen und Fernen Osten und schließt neben den romanischen und arabischen Ländern die britische Halbinsel ebenso ein wie Russland und Japan.

Der unerwartete Tod unseres verehrten Kollegen Rolf LESSENICH (Bonn) überschattete die Arbeit an der bereits weit fortgeschrittenen Festschrift und wird von allen Mitwirkenden zutiefst bedauert. Noch bis kurz vor seinem Ableben hat Herr Lessenich an den Korrekturen seines Aufsatzes gearbeitet. Seinem Angedenken sei dieser Teil des Bandes gewidmet.

Anhand der jüdischen Tradition behandelt Rolf Lessenich eingangs die innerenglische Identitätskonstruktion durch den Orientbezug. Postmoderne Variationen des europäischen Gründungsmythos von der Weisheit des Alten Ägyptens im Genre der *bande dessinée* stellt sodann Rolf LOHSE (Bonn) vor. Thomas SCHMITZ (Bonn) präsentiert einen literarischen Wiedergänger des homerischen Helden Odysseus in dem französischen Gegenwartsroman *Ulysse from Bagdad* (2010) von Éric-Emmanuel Schmitt, der die Migration aus dem Nahen Osten in der Perspektive des antiken Mythos reflektiert. Die Auseinandersetzung der Aufklärung mit dem Orient ist Thema der folgenden Aufsätze: Jacques DOMENECH (Nizza) fragt vor dem Hintergrund der osmanischen Geschichte nach der Gattungszuschreibung des Romans *Kara Mustapha et Basch-Lavi* (1750) von Nicolas Fromaget, während Remigiusz FORYCKI (Warschau) Wurzeln der aktuellen Wahrnehmung Russlands in Europa in der Russlandrezeption des *siècle des Lumières* vorgeprägt sieht. Zwei Autoren der französischen Romantik stehen im Zentrum der folgenden Beiträge zum Orientalismus: Franz PENZENSTADLER (Tübingen) untersucht Kulturkontakte zwischen Europa und den im Südosten angrenzenden Kulturräumen anhand einer Gedichtanalyse von Victor Hugo, und Karl MAURER (Bochum) zeichnet den *Voyage en Orient* des Dichters Gérard de Nerval als »romantische Pose« und Schilderung imaginärer Reiseerfahrungen nach. Eine besondere Freude ist es uns, dass der akademische Lehrer Michael Bernsens an der Festschrift mitgewirkt hat. Zum Abschluss der Sektion zeichnet Michael WETZEL (Bonn), ausgehend von dem französischen Schriftsteller Pierre Loti, die Begegnung mit dem Fernen Osten im Spannungsfeld von Idealisierung und Desillusionierung nach und präsentiert sie als kolonialen Gründungsmythos.

Im **vierten Teil** – *Gründungsmythen der europäischen Romantik und Moderne* – steht das 19. Jahrhundert im Zentrum der Betrachtung. Die Mythisierung der griechischen Unabhängigkeit durch das italienische Risorgimento thematisiert eingangs Angel ANGELOV (Sofia) am Beispiel der zeitgenössischen Rezeption in der Bildenden Kunst. Die drei folgenden Beiträge wenden sich dem italienischen Dichter Giacomo Leopardi zu: Milan HEROLD (Bonn) skizziert zunächst eine lyrische Traumkadenz Leopardis als Gegenentwurf zum Gründungsmythos einer kosmischen Harmonie. Angesichts des Choleratodes des Dichters sucht Marc FÖCKING (Hamburg) nach Niederschlägen der Infektion in Leopardis Lyrik und diagnostiziert eine Erkrankung der Moderne. Michael WHITE (St Andrews) hingegen nimmt Leopardis bekanntes Gedicht *La Ginestra* zum Ausgangspunkt für einen Vergleich mit Adalbert Stifters Erzählung *Bergkristall*. Den Übergang zur Moderne markiert auch Claudia JACOBI (Bonn) in ihrer Interpretation eines der indizierten Gedichte Charles Baudelaires, indem sie intertextuelle und intermediale Verbindungen zu Dante und dem Maler Gustave Boulanger herstellt und der Stigmatisierung des französischen Dichters nachgeht. Am Ende präsentiert Helmut METER (Klagenfurt) eine vergleichende

Figurenanalyse, wobei sich zwischen so unterschiedlichen Autoren wie Flaubert und Verga unerwartete Parallelen auftun.

Der **fünfte und letzte Teil** des Bandes – *Ce que nous en faisons: Europäische Perspektivierungen* – spannt noch einmal einen weiten Bogen vom klassischen Altertum bis in die Gegenwart und mag zugleich als Rückblick und Ausblick dienen. In komparatistischer Perspektive stellt Christian MOSER (Bonn) die Anekdote als ›kleine Form‹ in ihrer antiken und neuzeitlichen Erscheinungsform und epistemischen Funktionalisierung gegenüber. In einem gesamteuropäischen Zusammenhang untersucht im Anschluss Peter FREI (Irvine) das Werk François Rabelais' mit seinen Übersetzungen und hinterfragt dessen Wirkung vor dem Hintergrund des Goetheschen Konzepts der Weltliteratur. Die ambivalente erotische und politische Bedeutung Italiens zur Zeit William Shakespeares in dessen und weiteren zeitgenössischen englischen Dramen arbeitet Uwe BAUMANN (Bonn) heraus. Das Theater beschäftigt auch Pierre FRANTZ (Paris), der dem Drama des 18. Jahrhunderts in all seinen Ausprägungen eine systemsprengende Erweiterung des Gattungssystems zuschreibt. Mit der Epoche der Aufklärung setzt sich ebenfalls Martin NEUMANN (Hamburg) auseinander, der sich jedoch von den zentraleuropäischen Schauplätzen abwendet und nach Portugal blickt, wo widersprüchliche Tendenzen im Spannungsfeld zwischen aufklärerischer Vernunft, arkadischer und frühromantischer Dichtung den Dichter Manuel Maria Barbosa du Bocage aufreiben. Eine europäische Sicht nimmt Willi JUNG (Bonn) ein, wenn er im Vergleich der Visionen Balzacs und Hugos von Europa aus dem 19. und der Europagedanken Camus' und Muschgs aus dem 20. Jahrhundert den Anteil der Schriftsteller an dem heute wieder prekären Zusammenhalt Europas aufzeigt. Seine Hoffnung auf eine Wiedererlangung der europäischen Einheit mündet in zwei weitere politische Aktualisierungen: Franz LEBSANFT (Bonn) untersucht die französische Sprachpolitik des Staatspräsidenten Emmanuel Macron und beleuchtet kritisch dessen universalistisches »langue-monde«-Konzept. Und mit seiner luziden Analyse der Entstehung, Verbreitung und Rezeption der französischen Revolutionsdevise »Liberté, Égalité, Fraternité« beschließt Michel DELON (Paris) den Band, nicht aber die weiterhin höchst aktuelle Debatte. Aus seinem Beitrag stammt das Zitat in der Überschrift der Sektion, die sich auch auf das Gesamtprojekt beziehen lässt: Die europäischen Literaturen sind, »was wir daraus machen«.

## IV

Lebendiges Denken führt über sich, den Menschen, von dem es ausgeht, und auch über die raum-zeitlichen und historischen Schranken hinaus. Es verknüpft sich mit der Vergangenheit und der Zukunft und stiftet Begegnungen, die zu weiteren fruchtbaren Diskussionen führen: über Gründungsmythen und ihre Verarbeitung in der europäischen und außereuropäischen Dichtung und den Künsten, die Wahrnehmung des Eigenen und des Fremden, anthropologische Fragestellungen und Reflexionen über neueste technologische Entwicklungen.

Welche Vitalität in diesem grenzüberschreitenden Denken liegt, lässt sich an dem Echo ablesen, das auf den Aufruf erklang, einen Beitrag zu einer Festschrift für Michael Bernsen beizusteuern. Wir danken herzlich allen Beteiligten, die durch ihre Texte maßgeblich dazu beigetragen haben, dass die breite Wirkung und die vielfachen Anknüpfungspunkte des Dialogs der europäischen Literaturen zur Entfaltung kommen. All dies zusammenzustellen war uns nicht nur eine Ehre, sondern auch ein besonderes philologisches Vergnügen.

Unser Dank gilt auch dem Verlag Vandenhoeck & Ruprecht für die gute Zusammenarbeit, den Museen, die uns großzügig Bildrechte eingeräumt haben, dem Institut für Klassische und Romanische Philologie und nicht zuletzt der Philosophischen Fakultät der Universität Bonn für den Druckkostenzuschuss.

Den Ertrag dieses internationalen Aufbruchs und dieser interuniversitären akademischen Begegnung legen wir hiermit in die Hände Michael Bernsens und gratulieren ihm von Herzen.

Wir wünschen *bonne lecture – buona lettura!*

Bonn, im Juni 2019

Roland Ißler Rolf Lohse Ludger Scherer

# Schriftenverzeichnis Michael Bernsen

## Monographien

*Angst und Schrecken in der Erzählliteratur des französischen und englischen 18. Jahrhunderts. Wege moderner Selbstbewahrung im Auflösungsprozess der theologisch-teleologischen Weltanschauung* (Beihefte zu *Poetica* 20), München: Wilhelm Fink 1996.

*Die Problematisierung lyrischen Sprechens im Mittelalter. Eine Untersuchung zum Diskurswandel der mittelalterlichen Liebesdichtung von den Provenzalen bis zu Petrarca* (Beihefte zur *Zeitschrift für romanische Philologie* 313), Tübingen: Niemeyer 2001.

*Der Mythos von der Weisheit Ägyptens in der französischen Literatur der Moderne* (Gründungsmythen Europas in Literatur, Musik und Kunst 5), Göttingen: V&R unipress / Bonn University Press 2011.

*Geschichten und Geschichte. Alessandro Manzonis ›I promessi sposi‹*, Berlin/Münster: Lit 2015.

## Sammelbände

*Die französische Literatur des 19. Jahrhunderts und der Orientalismus*, hg. von Michael Bernsen und Martin Neumann, Tübingen: Niemeyer 2006.

*Der Petrarkismus – ein europäischer Gründungsmythos*, hg. von Michael Bernsen und Bernhard Huss (Gründungsmythen Europas in Literatur, Musik und Kunst 4), Göttingen: V&R unipress / Bonn University Press 2011.

*Gründungsmythen Europas im Mittelalter*, hg. von Michael Bernsen, Matthias Becher und Elke Brüggen (Gründungsmythen Europas in Literatur, Musik und Kunst 6), Göttingen: V&R unipress / Bonn University Press 2013.

*Historische Sprachwissenschaft als philologische Kulturwissenschaft. Festschrift für Franz Lebsanft zum 60. Geburtstag*, hg. von Michael Bernsen, Elmar Eggert und Angela Schrott, Göttingen: V&R unipress / Bonn University Press 2015.

*Der lyrische Augenblick. Eine Denkfigur der Romania* (Mimesis. Romanische Literaturen der Welt 55), hg. von Milan Herold und Michael Bernsen, Berlin / Boston: De Gruyter 2015.

*Un Canon littéraire européen ? Actes du colloque international de Bonn des 26, 27 et 28 mars 2014*, Bonn: Cultures européennes – identité européenne 2017, verfügbar unter: https://bonndoc.ulb.uni-bonn.de/xmlui/handle/20.500.11811/702 [24.03.2019].

## Aufsätze und Beiträge in Sammelbänden

»Die Revolution des Stils. Stil und Stilbegriff in Edmund Burkes *Reflections on the Revolution in France*«, in: *Poetica* (18) 1986, S. 117–139.

»L'Intertextualité comme ›queste‹ de l'origine perdue: Les *Réflexions sur la Révolution de France* de Burke«, in: *Littérature* (69) 1988, S. 72–85.

»Der Strategiestreit in den *Liaisons dangereuses.* Von der Ermattungs- zur Niederwerfungsstrategie«, in: Nolting-Hauff, Ilse / Schulze, Joachim (Hg.): *Das fremde Wort. Studien zur Interdependenz von Texten. Festschrift zum 60. Geburtstag von Karl Maurer*, Amsterdam: Grüner 1988, S. 276–305.

»Aufklärung und Mystik. Die Theologie Fénelons als Material von Mme de Genlis' Heiligenlegende *Histoire de la Duchesse de C…* und Diderots Legendenparodie *La Religieuse*«, in: Behrens, Rudolf / Figge, Udo L. (Hg.): *Entgrenzungen. Studien zur Geschichte kultureller Grenzüberschreitungen. Festgabe des Romanischen Seminars der Ruhr-Universität für Karl Maurer zur Emeritierung im Juli 1991*, Würzburg: Königshausen & Neumann 1992, S. 37–64.

»Körpersprache als Bedingung authentischer Subjektivität? Ein Problem der englischen und französischen Empfindsamkeit«, in: Behrens, Rudolf / Galle, Roland (Hg.): *Leib-Zeichen. Körperbilder, Rhetorik und Anthropologie im 18. Jahrhundert*, Würzburg: Königshausen & Neumann 1993, S. 83–102.

»Giacomo Leopardis politische Kanzone *All'Italia* und das Ende rhetorischer Wirkungsmacht«, in: *Rhetorik* (12) 1993, S. 1–11.

»Roman noir«, in: Delon, Michel (Hg.): *Dictionnaire européen des Lumières*, Paris: Presses Universitaires de France 1997, S. 953–954.

»Bandellos Stellungnahme im Sprachenstreit. Die Novelle II,10: ein Plädoyer für die gesprochene Sprache als Orientierungsgröße des volgare«, in: Gather, Andreas / Werner, Heinz (Hg.): *Semiotische Prozesse und natürliche Sprache. Festschrift für Udo L. Figge zum 60. Geburtstag*, Stuttgart: Steiner 1997, S. 35–41.

»Die Dichtung Wilhelms von Aquitanien als Diskurs«, in: Rieger, Angelica (Hg.): *Okzitanistik, Altokzitanistik und Provenzalistik. Geschichte und Auftrag einer europäischen Philologie*, Sammelband zur Sektion 15 des XXVI. Deutschen Romanistentags (Osnabrück, 26.–29. September 1999), Frankfurt/Main 2000, S. 207–216.

»Christliches Rittertum. Mythifizierung und Demythifizierung«, in: Glaser, Horst Albert / Vajda, György M. (Hg.): *Die Wende von der Aufklärung zur Romantik. Epoche im Überblick*, Amsterdam / Philadelphia: Benjamins 2001, S. 715–738.

»Gothic novel«, in: Delon, Michel / Stewart Philip (Hg.): *Encyclopedia of the Enlightenment*, 2 Bde., Chicago: Fitzroy Dearborn 2001, Bd. 2, S. 233–234.

»Die politischen Kanzonen in Francesco Petrarcas *Canzoniere*«, in: *Romanische Forschungen* (114) 2002, S. 474–489.

»Das Konzept politischer Herrschaft in der Dichtung Clément Marots«, in: Föcking, Marc / Huss, Bernhard (Hg.): *Varietas und Ordo. Zur Dialektik von Vielfalt und Einheit in Renaissance und Barock* (Text und Kontext 18), Stuttgart: Steiner 2002, S. 153–166.

»Die Bedeutung der altokzitanischen *razos* für Dantes Verständnis vom Dichter in der *Vita nuova*«, in: *Deutsches Dante-Jahrbuch* (78) 2003, S. 67–85.

»Stéphane Mallarmés ägyptisches Gedicht *Das Grabmal für Charles Baudelaire*«, in: *Archiv für das Studium der neueren Sprachen und Literaturen* (241) 2004, S. 110–127.

»Die Abkehr von der ritualisierten Aufführung altokzitanischer Trobadordichtungen und die Herausbildung eines modernen Autortyps in den *razos* des 13. Jahrhunderts«, in: Hausmann, Albrecht (Hrsg.): *Text und Handeln. Zum kommunikativen Ort von Minnesang und antiker Lyrik* (Beihefte zum *Euphorion* 46), Heidelberg: Winter 2004, S. 225–242.

»Censure, autocensure et l'œuvre de Jean de La Fontaine«, in: Domenech, Jacques (Hg.): *Censure, autocensure et art d'écrire. De l'Antiquité à nos jours*, Bruxelles: Édition Complexe 2005, S. 73–85.

»Geschichte der Literatursprache in der Romania: Okzitanisch / Histoire de la langue littéraire dans la Romania: occitan«, in: Ernst, Gerhard / Gleßgen, Martin-Dietrich / Schmitt, Christian / Schweickard, Wolfgang (Hg.): *Romanische Sprachgeschichte. Histoire linguistique de la Romania. Ein internationales Handbuch zur Geschichte der romanischen Sprachen / Manuel international d'histoire linguistique de la Romania* (HSK. Handbücher zur Sprach- und Kommunikationswissenschaft / Handbooks of Linguistics and Communication Science / Manuels de linguistique et des sciences de communication 23.2), Berlin / New York: De Gruyter 2006, S. 1980–1996.

»Metamorphosen der Natur. Die Epistemologie des Gartens in der italienischen Literatur der Neuzeit«, in: Kuon, Peter / Marx, Barbara (Hg.): *Metamorphosen / Metamorfosi*, Frankfurt/Main: Lang 2005, S. 74–88.

»Welterkundung als ›itinerarium amoris‹. Epos und erotischer Diskurs bei Luís de Camões und Jorge de Lima«, in: *Zeitschrift für Romanische Philologie* (122) 2006, S. 112–125.

»Sprechende Hieroglyphen: Erinnerungsbilder Ägyptens bei Charles Baudelaire«, in: Bernsen, Michael / Neumann, Martin (Hg.): *Die französische Literatur des XIX. Jahrhunderts und der Orientalismus*, Tübingen: Niemeyer 2006, S. 177–187.

»Erinnerungsbilder Ägyptens in der französischen Literatur und Malerei des 19. Jahrhunderts«, in: Bosold-DasGupta, Bettina / Krauß, Charlotte / Mundt-Espín, Christine (Hg.): *Nachleben der Antike – Formen ihrer Aneignung. Festschrift anlässlich des 60. Geburtstages von Klaus Ley* (Internationale Forschungen zur Allgemeinen und Vergleichenden Literaturwissenschaft 98), Berlin: Weidler 2006, S. 341–351.

»Liebe in Zeiten der Repräsentation: Jean de La Fontaine«, in: Dickhaut, Kirsten / Rieger, Dietmar (Hg.): *Liebe und Emergenz. Neue Modelle des Affektbegreifens im französischen Kulturgedächtnis um 1700*, Tübingen: Niemeyer 2006, S. 75–84.

»Die Entstehung des lyrischen Subjekts in der Dichtung Giacomo da Lentinis«, in: Reichardt, Dagmar (Hg.): *L'Europa che comincia e finisce: la Sicilia: approcci transculturali alla letteratura siciliana*, Frankfurt/Main: Lang 2006, S. 15–24.

»Ägypten im französischen Roman des 18. Jahrhunderts: Der Roman *Sethos* des Abbé Terrasson«, in: Kuhn, Barbara / Scherer, Ludger (Hg.): *Peripher oder polyzentrisch? Alternative Romanwelten im 18. Jahrhundert* (Internationale Forschungen zur Allgemeinen und Vergleichenden Literaturwissenschaft 119), Berlin: Weidner 2009, S. 31–44.

»Postmoderne Wortgeburten. Die späte Dichtung Eugenio Montales«, in: Schmitz-Emans, Monika / Hölter, Achim (Hg.): *Wortgeburten. Zu Ehren von Karl Maurer*, Heidelberg: Synchron 2009, S. 113–120.

»Die Herausbildung der europäischen Zivilisation und der Petrarkismus«, in: *Comparatio* 1 (2009), S. 45–58.

»Die Wacht am Rhein. Eine europäische Debatte«, in: Renger, Almut-Barbara / Ißler, Roland Alexander (Hg.): *Europa – Stier und Sternenkranz. Von der Union mit Zeus zum Staatenverbund* (Gründungsmythen Europas in Literatur, Musik und Kunst 1), Göttingen: V&R unipress / Bonn University Press 2009, S. 497–508.

»Die Kunst des Streitens. Clément Marots Bittbriefe an François I^er^«, in: Laureys, Marc / Simons, Roswitha (Hg.): *Die Kunst des Streitens. Inszenierung, Formen und Funktionen des öffentlichen Streits in historischer Perspektive* (Super alta perennis. Studien zur Wirkung der Klassischen Antike 10), Göttingen V&R unipress / Bonn University Press 2010, S. 245–255.

»Formen und Funktionen des Narrativen bei Petrarca und seinen Nachfolgern«, in: Bleumer, Hartmut / Emmelius, Caroline (Hg.): *Lyrische Narrationen – narrative Lyrik. GattungsInterferenzen in der mittelalterlichen Literatur* (Trends in Medieval Philology 16), Berlin: De Gruyter 2011, S. 122–137.

»Der Petrarkismus, eine lingua franca der europäischen Zivilisation«, in: Bernsen, Michael / Huss, Bernhard (Hg.): *Der Petrarkismus – ein europäischer Gründungsmythos* (Gründungsmythen Europas in Literatur, Musik und Kunst 4), Göttingen: V&R unipress / Bonn University Press 2011, S. 15–30.

»Die Bonner Romanistik in Zeiten der Globalität«, in: Kühnhardt, Ludger / Mayer, Tilman (Hg.): *Die Gestaltung der Globalität. Wirkungen der Globalität auf ausgewählte Fächer der Philosophischen Fakultät*, Bonn: Zentrum für Europäische Integrationsforschung 2011, S. 7–13.

»Der europäische Gründungsmythos von Karl dem Großen und seine Karnevalisierung im altokzitanischen Epos *Rollan a Saragossa*«, in: Bernsen, Michael / Becher, Matthias / Brüggen, Elke (Hg.): *Gründungsmythen Europas im Mittelalter* (Gründungsmythen Europas in Literatur, Musik und Kunst 6), Göttingen: V&R unipress / Bonn University Press 2012, S. 149–161.

»Das Porträt des Königs. Zwei Körper, zwei Diskurse«, in: Fabris, Angela / Jung, Willi (Hg.): *Charakterbilder. Zur Poetik des literarischen Porträts. Festschrift für Helmut Meter* (Deutschland und Frankreich im wissenschaftlichen Dialog – Le dialogue scientifique franco-allemand 2), Göttingen: V&R unipress / Bonn University Press 2012, S. 197–213.

»Gérard de Nervals Begegnung mit dem Orient, ein Globalisierungsschub in der französischen Literatur des 19. Jahrhunderts«, in: Moser, Christian / Simonis, Linda (Hg.): *Figuren des Globalen. Weltbezug und Welterzeugung in Literatur, Kunst und Medien* (Global Poetics. Literatur- und kulturwissenschaftliche Studien zur Globalisierung 1), Göttingen V&R unipress / Bonn University Press 2014, S. 693–702.

»Moderne / Postmoderne«, in: Wodianka, Stephanie / Ebert, Juliane (Hg.): *Metzer-Lexikon Moderne Mythen. Figuren, Konzepte, Ereignisse*, Stuttgart / Weimar: Metzler 2014, S. 258–263.

»Saint-François, un héros sentimental de l'époque moderne. De Laurence Sterne à Julien Green«, in: Bercegol, Fabienne / Meter, Helmut (Hg.): *Métamorphoses du roman sentimental XIX*[e]*–XXI*[e] *siècle* (Rencontres 113), Paris: Classiques Garnier 2015, S. 47–60.

»*Douce France* – Frankreichs heimliche Nationalhymne und ihre Wurzeln«, in: Bernsen, Michael / Eggert, Elmar / Schrott, Angela (Hg.), *Historische Sprachwissenschaft als philologische Kulturwissenschaft. Festschrift für Franz Lebsanft zum 60. Geburtstag*, Göttingen: V&R unipress / Bonn University Press 2015, S. 501–514.

»Европа и нейните основополагащи митове. Значението на Наполеоновата експедиция в Египет в литературата и в изкуството и Ориентализмът«, in: Статията е преработен вариант на лекция, прочетена от автора пред Института по литература на 10. X. 2016, S. 20–35.

»Die Bedeutung des Heiligen Franziskus für die Entstehung der neuzeitlichen Literatur«, in: Trînca, Beatrice (Hg.): *Verrätselung und Sinndeutung in Spätmittelalter und Früher Neuzeit*, Würzburg: Königshausen & Neumann 2016, S. 15–26.

»Stéphane Mallarmé et l'ancienne Égypte«, in: Tomiche, Anne (Hg.): *Le Comparatisme comme approche critique.* Bd. 1: *Affronter l'Ancien / Facing the Past* (Rencontres 312), Paris: Classiques Garnier 2017, S. 75–84.

»Le portrait *Louis XIV en costume de sacre* d'Hyacinthe Rigaud. Pourquoi appartient-t-il au canon européen ?«, in: Bernsen, Michael (Hg.): *Un Canon littéraire européen ? Actes du colloque international de Bonn des 26, 27 et 28 mars 2014*, Bonn: Cultures européennes – identité européenne 2017, verfügbar unter: https://bonndoc.ulb.uni-bonn.de/xmlui/handle/20.500.11811/702 [24.03.2019], S. 21–34.

»Gründungsmythen«, in: Kühnhardt, Ludger / Mayer, Tilman (Hg.): *Bonner Enzyklopädie der Globalität*, 2 Bde., Wiesbaden: Springer 2017, Bd. 2, S. 889–899.

»Founding Myths«, in: Kühnhardt, Ludger / Mayer, Tilman (Hg.): *The Bonn Handbook of Globality*, 2 Bde., Cham: Springer 2019, Bd. 2, S. 857–865.

## Tabula gratulatoria

Mechthild Albert (Bonn)
Giovanna Angeli (Florenz)
Angel Valentinov Angelov (Sofia)
Uwe Baumann (Bonn)
Gerald Bernhard (Bochum)
Lucia Bruschi Borghese (Florenz)
Elke Brüggen (Bonn)
Henryk Chudak (Warschau)
Patrizio Collini (Florenz)
Michel Delon (Paris)
Jacques Raymond Domenech (Nizza)
Elmar Eggert (Kiel)
Marc Föcking (Hamburg)
Remigiusz Forycki (Warschau)
Pierre Frantz (Paris)
Peter Frei (Irvine)
Roland Galle (Duisburg-Essen)
Véronique Gély (Paris)
Paul Geyer (Bonn)
Milan Herold (Bonn)
Thomas Hunkeler (Fribourg)
Bernhard Huss (Berlin)
Roland Alexander Ißler (Bonn)
Claudia Jacobi (Bonn)
Willi Jung (Bonn)
Johanna Kahr (Bochum)
Michela Landi (Florenz)
Wolf-Dieter Lange (Bonn)
Marc Laureys (Bonn)
Franz Lebsanft (Bonn)
Rolf Lessenich † (Bonn)
Rolf Lohse (Bonn)
Patrick Marot (Toulouse)
Karl Maurer (Bochum)
Sylvie Méron-Minuth (Bonn)
Helmut Meter (Klagenfurt)
Christian Moser (Bonn)
Martin Neumann (Hamburg)
Kai Nonnenmacher (Bamberg)
Christine Ott (Frankfurt/Main)
Franz Penzenstadler (Tübingen)
Daniela Pirazzini (Bonn)
Ludger Scherer (Aachen/Bonn)
Herrad Schmidt (Bonn)
Thomas A. Schmitz (Bonn)
Helmut J. Schneider (Bonn)
Angela Schrott (Kassel)
Linda Simonis (Bochum)
Michael Wetzel (Bonn)
Michael White (St Andrews)
Claudia Wich-Reif (Bonn)

# I Gründungsmythen zwischen Mittelalter und europäischem Petrarkismus

Giovanna Angeli (Firenze)

# Voyages fantastiques, merveilleux extrêmes : *Lanval*, *Floire et Blanchefleur*, *Le Bel Inconnu*

Les voyages fantastiques ont toujours fasciné auteurs et lecteurs. Dans l'article qui suit on fera passer en revue trois textes éminents de la littérature française médiévale qui décrivent de manière exemplaire de tels voyages et qui démontrent la riche inventivité des auteurs toujours à la recherche de moyens de plaire et de fasciner les lecteurs.

## I. *Lanval*

Dans le lais *Lanval* de Marie de France, le héros éponyme accomplit ce qu'on appelle un voyage morganien. Morgane et Mélusine sont deux fées opposées. On parle de voyage morganien quand le héros va dans un autre monde à l'instar de Lanval qui se rend sur l'île d'Avalon. Par contre on peut définir mélusinien le voyage où la fée décide de suivre le héros dans son « monde ».[1]

Parmi les problèmes non encore résolus suscités par les *Lais* de Marie de France, l'un concerne l'oubli, ou le rejet d'Artus face à son chevalier Lanval. Ernest Hoepffner, pour mentionner le spécialiste de Marie de France qui s'est interrogé parmi les premiers sur le comportement indigne et peu généreux du roi et de ses barons, s'exprime en ces termes:

> Si Marie introduit le monde arthurien dans son récit, ce n'est pas seulement pour lui donner un cadre légendaire nettement accusé, mais aussi pour répondre à une question qui tout de suite se dresse devant elle : comment Lanval brillant chevalier de ce roi Artus, qui était le souverain le plus généreux du monde, a-t-il pu tomber dans cette grande misère qui est le point de départ de l'action ?[2]

Et de confirmer tout de suite après un lien avec la matière folklorique:

1 Harf-Lancner à son tour a consacré de précieuses études à ce voyage: Harf-Lancner 1984.
2 Hoepffner 1971, p. 59.

> Marie a certainement connu l'un de ces contes populaires – ils sont nombreux – qui présentent leur héros dans une profonde détresse, simplement parce que, lors d'une distribution de dons ou lors d'un partage d'un héritage, il a été oublié ou désavantagé au profit des autres.[3]

Apparemment sans aucune raison, un jeune chevalier, fils du roi et donc « de haut parage » mais « luin [...] de sun heritage » (vv. 27 s.)[4] est allé offrir ses services au roi Artus ; ce dernier, au lieu de lui en savoir gré et de le gratifier généreusement, agit comme s'il n'existait pas. C'est le monde « de l'oubli et du rejet » auquel répond « le monde de la dame fée »,[5] beaucoup plus accueillant et plus hospitalier : cependant le fait que l'un compense l'autre satisfait certes l'économie du récit mais ne l'explique pas du tout.

Nous devons nous rendre à l'évidence : nous ne savons pas comment interpréter « l'oubli » du roi Artus. Le fait pour Lanval d'être un étranger, un *outsider*, comme l'envisage William Macbain, quelqu'un qui ne fait pas partie de la communauté qui se réunit autour d'Artus[6] contribue à l'exclure.

Si, du reste, beaucoup d'autres lecteurs de *Lanval* étaient arrivés à la même conclusion, sans toutefois accumuler des données apparemment hétérogènes et à reconstruire une constellation cohérente, c'est parce que Marie de France, dès les premiers vers, nous met sur la bonne voie. Elle est très loin de nous fournir une réponse directe. Elle unit de façon significative au portrait du chevalier affligé et torturé par des pensées obscures une glose qui renvoie l'auditoire au pays d'origine, à sa solitude, à l'exclusion dont il est victime car il se trouve sur d' « autre tere »:

> Seignurs, ne vus esmerveillez :
> Hum estrange descunseillez,
> Mut est dolenz en autre tere
> Quant il ne seit u sucurs quere !
> (vv. 35–38)[7]

La peur d'encourir la haine des autres et de l'autre et, inversement, le soupçon envers celui ou ceux qui proviennent de pays lointains, avait par ailleurs son antécédent immédiat dans le *roman d'Enée* (vulgarisation française de l'*Enéide* de Virgile), illustre exemple de l'hospitalité qu'une société auto-suffisante offre au *xenos*, mais surtout de l'hostilité illimitée qu'elle lui réserve. Les avertissements et les conseils de la mère à sa fille, Lavinia, ont donné lieu à nombre de commentaires et de questions supplémentaires. En effet, non seulement Amata,

3 Hoepffner 1971, p. 59.
4 Marie de France 1966, p. 73.
5 Sienaert 1984, p. 100.
6 Macbain 1997.
7 Marie de France 1966, p. 73.

dans sa désolation, maudit dans un célèbre monologue l'« homme d'estrange tere » auquel sa fille sera donnée en mariage par la volonté des Dieux, non seulement elle ajoute à ce fastidieux inconvénient l'accusation de couardise (« ki s'en enbla par coardise / de la cité, quant el fu prise », vv. 3365 s.),[8] mais elle assène aussi un autre coup à Enée aux yeux de Lavinia, déjà foudroyée par ce dernier, en l'accusant de la marque infamante d'homosexualité: c'est en ces termes qu'elle donne libre cours à sa colère:

Qu'as tu dit, fole desvee?
ses tu vers cui tu t'es donee?
Cil cuiverz est de tel nature
qu'il n'a guaires de femme cure;
il prise plus le plein mestier;
il ne vuelt pas bische chacier,
molt par aime char de maslon;
il prisereit mielz un garçon
que tei ne altrë acoler.
A femme ne set il joer
ne passereit pas al guichet
molt aime froise de vallet.
En ce sont Troïën norri.
Molt par as folement choisi.
(vv. 8565–8578)[9]

Virgile, dans l'*Enéide*, n'était jamais arrivé jusque là. Cependant sa condition d'étranger avait déjà été une lourde hypothèque. Tout d'abord Didon qui a fait les frais de la trahison du Troyen et qui se lance avec véhémence contre son époux en l'appelant justement « advena » : « hic, ait, et nostris inluserit advena regnis? – Celui-ci s'en ira et un étranger bafouera notre royaume ? » (vv. 589 s.).[10]

Auparavant il l'avait appelé *hospes* : une désignation positive dans un premier moment: « quel hôte extraordinaire » dit-elle à sa sœur Anne. Peu après cette dénomination devient injurieuse lorsque, en suivant le noir pressentiment qui s'est insinué dans son esprit, elle affronte le héros prêt à l'abandonner et à partir.

Mais un jour Lanval monte à cheval et arrive dans un pré où il y a un cours d'eau, il plie son manteau et s'allonge par terre. Soudain il voit deux damoiselles très belles et richement vêtues s'approcher de lui. Elles annoncent que celle qui s'avèrera ensuite la fée veut le voir. Elles l'escortent jusqu'à la tente qui suscite l'émerveillement de Lanval à cause de la richesse des ornements et des pierres précieuses. Mais il est encore plus fasciné par la beauté de la fée : son corps bien fait et délicat, les traits prodigieux de son visage. Aucune femme n'aurait pu

8 *Roman d'Eneas* 1972, p. 166.
9 *Roman d'Eneas* 1972, p. 412.
10 Vergil: *Aeneis* 2012, p. 214.

supporter la comparaison ! Et elle avoue qu'elle est venue de très loin justement pour pouvoir le rencontrer et lui offrir son amour: « Pur vus vinc jeo fors de ma tere : / De luinz vus sui venue quere ! » (vv. 111 s.).[11]

Bien sûr Lanval se déclare également amoureux et il reçoit de la fée le don de pouvoir généreusement penser à lui et aux autres: autrement dit, il peut dépenser à son gré, acheter des vêtements, des manteaux, des bijoux, ainsi de suite: en revanche, il ne devrait jamais parler de leur amour. La munificence du chevalier sert de contrepoids aux faibles disponibilités du roi Artus. Toutefois les ennuis de Lanval ne sont pas terminés car la reine Guenièvre, insouciante du lien avec le roi, se déclare à lui et voudrait que lui aussi partage son amour. La référence à Joseph et à sa femme Potiphar ne peut qu'être évidente: c'est le motif K2111 alors que le tabou imposé par la fée correspond à C31.5 et que toute la seconde partie rentre dans le motif H1385.3 (« recherche de l'épouse perdue ») et le type AaTh 400 tandis que l'épilogue peut être ramené au motif F302.3.1 (« mortel transporté par une fée dans un pays magique »).[12] La rancœur de Guenièvre est explicitée quand elle accuse Lanval d'avoir attenté à son honneur et qu'elle désire une vengeance à la hauteur des faits qui se sont produits. Un procès aura donc lieu avec nombre de témoins à charge et à décharge ; mandat de comparution confié à trois pairs ; décision de la Cour restreinte d'ajourner le procès à condition que Lanval trouve des garants ; offre de Galvain et des siens ; procès et lecture du décret par le comte des Cornouailles ; décision de renoncer à l'accusation de félonie si Lanval fait serment d'innocence et à celle de défi et d'offense contre la reine ; proposition faite à Lanval de se défendre de l'accusation en faisant comparaître le seul témoin utile, à savoir la femme aimée pour permettre à la Cour de vérifier sa beauté ; arrivée de la femme témoin précédée par les damoiselles et acquittement de Lanval. Il est clair que la fée a voulu briser le tabou pour venir en aide au chevalier et la Cour est stupéfaite par la beauté suprême qui se dégage d'elle.

Lanval entreprend un voyage « morganien »,[13] il saute sur un bloc en marbre, s'élance sur le palefroi et s'en va dans la mythique Avalon:

Sur le palefrei, detriers li,
De plain eslais Lanval sailli !
Od li s'en va en Avalun,
Ceo nus recuntent li Bretun,
En un isle ki mut est beaus.
La fu raviz li dameiseaus !

11 Marie de France 1966, p. 75.

12 Cf. Thompson: *Motif-index of folk-literature* IV (1934), p. 481 (K2111); I (1932), p. 384 (C31.5); III (1934), p. 397 (H1385.3) = AaTh 400; III (1934), p. 41 (F302.3.1).

13 « Dans les contes que j'ai choisi de nommer ‹ morganiens ›, le voyage se fait dans l'autre sens: au lieu de venir au devant de l'élu de son cœur, la fée l'entraîne dans son royaume, où elle tente de le retenir ». Harf-Lancner 1984, pp. 203s.

Nuls hum n'en oï plus parler
Ne jeo n'en sai avant cunter.
(vv. 639–646).[14]

Lanval suit donc la fée et son destin sera loin de la Cour d'Artus.

## II. *Floire et Blanchefleur*

En second lieu il faut prendre en considération le premier texte dans lequel se produit un voyage extraordinaire et auquel on peut attribuer des caractéristiques surnaturelles : le récit de *Floire et Blanchefleur* (1150 env.), sans doute de Robert d'Orbigny, un clerc du XII<sup>e</sup> siècle originaire de la Touraine, comme le pense l'éditeur, Jean-Luc Leclanche. *Floire et Blanchefleur* est aussi la source du *Filocolo* de Boccace.

L'histoire est connue : les deux personnages éponymes sont nés la même nuit, mais l'un de parents païens et l'autre de parents chrétiens. Ils grandissent ensemble et ils tombent inévitablement amoureux. A la différence de religion correspond un écart social parce que Floire est le fils du roi Félix et Blanchefleur est la fille d'une esclave (en réalité l'« esclave » a elle aussi des origines nobles car elle est la fille d'un chevalier français tué le long du chemin de Saint-Jacques-de-Compostelle, veuve d'un « ami » non précisé et enceinte de ce dernier). Les années passent et les deux jeunes gens vont à l'école ensemble, apprennent parfaitement le latin et les arts libéraux, mais le roi, préoccupé, cherche à les séparer et envoie Floire étudier dans une autre ville avec la promesse trompeuse que Blanchefleur le rejoindrait. Le jeune homme, voyant que la jeune fille n'arrive pas (« Flores attent a quelque paine / tot le terme de le quinzaine. / Quant il vit qu'ele ne venoit, / dont sot bien que gabés estoit »),[15] dépérit, pense qu'elle est morte, ne boit pas, ne mange pas, ne dort pas. Le roi, mis au courant de l'état de son fils, voudrait tuer Blanchefleur, mais la reine le ramène à des conseils plus doux et le persuade de la vendre à des marchands.

C'est ce qui fut fait. Les marchands paient extrêmement bien l'intermédiaire et ils l'amènent à Babylone où le cruel émir commence à l'aimer et offre en échange une énorme quantité d'or. Par ailleurs le roi Félix, d'accord avec la reine, fait préparer un très beau monument funéraire dans lequel devrait être étendue la dépouille de Blanchefleur, morte entre-temps. Floire se désespère, est prêt à se tuer et en même temps le roi et la reine lui révèlent la vérité. Le jeune homme se met en voyage déguisé en marchand et après plusieurs péripéties, il parvient à Babylone. Deux pontonniers, Daires et Licoris le reçoivent généreusement et

14 Marie de France 1966, p. 92.
15 D'Orbigny 2003, p. 22, vv. 387–390. Les citations suivantes sont tirées de la même édition.

Daires lui raconte tout sur Babylone, sur l'émir qui choisit une épouse chaque année et ensuite la tue, et surtout sur le verger merveilleux :

> Li vergiers est et biaus et grans,
> nus n'est si biaus ne si vaillans.
> De l'une part est clos de mur
> tot paint a or et a asur,
> et desus, sor cascun cretel,
> divers de l'autre a un oisel ;
> d'arain est trestous tresjetés,
> (vv. 1961–1967, p. 98–100)

> De l'autre part, ce m'est avis,
> court uns flueves de Paradis
> qui Eufrates est apelés :
> de celui est avironés,
> issi que riens n'i puet passer
> se par desus ne puet voler.
> (vv. 1987–1992, p. 100)

> Poivre, canele et garingal,
> encens, girofle et citoual
> et autres espisses assés
> i a qui flairent molt soués.
> (vv. 2009–2012, p. 102)

> Qui ens est et sent les odors
> et des espisses et des flors
> et des oisiaus oïst les sons
> et haus et bas les gresillons,
> por la douçor li est avis
> des sons qu'il est en Paradis.
> (vv. 2015–2010, p. 102)

> En miliu sort une fontaine
> en un prael, et clere et saine ;
> en quarel est fais li canal
> de blanc argent et de cristal.
> Un arbre i a desus planté,
> plus bel ne virent home né ;
> por çou que tos jors i a flors
> l'apelë on l'arbre d'amors :
> l'une revient quant l'autre ciet.
> Par grant engien l'arbres i siet,
> car li arbres est tos vermeus.
> (vv. 2021–2031, p. 102)

> Quant li amirals veut coisir
> ses puceles i fait venir
> au ruissel de la fontenele
> dont de fin or est la gravele
> quant passer doivent le canal
> qui est d'argent et de cristal,
> outre en vont ordeneement
> et il au passer molt entent
> et a sa gent i fait entendre.
> Grant mervelle i puet on apprendre,
> car quant il i passe pucele,
> lors est li eve clere et bele ;
> au trespasser de feme eüe
> l'eve en est lués tote meüe [...]
> cele qui puet estre provee
> desfaite est et en fu jetee.
> (vv. 2039–2052, 2055–2056, p. 104)

Le verger de l'émir est entièrement fermé par des murs crénelés peints en or et en bleu azur, dans une cannelure se trouve un oiseau en bronze qui, quand le vent souffle, chante doucement, à tel point qu'il est capable de dompter des tigres et des lions et à ce dernier s'ajoutent d'autres oiseaux, qui sont vrais: merles, alouettes, pies, étourneaux, rossignols, loriots et beaucoup d'autres variétés. A côté coule un fleuve paradisiaque, l'Euphrate (v. 1988),[16] mais on ne peut pas le traverser et seuls ceux qui volent peuvent le faire. Il est rempli de pierres précieuses, de saphirs, de rubis et de topazes. Le jardin est toujours en fleurs ; il y a des arbres précieux, des plaqueminiers, des platanes, des sorbiers, des figuiers, des pêchers, des poiriers, des noyers, mais aussi des épices, du poivre, de la cannelle, du galingal, de l'encens, des clous de girofle et du zédoaire (reproduits ensuite exactement, comme s'il s'agissait d'un calque, dans le *Bel Inconnu).* Les parfums des fleurs, le chant des oiseaux, on se croirait au Paradis. Au milieu du pré se trouve une fontaine dont le canal est fait de blocs carrés en argent et en cristal. Au-dessus il y a un très bel arbre sur lequel poussent toujours des fleurs et, quand l'une tombe, une autre repousse aussitôt. On l'appelle l'arbre de l'amour, et il est de couleur vermeille. Celui qui l'a planté a vraiment été un grand artisan. Quand l'émir choisit sa femme, il fait aller les jeunes filles au ruisseau de la fontaine et il les fait défiler dans le canal en or et en cristal. Si elles sont vierges, l'eau reste claire, mais si une jeune fille déjà « déflorée » passe, l'eau devient trouble. Celles qui ne sont pas vierges sont tuées et jetées dans le feu. Ensuite, parmi les vierges, l'émir choisit

16 Cf. Cardini / Miglio 2002; Delumeau 1992. Pour une bibliographie complète, cf. Caraffi 2008, pp.103–119; Labbé 1987; *Vergers et jardins dans l'univers médiéval* 1990, notamment les articles de Jean-Claude Bibolet, Huguette Legros, Armand Strubel, Isabelle Weill.

celle sur laquelle se pose la fleur qui est tombée de l'arbre : il l'épousera, mais un an après, il la fera tuer. Si l'émir apprécie tout particulièrement une vierge, alors il parvient, comme par enchantement (v. 2071 « par encantement ») à faire tomber la fleur sur elle. Et l'émir désire ardemment Blanchefleur.

Floire imagine avec son hôte Daires un moyen pour réussir à entrer au palais, par l'intermédiaire du gardien qui pourrait devenir, par la ruse, son « homme lige », bref quelqu'un à qui on ne peut pas refuser une faveur. Il va réussir à obtenir ce qu'il voulait, il obtiendra la grâce de l'émir qui va même célébrer leur mariage et qui épouse à son tour Gloris, renonçant à l'usage barbare de la tuer au bout d'un an. (« Mais Blanceflor molt li pria, / quant Gloris eüe avera / tot l'an, por Diu que ne l'ocie, / ains le tiegne tote sa vie », vv. 3143–3146).

## III. *Le Bel Inconnu*

Le troisième témoin est un texte de la fin du XII$^{e}$ siècle, *Le Bel Inconnu* (*Li biaus desconeüs*) de Renaud de Beaujeu, un poète qui a vécu à la fin du XII$^{e}$ siècle ; il est entièrement empreint de magie, comme Cligès. Antonio Pucci, un poète florentin du XIV$^{e}$ siècle, faisant partie de la célèbre famille noble des Pucci, s'est inspiré du *Bel Inconnu* pour la chanson de *Carduino.*

Le *biaus desconeüs* se rend à la Cour d'Artus, et bien que jeune, il se voit confier la tâche d'accompagner une damoiselle pour aller secourir le roi Gringas et délivrer sa fille d'un maléfice. C'est ici que se situe l'épisode du « fier baiser ». Un baiser à un serpent qui sera décrit avec des traits effrayants. Mais le Bel Inconnu interrompt son voyage pour se rendre sur l'île d'or, qui est décrite ainsi :

> Del Biel Descouneü dirai
> L'istoire, si con je le sai,
> Qui tote jor avoit erré.
> Li vespres lor fu apresté;
> Il esgarde, voit un castiel,
> Onques nus hom ne vit si biel.
> Molt fu li castials bien asis,
> Mol ert rices et plentevis.
> Uns bras de mer entor coroit,
> Qui tote la vile açaingnoit.
> D'autre part la grans mers estoit,
> Qui au pié del castiel feroit.
> (vv. 1871–1882)[17]

17 De Beaujeu 1983, p. 58. Toutes les citations seront tirées de cette édition.

C'est l'île d'or (« Icil castiaus dont vos oiés / A l'Isle d'Or estoit nonmés ») sur laquelle habite une fée aux pouvoirs considérables et qui sait ensorceler, lire les étoiles, distinguer le bien du mal (« C'est la pucele as Blances Mains ») mais, malgré cela, elle n'arrive pas à neutraliser Mauger le gris qui empêche tous les chevaliers de s'approcher d'elle. Le Bel Inconnu cependant le lui promet. Mais le souvenir du roi Gringas et de la parole donnée au roi Artus le ramène à la Gaste Cité. C'est là que se situe l'épisode du « fier baiser » :

Et une wivre fors issir,
Qui jetoit une tel clarté
Con un cierge bien enbrasé;
Tot le palais enluminoit.
Une si grant clarte jetoit [...]
Par mi jetoit le feu ardant,
Molt par estoit hidosse et grant [...]
Les iols avoit gros et luissans
Come deus esclarbocles grans. [...]
De la keue trois neus avoit,
C'onques nus hom ne vit grinnor. [...]
Et la grans wivre li encline
Del cief dusques a la poitrine;
Sanblant d'umelité li fait.
Et cil s'espee plus ne trait [...]
(vv. 3128–3132, 3135 s., 3139 s., 3144 s., 3157–3160)[18]

Le serpent (la « wivre ») est comme du feu, si bien qu'il arrive à éclairer tout le palais. Il a un aspect terrible, avec de gros yeux qui brillent comme de grosses escarboucles, il a une longue queue avec trois nœuds, à tel point que personne n'en a jamais vu de plus grande. Mais au grand étonnement du Bel Inconnu, qui est prêt à dégainer son épée, il s'incline de la tête à la poitrine, donnant ainsi la preuve d'une forte humilité. Et voilà que soudain il l'embrasse (« La guivre vers lui se lança / Et en la bouce le baissa », vv. 3185–3186 : le serpent s'élança vers lui et l'embrassa sur la bouche).[19] Le serpent, après être retourné dans l'habitacle d'où il était sorti, parle à voix haute et révèle la généalogie du ‹ Bel Inconnu › qui, à ce moment-là, peut apprendre son nom : il est le fils de Galvain et d'une fée, Blancemal et il s'appelle Guinglain (« Mesire Gavains est tes père ; / Si te dirai qui est ta mere : / Fius es a Blancemal le fee [...] » ; « D'ore en avant vos vel traitier / De Guinglain le bon chevalier », vv. 3235–3238 et 3249 s.).[20]

Guinglain a brisé le sortilège qui avait été jeté par un magicien accompagné de son frère (« [...] vint uns enchantere, / Et aveuc lui estoit ses frere »,

18 De Beaujeu 1983, p. 96 s.
19 De Beaujeu 1983, p. 97.
20 De Beaujeu 1983, p. 99.

vv. 3321–3322)[21] et la ‹ guivre › se révèlera être une jeune fille séduisante qui s'appelle Blonde Esmeree, qui est justement la fille du roi Gringas. Le chevalier lui promet à elle aussi de l'épouser mais il le regrette tout de suite après car, en réalité il aime la fée *as Blances mains* et, invité par une messagère fascinante, il retourne sur l'Ile d'or. Il est amené à l'endroit le plus haut de l'île, détail qui sera repris par le Tasse dans l'épisode du jardin d'Armide. Ils arrivent dans un *vergier* dont l'entrée est une petite « porte » avec des murs en marbre et des fenêtres repoussées en argent :[22]

> Tos estoit clos de mur mabrin,
> Qui bien fu ovrés de grant fin [...]
> Fenestres avoit tot entor,
> Par u i venoit la calor,
> Trestoutes ouvrees d'argent [...]
> Grant masse i avoit de loriers,
> De figiers et d'alemandiers,
> De saigremors et de sapins,
> Paumiers molt et asés melliers,
> Pumiers grenas, loriers ramés [...]
> Et s'i croissoit li reculisses
> Et li encens et molt espisses;
> Dius ne fis herbe de bonté
> Que el vergié n'eüst planté:
> Encens, gerofle et citoual,
> Et le caniele et garingal,
> Espic, petre, poivre, comin [...]
> Rosiers i ot d'itel nature
> Que en tos tans la flors i dure.
> (vv. 4293 s., 4299–4301, 4307–4311, 4313–4319, 4321 s.)[23]

Le *vergier* est évidemment magique, les rosiers sont toujours en fleurs, et il y a une grande abondance de plantes : lauriers, figuiers et amandiers, sycomores et pins, palmiers, grenadiers, lauriers roses. D'autres arbres poussent : celui de la réglisse et de l'encens. Aucune épice ne manque, des clous de girofle, du zédoaire, de la cannelle, du galingal, du pyrèthre, du poivre et du cumin. Enfin une multitude d'oiseaux, d'alouettes, de loriots, de merles et de rossignols : on se croirait au paradis (« Que cil qui s'estoit laiens mis / Quidoit qu'il fust en paradis », vv. 4331 s.).[24]

La très belle fée est assise sous un olivier, symbole de paix et de réconciliation.

---

21 De Beaujeu 1983, p. 102.

22 Bonasea (2011) pense qu'il s'agit du topos gréco-romain du *locus amoenus,* probablement à juste titre. Weill 1990, pp. 405–416.

23 De Beaujeu 1983, p. 131 s.

24 De Beaujeu 1983, p. 132.

Mais Guinglain finira par renoncer à elle et par retourner auprès de Blonde Esmeree. Le narrateur d'ailleurs laisse présager un déroulement différent de l'histoire. Peut-être Li Biaus Desconeüs retournera-t-il chez la fée « As Blances mains » et vivra-t-il avec elle sur l'« Ile d'Or » qui a toute l'apparence d'un Paradis.

L'ensemble des voyages fantastiques peuplés de fées et d'êtres merveilleux aux XI^e^ et XII^e^ siècles est infini. Tous ces voyages peuvent être considérés comme les épigones de ceux de l'Antiquité classique, à commencer par ceux d'Alexandre le Grand qui auront un tout autre poids avec les haltes dans les oasis des « filles-fleurs », mais c'est tout à fait différent. Une autre longue histoire est celle des merveilles auxquelles dut assister Marco Polo, qui traversa le Yun-nan, le Tibet, l'Inde, la Birmanie, la Perse, l'Irak et Bagdad, arriva à la Cour de Khoubilai Khan, d'une grande générosité avec ses sujets surtout pendant les fêtes pendant lesquelles un lion s'incline humblement devant le Seigneur (« se gete a terre devant lui et fait signe de grant humilité, et semble que il le congnoisse pour seigneur et ainsi demeure devant lui sanz nule cheenne »).[25] On va de surprise en surprise…

## Bibliographie

Marie de France: *Les Lais.* Éd. Jean Rychner. Paris 1966.
De Beaujeu, Renaut: *Le Bel Inconnu*, sous la direction de G. Perrie Williams. Paris 1983 (1929).
D'Orbigny, Robert: *Le conte de Floire et Blanchefleur*, éd. Jean-Luc Leclanche. Paris 2003.
Polo, Marco: *Le Devisement du monde*, sous la direction de Philippe Ménard, Jean-Claude Faucon, Danielle Quérel, Monique Santucci. T. III. Genève 2004.
*Le Roman d'Eneas.* Übers. u. eingel. von Monica Schöler-Beinhauer. München: Fink 1972.
Vergil: *Aeneis*, hg. v. Edith u. Gerhard Binder. Stuttgart: Reclam 2012.

Bonansea, Marion: « Espace, codes et désir de transgression : l'impossible unité du *Bel Inconnu* », in: *Atalaya* 12 (2011), http://atalaya.revues.org/807 [13.3.2019].
Cardini, Franco / Miglio, Massimo: *Nostalgia del paradiso. Il giardino medievale.* Roma / Bari 2002.
Caraffi, Patrizia: « Giardini incantati (XII–XIII secolo) », in: L*a medicina magica. Segni e parole per guarire*, a cura di Sonia Maura Barillari. Alessandria 2008, pp. 103–119.
Delumeau, J.: *Une histoire de paradis. Le jardin des délices.* Paris 1992.
Harf-Lancner, Laurence: *Les Fées au Moyen Age. Morgane et Mélusine. La naissance des fées.* Paris 1984.
Hoepffner, Ernest: *Les lais de Marie de France.* Paris 1971 (1935).

25 Polo 2004, p. 83.

Labbé, Alain: *L'architecture des palais et des jardins dans les chansons de geste. Essai sur le thème du roi en majesté.* Paris / Genève 1987.

Macbain, William: « The outsider at the Court, or what is strange about a stranger? », in: *The Court and cultural diversity.* Selected papers from the eight triennal congress of the International Courtly Literature Society, ed. by E. Mullally and J. Thompson. Cambridge 1997, pp. 356–365.

Sienaert, Edgard: *Les lais de Marie de France. Du conte merveilleux à la nouvelle psychologique.* Paris 1984.

Thompson, Stith: *Motif-index of Folk-literature. A Classification of Narrative Elements in Folk-tales, Ballads, Myths, Fables, Mediaeval Romances, Exempla, Fabliaux, Jest Books and Local Legends.* Helsinki: Suomalainen Tiedeakatemia 1932–1936.

*Vergers et jardins dans l'univers médiéval. Senefiance* 28 (1990).

Weill, Isabelle in: *Vergers et jardins dans l'univers médiéval* 1990, pp. 405–416.

Elke Brüggen (Bonn)

# A wie Anfortas. Die Figur des kranken Königs im *Parzival* Wolframs von Eschenbach

Ein Pferd reiten? Undenkbar! Schlimmer noch: Er kann nicht gehen, nicht stehen, nicht sitzen und nicht liegen – mehr als ein auf irgendeine Weise abgestütztes *lenen*, ein halbes Sich-Aufrichten, lässt die schreckliche Wunde, die ihn peinigt, nicht zu (251,16–18; 794,27 f.).[1] Wenn er an einen anderen Ort will oder soll, muss er getragen werden. Die Rede ist von Anfortas, dem Gralskönig, und seinem Leiden, einem Leiden, so unvorstellbar groß, dass es kaum auszuhalten ist, und er lieber sterben möchte als leben (480,25–30; 788,21–29; 795,2–16). Die Wunde hat ihm ein heidnischer Gegner beigebracht, mit einer Lanze, deren Spitze in seinem Körper stecken blieb und dort ihr Gift verströmte. Ein Arzt konnte die Lanzenspitze herausoperieren, dazu noch einen Splitter des Bambusschaftes (480,3–9), doch das Eitern der Wunde (481,5) konnte er nicht verhindern. Man behandelte Anfortas mit diversen Pflanzen gegen Schlangengifte – ohne Erfolg (481,6–18). Als die ärztliche Kunst versagte, setzte man die Hoffnung in ausgefallenere Heilmittel: Wasser aus den vier Paradiesflüssen (481,19–28), ein Reis von derselben Art wie das, welches einst Eneas zum Schutz vor den Gefahren der Unterwelt von der Cumäischen Sibylle erhielt (481,30–482,11), das Blut des Pelikans (482,12–23), Herz und Karfunkelstein des Einhorns (482,24–483,5), ein Kraut, dessen Wachstum, wie es heißt, das Blut eines getöteten Drachen ermögliche (483,6–18). Alle diese Anstrengungen waren vergeblich. Dafür gibt es eine ebenso einfache wie niederschmetternde Erklärung, wie der Einsiedler Trevrizent, der Bruder des Königs, berichtet: Gott selbst habe eine Heilung nicht zugelassen (481,18). Doch dann antwortete eine göttliche Schrift auf dem Gral auf die verzweifelten Gebete der Gemeinschaft. Sie kündigte einen Ritter an, der nach Munsalvaesche gelangen sollte, einen Heilsbringer, dem die Macht gegeben wäre, der Qual des Königs mit einer anteilnehmenden Frage ein Ende zu bereiten; allerdings müsste die Frage aus eigenem Antrieb gestellt

1 Zitierte Ausgabe: Lachmann / Schirok / Knecht 2003. Übersetzungen ins Neuhochdeutsche wurden dem Typoskript einer neuen Übersetzung des *Parzival* von Elke Brüggen, Joachim Bumke, Dorothee Lindemann, Eberhard Nellmann und Hans-Joachim Ziegeler entnommen.

werden, ohne spezielle Aufforderung, und zwar spontan, noch in der ersten Nacht als Gast auf Munsalvaesche. König wäre Anfortas damit freilich die längste Zeit gewesen: Die Gralsherrschaft hätte auf denjenigen überzugehen, der die erlösende Frage gestellt hat (483,19–484,12). Daraufhin wurden die Heilungsversuche eingestellt und nur noch Maßnahmen zur Linderung der Schmerzen und zur Neutralisierung des von der Wunde ausgehenden Gestanks angewandt. Nun hieß es: warten, ergeben und demütig.

In etwa so könnte eine tentative Annäherung an eine der zentralen Figuren des *Parzival* Wolframs von Eschenbach beginnen.[2] Dieser Text aus der Zeit um 1200 gilt als eines der überragenden literarischen Zeugnisse des deutschsprachigen Mittelalters, dessen künstlerische Qualität seine Präsenz auch im kollektiven Gedächtnis des 21. Jahrhunderts (und darüber hinaus) als überaus wünschenswert erscheinen lässt. Doch, wie hat Karl Bertau schon 1983 so unnachahmlich formuliert: Dass »jeder, der es ernsthaft wissen möchte, das Werk Wolframs mit Selbstverständlichkeit kennen könnte, ist nicht der Fall«.[3] Die Großartigkeit dieses Werks ruhe »in der innigen Verbindung mit der Sprache«, einer Frühform der deutschen Sprache, die »dem lebendigen allgemeinen Bewußtsein derer, die heute an dieser Sprache teil haben, verlorenging«.[4] Doch selbst diejenigen, die mit den historischen Sprachstufen des Deutschen vertraut sind, tun sich schwer mit der Diktion des *Parzival*, die anders ist als alles, was man aus der mittelhochdeutschen Literatur derselben Zeit ansonsten kennt.[5] Zu dieser Besonderheit von Sprache und Stil kommt als weitere Schwierigkeit der beträchtliche Umfang von fast 25.000 Versen hinzu. Dass Studierende der Germanistik den anspruchsvollen und komplexen Text ohne weiteres im ›Original‹, also auf Mittelhochdeutsch, lesen könnten, ist daher eine Vorstellung, die – übrigens nicht erst seit heute – an der Realität des Studiums vorbeigeht. Mediävisten und Mediävistinnen sind demnach aufgerufen, Verständnishilfen bereitzustellen, und zwar solche, die zuverlässig und attraktiv zugleich zu sein hätten und es so für viele überhaupt erst möglich machten, die Alterität mittelalterlicher Literatur und Kultur als Bereicherung zu erleben.

Die fremdgewordene Sprachform, der ebenso artifizielle wie eigenwillige Stil und der nicht unbeträchtliche Umfang verbinden sich mit einem weiteren Moment, das an die Lektüre des *Parzival* hohe Anforderungen stellt: einem selbst für Spezialisten nur schwer zu überblickenden Figurenreichtum.[6] Dieses

2 Eine Betrachtung, die primär auf die Kunst der Erzählens abstellte, hätte stärker zu berücksichtigen, dass die Aussagen Trevrizents an eine bestimmte Gesprächssituation und zudem an die Perspektive einer Figur gebunden sind, deren Autorität der Text nicht unhinterfragt lässt.

3 Bertau 1983, S. 9.

4 Ebd.

5 Vgl. Brüggen / Lindemann 2016 und Brüggen / Lindemann 2018.

6 Vgl. Brüggen 2012 und Brüggen 2014, insbes. S. 333ff.

Merkmal hebt den Text aus der zeitgenössischen literarischen Produktion in deutscher Sprache heraus, und es stellt überdies einen markanten Unterschied zum Prätext, Chrétiens de Troyes *Roman de Perceval ou Le Conte du Graal* dar.[7] Und während hier ein Großteil des Personals namenlos bleibt, weiß der mittelhochdeutsche Text mit einer Fülle von teils höchst ungewöhnlichen Figurennamen von bisweilen zungenbrecherischer Qualität zu beeindrucken und zu verwirren.[8] Dass die Mehrzahl der Figuren, die über einen Eigennamen individualisiert werden, in ein komplexes Verwandtschaftsnetz eingebunden ist,[9] erschließt sich heutigen Leserinnen und Lesern mitnichten bei der ersten Lektüre, ebenso wenig der Umstand, dass und auf welche Weise die jeweilige Figur mit Hilfe von intra- oder intertextuellen Bezügen profiliert wird.[10]

Als eine Orientierungshilfe für diesen Figurenkosmos war ein »Figuren-Lexikon« gedacht, das in einer Zusammenarbeit von Joachim Bumke und mir für das von Joachim Heinzle herausgegebene Handbuch zu Wolfram von Eschenbach erarbeitet wurde.[11] Die »wichtigeren Figuren«[12] aus den drei Epen Wolframs, dem *Parzival*, dem *Willehalm* und dem *Titurel*, werden hier in alphabetisch sortierten kurzen Einträgen vorgestellt. Bei der Präsentationsform eines Lexikons und dem gewährten Rahmen von etwa einhundert Druckseiten war an eine differenzierte Ausleuchtung der einzelnen Figuren nicht zu denken. »[D]aß der gesetzte Rahmen es nicht erlaubt, auf die vielen Details der poetischen Beschreibungen im einzelnen einzugehen, obwohl in vielen Fällen gerade solche Einzelheiten für Wolframs Figurendarstellung aufschlußreich und bedeutsam sind«,[13] hat mich seither über ein Format nachdenken lassen, in dem ein auf der Basis einer sorgfältigen Analyse der jeweils relevanten Passagen des Textes sowie einer intensiven Rezeption der einschlägigen Forschung erstelltes Figurenprofil in eine stärker essayistische Darstellungsform überführt werden könnte. Der deutschen Wissenschaftskultur der Gegenwart ist eine solche Schreibweise fremd, doch würde ein Blick auf die im 18. und 19. Jahrhundert florierende Texttradition der keineswegs nur auf historische Personen, sondern auch auf literarische Figuren bezogenen ›Charakteristik‹ oder des ›Porträts‹ enthüllen, dass sie uns nicht gänzlich unbekannt, sondern lediglich ferngerückt ist.[14] Warum also nicht etwas in modifizierter Form wiederbeleben, was einmal

7 Zitierte Ausgabe: Olef-Krafft 1991.

8 Vgl. Brüggen 2012, mit weiterführender Literatur in den Fußnoten 2–5.

9 Vgl. Brüggen 2014, mit weiterführender Literatur in Fußnote 2.

10 Vgl. ebd., mit weiterführender Literatur in Fußnote 3 und einer Analyse zur Figur des Orilus auf S. 344ff.

11 Brüggen / Bumke 2011.

12 Ebd., S. 835.

13 Ebd.

14 Vgl. Rossi 2017.

»Hochkonjunktur« hatte[15] und in seiner Mischung »aus poetischen und nichtpoetischen Elementen«[16] ganz eigene Qualitäten entfalten könnte? Dieses selbstverständlich nicht in Konkurrenz zum eingeführten und allgemein anerkannten Texttyp des wissenschaftlichen Beitrags mit spezieller Argumentationsform und ausführlichem Fußnotenapparat, sondern als eine diesen flankierende, gleichermaßen entlastete wie geschmeidige wissenschaftliche Schreibform, die stärker auf das Bestreben abgestimmt ist, das Interesse der Leser zu wecken. Die Festschrift für meinen Kollegen Michael Bernsen aus der Bonner Romanistik eröffnet mir die Möglichkeit, dergleichen auszuprobieren. Und so nehme ich den eingangs ausgelegten Faden wieder auf und erprobe den Modus einer wissenschaftlichen Figurenskizze. Dass sie bei Anfortas nicht haltmacht, sondern zudem den »pescheor« (3061) respektive den »Roi Pescheor« (3495) aus der altfranzösischen Vorlage einbezieht, ist dabei eine Reminiszenz an ein ebenso aufschlussreiches wie vergnügliches Seminar im Sommersemester 2008,[17] in dem wir die beiden großen Texte aus dem französischen und aus dem deutschen Mittelalter mit einer gemischten Gruppe aus Studierenden unserer beiden Fächer vergleichend gelesen haben.

Von dem Siechtum des Anfortas, vom Unglück der Gralsgesellschaft und von der Hoffnung auf den Erlöser weiß Parzival nichts, als er eines Abends, nach seinen Stationen am Artushof, in Graharz und in Pelrapeire, auf dem Rückweg zu seiner Mutter, in unwegsamem Gelände an einen See gelangt und dort, in der Nähe des Ufers, Männer in einem Boot ankern sieht. Um wen es sich handelt, weiß der Leser zunächst ebenso wenig wie der Held der Erzählung, der die Männer als ›Fischer‹ identifiziert und einen auffallend kostbar Gekleideten nach einer Unterkunft für die Nacht fragt. Die herrschaftliche Gewandung des ›Fischers‹ lässt den Rezipienten indes ebenso aufmerken wie sein Versprechen, sich persönlich um den Gast zu kümmern, wenn er den Weg zu dem einzigen Gebäude im Umkreis von dreißig Meilen finde (225,19–226,9); zu diesen Hinweisen passt überdies die Bemerkung des Erzählers, dass die »weideman« die Hoheit über das Gewässer besitzen (225,3 f.). Und dann die Charakterisierung der Figur durch den Erzähler, »das Beiwort wie aus der Luft gegriffen«:[18] »der trûric man« (225,18)! Ob die rätselhafte Erscheinung seines Gegenübers, der ihn wenig später als Herr der Burg und als Gastgeber begrüßt, Parzival indes überhaupt beschäftigt, wird nicht deutlich. Für ihn bleibt er jedenfalls »der vischaere« (z. B. 226,26), und die Menschen am Gral nehmen diese Bezeichnung auf, ebenso wie der Erzähler selbst (z. B. 229,20). Sie tun das wohl spielerisch, legitimiert durch

15 Ebd., S. 40.
16 Oesterle 1990, S. 77.
17 Erzählen vom Gral. Chrétien de Troyes *Perceval le Gallois* und Wolfram von Eschenbach *Parzival*, Universität Bonn, Sommersemester 2008.
18 Gnädinger 1978, S. 133.

ihren König Anfortas selbst, der seinen therapeutischen Aufenthalt auf dem See als »sînen weidetac« bezeichnet (491,9) und sich dementsprechend nachsagen lassen muss, »er waer ein fischaere« (491,14) – so Trevrizent.

Wie anders stellt sich die Situation für Parzivals Gegenüber dar! Welches Glücksgefühl muss in Anfortas erwachen, als er entdeckt, dass jemand den Weg nach Terre de Salvaesche gefunden hat und es ihm gegen alle Wahrscheinlichkeit (vgl. 492,1–14, ferner 286,10–14) gelungen ist, unbehelligt bis an den See Brumbane vorzudringen! Es muss der verheißene Ritter sein! Das Warten hat ein Ende! Die Erlösung von Krankheit und Leid steht bevor! So oder so ähnlich könnte es in Anfortas aussehen. Doch der Text gibt sich extrem spröde an dieser Stelle, er verweigert jegliche Innensicht. Lediglich die genaue Wegbeschreibung, die der ›Fischer‹ dem Fremden mitgibt, seine Warnung, nur nicht in die Irre zu reiten, und die Mahnung, sich später für die genossene Bewirtung in angemessener Weise zu bedanken (225,19–226,9), verraten, dass der ›Fischer‹ einem Besuch des Ritters offenbar eine besondere Bedeutung beimisst.

Anfortas und seine Ritter geben sich (vielleicht unzulässig) viel Mühe, den Gast, der die Burg schließlich sicher erreicht, auf die Leiden des Gralskönigs aufmerksam zu machen und ihm die Option künftiger Gralsherrschaft vor Augen zu stellen. Sie überlassen ihm den an ein Herrschaftsinsigne gemahnenden Mantel der Königsschwester, sie laden ihn ein, an der prunkvollen Gralsmahlzeit teilzunehmen, an *einem* Tisch mit dem Herrn der Burg, der, in warme Pelzgewänder gehüllt, vor einer riesigen Feuerstatt lagert, sie lassen eine ›blutende‹ Lanze in den Saal tragen, auf deren Anblick sie mit Tränen und mit gellenden Schreien reagieren, sie inszenieren eine feierliche Präsentation des geheimnisvollen Grals, sie überreichen dem Fremden ein kostbares Schwert aus dem Besitz von Anfortas (228,7–240,6). Dabei platzieren sie eine Reihe indirekter Hinweise auf ihre prekäre Situation. Wenn die Ritter ihre Trauer erwähnen (229,17), mag das noch wie beiläufig klingen. Anderes wirkt stärker aufgeladen: Anfortas' Bitte an Parzival, ganz nah bei ihm Platz zu nehmen – eine größere Distanz zwischen ihnen sei »alze gastlîch« (230,26–29, »zu sehr am Umgang mit Fremden ausgerichtet«) –, und vor allem sein Hinweis auf die Zeit seines Ritterdienstes, in der er selbst das Schwert geführt habe, »ê daz mich got / ame lîbe hât geletzet« (239,26f., »ehe mir Gott am Leibe Schaden zugefügt hat«), sind als Sprechakte einzustufen, die eine Nachfrage provozieren wollen. Doch Parzival, von Gurnemanz erst kürzlich vor vielem Fragen gewarnt (171,17), will den frisch erworbenen höfischen Schliff nicht aufs Spiel setzen (239,8–17) und schweigt – zum Entsetzen des Erzählers (240,3–9). Aufmerksame Rezipienten, welche die wiederholten Hinweise auf die in Munsalvaesche herrschende Freudlosigkeit und das tiefe Leid der Burgbewohner registriert haben (227,8–16; 228,26; 230,18–20; 231,15ff.; 237,7f.; auch 242,1–10), können dieses Entsetzen nur mit Besorgnis aufnehmen, denn sie sind mittlerweile für die Umstände auf der

Gralsburg sehr viel stärker sensibilisiert als der Held selbst und wissen überdies, dass die Wurzel des Jammers in einer Erkrankung des Königs zu suchen ist (231,1ff.).

Die Spannung der ersten Munsalvaesche-Szene entsteht somit nicht zuletzt durch das Spiel mit unterschiedlichen Informationsniveaus. In einem entscheidenden Punkt werden allerdings alle im Dunkeln gelassen, Parzival so gut wie die Mitglieder der Gralsgesellschaft. So wenig wie Parzival weiß, wen er vor sich hat (er erfährt nicht einmal den Namen des Gralskönigs), so wenig wissen umgekehrt Anfortas und die Seinen, wer der Ankömmling ist. Damit bleibt ihnen die familiäre Verbindung zwischen Parzival und Anfortas verborgen, und sie erfahren nicht, dass es Mutterbruder und Schwestersohn sind, die hier aufeinandertreffen. Und die Hörer / Leser? Wenn sie der Erzählung aufmerksam folgen, muss ihnen die Bezeichnung »fil li roy Frimutel« auffallen (230,4); doch hilft sie ihnen nicht weiter, da der Name »Frimutel« vorher noch nicht gefallen ist und es somit keinen Kontext gibt, in den er eingeordnet werden könnte. Und so dient die Wortfügung keineswegs der Aufhellung der erzählten Vorgänge; sie stellt eher die Souveränität eines Erzählers aus, der mit seinem Material nach Gutdünken verfährt und eine eigenwillige Informationspolitik der nachträglichen Enthüllung betreibt. Insofern passt das Einspielen des Namens zu der Erwähnung des schönen Greises, auf den Parzival beim Auszug der Gralsjungfrauen einen kurzen Blick erhaschen kann. Der Erzähler nimmt die kleine Szene nämlich zum Anlass, die Aufklärung über das Gesehene auf später zu verschieben, wenn die richtige Zeit für solche Mitteilungen gekommen sei; die Verlagerung von Informationen, welche für das Verständnis der Vorgänge zentral sind, expliziert er dabei als ein bewusst gewähltes erzählerisches Konzept (240,23–241,30).

Etwas mehr Licht ins Dunkel bringt Parzivals zweite Begegnung mit Sigune. Der Held erfährt hier, dass er den Gralskönig mit seiner Frage hätte erlösen können, und er erhält zudem erste Hinweise auf die Genealogie des Gralsgeschlechts, auf den Stammvater Titurel und dessen im Minnedienst gefallenen Sohn Frimutel sowie dessen Kinder (251,5–20). Sigune benennt indes nur zwei der Nachkommen, nämlich die beiden Brüder, Anfortas und Trevrizent; die Schwestern, Schoisiane, Herzeloyde und Repanse, erwähnt sie nicht, wodurch Parzival nicht nur seine Verwandtschaft mit Sigune nicht erkennen kann – sie ist die Tochter Schoisiânes und somit seine Cousine; überdies bleibt ihm so verborgen, dass er der Neffe des Gralskönigs ist. Das erschließt sich ihm, wie vieles andere auch, erst viel später bei Trevrizent (474,5–22; 476,12–477,21). Die Rezipienten sind ihm bei all dem nur wenig voraus: Sie können seit dem sog. Kyot-Exkurs im 9. Buch wissen, dass Anfortas Parzivals Onkel ist (455,2–22).

Die Aufdeckung der genealogischen Zusammenhänge verstärkt den Eindruck der Abgründigkeit von Parzivals Verhalten, denn nun wird ja deutlich, dass es ein naher Blutsverwandter ist, dessen Leiden er auf unabsehbare Zeit verlängert hat. Außerdem: wenn Trevrizent Anfortas' Leiden auf eine Verletzung an den Hoden zurückführt (479,8–12) und von seinem eigenen Entschluss berichtet, in der Hoffnung auf göttliche Errettung des Bruders sein Ritterdasein aufzugeben und sein Leben als Einsiedler zu beschließen (480,10–23), und wenn er überdies auf die Schicksale Schoisianes, Herzeloydes und Repanses zu sprechen kommt (476,12–477,21), müsste ja nicht nur dem Rezipienten, sondern auch Parzival selbst zu Bewusstsein kommen, dass er der einzige zeugungsfähige wie -willige männliche Spross der Gralsdynastie ist – somit hätte bei seinem womöglich von Gott geschenkten und gelenkten Besuch auf Munsalvaesche mit der rettenden Frage nach dem Leiden des Anfortas zugleich die Chance bestanden, dass der ›Richtige‹ ihm als Gralskönig nachgefolgt wäre.

Nicht von ungefähr kommt Trevrizent auf Anfortas zu sprechen, als er seinen Besucher Parzival vor Hoffart (*superbia*) warnt (472,12 ff.). Denn Hoffart hat den jungen Anfortas dazu verleitet, sich eigenmächtig eine Frau zu wählen, in deren Minnedienst er große ritterliche Taten vollbrachte (472,21–473,4; 478,1–479,2); als Kampfruf wählte er den Namen des Liebesgottes: Amor (478,30). Damit hat er jedoch ein göttliches Gesetz missachtet: Der Gralskönig darf sich zwar – als einziger innerhalb des Gralsbereichs – mit einer Frau verbinden, doch wird ihm diese Frau von Gott bestimmt; die einzig legitime Form für diese Verbindung ist die Ehe (478,13–16; 495,7–12). Anfortas hat außerdem den problematischen Lebenswandel des Bruders unterstützt, der sich ebenso wenig an die gegebenen Regeln gehalten hat (495,13–499,10). Trevrizents Darlegungen zufolge ist Anfortas' Verletzung als göttliche Strafe aufzufassen. Schritt für Schritt erklärt der Einsiedler seinem Neffen dann die Vorkommnisse bei dessen Aufenthalt vor und in Munsalvaesche: den Grund für Anfortas' Aufenthalt auf dem See (491,5–18), den Aufzug der Gralsjungfrauen, die Funktion des Grals (493,19 ff.). Auch die ›blutende‹ Lanze, die von einem Knappen durch den Festsaal getragen worden war und die für den Helden wie für den Rezipienten vielleicht das größte Rätsel darstellte, wird in diesem Zusammenhang noch einmal zum Thema (489,22–490,30; 492,17–493,14). Erst jetzt begreift man, dass die Lanze, die zunächst als ein rituelles Werkzeug erscheint, welches die Gralsgemeinschaft an das Leiden ihres Königs gemahnt, primär ein medizinisch-therapeutisches Instrument ist, mit dem man bisweilen versucht, die Kälte aus dem Körper des Königs zu ziehen, indem man »daz gelüppe heiz« (»das heiße Gift«), das an dem Speereisen ist (490,13 f.), auf die Wunde legt. Aufgrund einer besonderen Planetenkonstellation war dieses Vorgehen, so Trevrizent, seinerzeit nicht mehr ausreichend, und die Lanzenspitze musste in die Wunde eingeführt werden: »Dâ half ein nôt für d'andern nôt« (490,1, »Da half ein Schmerz gegen den anderen«; vgl. 492,23–493,8).

Wenn Trevrizent von der verbotenen Minne des Bruders spricht, behält er den

Namen der Auserwählten für sich: »swer diu was, daz sî dâ mite« (478,20, »Wer sie war, sei dahingestellt«). Die Enthüllung, dass es Orgeluse ist, die Herzogin von Logroys, für die inzwischen Gawan, der Musterritter des Artushofs, sich passioniert, hat daher etwas von einem Paukenschlag. Über eine Verbindung zwischen Anfortas und Orgeluse spricht als erster der Erzähler, und zwar in Buch 10, wenn er Malcreatiure vorstellt, den missgestalteten Knappen der Herzogin, den sie einst als Geschenk von Anfortas erhielt. Die Gabe wird an dieser Stelle allerdings noch ganz allgemein auf die »milte«, die Freigebigkeit, des Gralskönigs zurückgeführt (519,27–30). Den Minnedienst von Anfortas bekennt dann in Buch 11 Orgeluse selbst (616,11–617,3). Wenn es hier zusätzlich heißt, dass auch jene Kleinodien von Anfortas stammen, die Orgeluse für ihren Pakt mit dem zauberkundigen Clinschor eingesetzt hat (617,4–23), und wenn Arnive, Artus' Mutter, den vom Kampf auf dem Lit marveile verletzten Gawan mit einer Salbe aus Munsalvaesche kuriert, die dazu beigetragen hat, dass Anfortas am Leben blieb (579,23–580,1), so verweist das auf die für Wolframs Erzählen charakteristischen Bezüge zwischen der Parzival- und der Gawanhandlung. Doch damit nicht genug: Die ursprüngliche Besitzerin der Kostbarkeiten Orgeluses war die heidnische Königin Secundille, in deren Dienst wir am Ende des Textes Feirefiz, Parzivals orientalischen Halbbruder erleben; damit hätte man einen weiteren Beleg für das hochartifizielle Erzählgeflecht des *Parzvial*, das u. a. eine enge Verbindung zwischen Orient und Okzident etabliert.

Am Ende steht Anfortas' Genesung. Doch bevor wir mit ansehen dürfen, wie aus dem *trûregen* Mann »âne freude und âne trôst« (315,29) wieder der *süeze* und *clâre* Anfortas wird (vgl. z. B. 810,7; 811,17; 819,3; 820,28; 821,3; 823,23), spricht Wolfram noch einmal über den schwerkranken Gralsherrscher. Als Parzival gemeinsam mit Feirefiz und geführt von Cundrie zum zweiten Mal nach Munsalvaesche gelangt, hat sich Anfortas' Lage noch einmal dramatisch verschlimmert. Die Stellung der Planeten Mars und Jupiter verursacht ihm unerträgliche Schmerzen; seine Schreie gellen durch den Raum, und seine flehentlichen Blicke suchen um Hilfe und Erlösung nach (789,4–17). Es handelt sich um die weitere Zuspitzung eines Zustands, der eigentlich nicht mehr steigerungsfähig erschien, hatte es doch vorher schon geheißen, dass Anfortas die Seinen anbettelt, ihn sterben zu lassen, und dass er mit verzweifelten Appellen an ihre *triuwe* ihr Erbarmen einklagt (787,1–788,12). Bisweilen hält er über vier Tage lang die Augen geschlossen. Sie aber missachten seinen Willen, sie tragen ihn vor den Gral und setzen ihn dessen lebensverlängernder Wirkung aus; Anfortas, seinen Schmerzen ausgeliefert, muss die Augen dann schließlich wieder aufschlagen (788,21–30). Sie tun dies, so der Erzähler, weil sie weiter an den verheißenen Erlöser glauben (788,13–20).

Mit immer neuen Details führt Wolfram Anfortas' Patientendasein vor Augen, zählt er die Arzneimittel auf, die in Munsalvaesche zum Einsatz gelangen:

pflanzliche oder tierische Duftstoffe zur Verbesserung des Wundgestanks und eine Vielzahl von Edelsteinen, die belebend wirken und eine Heilung fördern sollen (789,21–792,8). Das Wunder der Genesung aber – und als ein solches erscheint Anfortas' Heilung durch den Verweis des Erzählers auf die Silvester- und die Lazarus-Geschichte (795,30–796,5) – wird einzig durch Parzivals Frage nach dem Leid des Verwandten bewirkt: »oeheim, waz wirret dier?« (795,29, »Mutterbruder, was fehlt Dir?«). Daraufhin nämlich vollzieht sich die Transformation des geschundenen Körpers zu blühender Schönheit, die alles Dagewesene in den Schatten stellt und Zeugnis ablegt von der unergründlichen Macht Gottes (796,5–16). Der strahlenden Schönheit korrespondiert eine innere Läuterung: Anfortas erkennt die Hoffart als Ursache seines Schicksals, bekennt sich zur Tugend der Demut und schwört Reichtum und Frauendienst auf immer ab; nun reitet er wieder, allerdings nur noch im Dienst des göttlichen Grals (819,9–820,4).

Im *Conte du graal* sind die Informationen über den »pescheor« (3061) bzw. den »Roi Pescheor« (3495) auf insgesamt vier Szenen verteilt: auf Percevals Begegnung mit den beiden Männern im Kahn und seinen Aufenthalt auf der Gralsburg (2976–3421), seine Begegnung mit dem trauernden Fräulein (3422–3690), den Auftritt des hässlichen Fräuleins am Artushof (4603–4717) und Percevals Aufenthalt beim Eremiten (6331–6513); von einer Genesung des Gralskönigs lesen wir hier nichts, da der Text Fragment geblieben ist. Perceval trifft den *pescheor* an einem reißenden Fluss, den er nicht zu überqueren wagt. Nach einer Unterkunft für die Nacht gefragt, weist der Fischer im Kahn ihm den Weg zu einem hochgelegenen Felsspalt, von wo aus er im Tal sein Haus sehen könne; dort werde er ihn persönlich bewirten. Nachdem er die Burg erst einmal entdeckt hat, findet Perceval völlig problemlos dorthin. Der Gedanke an mögliche Irrwege kommt hier gar nicht erst auf. Der weniger angespannte Umgang des Fischers mit seinem potentiellen Gast mag aus dem Umstand resultieren, dass es bei Chrétien keine Ankündigung eines Erlösers gibt und man daher auch nicht auf einen solchen wartet. Auf der eindrucksvollen Burg trifft Perceval den Fischer wieder: Es ist der »bel preudome« (3086), der im Saal auf einem Bett sitzt, gekleidet in Zobel und Purpur und gewärmt von einem gewaltigen Feuer. Schon bei der Begrüßung verweist der Burgherr auf seine Erkrankung, die es ihm nur unter größter Mühe erlaubt, sich zu erheben – ein Eingeständnis, das der Gast lediglich mit der ungehobelt-egoistischen Bemerkung quittiert, das bekümmere ihn nicht weiter, solange Gott ihm selbst nur Glück und Gesundheit schenke (3102–3114). Die Lähmung ist erneut Thema, als der Burgherr das Zeichen zur Nachtruhe gibt. Er habe keine Gewalt über seinen Körper und müsse daher getragen werden, lässt er gegenüber Perceval verlauten (3336–3343). Mehr dazu teilt wenig später ›das trauernde Fräulein‹ mit: In einem Kampf habe ein Wurfspeer den Herrn der Burg getroffen, »parmi les quisses ambesdeus« (3513,

»zwischen den Oberschenkeln«), und diese Verletzung setzte ihm »noch« (3514, »encor«) so zu, dass er nicht in der Lage sei, ein Pferd zu besteigen. Auch wenn es nicht in vergleichbarer Weise ausgearbeitet ist (die ausführliche Darlegung von Therapieversuchen gibt es im *Conte du graal* ebenso wenig wie den Todeswunsch des Königs), ist das Motiv des kranken Königs somit bereits bei Chrétien vorgebildet. Und doch ist die Aufgabe Percevals hier eine ganz andere: Es wird nicht von ihm erwartet, dass er nach der Krankheit und dem Leiden des Herrn der Burg fragt, sondern er soll auf das Wunder der »wahrhaftig« (6374, »sanz dotance«) blutenden Lanze reagieren und auf das Wunder des Grals. Seine Fragen müssten somit lauten: Warum blutet die Lanze? Wen bedient man mit dem Gral (3547–3571; 4652–4661; 6372–6377; 6379f.)? Doch auch diese Fragen, die Perceval auf der Zunge liegen und die er nur in Erinnerung an die Erziehungsmaximen des Gornemans de Gorhaut (Gurnemanz de Grâharz im mittelhochdeutschen Text) unterdrückt (3202–3212; 3243–3247; 3290–3309; 3414–3421), hätten die Macht, den Herrn der Burg zu heilen, wie Perceval von dem ›trauernden Fräulein‹ erfährt (3583–3592; vgl. 4669–4674). Auf die schlimmen Konsequenzen seines verhängnisvollen Schweigens weist ihn dann die Gralsbotin hin: Die Regierungsunfähigkeit des Königs werde den Frieden im Land untergraben. »Frauen werden deshalb ihre Gatten verlieren, Länder verheert werden, Fräulein in Not geraten und als Waisen zurückbleiben und viele Ritter sterben« (4678–4682). All dies rechnet sie Perceval als Schuld an (4683). Dabei hätte er das Glück nur beim Schopfe packen und seinem Frageimpetus folgen müssen (4646–4651; 4662–4668).

Auch bei Chrétien sind der Gralsherrscher und Perceval miteinander verwandt. Allerdings ist die genealogische Konstellation bei ihm eine andere als bei Wolfram, der den alten und den neuen König im Avunkulat verbunden hat. Der »riche Pescheor« (6417) ist bei Chrétien ein Sohn desjenigen Königs, den man – offenbar in einem an den Saal angrenzenden Raum – mit einer Hostie aus dem Gral versorgt. Dieser König, der Eremit und Percevals Mutter sind Geschwister, sodass der Fischerkönig Percevals Vetter ist (6415–6419). Es ist jedoch auch bei Chrétien der Eremit, die Parallelfigur zu Trevrizent, der seinem Schützling die Verwandtschaftsverhältnisse enthüllt – ein Vorgang, der sich mit anderen Beobachtungen in eine Linie stellen lässt: »Auch im ›Conte du Graal‹ wird Percevals Weg von seiner mütterlichen Familie bestimmt: an der Mutter versündigt er sich, vor dem kranken Vetter schweigt er; die Cousine läßt ihn den eigenen Namen finden; der Oheim befreit ihn von der Sünde«.[19]

19 Bumke 2004, S. 94.

## Bibliographie

Chrétien de Troyes: *Le Roman de Perceval ou Le Conte du Graal / Der Percevalroman oder Die Erzählung vom Gral.* Altfranzösisch / Deutsch. Übersetzt und hg. von Felicitas Olef-Krafft. Stuttgart 1991 (RUB 8649).

Wolfram von Eschenbach: *Parzival.* Studienausgabe. 2. Auflage. Mittelhochdeutscher Text nach der sechsten Ausgabe von Karl Lachmann. Übersetzung von Peter Knecht. Mit Einführungen zum Text der Lachmannschen Ausgabe und in Probleme der ›Parzival‹-Interpretation von Bernd Schirok. Berlin / New York 2003.

Backes, Susanna: *Von Munsalvaesche zum Artushof. Stellenkommentar zum 5. Buch von Wolframs ›Parzival‹ (249,1–279,30).* Herne 1999.

Kordt, Christa-Maria: *Parzival in Munsalvaesche. Kommentar zu Buch V/1 von Wolframs ›Parzvial‹ (224,1–248,30).* Herne 1997.

Nellmann, Eberhard: »Stellenkommentar«, in: Wolfram von Eschenbach: *Parzival.* Nach der Ausgabe Karl Lachmanns revidiert und kommentiert von Eberhard Nellmann. Übertragen von Dieter Kühn. Bd. 1–2. Frankfurt/Main 2006 (Deutscher Klassiker Verlag im Taschenbuch 7), hier Bd. 2, S. 443–790.

Schmitz, Michaela: *Der Schluss des* Parzival *Wolframs von Eschenbach. Kommentar zum 16. Buch.* Berlin 2012.

Bertau, Karl: *Wolfram von Eschenbach. Neun Versuche über Subjektivität und Ursprünglichkeit in der Geschichte.* München 1983.

Brüggen, Elke: »Die Farben der Frauen. Semantiken der Colorierung des Weiblichen im *Parzival* Wolframs von Eschenbach«, in: Schausten, Monika (Hg.): *Die Farben imaginierter Welten. Zur Kulturgeschichte ihrer Codierung in Literatur und Kunst von Mittelalter bis zur Gegenwart.* Berlin 2012 (Literatur– Theorie – Geschichte. Beiträge zu einer kulturwissenschaftlichen Mediävistik 1), S. 201–225.

Brüggen, Elke: »Irisierendes Erzählen. Zur Figurendarstellung in Wolframs ›Parzival‹«, in: Ridder, Klaus, in Verbindung mit Susanne Köbele und Eckart Konrad Lutz (Hg.): *Wolframs Parzival-Roman im europäischen Kontext.* Tübinger Kolloquium 2012. Berlin 2014 (Wolfram-Studien XXIII), S. 333–357.

Brüggen, Elke: »*swie ez ie kom, ir munt was rôt.* Zur Handhabung der *descriptio* weiblicher Körperschönheit im *Parzival* Wolframs von Eschenbach«, in: Andersen, Elizabeth / Bauschke-Hartung, Ricarda / McLelland, Nicola / Reuvekamp, Silvia (Hg.): *Literarischer Stil. Mittelalterliche Dichtung zwischen Konvention und Innovation.* XXII. Anglo-German Colloquium Düsseldorf. Boston 2015, S. 391–411.

Brüggen, Elke / Bumke, Joachim: »Figuren-Lexikon«, in: Heinzle, Joachim (Hg.): *Wolfram von Eschenbach. Ein Handbuch.* Bd. 1–2. Berlin 2011, hier Bd. 1, S. 835–938.

Brüggen, Elke / Lindemann, Dorothee: »Unschärfen. Überlegungen zur Syntax des ›Parzival‹«, in: Bartsch, Nina / Schultz-Balluff, Simone (Hg.): *PerspektivWechsel oder: Die Wiederentdeckung der Philologie.* Bd. 2: *Grenzüberschreitungen. Zusammenspiele von Sprache und Literatur in Mittelalter und Früher Neuzeit.* Berlin 2016, S. 397–432.

Brüggen, Elke / Lindemann, Dorothee: »Zwischen *wildekeit* und *obscuritas?* Schillernde *rede* in Wolframs ›Parzival‹«, in: Köbele, Susanne / Frick, Julia, in Verbindung mit Ricarda Bauschke-Hartung und Franz-Josef Holznagel (Hg.): wildekeit. *Spielräume literarischer* obscuritas *im Mittelalter.* Zürcher Kolloquium 2016. Berlin 2018 (Wolfram-Studien XXV), S. 199–224.

Bumke, Joachim: *Wolfram von Eschenbach.* 8., völlig neu bearbeitete Auflage. Stuttgart, Weimar 2004 (Sammlung Metzler 36).

Cazelles, Brigitte: *The Unholy Grail. A Social Reading of Chrétien de Troyes* Conte du Graal. Stanford 1996.

Dallapiazza, Michael: *Wolfram von Eschenbach: Parzival.* Berlin 2009 (Klassiker-Lektüren 12).

Frappier, Jean: »La blessure du Roi Pêcheur dans le *Conte du Graal*«, in: Runte, Hans R. / Niedzielski, Henri /Hendrickson, William L. (Hg.): *Jean Misrahi Memorial Volume. Studies in Medieval Literature.* Columbia 1977, S. 181–196.

Fritsch-Rössler, Waltraud: »Kastriert, blind, sprachlos. Das (männliche) Geschlecht und der Blick in Wolframs ›Parzival‹«, in: Dies. (Hg.): *Frauenblicke. Männerblicke. Frauenzimmer. Studien zu Blick, Geschlecht und Raum.* St. Ingbert 2002 (Mannheimer Studien zur Literatur- und Kulturwissenschaft 26), S. 111–163.

Fuchs-Jolie, Stephan: »Von der Gnade erzählen. Parzival, Gottes *hulde* und die Gesetze des Grals«, in: *Frühmittelalterliche Studien* (41) 2007, S. 435–446.

Gnädinger, Louise: »Rois Peschiere / Anfortas. Der Fischerkönig in Chrestiens und Wolframs Graldichtung«, in: Güntert, Georges / Jung, Marc-René / Ringger, Kurt (Hg.): *Orbis Mediaevalis. Mélanges de langue et de littérature médiévales offerts à Reto Raduolf Bezzola à l'occasion de son quartre-vingtième anniversaire.* Bern 1978, S. 127–148.

Green, Dennis H.: »The Art of Namedropping in Wolfram's ›Parzival‹«, in: *Wolfram-Studien* VI (1980), S. 84–150.

Green, Dennis H.: *The Art of Recognition in Wolfram's* Parzival. Cambridge 1982.

Groos, Arthur: »Treating the Grail King: Astrology and Medicine in Book XVI of Wolfram's ›Parzival‹«, in: *Sudhoffs Archiv* (76) 1992, S. 74–86.

Groos, Arthur: »*trachontê* and *des trachen umbevart* (*Parzival* 483)«, in: Bushell, Anthony (Hg.): *Essays in Germanic Studies. Carl Lofmark Memorial Volume.* Lampeter 1993 (*Trivium* 28), S. 23–37.

Groos, Arthur: »Treating the Fisher King (*Parzival*, Book IX)«, in: Honemann, Volker / Jones, Martin H. / Stevens, Adrian / Wells, David (Hg.): *German Narrative Literature of the Twelfth and Thirteenth Centuries. Studies presented to Roy Wisbey on his Sixty-fifth Birthday.* Tübingen 1994 (a), S. 275–304.

Groos, Arthur: »Wolframs Schlangenliste (›Parzival‹ 481) und Pseudo-Apuleius«, in: Domes, Josef / Gerabek, Werner E. / Weisser, Christoph [et al.] (Hg.): *Licht der Natur. Medizin in Fachliteratur und Dichtung. Festschrift für Gundolf Keil zum 60. Geburtstag.* Göppingen 1994 (b) (Göppinger Arbeiten zur Germanistik 585), S. 129–148.

Groos, Arthur / Lacy, Norris J. (Hg.): *Perceval / Parzival. A Casebook.* New York/London 2002.

Haage, Bernhard Dietrich: »Prolegomena zu Anfortas' Leiden im ›Parzival‹«, in: *Würzburger medizinhistorische Mitteilungen* (3) 1985, S. 101–126.

Haage, Bernhard Dietrich: »Medizinhistorische Aspekte der ›Parzival‹-Interpretation«, in: Fichte, Joerg O. / Göller, Karl Heinz / Schimmelpfennig, Bernhard (Hg.): *Zusammenhänge, Einflüsse, Wirkungen.* Kongressakten zum ersten Symposium des Mediävistenverbandes in Tübingen, 1984. Berlin/New York 1986, S. 130–144.

Haage, Bernhard Dietrich: *Studien zur Heilkunde im »Parzival« Wolframs von Eschenbach.* Göppingen 1992 (Göppinger Arbeiten zur Germanistik 565).

Haage, Bernhard Dietrich: »Krankheit und Erlösung im ›Parzival‹ Wolframs von Eschenbach: Anfortas' Leiden«, in: Fieger, Michael / Weder, Marcel (Hg.): *Krankheit und Sterben. Ein interprofessioneller Dialog.* Bern [u. a.] 2012, S. 167–185.

Hennig, Ursula: »Die Gurnemanzlehren und die unterlassene Frage Parzivals«, in: *Beiträge zur Geschichte der deutschen Sprache und Literatur* (97) 1975, S. 312–332.

Kerth, Sonja: »›sîme volke er jâmers gap genuoc‹. Der im Kampf versehrte Herrscher in Wolframs von Eschenbach ›Parzival‹«, in: Nolte, Cordula (Hg.): *Phänomene der »Behinderung« im Alltag. Bausteine zu einer Disability History der Vormoderne.* Affalterbach 2013 (Studien und Texte zur Geistes- und Sozialgeschichte des Mittelalters 8), S. 189–211.

Kerth, Sonja: »Wolframs Greise. Alter(n) im ›Parzival‹, ›Titurel‹ und ›Willehalm‹«, in: *Zeitschrift für deutsches Altertum und deutsche Literatur* (144) 2015, S. 48–76.

Kerth, Sonja: »Traumaerzählungen im *Parzival.* Ein Versuch«, in: *Archiv für das Studium der neuen Sprachen und Literaturen* (252) 2015, S. 263–293.

Knaeble, Susanne: *Höfisches Erzählen von Gott. Funktion und narrative Entfaltung des Religiösen in Wolframs ›Parzival‹.* Berlin/New York 2011 (Trends in Medieval Philology 23).

Lazda-Cazers, Rasma: »Old Age in Wolfram von Eschenbach's Parzival and Titurel«, in: Classen, Albrecht (Hg.): *Old Age in the Middle Ages and the Renaissance. Interdisciplinary Approaches to a Neglected Topic.* Berlin/New York 2007 (Fundamentals of Medieval and Early Modern Culture 2), S. 201–218.

Mertens-Fleury, Katharina: *Leiden lesen. Bedeutungen von* compassio *um 1200 und die Poetik des Mit-Leidens im ›Parzival‹ Wolframs von Eschenbach.* Berlin/New York 2006 (Scrinium Friburgense 21).

Metzler, Irina: *Disability in Medieval Europe. Thinking about Physical Impairment during the High Middle Ages, c. 1100–1400.* London/New York 2006 (Routledge Studies in Medieval Religion and Culture 5).

Neudeck, Otto: »Das Stigma des Anfortas. Zum Paradoxon der Gewalt in Wolframs ›Parzival‹«, in: *Internationales Archiv für die Sozialgeschichte der Literatur* (19) 1994, S. 52–75.

Nolte, Cordula / Frohne, Bianca / Halle, Uta / Kerth, Sonja (Hg.): *Dis/ability History der Vormoderne. Ein Handbuch. Premodern Dis/ability History. A Compendium.* Affalterbach 2017.

Oesterle, Günter: »›Kunstwerk der Kritik‹ oder ›Vorübung zur Geschichtsschreibung‹? Form- und Funktionswandel der Charakteristik in Romantik und Vormärz«, in: Barner, Wilfried (Hg.): *Literaturkritik – Anspruch und Wirklichkeit.* Stuttgart 1990, S. 64–86.

Pratelidis, Konstantin: *Tafelrunde und Gral. Die Artuswelt und ihr Verhältnis zur Gralswelt im ›Parzival‹ Wolframs von Eschenbach.* Würzburg 1994 (Würzburger Beiträge zur deutschen Philologie 12).

Redzich, Carola: »Der Schmerz des Anfortas. Zu Wolframs poetischer Inszenierung eines augustinischen Theorems«, in: Schiewer, Hans-Jochen [u. a.] (Hg.): *Schmerz in der Literatur des Mittelalters und der Frühen Neuzeit.* Göttingen 2010, S. 213–241.

Richter, Julia: *Spiegelungen: Paradigmatisches Erzählen in Wolframs ›Parzival‹*. Berlin/ Boston 2015 (Münchener Texte und Untersuchungen zur deutschen Literatur des Mittelalters 144).
Rossi, Francesco: »Die Charakteristik. Prolegomena zur Theorie und Geschichte einer deutschen Gattung – nebst komparatistischer Bemerkungen«, in: *Scientia Poetica* (21) 2017, S. 38–63.
Schirok, Bernd: »Die Inszenierung von Munsalvaesche. Parzivals erster Besuch auf der Gralsburg«, in: *Literaturwissenschaftliches Jahrbuch der Görres-Gesellschaft* (46) 2005, S. 39–78.
Schu, Cornelia: *Vom erzählten Abenteuer zum Abenteuer des Erzählens. Überlegungen zur Romanhaftigkeit von Wolframs ›Parzival‹*. Frankfurt/Main 2002.
Schumacher, Frauke: *Die erzählte Welt als Spiegel. Reflexionen des analytischen Erzählens im ›Parzival‹ Wolframs von Eschenbach.* Diss. Universität Bremen 2014.
Schrodt, Richard: »Anfortas' Leiden«, in: Birkhan, Helmut (Hg.): *Festgabe für Otto Höfler zum 75. Geburtstag.* Wien 1976, S. 589–626.
Spreckelsen, Tilman: *Gralswunder und Drachentraum. Ein Streifzug durch die Artuswelt.* Frankfurt/Main 2007.
Tomasek, Tomas: »Kranke Körper in der mittelhochdeutschen höfischen Literatur. Eine Skizze zur Krankheitsmotivik«, in: Ridder, Klaus / Langer, Otto (Hg.): *Körperinszenierungen in mittelhochdeutscher Literatur. Kolloquium am Zentrum für interdisziplinäre Forschung der Universität Bielefeld, 18.–20. März 1999.* Berlin 2002 (Körper – Zeichen – Kultur / Body – Sign – Culture 11), S. 97–15.
Tracy, Kisha G.: »Representations of disability: The medieval literary tradition of the fisher king«, in: Eyler, Joshua R. (Hg.): *Disability in the Middle Ages. Reconsiderations and Reverberations.* Farnham, Burlington / VT 2010, S. 105–118.
Walter, Philippe: »Mélancoliques solitudes: le roi Pêcheur (Chrétien de Troyes) et Anfortas (Wolfram von Eschenbach)«, in: Siganos, André / Blaise, Marie (Hg.): *Solitudes. Écriture et représentation.* Grenoble 1995, S. 21–30.
Ziolkowski, Theodore: »Der Karfunkelstein«, in: *Euphorion* (55) 1961, S. 297–326.

Paul Geyer (Bonn)

# Der Amor-Begriff in Petrarcas *Canzoniere*

## Einleitung

Francesco Petrarca (1304–1374) beschreibt in seinem *Canzoniere*, seinem aus 366 Gedichten bestehenden »Liederbuch«, erstmals die innere Welt eines – seines eigenen – nachmittelalterlichen Bewusstseins. Der *Canzoniere* kann uns heute noch in Staunen versetzen, ja faszinieren durch Petrarcas Weise der Arbeit am Bewusstsein und durch seine Arbeit am Begriff des Bewusstseins. Der *Canzoniere* spricht uns gerade deshalb noch so direkt an, weil seine jahrhundertelange Rezeption die Bewusstseinsform des modernen Menschen wesentlich mitgestaltet hat. Durch die im Werk angelegte Systematik und Dialektik der Seelenvermögen und durch die Inszenierung seines Amor-Begriffes vollführt Petrarca einen atemberaubenden Sprung aus dem Mittelalter in die Moderne.

## Systematik und Dialektik der Seelenvermögen

Bevor ich mich dem Amor-Begriff selbst zuwende, möchte ich die Aufmerksamkeit auf die Systematik und Dialektik der Seelenvermögen lenken, die gleichsam das psychologische Gerüst des Werks bildet und daher auf Anhieb nicht so leicht ins Auge fällt (vgl. Abb. 1). »Seelenvermögen« meint in Anlehnung an den Begriff der »potentiae animae« von Thomas von Aquin den gesamten leib-seelisch-rationalen Apparat. Noch Kant kennt den Begriff der Seelenvermögen und verwendet ihn synonym mit dem Begriff der Gemütsvermögen (*Kritik der Urteilskraft*).[1] »Seele« meint dann eine Art Ober- und Synthesebegriff der »Seelenvermögen«, wie selbst Sigmund Freud den Begriff der Seele noch als individuelle Synthese zwischen Ratio und Triebhaftigkeit, zwischen Bewusstem

1 Thomas von Aquin, *Summa theol.*, I, 77; Kant 1790, »Einleitung«.

und Un(ter-)bewusstem verwendet.[2] Wir würden heute vielleicht von menschlicher Subjektivität sprechen.

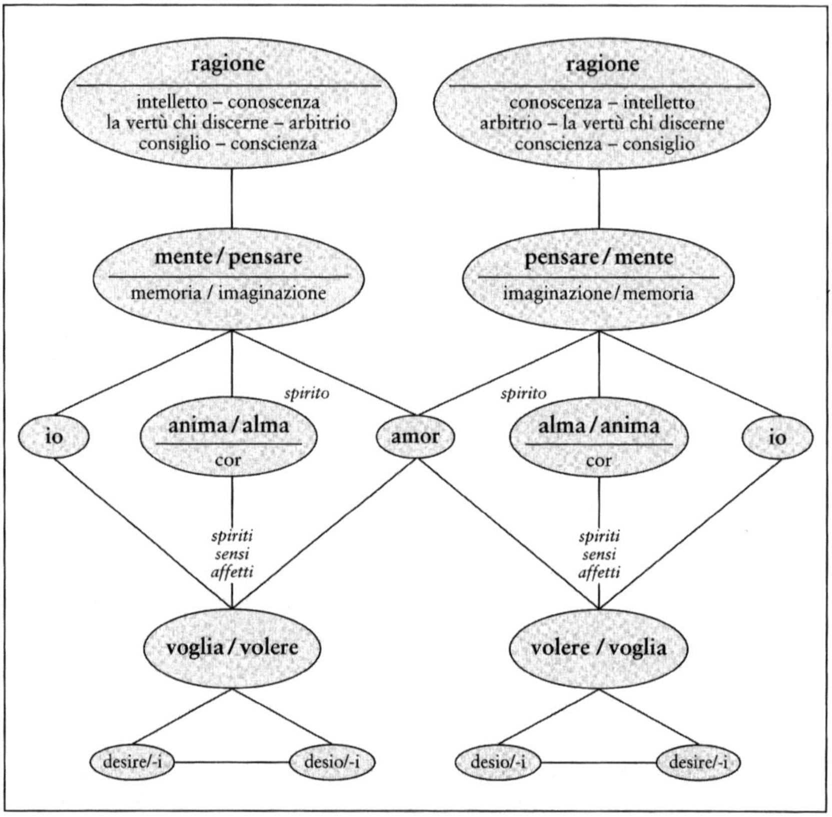


Abb. 1: Systematik und Dialektik der Seelenvermögen

Ich gewinne Petrarcas implizite Systematik der Seelenvermögen induktiv aus dem *Canzoniere* selbst.[3] Deutlich sind die Parallelen zu den anthropologischen Teilen der *Summa theologica* von Thomas (I, 75–83, und I-II, 22–48) oder zu den »anthropologischen Canti« XVI–XVIII und XXV in Dantes *Purgatorio*, die natürlich wiederum ihre Wurzeln in der antiken Philosophie haben. Entscheidend sind allerdings vier Modifikationen, die Petrarca an der traditionellen Syste-

2 Z. B. in *Das Ich und das Es*, vgl. Freud 1923.

3 Wie ich das mache, kann ich hier nicht in der nötigen Breite ausführen, dazu muss ich auf das Kapitel »Petrarcas Ich und Petrarcas Du: *Canzoniere*« in meinem Buch *Von Dante zu Ionesco. Literarische Geschichte des modernen Menschen in Italien und Frankreich*, Bd. 1, Hildesheim/Zürich/New York: Olms, 2013, 65–113, verweisen.

matik vornimmt und die ich hier jetzt einleitend schon einmal kurz zusammenfasse, bevor ich sie im Weiteren analytisch auseinanderlege:

*Erstens* säkularisiert Petrarca die traditionelle Systematik der Seelenvermögen radikal in *der* Art, dass die Rückbindung der menschlichen Seele an ein transzendentes Prinzip systemimmanent gekappt erscheint, selbst wenn Petrarca diese Kappung gelegentlich noch demonstrativ leugnet.

*Zweitens* entrationalisiert Petrarca die traditionelle Anthropologie, indem er die menschliche Seele aus ihrer Personalunion mit der Ratio löst, die irrationalen Momente der Seele betont und mit »la mente« eine Vermittlungsinstanz zwischen Seele und Ratio einfügt, durch die die Ratio zuletzt identitätstheoretisch gesehen sozusagen an den Rand gedrängt wird.

*Drittens*, und im Zusammenhang mit der Schwächung der Ratio im System, tilgt Petrarca unauffällig die den menschlichen Vermögen und Strebungen eingeborene Tendenz zum essenziell Wahren und Guten, die im mittelalterlichen Denken nur durch einen bewussten Akt der Böswilligkeit konterkariert werden konnte.

*Viertens* aber überwindet Petrarca den scholastisch-schematischen Systemcharakter der Seelenvermögen schon implizit, da – wie sich zeigt, wenn man die implizite Systematik explizit macht – keine Systemstelle ohne die anderen zu begreifen ist. Die dialektische Überwindung des Systemcharakters der Seelenvermögen wird freilich auch im *Canzoniere* selbst schon explizit, wenn man die Begriffe Amors und des (lyrischen) Ichs und Dus genauer betrachtet, wie wir das gleich tun werden. Amor und Ich verhalten sich zu den anderen Seelenvermögen gleichsam exzentrisch, vermitteln zwischen ihnen, lösen sie aus ihrer taxonomischen Systemstelle heraus und bringen sie dialektisch zum ›Tanzen‹.

Klar ist übrigens auf der methodologischen Ebene, dass die Begriffe des Impliziten und des Expliziten heuristische Begriffe sind, zwischen denen exakt-logische Trennschärfe nicht erwartet werden darf. Die fragile Opposition des Impliziten und des Expliziten bildet die Fragilität der hermeneutischen Anstrengung des Literaturwissenschaftlers ab. Implizites und Explizites sind auch Setzungen: Der Literaturwissenschaftler sucht Implizites, das in seinem Entdeckerauge explizit wird, und er beschreibt Explizites, das doch ohne seine Beschreibung so explizit nicht wäre.

Wollen wir also, unter diesem methodologischen Vorbehalt, nun zunächst sehen, wie das implizite System der Seelenvermögen funktioniert. Das System der Seelenvermögen ist traditionell als dreipolig hierarchisch zu veranschaulichen, mit der Triebhaftigkeit unten, der Rationalität oben und einem seelisch-emotionalen Zwischenbereich im Zentrum. Ich will mit den einfacher zu beschreibenden Außenpolen beginnen.

## Begehren

Die konkreteste und intensivste der im *Canzoniere* gestalteten erotischen Fantasien spielt intertextuell mit einem lange tradierten Stoff und transformiert ihn in einer Weise, die die Bewusstseinsform, aus der er stammt, dekonstruiert und eine neue Bewusstseinsform zu modellieren erlaubt. In Kanzone 23, 147ff., imaginiert das lyrische Ich die nackte Laura, so heißt sein lyrisches Du, wie sie in einer Quelle badet und dem voyeuristischen lyrischen Ich Wasser ins Gesicht spritzt. Petrarca knüpft hier an die Actaeon-Diana-Mythe aus Ovids *Metamorphosen* an (III, 138ff.), auf die ich gleich noch zu sprechen komme; man beachte auch die Illustration (Abb. 2), auf die ich gleich noch eingehe:

Abb. 2: [Tomasini, Giacomo Filippo:] IACOBI PHILIPPI | TOMASINI PATAVINI | EPISCOPI ÆMONIENSIS | PETRARCHA REDIVIVVS, | Integram Poetæ celeberrimi Vitam Iconibus æere | cælatis exhibens. | PATAVII, MDCL. | Typis Pauli Frambotti Bibliopolæ. | Superiorum permissu. (Biblioteca Petrarchesca Reiner Speck, Köln)

I' seguì' tanto avanti il mio desire
ch'un dì cacciando sì com'io solea
mi mossi; e quella fera bella et cruda
in una fonte ignuda
si stava, quando 'l sol più forte ardea.
Io, perché d'altra vista non m'appago,
stetti a mirarla: ond'ella ebbe vergogna;
et per farne vendetta, o per celarse,
l'acqua nel viso co le man' mi sparse.
Vero dirò (forse e' parrà menzogna)
ch'i' sentì' trarmi de la propria imago,
et in un cervo solitario et vago
di selva in selva ratto mi trasformo:
et anchor de' miei can' fuggo lo stormo.
(23, 147–160, zit. nach Santagata 2000)

Ich folgte meinem Begehren so weit,
dass eines Tags, wie so oft, zur Jagd ich sprengte;
und da stand dies gnadenlos-schöne Raubtier
in einer Quelle nackt,
als die Sonne am heißesten brannte.
Ich, den kein anderer Anblick befriedigt,
stand und schaute sie an: darüber empfand sie Scham;
und aus Rache oder um sich zu verbergen,
spritzte sie mir mit den Händen Wasser ins Gesicht.
Wahr ist's (auch wenn es vielleicht Lüge scheint),
dass ich mich meiner eigenen Gestalt entzogen fühlte
und rasch in einen einsam in den Wäldern
schweifenden Hirsch mich verwandle:
und noch immer fliehe ich vor dem Ansturm meiner Hunde.
(Eigene Übers.)

Die Illustration aus dem 17. Jahrhundert zeigt, dass es damals Kenner Petrarcas gab, die ihn besser verstanden als manche platonisierenden oder augustinischen Romanisten von heute. Die wichtigsten Signale setzt Petrarca in den Unterschieden zur Ovidschen Mythe. Dort ist das Zusammentreffen des Jägers Actaeon mit der badenden Diana, der Göttin der Jagd und der Jungfräulichkeit, dem Schicksal geschuldet (»sic illum fata ferebant | so führte ihn das Schicksal«; III, 176), die beiden kennen sich nicht, die Perspektive bleibt bewusstseinsäußerlich, die Figuren stehen für überindividuelle anthropologische Konstanten wie Schamgrenzen und deren Transgression. Bei Petrarca, schon bedingt durch den Wechsel der Dichtungsgattung, ist das Geschehen aus der Innenperspektive des lyrischen Ichs gestaltet, als erotische Fantasie und als symbolischer Liebeskampf zweier ebenbürtiger Individuen. Der von seiner Leidenschaft Getriebene jagt dem Bild der begehrten Laura hinterher, er trifft nicht zufällig in einer Jagdpause auf sie wie Actaeon. Diana ist zwar auch Jägerin, aber sie hat es keineswegs auf Actaeon abgesehen, während Laura bei Petrarca zum gnadenlosen Raubtier wird (149), das in der Quelle schon kampfbereit auf das lyrische Ich zu warten scheint. Im Gegensatz zu Diana, deren Nacktheit bei Ovid zum größten Teil von ihren Nymphen verdeckt wird, ist Laura in Vers 153 dem männlichen Blick ungeschützt ausgeliefert oder stellt sich ihm. Diana und ihre Nymphen reagieren hektisch aufgeregt auf das Erscheinen Actaeons und gewähren ihm keine Sekunde ruhiger Betrachtung. Petrarca dagegen hält im Kurzvers 150 (»in una fonte ignuda | in einer Quelle nackt«) metrisch inne und dehnt die Szene durch die beiden Imperfecta im folgenden Vers (»si stava | sie stand«, »'l sol ... ardea | die Sonne brannte«) wie in Zeitlupe bis zu einem Moment völliger Statik, als in Vers 153 zum zweiten Mal nach Vers 151 das Verb »stare | stehen« eingesetzt wird (»stetti a mirarla | ich stand und schaute sie an«).

Mehr als einen ›Augen-Blick‹ lang stehen sich das lyrische Ich und Laura gegenüber. Das lyrische Ich kann seine Augenlust in Ruhe befriedigen, bevor die Geste des schamhaften Wasserspritzens die Szene beendet. Bei Ovid steht das Bespritzen Actaeons durch Diana in magisch-ursächlichem Zusammenhang mit seiner Verwandlung in einen Hirsch, der dann zur Strafe für den (ungewollten) Tabubruch von seinen eigenen Jagdhunden zerrissen wird. Petrarca transformiert und psychologisiert die Mythe: Der Tabubruch ist gewollt (V. 152: »d'altra vista non m'appago | kein anderer Anblick befriedigt mich«), das lyrische Ich wird nur noch metaphorisch in einen einsamen Hirsch verwandelt. Berücksichtigt man, dass Hunde in spätmittelalterlicher und frühneuzeitlicher erotischer Literatur ein weit verbreitetes Phallus-Substitut sind,[4] so darf man die Hunde am Ende des Zitats als Metaphern der Triebhaftigkeit lesen, die das Ich nicht etwa töten, sondern es dauerhaft vor sich hertreiben. Durch diese Metamorphose der Ovidschen Metamorphose wird nachträglich auch das Bespritzen mit Wasser aus seinem magisch-allegorischen Zusammenhang freigesetzt und fast zur frivolen Geste. Im Anschluss an diese Verse in Kanzone 23 bedauert das lyrische Ich, Laura nicht in der Form eines Goldregens beiwohnen und so seine Liebesglut vorübergehend einmal löschen zu können wie einst Jupiter bei Danae, was dann später in Kanzone 126, 40–45, sublimiert wird zum Bild des Blütenregens, der sich in Lauras Schoß ergießt.

In Petrarcas Neudeutung der Actaeon-Diana-Mythe spiegelt sich der prekäre Autonomisierungsprozess des modernen Menschen. Statt überpersönlichen Mächten, dem Schicksal, Göttern, der Magie, ist er nunmehr sich selbst und seinem Verhältnis zum Du ausgeliefert. Sexualität wird an die Dialektik des Blicks angeschlossen und gewinnt dadurch eine ganz neue Bedeutung für die Konstitution des Selbst. Tabus werden nicht mehr als metaphysisch oder my-

4 Vgl. Toscan 1981, S. 1591.

thologisch begründet erfahren, sondern als vom Menschen selbst gesetzt und selbst veränderbar. Dennoch erlebt der moderne Mensch diesen Autonomisierungsprozess von überpersönlichen Mächten nicht als Befreiung, sondern als bloße Säkularisierung und Verinnerlichung seiner Abhängigkeiten.

## Rationalität – Ich – Amor

Am anderen Pol der dreipoligen Struktur der Seelenvermögen, gleichsam gegenüber von »voglia« und »desio«, stehen »ragione«, »intelletto«, »conoscenza«, »la vertù chi discerne«, »arbitrio«, »consiglio«, »conscienza«, also Vernunft, Verstand, Wissen, Urteilskraft, Kritikvermögen, weiser Rat, Gewissen: die rationalen und ethischen Leitinstanzen im Selbstbewusstsein. Die »Königin | reina« dieser Instanzen, wie es in Kanzone 360, 2, heißt, ihr »göttlicher Teil | la parte divina« (360, 3) oder auch einfach ihr Oberbegriff ist »la Ragione«. Ihre beiden wichtigsten Funktionen sind es, die Triebhaftigkeit zu zügeln und zur Gerechtigkeit zu mahnen.

Als Richterin erscheint sie denn auch in der eben angesprochenen Kanzone 360, wo dann allerdings zugleich auch die Grenzen ihrer Macht aufgezeigt werden. In einer zunächst eher traditionell scheinenden Allegorie bzw. Psychomachie soll »la Ragione« einen Rechtsstreit entscheiden oder schlichten, den das Ich (»io«) gegen »Amor« angestrengt hat. Die Anklage lautet, Amor habe das Ich vom rechten Weg der Gott genehmen Selbstsorge abgebracht, ganz den niederen Seeleninstanzen des »desio« (V. 36) und der »voglia« (V. 42) ausgeliefert und damit seiner Freiheit beraubt (V. 43f.). Amor verteidigt sich geschickt, indem er dem Ich die Worte gleichsam im Munde herumdreht. Er sagt, er habe ja nur ein höherwertiges »desio« an die Stelle eines niedrigeren im Ich gesetzt (V. 85), da er das Ich vom Jurastudium abgebracht habe, wo man aus Ehrgeiz und Gewinnstreben nur hohle Phrasen dresche:

> »Questi [l'io] in sua prima età fu dato a l'arte
> da vender parolette, anzi menzogne; [...]
> [...] or saria forse un roco
> mormorador di corti, un huom del vulgo [...].«
> (360, 80f., 116f.)

> »In seiner Jugend lernte dieser [das Ich] die Kunst,
> Phrasen, ja Lügen zu verkaufen; [...]
> [...] heute wäre er vielleicht ein heiserer,
> vulgärer Gerichtsschwätzer [...].«

Die konkret-autobiografische Anspielung auf Petrarcas im Jahre 1326 abgebrochenes Jurastudium sowie die Juristenschelte im Rahmen der allegorischen

Gerichtsverhandlung selbst heben den allegorischen Charakter der Psychomachie auf und überführen die Darstellung in eine psychologische Selbstanalyse. Dargestellt werden allerdings zugleich auch die Tendenzen des inneren Mono- oder Dialogs zur Selbsttäuschung. Amor rühmt sich, er habe, wie Dante zu Ende des 13. Jahrhunderts in seinem Gedichtzyklus *Vita Nova*, das Ich auf den rechten Weg der Liebe gebracht, die nichts als eine Durchgangsstufe zum Göttlichen sei. Und er habe das Ich zum Dichter gemacht, der im Dienste Amors nur erhabene Themen bedichtet und es auf diese Weise schon zu einiger Berühmtheit gebracht habe:

»Sì l'avea sotto l'ali mie condutto,
ch'a donne et cavalier' piacea il suo dire;
et sì alto salire
i' 'l feci, che tra' caldi ingegni ferve
il suo nome […].«
(360, 110–114)

»So hatte ich ihn unter meine Fittiche genommen,
dass den edlen Damen und Herren sein Dichten gefiel;
und so hoch aufsteigen
ließ ich ihn, dass unter Liebhabern der Kunst
sein Name heiß verehrt wird […].«

Das Ich und Amor tricksen natürlich in ihren Anklage- bzw. Verteidigungsreden, vereinseitigen und überzeichnen ihre jeweiligen Rollen. Das Ich streitet jede eigene Verantwortung für das Amorgeschehen ab und reduziert es auf das rein sinnliche Begehren, das mit ihm selbst angeblich überhaupt nichts zu tun habe, gegen das er sich aber auch nicht wehren könne. Amor platonisiert seine eigene Rolle als Liebes- und Dichtungsstifter in unrealistischer Weise, wenn man die meisten anderen Gedichte des *Canzoniere* betrachtet, der eben nicht mehr Dichtung in der Art von Dantes *Vita Nova* und des *dolce stil* ist. Amor und das Ich repräsentieren verschiedene Versuche und verschiedene Perspektiven der Selbstanalyse und vor allem der Selbsttäuschung im komplexen Verhältnis des menschlichen Subjekts zu sich selbst und zum/zur Anderen. In dieser psychischen Gemengelage aber stößt das Richteramt der »Ragione« an seine Grenzen, die zugleich die Grenzen und die Selbstüberwindung des allegorischen Diskurses markieren. Am Schluss der Kanzone spricht die Richterin kein Urteil, sondern vertagt das Verfahren auf unbestimmte Zeit:

»Piacemi aver vostre questioni udite,
ma più tempo bisogna a tanta lite.«
(360, 156f.)

»Wohl habe ich eure Argumente vernommen,
aber für einen so komplizierten Streitfall braucht es mehr Zeit.«

Die Ratio dankt ab in ihrer Funktion als Richterin, die sich auf übergeordnete Prinzipien berufen konnte, um die Seelenvermögen zu disziplinieren. Obwohl sie vom Ich selbst als Richterin angerufen wird, muss sie einräumen, dass sie keine Urteilskompetenz mehr über den innersten Bereich des Selbst hat, womit indirekt auch angedeutet wird, dass die Ratio zu diesem innersten Bereich des Selbst keinen ›rationalen‹ Zugang hat und für ihn auch die Verantwortung nicht übernehmen kann. Die Bewusstseinsinstanzen aber, die vor der ratlosen Ratio streiten, schieben sich gegenseitig die Verantwortung zu und wollen oder können auch selbst gar keine Verantwortung für ihr Handeln bzw. ihre Intentionen übernehmen, weil sie sich gegenseitig und sich selbst nicht richtig einschätzen oder weil sie scheinlogisch argumentieren. Sie simulieren rationale Argumentation, was aber die Königin »Ragione« in ihrer abstrakten Herrschaft nur noch ratloser macht. Und so gibt es zuletzt weder eine Instanz im Bewusstseinshaushalt, die für irgendwelche Handlungen zur Verantwortung gezogen werden könnte, noch eine Art Über-Ich, das Verantwortung einklagen könnte.

## Seele – »mente« – »penseri« – Amor – Ich

Zwischen den Polen der Triebhaftigkeit und der Rationalität vermittelt die Seele, »anima« oder »alma«, wobei dieses Vermittlungsgeschehen zumeist konfliktuell verläuft:

> I' nol posso negar, donna, et nol nego,
> che la ragion, ch'ogni bona alma affrena,
> non sia dal voler vinta [...].
> (240, 5–7)
>
> Ich kann nicht leugnen, Herrin, und leugne nicht,
> dass die Vernunft, die jede gute Seele zügelt,
> vom Verlangen überwältigt wurde [...].

Nicht etwa die »ragione«, auch keine »anima rationalis« oder »intellectiva«, sondern eine von der Ratio deutlich geschiedene »anima / alma« ist das personale Zentrum des menschlichen Subjekts. Ihren Sitz hat sie im Herzen. »Anima / alma / cor« bilden den innersten Schauplatz des Liebesgeschehens im Subjekt, zugleich das personale und moralische Vermittlungszentrum in der Dialektik der Seelenvermögen. Und, wie es im Zitat heißt, die anima, die Seele, ist oft auf sich allein gestellt, weil die ratio, ragione, Vernunft, als Orientierungsvermögen häufig ausfällt, da sie von der Triebhaftigkeit immer wieder neutralisiert wird.

Fungiert die Seele als mehr oder weniger prekäre Vermittlungsinstanz zwischen Triebhaftigkeit und Rationalität, so potenziert sich die Dynamik der Seelenvermögen noch dadurch, dass zwischen Seele und Rationalität eine zusätzliche Vermittlungsinstanz, »la mente«, eingeschaltet wird, der insofern eine besonders wichtige und, wie wir gleich sehen werden, besonders problematische Stellung zukommt.

Der Begriff »mente«, für dessen Übersetzung ins Deutsche es kontextabhängig verschiedene Lösungen gibt, bedeutet so viel wie das Vermögen der Projektion des Subjekts auf seine Außenwelt, das Vermögen der Selbst-Steuerung, des Abwägens von Handlungsmöglichkeiten, des Sich-Entwerfens in die Zukunft und in die Vergangenheit und steht damit auch für den Begriffsbereich, der heute von den Wörtern »immaginazione« und »memoria« abgedeckt wird. »La mente« ist das Vermögen der freien Selbstbestimmung des Menschen und damit der Ort ethisch relevanter Entscheidungen. Instrumente der Entscheidungsfindung sind ihre »penseri«, ihre Gedanken, womit weniger das abstrakte Denken als die beratenden und ausführenden Organe der »mente« gemeint sind. Im folgenden Zitat hält »la mente« Zwiesprache mit ihren »penseri«:

> L'un penser parla co la mente, et dice:
> »[...] Prendi partito accortamente, prendi;
> e del cor tuo divelli ogni radice
> del piacer che felice
> nol pò mai fare [...].
> Mentre che 'l corpo è vivo,
> ài tu 'l freno in bailia de' penser' tuoi [...].«
> (264, 19, 23–26, 32–33)

> Ein Gedanke spricht zu mir [»la mente«] und sagt:
> »[...] Entscheide dich vernünftig
> und reiße alle Wurzeln
> der Lust aus deinem Herzen, die
> es nie glücklich machen kann [...].
> Solange der Körper noch lebt,
> hast du die Zügel deiner Gedanken in der Hand [...].«

Das Zitat ist zwischen dem »penser | Gedanken« in der ersten Zeile und anderen »penseri« in der letzten Zeile ausgespannt. Der erste Gedanke ist an der christlich-platonisierenden Ratio orientiert und appelliert an »la mente«, sich gegen andere Gedanken zu entscheiden, die sich an der körperlichen Lust (V. 25) orientieren. Klar wird, dass der »mente«, genau wie ihren »penseri«, keine unverbrüchliche Tendenz der Selbstverpflichtung zum sittlich Guten innewohnt. Genauso wie es eitle, dumme, verrückte und niedrige Gedanken gibt (»pens(i)eri vani, sciocchi, folli, bassi«; 242, 11; 320, 5; 351, 8), genauso ist »la mente« gelegentlich begierig auf etwas, das gerechterweise verboten ist (»la mente ardita / a quel che giustamente si disdice«; 351, 10f.). Da, wie wir schon sahen, auch der Einfluss, ja die Urteilskraft der »ragione« durchaus begrenzt ist, bleibt keine verlässliche, verantwortliche ethische Instanz im Bewusstseinshaushalt übrig.

Dennoch ist Petrarca kein Proto-Postmoderner, der die Grenzen zwischen Wahrheit und Lüge, zwischen Authentizität und Autosuggestion völlig einrisse und die Instanz des Selbst völlig preisgäbe. Der *Canzoniere* zeigt gerade das beharrliche Sich-Abarbeiten des lyrischen Ichs am eigenen (Selbst-)Bewusstsein, er führt vor, wie das Ich sich trotz allem auf der Spur bleibt, bzw. er zeigt, dass und wie das Ich gerade in der bewusst gemachten und dennoch unhintergehbaren Spannung zwischen Selbstkonstruktion und Selbstdestruktion, zwischen Autosuggestion und Selbst-Aufklärung zu seinem prekären und immer vorläufigen Selbst kommt. Diese Spannung führt das Sonett 150 an einem fiktiven Zwiegespräch der »mente« mit ihrer Seele (»alma«) vor (zuerst spricht »la mente«, die erst in Vers 12 beim Namen genannt wird; dann immer abwechselnd »l'alma« und wieder »la mente«):

> »Che fai, alma? che pensi? avrem mai pace?
> avrem mai tregua? od avrem guerra eterna?«
> »Che fia di noi, non so; ma, in quel ch'io scerna,
> a' suoi begli occhi il mal nostro non piace.«
> »Che pro, se con quelli occhi ella ne face
> di state un ghiaccio, un foco quando iverna?«
> »Ella non, ma colui [Amore] che gli governa.«
> »Questo ch'è a noi, s'ella sel vede, et tace?«
> »Talor tace la lingua, e 'l cor si lagna
> ad alta voce, e 'n vista asciutta et lieta,
> piange dove mirando altri nol vede.«
> Per tutto ciò la mente non s'acqueta,
> rompendo il duol che 'n lei s'accoglie et stagna,
> ch'a gran speranza huom misero non crede.
> (150)

> »Was tust Du, Seele? was denkst Du? werden wir je Frieden haben?
> werden wir je einen Waffenstillstand haben oder ewig Krieg?«
> »Was aus uns wird, weiß ich nicht; aber soweit ich sehe,
> gefällt ihren schönen Augen unser Übel nicht.«
> »Was nützt's, wenn sie uns mit ihren Augen
> im Sommer zu Eis macht, im Winter zu Feuer?«
> »Nicht sie tut dies, sondern der [Amor], der ihre Augen führt.«
> »Was bringt uns das, wenn sie sich dabei zusieht und schweigt?«
> »Manchmal schweigt die Zunge, und das Herz klagt
> mit lauter Stimme, und mit trockenem und fröhlichem Gesicht
> weint es dort, wo niemand hinsehen kann.«
> Trotz allem beruhigt sich der Geist [»la mente«] nicht,
> und der Schmerz, der sich in ihm sammelt und stockt, bricht aus ihm heraus,
> denn ein elender Mensch glaubt keiner großen Hoffnung mehr.

Das Sonett ist einer jener mannigfachen Belege im *Canzoniere*, in denen die Überwindung der alten, allegorischen Psychomachie dokumentiert ist und moderne Weisen der Seelenerforschung erprobt werden: hier in der Form eines inneren Monologs bzw. Dialogs. »La mente«, deren komplexe Vermittlungsfunktion zwischen Seele und Ratio wir schon studiert haben, beginnt das Gespräch in Vers 1 und spricht die Seele an (»Che fai, alma?«), die Seele antwortet in Vers 3, dann »la mente« wieder in Vers 5. Auf dem Höhepunkt der Intensität des Dialogs, in den zentralen Versen 7 und 8 wechselt die Sprecherin stichomythisch von Vers zu Vers, bevor im ganzen ersten Terzett die Seele das letzte Wort zu behalten scheint. Im zweiten Terzett tritt das lyrische Ich allerdings kommentierend aus der Dialogszene heraus und relativiert die letzte Aussage der Seele. Die Zuordnung der Aussagen zu den verschiedenen Sprech-Instanzen, insbesondere in den beiden Terzetten, ist übrigens durchaus umstritten. Ich hoffe, durch folgende Ausführungen meine Anordnung plausibel machen zu können.

In Vers 1 fragt »la mente« die Seele zunächst nach ihren Gedanken, woraus erneut erhellt wird, dass der eher reflexiven »mente« die eher weniger reflektierten, sogenannten Gedanken der Seele zum Teil verschlossen bleiben. »La mente« fragt in Vers 2, ob denn ewig Krieg herrschen werde, und meint damit den Liebeskrieg mit Laura, aber, so deutet es zumindest die Seele in ihrer Antwort in Vers 3, auch ihr konfliktuelles Verhältnis zur eigenen Seele. Die Seele nämlich, eher unbekümmert, antwortet in Vers 3 und 4, dass sie nicht wisse, sie es auch gar nicht weiter interessiere, wie es in ihrem Verhältnis zu »la mente« weitergehe, dass aber, ihrer Meinung nach, die Augen Lauras Anzeichen von »pietà«, vielleicht sogar Liebe, zeigten.

»La mente« bleibt in Vers 5 und 6 skeptisch und stellt den Spekulationen der Seele nüchtern die Kosten-Nutzen-Rechnung gegenüber (»Che pro?«): Mehr als ein paar kokette Blicke hätten Seele und »mente« noch nicht geerntet. Aufschlussreich für die prekäre Vermittlungsfunktion der »mente« zwischen Rationalität und Emotionalität ist dabei, dass »la mente«, die auf der rationalen Ebene Dissens mit der Seele ausdrückt, in Vers 6 in emotionaler Hinsicht den Gefühlsaufruhr der Seele teilt. Die Seele fährt in Vers 7 fort, dass für dies alles ja nicht Laura verantwortlich sei, sondern Amor. Und nun folgt der interessanteste Vers des Sonetts: »La mente« stellt in Vers 8 erneut die Frage nach dem Nutzen und fügt begründend hinzu, dass Laura ihren eigenen Blicken, von denen die Seele annimmt, sie seien durch Amor gesteuert, ja offenbar wort- und emotionslos zusieht. Die sich selbst reflektierende Bewegung des Blicks wird durch die reflexive Konstruktion »ella sel[o] vede« (wörtlich »sie sieht es für sich«) gespiegelt. Durch den distanziert-unnahbaren Blick Lauras auf ihre eigenen Blicke wird die Allegorie Amors aufgehoben und als Dynamik des Selbstbewusstseins neu gedeutet. In Laura spielt sich vielleicht ein ähnlicher kritischer Dialog zwischen »la mente« und ihrer Seele ab wie im Ich. »La mente« als Vermögen der Selbst-Projektion in Zukunft, Vergangenheit und in die Imagination legt in Vers 8 ihr eigenes Verfahren der reflexiven und asymmetrischen Wechselprojektion von Ich und Du offen.

Im ersten Terzett beharrt die Seele auf ihren Autosuggestionsversuchen: Es sei ja manches Mal so, dass jemand sich äußerlich nichts anmerken lasse, im Herzen aber Tränen der Liebe vergieße, und dies könne sehr wohl bei Laura auch der Fall sein. Im zweiten Terzett kommentiert dann das lyrische Ich, dass diese Illusionen der Seele die skeptische »mente« nicht beruhigen könnten, da ihr die geweckten Hoffnungen zu unrealistisch erschienen. Ganz im Gegenteil gibt sich »la mente« offen ihrem Schmerz und ihrer Verzweiflung hin. Von der Seele ist nicht mehr die Rede, doch implizit ist anzunehmen, dass sie ihren Illusionen weiter nachhängen wird.

Die Begriffsbewegung in diesem inneren Dialog drückt das innerste Konstruktionsprinzip des *Canzoniere* aus, die Darstellung und Analyse der Ambivalenzen in der Selbstbewusstseinsdialektik zwischen Reflexivität, Realitätskonstruktion, Selbstprojektion, Projektion des/der Anderen, Wunschdenken, Hetero- und Autosuggestion, halbbewusstem Selbstbetrug, Illusionierung und selbstkritischer Desillusionierung, die der verlässlichen Kriterien ihrer Kritik freilich ermangelt. Und die Lyrik ist das Medium, das diese Ambivalenzen im frühmodernen menschlichen Subjekt modelliert und reflektiert und potenziert.

Im Sonett 274 zieht das Ich dann eine Art Fazit der Rolle, die es in seinem eigenen Bewusstseinshaushalt spielt:

> Et tu, mio cor, anchor se' pur qual eri,
> disleal a me sol [...].
> In te i secreti suoi messaggi Amore
> [...] spiega [...];
> in te i vaghi pensier' s'arman d'errore [...].
> (274, 5f., 9f., 13)

> Und du, mein Herz, bist wie immer
> untreu mir allein [...].
> In dir entfaltet die Liebe
> ihre geheimen Botschaften [...];
> in dir wappnen Sehnsuchtsgedanken sich mit Illusionen [...].

Das Ich wirft dem eigenen Herzen, also seinem innersten Selbst, Untreue vor (V. 5f.), und zwar nicht Untreue gegenüber einer dritten Instanz, sondern gegenüber dem Ich selbst. Der Verrat vollziehe sich, so fährt das Ich fort (V. 9f.), durch geheime Botschaften Amors. Das Ich löst aber auch hier die Allegorie wieder psychologisierend auf, wenn es in Vers 13 erläuternd hinzufügt, dass die geheimen Botschaften Amors in Wirklichkeit gleichsam hausgemacht, selbsterzeugt sind, eine Koproduktion seines Herzens und seiner »vaghi pensieri«, seiner Sehnsuchtsgedanken, die sich im Illusionären verlieren und deren ›Geheimnis‹ darin besteht, dass sie sich dem Ich nicht voll erschließen, im Schatten des Halbbewussten verbleiben. Das Ich ist ein »armes Ding« im Bewusstseinshaushalt, wie Sigmund Freud das ausdrücken wird.[5]

Ganz am Schluss des *Canzoniere*, in der sog. Marienkanzone, fällt »la mente« vor der Jungfrau Maria bildlich auf die Knie und dokumentiert so ihre ethisch-rationale Kapitulation:

> Con le ginocchia de la mente inchine,
> prego che sia [tu, Maria] mia scorta,
> et la mia tòrta via drizzi a buon fine.
> (366, 63–65)

> Auf den Knien meines Geistes [mente!]
> bitte ich Dich [Maria], dass Du mich geleiten mögest
> und meinen krummen Weg zu einem guten Ende führst.

»La mente« ist in ihrer Funktion als Vermittlungsinstanz zwischen Seele und Ratio gescheitert. Sie musste scheitern, weil schon die Ratio selbst in ihrer Funktion als Vermittlungsinstanz zu den höheren, überpersönlichen Wahrheiten abdanken musste. Was bleibt, ist das *credo quia absurdum*, in das sich Petrarca hier in der Marienkanzone rettet/flüchtet, oder der Weg der illusionslosen Selbst-Analyse, den er ansonsten im *Canzoniere* geht.

## Amor

Die Liebe ist deswegen das wichtigste Thema der neuzeitlich-modernen Literatur, weil sich durch sie am eindringlichsten die Konstitution und die Problematik neuzeitlich-moderner Subjektivität darstellen lassen. In der Liebe werden alle Seelenvermögen zugleich aktiviert und dialektisch miteinander vermittelt. Und deshalb bildet die Liebeslyrik, in der ein Ich darüber nachsinnt, was ihm in der Liebe widerfährt, seit Petrarca das energetische Zentrum der Literatur selbst.

Amor verhält sich in gewisser Weise exzentrisch zum dreipoligen System der Seelenvermögen. Er aktiviert einerseits die gesamte Bandbreite der Seelenvermögen zwischen Triebhaftigkeit, Emotionalität und Rationalität. Andererseits – und dies ist der aufgeklärte Rest seines früheren Status als bewusstseinsäußerliche Allegorie – gehört Amor nicht zu den primären Seelenvermögen des Einzelsubjekts wie »ragione«, »mente« und »voglia«, da er ein Phänomen der Intersubjektivität ist. Dies gilt im Übrigen für den gesamten Bereich der Emotionalität, deren »prima causa« Amor nach Thomas von Aquin ist (*Summa theol.*

5 Freud 1923, Kap. V.

I–II, 28, 6). Bei Thomas und bei Dante (*Purg.* XV, XVII und XVIII) ist Amor allerdings nicht nur intersubjektive Triebkraft, sondern zugleich oberstes transzendentes und weltimmanentes energetisches Prinzip. Demgegenüber ist Amor in Petrarcas Lyrik aus seinen kosmischen Zusammenhängen herausgelöst und zum Bewegungsprinzip intersubjektiver Dialektik säkularisiert.

Amor als ehemalige Allegorie wird bei Petrarca säkularisiert, verinnerlicht und psychologisiert. Amor wie die Emotionalität im Allgemeinen resultieren aus dem intersubjektiven Austauschprozess und aktivieren das Zusammenspiel der primären Seelenvermögen. Man kann den Amorbegriff bei Petrarca auch schon als Inbegriff der Selbstbewusstseins-Dialektik im Hegelschen Sinne verstehen. Subjektivität konstituiert sich allererst im intersubjektiven Austausch, nach der Hegelschen Formel: »Das Selbstbewußtsein ist *an* und *für sich*, indem und dadurch, daß es für ein Anderes an und für sich ist; d.h. es ist nur als ein Anerkanntes.« (*Phänomenologie des Geistes*).[6]

Gelingende Intersubjektivität, die sich am intensivsten im Liebesgeschehen vollzieht, bringt Hegel auf die Kurzformel: »Sie *anerkennen* sich als *gegenseitig sich anerkennend.*«[7]

Petrarca inszeniert die Dialektik der Intersubjektivität auf lyrischem Wege am intensivsten in seinen sog. »Augenkanzonen« 71 bis 73. In der ersten der drei Kanzonen beklagt sich das lyrische Ich darüber, dass Laura ihm so selten einen Blick schenkt, und versucht sie davon zu überzeugen, welch großen Gewinn ein Blicktausch auch für sie darstellen würde:

> [...] luci beate et liete
> se non che 'l veder voi stesse v'è tolto;
> ma quante volte a me vi rivolgete,
> conoscete in altrui quel che voi siete.
> (71, 57–60)

> [...] Augenlichter, selig und heiter,
> allerdings ist Euch verwehrt, Euch selbst zu sehen;
> aber wann immer Ihr Euch mir zuwendet,
> erkennt Ihr im Anderen, wer Ihr seid.

Das Du findet erst im anerkennenden Blick des Ichs überhaupt zu sich selbst. In gewisser Weise nehmen die »Augenkanzonen« auch Jean-Paul Sartres Kapitel über den Blick (»Le regard«) in *L'être et le néant* vorweg,[8] wenngleich Sartre wie Hegel stärker auf misslingenden, asymmetrisch-konfliktuellen, vermachteten Selbstbewusstseinsverhältnissen insistiert, während gerade die »Augenkanzonen« einen relativen Ruhepunkt mit zum Teil sogar positiv-euphorischer

6 Hegel 1807, Kap. B. IV. A.
7 Ebd.
8 Sartre 1943, Kap. III. I. IV

Hochstimmung im *Canzoniere* ausmachen. In der zweiten dieser Kanzonen beschreibt das lyrische Ich die beseligende Wirkung eines Blicktausches und findet zugleich eine eindrückliche und paradoxe Metapher für die darin stattfindende Dialektik des Selbst-Verlusts und des Selbst-Gewinns im Anderen:

> […] una
> rivolta d'occhi, ond'ogni mio riposo
> vien come ogni arbor vien da sue radici.
> […] de lo mio core,
> quando tanta dolcezza in lui discende,
> ogni altra cosa, ogni penser va fore,
> et solo ivi con voi [occhi] rimanse Amore.
> (72, 34–36, 42–45)

> […] ein
> Augen-Blick, aus welchem all meine Ruhe
> erwächst wie jeder Baum aus seinen Wurzeln.
> […] wenn in mein Herz
> solche Seligkeit sich senkt,
> verschwindet alles andere, jeder Gedanke aus ihm
> und Amor allein bleibt dort mit Euch [Augen].

Das Zitat signalisiert die Verinnerlichung der ehemaligen Amor-Allegorie. Der Blicktausch mit Laura löscht vorübergehend alle Inhalte, ja selbst die Reflexivität des lyrischen Ichs aus (V. 44), der Blicktausch macht aus seinem innersten Selbst eine *tabula rasa*, beraubt es seiner fixen Identität und öffnet es für neue Selbst-Versuche, etwa wie Friedrich Schiller in den *Ästhetischen Briefen* (1795) den »ästhetischen Zustand der realen und aktiven Bestimmbarkeit« des Selbst beschreiben wird,[9] – quasi die Wurzel von Aktivität und Passivität. »Amore« im letzten Vers des Zitats ist keine bewusstseinsäußerliche Allegorie mehr, sondern bedeutet den wechselseitigen Prozess der Individuation von Du und Ich im Ich selbst. In Lauras Blick glaubt das Ich, seine Wurzeln, seine Ursprünge zu finden (V. 36) – eine paradoxe Denkfigur, die sich nur so auflösen lässt, dass Petrarca schon den Verlust der Ursprünge, das Ende der Substanzen-Metaphysik und die Prozessualisierung des menschlichen Subjekts, seinen Charakter wechselseitiger Projektion und Konstruktion vorausdenkt.

Auf die Phase des Sich-Öffnens, Sich-Verlierens im Anderen / in der Anderen folgt dann wieder die reflexive Rückwendung auf sich selbst, die den dialektischen Dreischritt von Selbst-Zentriertheit, Dezentrierung und erneuter Rezentrierung vorläufig abschließt:

> […] però, lasso, convensi
> che l'extremo del riso assaglia il pianto,

9 Schiller 1795, 20. Brief, letzter Satz.

e 'nterrompendo quelli spirti accensi
a me ritorni, et di me stesso pensi.
(71, 87–90)

[...] aber, ach! es muss
die größte Freude durch Jammer vertrieben werden,
die heißen Blicke werden unterbrochen,
und ich muss zu mir zurückkehren und über mich selbst nachsinnen.

Die emotionale Wertigkeit der verschiedenen Stadien in der Dialektik des Selbstbewusstseins ist klar verteilt. Der Augenblick der Dezentrierung im/in der Anderen wird als lustvoller Selbstverlust erlebt, die Rückwendung auf sich selbst, das »di se stesso pensare« im letzten Vers, als belastend und jammervoll. Petrarca denkt und dichtet damit schon die Dialektik der Aufklärung voraus, den genauso unumkehrbaren wie ambivalenten Prozess der Individualisierung und Logozentrierung in der europäischen Moderne.

Die »Augenkanzonen« können als Lehrkanzonen über die Dialektik des Blicks zweier Selbstbewusstseinswesen, also als moderne, nicht-mehr-allegorische, nicht-mehr-stilnovistische Liebestheorie gelesen werden. Hier, wie im ganzen *Canzoniere*, ist die Allegorie des Bogenschützen Amor, der mit seinen Pfeilen als fremder, überpersönlicher Mittler zwischen zwei Menschen tritt und ihnen die persönliche Verantwortung für das Amor-Geschehen abnimmt, nur noch Zitat, das umfunktioniert wird zur Metapher des dialektischen Individuierungsprozesses selbst. So wie in den »Augenkanzonen« blickt Laura dem Ich noch öfter unvermittelt, direkt in die Augen:

[...] il colpo de' vostr'occhi,
donna, sentiste a le mie parti interne
dritto passare [...].
(87, 5–7)

[...] den Schuss Eurer Augen,
Herrin, fühltet Ihr direkt in mein Innerstes
eindringen [...].

Laura bedarf des mythischen Bogenschützen nicht mehr. Sie ist Schütze, Pfeil und Ziel zugleich: Sie fühlt ihren Blick im Innersten des lyrischen Ichs selbst. Die Provokation und Erschütterung, die damals mit solch durchaus unhöfischem Blicktausch zwischen nicht miteinander verwandten und wenig miteinander bekannten Männern und Frauen verbunden waren, können heute in unserer westlichen Zivilisation kaum noch nachvollzogen werden. Ja, Laura lächelt ihn sogar an, spricht zärtliche Worte zu ihm: »dolce parla, et dolce ride | zärtlich spricht und zärtlich lacht sie« (159, 14). Gelegentlich muss das Ich den Eindruck gewinnen, Laura sei genauso verliebt wie es selbst: »et lei vid'io ferita in mezzo 'l core | und sie sah ich verwundet tief im Herzen« (88, 14; in *Triumphus Mortis* II, 139–141, lässt Petrarca Laura selbst im Nachhinein so sprechen).

Dieser Eindruck kann natürlich täuschen, kann Wunschdenken entspringen. Was wir im *Canzoniere* über Laura erfahren, wissen wir – das ist banal – nur vom lyrischen Ich. Laura erscheint uns nur in ihrem *Sein für das lyrische Ich*, als Projektion, für die das lyrische Ich allerdings Realitätscharakter beansprucht. Andererseits reflektiert das lyrische Ich durchaus auch schon den Projektionscharakter seines lyrischen Dus; es weiß, dass der/die Andere in der Selbstbewusstseins-Dialektik keine Substanz, sondern Konstrukt, Projektion seiner selbst ist. Gegen Ende des *Canzoniere*, nach Lauras Tod, häufen sich die Hinweise darauf, dass andere Menschen Laura keineswegs so vergöttert haben wie das lyrische Ich und sie auch nicht für die schönste und edelste Frau aller Zeiten gehalten haben. Die Selbstberufung des Ichs zum *lyrischen* Ich hat auch das Ziel, *sein* Bild Lauras bei den Menschen durchzusetzen: »Non la conobbe il mondo mentre l'ebbe | Nicht kannte sie die Welt, als sie noch lebte« (338, 12; vgl. auch 333, 11, oder 350, 11).

Die eindringlichsten Metaphern für den Konstruktcharakter von Laura, der andererseits ja keineswegs mit Beliebigkeit gleichzusetzen ist, finden sich in Sonett 228:

> Amor co la man dextra il lato manco
> m'aperse, et piantòvi entro in mezzo 'l core
> un lauro verde [...].
> Vomer di pen(n)a, con sospir' del fianco,
> e 'l piover giù dalli occhi un dolce humore
> l'addornâr sì, ch'al ciel n'andò l'odore,
> qual non so già se d'altre frondi unquanco.
> [...]
> Tal la [pianta] mi trovo al petto, ove ch'i' sia,
> felice incarco; et con preghiere honeste
> l'adoro e 'nchino come cosa santa.
> (228, 1–3, 5–8, 12–14)

> Amor öffnete mir mit der rechten Hand
> die linke Seite und pflanzte mitten in mein Herz
> einen grünen Lorbeerbaum [...].
> Ein Federpflug/Schmerzenspflug und Seufzer
> und süßer Augenregen schmückten ihn so,
> dass sein Duft bis zum Himmel drang,
> was wohl nie von anderm Laub bekannt.
> [...]
> Und so trage ich ihn in meiner Brust, wo immer ich bin,
> Bürde des Glücks; und mit ehrbaren Gebeten
> verneige ich mich vor ihm wie vor etwas Heiligem.

Amor pflanzt dem Ich hier (V. 1–3) mitten in sein Herz einen Lorbeerbaum. (Auf die vielfältigen Wortspiele mit dem italienischen Wort für Lorbeerbaum (»lauro«) und dem Vornamen des lyrischen Dus kann ich hier nicht näher eingehen). Das Ich pflügt dann (V. 5–8) das Erdreich des Lorbeerbaums, also sein eigenes Herz, unter Schmerzen und/oder mit seiner Feder (je nachdem, ob man *pena* oder *penna* liest), begießt es mit Seufzern und Tränen, sodass der Lorbeerbaum schließlich unvergleichlich schön wird und sein Duft in unerhörter Weise bis zum Himmel steigt. Zuletzt (V. 12–14) verehrt ihn das Ich wie ein Heiligtum.

Der Lorbeerbaum steht für Laura und die Dichtung, die Laura bedichtet. Laura wurde von Amor, will sagen, einem realen weiblichen Anlass, ins Herz des lyrischen Ichs gepflanzt, also ins Zentrum seiner Identität. Dort aber ist Laura immer mehr zum Geschöpf, zur Projektion des sehnsuchtsvollen Ichs und seiner Dichtung geworden, sie ist zur einzigartigen Kreatur geworden, durch die der Akt der Schöpfung Lauras sich neu schreibt: Nicht Gott erschuf sie vom Himmel aus für die Erde, sondern das irdische lyrische Ich erschuf sie für die Erde und für den Himmel gleichermaßen. Und so betet das lyrische Ich am Ende des Zitats auch nicht mehr Gott den Schöpfer an, sondern sein eigenes Geschöpf Laura und damit zuletzt sich selbst und sein Dichten. Das lyrische Ich legt den Konstruktcharakter seines lyrischen Dus und seiner selbst offen dar und schafft damit ein Bild für die Dialektik des Selbstbewusstseins.

Solche Wechselkonstruktion der Subjekte ist andererseits stark störanfällig. Die asymmetrische Sprechsituation der Lyrik ist aber auch besonders prädestiniert dafür, Störungen in der Symmetrie der Selbstbewusstseins-Dialektik darzustellen. Insgesamt gesehen interessiert sich Petrarca im *Canzoniere*, wie später auch Hegel oder Sartre, mehr für Formen des Scheiterns der Selbstbewusstseins-Dialektik, für Vereinseitigungen, Verweigerungen, Machtspiele, als für die Utopie gelingender, symmetrischer Anerkennungsbewegungen. Gelegentlich schildert das lyrische Ich Laura als durchaus kokett, provokant, launisch:

> Qui tutta humile, et qui la vidi altera,
> or aspra, or piana, or dispietata, or pia;
> or vestirsi honestate, or leggiadria,
> or mansueta, or disdegnosa et fera.
> Qui cantò dolcemente, et qui s'assise;
> qui si rivolse, et qui rattenne il passo;
> qui co' begli occhi mi trafisse il core [...].
> (112, 5–11)

> Hier sah ich freundlich sie, hochmütig dort,
> bald herb, bald sanft, erbarmungslos und liebenswürdig;
> bald reserviert, bald reizend,
> bald zutraulich, bald abweisend und schroff.

> Hier sang sie lieblich, dort ließ sie sich nieder;
> hier drehte sie sich um, dort blieb sie stehen;
> hier durchbohrte sie mein Herz mit ihren Blicken [...].

Wie hier scheint es dem lyrischen Ich öfter, als setze Laura ihre Blicke als Mittel zum Zweck der Herstellung einer asymmetrischen Beziehung ein, um ihn abhängig zu halten und mit ihm zu spielen: »tra due mi tene | sie hält mich in der Schwebe« (152, 6). Ihr gesamtes Verhalten scheint kokett kalkuliert, genau wie ihre Frisur: Ihr langes goldblondes Haar trägt sie »negletto ad arte | kunstvoll nachlässig« (270, 62), womit Petrarca Castigliones Konzept der »sprezzatura« in seinem *Libro del Cortegiano* (*Buch vom Hofmann*) von 1528 vorwegnimmt.[10] »Sprezzatura« bedeutet so viel wie der höchst künstlich erzeugte Eindruck natürlicher Ungezwungenheit, der höchst reflektierte Schein unreflektierter Spontaneität. »Coolness« wäre wohl die adäquate heutige Übersetzung. Lässig, »cool«, scheinbar unmotiviert, aufreizend wirft Laura ihr Haar von der linken auf die rechte Schulter:

> [...] vedendo [...]
> folgorare i nodi ond'io son preso,
> or su l'omero dextro et or sul manco.
> (198, 9–11)

> [...] und ich sehe [...]
> die Locken, von denen ich gebannt bin,
> bald auf der rechten, bald auf der linken Schulter blitzen.

Solch kokette Selbst-Inszenierung sucht im Blick des Anderen nur noch statische Selbstbestätigung, Selbstbespiegelung, es kommt zu keiner wechselseitigen Vermittlungsbewegung mehr. Petrarca stellt die narzisstische Grundierung des modernen Individuums auch explizit in den wiederholten Spiegel-Szenen dar, in denen das lyrische Ich Laura erinnert oder imaginiert:

> [...] non devea specchio farvi per mio danno,
> a voi stessa piacendo, aspra et superba.
> Certo, se vi rimembra di Narcisso,
> questo et quel corso ad un termino vanno [...].
> (45, 10–13; vgl. 46, 7; 125, 46f.; 264, 108)

> [...] der Spiegel hätte Euch nicht zu meinem Schaden
> so selbstgefällig, herb und stolz machen sollen.
> Gewiss, wenn an Narziss Ihr euch erinnert,
> werdet Ihr das gleiche Ende nehmen wie er [...].

10 Castiglione 1528, Kap. I. 26.

In den Spiegel-Szenen projiziert das lyrische Ich seinen eigenen Narzissmus, dessen Ausdruck der *Canzoniere* insgesamt ist, auf das lyrische Du und gibt damit einer Grundfigur moderner Subjektivität dichterische Gestalt. Der moderne Individualist ist tendenziell Narzisst, der im Anderen seinen Selbst-Verlust fürchtet und ersehnt. Kreist das narzisstische Bewusstsein nur noch in sich, so erstarrt es zum Spiegelbild seiner selbst. Liebe nach Petrarca ist das Spiel und der Kampf zweier selbstbewusster Subjekte um ihre Selbst-Behauptung, um Anerkennung, Beeinflussung und Bemächtigung.

## Schluss

Petrarcas *Canzoniere* ist die erste literarische Darstellung des modernen Bewusstseins. Er enthält implizit eine dreipolig-dialektische Anthropologie, in der die Ratio ihre Leitfunktion und ihre Rückbindung an ein transzendentes Prinzip verloren hat. Menschliches Identitätszentrum ist die Emotionalität (»Seele«), die zwischen Triebhaftigkeit und Reflexivität sowie zwischen Ich und Du vermittelt. An die Stelle der traditionellen Allegorien, Mythen und Psychomachien, die psychische Phänomene auf überpersönliche Mächte zurückführten, tritt die psychologische Selbstanalyse, die das Selbst nunmehr erst definitiv seiner eigenen Verantwortung ausliefert, da es über allgemeinverbindliche Kriterien der Selbst-Sorge nicht mehr verfügt.

Petrarca ahnt den Zusammenbruch der Substanzenmetaphysik, den Verlust der Ursprünge und vorgegebenen Ziele voraus und stellt das moderne Subjekt vor die Alternative des *credo quia absurdum* oder der illusionslosen Selbstanalyse, die keinen Grund im Selbst mehr findet. Petrarca stellt die Funktionsweise der Dialektik der Aufklärung im Einzelsubjekt dar. Er zeigt, wie der Prozess der Autonomisierung, Verinnerlichung, Individualisierung einhergeht mit dem Verlust der vormodernen Selbst-Sicherheit, die überpersönlichen Mächten verdankt war. Das zur Freiheit erwachte moderne Subjekt ist ein schwaches, verängstigtes, verstreutes Ich, das die volle Verantwortung für seine eigene Freiheit nicht tragen kann, weil es über sich selbst und die verschiedenen Schichten seines Bewusstseins nicht verfügt. Es erlebt sich als Projektion seiner selbst und der anderen, als ausgespannt zwischen Auto- und Heterosuggestionen, und erfährt gerade darin seine Einzigartigkeit.

Das Gefühl der Selbstentfremdung gemischt mit trotzigem Selbstbewusstsein des schöpferischen Ichs, das sich in seiner Zerrissenheit selbst modelliert und auf eine höhere Stufe der Bewusstheit hebt, ohne volle Verfügungsgewalt über sich zu erhalten: So könnte die Formel des modernen Menschen lauten, dem Francesco Petrarca in seinem *Canzoniere* erstmals dichterische Gestalt gab.

## Bibliographie

Petrarca, Francesco: *Canzoniere.* Ed. commentata a cura di Marco Santagata. Milano: Mondadori 2000.

Castiglione, Baldassare: *Il libro del Cortigiano*, Firenze 1528.

Freud, Sigmund: *Das Ich und das Es.* Leipzig: Internationaler psychoanalytischer Verlag 1923.

Geyer, Paul: *Von Dante zu Ionesco. Literarische Geschichte des modernen Menschen in Italien und Frankreich*, Bd. 1, Hildesheim/Zürich/New York: Olms 2013.

Hegel, Georg Wilhelm Friedrich: *System der Wissenschaft, Theil 1. Phänomenologie des Geistes.* Bamberg / Würzburg: Goebhardt 1807.

Kant, Immanuel: *Critik der Urtheilskraft*, Berlin: Lagarde und Friederich 1790.

Sartre, Jean-Paul: *L'être et le néant.* Paris: Gallimard 1943.

Schiller, Friedrich: *Ueber die ästhetische Erziehung des Menschen in einer Reyhe von Briefen*, in: *Die Horen* (1), (2), (6) 1795.

Thomas von Aquin: *Summa theologica* (1267–1273), in: Sancti Thomae Aquinatis *Opera omnia*, edita cura et studio Fratrum Praedicatorum, vol. 4–12, Romae 1888–1906.

Toscan, Jean: *Le carnaval du langage. Le lexique érotique des poètes de l'équivoque de Burchiello à Marino.* IV. Lille 1981.

Bernhard Huss (Berlin)

# Finale Retuschen vorletzter Hand. Wie Petrarca die Schlusssequenz der *Rerum vulgarium fragmenta* neu zu ordnen versuchte

Seit vielen Jahrzehnten kreist die philologische Beschäftigung mit Petrarcas berühmtem Lyrikbuch[1] um die beiden Textzeugen, die uns aus seiner Schreibstube überkommen sind, nämlich das von Petrarcas Schreiber Giovanni Malpaghini und ihm selbst gestaltete ›Original‹ der *RVF*, den heutigen Codex Vaticanus Latinus 3195, und die Reste eines teilweise deutlich älteren Skizzenbuchs, des als ›codice degli abbozzi‹ bekannten Codex Vaticanus Latinus 3196.[2] Auf deren Basis erarbeitete Ernest Hatch Wilkins in der ersten Hälfte des 20. Jahrhunderts seine Theorie der Genese und Strukturierung der *Fragmenta.* Diese Theorie rechnet mit der Rekonstruierbarkeit von sog. ›reference collections‹ und von neun ›forms‹ der *Fragmenta*,[3] die von Wilkins aus der Analyse des Textbestands von 3195 und 3196 und der vergleichenden Betrachtung weiterer Überlieferungsträger erschlossen werden (wobei Wilkins sich bei letzteren niemals für Variantistik, sondern nur für die Reihung der Einzelgedichte interessiert, um Textgruppen bilden und Traditionsstränge behaupten zu können). Bezüglich der direkten Arbeit am 3195 glaubt Wilkins, anhand von Indikatoren wie Schrifttyp, genereller Schriftduktus, Farbe der verwendeten Tinte, Dicke und Konsistenz

1 Die in diesem Beitrag angesprochenen Fragen der Textgenese und Struktur der *RVF* werden in einer nur schwer überschaubaren Menge an Forschungsbeiträgen behandelt. Aus Raumgründen können hier nur die notwendigsten Hinweise gegeben werden. Für weitere Angaben zur Forschungsliteratur sei daher auf meinen umfangreichen Aufsatz »Kohärenz und Inkohärenz in Petrarcas lyrischer Liebesgeschichte (*Rerum vulgarium fragmenta* und *Trionfi*)« verwiesen, der in den Akten der von Susanne Köbele et al. organisierten Tagung »Lyrische Kohärenz im Mittelalter. Spielräume – Kriterien – Modellbildung« (Universität Zürich, 18.–20. Januar 2018) erscheinen wird.

2 Die beiden Handschriften lassen sich mittlerweile in guten Digitalisierungen der Biblioteca Vaticana konsultieren: https://digi.vatlib.it/view/MSS_Vat.lat.3195, https://digi.vatlib.it/view/MSS_Vat.lat.3196. Für den Vat.lat. 3195 außerdem heranzuziehen: die Facsimile-Ausgabe von Belloni, Brugnolo, Storey und Zamponi (2003) nebst wichtigem Kommentarband, auf den hier summarisch verwiesen sei; ferner die bislang fertiggestellten Abschnitte der digitalen Ausgabe von Storey et al. unter http://dcl.slis.indiana.edu/petrarchive/, abzugleichen mit der kritischen, nicht unumstrittenen Edition von Savoca (Petrarca/Savoca 2008).

3 Vgl. hierzu detailliert Savoca 2008, S. 86–95.

der Federführung zu einer zeitlich sehr genauen (bis hin zur Fixierung bestimmter Tagesabstände gehenden) Darstellung der Abfolge von Malpaghinis und Petrarcas Arbeitsschritten gelangen zu können. Wilkins' Annahmen haben für lange Zeit geradezu schulbildend gewirkt, insbesondere in Italien. Dort und andernorts freilich las man zuallermeist nicht alle Kapitel von Wilkins' in englischer Sprache publiziertem Buch *The Making of the Canzoniere and other Petrarchan Studies* (Roma 1951), sondern oft nur dessen neuntes, zusammenfassendes Kapitel – oder man las allein dieses gleich in der italienischen Übersetzung, die Remo Ceserani in seine Wilkins-Übertragung *Vita del Petrarca e La formazione del Canzoniere* integriert hatte (Milano 1964). Der fragmentierte Wilkins wurde also nicht selten ohne die Herleitung seiner eigenen Theorie rezipiert. Für seine Nachwirkung mit entscheidend waren so fundamentale Arbeiten wie Marco Santagatas *I frammenti dell'anima* (Bologna 1992), deren Rekonstruktion von »storia e racconto« der *RVF* letztlich auf Wilkins' Phasentheorie fußt, und Santagatas exzellent kommentierte Textedition der *RVF* in der Mondadori-Reihe I Meridiani, die ein einflussreiches, viel benütztes Einführungskapitelchen »Le redazioni« bietet, in dem Santagata die Phasentheorie von Wilkins modifiziert, aber in Grundzügen übernimmt.

In jüngerer und jüngster Zeit haben Exponenten und Sympathisanten der sog. material philology an der Theorie von Wilkins teils freundlich-zurückhaltend formulierte, teils letztlich vernichtende Kritik geäußert.[4] Zentrale Annahmen wie die Hypothese der Existenz einer klar definierbaren sog. ›Malatesta-Form‹ der *RVF* (die nach dem präsumptiven Sammlungsadressaten Pandolfo Malatesta benannt ist, 1371/72 entstanden sein soll und zusammen mit der sog. Queriniana eine der beiden letzten Vorstufen der ›Vatikanischen Redaktion‹ bilden soll) scheinen nach genauer Analyse der einschlägigen Textbasis seit kurzem weitgehend in Frage gestellt.[5] Mit Ausnahme der vom Codex Vaticanus Chigi L.V. 176 bezeugten früheren *RVF*-Fassung aus der Feder des Kopisten Giovanni Boccaccio verfügen wir im Moment letztlich nur über den Textzeugen 3195, wenn es um die Beurteilung von Petrarcas Arbeit an der Makrostruktur der *Fragmenta* geht. Die frühere Überlieferung in weiterer Handschriftentradition ist noch weitgehend aufzuarbeiten.

Ist man nun auf den Textzeugen 3195 zurückgeworfen, stellt sich auch die Frage nach der ›korrekten‹ Schlusssequenz der *RVF* (als Basis ihrer angemessenen Interpretation) nochmals neu. Schon seit langem ist bekannt, dass Petrarca in einem der allerletzten Arbeitsschritte durch das Anbringen von ara-

4 Vgl. bes. Del Puppo/Storey 2003; Barolini 2007, S. 32–39; Warkentin 2007; Pulsoni 2009; s. auch Foster 1984, S. 92–96; Barolini 1989, S. 18–19; Petrie 1997, S. 114; Zamponi 2004, S. 25–27, 29–31; Savoca 2008, S. 76. Was wir über die Genese der *RVF* tatsächlich wissen, ist knapp und eingängig zusammengefasst bei Petrarca/Bettarini 2005, I, S. XXV–XXVI.

5 Vgl. jetzt detailliert Magni 2017, Kap. 2 und bes. Kap. 3, zuvor Pulsoni 2009.

bischen Randnummern die Gedichte zwischen *RVF* 336 und *RVF* 366 hat umgruppieren wollen. Doch hat man dies kaum zur Interpretation genutzt,[6] und einer der wenigen diesbezüglichen Versuche[7] scheitert an seiner eigenen, aus Wilkins bezogenen Zuversicht, genau sagen zu können, in welchen einzelnen Schritten diese Umgruppierung vor sich gegangen sein müsse.

Will man beurteilen, was die Optionen waren, vor die sich Petrarca bei der versuchten Neuordnung des Schlussteils gestellt sah, muss man also direkt in den Codex blicken und von Wilkins' Hypothesen absehen. Die heute in allen gängigen Ausgaben, selbst in der sehr stark am 3195 orientierten Edition von Savoca abgedruckte Reihenfolge der Gedichte des 3195 entspricht nicht der Reihung in der Handschrift. Dort hat Petrarca relativ spät einen Doppelbogen (Binio) eingefügt, der zwischen die heutigen Seiten c. 66v (mit – in heutiger Numerierung[8] – *RVF* 335, 336, 350, 355) und c. 71r (mit *RVF* 351, 352, 354, 353) platziert wurde.[9] So entstand die Abfolge:

336, 350, 355, 337–349, 356–365, 351, 352, 354, 353, 366.

In einem weiteren Schritt – der aber, wie wir sehen werden, kein entschlossener, zügig durchgeführter war – brachte Petrarca am Rand dieser Gedichtfolge eine Reihe arabischer Ziffern von 1 (bei *RVF* 336) bis 31 (bei *RVF* 366) an.[10] Das ist nicht die einzige Randzählung, die sich in 3195 findet (Petrarca hat auch die Sonette und die Kanzonen incl. der Sestinen des Codex durchgezählt und die Zählung durch Randziffern vermerkt),[11] aber es ist die einzige, die ganz offensichtlich die Reihenfolge von Gedichten verändern soll. Die arabischen Ziffern

6 Auch Quarta 1937 versucht die im 3195 gegebene Situation nicht interpretativ zu beurteilen, sondern beschäftigt sich v. a. mit dem äußerlichen Abgleich der Serialisierung der Texte im 3195 und in den weiteren Textzeugen der frühen *RVF*-Überlieferung. Aussagen über die semantischen, liebesideologischen Implikate der jeweiligen Gedichtreihung bleiben summarisch (bspw. S. 18: »quei sonetti che non hanno nessun legame fra loro«, »una serie di componimenti strettamente collegati insieme« usw.).

7 Quaglio 1973, S. 49–56.

8 Wir verwenden zur besseren Orientierung durchgängig die ›heutige‹ Zählung nach Petrarcas Numerierung ›letzter Hand‹, anders als die im Kommentarband von Belloni et al. 2004 faksimilierte Edition von 3195 durch Ettore Modigliani 1904 (die *RVF* nach dem im Codex materialiter gegebenen Textbestand durchzählt, wofür sich gute Argumente beibringen ließen).

9 Vgl. Zamponi 2004, S. 32–38; Soldani 2006, S. 219–220; Storey/Cappelli 2006, S. 179 m. Anm. 21; Tonelli 2016, S. 10.

10 Vgl. zu den arabischen Ziffern der Numerierung im Detail Storey 2004, S. 140–142, Savoca 2008, S. 12–14.

11 Vgl. Zamponi 2004, S. 38; Leonardi 2007, S. 128–129 m. Anm. 65; Savoca 2008, S. 14–18; Tonelli 2016, S. 29–32.

sortieren die Gedichte *RVF* 336–366 in der uns heute vertrauten Folge, oder sie scheinen das zumindest zu tun.

Umstritten ist die Frage, ob Petrarca die Einfügung der neuen Blätter (mit c. 67r–70v und dem Gedichtbestand von *RVF* 337–349 und 356–365, s. o.) schon mit der Absicht der folgenden Umnumerierung vorgenommen hat, so dass es letztlich nur eine einzige Schlussredaktion gegeben hätte und die oben angeführte Reihung ein sofort überwundener, interpretatorisch nicht weiter wichtiger Arbeitsschritt wäre, oder ob Petrarca zunächst die o.g. Reihe herstellte und erst später zur Umnumerierung schritt, so dass wir zwei distinkte Fassungen (eine ›vorletzte‹, die der obigen Reihung) und eine allerletzte (die der arabischen Umnumerierung) vor uns hätten und dadurch auch die ›vorletzte‹ Fassung eine eigene Charakteristik und eine eigene Interpretationsbedürftigkeit gewönne. Man hat mit recht großem Aufwand für die erste Alternative zu argumentieren versucht.[12] Sie kann aber nicht überzeugen. Mehrere Anzeichen sprechen für einen schrittweisen, nicht von vornherein umfassend geplanten Prozess, in dem die Schlusssequenz erstellt wurde. Zum einen sieht man in den eingelegten Blättern, dass die wichtige Kanzone *RVF* 360 (c. 69v–70r) in ungewöhnlich gedrängter Schreibweise eingetragen ist (mit je drei Versen pro Zeile statt, wie sonst in 3195 üblich, mit zwei Versen pro Zeile)[13] und das auf c. 70r folgende Sonett *RVF* 361 in kleinerer, gedrängterer Schrift gehalten ist als die auf c. 70v dann in regelmäßigem Duktus folgenden Sonette (*RVF* 362–365): Petrarca, der die mise en page des Codex sehr kalkuliert und mit großer Übersicht betrieb,[14] hat also während der Erstellung des Binio IX P2[15] offensichtlich zunächst keine ganz klare Verteilung einzelner Gedichte auf einzelne Seiten vorgehabt, sondern *RVF* 360 zu einem etwas späteren Planungsstand in den dann noch im Binio zur Verfügung stehenden, gemessen an der üblichen mise en page, zu knappen Raum eingetragen. Auf den gerade noch zur Verfügung stehenden Raum von c. 70r wurde dann das Sonett *RVF* 361 geschrieben, offenbar nicht in geplanter Kontinuität zu den auf der nächsten Seite folgenden Sonetten. Es scheint Petrarca gerade darum gegangen zu sein, durch den neu eingelegten Doppelbogen, der an einer zuvor

12 Vgl. bes. Soldani 2006.

13 Magni 2017, S. 92 Anm. 102. Wie Magni in der Folge aufzeigt (S. 156, 162–163, 196, 210), wird dieses im 3195 gegebene Layout von *RVF* 360 vom Laurentianus 41.17, dem vermeintlichen ›Kronzeugen‹ für die hypothetische Malatesta-Form, *wiederholt* [!]. Magni hat erwiesen, dass die mindestens drei Hände, die im Laur. 41.17 am Werk sind, in mehreren Phasen der Arbeit einerseits deutlich an der mise en page des 3195 orientiert bleiben, es andererseits aber mehrere Antigraphen geben dürfte. Die Überlieferungssituation ist sehr viel komplexer als in der Wilkins-Tradition angenommen.

14 Vgl. dazu den glänzenden Beitrag von Furio Brugnolo im Kommentarband von Belloni et al. 2004.

15 So die technische Bezeichnung nach der kodikologischen Analyse von Zamponi 2004, Schema S. 61.

völlig bruchlosen, materialiter gänzlich kohärenten[16] Stelle, zwischen c. 66v und c. 71r, eingefügt wird, exakt die Reihung herzustellen, die wir materialiter in der Handschrift dort vorfinden – schließlich hätte er einen neuen Faszikel problemlos ganz hinten anfügen können, falls die Absicht zur finalen Umnumerierung von vornherein bestanden hätte: In einem (wie wir heute wissen) zu Petrarcas Lebzeiten noch gar nicht durch Bindung fixierten Konvolut[17] hätte dem nichts entgegengestanden, zumal die Kanzone *RVF* 366 als finaler Text ohnehin klar festzustehen schien (sie ist im codex Laurentianus 41.17 angesichts ihrer Positionierung mitten im Textkonglomerat mit »in fine libri pon<atur>« markiert[18] und trägt im 3195 eine singuläre Zusatzmarkierung durch eine auffällige ›Zeigehand‹), man hinter ihr problemlos noch einen Faszikel hätte beigeben und dann sofort neu durchnumerieren können.

Alles spricht stattdessen für jene andere Annahme: Petrarca fügt den Binio IX P2 absichtlich zwischen Gedicht *RVF* 355 (c. 66v) und *RVF* 351 (c. 71r) ein und nicht am Schluss des Konvoluts, weil ihm an der dadurch entstehenden Anordnung gelegen ist. In mehreren tastenden Schritten eines von dieser Einfügung getrennt zu denkenden Rearrangements gruppiert er dann durch die Beifügung jener arabischen Ziffern um. Es gibt also einen Moment der Corpuserweiterung und daran anschließend eine Reihe von Experimenten und Umorientierungen, nicht nur eine einzige, nach einem von vornherein kompakt stehenden Plan ausgeführte Schlussredaktion.[19] Damit stellt sich die Frage nach der jeweiligen Semantik der unterscheidbaren Textstatus, nach ihrem ›liebesideologischen‹ Profil.

Eine vollständige Beantwortung dieser Frage würde eine umfassende, Schritt für Schritt vorgehende Interpretation rekonstruierbarer Ausformungen der Schlusssequenz erfordern. Dies kann hier aus Raumgründen nicht geleistet werden und muss künftigen Arbeiten vorbehalten bleiben. Doch auf einige neuralgische Punkte der philologischen Grundlage ist an dieser Stelle aufmerksam zu machen. Zunächst besitzen die arabischen Ziffern im 3195 nicht alle denselben Stabilitätsgrad. Offensichtliche ›starke‹ Ankerstellen sind die beiden von Petrarca in Kreise gesetzten Nummern 1 auf c. 66v (für *RVF* 336 *Tornami a mente*) und 21 auf c. 68v (für *RVF* 356 *L'aura mia sacra*). Damit markiert Petrarca in *RVF* 336 das erste Gedicht, mit dem die neue Serialisierung beginnt – den materiellen Ausgangspunkt, dem sich als Nr. 2 der erste in dem eingelegten Binio notierte Text anschließen wird (c. 67r, *RVF* 337 *Quel che d'odore*) –, und in *RVF* 356 dasjenige Gedicht, das unter den im neuen Binio enthaltenen diejenige

16 Zamponi 2004, S. 35.
17 Vgl. Storey 1993, S. 396; Warkentin 2007, S. 56.
18 Magni 2017, S. 161–162 mit Fig. 3.4.
19 Vgl. auch die Rekonstruktionen von Storey 1993, S. 380–388, und Zamponi 2004, S. 37–38.

Serie eröffnet, die durch den Einschub von *RVF* 350–355 von der materialiter im Binio unmittelbar vorhergehenden Serie *RVF* 337–349 getrennt wird. Ganz eindeutig scheint aber die Rolle von *RVF* 356 als Ankertext nicht gewesen zu sein, denn die Nr. 21 stand ursprünglich (auch) auf c. 70v bei *RVF* 364, dem für das Jahreszeiten- und Kalenderschema zentral wichtigen Text *Tennemi Amor anni ventuno ardendo.*[20] Es bestand also mit ziemlich hoher Wahrscheinlichkeit für einen Moment der Plan, als eine Ankerstelle für den Einsatz des ca. letzten Drittels der neuen Anordnung das berühmte Resümee zur Diachronie der Liebesgeschichte zu plazieren. Vor der jetzigen Position 21 (*RVF* 356) kommt, wie gesagt, durch Petrarcas Umnumerierung jene eingeschobene Sequenz *RVF* 350 bis 355 zu stehen, die sich als überaus instabil und als eine Problemzone erweist, an deren Reihung Petrarca zögerlich und offenbar mit wiederholtem Umdenken gearbeitet hat.

Zu den Instabilitäten der Numerierung kurz im Detail (zumeist empfiehlt sich für die Überprüfung neben dem Blick ins Faksimile von 2003 die Benutzung der digitalen Radiographien der Vaticana):

Die arabischen Nummern 10, 11, 12, 13 der Gedichte *RVF* 345 bis 348, die allesamt auf c. 68r stehen, sind durch Rasuren weitgehend unkenntlich gemacht;[21] sie sind mit bloßem Auge und in Farbreproduktion noch schemenhaft zu erkennen und nur in der digitalen Radiographie eindeutig lesbar. Petrarca wollte allem Anschein nach diese Gedichtfolge für eine nochmalige Neuordnung disponibel machen.

Das auf c. 68v folgende Gedicht *RVF* 349, numeriert als Nr. 14, scheint seine (deutlich lesbare) Nummer über einer Rasur zu tragen, die in diesem Fall in der digitalen Farbreproduktion klarer zu sehen ist als in der Radiographie.[22]

Gedicht *RVF* 350 (*Questo nostro caduco*) auf c. 66v ist als Nr. 15 numeriert, doch steht diese Nummer neben einer Rasur, unter der sich eine noch halb leserliche, offenbar gleichfalls zweistellige Zahl befindet.[23]

Gedicht *RVF* 351 (*Dolci durezze*) auf c. 71r ist als Nr. 16 numeriert, die

20 Storey 2004, S. 141; Zamponi 2004, S. 38. Die Radiographie des digitalisierten Exemplars der Vaticana lässt das relativ gut erkennen. Nachvollziehbar wird beim Blick auf das Digitalisat aber auch, dass womöglich statt »21« hier auch »1« gestanden haben könnte: Petrarca hätte somit die neue Reihung mit dem Sonett eröffnet, das auf die 21+10 Jahre der Laura-Liebe und damit auf das Jahr 1358 verweist; wäre dieses Gedicht an Position 336 getreten, so hätte dies einen stärkeren Verweis auf eine nach 1358 noch deutlich weiter andauernde Liebeserfahrung impliziert (zu dieser ohnehin anzusetzenden Impression vgl. meinen eingangs erwähnten Aufsatz).

21 Storey 2004, S. 140; Soldani 2006, S. 230 (bereits vermerkt in der diplomatischen Edition von Modigliani 1904).

22 Vgl. auch die Aufnahme bei Savoca 2008, S. 13.

23 Modiglianis diplomatische Edition las dort gleichfalls eine 15 (in Belloni et al. 2004, S. 362), doch scheint die Schreibweise der beiden Zahlen zumindest divergent.

Nummer steht aber neben einer vollständigen Rasur (in diesem Fall am besten in der digitalen Farbphotographie der Vaticana erkennbar).[24]

Gleiches gilt auf derselben Seite (c. 71r) in der materialiter gegebenen Reihenfolge für: *RVF* 352 (*Spirto felice:* neben Rasur als Nr. 17 numeriert), *RVF* 354 (*Deh porgi mano:* neben Rasur als Nr. 19 numeriert) und *RVF* 353 (*Vago augelletto:* neben Rasur als Nr. 18 markiert).

Gedicht *RVF* 355 (*O tempo, o ciel*) auf c. 66v ist als Nr. 20 markiert, wobei diese Ziffer neben einer schlecht ausgeführten Rasur steht:[25] Der Augenschein spricht dafür, dass hier bereits als erste Option eine 20 eingetragen war[26] (unwahrscheinlich: 26 oder gar 28), die Petrarca eine Zeitlang verworfen und dann wieder bestätigt zu haben scheint.

Gedicht *RVF* 359 (Kanzone *Quando il soave*) auf c. 69r weist eine Rasur über der arabischen Nummer auf, die nicht mehr leserlich ist. Gewöhnlich wird hier von der Nr. 24 ausgegangen,[27] sicherlich weil diese Nummer anderweitig nicht ›vergeben‹ ist und weil sie die materialiter im 3195 gegebene Abfolge von *RVF* 358, 359, 360 bestätigen würde. Tatsächlich kann aber mit Blick auf die weiteren Rasuren und Änderungsversuche nicht ausgeschlossen werden, dass die Positionierung von *RVF* 359 verändert werden sollte: Die Rasur macht das Gedicht in der Reihung disponibel, statt seine Position zu fixieren.[28]

Dieser Befund wäre nun umfassend zu interpretieren. Wie angedeutet, ist das hier nicht zu leisten, doch wird es hilfreich sein, auf die Problemzonen von Petrarcas Neuordnungsversuch und mögliche liebesideologische Implikate aufmerksam zu machen. Diese betreffen neben der schon angesprochenen, ambivalenten Positionierung von *RVF* 364 vor allem die Gedichtfolgen von *RVF* 345 bis 355; hier hat Petrarca die heute gegebene Abfolge mehrfach variiert, zum Teil auch wieder aufgehoben. Daraus lassen sich wenigstens folgende Beobachtungen ableiten:

Die Rasuren über den arabischen Ziffern von *RVF* 345–348 sowie die Rasur unter der arabischen Ziffer von *RVF* 349 verunklaren die Positionierung einer Gedichtfolge, die einer klaren ideologischen Perspektivierung folgt: In der heute allenthalben abgedruckten Folge ist *RVF* 345 eine Palinodie auf *RVF* 344 (worin die ambivalente Schmerzliebe nach Lauras Tod auf die negative Emotion des Leidens verengt wird und eine künftige Monotonie der *Fragmenta* thematisiert wird: Das ›cantare‹ tritt zugunsten des ›piangere‹ in den Hintergrund), da hier

24 Siehe auch die Aufnahme bei Savoca 2008, S. 13 (die Rasur bereits 1904 von Modigliani vermerkt).
25 Zamponi 2004, S. 38.
26 Storey 2004, S. 141 (so bereits Modigliani).
27 Storey 2004, S. 140, vgl. Soldani 2006, S. 230 (so bereits Modigliani).
28 Annahmen über die mögliche Positionierung der durch Rasur disponibel gewordenen Gedichte, wie sie etwa Quarta 1937, bes. S. 16–18, trifft, bleiben hypothetisch.

die soeben gemachten negativen Aussagen über Laura bereut werden und Lauras Erhebung in den Kreis der Seligen zu Füßen Gottes thematisiert wird. Die Sonette *RVF* 346–348 führen die Motivik von Lauras Ankunft im Himmel bzw. Lauras Aufenthalt im Himmel als Erzählung fort und verquicken dies mit der Erwartung des Liebenden bzw. Lauras, der Liebende werde ihr in den Himmel folgen: Eben diese Hoffnung kommt dann in *RVF* 349 zum Ausdruck. Diese klar auf die Schilderung von ›Laura fra i beati‹ abhebende, hinsichtlich der positiven Valorisierung einer jenseitigen Rolle Lauras deambiguisierte Themenfolge wäre durch eine Neuanordnung zerstört. Denkbar ist aber angesichts des Gesamtbefundes auch, dass Petrarca zunächst schlicht eine Verschiebung der gesamten Gruppe gegen Textende hin erwogen hat (wofür durch die Räumung der jetzt von *RVF* 350–355 belegten, gleichfalls instabilen Zone Platz entstanden wäre). Dies würde die Deambiguisierung unterstützen, die (wie man seit dem exzellenten Aufsatz von König 1983 im Detail erkannt hat) durch die Verschiebung von *RVF* 365 (*I' vo piangendo*) als christlichem Reuesonett an die vorletzte Stelle der *Fragmenta* entstanden ist: Der Abschluss der Sonettreihe *RVF* 361–365 durch diesen Text lässt – wie u. a. Marco Santagata betont hat – das Motiv der Reue und des pentimento als sammlungsbestimmend erscheinen, so dass die in *RVF* 1 in Aussicht gestellte und im *Secretum meum* dem ›Franciscus‹ von Augustinus abgeforderte Konversion im Übergang von *RVF* 365 zur finalen Marienkanzone *RVF* 366 wahrhaftig stattzuhaben scheint.

Tatsächlich aber steht an materialiter vorletzter Position des 3195 das Sonett *RVF* 353 (*Vago augelletto*) und schließt vor der Marienkanzone die Folge *RVF* 351, 352, 354 ab. In dieser Folge wird zwar die Geltung alles Weltlichen teilweise relativiert, doch vor allem geht es in diesen Gedichten um die Qualitäten Lauras, was in *RVF* 354 (*Deh porgi mano*) im Dialog mit Amor in die Frage nach dem Laura angemessenen lyrischen Lob mündet, worauf in *RVF* 353 über das Motiv der Nachtigall eine Selbstthematisierung des zwar trauervollen, vor allem aber betörend schönen Klagegesangs der *Fragmenta* stattfindet. Diese Sequenz malt insgesamt ein klar positives Bild der Laura und lässt das lyrische Elogium darauf geradezu stufenlos in die Marienkanzone *RVF* 366 münden, deren Reuethematik dadurch weit weniger schroff hervortritt. Stattdessen ergibt sich ein Nachklang der sängerischen (und sehr weltlichen) Eleganz von *RVF* 353 auch noch im Gebet an die Gottesmutter – keine kohärente Lösung des Textschlusses im Sinne des im *Secretum meum* in Aussicht gestellten ›sparsa anime fragmenta recolligere‹.

Petrarca hat also einen durchaus ›unaugustinischen‹ Schluss erwogen, bevor die Sequenz umnumeriert und die Folge *RVF* 351–354 in das Textinnere zurückgezogen wurde. Durch die im 3195 materialiter gegebene Textfolge wird die der gesamten Sammlung inhärente Mehrdeutigkeit der Liebe und der Laura (die in den *Fragmenta* bekanntlich ebenso Verführerin wie Retterin und Heilsbringerin sein kann und der in wechselnder Dosierung weltliche und himmlische/

jenseitige Faszination und Verortung zugeschrieben wird) in den Vordergrund gestellt.

Was die Strategie der Neuordnung betraf, hat Petrarca offensichtlich insbesondere bezüglich des Grades geschwankt, in dem ein ambivalenter Charakter von Laura und der Laura-Liebe herauszustellen war. Dies zeigt sich auch in der wiederholten Rasur und Neueintragung der heutigen Positionen von *RVF* 350 und 355, die zunächst als Gedichtpaar in der unteren Hälfte von c. 66v den Textbestand unmittelbar vor dem eingelegten Binio bildeten. Es handelt sich um zwei Gedichte der Ambivalenz: *RVF* 350 (*Questo nostro caduco*) spricht von der allgemeinen Hinfälligkeit weltlicher Schönheit, preist zugleich aber die absolut überragende, unvergleichliche Schönheit Lauras als Gipfelpunkt. *RVF* 355 (*O tempo, o ciel*) spinnt dies fort, indem hier zwar die Flüchtigkeit und Eitelkeit zeitlicher Güter thematisiert werden, zugleich aber abschließend betont wird, dass die weltlichen Übel mit Amor nichts zu tun hätten – und zwar ohne dass eine eindeutige Festlegung der Liebe auf eine Gottesliebe erfolgen würde. Damit spielt *RVF* 355 der Argumentation von *RVF* 360 zu, der berühmten Streitkanzone, in der Amor gegen den Liebenden seine Qualitäten in fast durchgängig ganz weltlicher Hinsicht herausstellt (und, notabene: die Position von *RVF* 359, also die Stelle unmittelbar vor dieser Kanzone, ist ja durch Rasur disponibilisiert). Das Zögern von Petrarca zur Positionierung von *RVF* 350 und 355 ist erneut Signum dafür, dass die Waagschale zwischen (aus ›augustinischer‹ Warte formuliert) einer moralisch problemlastigen Ambiguisierung der Liebe vs. ihrer christlichen Deambiguisierung in der Schwebe blieb.

Es gibt keine Möglichkeit, die Schlusssequenz der *Fragmenta* eindeutig zu ordnen: Zum einen ist da die materiale Textfolge des 3195, die instabil ist, da die arabischen Ziffern den Willen zur Neuordnung zweifelsfrei anzeigen. Zum anderen ist die Numerierung teilweise lückenhaft und uneindeutig, weshalb auch die Neuordnung keine Stabilität gewinnt. Sicherlich ist es daher irreführend, den Text ohne weitere Signale in der uns heute überall begegnenden Reihung abzudrucken – wie fast alle Ausgaben, selbst Savocas auf dem 3195 basierende kritische Edition, es tun. Petrarcas Schlusssequenz lässt sich in der Frage der Gedichtanordnung nicht wirklich fassen, ihre Oszillation zwischen unterschiedlichen Optionen ist der letzte Eindruck seines Schaffens, den Petrarca als Dichter des Oxymoralen uns hinterlassen hat. Wie ist das zu interpretieren? Vereindeutigende Annahmen (wie das bekannte Postulat eines finalen Durchschlagens von Petrarcas ›Reueprojekt‹) lassen sich hier nicht treffen, und angesichts der unklaren Verlaufsgestalt des Sammlungsschlusses tritt dem Leser rückblickend die Simultangestalt der *Fragmenta* nur umso deutlicher vor Augen.[29] Doch was bildet sie ab? Eine Figuration offener Unentschiedenheit. Im

29 Zum Begriff der semantischen ›Simultangestalt‹ und seinem Komplement, der ›Verlaufsge-

Grunde exemplifiziert nichts besser die Poetik von Petrarcas Werk als diese finalen Retuschen vorletzter Hand.

## Bibliographie

Petrarca, Francesco: *Canzoniere – Rerum vulgarium fragmenta*, hg. von Rosanna Bettarini. II. Torino 2005.

Petrarca, Francesco: *Rerum vulgarium fragmenta*, hg. von Giuseppe Savoca. Firenze 2008.

Barolini, Teodolinda: »The Making of a Lyric Sequence. Time and Narrative in Petrarch's *Rerum vulgarium fragmenta*«, in: *MLN* 104.1 (1989), S. 1–38.

Barolini, Teodolinda: »Petrarch at the Crossroads of Hermeneutics and Philology. Editorial Lapses, Narrative Impositions, and Wilkins' Doctrine of the Nine Forms of the *Rerum vulgarium fragmenta*«, in: dies. / Storey, H. Wayne (Hg.): *Petrarch and the textual origins of interpretation.* Leiden 2007, S. 21–44.

Belloni, Gino / Brugnolo, Furio / Storey, H. Wayne / Zamponi, Stefano (Hg.): *Rerum vulgarium fragmenta. Facsimile del codice autografo Vaticano Latino 3195 / Commentario all'edizione in fac-simile.* II. Roma / Padova 2003 / 2004.

Del Puppo, Dario / Storey, H. Wayne: »Wilkins nella formazione del canzoniere di Petrarca«, in: *Italica* 80.3 (2003), S. 295–312.

Foster, Kenelm: *Petrarch, Poet and Humanist.* Edinburgh 1984.

König, Bernhard: »Das letzte Sonett des *Canzoniere.* Zur ›architektonischen‹ Funktion und Gestaltung der ›Ultime rime‹ Petrarcas«, in: Hempfer, Klaus W. / Regn, Gerhard (Hg.): *Interpretation. Das Paradigma der europäischen Renaissance-Literatur.* Wiesbaden 1983, S. 238–257.

Leibfried, Erwin: *Kritische Wissenschaft vom Text. Manipulation, Reflexion, transparente Poetologie.* Stuttgart [2]1972.

Leonardi, Lino: »La struttura dei *Fragmenta*, ovvero storia di una contraddizione«, in: AA.VV.: *La filologia petrarchesca nell'800 e '900.* Roma 2007, S. 109–132.

Magni, Isabella: *The Digital Reconstruction of Petrarch's Fragmenta.* Diss. Indiana University, Ann Arbor 2017.

Petrie, Jennifer: »Anniversario e memoria nei *Rerum Vulgarium Fragmenta*«, in: Rotondi Secchi Tarugi, Luisa (Hg.): *Petrarca e la cultura europea.* Milano 1997, S. 111–119.

Pulsoni, Carlo: »Il metodo di lavoro di Wilkins e la tradizione manoscritta dei *Rerum vulgarium fragmenta*«, in: *Giornale Italiano di Filologia* 61 (2009), S. 257–269.

Quaglio, Antonio Enzo: »Ipotesi intorno agli ultimi esercizi lirici del Petrarca«, in: ders.: *Al di là di Francesca e Laura.* Padova 1973, S. 33–56.

Quarta, Nino: *Sull'ordinamento delle ultime rime in morte di Madonna Laura e di alcune altre parti del Canzoniere petrarchesco.* Napoli 1937.

Santagata, Marco: *I frammenti dell'anima. Storia e racconto nel Canzoniere di Petrarca.* Bologna [2]2004.

---

stalt‹, vgl. Leibfried 1972, S. 301–306, bes. S. 301 und 304; ferner, stärker auf Einzeltexte bezogen, Warning 1997, S. 22–24.

Savoca, Giuseppe: *Il Canzoniere di Petrarca tra codicologia ed ecdotica.* Firenze 2008.

Soldani, Arnaldo: »Un'ipotesi sull'ordinamento finale del *Canzoniere*«, in: *Studi Petrarcheschi* 19 (2006), S. 209–247.

Storey, H. Wayne: *Transcription and Visual Poetics in the Early Italian Lyric.* New York / London 1993.

Storey, H. Wayne: »All'interno della poetica grafico-visiva di Petrarca«, in: Belloni, Gino et al. (Hg.): *Rerum vulgarium fragmenta. Codice Vat.lat. 3195. Commentario all'edizione in fac-simile.* Roma / Padova 2004, S. 131–171.

Storey, H. Wayne / Capelli, Roberta: »Modalità di ordinamento materiale tra Guittone e Petrarca«, in: Lo Monaco, Francesco / Rossi, Luca Carlo / Scaffai, Niccolò (Hg.): *›Liber‹, ›fragmenta‹, ›libellus‹ prima e dopo Petrarca.* Firenze 2006, S. 169–186.

Tonelli, Natascia: »Vat. lat. 3195: un libro concluso? Lettura di *RVF* 360–366«, in: dies.: *Per queste orme. Studi sul* Canzoniere *di Petrarca.* Pisa 2016, S. 7–34.

Warkentin, Germaine: »Infaticabile maestro. Ernest Hatch Wilkins and the manuscripts of Petrarch's *Canzoniere*«, in: Barolini, Teodolinda / Storey, H. Wayne (Hg.): *Petrarch and the textual origins of interpretation.* Leiden / Boston 2007, S. 45–65.

Warning, Rainer: »Interpretation, Analyse, Lektüre: Methodologische Erwägungen zum Umgang mit lyrischen Texten«, in: ders.: *Lektüren romanischer Lyrik. Von den Trobadors zum Surrealismus.* Freiburg 1997, S. 9–43.

Zamponi, Stefano: »Il libro del Canzoniere: modelli, strutture, funzioni«, in: Belloni, Gino et al. (Hg.): *Rerum vulgarium fragmenta. Codice Vat.lat. 3195. Commentario all'edizione in fac-simile.* Roma / Padova 2004, S. 13–72.

Thomas Hunkeler (Fribourg)

# Les hommes au Pétrarque. François I^er^ et les débuts du pétrarquisme en France

L'homme est montré de front, dans une attitude pensive, peut-être légèrement ironique. Il regarde vers sa gauche, sa bouche semble esquisser un sourire. Le petit volume des poésies de Pétrarque qu'il tient entre ses mains – l'une gantée, l'autre nue – a donné son titre au portrait : « L'Homme au Pétrarque ». Peint vers 1530, le tableau attribué à Jean Clouet se trouve aujourd'hui à Windsor, dans la collection royale de Sa Majesté.

Jean Clouet : *Homme au Pétrarque*, huile sur toile, vers 1530, Windsor, Royal Collection

Qui est l'homme sur le tableau ? On ne le sait pas. Son portrait ressemble un peu à celui de Claude de Lorraine, peint par le même Clouet quelques années plus tôt,[1] mais le regard n'est pas du tout similaire. Là où le duc de Guise porte un regard résolu vers un lointain indéterminé, l'homme au Pétrarque inconnu, quant à lui, semble observer le monde autour de lui de façon à la fois distante et familière. Serait-ce là le regard d'un homme qui vient de lire quelques sonnets de Pétrarque avant de refermer son petit volume ? Les lacets de la reliure, que Jean Balsamo a identifiée comme étant d'origine vénitienne, sont encore dénoués.[2] Le très léger sourire sur les lèvres de l'homme est peut-être la trace d'une méditation à partir de tel ou tel vers du poète toscan, dans lequel notre homme se reconnaît. « Desbender l'Arc ne guerist point la Plaie », par exemple, ou plutôt sa version originale, puisque notre homme porte entre ses doigts, selon toute vraisemblance, une édition aldine des *Rime* de Pétrarque : « Piagha per allentar d'arco non sana » (*RVF* 90).[3]

Le sourire de l'homme pourrait effectivement être lié au volume qu'il tient entre ses mains. Sa mimique n'est pas tout à fait identique à celle qui figure sur le dessin préparatoire du tableau, à la pierre noire et sanguine, conservé au Musée Condé de Chantilly, qui représente la seule tête. La différence psychologique est indéniable entre les deux versions : là où le dessin présente l'homme avec une expression concentrée, presque tendue, le tableau le montre au contraire légèrement souriant et détendu. Ajoutons que le support du dessin de Chantilly livre aussi une hypothèse pour identifier l'homme en question, puisqu'on y lit « Philippe Chabot, amiral de France ».[4]

Mais revenons au tableau. Les historiens de l'art ont été nombreux à remarquer que la représentation de la main gauche de l'homme n'est pas sans ressemblance avec celle de la même main de François I^er^ sur le célèbre portrait d'apparat peint par Clouet, probablement peu après la captivité du roi à Madrid, et qui se trouve aujourd'hui au Louvre.[5] Le nez lui aussi est similaire. S'agit-il d'une simple coïncidence ou peut-on voir, entre ces deux portraits, comme un air de famille ? On sait que la politique culturelle royale connaît une impulsion majeure après le retour du roi de Madrid, et que l'influence artistique de l'Italie sur la cour de

1 Jean Clouet, *Portrait de Claude de Lorraine, Duc de Guise* (vers 1527), Galleria Palatina, Palazzo Pitti, Florence.

2 Jean Balsamo, « ‹ Nous l'avons tous admiré, et imité : non sans cause ›. Pétrarque en France à la Renaissance : un livre, un modèle, un mythe », in : Balsamo 2004, p. 21.

3 Sauf indication contraire, nous citons le *Canzoniere* de Pétrarque d'après l'édition de Pierre Blanc (Paris 1988), ici le sonnet 90, p. 190, v. 14. La traduction française du vers, à laquelle on reviendra un peu plus loin, est ici celle de Clément Marot (1996), I, p. 359.

4 Jollet 1997, p. 299, note 108. Rappelons que Philippe Chabot (1492–1543) était l'un des plus anciens compagnons de François I^er^, dont il épousa la nièce en 1527. Comme Anne de Montmorency, Chabot fut lui aussi fait prisonnier à la bataille de Pavie.

5 Voir Jollet 1997, p. 191.

François Ier ne cesse de s'accentuer dans ces années. Ce qui est certain, c'est que « L'Homme au Pétrarque », l'un des tableaux de Clouet dans lesquels l'influence italienne est la plus visible,[6] prend sa place dans ce vaste mouvement de renouveau, au niveau à la fois de sa facture et de son sujet. Pour notre homme, se faire représenter avec un volume de Pétrarque à la main était manifestement plus qu'un geste en direction du roi : c'était un signe de familiarité et de connivence, peut-être aussi de reconnaissance.

## Pétrarque et la sociabilité de cour

Le 500e anniversaire du début du règne de François Ier, en 2015, a vu la publication de toute une série d'études qui ont tenté de préciser le rôle que le roi joua dans la vie littéraire de son temps, au-delà du mythe dont Anne-Marie Lecoq avait naguère cerné les contours dans sa magistrale étude sur François Ier imaginaire.[7] La pratique de la poésie fut-elle pour le roi d'abord un passe-temps ou au contraire un enjeu sérieux de politique culturelle ? En l'absence de témoignages de l'époque, on en est réduit aux seuls textes qui ont survécu et à quelques maigres indices pour tenter de jeter une lumière sur une pratique qui apparaît comme un élément important de la sociabilité de cour et de la posture royale, notamment après la défaite militaire de Pavie.[8]

S'il est quasiment impossible de dater avec précision les poésies de François Ier, celles-ci ayant été conservées quasi uniquement sous forme de manuscrits, la critique s'accorde cependant à voir dans la composition des poèmes à partir de tel ou tel vers isolé de Pétrarque l'une des premières traces du pétrarquisme français. L'exemple du vers « Desbender l'Arc ne guerist point la Plaie », qui figure entre autres dans un poème de Clément Marot publié pour la première fois dans les *Opuscules* de 1530–1531, est à cet égard particulièrement significatif, puisque Marot affirme explicitement, dans le titre du poème, que ce dernier fut fait « sur le refrain donné par le Roy ». En intitulant son poème « Chant royal » – un genre qui non seulement commençait alors à être perçue comme ancien, mais qui était essentiellement consacré à la louange de la royauté –, Marot signalait en outre de façon adroite tout ce que son poème devait au roi. Dévoyant le genre du chant royal de sa définition habituelle, délaissant le discours épidictique au profit d'une matière plus légère, en l'occurrence amoureuse, le poète anoblit pour ainsi dire la

6 Ibid.

7 Voir notamment le *Cahier François Ier* (2014) ; Rouget 2017 ; Petey-Girard / Polizzi / Tran 2017. L'ouvrage, pourtant indispensable, d'Anne-Marie Lecoq (1987) est aujourd'hui hélas quasiment introuvable.

8 A ce sujet, voir notamment le volume de Girot 2012, à compléter par Rouget in : Petey-Girard / Polizzi / Tran 2017 et par Mueggler 2018.

poésie d'amour, qui devient dans ce sens un autre type de chant royal, dans la mesure où elle est pratiquée non seulement pour le roi, mais aussi par lui.[9] Marot tient ainsi à placer son poème sous le double signe de François Ier et de Pétrarque – si le refrain du poème, tiré du *Canzoniere*, est donné par le roi, son *incipit*, « Prenant repos dessoubz un vert Laurier », sans doute choisi par Marot lui-même, est en fait la variation d'un autre vers de Pétrarque, tiré de la *canzone* « Giovene donna sotto un verde lauro » (*RVF* 30).[10]

On possède, dans le recueil des *Fleurs de Poesie Françoyse* de 1534, un autre « Chant royal » composé à partir du même refrain, « Desbender l'arc, ne guerit point la playe ».[11] Ici encore, on ne peut à vrai dire parler de « chant royal » au sens strict, puisqu'il s'agit à nouveau d'une méditation sur les pouvoirs de l'amour, comme dans les autres poèmes qui composent ce recueil. Selon Gérard Defaux, que l'on suivra sur ce point, on peut attribuer cette variante à un autre poète courtisan, à Mellin de Saint-Gelais, plutôt qu'à François Ier lui-même.[12] Que le poème, dont on ignore la date de rédaction, ait été recueilli dans les *Fleurs* paraît en tout cas parfaitement cohérent, puisque ce recueil est placé non seulement sous le signe du renouveau de la poésie « françoyse », mais aussi sous celui de Pétrarque qui devient à cette époque une référence de plus en plus incontournable.

Le refrain pétrarquien fourni par le roi a laissé des traces bien au-delà de ces deux exemples liés au cercle étroit autour du roi.[13] On se contentera de mentionner ici rapidement sa reprise chez Hugues Salel et Maurice Scève. Le premier fait figurer dans l'édition de ses œuvres poétiques de 1540[14] deux dizains qui traduisent assez littéralement les sonnets *RVF* 224, puis *RVF* 90 où figure, justement, le refrain choisi par le roi, tandis que le second intègre le même vers dans sa *Saulsaye* de 1547, au cœur de la complainte du malheureux amant Philerme : « Làs, que me vault, si de mes ennemis / Je suis navré, et puis en seurté mis / Je meurs, combien qu'à vivre je m'essaye ? / L'arc desbendé ne guerit pas la playe. »[15]

La « découverte » de la prétendue tombe de Laure en Avignon, à la fin de l'été 1533, en compagnie du roi lui-même, a souvent été commentée dans la perspective d'une appropriation française de la figure de Pétrarque, et nous n'y reviendrons pas ici en détail.[16] Rappelons simplement que le roi composa à cette occasion une épitaphe, « En petit lieu compris vous pouvez veoir »,[17] et que les

9 Voir le commentaire de Cornilliat 1994, p. 557–560, et Berthon 2014, p. 130–131.
10 Sur la transformation en devise de certains vers du *Canzoniere* de Pétrarque, voir Torre 2018.
11 Il s'agit de la pièce XIX, « Chant royal d'ung Amant », in : Defaux 2002, p. 60–62.
12 Ibid., p. 166–169.
13 Voir Joubaud / Sicard 2016.
14 Salel 1987, p. 296.
15 Scève, *Saulsaye*, 1927, p. 180, v. 476.
16 Giudici 1980 ; Millet 1997 ; Maira 2003 ; Hunkeler 2003, p. 27–64.
17 François Ier, *Œuvres poétiques* (1984), p. 185. Toute référence à cette édition se fera ci-après par le sigle OP, suivi de l'indication de page.

poètes de la cour, Marot, Saint-Gelais et d'autres, s'empressèrent d'en faire autant. A la même époque, François I^er^ soutient financièrement l'impression, chez Gryphe à Lyon, des *Opere toscane* de Luigi Alamanni, elles aussi placées sous le signe de l'héritage pétrarquiste et plus généralement parlant de l'italianisme de la cour.[18]

La traduction, par Marot, du « Chant des visions de Petrarque », autrement dit de *RVF* 323, date plus ou moins de la même période. Lors de sa première publication dans la *Suite de l'Adolescence*, fin 1533 ou début 1534, le poète précise en outre explicitement dans le titre que cette traduction a été entreprise « par le commendement du Roy », confirmant ainsi, si besoin en était, le rôle essentiel joué à cet égard par François I^er^. De cette traduction subsistent aussi deux versions manuscrites enluminées, mais qui sont probablement plus tardives.[19] L'*incipit* de la même *canzone* de Pétrarque se trouve aussi à l'origine d'une ballade, « Estant seullet aupres d'une fenestre », que l'on attribue parfois au roi lui-même, et qui semble inspirée, pour la suite du texte, d'un sonnet de Chariteo.[20] La première strophe de cette ballade a été publiée dans les *Fleurs de Poesie Françoyse* sous la forme d'un dizain, sans que le titre ne propose d'attribution concluante (« Un autre [poète] apres ensuyt en ces louanges »). Faut-il suivre Gérard Defaux, qui propose d'attribuer le dizain et la ballade à Mellin de Saint-Gelais, sans pour autant écarter le roi comme possible auteur ?[21] Quoi qu'il en soit, il est intéressant de noter qu'une fois de plus, un poème provenant du cercle autour de François I^er^ s'ouvre sur un vers célèbre de Pétrarque pour ensuite proposer une variation qui s'avère, avec la reprise de Chariteo, moins pétrarquienne que pétrarquiste. La dimension à la fois allégorique et énigmatique de la *canzone* de Pétrarque y cède le pas à une série de lieux communs qui jouent sur la comparaison entre la beauté de la dame et celle des divinités célestes. On ne sera pas étonné de retrouver cette ballade, ou du moins sa première strophe, dans le roman *Ascanio* (1843) d'Alexandre Dumas père, inspiré des mémoires de Benvenuto Cellini, où le romancier imagine François I^er^, ce « rimeur porte-sceptre »,[22] en train de déclamer ce poème à sa maîtresse, la duchesse d'Etampes.

18 Voir Tommasi 2012, p. 65–88.
19 Voir Cooper 2004, p. 53–71, et Berthon 2014, p. 130. Cette traduction figure aussi, dans une version quasi identique, dans *Les Fleurs de Poesie Françoyse* (Defaux 2002), p. 55–57.
20 OP, p. 203–204.
21 *Les Fleurs de Poesie Françoyse* (Defaux 2002), p. 65–66 et p. 177–178.
22 Alexandre Dumas, *Ascanio* (1852), Chapitre XIII, p. 170.

## Pétrarque à la manière française

La datation, même approximative, est beaucoup plus difficile dans le cas de deux poèmes de François Ier qui à l'époque n'ont été recueillis que dans des manuscrits, et dont je voudrais proposer ici une analyse un peu plus détaillée. Il s'agit d'abord du rondeau « Bien-heureux est la saison et l'année », qui transpose le sonnet *RVF* 61, « Benedetto sia 'l giorno, e 'l mese, et l'anno ». Si la critique penche habituellement en faveur d'une datation précoce, avant 1540 en tout cas, c'est dans la mesure où le roi opte dans son adaptation du sonnet pétrarquien pour une forme poétique française, le rondeau, que Du Bellay, en 1549, n'hésitera pas à placer parmi les « episseries, qui corrumpent le goust de nostre Langue ».[23] Dans le corpus des poésies de François Ier, le rondeau reste cependant un genre souvent pratiqué, et l'édition de référence de J. E. Kane en énumère une bonne cinquantaine. Faut-il vraiment s'étonner de ce que le roi ait choisi de rendre par un rondeau ce sonnet de Pétrarque, qui est construit tout entier sur la scansion répétitive du terme « benedetto », ce qui est plutôt inhabituel chez le poète toscan ? On pourrait en effet argumenter que la structure du rondeau est en réalité parfaitement adaptée à ce genre de construction, probablement plus que celle du sonnet qui repose, comme André Gendre l'a bien montré, sur une structure complexe à l'équilibre dynamique.[24] Regardons d'abord le poème original :

Benedetto sia 'l giorno, e 'l mese, et l'anno,
et la stagione, e 'l tempo, et l'ora, e 'l punto,
e 'l bel paese, e 'l loco ov'io fui giunto
da' duo begli occhi che legato m'ànno;

et benedetto il primo dolce affanno
ch'i' ebbi ad esser con Amor congiunto,
et l'arco, et le saette ond'i' fui punto,
et le piaghe che 'nfin al cor mi vanno.

Benedetto le voci tante ch'io
chiamando il nome de mia donna ò sparte,
e i sospiri, et le lagrime, e 'l desio;

et benedette sian tutte le carte
ov'io fama l'acquisto, e 'l pensier mio,
ch'è sol di lei, sì ch'altra non v'à parte.[25]

23 Joachim Du Bellay, *La Deffence, et illustration de la langue françoyse* (2001), p. 132.
24 Gendre 1996, p. 8–12.
25 Petrarca 2000, p. 311.

On notera pour commencer que ce poème fait explicitement écho, aux vers 7 et 8, à deux termes qui figurent dans le vers de Pétrarque que le roi avait choisi comme refrain pour ses poètes : l'arc et la plaie. S'il s'agit là peut-être d'une coïncidence, on peut cependant retenir que cet aspect correspond bien aux nombreuses descriptions du Dieu Amour, certes topiques, qui figurent dans les *Fleurs de Poesie Françoyse*. Dans l'économie du recueil pétrarquien, il s'agit toutefois d'un poème peu représentatif de la tonalité générale du *Canzoniere*, dans la mesure où les tourments liés à l'amour sont ici bien moins importants que l'impression de bénédiction, que le poète choisit de mettre au premier plan. Par ce trait, le sonnet en question s'apparente encore aux « plaisantes pourtraictures »[26] rassemblées dans les *Fleurs de Poesie Françoyse*, qui offrent dans l'ensemble une image plutôt positive de l'amour. S'il faut tenter de dater ce poème, on peut donc raisonnablement risquer l'hypothèse d'une rédaction à la même période, entre 1530 et 1534.

Voici la version proposée par François I$^{er}$ :

Bien-heureuse est la saison et l'année,
Le temps, le poinct et l'heure terminée,
Le moys, le jour, le lieu et le pourpris
Où des beaux yeux je fus lié et pris,
Tant que prison m'est liberté nommée
Bien heureuse.

Bien-heureux est le doux travail qu'ay pris,
Puisqu'au pouvoir d'amour je suis compris ;
Sagette et arc qui blessa ma pensée,
Aussi la playe en moy renouvellée
Que j'estime santé de trop grand pris
Bien heureuse.

Bien heureuse est la voix qui a nommée
Le nom d'amye, estant plus qu'estimée ;
Bien heureux est l'esprit qui a apris
A la louer, sans paour d'estre repris ;
Et le penser, croissant sa renommée
Bien heureuse.[27]

Comme on le voit, la forme du rondeau correspond parfaitement à l'idée du retour d'une notion clé qui avait déjà marqué le sonnet de Pétrarque. La matière elle aussi est sensiblement la même, comme l'affirme Thomas Sébillet dans son *Art poétique français* de 1548, qui codifie, on le sait, la poétique de la génération

26 « Prologue du disciple de l'archipoete françoys sur le Livre intitulé Les fleurs de Poesie Françoyse », in : *Les Fleurs de Poesie Françoyse* (Defaux 2002), p. 40.

27 OP, p. 81. L'un des manuscrits ajoute une quatrième strophe au rondeau ici reproduit.

Marot : « Car pource que la matière du Rondeau n'est autre que du sonnet ou épigramme, les Poètes de ce temps les plus friands ont quitté les Rondeaux à l'antiquité, pour s'arrêter aux Epigrammes et Sonnets, Poèmes de premier prix entre les petits. »[28]

La première strophe du rondeau du roi reprend plus ou moins fidèlement les principaux éléments du premier quatrain de l'original italien sans pour autant imiter sa structure métrique : l'énumération des indications de temps (sept dans les deux cas), puis de lieu (deux partout) de l'*innamoramento.* En revanche, François Ier ajoute, au vers 5, une dimension absente du sonnet original, à savoir l'idée de prison. Faut-il y voir une allusion à sa captivité à Madrid, et donc une rédaction dès 1526 ? En l'absence d'autres indices, rien n'est moins sûr.

La seconde strophe témoigne elle aussi de la tentative de rendre vers par vers tous les éléments du second quatrain, avec à nouveau un ajout au 5e vers surnuméraire : ici, la santé. Les choses se compliquent en revanche au niveau des tercets de l'original. Là où Pétrarque introduit, au vers 11, les soupirs et les larmes pour contrebalancer quelque peu le caractère euphorique des vers précédents, François Ier y renonce et condense le premier tercet pétrarquien en deux vers pour enchaîner avec une fin qui n'a qu'un rapport éloigné avec l'original. Car tandis que ce dernier évoque les écrits (*tutte le carte*) qui ont servi à augmenter la renommée de la dame pour conclure par une sorte de serment d'amour du poète, le roi de France termine sa troisième strophe plus simplement par l'assurance d'un ethos humble, en affirmant qu'il est heureux de pouvoir louer son « amye » et de faire croître ainsi sa renommée sans avoir peur d'être réprimandé. Que François Ier renonce à l'éloge de l'écrit au profit de la seule dimension orale de l'éloge n'est guère surprenant si l'on tient compte du contexte de production et de circulation de ses poésies, faites pour être déclamées plus que pour être lues. Là où Pétrarque a un vrai souci de la dimension littéraire dans la mesure où il vise à faire œuvre, François Ier produit des rimes dans l'intention de briller dans la société de cour, mais sans l'intention de les rassembler sous forme de recueil. Ici comme ailleurs, il fait toutefois jouer « toutes les ressources de l'amour courtois médiéval, qu'il combine parfois à l'inspiration que lui présente le modèle pétrarquien ».[29]

La seconde tentative de traduction, ou peut-être plutôt de *translation*,[30] de la part de François Ier par rapport à Pétrarque est celle du quatorzain « Cesar, depuis que le traistre d'Egypte » qui rend le sonnet *RVF* 102 :

28 Thomas Sébillet, *Art Poetique François* (1990), p. 109. Cynthia Skenazi (« Une rhétorique de l'honneur. Les poèmes de François Ier captif », in : Rouget 2017, p. 253) souligne en outre que François Ier chérissait la forme du rondeau aussi parce que son grand-oncle, Charles d'Orléans, l'avait amplement pratiqué durant sa captivité en Angleterre.

29 Rouget in Petey-Girard / Polizzi / Tran 2017, p. 177.

30 Sur cette notion, voir Berman 2012, p. 75–95.

Cesare, poi che 'l traditor d'Egitto
li fece il don de l'onorata testa,
celando l'allegrezza manifesta,
pianse per gli occhi fuor sì come è scritto ;

et Hanibàl, quando a l'imperio afflitto
vide farsi Fortuna sì molesta,
rise fra gente lagrimosa et mesta
per isfogare il suo acerbo despitto.

Et così aven che l'animo ciascuna
sua passïon sotto 'l contrario manto
ricopre co la vista or chiara or bruna:

però, s'alcuna volta io rido o canto,
facciol, perch'i' non ò se non quest'una
via da celare il moi angoscioso pianto.[31]

A première vue, et telle que le poème se présente dans l'édition de référence de J. E. Kane, c'est bien sous la forme d'un sonnet que François Ier a rendu le poème pétrarquien :

Cesar, depuis que le traistre d'Egypte
Luy feit le don de la teste honorable,
Celant la joye au dedans delectable,
Pleura des yeux dehors, comme on recite.

Et Hannibal, à l'affligé empire,
Veu le mal-heur tant moleste et muable,
Rit en voyant un chacun lamentable
Pour alleger son despit et son yre.

Ainsi advient que couverte et reduite
Est volonté soubz manteau proffitable
Avec la veue ou triste et agreable.

Dont si je veux à ris et change m'y duire,
C'est que je n'ay chemin seur et feable
Que cestuy-cy pour couvrir mon martyre.[32]

Si, à l'instar de Jean Balsamo,[33] nous préférons parler ici d'un quatorzain plus que d'un sonnet à proprement parler, c'est que le schéma des rimes françaises ne respecte pas du tout celui de l'original. En effet, tandis que Pétrarque construit son sonnet sur une alternance forte entre les rimes répétées *abba* des deux

31 Petrarca 2000, p. 477.
32 OP, p. 253.
33 J. Balsamo, « François Ier, Clément Marot et les origines du pétrarquisme français (1533–1539) », in : Balsamo 2004, p. 40.

quatrains, suivies du schéma réduit *cdc dcd* à deux rimes, François I^er^ quant à lui ne semble pas avoir compris l'importance de la structure « un peu fâcheuse » (Sébillet)[34] qui régit les rimes du sonnet. Ses deux quatrains reprennent certes le schéma de la rime embrassée de l'original, mais ils sont construits sur trois et non pas deux rimes, selon le schéma *abba cbbc.* Le cas des tercets est encore plus confus, puisque le roi y reprend et la rime b et la rime c en y ajoutant une seule nouvelle rime d, ce qui produit le schéma suivant : dbb cbc, où la rime d, isolée, fonctionne en assonance avec la rime c du vers 12. Faut-il donc parler, à propos de cette version, d'un simple exercice, qui cultive au niveau de la traduction majoritairement la technique du mot à mot, pourtant honnie depuis Cicéron et Horace (*verbum verbo reddere*), tout comme il semble se contenter d'appliquer la structure globale du sonnet sans en comprendre l'articulation savante au niveau des rimes ? Le fait que l'un des manuscrits conservés ajoute au sonnet encore onze vers supplémentaires pourrait être lu comme un indice d'une telle méconnaissance, mais l'authenticité de ces vers, que l'éditeur moderne ne cite même pas, est douteuse.[35]

S'il est évident que le quatorzain de François I$^{er}$ témoigne d'une certaine maladresse au niveau du travail de versification, il reste néanmoins un document intéressant au niveau de la réception de l'œuvre poétique de Pétrarque en France à ses débuts. En effet, il s'agit ici peut-être, avec le « Chant des visions » traduit par Marot dès 1533 et le rondeau « Bien-heureuse est la saison et l'année », de l'une des premières tentatives pour traduire le poète en France, bien avant les *Six sonnets de Pétrarque* rendus par Marot probablement au début des années 40[36] et les traductions de Peletier du Mans et de Vasquin Philieul.

Pourquoi François I$^{er}$ a-t-il choisi de traduire précisément ce sonnet de Pétrarque, qui ne fait pas partie des poèmes que l'on cite, traduit ou imite fréquemment ? On pourrait évidemment, ici encore, voir une allusion à la fortune contraire, peut-être même à la défaite de Pavie et à la captivité du roi à Madrid. L'évocation de César, sous les traits duquel François I$^{er}$ s'est plu à se faire représenter, notamment à la suite de la victoire de Marignan, l'a sans doute interpellé. Mais on peut aussi situer ce poème plus généralement dans le sillage du *De Remediis Utriusque Fortunae*, un ouvrage de philosophie morale qui, on le sait, a laissé sa marque dans toute l'Europe de la Renaissance. Tous ces éléments semblent néanmoins parler en faveur d'une datation bien avant la véritable vague

34 Sébillet 1990, p. 108.
35 Voir OP, p. 253, note 5.
36 La datation du volume paru sans indication de date à Paris chez Corrozet est sujette à discussion. Bien que le volume soit traditionnellement daté de 1539, les spécialistes comme Berthon (2014, p. 130) penchent aujourd'hui pour une publication plus tardive, entre 1541 et 1544.

pétrarquiste qui touche les milieux de cour à partir de 1531–32, puis la France entière dans les années 1540.

Si l'on passe en revue les œuvres poétiques attribuées à François I^er^ dans leur ensemble, la référence à Pétrarque reste cependant minoritaire. Le goût littéraire du roi, du moins pour ce qui concerne sa propre production, restera marqué par la poétique des premières années du siècle : par l'héritage des Rhétoriqueurs et par des formes fixes comme le rondeau, la ballade, le dizain : toutes ces formes bien françaises que Sébillet, dans son *Art poetique* de 1548, cherche à défendre et que Du Bellay, un an plus tard à peine, voue aux gémonies. Il peut sembler étonnant que ce roi, qui fut pourtant l'un des principaux promoteurs de la poésie pétrarquiste en France, ne la pratiqua finalement que peu souvent. Tandis qu'autour de lui, Alamanni, puis Marot et Saint-Gelais se mettaient tous à pétrarquiser et à écrire des sonnets, le roi lui-même préféra manifestement rester en retrait. Ce n'est pas le moindre des paradoxes de François I^er^ que d'avoir donné l'impulsion décisive à un mouvement auquel il n'allait adhérer lui-même que de façon passagère.

## Bibliographie


Balsamo, Jean (éd.): *Les poètes français de la Renaissance et Pétrarque.* Genève 2004.

Berman, Antoine: « De la translation à la traduction », in: Id.: *Jacques Amyot, traducteur français. Essai sur les origines de la traduction en France.* Paris 2012, p. 75–95.

Berthon, Guillaume: *L'Intention du poète. Clément Marot « autheur ».* Paris 2014.

*Cahier François I^er^* de la revue *Réforme Humanisme Renaissance* (79) décembre 2014.

Cooper, Richard: « Un manuscrit peint des *Visions* de Pétrarque traduites par Marot », in: Balsamo 2004, p. 53–71.

Cornilliat, François: *« Or ne mens ». Couleurs de l'éloge et du blâme chez les « Grands Rhétoriqueurs ».* Paris 1994.

Defaux, Gérard (éd.): *Les Fleurs de Poesie Françoyse. Hecatomphile* (Galliot du Pré, 1534). Paris 2002.

Du Bellay, Joachim: *La Deffence, et illustration de la langue françoyse*, éd. par J.-Ch. Monferran. Genève 2001.

Dumas, Alexandre: *Ascanio.* Paris 1852.

François I^er^: *Œuvres poétiques*, éd. par J. E. Kane. Genève 1984.

Gendre, André: *Evolution du sonnet français.* Paris 1996.

Girot, Jean-Eudes (dir.): *La poésie à la cour de François I^er^. Cahiers V.-L. Saulnier* (29) 2012.

Giudici, Enzo: « Bilancio di un'annosa questione : Maurice Scève e la ‹ scoperta › della ‹ tomba › di Laura », in: *Quaderni di filologia e lingue romanze* 2 (1980), p. 3–70.

Hunkeler, Thomas: *Le vif du sens. Corps et poésie selon Maurice Scève.* Genève 2003.

Jollet, Etienne: *Jean et François Clouet*, trad. par D. Dusinberre. Paris 1997.

Joubaud, Pascal / Sicard, Claire: « D'un proverbe employé par Hubert-Philippe de Villiers (1556) », in: *Notules XVI.* Carnet de recherche *Hypothèses* (16 janvier 2016), https://notules16.hypotheses.org/150 [04.02.2019].

Lecoq, Anne-Marie: *François Ier imaginaire. Symbolique et politique à l'aube de la Renaissance française.* Paris 1987.

Maira, Daniele: « La découverte du tombeau de Laure entre mythe littéraire et diplomatie », in: *Revue d'Histoire Littéraire de la France* 1 (2003), p. 3–15.

Marot, Clément: *Œuvres poétiques*, éd. par G. Defaux. Paris 1996.

Millet, Olivier: « Le tombeau de la morte et la voix du poète : la mémoire de Pétrarque en France autour de 1533 », in: *Regards sur le passé dans l'Europe des XVIe et XVIIe siècles.* Berne 1997, p. 183–195.

Mueggler, Nina: « Pavie imaginaire, Pavie chevaleresque : la défaite selon François Ier », in : *Bien Dire et Bien Aprandre* (33 « Combattre (comme) au Moyen Âge, relectures du Moyen Age I », textes réunis par Anne Besson et Emmanuelle Poulain-Gautret) 2018, p. 173–184.

Petey-Girard, Bruno / Polizzi, Gilles / Tran, Trung (éds.): *François Ier imaginé.* Genève 2017.

Petrarca, Francesco: *Canzoniere*, edizione commentata a cura di Marco Santagata. Milano 2000 (1996) (I Meridiani).

Pétrarque: *Canzoniere*, éd. par Pierre Blanc. Paris 1988.

Rouget, François (éd.): *François Ier et la vie littéraire de son temps (1515–1547).* Paris 2017.

Rouget, François: « Figurations de François Ier poète, d'après les albums de poèmes manuscrits », in: Petey-Girard / Polizzi / Tran 2017, p. 167–184.

Salel, Hugues: *Œuvres poétiques complètes*, éd. par H. Kalwies. Genève 1987.

Scève, Maurice: *Œuvres poétiques*, éd. par B. Guégan. Paris 1927.

Sébillet, Thomas: *Art Poetique François*, in: *Traités de poétique et de rhétorique de la Renaissance*, éd. par F. Goyet. Paris 1990, p. 37–183.

Tommasi, Franco: « La poésie italienne à la cour de François Ier : Alamanni, Martelli et autres cas exemplaires », in: Girot 2012, p. 65–88.

Torre, Andrea: « Corps en *fragmenta* : visualisations symboliques de la poésie de Pétrarque », in: Goeury, J. et Hunkeler, Th. (éd.): *Anatomie d'une anatomie. Nouvelles recherches sur les blasons anatomiques du corps féminin.* Genève 2018, p. 87–109.

Christine Ott (Frankfurt/Main)

# *Procreation sonnets* all'italiana. Der alternative Petrarkismus des Francesco Cei

»[Molti] allo stesso Petrarca l'antiponevano« – Viele schätzten ihn noch mehr als Petrarca selbst: Die Rede ist von Francesco Cei (1471–1505), dessen 1503 erstmals publizierte Sammlung von Gedichten *in laude di Clitia* bis 1520 nicht weniger als neun Neuauflagen erfuhr.[1] Heute ist über den Florentiner wenig bekannt. Man weiß, dass er mit Machiavelli befreundet war und berühmt für seine Kunst, Gedichte zu improvisieren.[2] 1496 wurde er aufgrund eines Spottsonetts auf Savonarola aus Florenz verbannt, kehrte aber schon im folgenden Jahr wieder dorthin zurück.[3] Vermutlich ging er 1501 nach Rom und starb dort vier Jahre später.[4]

Obwohl sämtliche 134 Gedichte der Sammlung um die Liebe des lyrischen Ich zu einer sporadisch als Clizia angesprochenen Frau zentriert sind,[5] obwohl diese Frau als verheiratete, oftmals abweisende und unerreichbare Geliebte dargestellt wird, folgt die Sammlung nicht der petrarkesken Vorgabe einer spirituellen Biographie mit ihrer programmatischen Abfolge von innamoramento, penti-

1 So G. M. Crescimbeni in seiner Geschichte der Lyrik in *volgare* von 1730, zitiert nach Ceci 1994, S. 9. Zur Veröffentlichungsgeschichte des *Canzoniere* vgl. Ceci / Falini 2017, S. 207f. Der vollständige Titel der Sammlung von 1503 lautet: *Sonecti, capituli, canzone, sextine, stanze et stambocti, composti per lo excellentissimo Francescho Cei ciptadino fiorentino in laude di Clitia.* Auch Benedetto Varchi gibt ein – abschätziges – Urteil ab, das gleichwohl Ceis Popularität bestätigt: »non mancano di quegli, i quali pigliano maggior piacere di leggere Apuleio o altri simili autori, che Cicerone, e tengono più bello stile quell del Ceo o del Serafino, che quello del Petrarca o di Dante« (Varchi, *L'Ercolano* 1804, S. 31, zitiert nach Mutini 1979). Von Carlo Dionisotti und Antonio Rossi wird Cei der als Begründer des »capitolo« und Vertreter der »lirica cortigiana« genannt (Dionisotti 1971, S. 67; Rossi 1980).

2 Degl'Innocenti 2015, S. 57–60.

3 Ceci 1994, S. 10. Cei gehörte zu den »arrabbiati«, der Savonarolas »piagnoni« feindlichen Partei, die sich u. a. mit Spottgedichten und -liedern über die Anhänger des Predigers lustig machte (vgl. Mutini 1979).

4 Vgl. Mutini 1979. Für den Rom-Aufenthalt gibt es jedoch lediglich Hinweise, die aus Ceis Gedichten selbst stammen.

5 Der Name fällt mehrmals, etwa in Sonett 10, 75, 81, 89, in dem pastoralen Dialoggedicht zwischen »Alcebano« und »Clizia«, im Capitolo 100.

mento und ri-innamoramento. Zwar thematisiert das Eingangsgedicht die topischen »contrari affetti« des Liebenden,[6] doch eine Konklusion, sei es in Form eines definitiven Abschieds, sei es in Form einer spirituellen Umkehr, lässt sich nicht ausmachen.[7] Einige Texte enthalten chronologische Angaben zur Dauer der Liebe zu Clizia und tragen so zur Suggestion einer zeitlichen Abfolge bei.[8] Doch anstelle einer psychologischen Entwicklung des Liebesgefühls lassen sich eher einige thematische Schwerpunkte ausmachen, teilweise solche, die bei Petrarca bereits angelegt sind. So bespricht eine Reihe von Sonetten verschiedene »Accessoires« der Geliebten: Handschuhe, einen Papagei, ein Hündchen. Wenn das Ich sich wünscht, an die Stelle dieser »Gegenstände« zu treten, drückt es zugleich einen Wunsch nach körperlicher Nähe aus. Auch Petrarcas Naturmetaphorik ruft Cei gerne auf.

Von der Forschung wird Cei, zusammen mit Dichtern wie Serafino Aquilano oder Antonio Tebaldeo, der »lirica cortigiana«, »letteratura eccentrica e spesso irrispettosa« zugeordnet, von der er sich zugleich aber – so Rossi – durch den Verzicht auf »Parodie« und »Derbheit« abhebe.[9] Marta Ceci spricht von kitschigen Genrebildern (»quadretti leziosi«) und qualifiziert Ceis Lyrik insgesamt als »petrarchismo concettistico«.[10] Dagegen bescheinigt ihm Carlo Dionisotti eine »indipendenza e a tratti sfacciata dissidenza« vom petrarkischen Modell.[11] Ein Blick in Ceis *Canzoniere* zeigt freilich, dass diese »Dissidenz« und »Unabhängigkeit« nicht etwa in der Form eines programmatischen Antipetrarkismus daherkommt, d.h. in Gedichten, die sich explizit über Petrarca und seine Nachahmer lustig machen, dem Lauralob ein antiphrastisches Frauenlob entgegensetzen oder bekannte Gedichtanfänge aus den *Rerum vulgarium fragmenta* (*RVF*) zitieren, um sie auf obszöne Weise fortzuführen.[12]

Worin genau besteht also Ceis von der Forschung wiederholt konstatierte, doch nie ausführlich analysierte oder begründete »Abweichung«, seine

6 Allerdings entspricht der dem Liebesgefühl konträre Affekt nie einem religiösen Gefühl, eher einem Selbsterhaltungstrieb (»Amando il cor s'uccide!«, *Canzoniere* [Cei 1994] 1, S. 25).

7 Vgl. zur Frage nach der Modellhaftigkeit des Petrarkismus, neben den klassischen Arbeiten von Gerhard Regn und Klaus W. Hempfer (Regn 1987; Hempfer 1991), Bernsen / Huss 2011.

8 »se' suta tre anni la mia stella« (*Canzoniere* 26, S. 34), vgl. Ceci / Falini 2017, S. 210.

9 Rossi 1980, S. 11, 129; Ceci 1994, S. 11.

10 Ceci 1994, S. 12, 22.

11 »I versi del Cei mostrano, nel genere lirico amoroso, una indipendenza e a tratti sfacciata dissidenza da quel modello petrarchesco che a Firenze stessa, nel secondo e terzo decennio del secolo, era diventato e sempre più diventava imperioso« (Dionisotti 1984, S. 640). Dionisotti nennt Cei außerdem einen Begründer des capitolo und der »lirica cortigiana« (Dionisotti 1971, S. 67).

12 Eine Auswahl dieser Verfahren – in Gedichten von Cornelio Castaldi, Pietro Aretino, Niccolò Franco und anderen – findet sich in: Hösle 1970. Dabei ist freilich zu bedenken, dass der »Antipetrarkismus« keinen geschlossenen literarischen Komplex darstellt, vgl. Schulz-Buschhaus 1993.

»sfacciata dissidenza«? Die Frage kann hier nicht für den gesamten *Canzoniere* beantwortet werden; als *pars pro toto* wird statt dessen ein Mini-Zyklus innerhalb der Sammlung untersucht, dessen Thematik entschieden die Grenzen des im Rahmen petrarkistischer Lyrik Sagbaren sprengt. Es geht hier, in den Sonetten 21 bis 25, um das Thema der geschlechtlichen Zeugung und der Geburt.[13]

Woher der eifersüchtige Liebende seine Kenntnisse über Clizias Intimleben hat, erfahren wir nicht. Er ist jedenfalls in der Lage zu berichten, dass ihr Gatte schon mehrmals vergeblich versucht hat, sie zu schwängern:

> Già cinque volte invan s'è sparso il seme
> nel giardin di madonna, e per ancora
> non s'è früito: avvien che chi lavora
> con sì dolce terren non dice in seme;
>
> né sa quando si posa o quando preme,
> né mantener la spiga quando infiora.
> Chi non sa cultivare al tempo e all'ora
> la gentil terra ogni accidente teme.
>
> A me duol che sì ben disposto loco
> facci tanto d'oltraggio alla natura
> per esser cultivato male e poco.
>
> Ah, s'io avessi di tale orto cura,
> crederrei trarne frutto al freddo e al foco,
> perch'io so quel che vuol la agricultura![14]

Eine Metaphorik der natürlichen Fruchtbarkeit findet sich schon bei Petrarca, dessen lyrisches Ich jedoch bevorzugt sich selbst mit einem trockenen, unfruchtbaren Boden gleichsetzt, der durch Wirkung der sonnengleichen Laura befruchtet wird:

> onde s'alcun bel frutto
> nasce di me, da voi vien prima il seme:
> io per me son quasi un terreno asciutto
> cólto da voi, e'l pregio è vostro in tutto.
> (RVF 71, V. 102–105)[15]

Geht es Petrarca allerdings darum, die Geliebte als Quelle dichterischer Fertilität zu preisen, so bedient sich Cei der gängigen, bereits in Platons *Timaios* belegten Analogisierung von Ackerbau und Fortpflanzung, um über Prokreation und

13 Die Anspielung auf Shakespeares »procreation sonnets« soll keinerlei Beziehung zwischen diesen Gedichten, in denen biologische und künstlerische Prokreation parallelisiert und gegeneinander ausgespielt werden, und Ceis Sonetten postulieren.

14 Cei 1994, S. 32.

15 Petrarca 1996, S. 359.

Sexualität zu sprechen.[16] Die Metaphorik des Gartenbaus ist sehr transparent. Sie erlaubt es dem Liebenden, sich über seinen Rivalen lustig zu machen, der ein derart aussichtsreiches Land (»sì ben disposto loco«) so schlecht und selten bearbeitet (»cultivato male e poco«). So kann er sich selbst als jemand profilieren, der sich dagegen hervorragend auf die »Landwirtschaft« versteht. Auch wenn dabei einige Doppeldeutigkeiten ausgekostet werden (z. B. »mantener la spiga quando infiora«), bleibt Ceis Vokabular doch im Rahmen des für die Lyrik angemessenen Registers. Bestärkt wird dieser Eindruck durch eine mögliche Reminiszenz aus Dantes *Purgatorio* 25, wo der Zeugungsakt elegant be- und umschrieben wird:

> Ancor digesto, scende ov'è più bello
> tacer che dire; e quindi poscia geme
> sovr'altrui sangue in natural vasello.
> Ivi s'accoglie l'uno e l'altro insieme,
> l'un disposto a patire, e l'altro a fare
> per lo perfetto loco onde si preme; (*Purg.* 25, 43–48)[17]

Im folgenden Sonett spricht das Ich einen noch kühneren Wunsch aus als den, sich um den »giardin di Madonna« zu kümmern.

> Deh, fuss'io l'acqua che Madonna prende
> per produr frutto di suo sposo in lei,
> che mai di sì bel sen non uscirei,
> perché lì quel che è amor si gusta e intende!
>
> E s'io n'uscissi pur là dove apprende
> natura l'uman seme, formerei
> di me viva figura, e tal sarei
> che men luce chi giorno al mondo rende.
>
> Così mia diva di novella prole
> saria contenta e io più che beato,
> essendo in terra un uom più bel che il sole.
>
> Ma così come io sono al mondo nato,
> lasci ir l'acqua che è vana e, se la vuole,
> giuro condurla al fine desïato.[18]

Wir erfahren, dass die Dame der Unfruchtbarkeit ihres Mannes durch einen Trank abzuhelfen sucht. Das Ich – das sich zuvor schon gewünscht hatte, den

16 *Timaios* 44,91 D; die Analogie findet sich dann auch bei Hildegard von Bingen (vgl. Josephs 1998, S. 52 und 76), auch Ficino spricht in *De vita* von »plantandum [...] hominem« und »agricultura« (2001, S. 382, 388). Für eine ausführliche Bestandsaufnahme vgl. Simons 2011, S. 230–238.

17 Dante 2005, S. 740.

18 Cei 1994, S. 32.

Platz eines Papageis oder eines Handschuhs der Geliebten einzunehmen (11, 15) wünscht sich nun, in Form dieses Wassers in den Körper der Frau hinabzusteigen – genauer: dorthin, wo das neue Leben seinen Ursprung hat. Dort würde es aus sich selbst eine »viva figura« formen, einen neuen Menschen, der schöner wäre als die Sonne selbst. Die Geliebte wäre dann über eine derart unerhörte Nachkommenschaft (»novella prole«) glücklich, und er der schönste Mann auf Erden. Im Schlussterzett folgt jedoch die Rückkehr zur Realität: Die Frau solle den unnützen Fruchtbarkeitstrank lieber sein lassen; wenn sie es wolle, könne der Liebende ihr zu dem erwünschten Ziel verhelfen.

Der Glaube an die befruchtende Wirkung des Wassers (etwa von Thermalquellen) ist in der Volkskultur der Epoche weit verbreitet. Vor Cei wurde das Motiv bereits in der burlesken Lyrik (Burchiello) und Schwankliteratur (Sacchetti) verhandelt.[19] Und wenige Jahre nach ihm macht Machiavelli aus dem bei Cei bereits angelegten Spott über den Glauben an Wundermittel gegen Sterilität das zentrale Motiv seiner Komödie *La Mandragola* (zwischen 1518 und 1519 verfasst). Hier gibt sich Callimaco als Arzt aus, der dem dummen Messer Nicia und seiner Frau Lucrezia zu Kinderglück verhelfen kann – mithilfe eines Alraunenwassers. Dadurch verschafft er sich die Möglichkeit, ein Liebesverhältnis mit der Frau zu beginnen. Ähnlich wie es Ceis lyrisches Ich sich wünscht (»giuro condurla al fine desïato«) wird er dem Ehepaar vermutlich auf diese Weise zu Kinderglück verhelfen (»costui è quello che sarà cagione che noi areno un bastone che sostenga la nostra vecchiezza«).[20]

Die Aussage all dieser Texte ist einhellig: Der Glaube an Sterilitätskuren (in Form von Thermalaufenthalten und von Tränken) wird verlacht – als effizientes Mittel wird dagegen empfohlen, den alten/impotenten Ehemann gegen einen jungen Liebhaber einzutauschen. Vergleicht man allerdings Ceis Sonett mit Burchiellos entsprechendem Gedicht, so springen die Unterschiede sogleich ins Auge:

Qualunque al bagno vuol mandar la moglie
Per difetto o per farla impregnare
Mandi co·llei el famiglio e la comare
E mona Nencia che' parti racoglie
Portin co·lloro un sacchetin di foglie
Di sambucho [o] di more rosse amare;
Lui per ricetta non vi deggia andare
Ch'amendue tornerebbon colle doglie.
Credi a me, che son medico cerugo:
Fa c'ogni sera pesti un petronciano
E priemil con duo man e be'ti il sugo.

19 Vgl. Cocchiara 1980, S. 26 und Machiavelli, *La Mandragola* (Machiavelli 2004, S. 60).
20 Machiavelli 2004, S. 128.

Questa ricetta gli fie molto sano,
Ma guardi ben, che'l dice maestro Ugo,
Ch'al tornar di malaria da Foiano
Tornisi per Frignano,
Presso a Monte Ritondo, e da Compiobbi,
Che ritti fa tornare chianti e gobbi.[21]

Denn hier verbindet sich der Spott über Kuren für die Fruchtbarkeit mit einem zweideutigen Vokabular, das sexuelle Praktiken und Geschlechtsteile umschreibt: über die äquivoke Verwendung »harmloser« Alltagswörter (»pesti«, »sugo«), wie sich für die burleske Lyrik typisch ist und über die schon bei Boccaccio verbürgte Umschreibung von Körperteilen mit doppeldeutigen toponomastischen Begriffen (»Frignano«, »Monte Ritondo«, »Compiobbi«).[22]

Zwar ist auch bei Cei eine solche Doppeldeutigkeit angelegt (Sonett 21: »mantener la spiga quando infiora«), doch ist sie weniger offensichtlich. In Sonett 21 stehen die Ebene des Gartenbaus und der entsprechenden Kompetenzen (die Aussaat zur rechten Zeit, das Schützen der jungen Pflanze) im Vordergrund. Und in Sonett 22 geht es nicht um den sexuellen Akt, sondern um eine Wiedergeburts- und Selbstzeugungsphantasie. Vor allem aber verbleibt Ceis Sprache durchgehend im Rahmen des petrarkistischen Registers.

Will der Liebende in Sonett 22 gleichzeitig an die Stelle des Tranks, des Ehemanns und des Kindes treten, so kreist auch das folgende Sonett 23 um eine Substitutionsphantasie. Diesmal stellt sich das Ich vor, der Liebesgott sei tatsächlich in den Schoß der Geliebten hinabgeflogen, um aus ihm noch schöner wiedergeboren zu werden:

Cupido un giorno, pien d'ardente zelo,
veggendo in terra mia donna più bella
che la sua genitrice, anzi sua stella,
volò nel ventre suo dal terzo cielo,

né si curò di provar caldo e gelo
per rinascer di nuovo in grembo a quella
e premer l'una e l'altra sua mammella.
Ma, quando e' fu, non avea agli occhi il velo,

né fu anche di giovane consiglio,
ché, per far cose superne e leggiadre,
tentar si debbe ogni mortal periglio.

21 Sonett CXXVII, in: Burchiello 2000, S. 127.

22 Zur burlesken Poesie vgl. etwa Romei 1993. Zu den verschiedenen Codierungsmöglichkeiten vgl. die monumentale Arbeit von Jean Toscan (1981), der aber vielleicht etwas zuviel an Doppeldeutigkeiten erkennen will. Zur burlesken Poesie Bronzinos und seines Umfeldes vgl. Parker 2000. Zum Toponym »Monteficalli« in Boccaccios *Ninfale fiesolano* vgl. Gemsemer 2019.

Più nobile e formoso di tal madre
rinascerà questo diletto figlio:
oh, che grazia sarebbe esserne padre![23]

Dies habe er aus dem Wunsch getan, mit einer Frau intim zu werden (»premer [...] sua mammella«), die er noch schöner gefunden habe als seine Mutter. Im Schlussvers formuliert das Ich abermals sein Begehren, den Ehemann der Geliebten zu ersetzen, diesmal in der Vaterrolle. Mit der antiken Götterwelt wird nun ein anderes Referenzsystem aufgerufen als das des Petrarkismus bzw. der burlesken Poesie. Cupido steigt vom dritten Himmel, also vom Venushimmel herab, um aus Madonnas Schoß noch schöner wiedergeboren zu werden. Die Vorstellung eines himmlischen Wesens, das in den Zeugungsvorgang eingreift, lässt sich womöglich als spielerische Abwandlung von Marsilio Ficinos Platon-Auslegung verstehen. Ihr zufolge ist die menschliche Seele hin- und hergerissen zwischen dem Begehren nach Gottesliebe und dem Begehren nach irdischer Liebe und Fortpflanzung. Der Zeugungstrieb wird von Ficino als einer der »Eroten« der Seele bezeichnet, der den Menschen dazu antreibe, in Gestalt von Kindern ein Abbild der überirdischen Schönheit zu schaffen: »ut superne pulchritudinis illius similitudinem in procreate prolis effigie aliquam effingamus«.[24] Wie bei Cei wird dieser Trieb zudem als eine Abwärtsbewegung, ein »discendere« beschrieben.[25] Dass Cupido außerdem explizit aus dem Venushimmel hinabsteigt, entspricht dem von Ficino postulierten Einfluss der Gestirne bei der Zeugung.[26] Auffällig ist zudem, dass Cei hier nicht nur die bei Petrarca rekurrenten Reimwörter »cielo« und »gelo« aufnimmt, sondern auch das Syntagma »provar caldo e gelo«, das in Petrarcas RVF 77 das Herabsteigen von der himmlischen zur irdischen Sphäre beschreibt und damit auch die Erfahrung der sinnlichen Liebe.[27]

---

23 Cei 1994, S. 33.

24 Ficino 2004, S. 216. In der volgare-Version, die vermutlich kurz nach der Abfassung des lateinischen Kommentars (1469) verfasst wurde und im Quattrocento in zahlreichen Abschriften zirkulierte, lautet die Passage wie folgt: »È ancora nella potenza del generare uno oculto stimolo a generar figliuoli, e questo amore è perpetuo, dal quale siamo continuamente incitati a scolpire nella effige de' figliuoli qualche similitudine della superna bellezza« (Ficino 2013, S. 131 [VI,8]; zum Entstehungsdatum vgl. Niccoli 2013, S. Vf.).

25 »Hac, ut aiunt, cupiditate gravata descendit in corpus, ubi generandi, movendi et sentiendi vires exercet« (Ficino 2004, S. 110 [IV,4]); »Per questo desiderio, secondo e platonici, l'animo gravato ne' corpi discende, dove le forze del generare, muovere e sentire exercita« (Ficino 2013, S. 66).

26 Ficino 2013, S. 201 f. [V,6]. Ficino war von der Astrologie fasziniert, äußert jedoch in *De vita* – wohl wissend um die Skepsis der kirchlichen Autoritäten – nur eine kurze Rechtfertigung des Ansinnens, sich auch für das Zeugen von Menschen die Sterne zunutze zu machen: »Cur non igitur ad plantandum (ut cynice loquar) hominem utamur beneficio Lunae Iovisque et Phoebi?« (im Buch 3, Kap. 25: Ficino 2001, S. 382).

27 Die Reimwörter »velo«, »cielo« und »gielo« tauchen freilich auch in anderen Gedichten der *RVF* auf, etwa in dem Madrigal um die nackte »pastorella« (*RVF* 52).

Das folgende Sonett macht es nun wiederum schwierig, Amor lediglich als ein Abstraktum für den menschlichen Fortpflanzungstrieb bzw. einen astralen Einfluss auf die Zeugung zu sehen – wird doch hier neues Dreiecksverhältnis inszeniert, in dem Venus als Gegenspielerin ihres Sohnes erscheint:

Amor discese dal celeste regno
e fece di sé gravida colei
che fatto ha grave me de' dolor miei
per rifarsi più bel, più alto e degno:

onde, per questo, tutta di ira e sdegno
Vener fu mossa contro al figlio, e lei
e ordinò nel ventre di costei
che mai s'aprissi el naturale ingegno.

Così nel ciel riman privo una spera
dello splendor del suo ciprigno iddio,
e lui beato è più che pria non era.

Io più men dolgo, e invidia è il dolor mio,
e madonna anche se n'è fatta altera.
Che in così dolce carcere fussi io![28]

Um die Wiedergeburt ihres Sohnes aus dem Schoß der Rivalin zu verhindern, ordnet Venus an, dass sich deren Gebärmutter (»el naturale ingegno«) verschließen möge. Dies tut dem Glück Amors (»beato è più che pria«) allerdings keinen Abbruch. Eifersüchtig ist stattdessen der Liebende, der sich lieber selbst »in sì dolce carcere« befinden möchte, und die Dame ist verstimmt. Offenbar wandelt Cei hier das mythologische Motiv der eifersüchtigen Hera ab, die ihre Nebenbuhlerinnen Alkmene und Leto am Gebären der mit Jupiter gezeugten Kinder zu hindern sucht.[29]

Sonett 25 bezeichnet das Ende der Zeugungs- und Geburtsphantasien des Ich. Madonna hat nun *realiter* ein Kind auf die Welt gebracht, eine Tochter, die den Geliebten freundlich, aber mit außergewöhnlich wissendem Blick betrachtet:

Piena d'alti concetti, in vista lieta,
viddi posar sopra il suo ricco letto,
tenendo il parto di suo ventre al petto,
quella che a Cipri la fama ha deleta.

Tanto saggia e fuor d'ordine discreta
parea la bella figlia nello aspetto
che allor sepp'io che di seme perfetto
simile frutto convien che si mieta.

28 Cei 1994, S. 33.
29 Vgl. zu Leto und Hera: Krause 2008, S. 676.

Colla tenera man la tetta sua
stringea, e me con certi pronti sguardi
mirava con piacer, come io lor dua,

e parea che dicessi: »Se tu ardi
là donde io vengo, fa la fiamma tua
un foco ch'oramai s'ha a spegner tardi«.[30]

Das Kind erscheint dem Liebenden außergewöhnlich intelligent: ein Hinweis auf den »seme perfetto« des Vaters (Amor?), was ihn jedoch keinesfalls mit Eifersucht erfüllt – sollte er selbst der Vater sein? Dazu kommt noch, dass »seme« nicht unbedingt auf den männlichen Samen verweisen muss: Um 1500 existiert neben der aristotelischen Theorie, die allein dem männlichen Samen Formkraft zugesteht, auch die von Hippokrates und Galen vertretene, die einen am formenden Prozess beteiligten weiblichen Samen postuliert.[31]

Jedenfalls hat das Wohlgefallen, mit dem der Liebende und das Mutter-Kind-Paar einander betrachten, wohl mit der Botschaft zu tun, die der Blick des Kindes dem Liebenden übermittelt: »Wenn du [vor Liebe] brennst, dann entfacht dein Feuer dort, wo ich herkomme, ein Feuer, das nunmehr spät erlöschen wird.« Was nichts anderes bedeutet, als dass ihn die Geliebte ewig wiederlieben wird, wobei der Sitz dieser Liebe etwas weiter nach unten verlegt wird, als es in der Minnelyrik bisher üblich war. Der Sehnsuchtsort, an dem das Ich verweilen und dem Du präsent sein möchte, ist nicht mehr ihr Herz, es sind die Vagina und die Gebärmutter, umschrieben freilich durch Periphrasen: »giardino/terra/orto« (21); »dove apprende natura l'uman seme« (22); »ventre« (23, 24) »là donde io vengo« (25).

Wie soll man diese Gedichte verstehen? Und was sagen sie über Ceis lyrische »Zugehörigkeit« aus? Dionisotti, dem es ja eigentlich um Machiavellis *Mandragola* geht, belässt es bei der glücklichen, aber nicht weiter begründeten Formel der »sfacciata dissidenza«. Marta Ceci, die Cei als einen konzeptistischen Petrarkisten – aber immer noch als einen Petrarkisten – sehen will, möchte auch den vorliegenden Sonetten keine systemsprengende Kraft zugestehen und konzediert ihnen lediglich »toni un po' lascivi ma topici«.[32]

Doch was ist hier eigentlich »topisch«? Als traditionell kann allenfalls das Vokabular bezeichnet werden, das wie gesagt durchweg im ›mittleren‹ lyrischen Register verbleibt. Die »prokreative« Thematik der Sonette ist mitnichten »topisch«. Wir haben es hier weder mit einem traditionellen Frauenlob noch einer traditionellen Anklage der »donna crudele« zu tun; es handelt sich weder um Eifersuchtssonette noch um laurenzianisch-hedonistische Dichtungen noch um

30 Cei 1994, S. 34.
31 Vgl. resümierend Pfisterer 2014, S. 57, mit weiteren Literaturverweisen.
32 »toni un po' lascivi«, Ceci 1994, S. 20; »toni un po' lascivi ma topici«, Ceci / Falini 2017, S. 211.

eine neuplatonische Ausgestaltung der Liebesmaterie. Vielmehr knüpft Cei einerseits an Inhalte der »niedrigen« Literatur an, andererseits greift er ein Thema auf, das um 1500 auch wissenschaftlich diskutiert wurde. Die Frage nämlich, wie man am schnellsten zum Wunschkind kommt, welche Tränke (Sonett 22), welcher Zeitpunkt (Sonett 21) die männliche und die weibliche Fruchtbarkeit begünstigen und was ihr dagegen schaden kann (Sonett 21, »accidente«) war zu Ceis Zeit genauso aktuell wie heute. Anders als heute wusste man noch nichts über die weibliche Eizelle, weshalb umstritten war, ob die Frau bei der Zeugung lediglich »Materie« beisteuert oder auch einen »Samen«. Die auch in Castigliones *Cortegiano* diskutierte Frage, ob Mann und Frau gleichermaßen Anteil am Zeugungsgeschehen haben, konnte, beschied man sie abschlägig, allerlei Theorien und Phantasien der hybriden, monströsen oder monoparentalen Zeugung Raum geben. Was Ceis Gedichte angeht, ist es freilich unklar, wie vertieft das diesen Texten zugrundeliegende theoretische Wissen des Autors ist. Doch der in Sonett 22 ausgedrückte Wunsch des Ich, sich selbst aus dem Leib der Geliebten noch einmal neu hervorzubringen (»formerei/ di me viva figura«) lässt sich zweifellos als eine Selbstzeugungsphantasie lesen. Auffällig ist zudem, dass bei aller Potenzprotzerei des Ichs die Identität des Vaters der schließlich geborenen Tochter ungewiss bleibt. Deutet sich hier etwa eine »anxiety of procreation« an, wie sie Valeria Finucci dem rinascimentalen Italiener bescheinigt?

In ihrem Buch *The Manly Masquerade: Masculinity, Paternity, and Castration in the Italian Renaissance* hat Finucci ein beachtliches Spektrum außergewöhnlicher Zeugungsgeschichten zusammengestellt: Neben den bekannten, im Zuge der historischen Gender Studies schon vielfach zitierten Erzählungen von monströsen und hybriden (Mensch/Tier) Geburten und wundersamen Geschlechtsumwandlungen findet sich hier etwa auch die Theorie der natürlichen Generation (aus Fäulnis) und der jungfräulichen Geburt.

Besonders »Fälle« von natürlichem Geschlechtswandel sowie die Erzählungen von Frauen, die ohne männliches Zutun Kinder hervorbringen, so Finuccis These, zeigen, dass das männliche Organ allein keine sehr solide Basis für die Konstruktion einer stabilen Gender-Identität gewesen sei. Umso größer sei jedoch das Bedürfnis gewesen, rinascimentales Mann-Sein über das (biologische und juristisch-soziale) Vater-Sein zu definieren. Nicht männliche Potenz, sondern Vatersein sei daher die zentrale Kategorie für die Konstruktion von Männlichkeit gewesen. So bestechend diese These auch sein mag: Neben Belegen, die plausibel machen, dass der Anteil des Mannes/der Frau am Zeugungsprozess tatsächlich eine zentrale Rolle in der Definition von Genderidentität spielte, führt Finucci eine Vielzahl von Beispielen an, die eher aus dem Bereich der unterhaltenden oder kompilatorisch-enzyklopädischen Literatur stammen. Ihre wiederholten Beteuerungen, nicht nur das naive Volk, sondern auch die

Gebildeten hätten die Geschichten monströser und übernatürlicher Geburten ernstgenommen, bleiben ohne punktuelle Nachweise.[33] Dazu kommt, dass ihre Beispiele aus dem jeweiligen Argumentations- und Funktionszusammenhang herausgenommen werden – nur so kann schließlich alles, auch die Mär der giftigen Alraune in Machiavellis Komödie, auf eine in Freud'scher Terminologie beschriebene männliche Kastrationsangst hinauslaufen. Doch es ist hier nicht der Ort, Finuccis Arbeit ausführlich zu besprechen. Sie kann, trotz der genannten Vorbehalte, dazu beitragen, den kulturgeschichtlichen Rahmen von Ceis Zeugungsphantasien ein wenig zu erhellen – für die Frage nach möglichen theoretischen Anknüpfungspunkten dieser Sonette müsste aber noch intensive Quellenforschung betrieben werden. Zu klären wäre auch, ob sich die Selbstzeugungsphantasie des »form*ar* di me viva figura« (auch) aus einem kunsttheoretisch-pygmalionischen Diskurs speist, ob sie der Ficinianischen Vorstellung der Formung der eigenen Seele (nach dem Bild der Seele des geliebten Wesens) verpflichtet ist oder doch eher als ein petrarkistisches *self-fashioning* zu lesen ist, in dem der natürliche Zeugungsprozess eigentlich einen künstlerischen Prozess bezeichnet.[34]

Eine weitere These zur Funktion von Ceis prokreativem Diskurs wäre folgende: Durch ihn sucht Machiavellis Freund nach einer neuen, nicht-obszönen (aber auch nicht sublimierenden) Möglichkeit, über Liebe, Sexualität und Zeugung zu sprechen. In diese Richtung weist auch die Ganzkörperbeschreibung der Geliebten, die er in seiner Oktavenkanzone 117 liefert und die selbst das Geschlechtsorgan nicht auslässt, auch wenn dieses dezent umschrieben wird. Ceis Verhältnis zum Petrarkismus kann dabei als ein »alternatives« oder, mit Stephan Leopold, als ein heterodoxes charakterisiert werden, weil er sich nicht in die Riege der Antipetrarkisten und burlesken Lyriker einordnet, sondern zumindest nach außen hin an den Petrarkismus anknüpft.[35] Der Rahmen des petrarkistisch Sagbaren wird dabei entschieden ausgeweitet – und bietet so eine erfrischende Alternative zu Bembo und Co.

33 »Many people – not just the ineducated – believed that a child could be born without a paternal imprimatur« (Finucci 2003, S. 25). Wie erfolgreich, aber auch umstritten die Theorie der Palingenesie im Umkreis des Paracelsus war, zeigt Roling 2014.

34 Zum Begriff des petrarkistischen *self-fashioning* vgl. Bernsen 2011.

35 Dadurch wird seine Lyrik vergleichbar mit der Michelangelos, der nicht umsonst an Cei anknüpft (dessen Hybridität allerdings extremer und vielschichtiger ist als die Ceis). Vgl. dazu Christine Ott, »Hybridität wider Willen. Michelangelo und seine Freunde«, in Vorbereitung; zum heterodoxen, dem »amor lascivo« zuneigenden Petrarkismus vgl. Leopold 2009.

## Bibliographie

Burchiello: *I sonetti del Burchiello*, edizione critica della vulgata quattrocentesca, hg. von M. Zaccarello, Bologna 2000.

Cei, Francesco: *Il Canzoniere*, a cura di Marta Ceci, Roma 1994.

Dante Alighieri: *La Divina Commedia. Purgatorio.* Commento a cura di Anna Maria Chiavacci Leonardi, Milano 2005 (1994).

Ficino, Marsilio: *De vita libri tres / Drei Bücher über das Leben*, hg. und übers. von Michaela Bonke, München 2001.

Ficino, Marsilio: *El Libro dell'Amore*, a cura di Sandra Niccoli, Firenze 2013.

Ficino, Marsilio: *Über die Liebe oder Platons Gastmahl*, Hamburg 2004.

Machiavelli: *La Mandragola*, commento a cura di Antonio Stäuble, Firenze 2004.

Petrarca, Francesco: *Canzoniere (Rerum vulgarium fragmenta)*, a cura di Marco Santagata, Milano 1996.

Bernsen, Michael / Huss, Bernhard (Hg.): *Der Petrarkismus – ein europäischer Gründungsmythos*, Göttingen 2011.

Bernsen, Michael: »Der Petrarkismus, eine *lingua franca* der europäischen Zivilisation«, in: Bernsen / Huss 2011, S. 15–30.

Ceci, Marta / Falini, Irene: »Francesco Cei«, in: Andrea Comboni / Tiziano Zanato (Hg.): *Atlante dei canzonieri in volgare del Quattrocento*, Firenze 2017, S. 207–213.

Ceci, Marta: »Introduzione«, in: Francesco Cei, *Il Canzoniere*, a cura di Marta Ceci, Roma 1994, S. 9–22.

Cocchiara, Giuseppe: *Il paese di Cuccagna e altri studi di folklore*, Torino 1980.

Degl'Innocenti, Luca: »Machiavelli canterino?«, in: *Nuova rivista di letteratura italiana* (XVIII,1) 2015, S. 11–68.

Dionisotti, Carlo: »Appunti sui capitoli di Machiavelli«, in: Giovanni Aquilecchia / Stephen N. Christea / Sheila Ralphs: *Collected Essays on Italian Language and Literature presented to Kathleen Speight*, Manchester 1971, S. 55–72.

Dionisotti, Carlo: »Appunti sulla *Mandragola*«, in: *Belfagor* (39), Gennaio 1984, S. 621–644.

Finucci, Valeria: *The Manly Masquerade: Masculinity, Paternity, and Castration in the Italian Renaissance*, Duke University Press 2003.

Gemsemer, Laura: »All'acqua all'acqua, ché il foco s'accende! Versprachlichung von Liebe, Begehren und Koitus in Boccaccios Ninfale fiesolano«, in: Lea Braun / Felix Florian Müller (Hg.): *Unsagbarkeit. Sprachen der Liebe in Literatur und Kunst der Vormoderne*, Berlin: De Gruyter (= Transformationen der Antike), erscheint 2019.

Hempfer, Klaus W.: »Intertextualität, Systemreferenz und Strukturwandel: die Pluralisierung des erotischen Diskurses in der italienischen und französischen Renaissance-Lyrik (Ariost, Bembo, Du Bellay, Ronsard)«, in: M. Titzmann (Hg.), *Modelle literarischen Strukturwandels*, Tübingen 1991, S. 7–43.

Hösle, Johannes (Hg.): *Texte zum Antipetrarkismus*, Tübingen 1970.

Josephs, Annette: *Der Kampf gegen die Unfruchtbarkeit: Zeugungstheorien und therapeutische Maßnahmen von den Anfängen bis zur Mitte des 17. Jahrhunderts*, Stuttgart 1998.

Krause, Christiane: »Zeus«, in: Maria Moog-Grünewald (Hg.), *Mythenrezeption. Die antike Mythologie in Literatur, Musik und Kunst von den Anfängen bis zur Gegenwart*, Stuttgart 2008, S. 674–678.

Leopold, Stephan: *Die Erotik der Petrarkisten. Poetik, Körperlichkeit und Subjektivität in romanischer Lyrik Früher Neuzeit*, München 2009.

Mutini, Claudio: »Francesco Cei«, in: *Dizionario biografico degli Italiani* 23 (1979); verfügbar unter: http://www.treccani.it/enciclopedia/francesco-cei_(Dizionario-Biografico) [29.08.18].

Niccoli, Sandra: »Prefazione«, in: Marsilio Ficino, *El Libro dell'Amore*, a cura di Sandra Niccoli, Firenze 2013, S. V–VI.

Ott, Christine: »Hybridität wider Willen. Michelangelo und seine Freunde«, in Vorbereitung.

Parker, Deborah: *Bronzino. Renaissance Painter as a Poet*, Cambridge: Cambridge University Press 2000.

Pfisterer, Ulrich: *Kunstgeburten*, Berlin 2014.

Regn, Gerhard: *Torquato Tassos zyklische Liebeslyrik und die petrarkistische Tradition: Studien zur* Parte Prima *der* Rime *(1591–1592)*, Tübingen 1987.

Roling, Bernd: »Exkurs ins Pflanzenreich: Die Rose des Paracelsus. Die Idee der Palingenesie und die Debatte um die natürliche Auferstehung zwischen Mittelalter und Neuzeit«, in: Karl A. Enenkel / Paul J. Smith (Hg.), *Zoology in Early Modern Culture: Intersections of Science, Theology, Philology, and Political and Religious Education*, Leiden 2014, S. 263–297.

Romei, Danilo: »Il doppio gioco dei poeti burleschi del Cinquecento«, in: Centro Pio Rajna: *Passare il tempo: la letteratura del gioco e dell'intrattenimento dal XII al XVI secolo*, Roma 1993, S. 399–442.

Rossi, Antonio: *Serafino Aquilano e la poesia cortigiana*, Brescia 1980.

Schulz-Buschhaus, Ulrich: »Spielarten des Antipetrarkismus bei Francesco Berni«, in: Klaus W. Hempfer / Gerhard Regn (Hg.), *Der petrarkistische Diskurs. Spielräume und Grenzen*, Stuttgart 1993, S. 281–331.

Simons, Patricia: *The Sex of Men in Premodern Europe. A Cultural History*, Cambridge 2011.

Toscan, Jean: *Le carnaval du langage. Le lexique érotique des poètes de l'équivoque de Burchiello a Marino (XV^e^-XVII^e^ siècles)*, 4 Bde., Lille: Presses universitaires de Lille 1981.

Roland Alexander Ißler (Bonn)

# Ovid – Petrarca – Aldana. Italienisch-spanischer Kulturtransfer und literarische Mythenrezeption zwischen Cinquecento und Siglo de Oro

## I. Kulturtransfer zwischen Italien und Spanien

Literatur lebt und bleibt lebendig durch Kulturaustausch. Immer wieder haben einzelne Autoren, literarische Strömungen und Übersetzungen über Landesgrenzen und Nationalsprachen hinweg andere Literaturen sowohl unbewusst als auch intentional beeinflusst und bereichert, und die europäischen Literaturen sind letztlich das Produkt andauernder wechselseitiger Transferprozesse. Paradigmatisch für solche Austauschbewegungen sind die beiden Dichter Ovid und Petrarca, deren Werke in Europa jahrhundertelang Gegenstand einer überaus langlebigen und vielgestaltigen Rezeption sind - auch deshalb, weil sie nicht nur thematisch wirksam, sondern auch stilbildend wurden. Im Zeitalter der Renaissance werden die Wahrnehmungen beider Autoren in besonderer Weise produktiv und verschränken sich zudem auf vielfältige Art. Die beiden Poeten stehen sich dabei auch als herausragende Vertreter der lateinischen bzw. volkssprachlichen Kultur gegenüber, wobei letztere im Laufe der Zeit gegenüber der klassischen mehr und mehr an Boden gewinnt; verkürzt gesagt wird Ovid so vorwiegend als Stofflieferant rezipiert, während man Petrarca als stilistisches Vorbild heranzieht. Im Cinquecento wird sich dies auch außerhalb Italiens u. a. in der Italianisierung und Petrarkisierung Ovids selbst niederschlagen. Die italienische Literatur wiederum prosperiert in dieser Phase in einem Maße, das sie zu einer wichtigen Triebfeder auch für die literarische Produktivität ihrer Nachbarländer macht.[1]

Dass die spanische Lyrik bekanntermaßen gerade während dieses Zeitalters wesentliche Anregungen der italienischen Dichtung verdankt, nachdem deren eigener Rückgriff auf die Literatur des Altertums noch gar nicht lange zurückliegt, wird von der Literaturgeschichtsschreibung immer wieder hervorgeho-

1 Vgl. im Hinblick auf die gesamteuropäische Kulturgeschichte exemplarisch Burke 1998, S. 148ff.

ben.[2] Schon bei Vertretern der spanischen Frührenaissance zeichnet sich diese Einwirkung ab. Noch vor Juan de Mena (1411–1456) und Jorge Manrique (1440–1479) versucht der Marqués de Santillana, Íñigo López de Mendoza (1398–1458), zwar noch ohne Erfolg und Nachhall, doch in einem beachtlich modernen Sinne, zu einer Weiterentwicklung der spanischen Lyrik beizutragen, indem er italienische, zunächst vor allem von Dante und Petrarca gepflegte Formen wie Terzine, Sonett und Kanzone sowie den *endecasillabo* bereits im frühen 15. Jahrhundert in die lyrische Dichtung seiner Sprache zu integrieren bestrebt ist. Dennoch verbindet sich der italienische Einfluss in der Regel maßgeblich erst mit den Namen der beiden Dichter Juan Boscán (1487–1542) und Garcilaso de la Vega (1501?–1536), die durch die Rückbeziehung auf die Dichtkunst italienischer Musterautoren (die unten zitierten »buenos autores de Italia«) eine zielgerichtete Erneuerung der spanischen Lyrik einleiten: Mit beiden Dichtern »wird der bisherige Italianismus der Themen und Motive – und hier liegt die Neuerung, die Boscán eingeleitet hat – auch zu einem Italianismus der lyrischen Gattungen und der Versformen.«[3] Diese poetologische Programmatik hält Boscán in einem vielzitierten Brief fest, welcher sich in die Geschichte der spanischen Dichtung gleichsam als eine ihrer Gründungsakten eingebrannt hat. Die Anregung schreibt er dem venezianischen Humanisten und Diplomaten Andrea Navagero (1483–1529) zu:

> me dijo por qué no probaba en lengua castellana sonetos y otras clases de trovas usadas por los buenos autores de Italia; y no solamente me lo dijo así livianamente, más aún, me rogó que lo hiciese. [...] Y así comenzé a tratar este género de verso. En el cual al principio hallé alguna dificultad, por ser muy artificioso y tener muchas particularidades diferentes del nuestro. Pero después, pareciéndome, quizá con el amor de las cosas propias, que esto comenzaba a sucederme bien, fui poco a poco metiéndome con calor en ello.[4]

Die *imitatio* italienischer Poetik erstreckt sich von der anfänglichen spontanen Idee der Übernahme italienischer Bauformen in Vers und Strophe allmählich über Motive und thematische Konzeptionen bis hin zur Spiegelung stilistischer und sprachästhetischer Elemente, mit der schließlich nichts weniger als eine Loslösung von der religiös bestimmten mittelalterlichen Tradition einhergeht. Nicht zufällig steht die Erneuerung der spanischen Lyrik in engem Zusammenhang mit der Verbreitung petrarkistischer Bestrebungen. Dabei geht Garcilaso trotz seines insgesamt schmalen Œuvres über die bloße Nachahmung hinaus und scheut keineswegs den Wettstreit mit der italienischen Lyrik im Sinne der *æmulatio*. Tatsächlich wird Garcilaso schon zu Lebzeiten mehr Ori-

2 Vgl. z.B. Neumeister 2006, S. 104; Wiegmann 2003, S. 225ff.; Güntert 1991, S. 119, 122ff.
3 Felten 1990, S. 32ff.; insbes. zu Ovid und Petrarca S. 35.
4 Zit. nach Gumbrecht 1990, Bd. 1, S. 264.

ginalität als Boscán bescheinigt, mit dem ihn eine lange Freundschaft und zudem ein gemeinsamer Aufenthalt in Italien verbindet. Historisch-politische Konditionen begünstigen den Kulturtransfer insofern, als zwischen dem italienischen und dem spanischen Kulturraum schon früh »[d]irekte Verbindungswege« gebahnt sind: »Über das aragonesische Königshaus wurden gute Beziehungen zu Sizilien (seit 1282) und Neapel (seit 1442) unterhalten, ab 1504 gehören beide zur span[ischen] Krone«.[5] Auf der Grundlage dieser kulturell förderlichen Rahmenbedingungen wirkt die zweite Generation italianisierender Dichter in Spanien, zu denen insbesondere Fernando de Herrera (1534–1597) und Fray Luis de León (1527–1591) gerechnet werden.

## II. Francisco de Aldana, der ›göttliche Capitán‹ der spanischen Renaissancelyrik

Zu dieser zweiten Generation der Petrarkisten zählt auch der heute nur mehr verhalten rezipierte Dichtersoldat Francisco de Aldana (1537–1578),[6] dem man in früheren Jahrhunderten große Bewunderung zollte und – gleich dem Sevillaner Dichterkollegen Herrera – den Ehrentitel »El Divino« verlieh. Heute als »[o]ne of the leading lights« seiner Zeit[7] und »letzter Höhepunkt der Renaissancedichtung vor dem Barockzeitalter« anerkannt,[8] sticht der vom Humanismus tief durchdrungene Autor in Spanien schon zu Lebzeiten mit seiner profunden Bildung hervor und wird geradezu als »símbolo humano del renacentismo español«[9] wahrgenommen; zugleich nimmt er ansatzweise bereits Charakteristika der spanischen Barocklyrik vorweg, und wohl nicht ohne Grund wird er gerade bei späteren Dichterfürsten wie Cervantes, Lope de Vega und Quevedo in hohem Ansehen stehen.[10]

Aldana erblickt jedoch nicht etwa in Spanien, sondern auf italienischem

5 Hoffmeister 1973, S. 35.

6 Die Einordnung in die zweite Generation folgt indirekt Hoffmeister 1973, S. 36; Walters hingegen verortet Aldana noch in »the first generation of petrarchist poets in the peninsula« (Walters 1988, S. 3). Vgl. Crawford 1939 sowie Walters 1988, S. 1: »It could not be claimed, nearly half a century later, that Aldana has altogether emerged from obscurity, not, at least, to the extent of being as familiar and well-studied a figure as, say, contemporariers such as Herrera or Fray Luis de León.« Walters betont markanterweise, dass Aldana im Grunde erst im 20. Jahrhundert in Vergessenheit gerät – zu der Zeit, als etwa Góngora wiederentdeckt wird (vgl. Walters 1988, S. 2). Zur insgesamt dürftigen Forschungslage vgl. Volberg 1999, S. 24–28.

7 Noble Wood 2014, S. 69.

8 Simson 2001, S. 90.

9 Díaz-Plaja 1948, S. 104.

10 Vgl. Noble Wood 2014, S. 70.

Boden das Licht der Welt und verbringt seine Kindheit in Neapel – einer der ›Wiegen‹ des Petrarkismus –,[11] bevor es ihn zur Ausbildung nach Florenz zieht, schon unter Cosimo de' Medici das seinerzeit kulturelle und literarische Zentrum Italiens: »His background and formation mark him out as potentially different from other Spanish poets of his period«.[12] Ein wechselvolles und bewegtes Soldatenleben im Zeichen der *armas y letras* treibt ihn sodann durch halb Europa und den gesamten Mittelmeerraum: »se halló en grandes cosas en servicio del Emperador en Italia, Alemania, Francia, Hungría y África«.[13] Francisco de Aldana nimmt an den beiden bedeutendsten Schlachten seiner Zeit teil – Fernando de Herrera würdigt deren historische Geltung in zwei Oden –, von denen er die zweite nicht überleben wird: Kämpft er 1571 – im selben Jahr, in dem er überhaupt erst nach Spanien gelangt –[14] in der Seeschlacht von Lepanto noch siegreich gegen die Osmanen, so muss er sieben Jahre später im Kriegsdienst in Nordafrika sein Leben lassen. Zu Beginn seines vierten Lebensjahrzehnts fällt er im Rang eines *capitán* in der Schlacht von Alcazarquivir (Ksar-el-Kebir) an der Seite des legendären portugiesischen Königs Sebastião I. bei dessen vergeblichem Versuch, Marokko zu christianisieren – einer Niederlage, die bald darauf den weltpolitischen Abstieg Portugals nach sich ziehen wird.

Aldana hat seine Dichtungen selbst nicht in einer vollständigen und umfassenden Ausgabe publizieren können. Ausgerechnet ein italienisches Gedicht ist sein einziges poetisches Vermächtnis zu Lebzeiten: »soneto XXIII [...], which takes the form of a reply to a sonnet by Varchi on the death in 1562 of doña Leonor de Toledo, Duchess of Florence and daughter of the Viceroy of Naples, don Pedro«.[15] Sein zu einem großen Teil auf italienische Formen zurückgreifendes Werk, das neben Liebeslyrik auch religiös inspirierte didaktische und religionsphilosophische Dichtungen umfasst und beides mit neuplatonischen Tendenzen in Einklang bringt,[16] ist allein in den beiden Bänden überliefert, deren Herausgabe Cosme de Aldana, der Bruder des Dichters, nach dessen Tod übernimmt, um die hinterlassenen Schriften der Öffentlichkeit zugänglich zu machen. Dies gelingt zwangsläufig nur lückenhaft in der postumen Edition, für die Cosme de Aldana alle ihm verfügbaren Textzeugnisse seines Bruders zusammenträgt, nicht ohne ausdrücklich auf eine ganze Reihe verschollener Texte

11 Vgl. Bernsen 2011, S. 15.
12 Walters 1988, S. 3.
13 Cosme de Aldana, zit. nach Lara Garrido 1985, S. 20f. Zur Vita Aldanas vgl. auch Lara Garrido [2019].
14 Vgl. Walters 1988, S. 4.
15 Walters 1988, S. 17.
16 Vgl. Prill 1988; Neumeister 2006, S. 109–111; Güntert 1991, S. 141f; Felten 1990, S. 38–40. Dass Aldanas Liebeslyrik durchaus auch vom sublimierenden platonisch-petrarkistischen Liebeskodex abweicht, zeigt u. a. Fox 2005.

hinzuweisen.[17] Der erste Band erscheint 1589 in Mailand als *Primera parte de las obras qve hasta agora se han podido hallar Del Capitan Francisco de Aldana*, der zweite 1591 in Madrid unter dem Titel *Segvnda Parte de las Obras, Que se han podido hallar del Capitan Francisco de Aldana* (Abb. 1). Die in diesen Bänden dominierenden Sonette und Kanzonen, Coplas und Oktaven lassen die italienische Tradition schon formal deutlich hervorstechen.

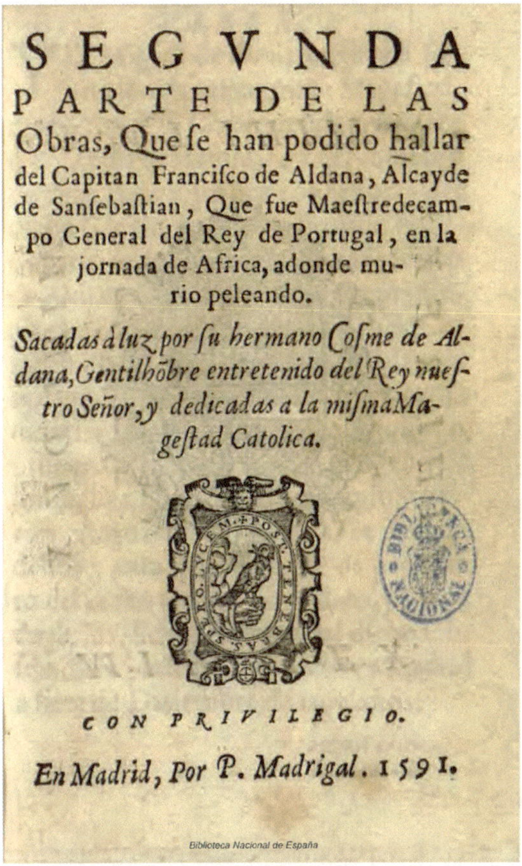
SEGVNDA
PARTE DE LAS
Obras, Que ſe han podido hallar
del Capitan Franciſco de Aldana, Alcayde
de Sanſebaſtian, Que fue Maeſtredecam-
po General del Rey de Portugal, en la
jornada de Africa, adonde mu-
rio peleando.
*Sacadas à luz por ſu hermano Coſme de Al-*
*dana, Gentilhõbre entretenido del Rey nueſ-*
*tro Señor, y dedicadas a la miſma Ma-*
*geſtad Catolica.*

CON PRIVILEGIO.

*En Madrid, Por P. Madrigal.* 1591.



Abb. 1 Francisco de Aldana, Frontispiz der postumen Werkausgabe Madrid 1591

Aldana wird von der Literaturgeschichtsschreibung gleichwohl bis heute mit einer Ausschließlichkeit als spanischer Dichter angesehen, die ihm nur bedingt gerecht wird. Kaum je nimmt die Literaturwissenschaft die Gedichtproduktion

17 Vgl. Aldana 1591, Bd. II, fol. 101$^{r}$ -102$^{r}$; dazu Lara Garrido 1985, S. 109.

wahr, die er »en toscano« hinterlassen hat.[18] Auch wenn die spanische Muttersprache den größten Teil seiner literarischen Werke ausmacht, so ist der italienische Einfluss auf seine Dichtung unverkennbar. Eine systematische Erschließung dieser literarischen Mehrsprachigkeit des 16. Jahrhunderts[19] steht in der literaturwissenschaftlichen Forschung sowohl für den einzelnen Dichter als auch für die Epoche bislang aus. Vor diesem Hintergrund soll dieser Beitrag nicht mehr, aber auch nicht weniger erreichen, als einen Nachweis des Einflusses des italienischen Petrarkismus und der italienischen Ovidrezeption auf Aldanas lyrisches Schaffen zu erbringen.

## III. Ovidrezeption im Renaissancehumanismus

Wie Petrarca für die italienische Liebeslyrik ist Ovid ein Gradmesser für die Übernahme aus der Antike überlieferter mythologischer Kenntnisse, sind diese doch zu einem wesentlichen Teil über die 15 Bücher der *Metamorphosen* mit ihren rund 250 Göttersagen in die Volkssprachen gelangt.[20] Charakteristika sowohl der *Rerum vulgarium fragmenta* als auch der *Metamorphosen* fließen schon vor Aldana in die spanische Literatur ein, ihre Spuren koinzidieren jedoch in besonderer Weise im Werk dieses Autors, der beide im Geiste des Renaissancehumanismus zusammenführt.

> Über den tiefgreifenden Einfluß der *Metamorphosen* Ovids auf die abendländische Kultur von ihrer Erneuerung im Frankreich des 12. Jahrhunderts bis hin zum Barock und darüber hinaus ist man sich seit langem im klaren. Die *Metamorphosen* waren jahrhundertelang das Grundbuch mythologischen Wissens und erschlossen als solches den Zugang zu weiten Bereichen der Literatur, Musik und bildenden Künste, gründeten diese doch bis ins 18. Jahrhundert in ihrer Themenwahl ganz wesentlich auf dem antiken Mythos. […] Wo aber sollte man sich dieses Wissen eher verschaffen als im Original oder in Übersetzungen der *Metamorphosen*, der vollständigsten und unterhaltsamsten Sammlung antiker Mythen, aus der auch Dante, Boccaccio, Ariost, Tizian im wesentlichen ihre mythologische Bildung bezogen hatten?[21]

Die diversen seit dem Spätmittelalter in Europa kursierenden Übersetzungen der *Metamorphosen* sind das Ergebnis komplexer Überlegungen und umfangreicher

18 Zumeist handelt es sich hier um anlassbezogene Gedichte (vgl. Prill 1988, S. 261); so etwa Aldana 1591, Bd. II, fol. 78$^{v}$ u.ö.

19 Vgl. dazu u.a. Briesemeister 2014, S. 44.

20 Ovids *Metamorphosen* selbst konstituieren dabei schon im Alten Rom eine von vielen Stationen in einem langen Rezeptionsprozess, der wiederum in der Oralität der griechischen Antike seine Wurzeln hat; die frühesten Literarisierungen der Mythen lagen zu Ovids Lebzeiten bereits mehrere Jahrhunderte zurück.

21 Guthmüller 1981, S. 11f.

Bearbeitungen,[22] die ihren Ausgang in der allegorischen Lektüre und christlichen Moralisierung nehmen[23] und im Renaissancehumanismus, befördert zudem durch die Erfindung des Buchdrucks, noch einmal ganz neu aufflammen. In den Druckpressen des 16. Jahrhunderts entstehen vielfältigste *volgarizzamenti* der ovidischen *Metamorphosen*, immer häufiger reich und aufwendig verziert mit Holzschnitten und anderen Illustrationen. Dass in dem vom Katholizismus geprägten gallo- und iberoromanischen Raum lange die moralisierende Lesart dominiert, während diese sich im zuallererst humanistischen Italien als der Wiege der Wiedergeburt antiker Kultur gar nicht erst zu etablieren vermag,[24] ist bemerkenswert und macht die spanische Anleihe aus der italienischen Literatur besonders bedeutsam.

## III.1. Übertragungen der *Metamorphosen* in Spanien

Die in Frankreich schon früh einsetzende christliche Allegorisierung findet in Spanien eine Entsprechung in der zwischen 1435 und 1445 entstandenen anonymen Handschrift *Morales de Ovidio*, auch wenn diese sich bei näherer Betrachtung weniger als eigenständiges Werk denn weitgehend als eine Übertragung des wiederum lateinischen *Ovidius moralizatus* von Petrus Berchorius (Pierre Berçuire, ein Vertrauter Petrarcas in Avignon) entpuppt.[25] Auch die erste in Spanien gedruckte vollständige *Metamorphosen*-Übersetzung – eine 1494 datierte katalanische Fassung –[26] verfolgt eine heilsgeschichtliche Deutung der mythischen Episoden; das Werk schließt mit den Worten:

> Acaban los quinze libres d'transformacions del poeta ouidi: e los quinze libres de allegories e morals exposicions sobre ells esta[m]pats en barcelona per pere miquel. Benauenturadament en espanya e en los regnes d'arago regna[n]t los inuictissims e preclarissims don ferrando e dona ysabel. any. Mccccclxxxxiiii. a xxiiii d'abril.[27]

Eine im Werk erwähnte katalanische Vorlage von Francisco de Pinós, die selbst wiederum möglicherweise auf eine italienische – nicht lateinische – Fassung zurückgehen soll, ist heute verloren.[28]

Alle späteren kastilischen Übertragungen der *Metamorphosen* entstehen stets auf italienischer Textgrundlage. Dies gilt auch für den ersten Übersetzer der

22 Zur frühneuzeitlichen Ovidrezeption vgl. z.B. Keith / Rupp 2007; Guthmüller 1986.
23 Vgl. insbesondere den *Ovide moralisé* und dessen Bearbeitungen.
24 Vgl. Ißler 2015, S. 223–284 (Kap. 17).
25 Vgl. Ißler 2015, S. 219–222.
26 Bibl. Nac. Madrid, Sig. I 2098.
27 Zitiert nach Schevill 1913, S. 245.
28 Vgl. Fernández López 2016, S. 112.

ovidischen Textvorlage in kastilische Prosa: Jorge de Bustamante, dessen Übertragung unter dem Titel *Las transformaciones de Ovidio en lengva española* vor 1541, zunächst anonym, im Druck erscheint.[29] Bustamantes Text orientiert sich an einer frühen volkssprachlichen italienischen Fassung von Giovanni Bonsignori (um 1375),[30] weist aber deutliche Züge der Epochenschwelle seiner Entstehungszeit auf: José María de Cossío sieht das Werk als »fronteriza de dos épocas, como posición a dos vertientes, como compromiso entre dos estilos de considerar el arte y la vida, y así, caracteres propiamente medievales y notas claramente renacentistas conviven en la interesante traducción.«[31] Aufgrund ihrer voraussetzungsfreien Lesbarkeit bleibt diese Übersetzung auch nach dem Erscheinen weiterer spanischer *Metamorphosen*-Ausgaben die populärste.[32] Die anhaltend große Bedeutung des Textes für die spanische Literatur, obwohl er mindestens teilweise ein überkommenes Weltbild fortschreibt, offenbaren mehr als ein Dutzend Neuauflagen bis 1664: »Las generaciones de los siglos XVI y XVII puede decirse que aprendieron las fábulas míticas de la antigüedad en la traducción de Bustamante.«[33] Selbst die seit 1580 – zwei Jahre nach Aldanas Tod – erscheinende Versübertragung von Antonio Perez Sigler aus Salamanca nimmt die »allegorias« von Bustamante noch wörtlich auf.[34]

Tatsächlich erscheinen die interessanteren, konturenreicheren spanischen Versübertragungen *notabene* erst *nach* dem Tode Aldanas. Unter diesen ist vor allem die des Arztes Pedro Sánchez Viana zu nennen, die seit 1589 unter dem Titel *Las Transformaciones de Ouidio* mehrfach gedruckt wird.[35] Cossío nennt Viana »el más importante de los traductores españoles de las *Metamorfosis* de Ovidio«.[36] Seine Nachdichtung, angelehnt an die moderneren italienischen *volgarizzamenti* Dolces und Anguillaras,[37] von denen noch die Rede sein wird, ist

29 Vgl. Turner 1976, S. 29. Konsultierte anonyme Ausgabe: Bustamante 1595. Zu der Übertragung vgl. Cossío 1952, S. 39–43; Schevill 1913, S. 152–173.

30 In einer Zeit vor der Diffusion des Buchdrucks entstanden, erfährt der 1497 datierte Erstdruck der Übertragung von Bonsignori im beginnenden Cinquecento mehrere Neuauflagen (1501, 1508, 1517, 1519, 1520, 1523) und wird schnell zu einer verbreiteten und früh auch unter Künstlern beliebten Ausgabe (vgl. Bonsignori 1522; 2001). Vgl. Ißler 2015, S. 184–187.

31 Cossío 1952, S. 40.

32 »This version remains the most popular, even after the appearance, beginning in 1580, of three others. […] it is in prose; it is a very ›free‹ translation even by sixteenth century standards; it appeared anonymously; and it contains no allegorical or learned commentary. Bustamente's work as popular in both senses of the word: it appealed apparently to a large reading public and made no pretence of great learning.« (Turner 1976, S. 29).

33 Cossío 1952, S. 42, listet 13 Erscheinungsdaten zwischen 1545 und 1664 auf, Turner 1976, S. 29, nennt sogar 16 Ausgaben in weniger als einem Jahrhundert.

34 Konsultierte Ausgabe: Perez Sigler 1609. Zu der Übertragung vgl. Cossío 1952, S. 43–47.

35 Zu der Übertragung vgl. Cossío 1952, S. 49–56; Schevill 1913, S. 148–152.

36 Cossío 1952, S. 49.

37 Vgl. Cossío 1952, S. 53f.

vor allem deshalb erwähnenswert, weil sie die Textvorlage konsequent mit Versbindung ins Spanische überträgt. Doch auch hier ist das Vorbild der italienischen Dichtung mindestens in formaler Hinsicht deutlich greifbar: Viana verzichtet auffallend auf typisch spanische Gedichtformen und verwendet ausschließlich italienische Verse; so lässt er Terzinen (in epischen und deskriptiven Abschnitten) und Oktaven (in Dialogen und monologischer Rede) einander abwechseln.

## III.2. Übertragungen der *Metamorphosen* in Italien

Es dürfte deutlich geworden sein, dass man die Rezeptionsgeschichte der ovidischen *Metamorphosen* in Spanien nicht ohne die italienische Ovidrezeption erzählen kann. Vor einer näheren Betrachtung der Dichtung Aldanas in der Nachfolge Ovids und Petrarcas scheint es daher geboten, einen Blick auf die italienischen Ovid-Übertragungen zu werfen. Durch Bustamante wirkt selbst die alte Trecento-Übersetzung von Bonsignori auf spanischem Boden fort; die am häufigsten gelesenen und zudem wesentlich eigenständigeren *volgarizzamenti* der *Metamorphosen* sind jedoch die schon genannten, mit deren Rezeption spanische Ovid-Übersetzer gleichsam ihre Unschuld verlieren werden: *Le transformationi* (1553) von Lodovico Dolce und, mehr noch, die verbreitete spätere Übertragung von Giovanni Andrea dell'Anguillara, *Le Metamorfosi d'Ovidio* (1561).[38]

Ihnen geht schon 1522 eine Übertragung von Niccolò degli Agostini unter dem Titel *Di Ovidio le Metamorphosi cioe Trasmvtationi* voraus, welche die mittlerweile überkommene Tradition der Ovidauslegung erstmals durch eine wirklich moderne Nachdichtung im Geiste des humanistischen Selbstverständnisses substituiert. Der Erfolg dieser Übertragung hängt eng mit dem des am Florentiner Hof der Medici entstandenen Ritterepos in der Nachfolge von Luigi Pulcis (1432–1484) heroisch-komischem *Morgante* (1478) zusammen.[39]

Ähnlich dem Vorhaben Clément Marots in Frankreich, der den als ›Heldenvers‹ beliebten *décasyllabe* als zeitgenössisches französisches Hexameter-Pendant wählt,[40] liegt es für Agostini nahe, das neue Genre des Ritterepos mit seiner metrischen Gliederung durch Stanzen in *ottave rime* als formales Muster auch

38 Konsultierte Ausgaben: Dolce 1561; Anguillara 1561. »La licencia con que ha sido traducido el libro de las *Metamorfosis* por nuestros poetas, [es] debido, sin duda, al ejemplo de traducciones italianas, especialmente la en aquel tiempo muy leída de Anguilara« (Cossío 1952, S. 38).

39 Vgl. Guthmüller 1999, S. 55; Ißler 2015, S. 256ff.

40 Vgl. dazu Ißler 2015, S. 247–253.

für den bereits epenaffinen Text der *Metamorphosen* zu verwenden.[41] Der Einfall ist so einfach wie genial und findet zahlreiche Nachahmer nicht nur in Italien; letztendlich werden auf diese formale Neuerung auch die spanischen *Fábulas mitológicas* in Oktaven der kommenden Jahrzehnte zurückgehen, an deren Produktion sich früh auch Francisco de Aldana beteiligt, auch wenn sie erst in der spanischen Barockdichtung ihre Blüte erleben wird.[42] Mit Dolce werden die ovidischen »Libri« in Anlehnung an Ludovico Ariostos populären *Orlando furioso* (vor 1532 verfasst) durch »Canti« ersetzt. Zudem prolongiert Dolce in den *Trasformationi* die römische Weltchronik bis in die höfische Welt Karls V.

Der Textvergleich zwischen den verschiedenen Fassungen der ovidischen *Metamorphosen* aus der Feder der drei genannten Autoren des italienischen 16. Jahrhunderts[43] belegt deutlich eine wachsende Autonomisierung und eine zunehmende Kreativität, proliferierende Phantasie und Detailreichtum in der Ausgestaltung der Verse. Ist diese Tendenz in Ansätzen schon in der noch verhaltenen ersten italienischen Nachdichtung durch Agostini spürbar, so erstarkt sie zusehends bei Dolce und erreicht mit Anguillara einen Gipfel, der nicht mehr überschritten werden wird – die Ausgaben Anguillaras bleiben weit über die Renaissance hinaus gültig und werden noch bis ins 19. Jahrhundert hinein nachgedruckt, bevor sie von neueren Metamorphosenübersetzungen abgelöst werden.[44]

Im Vergleich zwischen Dolce und Anguillara lässt sich beobachten, wie die lebhaften Abschweifungen und immer ausgedehnteren Exkurse allmählich zum Selbstzweck werden. Die Fabulierlust wirkt sich vor allem auf die Darstellung der handelnden Figuren aus, die nun ganz im Geiste eines diesseitig orientierten Menschenbildes ausdifferenzierte, personalisierte Züge erhalten, wie es zur selben Zeit die Bildende Kunst vorlebt. Wie diese zielt auch die Literatur auf

> die Darstellung von Emotionen handelnder Einzelpersonen, die in verschiedenen Situationen unterschiedlich reagieren, sowie die neuen Sinnzusammenhänge, in denen die Gestalten erscheinen. Obwohl die im Mittelalter ausgebildeten ikonographischen Typen auch in der Renaissance und im Barock weiterhin ihre Gültigkeit behalten, ist es seit dem 15. Jahrhundert nicht mehr allein die Absicht der Künstler, Glaubensinhalte durch Allegorien auszudrücken, sondern die Mythen werden als Gleichnisse menschlicher Erlebnisfähigkeit und seelischer Zustände dargestellt.[45]

Die Form der *ottava rima* ermöglicht es der reimreichen italienischen Sprache, immer wieder neue Anläufe zu nehmen und Exkurse und Digressionen einzu-

41 Vgl. dazu Guthmüller 1997, S. 97–124.
42 Vgl. Cossío 1952.
43 Für eine Synopse der Textausschnitte zum Raub der Europa vgl. Ißler 2015, S. 259–262, Kommentar S. 263–273.
44 Vgl. dazu Moog-Grünewald 1979, S. 112.
45 Bierschenk 1988, S. 71.

bauen, die die Haupthandlung hinauszögern, den Unterhaltungswert der Dichtung aber erhöhen. Maria Moog-Grünewald unterscheidet allein bei Anguillara fünf rekurrente poetische Verfahrensweisen:

1. Er erzählt ausführlich auch die Episoden und Ereignisse, die Ovid nur andeutet oder gänzlich ausläßt.
2. Er intensiviert Dialoge und Monologe und gestaltet sie gefühlsbetonter und affektgeladener.
3. Er verleiht einzelnen Episoden zusätzlich erotische Pikanterie.
4. Er sucht durch realistisch-logische Details die Handlung kohärenter und wahrscheinlicher wirken zu lassen.
5. Er fügt detaillierte Beschreibungen jeglicher Art ein, wie zum Beispiel von Personen, Gegenständen, Vorgängen etc.[46]

## III.3. Zunehmende Petrarkisierung der *Metamorphosen*

Die Geschichte der *Metamorphosen*-Nachdichtungen ist eine Geschichte der Annäherung an neue, eigene literarische Modelle der italienischen Dichtung. Tritt an die Stelle der *imitatio* antiker Autoritäten zunächst die *æmulatio* mit den Musterautoren des Altertums, so weicht diese in der stolzen und zunehmend selbstbewussten Epoche der Renaissance schnell der *æmulatio* mit den eigenen Nationaldichtern:

> Die Übersetzer [...] sind weit davon entfernt, Sprache und Stil der Klassiker nachbilden zu wollen, vielmehr sehen sie ihre Aufgabe darin, die antiken Epen in die Sprache und den Stil der nationalen italienischen Musterautoren umzuschreiben, sie in die italienische Nationalliteratur einzubürgern.[47]

Dass die Eingliederung in das eigene literarische Erbe ausdrücklich auch eine Annäherung an den Musterlyriker Petrarca einschließt, belegt die unverkennbar petrarkistische Einfärbung der italienischen *Metamorphosen*-Nachdichtungen dieser Zeit. Besonders ausgeprägt ist diese Neigung in der Nachdichtung Anguillaras, der die petrarkistische Formelsprache vollendet beherrscht, bisweilen sogar übertreibt.[48] Die Orientierung spanischer Dichter an der italienischen

46 Moog-Grünewald 1979, S. 32.

47 Guthmuller 1998, S. 27.

48 Nicht erst die wiederkehrende Präsenz des Liebesgottes Amor mit Liebespfeilen, wie sie schon Dolces Nachdichtung durchzieht, deutet darauf hin. Dass Anguillaras Petrarkisierung stellenweise parodistische Züge annimmt, mag das folgende Beispiel aus dem Kontext des Europamythos illustrieren. Darin wird etwa der Stier zum Alter Ego des verzweifelt liebenden Dichters, dessen von Petrarca inspirierte *dolendi voluptas* sich bald in einem Seufzen, bald in einem Muhen entlädt. Anguillara inszeniert die Pointe höchst kunstfertig und positioniert sie gleich zweimal an exponierter Stelle, im Paarreim des Strophenendes: »Paurosa ella l'aspetta

Ovidrezeption wird mithin zu einem doppelten Kulturtransfer, bei dem Ovid und Petrarca als zentrale literarische Marker wirken.

Tatsächlich nimmt der Rückgriff auf italienische Modelle im Laufe des 16. Jahrhunderts nur noch weiter zu. Einer der späteren spanischen Versübersetzer der *Metamorphosen*, Felipe Mey, von dem 1586 in Tarragona eine Nachdichtung der ersten sieben Bücher von Ovids Werk erscheint, bekennt sich offen zu seinen italienischen Vorlagen, die nun auch er formal imitiert:

> En el primero y segundo libro, que fueron trabajos de mi mocedad, me desvié algunas veces del texto latino; imitando en parte a Ludovico Dolce, y en parte al Anguilara (que han arromanzado este libro en su lengua) y encajando a vueltas dello de mi cosecha lo que me dictaba la lozanía del ingenio juvenil amigo de novedades. En los demás libros he alargado menos la rienda.[49]

Die italienischen Übertragungen der *Metamorphosen* können zwar als Schlüssel für die spanische Ovidrezeption im 16. Jahrhundert angesehen werden, doch stellt gerade der Rekurs auf Dolce und Anguillara zu Lebzeiten Aldanas noch keine Selbstverständlichkeit dar. Selbst wenn die Invektiven eines Cristóbal de Castillejo (1490–1550) gegen Boscán und Garcilaso als singuläre Erscheinungen oder verspätete ironische Anachronismen betrachtet werden können,[50] so belegen sie dennoch den Wahrnehmungswandel, der allein mit der poetischen Anleihe aus der italienischen Dichtung für die spanische Literatur einhergegangen sein muss.

Zuletzt soll nun dieser Wandel anhand von exemplarischen Ausschnitten aus einem längeren lyrischen Text von Francisco de Aldana nachvollzogen werden. Aldana wird sich dabei trotz seiner wiederholten Orientierung an der italienischen Ovidrezeption als ein progressiver Autor erweisen, der mit den literarischen Modellen versiert umgeht und aus ihren Mustern bereits zu einer Zeit etwas Neues schafft, als die spanische Lyrik noch vor dem Zenit ihrer Erneuerung steht. So illustriert der Text unter anderem den fließenden Übergang zwischen Ovidbearbeitung und petrarkistischer Stilisierung, zwischen Renaissance- und Barockdichtung, Cinquecento und Siglo de Oro,[51] in deren unterschiedlich dicht verflochtenem Spannungsfeld sich Aldana bewegt. Angesichts

un poco, e fugge, / E'l toro per dolor sospira, e mugge. / Ella [...] fugge, e si ritira, / E'l miser toro ancor mugghia, e sospira.« (Anguillara 1561, fol. 28$^{v}$).

49 Mey 1586, zitiert nach Cossío 1952, S. 48.

50 Vgl. Neumeister 2006, S. 103f. bzw. Felten 1990, S. 36.

51 In Anlehnung an Güntert, Neumeister, Simson u.a. wird der Siglo-de-Oro-Begriff hier bewusst im Singular verwendet; im Sinne von ›Goldenem Zeitalter‹ ist er nicht identisch mit dem kalendarischen Jahrhundert gemeint.

des großen Textumfangs müssen hier repräsentative Auszüge und sporadische Kommentare genügen.[52]

## IV. Francisco de Aldana, »Otavas […] en diuersas materias descõtinuadas«

Im zweiten Band der postumen Erstausgabe ist unter dem langen Titel »Otavas del mismo Capitan Francisco de Aldana en diuersas materias descõtinuadas y dessassidas, la cual descontinuacion significa vna Raya entre vna y otra otaua« ein Gedicht über die *efectos de amor* abgedruckt, ein 648 Verse bzw. 81 Strophen umfassendes Fragment,[53] in dem Aldana in scheinbar willkürlicher Reihenfolge die Schicksale mehrerer Liebender der antiken Mythologie (darunter Mars und Venus, Vulcanus, Herkules und Omphale, Narcissus und Echo, Jupiter und Europa, Klytia, Apollo, Arethusa, Saturnus, Atalanta, Aeneas, Danae und Neptun) und Weltgeschichte (Julius Caesar, Xerxes) besingt und zu einer »enumeración de ejemplos« verbindet, »que ilustran el poder del amor y los extremos a los que llegan los enamorados por conseguir el objeto de su deseo«.[54]

Der spanische Literaturwissenschaftler José María de Cossío schenkt dem Text in seinem Standardwerk zur Tradition der *Fábula mitológica* in Spanien seine Aufmerksamkeit und zitiert ausgewählte Verse, die er für besonders gelungen erachtet.[55] Wie selbstverständlich setzt er dabei voraus, dass die poetisch ›unvergleichliche‹ Darstellung auf Aldana selbst zurückgeht und hält dafür, dass der spanische Autor mit ihr selbst seine italienischen bzw. italianisierenden Zeitgenossen übertreffe: »Algunos rasgos son de una finura y delicadeza incomparables. […] A esta madurez de sensibilidad no habían llegado estos poetas italianistas.«[56]

Auch José Lara Garrido, der Herausgeber einer neueren Gesamtausgabe der Dichtung Aldanas, scheint keinen Zweifel daran zu hegen, dass der Dichter hier allein der Quelle der *Metamorphosen* des Ovid folgt. In diesem Sinne preist er Aldanas Ausführungen in den *Octavas* als »una extraordinaria *explanatio* esti-

52 Für eine ausführlichere Textanalyse im Kontext der spezifischen Rezeption der Europamythos-Rezeption sei verwiesen auf: Ißler 2015, S. 277–284.

53 Aldana 1591, fol. 44ʳ–56ʳ. Lara Garrido gibt in seiner Werkausgabe mit modernisierter Orthographie von dem Text nur 552 Verse bzw. 69 Strophen wieder (Lara Garrido 1985, S. 251–274; der Auszug entspricht der Ausgabe Aldana 1591, fol. 44ʳ–54ᵛ). Zu der thematischen Einordnung vgl. Ferraté 1962.

54 Alonso Moreno 2016, S. 308.

55 Cossío 1952, S. 199–201.

56 Cossío 1952, S. 200.

lística del tratamiento ovidiano (*Metam.*, II, vv. 836–875)«,[57] ohne jemals auf die Ovidrezeption der Zeit zu verweisen, die Aldana hingegen in Wahrheit Pate stand. Diese verkürzte Analyse setzt sich in der Literaturwissenschaft fort.[58] Erste Nachweise hierzu finden sich, unabhängig voneinander, bei Alonso 2016 und Ißler 2015.[59]

Bemerkenswert ist, dass Aldana in seinen »Octavas« gerade *nicht* die erwähnte wirkmächtige, seinerzeit in Spanien kursierende kastilische Übertragung von Bustamante heranzieht, sondern vielmehr auf die kunstvoller ausgeschmückten italienischen Nachdichtungen von Dolce und Anguillara rekurriert. Dieses zu dieser frühen Zeit in Spanien ungewöhnliche Vorgehen erklärt sich mutmaßlich aus der literarischen Sozialisation, die Aldana in Italien erfahren hat. Aldanas »Otavas descõtinuadas« bieten damit einen (von der Forschung bislang nur unzureichend wahrgenommenen) Beleg für den italienisch-spanischen Kulturtransfer im 16. Jahrhundert, der vor allem insofern bedeutsam ist, als er nicht nur als ein frühes Beispiel mythologischer *Fábulas* gelten kann, worauf schon Cossío hinweist, sondern außerdem die spätere spanische Ovidrezeption antizipiert.

Kann man Aldanas Vorliebe für die italienische Literatur schon an der Wahl der *octava* als Strophenform ablesen – als elfsilbige *ottava rima* mit Vollreim und im festen Reimschema *abababcc* verweist sie auf den *Orlando furioso* –, so verdankt der spanische Dichter den italienischen *Metamophosen*-Nachdichtungen seiner Zeit auch inhaltlich wichtige Impulse. Erinnert sei daran, dass die Versübertragung von Sánchez Viana, die sich ebenfalls an Dolce und Anguillara hält, erst nach dem Tode Francisco de Aldanas entstehen wird. Die Detailgenauigkeit und amplifizierende Vertiefung der Beschreibung von Protagonisten der Mythologie gemahnen merklich an die italienischen Digressionen. Diverse Anlehnungen an den Wortlaut der italienischen Vorlagen, vor allem an Stellen, an denen diese die lateinische Originalfassung bereits weit hinter sich gelassen haben, lassen die Kontamination mit Dolce und Anguillara zweifelsfrei hervortreten und schließen zufällige Ähnlichkeiten aus.[60]

Die enge Anlehnung an die italienischen Vorlagen wird nicht nur an Stellen

57 Lara Garrido 1985, S. 260, Anm. zu V. 237–344. In den Anmerkungen zu einzelnen Versen wird zum Vergleich immer nur Ovid selbst herangezogen. Auch die neuere Ausgabe von Rosa Navarro Durán (Aldana 1994) bleibt auf Ovid als Quelle fixiert; diese und weitere Kommentare nennt auch Alonso Moreno 2008, S. 79f.

58 Mar Martínez Góngora etwa übernimmt die Grundannahmen von Lara Garrido unhinterfragt (Martínez Góngora 2015).

59 Alonso Moreno 2016, S. 308–331, z. T. vorbereitet durch Alonso Moreno 2008; Ißler 2015, S. 277–284.

60 Vgl. dazu genauer Ißler 2015, S. 281ff., bezogen auf die Darstellung der Begegnung des mythischen Paares Jupiter und Europa und insbesondere Verführung und Raub der Prinzessin in der Nähe des Ufers im Mythos.

spürbar, an denen eine besondere Ähnlichkeit im Wortlaut und in Elementen der Beschreibungen hervorsticht, sondern vor allem auch dadurch evident, dass viele Elemente in der lateinischen Originaldichtung selbst gar nicht vorkommen. Anklang und Nachhall der einen oder anderen italienischen Textvorlage sind in mancher Formulierung Aldanas nicht zu überhören. Die folgenden Beispiele beziehen sich auf die Evokation des Westwindes (griech. Zephyros bzw. lat. Favonius), der warm den Frühling einläutet:

> Del Toro, que a Fauonio està derecho. [Aldana][61]
>
> Dritto à Fauonio il toro il nuoto volto, [Anguillara][62]

bzw. auf die Körperhaltung der beschriebenen Figuren:

> Al fin de Europa el pecho assegurado,
> Por nueua yerua inclinase en el llano, [Aldana][63]
>
> Al fine Europa assicurata prende
> [...] alquãti uaghi fiori [Dolce].[64]
>
> Sin espantosa vista, aspera, o fiera
> Hasta el ancha rodilla estiende, [Aldana][65]
>
> Infino à le ginocchia si distende.
> Ne l'humil fronte sua quello spauento [Anguillara];[66]
>
> El con la lengua, el cuello, y la cabeça
> Se estiende mansamente al don gustoso,
> Y mientras ella el pie, y el braço estiende, [Aldana][67]
>
> Poi per le bianche man la lingua stende [Dolce][68]
>
> Cresce col destro piè, stende la mano,
> E poi si ferma alquanto à lui lontano. [Anguillara][69] etc.

Frappant ist das Eigenleben der mythischen Frauenfigur Europa in den verschiedenen Renaissancefassungen, die sie von der antiken Texttradition in hohem Maße abheben. Neben dem folgenden Textvergleich finden sich hierfür noch viele weitere Beispiele. Die Bezugnahme Aldanas auf die Verse Anguillaras wird spätestens in dem Vergleich des Stiers mit einem Hund (»qual tras amo

61 Aldana 1591, fol. 51$^{r}$, V. 336.
62 Anguillara 1561, fol. 29$^{r}$.
63 Aldana 1591, fol. 50$^{r}$, V. 297f.
64 Dolce 1561, S. 60.
65 Aldana 1591, fol. 49$^{v}$, V. 258f.
66 Anguillara 1561, fol. 28$^{v}$.
67 Aldana 1591, fol. 50$^{r}$, V. 285–287.
68 Dolce 1561, S. 60.
69 Anguillara 1561, fol. 28$^{v}$.

perro«) unverkennbar, den die Königstochter Europa an einer Leine (»Poniendo vn lazo«) umherführt:

Luego ella con el cinto que lleuaua,
Queriendo le ligar gozosa, y diestra,
Como alcançar lo puede, desataua
La pierna que el marfil precioso muestra,
Y con el cenogil que bien se ataua
Hecho mas largo el passo lo encabestra,
Poniendo vn lazo al no domado cerro,
Y el va tras ella qual tras amo perro. [Aldana][70]

Zum Vergleich:

Il toro abbocca l'herba con destrezza,
Poi le lecca la man tutto modesto,
E tanto il moue quell'alma bellezza,
Ch'à pena può più differire il resto.
Ella fa d'una cinta una cauezza,
Che uuol ueder se l'obidisce in questo:
Legare il toro allegro il corno lassa,
E poi la segue come un cane à lassa. [Anguillara][71]

Aldana – das sei ausdrücklich betont – schreibt bei Dolce oder Anguillara aber niemals plump ab bzw. weidet seine Vorlagen nur aus Bequemlichkeit aus. Vielmehr lassen die genannten Beispiele trotz aller Ähnlichkeit stets die Ungebundenheit und poetische Autonomie erkennen, mit der Aldana die italienischen Autoren in seiner Sprache nachbildet und auch weiterentwickelt. Die stilistische Meisterschaft des spanischen Dichters tritt immer wieder hervor und weist stellenweise bereits voraus auf barocke Manierismen, wie sie erst später im *Conceptismo* zu beobachten sein werden. Die selbst im erhaltenen Fragment groß angelegte mythologische Dichtung lässt in ihrer mutmaßlichen Gesamtheit bereits spätere *Fábulas mitológicas* erahnen, auch wenn die formale Gestaltung sich – mangels spanischer Vorbilder zwangsläufig – am tonangebenden italienischen Modell orientiert. Auch hier mag auf eine erschöpfende Analyse verzichtet werden; einige exemplarische Stilmerkmale sprechen für sich.[72]

Im gewählten Ausschnitt häufen sich auffällig *geminationes* und *iterationes*, eingebettet in eine durch ein Hyperbaton verfremdete Syntax, die es kunstvoll ermöglicht, den Namen Europa in der Folgestrophe besonders zu akzentuieren:

Yerba, yerba tambien, yerba sin hambre
Come, come el señor del Cielo Impirio

70 Aldana 1591, fol. 50r, V. 305–312.
71 Anguillara 1561, fol. 28v.
72 Weitere Textvergleiche siehe inzwischen bei Alonso Moreno 2016, S. 323ff.

La hija de Agenor, quando en Fenicia
Robò, Ioue robò con gran malicia.

Europa, digo Europa, que en la orilla
Roba del Mar el que la Mar [...]
Rige[.][73]

Die Verdoppelung wird hier von Vers zu Vers weitergeführt und gipfelt in der beinahe schon gongorinischen *enumeratio* am Strophenende, in der sich nicht nur alle Werte bündeln, die Jupiter für das erotische Abenteuer mit der Königstochter Europa in den Wind schlägt, sondern die für die Leser des 16. Jahrhunderts auch gleichbedeutend sind mit der Würde des spanischen Edelmanns:

[...] no ay qui[en] tuerça,
Saber, valor, poder, ser, honra, y fuerça.[74]

Hier wird die Dynamisierung der ovidischen Vorgabe – es geht bei Ovid ebenso wie in den gesamten »Octavas discõtinuadas« um die Unvereinbarkeit von Liebe und Macht: *non bene conveniunt nec in una sede morantur / maiestas et amor: sceptri gravitate relicta* (Ov.met. 2,846f.) – besonders greifbar.

Auffällig in dem Textauszug sind ferner die Wortwiederholungsfiguren, die Aldana mit Vorliebe verwendet. In *Figurae etymologicae* wie »Muy *passo* a *passo*, *passo*, y con seguro / Rostro, ella vn poco espera, y luego el *passo* / No *passa*, o alexa del O estraño *passo*«[75] oder »Ioue *fingiendo*, y sin *fingir* sospira«[76] treten sie in stilistisch verfeinerter Weise hervor, und das ebenfalls zur dynamischen Gestaltung der Handlung sehr bewusst eingesetzte anaphorische »Ya« genau in der Strophe, in welcher der Entführerstier das Meer betritt, deutet auf eine rhetorisch geschulte und extrem elaborierte poetische Sprache hin. Hinzu treten Klangfiguren wie Alliteration und Assonanz: »O como colocò su cetro«;[77] »Tomala el Toro con golosa boca«,[78] und nicht zuletzt verweisen Epitheta des Stiers wie »mentiroso« und »engañoso« bereits auf die in der spanischen Barockliteratur akzentuierte *desengaño*-Thematik des Europamythos.[79]

Schließlich sind vom lyrischen Petrarkismus inspirierte Stilelemente zu erwähnen, die Aldana ebenfalls wirkungsvoll in seine *Octavas* einflicht. Was sich auf den ersten Blick scheinbar wie schlichte Antithesen und »triviales oxímoros

73 Aldana 1591, fol. 49ʳ–49ᵛ, V. 237–244.
74 Aldana 1591, fol. 49ᵛ, V. 247f.
75 Aldana 1591, fol. 50ʳ, V. 270–272, Hervorhebungen R.I.
76 Aldana 1591, fol. 50ʳ, V. 274f., Hervorhebungen R.I.
77 Aldana 1591, fol. 49ᵛ, V. 245.
78 Aldana 1591, fol. 50ʳ, V. 279.
79 Vgl. Ißler 2015, S. 379–409 (Kap. 21).

de amor« (Ferraté) ausnimmt,[80] verweist auf den zweiten Blick über kalkulierte rhetorische Strategien des schmerzlich unauflösbaren Widerspruchs auf Petrarca und sein lyrisches Schaffen:[81]

Ardiente Inuierno, elada Primauera,
Dañosa caridad, bestial auiso,
Pacifica discordia, y paz guerrera,
Gozoso Infierno, y triste Parayso:
Presente ya passado que se espera,
Querer que no queriendo quiere, y quiso,
Incluye en si con largo laberinto,
Este aunque natural tã ciego instinto.

Pena, llanto, inquietud, ciego cuydado,
Sobresalto, desden, facil engaño,
Sospecha, ansia, temor, gozo turbado,
Vil fé; salud incierta, y cierto daño:
Lamentable reyr, temor osado,
Contagioso mal nueuo, y extraño,
Es la infelice y bien compuesta turba
Desta Esphinge cruel, que el mu[n]do turba.[82]

Spätestens in diesen Versen hat sich Aldanas Text nicht mehr nur von Ovid, sondern auch von dessen italienischer Rezeption gelöst; auch die Perspektive des lyrischen Sprechers hat sich verwandelt, es spricht nicht mehr eine bestimmte Figur aus mythologischer Überlieferung, sondern ein neuer Diskurs des liebenden Ichs verschafft sich Gehör – in einer für die spanische Lyrik durchaus noch neuen sprachlichen Kodierung.[83] Aldana gestaltet in seiner Mutter- und Dichtungssprache etwas Neues, das im 16. Jahrhundert seinesgleichen sucht, und bewegt sich doch in einer poetischen Tradition, auf die sich spanische Lyriker nachfolgender Generationen noch lange berufen werden. Dass dies in einer fragmentarischen Form, gewissermaßen im Modus des »poetic exercice«,[84] geschieht, mag der durch Kriegswirren prekären Überlieferungssituation ge-

80 Zitiert nach Lara Garrido 1985, S. 273, Anm. 537.

81 Vgl. dazu Walters 1988, S. 12. Die Textstelle verzahnt verschiedene in dem Langgedicht geschilderte Mythen; oberhalb der zitierten Strophe verweist ein horizontaler Strich in der Ausgabe von 1591 auf die thematische Trennung zwischen »diversas materias«. Vgl. Lara Garrido 1985, S. 273, Anm. 537. Auch im vorderen Teil des Textes, etwa im Umkreis des Mars-Venus-Mythos, gemahnen nicht selten Verse an Petrarca (vgl. z. B. Noble Wood 2014, S. 75; Walters 1988, S. 12ff.).

82 Aldana 1591, fol. 54$^{v}$, V. 537–552. Auch hier ist vor der nächsten Strophe in der Erstausgabe ein separierender Strich eingefügt (vgl. Lara Garrido 1985, S. 274, Anm. 552); es folgen weitere Strophen.

83 Vgl. Bernsen 2011.

84 Walters 1988, S. 12.

schuldet sein; man könnte darin aber auch ein Indiz für das experimentell-progressive Schreiben eines Dichters erblicken, der sich gleichsam vom Cinquecento zum Siglo de Oro vortastet.

Selbst wenn hier von nur wenigen Beispielen ausgegangen und abstrahiert werden muss, wird immer wieder deutlich, dass Francisco de Aldana in den untersuchten Textauszügen stellenweise die Konventionen und Gebundenheiten der spanischen Lyrik seiner Zeit überschreitet und selbst in der Nachbildung italienischer Modelle originelle Lösungen sucht. Es handelt sich bei dem Text mithin weniger um eine Nachdichtung der ovidischen *Metamorphosen* als vielmehr um eine mit Blick auf die spanische Form der *fábula mitológica* an zeitgenössische italienische Mythosaktualisierungen angelehnte und doch in weiten Teilen freie Umgestaltung aus dem Selbstgefühl des 16. Jahrhunderts heraus.

Vor dem Hintergrund dieses Befunds erscheint die auf den ersten Blick überraschende Feststellung Sebastian Neumeisters, Francisco de Aldana sei »noch zu entdecken«,[85] durchaus weniger erstaunlich. Die Vergleichende Romanische Literaturwissenschaft wird im Spannungsfeld zwischen Ovid und Petrarca, aber auch zwischen der Tradition der italienischen Poetik im Cinquecento und der sich gerade zu Lebzeiten Aldanas rasant entwickelnden spanischen Lyrik bis zu ihrer Blüte im Siglo de Oro noch manche unerwartete Entdeckung machen können.

## Bibliographie

[Agostini, Niccolò degli:] *Di Ovidio le Metamorphosi, cioe Trasmvtationi, tradotte dal Latino diligentemente in volgar verso, con le sue Allegorie, significationi, & dichiarationi delle Fauole in prosa. Aggiontoui nouamẽte la sua tauola, doue piu facilmẽte si potra trouare tutti i capitoli: con le sue figure appropiate, suoi luoghi con ordine poste. Et di nuouo corretto.* Venetia: o. A. [1538].

Aldana, Francisco de: *Poesía*, edición, introducción y notas de Rosa Navarro Durán, Barcelona: Planeta 1994.

Aldana, Francisco de: *Poesías castellanas completas*, edición de José Lara Garrido, Madrid: Cátedra 1985.

[Aldana, Francisco de:] *Primera parte de las obras qve hasta agora se han podido hallar Del Capitan Francisco de Aldana*, Milán 1589.

[Aldana, Francisco de:] *Segvnda Parte de las Obras, Que se han podido hallar del Capitan Francisco de Aldana*, Madrid 1591.

[Anguillara, Giovanni Andrea dell':] *Le Metamorfosi d'Ovidio. Al Christianissimo Re di Francia Henrico Secondo. Di Giouanni Andrea dell'Anguillara.* In Vinegia per Gio. Griffio. M D LXI. [Anguillara 1561].

85 Neumeister 2006, S. 109.

[Bonsignori, Giovanni:] *P. ouidio Metamorphoseos Vulgare. Nouamente stampato Diligentemente corretto & historiato.* Venetia: de Rusconi [1522].

Bonsignori da Città di Castello, Giovanni: *Ovidio Metamorphoseos Vulgare*, edizione critica a cura di Erminia Ardissino, Bologna: Commissione per i Testi di Lingua (Collezione di opere inedite o rare, 157) 2001.

[Bustamante, Jorge de:] *Las transformaciones de Ovidio en lengva española, repartidas en qvinze libros, con las Allegorias al fin dellos, y sus figuras, para prouecho de los Artifices. Dirigidas a Estevan de Yvarra Secretario del Consejo del Rey nuestro Señor.* En Anvers, En casa de Pedro Bellero. M. D. XCV. [1595]. [= Bustamante 1595]

[Dolce, Lodovico:] *Le trasformationi di M. Lodovico Dolce. In qvesta sesta Impreßione da lui in molti luoghi ampliate, con l'aggivnta de gli argomenti, et allegorie al principio & al fine di ciascun Canto.* In Vinegia appresso Gabriel Giolito di Ferrari. MD LxI [1561].

[Mey, Felipe:] *Del Metamorphoseos de Ovidio en otava rima traduzido por Felipe Mey. Siete libros. Con otras cosas del mismo*, Tarragona 1586.

Ovidius Naso, P[ublius]: *Metamorphosen*, Lateinisch – Deutsch, übers. und hrsg. von Michael von Albrecht, Stuttgart: Reclam 1998 ([1]1994).

[Perez Sigler, Antonio:] *Metamorphoseos del excelente poeta Ouidio Nasson. Traduzidos en verso suelto y octaua rima con sus allegorias al fin de cada libro. Por el Doctor Antonio Perez Sigler natural de Salamanca. Nueuamente agora enmẽdados, y añadido por el mismo autor vn Diccionario Poetico copiosißimo. Dirigido a don Pedro Fernãdez de Castro, Conde de Lemos y de Andrade, Marques de Sarria; presidente de el Real Consejo de Indias.* En Burgos. Por Iuan Baptista Varesio. 1609.

Alonso Moreno, Guillermo: »Otra fuente de los versos sobre Júpiter y Europa de Francisco de Aldana«, in: *Humanismo y pervivencia del Mundo Clásico* (4,1) 2008, S. 79–89.

Alonso Moreno, Guillermo: *Júpiter y Europa: un tema ovidiano en la literatura española*, Diss. Universidad Complutense de Madrid 2016.

Bernsen, Michael: »Der Petrarkismus, eine *lingua franca* der europäischen Zivilisation«, in: Bernsen, Michael / Huss, Bernhard (Hg.): *Der Petrarkismus – ein europäischer Gründungsmythos*, Göttingen: V&R unipress 2011, S. 15–30.

Bierschenk, Monika: »Die Europa-Fabel in der Literatur und in bildlichen Darstellungen des Mittelalters«, in: Mundt, Barbara (Hg.): *Die Verführung der Europa*, Katalogbuch zur gleichnamigen Ausstellung im Kunstgewerbemuseum Berlin, Frankfurt/Main: Ullstein 1988, S. 61–75.

Briesemeister, Dietrich: »Renaissance«, in: Rivero Iglesias, Carmen (Hg.): *Spanische Literaturgeschichte. Eine kommentierte Anthologie*, München: Fink 2014, S. 43–76.

Burke, Peter: *Die europäische Renaissance. Zentren und Peripherien* [*The European Renaissance. Centres and Peripheries*], aus dem Englischen von Klaus Kochmann, München: Beck 1998.

Cossío, José María de: *Fábulas mitológicas en España*, Madrid: Espasa-Calpe 1952.

Crawford, J. P. W.: »Francisco de Aldana: A Neglected Poet of the Golden Age in Spain«, in: *Hispanic Review* (7) 1939, S. 48–61.

Díaz-Plaja, Guillermo: *Historia de la poesía lírica española*, Barcelona / Madrid / Buenos Aires / Rio de Janeiro: Labor [2]1948 ([1]1937).

Felten, Hans: »Einleitung: Zur Geschichte der spanischen Lyrik von der Renaissance bis zum späten 19. Jahrhundert«, in: Felten, Hans / Valcárcel, Augustín (Hg.): *Spanische*

*Lyrik von der Renaissance bis zum späten 19. Jahrhundert*, Stuttgart: Reclam 1990, S. 32–54.

Fernández López, Esther: *Materia mitológica en las letras españolas: A propósito de Perseo*, Diss. Universidad Nacional de Educación a Distancia 2016.

Ferraté, Joan: »Una muestra de poesía extravagante. Las octavas sobre los *Efectos de amor* de Francisco de Aldana«, in: Ferraté, Joan: *La operación de leer y otros ensayos*, Barcelona: Seix Barral 1962, S. 71–97.

Fox, Dian: »›Frente a frente‹: Francisco de Aldana and Sublimations of Desire«, in: *Calíope* (11,1) 2005, S. 65–85.

Gumbrecht, Hans Ulrich: Eine *Geschichte der spanischen Literatur*, 2 Bde., Bd. 1 [Hauptband], Bd. 2: *Übersetzungen, Anmerkungen, Register*, Frankfurt/Main: Suhrkamp 1990.

Güntert, Georges: »Siglo de Oro: Lyrik – erster Teil: Das 16. Jahrhundert«, in: Strosetzki, Christoph (Hg.): *Geschichte der spanischen Literatur*, Tübingen: Niemeyer 1991, S. 119–145.

Guthmüller, Bodo: »Mythologisches Gedicht und Ritterroman im frühen Cinquecento«, in: Guthmüller, Bodo / Kühlmann, Wilhelm (Hg.): *Renaissancekultur und antike Mythologie*, Tübingen: Niemeyer 1999, S. 53–72.

Guthmüller, Bodo: »Die Übersetzung in der italienischen Renaissance. Ein Überblick«, in: Guthmüller, Bodo (Hg.): *Latein und Nationalsprachen in der Renaissance*, Wiesbaden: Harrassowitz 1998, S. 9–30.

Guthmüller, Bodo: *Mito, Poesia, Arte. Saggi sulla tradizione ovidiana nel Rinascimento*, Roma: Bulzoni 1997.

Guthmüller, Bodo: *Studien zur antiken Mythologie in der italienischen Renaissance*, Weinheim: Acta Humaniora, VCH 1986.

Guthmüller, Bodo: *Ovidio Metamorphoseos Vulgare. Formen und Funktionen der volkssprachlichen Wiedergabe klassischer Dichtung in der italienischen Renaissance*, Boppard: Boldt 1981.

Hoffmeister, Gerhart: *Petrarkistische Lyrik*, Stuttgart: Metzler 1973.

Ißler, Roland Alexander: *Europa Romanica. Stationen literarischer Mythenrezeption in Frankreich, Italien und Spanien zwischen Mittelalter und Moderne*, Frankfurt/Main: Klostermann 2015.

Keith, Alison/Rupp, Stephen (Hg.): *Metamorphosis. The Changing Face of Ovid in Medieval and Early Modern Europe*, Toronto: Centre for Reformation and Renaissance Studies 2007.

Lara Garrido, »Francisco de Aldana. Biografía«, in: Real Academia Histórica (Hg.): *Diccionario Biográfico Español* [2019], verfügbar unter: http://dbe.rah.es/biografias/6169/francisco-de-aldana [10. 03. 2019].

Lara Garrido, »Introducción«, in: Aldana, Francisco de: *Poesías castellanas completas*, edición de José Lara Garrido, Madrid: Cátedra 1985, S. 9–119.

Martínez Góngora, Mar: »Francisco de Aldana y el rapto de Europa: Entre la hibridez cultural y el triunfo sobre el islam«, in: *Hispanófila* (173) 2015, S. 21–35.

Moog-Grünewald, Maria: *Metamorphosen der* Metamorphosen. *Rezeptionsarten der ovidischen Verwandlungsgeschichten in Italien und Frankreich im XVI. und XVII. Jahrhundert*, Heidelberg: Winter 1979.

Neumeister, Sebastian: »Die Lyrik im Goldenen Zeitalter«, in: Hans-Jörg Neuschäfer (Hg.), *Spanische Literaturgeschichte*, Stuttgart / Weimar: Metzler [3]2006, S. 103–123.

Noble Wood, Oliver J.: *A Tale Blazed Through Heaven. Imitation and Invention in the Golden Age of Spain*, New York: Oxford University Press 2014.

Prill, Ulrich: »Francisco de Aldana«, in: Jens, Walter (Hg.), *Kindlers Neues Literatur-Lexikon*, München: Kindler 1988, Bd. 1, S. 261–262.

Schevill, Rudolph: *Ovid and the Renascence in Spain*, Berkeley: University of California Press 1913.

Simson, Ingrid: *Das Siglo de Oro. Spanische Literatrur, Gesellschaft und Kultur des 16. und 17. Jahrhunderts*, Stuttgart: Klett 2001.

Turner, John H.: *The Myth of Icarus in Spanish Renaissance Poetry*, London: Tamesis 1976.

Volberg, Berthold: *Die Kluft zwischen Kampf und Kontemplation. Eine komparatistische Analyse der Lyrik Francisco de Aldanas.* Frankfurt/Main: Lang 1999.

Walters, D. Gareth: *The Poetry of Francisco de Aldana*, London: Tamesis 1988.

Wiegmann, Hermann: *Abendländische Literaturgeschichte. Die Literatur in Westeuropa von der griechischen und römischen Dichtung der Antike bis zur modernen englischen, französischen, spanischen, italienischen und deutschen Literatur*, Würzburg: Königshausen & Neumann 2003.

Michela Landi (Firenze)

# *Histoires de l'aura* : modernités de Pétrarque

*Verbum fit factor et factura, creans et creatura*
(Saint Pierre Damien, *Orationes*, LXI)

Si l'on donne pour acquis que l'inconscient est, selon la vulgate lacanienne, structuré comme un langage, sa représentation passe par des structures logiques: analogies et oppositions; ressemblances et dissemblances; couplages synonymiques et antonymiques; alternatives et co-présences. Là où la critique dissemble les choses de l'expérience et, subtilisant, creuse entre elles des différences, l'empathie tend à assembler le semblable: toutes les catégories logiques – les causes et les effets, le temps et l'espace – se découvrent analogues et réversibles. La loi de la ressemblance, qui est physionomique, agit sur fond de narcissisme: le monde est figuré à l'image de celui qui le perçoit. C'est à ce titre que le sujet romantique, fondant son épistémè sur la primauté accordée à la réception, s'approprie l'objet de son désir mythique. Le paradigme biologique de la consanguinéité se trouvant souvent à remplacer, au XIXe siècle, la logique rationnelle (les échanges se règlent selon le modèle de la circulation sanguine), l'objet du désir médié par l'histoire littéraire devient « familier ».

Parmi les époques monistes exemptées par la critique séparatrice et castratrice figure le Moyen Âge, époque régie par la théonomie: c'est sous l'égide de cette « logique de Dieu » imperscrutable autant qu'accueillante que le rêve romantique pourra s'abriter. Et c'est à cet effet que le paradigme religieux (Dieu est le régisseur de toutes les créatures forgées à son image) renié pendant l'âge critique de la Révolution est, par la suite, récupéré. Comment penser le mystère du rêve sinon par une symétrie renversée assurant, selon la mystique religieuse, la circularité mirifique des faits et des causes? Les deux coordonnées logiques du temps et de l'espace, se rencontrant, dessinent le point d'articulation idéal entre la nature et la culture: l'âge mythique de la virilité innocente, l'âge de l'homme passionné d'avant la déchéance qui a eu lieu avec la civilisation. Tout comme le Moyen Âge revient à un autre point de la spirale de l'histoire, l'Italie incarne pour la France post-révolutionnaire l'âge (naturel) de la régression. Doublement marquées par leur temps et leur lieu, Dante et Pétrarque, ces deux mythes fondateurs de la culture européenne, en viennent à constituer les deux pivots autour desquels l'imaginaire régressif et l'imaginaire progressif de la culture s'organisent. Ces deux hypostases, l'une épique, l'autre lyrique, échangeant souvent leurs caractères respectifs, se trouvent à incarner le rêve de l'enfance culturelle de la France une fois qu'elle redescend, après l'acmè de la maturité atteint avec la Révolution, la courbe vieillissante de son histoire. Dante, maître (contesté) et père putatif de Pétrarque selon la vérité historique, devient le frère pacifique ou rival du poète du *Canzoniere*; et, tout comme la Vierge est chez Pétrarque[1] (ainsi que chez Dante)[2] mère et fille de son fils, Pétrarque est, à tour de rôle, le père, l'amant, le frère et le fils de Laure; Laure est la mère, la sœur, l'amante et la fille de Pétrarque. La loi commutative, permettant ce va-et-vient sur une chaîne biologique idéalisée, constitue le schème mobile de l'imaginaire romantique; refoulé mais omniprésent, ce schème permet la combinaison et la permutation des rôles de ces figurants. Grâce au pouvoir structurel (linéaire) de l'analogie, l'enfant du nouveau siècle est à même de racheter son état posthume : profitant de l'innocence que seule cette position peut lui conférer, il phagocyte et neutralise le temps chronologique qui l'a condamné à la décadence. Qu'à cela ne tienne: féminisé ou infantilisé par cette position destinale, il en triomphe par une effraction symbolique, le vol de la virilité de ses ancêtres. Remplaçant l'amant mythique, semblable et rival dans son désir, cet enfant tardif fait de l'aimée de son aïeul l'idole vivace – *sempervirens* – de ses propres fantasmes.

Finalement, si le regard rétrospectif que la France romantique[3] jette sur le pétrarquisme n'est pas sans complaisance (face à ce qu'elle aime à considérer comme son « enfance », elle peut mesurer l'effort accompli par la civilisation), la reproposition du même à un autre moment de l'histoire a, pour elle, un prix: le retour des instances déniées ou refoulées sous forme de fantasmes personnels ou collectifs. C'est à ce titre que Stefano Agosti recommande, dans son essai *Gli occhi, le chiome*, une approche psychanalytique[4] de l'histoire du pétrarquisme.

1 « Vergine pura, d'ogni parte intera,/del tuo parto gentil figliola et madre,/ch'allumi questa vita, et l'altra adorni,/per te il tuo figlio, et quel del sommo Padre [...] venne a salvarne in su li extremi giorni ». Petrarca, « Vergin bella, che di sol vestita » (« Canzone alla vergine »; Canzone 8), *Canzoniere,* CCCLXVI, vv. 27–30, Petrarca 1964, p. 443. « Vierge pure, en tout parfaite, de ton noble fruit fille et mère, toi qui illumines cette vie et embellis l'autre; c'est par toi que ton fils et celui du Père souverain [...] vint pour nous sauver aux jours suprêmes », Pétrarque 1883, p. 255.

2 « Vergine madre, figlia del tuo figlio [...] tu se' colei che l'umana natura/nobilitasti sì, che 'l suo fattore/non disdegnò di farsi sua fattura ». Dante, « Prière de Saint Bernard », *La Divina commedia*, Paradiso, XXXIII, vv. 1–39; Dante 1966–67, p. 441. « Vierge Mère, fille de ton Fils, humble et élevée plus qu'aucune créature, terme fixe d'un éternel conseil, tu es celle qui tant a ennobli l'humaine nature, que son auteur ne dédaigna point de s'en revêtir », Dante 1910, p. 388.

3 Sur la fortune de Pétrarque en France à l'époque moderne on se reportera, parmi d'autres études, à Duperray 1997; Ruschworth 2017; Ossola 2006. Voir aussi Raimondo 2018. Nous remercions l'auteur de cette thèse pour les précieuses indications fournies à ce travail.

4 Agosti 1993, p. 5.

Cette approche prend comme point de départ un changement de paradigme: les yeux et la chevelure, qui ont toujours été traités d'essences (des valeurs sémantiques et symboliques), ne sont rien d'autre que les signifiants par lesquels ce symbolique se construit: autrement dit, les signes de la relation qui, entre présence et absence de l'objet, structurent le sujet. Tout comme il y aurait, selon Gianfranco Contini,[5] une « préhistoire de l'aura » pétrarquiste, repérée chez les troubadours, différentes « histoires de l'aura » se dessinent dans la postérité de Pétrarque. Ces réfractions auratiques sont possibles dès qu'on abandonne la tradition philologique qui appartint à la Pléiade (et, par conséquent, la traduction en tant que dialectique textuelle) pour se situer dans l'espace de l'anecdote. Et c'est justement à l'époque des Lumières, au faîte même de la civilisation, que cette anecdotique de retour fait surface. À la différence de Dante dont la voix est porteuse, selon Agosti, d'événements historiques « positifs » et « progressifs » (en ce qu'ils tendent vers une rédemption, une édification sociale), la voix lyrique de Pétrarque, vidée de sa signification propre et accueillie en tant que *senhal*, n'aurait d'autre fonction que de révéler un état permanent, archétypal, de la conscience; à savoir, la « réalité psychique du sujet »[6] en tant que séparé de son objet. Dans cette optique, l'« aura » ne serait que l'effet anecdotique d'une distance à jamais comblée par rapport à l'objet qui, comme le dit Rimbaud avant Lacan, « manque à notre désir ».[7] Ce « manque à être » peut s'étendre, par métonymie, à l'histoire culturelle de l'Europe, le désir ayant été refoulé et/ou sublimé pour les besoins de la civilisation.[8] Si Pétrarque est récusé, à l'époque classique, par un Boileau, c'est que l'Italie est, au moment où se fixe en France l'identité civilisatrice, le lieu dangereux de la régression désirante dominée par le principe de plaisir.[9] L'humaniste Pétrarque est ainsi destitué de la majesté conquise par son œuvre et exposé aux instances de la régression. Le paradigme livresque de la culture, qui marquait tout de même jusqu'à ce moment la résistance des causes, le cède à la toute-puissance des effets. Un « paradoxe » est à signaler en tant que conséquence du conflit œdipien qui fonde l'histoire, et qui demande incessamment le compromis entre la loi du père et le désir de l'enfant: là où, comme Contini le voit bien, dans la dichotomie Dante-Pétrarque il est possible de repérer le point de départ de nos deux traditions européennes – l'une classique, paternelle, qui met en avant le devoir et la forme; l'autre romantique, spontanéiste, se réclamant plutôt de la vie et du désir – le courant primitiviste privilégie, contre les attentes, Pétrarque au nom du lyrisme sentimental (non médiat et donc sublime);

5 Contini 1970, p. 193.
6 Agosti 1993, p. 6.
7 Rimbaud: « Conte » (*Les Illuminations*) 1886, p. 61.
8 Nous renvoyons ici à Rougemont 2005.
9 « Boileau l'a dénigré [Pétrarque] sans le comprendre », Lamartine 1893, p. 99.

alors que Dante, poète épique prisonnier du « style » (de la médiation, qui est barbare),[10] est reconquis par les formalistes.

C'est surtout en amant et semblable de Laure que Pétrarque est récupéré par les romantiques. L'identification de ces derniers avec le poète du *Canzoniere* passant souvent par un lien métonymique (la familiarité ou consanguinéité), c'est d'abord par une quête généalogique qu'a lieu la possession fantasmatique de l'objet d'amour. Comme ce fut le cas au XVIe siècle, où la vogue du pétrarquisme s'était développée à partir d'un prétexte archéologique (la découverte à Avignon en 1533, de la part de Maurice Scève, du tombeau de Laure),[11] le « renouveau » à rebours se prévaut d'une source documentaire ; prouvant l'identité de Laure, cette source marque le début d'une nouvelle « histoire de l'aura ». L'abbé Jacques de Sade, oncle du Marquis, prétendit, dans ses *Mémoires pour la vie de François Pétrarque*, que Laure de Noves avait bien existé et qu'elle était, de plus, son aïeule, ayant épousé Hugues de Sade. Bien que la voix castratrice de la raison se soit fait entendre sous la plume de Voltaire qui adressa à l'abbé une lettre pour le moins sarcastique,[12] la voix caressante de l'oncle ne put pas empêcher les fantaisies du neveu. Le Marquis, en même temps qu'il demandait un effort progressif aux Français pour se débarrasser de leurs anciens prestiges (luxe idéal et luxe social) se penchait vers ce Moyen Âge parental : s'identifiant, par désir mimétique, avec l'amant de Laure, il fixa sur elle ses fantasmes. Les Mémoires de l'abbé de Sade, reçues dans la prison de Vincennens où il expiait ses fautes, firent au Marquis un tel effet que la tête, selon son aveu, lui avait tourné.[13] À travers Laure, écrivit-il à sa femme, « j'en suis comme un enfant ».[14] Laure apparut dans ses rêves, comme Macchia le rappelle dans *Il mito di Parigi*, en habits de deuil : la mère, qui l'avait quitté trop tôt, portait les signes de cette absence. « Sans chasteté, sentimentalisme, pureté, douceur », commente Macchia, « il n'y a pas de sadisme », car les vices « ne vivent pas sans les vertus qui les alimentent » ; et parmi les pères du sentimentalisme naïf – Richardson, Prévost, Rousseau – il y avait donc Pétrarque.[15] Par symétrie renversée le Marquis finit par calquer, sur l'image angélique

10 Ibid., p. 99–100.

11 Cet épisode est célébré dans un poème attribué à Pétrarque. C'est en 1548 que Vasquin Philieul de Carpentras fait paraître le premier livre de sa *Laure d'Avignon*, traduction en vers de 196 sonnets de Pétrarque.

12 « Vous remplissez, Monsieur, le devoir d'un bon parent de Laure et je vous crois allié de Pétrarque, non seulement par le goût et les graces mais parce que je ne crois point du tout que Pétrarque ait été assez sot pour aimer vingt ans une ingrate ». Voltaire, lettre du 12 février de 1764 à M. le comte de Sade, in Duperray 1987, p. 84. Comme Lamartine lui-même le fait noter, Voltaire considère l'ode politique *All'Italia* comme le chef-d'œuvre lyrique de Pétrarque et se lance sans succès dans la traduction de *Chiare, fresche e dolci acque*, Lamartine 1893, p. 120.

13 Macchia 1965.

14 Ibid.

15 Ibid., p. 182–183.

de Laure, sa Justine, idéal « sadique » s'il en furent. Encore en 1858, dans son entretien consacré à Pétrarque pour le *Cours familier de littérature*,[16] Lamartine se vantait d'occuper, en ce qui concerne le plus « familier » de ses poètes, l'espace laissé vacant par la réticence de Pétrarque quant au nom de famille de Laure. Si « le nom de Laure, immortalisé par Pétrarque, pourrait se passer de toute autre généalogie », « il est étonnant que Pétrarque », observe Lamartine, « ne l'ait jamais prononcé ».[17] « Des recherches incessantes et récentes, se réjouit-il, ont enfin restitué Laure à la noble maison de Noves, d'où elle est indubitablement issue ».[18] Et Lamartine de revendiquer alors dans ce cadre généalogique enfin rétabli, sa descendance, en lignée maternelle, de Laure:

> L'histoire de Laure a été écrite avec l'orgueil de la parenté par l'abbé de Sades [sic], descendant de cette femme angélique; par un hasard de la destinée, ma famille maternelle remonte également à cette source. L'arbre chronologique de cette famille ne laisse à cet égard aucun doute.[19]

« Les familles – se justifie-t-il – ont leur destinée comme les nations; heureuses celles qui commencent et finissent par des consaguinités mêmes traditionnelles avec les poètes! »[20] Car « qui peut dire où finit l'écho des âmes avant ou après le tombeau? »[21] Puisque l'amour est, lui aussi, un lien métonymique et les droits de l'amour mènent en droite ligne au droits de l'esprit, à travers la médiation de Rousseau (qui, par rapport à son poète élu, n'aurait « rien de plus extatique »),[22] Lamartine s'identifie maintenant à l'amant:

> Ce sont les mêmes sentiments et presque les mêmes images que j'ai exprimés moi-même dans une forme plus large et infiniment moins parfaite que celle de Pétrarque en écrivant l'ode élégiaque intitulée *le Lac*, dont quelques strophes sont restées dans la mémoire et dans le cœur de mon temps.[23]

Le choix de Pétrarque de donner au feu une grande partie de ses lettres ouvre une nouvelle parenthèse sur sa vie que l'anecdote peut combler, catalyser à l'infini: de ce feu qui a brûlé au Moyen Âge, écrit Lamartine, la fumée s'est dispersée, tout

16 Voir Lamartine 1893.
17 Lamartine 1893, p. 111.
18 Ibid., p. 111. Plusieurs études se sont attachées dans la première partie du siècle à dissiper, suite à l'attention suscitée par Sade, le mystère de Laure de Noves. Cf. Costaing de Pusignan 1819; Olivier-Vitalis 1842. Le manuscrit des *Rerum Vulgarium Fragmenta* est entré dans la collection de Sir Henry Hope Edwards qui le fait relier par Francis Bedford au XIXe siècle.
19 Lamartine 1893, p. 108.
20 Ibid., p. 178.
21 Ibid., p. 212.
22 Ibid., p. 126.
23 Ibid., p. 161.

comme le nom de Laure, dans le vent de l'histoire: « Les cendres du foyer des poètes sont pleines de mystères semés ainsi au vent ».[24]

Lorsqu'elle ne passe pas par des liens de sang « réels » assurant la continuité par voie métonymique, la réunification se fait par voie métaphorique; à savoir, par l'appropriation des moyens de la littérature. Le pionnier de cette lignée est Rousseau: parmi les mythes régressifs que ce dernier prêta à la Révolution figure le Pétrarque chaste et rêveur[25] qui prit, comme on sait, les habits de Saint-Preux. Dans *La Nouvelle Héloïse*, où l'Italie joue le rôle de la patrie de l'amour chaste et de l'art naturel, Pétrarque, cité neuf fois, est « au programme » dans l'éducation sans livres de Julie.[26] Par le biais de la ressemblance étymologique et géographique, la promenade du héros dans les montagnes du Valais est calquée sur l'exemple de l'ascension de Pétrarque au mont Ventoux.[27] Sauf que le corps à corps entre la nature et l'homme, pivot de la pensée dialectique de Pétrarque (justifiant de la part de ce dernier la citation d'un passage des *Géorgiques* de Virgile: « ...labor omnia vincit./Improbus... »),[28] est censuré. Le prix (régressif) de cette expérience ascétique sans effort, sans travail, est, dans l'optique moniste de Rousseau, la sublimation de la sensualité.[29] Le contact direct avec les valaisains, peuple angélique, vierge et ingénu, habitant les cimes d'un monde d'où il n'y a plus de descente, est une purification symbolique des maux de l'histoire et, notamment, de la médiation. Ce refoulement touche au roman lui-même: en l'absence de la source des vers de Pétrarque, toute dialectique transtextuelle est annulée. Les citations apparaissent alors comme un miracle venant de la main chaste du protagoniste: métonyme moderne, en prose, du poète son ancêtre. Ainsi, l'œuvre a surtout pour vocation de se faire oublier pour mettre en avant le personnage, source du romanesque. Chez Mme de Staël, dont la pensée est en large partie tributaire du genevois, la féminisation de Pétrarque est l'alibi de l'affirmation narcissique. Dans *Corinne ou l'Italie* l'éponymie du nom scelle l'identification

24 Ibid., p. 113.

25 Dans le « Triomphe de la Mort » (*Triumphus Mortis*) la Mort annonce à Laure sa fin prochaine suite au ravage de la peste de 1348. La nuit suivante Laure apparaît en rêve au narrateur et, lui témoignant son amour fidèle, l'exhorte à ne pas craindre la mort.

26 Swain 2002, pp. 106–107.

27 Petrarca, *Familiares*, IV,1, a Dionigi da Borgo San Sepolcro, dell'Ordine di sant'Agostino, professore della Sacra pagina; intorno ai propri affanni, Malaucène, 26 aprile 1336. Cf. Pétrarque 1990.

28 Petrarca, « Ad Dyonisium de Burgo Sancti Sepulcri ordinis sancti Augustini et sacre pagine professorem, de curis propriis », *Familiares*, IV, 1, Biblioteca Italiana, 2004 (on-line) http://ww2.bibliotecaitaliana.it/xtf/view?docId=bibit000255/bibit000255.xml [8.2.2019]. La leçon de Pétrarque est normalisée par rapport à la source originale, présentant un *perfectum consuetudinis:* « labor omnia uicit/improbus et duris urgens in rebus egestas »(I, vv. 145–146), Publius Vergilius Maro 1766, p. 33.

29 Le mot *spiritus* « par le truchement de l'étymologie réunit les sens et l'âme ». V. Swain 2002, pp. 108 et 112.

thématique entre l'enfant et la patrie. En même temps, par la figure de Corinne, antonomase de l'Italie passionnelle et innocente, l'histoire rivale entre la France et l'Italie est refoulée. En effet, le couronnement de Corinne au Capitole[30] ne tient pas en compte que, si l'événement historique du 8 avril 1341 eut lieu à Rome, les deux triomphes avaient été offerts à Pétrarque, comme le rappelle Lamartine, « le même jour par la France et par l'Italie ».[31] Enjambant la lignée paternelle, l'Italie mère des arts a, à la fois, engendré et couronné sa fille. Ainsi, un Pétrarque féminisé, sentimental, directement emprunté à Rousseau mais librement plié aux nécessités de l'emprenteur, devient le symbole de la nouvelle jeunesse :[32]

> L'imagination et la simplicité, la justesse et l'exaltation, la force et la douceur se réunissent [...] dans une même personne, pour varier à chaque instant tous les plaisirs de l'esprit, on peut lui appliquer ce charmant vers de Pétrarque :
> Il parlar che nell'anima si sente.

Une fois de plus, la censure des sources dans les citations de ce dernier est l'indice d'une récusation du paradigme historique et textuel : la poésie générale jaillit sans effort de l'âme amoureuse de tous les temps et tous les lieux.

Selon la même loi métaphorique les arts fraternisent : non pas par la médiation de leurs codes respectifs, mais en vertu des personnages qui, tour à tour, les représentent. Pris dans les rets de l'imaginaire narcissique des artistes romantiques Pétrarque et Laure, purs figurants, fournissent l'aura de circonstance à tant de « tableaux » actuels. Là où la poésie est une « mélodie intellectuelle qui seule peut exprimer le charme des impressions les plus fugitives et les plus délicates »,[33] il y aura un Franz Liszt pour rajeunir les arts et libérer la femme, selon le vœu des saint-simoniens. Et là où sa *Dante-Symphonie* est censée restituer l'esprit épique de la Comédie, le lyrisme imagé des origines est restitué par les *Trois sonnets de Pétrarque* (1842).[34] Côté peinture, avant que Delacroix ne retrace Chopin en

30 « [O]n devait couronner le matin même, au Capitole, la femme la plus célèbre de l'Italie, Corinne, poëte, écrivain, improvisatrice, et l'une des plus belles personnes de Rome. Il [Oswald] fit quelques questions sur cette cérémonie consacrée par les noms de Pétrarque et du Tasse, et toutes les réponses qu'il reçut excitèrent vivement sa curiosité ». Germaine de Staël, *Corinne ou l'Italie*, tome I, livre 2, « Corinne au capitole », 1807, p. 22.

31 Lamartine 1893, pp. 132–133. C'est sur cette rivalité entre France et Italie pour le couronnement de Pétrarque que s'appuie le premier des *Cinq entretiens avec Pétrarque* (théâtre) d'André Ughetto 2013, pp. 8–18.

32 Cf. Petrarca, sonetto CLXXVIII (« Grazie ch'a pochi 'l ciel destina »), 1964, p. 264 et Jean-Jacques Rousseau, *La Nouvelle Héloïse*, lettre XLVIII à Julie, première partie, où il est question de la voix de Julie, 1967, p. 88. Madame de Staël remplace le verbe « cantare » par le plus prosaïque « parlare », 1807, p. 27. Le fait de déplacer la sentimentalité lyrique du chant à la parole n'est pas anodin.

33 Germaine de Staël, *Corinne ou l'Italie*, ibid.

34 F. Liszt, *Trois sonnets de Pétrarque* (S270), *Années de pèlerinage*, livre II (1856), nn. 4 (Sonnet 47), 5 (Sonnet 104) 6 (Sonnet 123).

Dante (1857), Chenavard satisfait les caprices de l'enfant du siècle, Musset, qui souhaite depuis son plus jeune âge ressembler à Pétrarque. Dans son *Étude pour Laure et Pétrarque*, le peintre révolutionnaire le représente dans les traits de l'amant mythique à côté de son amante de circonstance.[35] Et Musset de célébrer à son tour, dans son *Salon de 1836*, Louis Boulanger, le « peintre des poètes » selon Sainte-Beuve, pour son *Triomphe de Pétrarque* en style sentimental;[36] tableau dont Gautier va proposer, on le verra, l'*ekphrasis* en vers. Le même Musset tombait dans l'illusion d'immanence d'un Rousseau lorsqu'il écrivait, dans les *Nuits d'octobre* (1841):

> Aimerais-tu les fleurs, les prés et la verdure
> Les sonnets de Pétrarque et le chant des oiseaux?[37]

La confusion réaliste et le refoulement des signes de la poésie qu'on peut remarquer dans ces vers est à son comble chez Lamartine: la célèbre « Chiare fresche et dolci acque » est le chant nourricier que chante la nature mère pour séduire l'amant, l'inviter à venir l'habiter avec ces « mélodies intérieures toujours en concordance du son et des sens »;[38] et si le poète et l'amoureux ne sont qu'une seule et même chose, le poème c'est Pétrarque lui-même (« ce poème, c'était lui! »).[39] Ce Pétrarque familier représente pour Lamartine « les balbutiements » d'une littérature virile[40] où le poète baigne dans la passion innocente.[41] Ce nouveau Saint-Preux à la bonté naturelle (« une mauvaise pensée n'est jamais sortie de ses vers »),[42] ne peut aimer qu'une femme chaste comme lui: image qu'on obtient par la superposition entre Héloïse (l'ancienne ou la nouvelle, peu importe), et Laure.[43] Par rapport à Dante, que Lamartine n'aime pas, Pétrarque

35 Le peintre Chenavard retrace la première rencontre de Pétrarque et de Laure sous les traits de Musset et de Mlle Mélesville. Musset accompagne ce tableau de sa traduction du premier quatrain du sonnet LXV du *Canzoniere*. Cf. Ponzetto 2013.

36 Dans son *Salon de 1836*, Musset décrit le tableau de Boulanger où Pétrarque « marchant sur un tapis de roses effeuillées » est « suivi d'un chœur de jeunes filles et précédé par la Rêverie [...]. Ce n'était pas lui qu'on couronnait et qu'on menait au Capitole, c'étaient la douleur et l'amour » (Musset s. d., p. 31). C'est sur la base d'un témoignage d'Astolphe de Custine qui a disparu, que Louis Boulanger a pu concevoir son *Triomphe de Pétrarque* (1836).

37 Musset 1841, p. 363. C'est dans *Le Fils du Titien* (sonnet de la période vénitienne accompagnant la nouvelle homonyme, 1838) que Musset évoque son envie de ressembler à Pétrarque.

38 Lamartine 1893, p. 218.

39 Ibid., p. 19.

40 Ibid., p. 3.

41 Ibid., p. 161.

42 Ibid., p. 99.

43 Ibid., p. 98. Selon Monfrin (1978, p. 19) le manuscrit des lettres d'Abélard et d'Héloïse « copié probablement dans le midi de la France, au plus tôt vers le milieu du XIIIe siècle, plus probablement vers la fin du siècle », devint vers 1337 la propriété de Pétrarque. Le poète et philologue s'est beaucoup intéressé à ce texte, comme le témoignent ses nombreuses gloses

est plus avancé dans la régression. Par rapport à l'Antiquité latine vers laquelle ce dernier se penche, Dante est, en raison de son « style » (ce barbare signe de l'art),[44] fils du Moyen Âge: époque dégénérée en raison de sa postériorité. Dans cette époque plus rapprochée de nous les guerres font des ravages plus voyants que chez les Romains. Ainsi, la déchéance politique de l'Italie moyenâgeuse est le signe de la décadence de la virilité latine: « Elle enfante des Romains et nourrit des italiens ».[45]

Lamartine fait figure de romantique attardé, et comme entêté dans son rêve. Entre temps nombre de poètes avaient plus ou moins programmatiquement réhabilité la valeur du signe, et fait de Pétrarque l'initiateur d'une poétique nouvelle. C'est en 1842 que paraît le *Tableau de la poésie française du XVIe siècle* de Sainte-Beuve, qui rappelait la France civilisée à son histoire refoulée, tributaire de l'Italie et, notamment, à son enfance nationale identifiée avec la Renaissance pétrarquiste. Le choix du « tableau » littéraire, quoique très à la mode, n'est pas anodin: la synchronie oblige à se focaliser sur les relations, sur la structure. Le signe avait fait entre temps surface, quoique de manière subreptice, dans *Joseph Delorme* (1829) où, derrière la topique romantique (un Pétrarque « rêveur »[46] et une Laure angélique), Sainte-Beuve réactualise le *senhal:* par la présence-absence des cheveux d'or de Laure (« on n'aura pas toujours ces blonds cheveux flottants »)[47] on en vient à thématiser la relation. C'est par ces fils précieux que l'on bâtit l'histoire de l'aura; qu'on tisse la trame du portrait « doré » et « adoré » de la femme idéale. Sainte-Beuve se plaint, avant Benjamin, de la perte de l' « aura » de l'œuvre d'art à l'avènement de la modernité industrielle; le banquet sacré ayant été déjà consommé par nos Pères, on n'a plus, écrit-il avec Du Bellay (émissaire illustre de ce pétrarquisme textuel), que des vers à glaner.[48] Dans les *Pensées d'août*, Sainte-Beuve se réclame encore de Du Bellay – imitateur d'un Pétrarque par la suite réfuté –[49] pour évoquer après lui une Rome à jamais perdue: le lieu symbolique du triomphe du poète est, avant Baudelaire, un « sombre Capitole »[50] où l'on célèbre, par un triomphe à l'envers, la mort des Artistes: « J'irai à Rome à

dans les marges du manuscrit. Selon l'auteur de l'essai Pétrarque voyait dans le tourment d'Abélard l'image du sien propre. Dans *La Nouvelle Héloïse* de Rousseau c'est de ces deux couples que se réclame l'histoire de Saint-Preux et de Julie.

44 Lamartine 1893, pp. 99–100.

45 Lamartine 1893, p. 138.

46 « Mais Pétrarque et le Dante ont-ils toujours rêvé/En ces temps où luisait, dans leurs nuits inquiètes/Des partis le glaive levé? », Sainte-Beuve 2004, p. 55.

47 Sainte-Beuve: « Rose », ibid., p. 170.

48 Joachim Du Bellay: « Comme le champ semé en verdure foisonne », XXX, in: *Les Antiquités de Rome* (1558), 1903, n. 3, p. 15.

49 Du Bellay: « Contre les pétrarquistes », in: *Divers jeux rustiques* (1558), 1987, p. 69–77. Voir Mélançon 1981.

50 Charles Baudelaire: « La Mort des artistes », in: *Les Fleurs du mal*, 1861, p. 300.

pied pour un sonnet de lui/Un sonnet comme ceux qu'en son fervent ennui/ Pétrarque consacrait à l'autel de sa sainte ».[51] L'objet « erratique » et « auratique » est devenu « hiératique » sous l'effet paralysant, médusant, de l'adoration muette. Sainte-Beuve semble faire ici écho à Schopenhauer qui se réclamait de la *Sainte-Cécile* de Raphaël pour dénoncer, dans *Le Monde comme volonté et comme représentation* (1818) la paganisation des modèles religieux pour sanctifier l'art.[52] D'ici à la « Sainte-Cécile » de Mallarmé (« Sainte », 1864)[53] il n'y a qu'un pas.

Déjà, dans *Les Chants du crépuscule* (1835) de Victor Hugo l'état crépusculaire du lyrisme, tout accompagné qu'il est de son revers, la renaissance, se prévaut de l'ironie des signes: le modèle livresque revient, allégorique de lui-même. Le poète tout en baignant dans son rêve si favorable à l'identification narcissique avec le « chaste amant de Laure »[54] joue, dans « Écrit sur la première page d'un Pétrarque »[55] avec les signes. Par l'effet prétextuel de l'épigraphie (la préposition « sur » tenant lieu de complément d'argument et, en même temps, de glose en marge du livre, de « sur-écriture »), le poète écrit en même temps « sur Pétrarque » (selon la modalité « surmoïque »), et « à côté » de lui, s'identifiant avec son modèle d'écriture. Par ce double mimétisme, anecdotique et textuel, Hugo fait de Pétrarque le maître en amour et en écriture;[56] s'abreuvant à l'eau de source de la poésie telle que le poète des origines l'avait ranimée par la chanson « Chiare fresche et dolci acque », les « sonnets sculptés » du poète posthume – portant à jamais le *senhal* de Pétrarque en tant qu' « arche de pierre » – se raniment et se rajeunissent. Bref, à travers Pétrarque le poète lyrique tardif récupère sa voix d'enfant et toute sa « fraîcheur ».[57] Dans la *Comédie de la Mort* de Gautier (1838) l'hybridation des codes épique et lyrique passe par leurs représentants convenus qui confondent, dès le titre du recueil, leurs prérogatives. Prétextant dans la

51 Sainte-Beuve: « Pensées d'août », in: *Poésies complètes*, 1840, p. 335.

52 Arthur Schopenhauer: *Le Monde comme volonté et comme représentation*, III, 52, 1912, p. 279.

53 Stéphane Mallarmé: « Sainte », in: *Poésies*, 1914, pp. 81–82.

54 « Oh ! quand je dors, viens auprès de ma couche, /Comme à Pétrarque apparaissait Laura/, Et qu'en passant ton haleine me touche... – /Soudain ma bouche/ S'entr'ouvrira ! », Victor Hugo: *Les Rayons et les ombres* (1840), XXVII, in: *Œuvres complètes* 17, 1909 p. 619. Cf. F. Liszt, *Oh! Quand je dors* (S.282) pour voix et piano (1841).

55 Hugo: « Écrit sur la première page d'un Pétrarque », in: *Les Chants du crépuscule* (1835), ibid., p. 295. L'épigraphie hugolienne revient aussi pour Dante: cf. « Après une lecture de Dante » (*Les Voix intérieures*, 1837); « Poème écrit sur un exemplaire de la *Divina Commedia* » (*Les Contemplations*, 1856), jusqu'à la *Vision de Dante* (XX) de la dernière série de *La Légende des siècles* (1883). Cf. aussi F. Liszt, *Après une lecture de Dante* (Fantasia quasi sonata pour piano seul, 1849), *Années de pèlerinage* II, n. 7, 1856.

56 « Je viens à ta fontaine, o maître! et je relis/Tes vers mystérieux par la grâce amollis/[...] tes pudiques chansons, tes nobles élégies », Hugo: « Écrit sur la première page d'un Pétrarque » 1909, p. 295.

57 « Dans les sonnets sculptés, comme dans des amphores/Ton beau style, étoilé de fraîches métaphores », ibid.

préface un trouble mémoriel (et justifiant de ce fait le procédé onirique de la condensation), Gautier opère une crase entre *La Comédie* dantesque et l'un des *Triomphes* de Pétrarque, le « Triomphe de la Mort ». Par ce bloconyme l'auteur suggère un programme onirique et parodique à la fois: la réécriture par antiphrase de la *Comédie*. L'ironie de situation tient lieu de rédemption paradoxale: la Mort qui est censée triompher dans le monde de l'art désormais sans Dieu est, pour ainsi dire, déjouée, et les droits de la vie vivante réaffirmés sur terre. Dans l'un des poèmes du recueil, « Le Triomphe de Pétrarque »,[58] la métaphore déterminative frôle le stéréotype: il s'agit d'un thème convenu que l'on se limitera à gloser. En faisant dialoguer les arts, Gautier produit le court-circuit de leurs codes respectifs. Se réclamant du tableau homonyme de Louis Boulanger célébré par Musset, il fait en effet de Pétrarque un motif prétextuel: un sujet conventionnel issu de ce tableau célébratif. Le poète des *Triomphes* s'étant, comme on sait, réclamé de son aîné tout en contestant quelques aspects de sa poétique, joue ici le rôle de médiateur de la relation de Gautier à Dante. À un niveau ultérieur Dante, héritant du « mentor » Virgile, devient lui-même un passeur de codes, par lequel peut avoir lieu le « renversement » paradoxal de la Comédie. Cette descente aux enfers est finalment une descente dans la profondeur des codes artistiques: c'est par l'exposition des moyens qu'on rachète l'angélisme romantique. Dès le début, « Le Triomphe de Pétrarque » est calqué sur le célèbre incipit dantesque où, cependant, l'absence de Dieu fait tourner le rêve en cauchemar:

Il faisait nuit dans moi, nuit sans lune, nuit sombre
Je marchais en aveugle et tâtant le chemin...[59]

Il s'agit en fait d'un voyage intérieur sans avancement ni salut. Et ce, pour des raisons logiques: l'alternative (*aut...aut*) permettant le choix est remplacée par la co-présence (*et...et*). Dans ce cadre, les deux antonomases – lyrique et épique, statique et progressive – représentées par Dante et Pétrarque se confondent. La double voix auctoriale, représentée par le mentor et l'amant, est assumée ensuite par la double voix féminine qui, incarnée par une figure hybride tenant à la fois de Béatrice et de Laure, représente le guide révéré et la fille aimée. Sauf que, de cet autre versant de l'histoire marqué tout aussi bien par les droits inconditionnés de la réception que par la libération de la femme, l'aimée devient le guide de l'amant. Ce guide au féminin en tant qu'être « auratique » et erratique provoque l'égarement du poète: perdu dans la forêt des signes, ce dernier traverse, en aveugle, un purgatoire sans issue. Car ce double féminin n'est que l'incarnation mondaine de la femme fatale, *diva* et *domina* à la fois:

58 Théophile Gautier: « Le Triomphe de Pétrarque », in: *La Comédie de la Mort*, 1838, pp. 123–133.
59 Ibid., p. 124.

La bella, la diva, celle qui m'a su plaire,
la noble dame à qui j'ai donné mon amour,
Hélas! M'avait ôté son appui tutélaire.[60]

En l'absence d'un guide transcendant, le poète atteint tout seul le sommet d'un paradis sur terre. Et si c'est en Pétrarque (évoqué par son *senhal*, en tant « qu'homme de pierre »)[61] qu'il voit Laure, c'est parce que ce paradis n'est qu'une fiction rhétorique. Le masque de l'art est levé, et la scène du poème n'est qu'un décor théâtral, ou mieux, un tableau vivant: non pas, toutefois, le Boulanger attendu en tant que sujet thématique, mais le *Parnasse* de Raphaël. Une autre médiation mémorielle et notamment une référence culturelle intervient en effet dans le texte: celle du XVIe siècle en tant que rêve d'enfance de la nation. Or, le Parnasse raphaëlesque est la codification artiste de ce rêve: il fournit l'image anecdotique d'une « Renaissance »[62] idéale où figurent, dans la synchronie offerte par la peinture, des poètes illustres appartenant à différentes époques. Parmi eux, Dante et Pétrarque, que les Muses montrent de leur doigt; saisis en état de parabase, ces deux figures tutélaires de la poésie ne sont plus que des masques de théâtre. Le Paradis sur terre n'est finalement que ce Parnasse de circonstance où, empruntant à Raphaël son idée, Gautier représente des poètes inconnus dits, selon la volonté bien connue du peintre, les « poètes du futur jugeant le passé ». Et c'est, vraisemblablement, en « poète du futur » que Gautier se peint lui-même dans son texte: son regard rétrospectif s'adresse avec complaisance (remplaçant l'érudit Pietro Bembo représenté dans la fresque) au « bon François Pétrarque ».[63] Sauf que ce Pétrarque posthume et débonnaire se trouve maintenant hors du groupe des autorités poétiques. Isolé et en posture de scène, il est fait visiblement l'objet de la parodie des modernes: placé « sur le char triomphal »[64] et entouré par les Muses le poète, « pacifique et serein », « gazouille des vers » « devant la robe de Laure ».[65] Peint dans son enfance naïve et dans cette pose ridiculisée, Pétrarque est racheté par l'ironie: il est relevé de la déchéance morale à laquelle l'angélisme romantique l'avait condamné. Ce rachat se poursuit au dernier tercet du poème, par la topique sentimentale de la chanson-culte « Chiare fresche et dolci acque ». Là où le poète, selon la leçon du texte, « croit rêver », le

60 Ibid.

61 « On m'eut pris, à me voir, pour un homme de pierre », ibid.

62 Le *Parnasse* de Raphäel (1510–1511) est situé dans la Stanza della Segnatura (l'une des quatre « stanze » du Musée Vatican). Dante figure parmi les poètes épiques à côté de Virgile, Homère, Poliziano; Pétrarque en poète lyrique est à côté d'Alcée, Corinne, Sappho, Anacréon. Voir aussi, à titre d'exemple ecphrastique, *Le Parnasse de Raphaël*, grande scène allégorique pour le violon. Poème et musique de A. Elwart, Paris, Amyot, 1868.

63 Th. Gautier, « Le Triomphe de Pétrarque », 1939, p. 130.

64 « Les grâces dénouant leur ceinture légère/Dansent derrière toi, sur le char triomphal;/ À l'égal d'un César le monde te révère », ibid., p. 133.

65 Ibid., pp. 130–131.

verbe « croire »[66] perd sa valeur axiologique et métaphysique pour acquérir une valeur déceptive: par sa marque modale, ce verbe dénonce l'illusion d'immanence de l'art. On se trouve, en effet, dans l'espace métatextuel d'un tableau qui ressemble à la nature:

> Que votre poésie, aux vers calmes et frais,
> Soit pour les cœurs souffrants, comme ces cours d'eau vive
> Ou vont boire les cerfs, dans l'ombre des forêts.[67]

Ce « décor » en tant que « beau symbole » est prêt, comme il est dit dans la conclusion du poème, à être représenté « dans une immense toile » à côté des fresques panoramiques et démagogiques qui célébraient à l'époque les grands hommes de la République. L'histoire de la réception, dont on retrace le tableau parodique, n'est plus finalement qu'un « char triomphal par un peuple escorté »: peuple crédule qui suit son idole. La mimèse de l'art maintenant à découvert, le nom de la femme en tant que *senhal*, fétiche et substitut de présence, se trouve en état de représentation dans le texte accompagné de sa vanité; sa valeur perdue et saturée par des valeurs de remplacement est désormais, pour le dire avec Benjamin (qui a décrété la « mort de l'aura » à l'âge moderne), une valeur d'exposition :[68] « Tout l'univers pour toi pivote sur un nom ».[69] Ce « pivot » nominal, en tant qu'objet fictionnel (objet de « profération ») entouré de son aura épithétique revient, quoique sous des formes différentes, chez Nerval puis chez Verlaine et Mallarmé. Là où ce dernier met définitivement à nu le complexe naturaliste de la poésie lyrique par l'ironie formelle (le sonnet « allégorique de lui-même », n'est qu'un sonnet qui *ré-sonne* de ses propres moyens, et non plus par le sens qu'il est censé contenir)[70] c'est, chez les deux premiers poètes cités, l'image réelle de l'absente (mère ou femme-enfant) qui est signifiée par la résonance à vide de l'objet poétique. Il peut arriver en effet, comme on l'a vu chez Sade, qu'un traumatisme personnel entraîne le retour de fantasmes refoulés: l'investissement affectif sur l'objet familier perdu en ravive tardivement l'« aura ». Nerval, esprit régressif, enclin à l'idéalisation et à l'angélisation de la mère trop tôt disparue, marque une étape fondamentale dans l'« histoire de l'aura » post-romantique tel que l'atteste, dès son titre, *Aurélia* (1855).[71] Auteur, lui aussi, d'un « tableau »

66 Cf. Petrarca, *Chiare, fresche et dolci acque*, CXXVI, st. 5, vv. 56–63: « Così carco d'oblio/il divin portamento /e 'l volto e le parole e 'l dolce riso /m'aveano, et sì diviso /da l'imagine vera, ch'i' dicea sospirando: /Qui come venn'io, o quando?; /credendo esser in ciel, non là dov'era », 1964, pp. 161–163.

67 Gautier, « Le Triomphe de Pétrarque », 1838, p. 133.

68 Walter Benjamin: *L'Œuvre d'art à l'époque de sa reproductibilité technique* (1939), 2013.

69 Gautier, « Le Triomphe de Pétrarque », 1838, p. 128.

70 Mallarmé: « Ses purs ongles… », in: *Poésies* 1914, pp. 128–129.

71 Gérard de Nerval: *Aurélia, La Pandora, Les Filles du Feu*, 1972.

consacré aux *Poètes du XVIe siècle*,[72] dans *Sylvie* (1853) il s'identifie avec le désir de ses prédécesseurs en se mettant à l'écoute de la « sentimentalité de Pétrarque ».[73] Un sentiment, pourtant, ressenti comme posthume et factice, tel que le suggère le suffixe prédicatif dont on affuble le sentiment comme d'un costume suranné. Mélancoliquement conscient de son complexe livresque, Nerval retravaille en philologue un ancien rêve érudit du XVIe siècle: le *Songe de Polyphile* de Francesco Colonna. À l'intérieur de cette fiction onirique, qu'il qualifie de « mysticisme fabuleux », Polia, la protagoniste du *Songe* est, tout comme la Laure-Justine de Sade ou la Laure-Béatrice de Gautier, une « allégorie païenne ».[74] Objet d'une double adoration, elle est, en même temps, « sainte » et « actrice ».

Phénomène historiquement irréversible, la « perte d'auréole » qu'évoque Baudelaire par le questionnement des codes de représentation[75] constitue comme on sait le point de départ de la théorie benjaminienne sur la « perte de l'aura » à l'époque industrielle. Elle n'est pas moins la conséquence de traumatismes personnels – la perte irréversible de l'objet d'amour – dont la thématisation atteint désormais d'autres niveaux de conscience. Verlaine, qui aimait et détestait la mère dont il était l'enfant tardif, maltraite et adore Mathilde Mauté, femme-enfant, mère, amante et fille. L'abandon qu'il a subi et voulu de la part de cette femme est la condition de la persistance d'un culte mémoriel voué au nom. L'auguste prénom de Mathilde est un *senhal* guerrier, une enseigne militaire et religieuse à la fois face à laquelle le *miles senex* ne peut que constater l'impuissance. Du culte voué à Mathilde, « sainte en son auréole »,[76] atteste le poème intitulé *À la louange de Laure et de Pétrarque*[77] où l'amant et l'aimée sont unis en une seule hypostase. Évoqué par le métaplasme « Saint-Pierre-des-Vers », Pétrarque retrouve le signe « pierreux » de son nom (« arche de pierre »); *senhal* qui, en même temps, le qualifie d'antonomase des poètes et de monument sacré. Père putatif de la famille des poètes, figure en majesté douce mais tutélaire, ce Pétrarque paternel et maternel à la fois est en tout semblable au Dieu verlainien. Remplaçant en hypostase le père perdu, détesté, et depuis toujours recherché, Pétrarque participe en même temps chez Verlaine des augustes qualités de son aimée qui, qualifiée de « Marraine », tient en partie du signifiant de Mathilde. Le poète divin, auguste et charitable, élargit par ses sonnets une aumône sonnante: « or fou », trésor métonymique destiné aux poètes pauvres et abandonnés de tous les temps. L'« or » symbolique recueilli par la tradition lyrique se mue en

72 Nerval: « Les poètes du XVIe siècle », in: *Œuvres complètes*, IV, 1868, pp. 278–308.
73 Nerval, « Sylvie », *Les Filles du feu*, 1972, p. 147.
74 Ibid.
75 Baudelaire: « Perte d'auréole », in: *Œuvres complètes*, 1869, pp. 133–134.
76 Paul Verlaine: « Une sainte en son auréole… », in: *La Bonne chanson*, 1891, pp. 17–18.
77 Verlaine: « À la louange de Laure et de Pétrarque », in: *Jadis et naguère*, 1884, p. 11.

« inanité sonore »[78] chez Mallarmé par les effets mêmes d'un nominalisme dénoncé en tant que tel. Par ce morphème rayonnant, */or/*, disséminé dans ses variations paragrammatiques, le sonnet met en spectacle (sur le sillage d'Edgar Poe) la résonance du signifiant pur dans un espace fermé et vide, en même temps que cette syllabe, susceptible de plusieurs agencements (de plusieurs tissages), bâtit le sens. Ayant perdu l'« or » de la croyance, le poète fait de celui-ci un pur signifiant tautégorique. D'autre part, c'est par un adverbe, « or », que commence l'histoire de la critique, en même temps que le métal correspondant devient pure signature, valeur d'échange nominale sans reste.[79]

Ce désinvestissement, cette nouvelle ascèse étaient nécessaires à la poésie qui, ayant tenu trop longuement à se faire « adorer », n'est plus, comme la Sainte mallarméenne, qu'une idole « dédorée ».[80] Le chantre paradoxal de la perte d'auréole avait déjà montré, par un acte métascriptural – « dorer » et « redorer » les simulacres –,[81] le côté postiche de l'art.

Longuement condamné à la condescendance qu'on réserve aux instances dépassées et inoffensives, Pétrarque semble maintenant pouvoir toucher au « rêve posthume » de l'homme réel: civil et politique[82] d'un côté; philologique de l'autre.[83] La traduction, par exemple, n'est pas une restitution complaisante: agie par les poètes, elle a pris conscience de la lutte corps à corps que le sujet entreprend avec les signes de l'autre absent: c'est par la médiation des signes que l'art peut poursuivre sa vocation. Dans deux traductions poétiques récentes du *Canzoniere* – celle d'André Ughetto et Christian Guilleau, « riverains de la Sorgue »,[84] et celle d'Yves Bonnefoy[85] – un vers de Pétrarque est choisi comme titre de l'œuvre; en tant que tel, ce vers constitue le motif, ou pivot thématique autour duquel s'articule la restitution. Par « Ce désir obstiné, je le dois aux étoiles »[86] c'est l'obstination du sujet désirant qui triomphe; par « Je vois sans yeux et sans

78 Mallarmé: « Ses purs ongles… », 1914, p. 128–129.

79 Mallarmé: « Or », in: *Divagations*, 1897, pp. 315–316.

80 Mallarmé: « Sainte », in: *Poésies*, 1914, pp. 81–82.

81 Baudelaire: « J'aime le souvenir… », in: *Les Fleurs du mal*, 1861, pp. 17–18.

82 En raison de son « engagement » à côté de Cola di Rienzo, Pétrarque est souvent associé au poète René Char, originaire lui-même du Pays de Vaucluse. De son côté Char traduit, parmi d'autres, deux poèmes du *Canzoniere* (le sonnet CLXXVI et la sextine XXII), figurant aujourd'hui dans le recueil *La Planche de vivre* (Char / Jolas 1981, pp. 17–19). À partir de 1968 le Musée-Bibliothèque François Pétrarque organise des initiatives autour du poète du Trecento et de l'autre riverain de la Sorgue, René Char. Cf. Voellmy 2010.

83 Ughetto 2013. Ughetto se propose de reconstruire une dimension « historique et non pas seulement légendaire » (p. 5) ayant concerné la vie de Pétrarque.

84 Pétrarque 2002. Cf. « Avertissement », p. 7.

85 Pétrarque 2011. Ces traductions figurent également, avec quelques variantes, dans Ossola 2006, pp. 11–49.

86 « Bench'i' sia mortal corpo di terra/lo mio fermo desir vien da le stelle » (« A qualunque animale alberga in terra », Petrarca, *Canzoniere*, chanson III, st. 4, vv. 23–24), 1964, p. 22.

bouche je crie »,[87] c'est la terreur panique défigurant le visage qui est mise en avant. Dans les deux cas, un Pétrarque inédit se profile qui fait abstraction de l'angélisme romantique pour restituer le sujet à l'épreuve du désir. Le sonnet ne sera plus alors la métaphore formelle d'une tradition (pourtant déjà contestée), mais ce qui nous reste d'une ancienne constellation du sens. Pratiquant, comme il le dit dans la postface à l'édition intitulée *Dix-neuf poèmes de Pétrarque,* la « transgression des structures qui ossifient le langage »[88] – la dislocation, l'inversion, l'anacoluthe – Bonnefoy « désencombre » le sonnet de l'épaisse patine qu'y ont déposé les siècles pour que se révèle, avec ses vives couleurs, l'« en-dessous du texte » ou autrement « le poétique dans le poème ». Se mettant, comme il l'écrit, « à l'écoute du désir de qui l'écrivit », et portant à la surface son non-dit « presque dit », Bonnefoy réactualise chez Pétrarque, à côté d'Ughetto et Guilleau, le « dur désir » du sujet, son seul chiffre durable à travers les époques. « Quel bel instrument, le sonnet, s'exclame Bonnefoy, pour mettre en question l'ordre social! »[89] L'« aura » de Pétrarque, valeur empruntée aux signes de l'amour et indûment projetée sur l'amant, s'est enfin dissipée pour montrer le vivant en proie à ses antithèses, aux prises avec la double logique de ce qu'on nommerait plus tard l'inconscient:

> Il y a un sommet, le plus haut de tous, que les montagnards nomment « L'Enfant »; je ne saurais te dire pourquoi, sinon peut-être par antiphrase, comme cela se fait parfois: car il semble le père de tous les monts alentour.[90]

Car, nous rappelle Bonnefoy en héritier de Dante, de Pétrarque et de Jean Wahl, « on est le fils de son enfant. C'est tout le mystère ».[91] « À ce titre *intemporel* », lui fait écho André Ughetto, « Pétrarque ne cesse donc jamais d'être *moderne* ».[92]

## Bibliographie

Baudelaire, Charles: *Les Fleurs du mal.* Paris: Poulet Malassis et de Broise 1861.
Baudelaire, Charles: *Œuvres complètes.* Paris: Michel Lévy frères 1869.
Benjamin, Walter: *L'Œuvre d'art à l'époque de sa reproductibilité technique* [1939]. Trad. par F. Joly, préface d'A. de Baecque. Paris: Payot 2013.
Bonnefoy, Yves: *Rue Traversière et autres récits en rêve.* Paris: Gallimard « Poésie » 1992.

87 « Veggio senza occhi, et non ò lingua et grido;/et bramo di perir, et cheggio aita » (« Pace non trovo et non ò da far guerra », *Canzoniere,* sonnet CXXXIV, vv. 9–10, 1964, p. 179).
88 Bonnefoy 2005.
89 Ibid.
90 Pétrarque 1990, p. 35.
91 Bonnefoy 1992, p. 65.
92 Ughetto: « Vaucluse dans la vie de Pétrarque et dans le *Canzoniere* », préface à Pétrarque 2002, p. 29.

Bonnefoy, Yves: « Le *Canzoniere* en sa traduction », postface à « Dix-neuf poèmes de Pétrarque », in: *Conférence* 20 (printemps 2005), p. 361–377.
Char, René / Jolas, Tina: *La Planche de vivre.* Paris: Gallimard « Poésie » 1981.
Dante: *La Divina commedia,* a cura di Giorgio Petrocchi. III. Milano: Mondadori 1966–1967.
Dante: *La Divine comédie.* Trad. par F. Robert de Lamennais. Paris: Garnier Flammarion 1910.
De Staël, Mme: *Corinne ou l'Italie.* Paris: Libraire A. Hiard 1838.
Du Bellay, Joachim: *Les Antiquités de Rome* (1558), in: *Œuvres complètes de Joachim Du Bellay* III. Texte établi par L. Séché. Paris: Revue de la Renaissance 1903.
Du Bellay, Joachim: *Divers jeux rustiques* (1558). Paris: Chamard 1987.
Gautier, Théophile: *La Comédie de la Mort.* Paris: Desessart 1838.
Hugo, Victor: *Œuvres complètes* 17. Paris: Ollendof 1909.
Lamartine, Alphonse de: *Trois poètes italiens. Dante, Pétrarque, Le Tasse* (*Cours familier de littérature*). Paris: Lemerre 1893.
Mallarmé, Stéphane: *Divagations.* Paris: Fasquelle 1897.
Mallarmé, Stéphane: *Poésies.* Paris: La Nouvelle Revue Française 1914.
Musset, Alfred de: *Salon de 1836.* Anversa éd., s. d.
Musset, Alfred de: *Les Nuits d'octobre. Poésies complete.* Paris: Charpentier 1841.
Nerval, Gérard de: *Aurélia, La Pandora, Les Filles du Feu.* Paris: Gallimard 1972.
Nerval, Gérard de: *Œuvres complètes* IV. Paris: Michel Lévy Frères 1868.
Petrarca: *Canzoniere,* a cura di Gianfranco Contini. Torino: Einaudi 1964.
Petrarca: *Familiares,* Biblioteca Italiana 2004 (source numérique: http://ww2.bibliotecaitaliana.it/xtf/view?docId=bibit000255/bibit000255.xml [8.2.2019].)
Pétrarque: *Le rime.* Venezia: Bortoli 1739.
Pétrarque: *Les Rimes.* Trad. nouvelle par Francisque Reynard. Paris: Charpentier 1883.
Pétrarque: *L'Ascension du Mont Ventoux,* trad. du latin par Denis Montebello, préface de Pierre Dubrunquez. Rezé: Séquences 1990.
Pétrarque: *Ce désir obstiné, je le dois aux étoiles.* François Pétrarque traduit de l'italien par André Ughetto et Christian Guilleau, avec Nicolas Surace. Introduction et commentaires par André Ughetto. Cahors: Le bois d'Orion 2002.
Pétrarque: *Je vois sans yeux et sans bouche je crie.* Vingt-quatre sonnets traduits par Yves Bonnefoy. Paris: Galilée 2011.
Rimbaud, Arthur: *Les Illuminations,* texte établi par Félix Fénéon. Paris: Éd. de la vogue 1886.
Rousseau, Jean-Jacques: *La Nouvelle Héloïse.* Paris: Garnier-Flammarion 1967.
Sainte-Beuve, Charles-Augustin de: *Poésies complètes.* Paris: Charpentier 1840.
Sainte-Beuve, Charles-Augustin de: *Vie, poésie et pensées de Joseph Delorme.* Paris: Bartillat 2004.
Schopenhauer, Arthur: *Le Monde comme volonté et comme représentation.* III. Paris: Alcan 1912.
Staël, Germaine de: *Corinne ou l'Italie.* Paris: La librairie stéréotype 1807.
Ughetto, André: *Cinq entretiens avec Pétrarque* (théâtre). La Plaine de Saint-Denis: Editions de l'Amandier 2013.
Verlaine, Paul: *La Bonne chanson.* Paris: Vanier 1891.

Virgile (Publius Vergilius Maro): *Bucolica, Georgica, et Aeneis.* Birminghamiae: Typus Johannis Baskerville MDCCLXVI.

Agosti, Stefano: *Gli occhi le chiome. Per una lettura psicoanalitica del ‹ Canzoniere ›.* Milano: Feltrinelli 1993.

Contini, Gianfranco: « Préhistoire de l'‹ aura › de Pétrarque », in: *Actes et mémoires du Ier congrès international de langue et littérature du midi de la France.* Avignon 1957. Trad. it. « Preistoria dell'‹ aura › di Petrarca », in: *Varianti e altra linguistica.* Torino: Einaudi 1970, p. 193–199.

Costaing de Pusignan, Jean Joseph François: *La Muse de Pétrarque dans les collines de Vaucluse ou Laure des Baux, sa solitude et son tombeau dans le vallon de Galas.* Paris / Avignon 1819.

Duperray, Ève: *François Pétrarque,* avec traduction en italien de R. Lisciandro. Fontaine-de-Vaucluse: Editions du Musée Pétrarque 1987.

Duperray, Ève: *L'or des mots: une lecture de Pétrarque et du mythe littéraire de Vaucluse des origines à l'orée du vingtième siècle.* Paris: Publications de la Sorbonne 1997.

Genlis, Stéphanie-Félicité, comtesse de: *Pétrarque et Laure.* Paris 1819.

Macchia, Giovanni: « Un sogno di Sade », in: *Il mito di Parigi.* Torino: Einaudi 1965, p. 181–186.

Mélançon, R.: « La fin du pétrarquisme en France », in: Lafond, J. / Stegmann, A. (éds.): *L'Automne de la Renaissance.* Actes du colloque Tours 1979. Paris: Vrin 1981, p. 256–280.

Monfrin, J.: *Abélard.* Paris: J. Vrin 1978.

Olivier-Vitalis, Hyacinthe d': *L'illustre châtelaine des environs de Vaucluse. Dissertation et examen critique des diverses opinions des écrivains qui se sont occupés de cette belle Laure, que le divin poète toscan a immortalisée, et dont lui seul nous a fourni quelques données pour son intéressante biographie.* Paris 1842.

Ossola, Carlo (éd): *Pétrarque et l'Europe.* Grenoble: Jérôme Millon Éditeur 2006.

Ponzetto, Valentina: « Musset et les écrivains italiens du Moyen Âge et de la Renaissance », in: Ledda, S. / Lestringant, F. (éds.): *Poétique de Musset.* Rouen: PURH 2013, p. 29–52.

Raimondo, Riccardo: *Les principaux traducteurs français du ‹ Canzoniere › de Pétrarque. Histoire, traditions et imaginaires.* Thèse de doctorat, Université Sorbonne Paris Cité 2018.

Rougemont, Denis de: *L'Amour et l'Occident.* Paris: 10/18 2005.

Ruschworth, Jennifer: *Petrarch and the literary culture on Nineteenth Century France. Translation, Appropriation, Transformation.* Woodbridge: The Boydell Press 2017.

Swain, Virginia E.: « Le sublime et le grotesque. La lettre du Valais et la théorie esthétique de Rousseau », in: Bertchold, J. / Rosset, F. (éds): *L'Amour dans la ‹ Nouvelle Héloïse ›. Texte et intertexte.* Genève: Droz 2002, p. 101–118.

Voellmy, Jean: « Pétrarque et René Char en alternance, convergences et divergences », in: *Les Lettres Romanes* 64.1–2 (2010), p. 159–178.

# II Dialoge und Entgrenzungen der Moderne

Linda Simonis (Bochum)

# Gründungsszenen in der europäischen Literatur der Frühen Neuzeit. Niccolò Machiavelli und Pierre de Ronsard

In der europäischen Kulturgeschichte spielen Motive und Konzepte von Gründung eine entscheidende Rolle. Solche Elemente wirken, insbesondere wenn sie in einem Raum öffentlicher Kommunikation artikuliert werden, als Mittel der Identitätsbildung, die es einem Kollektiv, einer kulturellen oder politischen Gemeinschaft ermöglichen, ihren Zusammenhalt in einem gemeinsamen Bezugspunkt zu reflektieren. Michael Bernsen hat dieses identitätsstiftende Potenzial von Gründungsfiguren im Begriff des ›Gründungsmythos‹ zum Ausdruck gebracht, wobei Mythos hier im Sinne von Walter Burkert vor allem als »traditionelle Erzählung von kollektiver Bedeutsamkeit« zu verstehen ist.[1] Kommt Mythen somit im allgemeinen eine kollektive, identitätsbildende Funktion zu, gilt dies insbesondere für Mythen, die die Geschichte einer Gründung erzählen: »Das wichtigste semantische Funktionselement von Gründungsmythen ist die Erzählung verbindlicher Ursprungsgeschichten.«[2] An diese Überlegung anknüpfend, möchte der vorliegende Beitrag die spezifische Wirkungsweise solcher Erzählungen an zwei Beispielen aus der frühneuzeitlichen Literatur beleuchten. Wenn wir dabei den Begriff des Gründungsmythos durch den der Gründungsszene ergänzen, so ist dies durch die Beobachtung motiviert, dass die Gründungsgeschichte sich insbesondere in Literatur und Kunst oft in einer bestimmten, verdichteten Form präsentiert, einer Szene, die sie als wiedererkennbare, prägnante Konstellation sichtbar werden lässt.

In der Frühen Neuzeit, die historisch-politisch wie kulturell eine Periode des Umbruchs bezeichnet, lässt sich ein verstärktes Interesse am Thema der Gründung beobachten. Die Adaptionen des Motivs, die uns in der Literatur jener Zeit entgegentreten, stehen in engem Zusammenhang mit dem sich im Zeichen von Humanismus und Renaissance vollziehenden Rückgriff auf Werke der römischen und griechischen Antike, wobei hier insbesondere die Gattungen der Geschichtsschreibung und des Epos von Bedeutung sind. Dabei ist es vor allem

1 Vgl. Burkert 1981, S. 11–35.
2 Bernsen 2011, S. 9.

die Genealogie und Gründungsgeschichte Roms, deren exemplarische Gestaltung die frühneuzeitlichen Autoren in Livius' Geschichtswerk und in Vergils *Aeneis* erblicken und die ihnen als paradigmatische Gründungsfigur gilt. Der vorliegende Beitrag erkundet den philologischen und literarischen Umgang mit dieser Figur anhand von zwei in diesem Kontext aufschlussreichen Texten: Niccolò Machiavellis *Discorsi sopra la prima deca di Tito Livio* und Ronsards *Franciade.*

Machiavellis *Discorsi* sind in zweierlei Hinsicht bemerkenswert: Zunächst sind sie – und darin unterscheiden sie sich von der bis dahin üblichen Form des Umgangs mit dem römischen Geschichtsschreiber – nicht als Kommentar zum Werk des Livius konzipiert, noch stellen sie eine jenem Werk entnommene Sammlung von Exzerpten und Sentenzen dar. Wir haben es vielmehr, wie der Titelbegriff *Discorsi* signalisiert, mit einer eigenständigen Erörterung zu tun, die nach systematischen Gesichtspunkten und Problemstellungen organisiert ist und die Livius' Darstellung zum Anlass und Ausgangspunkt nimmt, über politische und staatsphilosophische Fragen zu reflektieren. Darüber hinaus betrachten die *Discorsi* Livius' Text unter dem Blickwinkel einer radikalen Aktualität,[3] als ein Handbuch von Fallstudien, deren aufmerksame Lektüre es erlaubt, politische Konstellationen der Gegenwart genauer zu erfassen und so befähigt zu sein, in jenen Konstellationen erfolgreich zu agieren. Dieses Projekt, die *Römische Geschichte* des Livius als Vorlage und Muster der Analyse der politischen Szenerie der eigenen, rinascimentalen Gegenwart zu verwenden, hebt Machiavelli bereits im ›proemio‹ zu den *Discorsi* programmatisch hervor:

> Considerando adunque quanto onore si attribuisca all'antiquità, e come molte volte, lasciando andare infiniti altri esempli, un frammento d'una antiqua statua sia suto comperato gran prezzo, per averlo appresso di sé, onorarne la sua casa e poterlo fare imitare a coloro che di quella arte si dilettono; [...] e veggiendo, da l'altro canto, le virtuosissime operazioni che le storie ci mostrono, che sono state operate da regni e republiche antique [...] essere più presto ammirate che imitate; anzi, in tanto da ciascuno in ogni minima cosa fuggite, che di quella antiqua virtù non ci è rimasto alcun segno; non posso fare che insieme non me ne maravigli e dolga.[4]

Den Einsatz für sein Projekt bezieht Machiavelli aus der Beobachtung einer Diskrepanz: Während man unter den Zeitgenossen den antiken Werken der bildenden Kunst einen vorbildlichen Wert beimisst und sie zu Mustern der Nachahmung erhebt, bringt man demgegenüber den herausragenden Taten der antiken Geschichte eine vergleichsweise passive Rezeptionshaltung entgegen. Im Gegenzug zu diesem Missverhältnis fordert Machiavelli dazu auf, die Begebenheiten der

3 Vgl. Ménissier 2010, S. 43f.

4 Machiavelli 2000, S. 5f. Auf diese Ausgabe der *Discorsi sopra la prima deca di Tito Livio* verweist im Folgenden die Sigle D, Angaben mit Seitenzahl in Klammern im Text.

antiken Geschichte nicht nur bewundernd zu betrachten, sondern sie als Anleitung zum politischen Handeln zu nehmen.

Unter den Fragen, die Machiavelli anhand der Beispiele aus Livius diskutiert, kommt dem Problem der Gründung eine zentrale Stellung zu. Die Anfänge der römischen Geschichte, wie sie Livius schildert, dienen dem Florentiner geradezu als exemplarischer Testfall dafür, wie sich ein Staatswesen gründen und auf Dauer stellen lässt. Machiavelli stellt dabei der livianischen Überlieferung diejenige Vergils an die Seite, wenn er gewissermaßen eine doppelte Gründungsszene Roms ins Auge fasst und neben Romulus den trojanischen Helden Aeneas als »edificatore« in Betracht zieht (D 10). Die Doppelheit des römischen Gründungsmythos beeinträchtigt hier unterdessen nicht die Einheit und Kohärenz der Argumentation, da beide Mythen darin übereinkommen, dass sie die Gründung als einen freien, das heißt nicht von einer heteronomen Macht induzierten Akt beschreiben: »ed in qualunque modo, la vedrà avere principio libero, sanza dependere da alcuno« (D 10).

Der Erfolg eines solchen Gründungsakts hängt dabei, wie das folgende, erste Kapitel der *Discorsi* ausführt, nicht zuletzt von der Kompetenz des Gründers ab, wobei letztere näherhin bestimmt wird als Sachverstand in der Wahl eines geeigneten Ortes sowie als Fähigkeit, Gesetze zu geben:

> In questo caso è dove si conosce la virtù dello edificatore, e la fortuna dello edificato: la quale è più o meno maravigliosa, secondo che più o meno è virtuoso colui che ne è stato principio. La virtù del quale si conosce in duo modi: il primo è nella elezione del sito; l'altro nella ordinazione delle leggi. (D 8)

Dabei ist es insbesondere die zuletzt genannte Qualität, die Kompetenz zur Gesetzgebung, die sich im Fortgang der Argumentation als vordringlichstes Element gelingender Gründung erweist. Nicht zufällig nennt Machiavelli als idealtypische Gestalt des klugen Gesetzgebers Lykurg, dem es gelungen sei, in Sparta eine rechtliche Institution zu etablieren, die über den Initialmoment ihrer Gründung hinaus mehrere Jahrhunderte lang Bestand hatte (D 14). Gleichwohl ist es, so das weitere Argument, im Blick auf den Fortbestand und dauerhaften Erfolg eines Gemeinwesens prekär, allein auf die Weisheit des Gründers und die Perfektion ihrer ursprünglichen Institution zu vertrauen. Denn sämtliche Staaten, insbesondere auch die Republiken, sind dem historischen Zufall und damit dem Wirken der Fortuna ausgesetzt. Von daher versteht man, dass sich Gründung für Machiavelli nicht in einem einmaligen, ursprünglichen Akt erschöpft, sondern vielmehr als ein Prozess zu begreifen ist, der sich, ein Stück weit abgelöst von der personalen Gestalt des Gründers, im Verlauf der Geschichte und im Zusammenwirken unterschiedlicher Kräfte und Akteure entfaltet. Als ein solcher im positiven Sinne fundierender Vorgang tritt in den *Discorsi* insbesondere jene Periode der römischen Geschichte hervor, die von der Vertreibung der Tarquinier bis zu den Gracchen reicht und in der sich eine republikanische Verfassung etablierte. Die *Discorsi* setzen somit einen anderen Akzent als der parallel entstandene *Principe*, insofern sich in ihnen Machiavellis Sympathie für die republikanische Staatsform bekundet, die er auf der Linie von Livius' Programm der *libertas* entfaltet. Die Genese jener besonderen Konstitution, die Machiavelli mit den Epitheta »libera e potente« (D 16) versieht, verdankt sich dabei weniger der Intervention eines einzelnen Akteurs als vielmehr einem Mechanismus, der auf dem dialektischen Zusammenspiel entgegengesetzter politisch-sozialer Kräfte, dem Volk und den Großen, beruht. In diesem Zusammenhang formuliert Machiavelli sein berühmtes Lob der »tumulti«, der Auseinandersetzungen zwischen der Plebs und dem Senat, die er als entscheidendes *movens* guter Gesetzgebung begreift:

> Io dico che [...] sono in ogni republica due umori diversi, quello del popolo, e quello de' grandi; e [...] tutte le leggi che si fanno in favore della libertà, nascano dalla disunione loro, come facilmente si può vedere essere seguito in Roma; perché da' Tarquinii ai Gracchi, che furano più di trecento anni, i tumulti di Roma rade volte partorivano esilio e radissime sangue. Né si possano per tanto giudicare questi tomulti nocivi, né una republica divisa, che in tanto tempo per le sue differenzie non mandò in esilio più che otto o dieci cittadini, e ne ammazzò pochissimi, e non molti ancora ne condannò in danari. Né si può chiamare in alcun modo con ragione una republica inordinata, dove siano tanti esempli di virtù; perché li buoni esempli nascano dalla buona educazione, la buona educazione dalle buone leggi; e le buone leggi da quelli tumulti che molti inconsideratamente dannano. (D 17)

Weit davon entfernt, als ein schädlicher Konflikt zu wirken, erscheint der Widerstreit von Volk und Senat, der sich in den Unruhen manifestiert, hier als ein erzeugendes Prinzip, das in der Lage ist, gute Gesetze hervorzubringen und Institutionen zu gründen.[5] Die *Discorsi* zeichnen damit, so scheint es, ein entmythisiertes Bild von Gründung: Anstatt uns eine mythische Gründergestalt vor Augen zu stellen, legen sie den Mechanismus offen, der den Staat und dessen Institutionen formt und erzeugt. Dieser Eindruck greift jedoch zu kurz. Wie man bei genauerem Hinsehen bemerkt, verbirgt sich im Text der *Discorsi* hinter dem Wirken der »tumulti« eine mythische Figur, die hier freilich noch verdeckt bleibt und erst an späterer Stelle explizit genannt wird. Gemeint ist die den Lesern von Livius' Geschichtswerk vertraute Gestalt des Brutus, der am Ende des ersten Buchs der *Römischen Geschichte* als Rächer Lucretias und Begründer des republikanischen Rom hervortritt. Indem die ersten Kapitel der *Discorsi* wiederholt auf das Ereignis der Vertreibung der Tarquinier (»cacciati i Tarquini«, D 16) anspielen, rufen sie die betreffende Episode bei Livius in Erinnerung und evozieren so zugleich, ohne dessen Namen explizit zu erwähnen, die legendäre

5 Vgl. Ménissier 2010, S. 108ff., sowie Pedullà 2011, S. 112ff.

Gestalt des Brutus. Namentlich genannt wird Brutus an späteren Stellen der *Discorsi*, zunächst in einem Hinweis auf seine Söhne (D 49), die sich Livius zufolge mit den Tarquiniern verbündet hatten und deren Hinrichtung Machiavelli gutheißt. Eine noch deutlichere Parteinahme und Sympathie für den legendären Gründer des republikanischen Rom bekundet sich im zweiten Kapitel des dritten Buchs der *Discorsi*, in dem Brutus als herausragendes Beispiel politischen Verhaltens präsentiert wird. Was Brutus zum nachahmenswürdigen Muster macht, ist dabei freilich weniger sein republikanischer Heroismus als vielmehr die Fähigkeit, sich zu gegebener Zeit dumm zu stellen, wie schon der Titel des betreffenden Kapitels als programmatische Maxime herausstellt: »Come egli è cosa sapientissima simulare in tempo la pazzia« (D 228). Die Eigenschaft, die Brutus dazu qualifiziert, als Initiator eines Umsturzes und einer neuen staatlichen Ordnung zu wirken, ist seine Verstellungskunst, »la sua simulazione della stultizia« (ebd.). Denn letztere befähigt, so das Argument, den Gegner der Tarquinier in besonderem Maße dazu, den günstigen Augenblick einer Intervention abzuwarten und die Gelegenheit, wenn sie sich bietet, zu ergreifen. Als eindrucksvolles Zeugnis dieser Vorgehensweise nennt Machiavelli Brutus' Verhalten nach dem Selbstmord Lucretias, als er deren Vater und Ehemann dazu bewegt, einen Eid abzulegen, zu verhindern, dass in Zukunft jemals wieder ein König in Rom herrschen werde: »e dipoi, quando, sopra la morta Lucrezia, intra 'l padre ed il marito ed altri parenti di lei, ei fu il primo a trarle il coltello della ferita, e fare giurare ai circustanti, che mai sopporterebbono che, per lo avvenire, alcuno regnasse in Roma« (D 229). Mit diesem Hinweis zitiert Machiavelli die große Schwurszene, die in Livius' Erzählung ausführlich dargelegt wird und in der sich Brutus und seine Gefährten im kollektiven Akt gemeinsamen Schwörens gegen das Überkommene verbünden.[6] Er evoziert so einen fundierenden Akt, der sich in einer republikanischen Perspektive, wie sie die *Discorsi* nahelegen, gewissermaßen dazu anbietet, als die eigentliche Gründungsszene Roms zu gelten. Nicht Aeneas, nicht Romulus, sondern Brutus erweist sich somit als die entscheidende Symbolfigur, in der Machiavelli die mit Rom verknüpfte politische Kompetenz exemplarisch ausgeprägt sieht und die insofern als Protagonist des Gründungsgeschehens anzusprechen ist.

Am Paradigma Rom orientiert sich neben den *Discorsi* eine weitere Gründungserzählung des 16. Jahrhunderts, die zudem in einer dezidiert poetischen Form, als Epos, gestaltet ist: Pierre de Ronsards Projekt der *Franciade*. Der amerikanische Romanist und Ronsard-Übersetzer Phillip John Usher fasst das Programm dieses ambitionierten Werks wie folgt zusammen: »In Pierre de Ronsard's *Franciade*, a son of Hector named Francus survives the Trojan War, sails across seas, slays a giant, falls in love (twice), and founds France. Or rather,

6 Vgl. Livius 1987, S. 153f.

he *almost* founds France – Ronsard published only four of the planned twenty-four books, and Francus remained stranded on the island of Crete.«[7] In dem zitierten Resümee werden Glanz und Elend der *Franciade* unübertrefflich auf den Punkt gebracht: Das anspruchsvolle Vorhaben, in der Nachfolge Vergils einen französischen Aeneas und in eins damit für die französische Literatur der Epoche ein monumentales Epos, eine Geschichte der Gründung und Genealogie ihrer Nation, zu schaffen, die überdies durch ihren antiken Ursprung, die Verknüpfung mit dem mythischen Troja nobilitiert ist, steht in eigentümlicher Diskrepanz zu dem abgebrochenen, fragmentarischen Charakter des Werks. Letzterer hat die Ronsard-Philologie seit ihren Anfängen im 19. Jahrhundert zu der nahezu einhelligen Auffassung bewogen, dass wir es bei der *Franciade* mit einem gescheiterten Werk zu tun haben, das einer näheren Betrachtung kaum lohnt. Als richtungweisend für die Auslegungstradition erwies sich das berühmte Diktum Sainte-Beuves, der, so sehr er Ronsard als Lyriker bewunderte, dessen epischen Bestrebungen wenig abgewinnen konnte: »Pour composer une *Énéide*, il faut le talent d'abord ; il faut aussi que les temps et les princes y soient propices, et rien de cela ne se rencontrait au berceau de *la Franciade*.«[8] Das genannte Verdikt betont nicht nur die Unzeitgemäßheit von Ronsards Unterfangen und, damit verbunden, dessen unweigerlich epigonalen Status; es spricht überdies dem Autor jegliches Talent zum Ependichter ab. Dieser Einschätzung, die geradezu in genauem Gegensatz steht zu Ronsards eigenem Verständnis der *Franciade* als seinem *chef-d'œuvre*, durch das er sich zunächst König Henri II, sodann dessen Nachfolger Charles IX als Hofdichter empfahl, sind die meisten modernen Ronsard-Interpreten mehr oder weniger widerspruchslos gefolgt, so dass die *Franciade* als apokryphes Nebenwerk des im übrigen kanonischen Œuvre des Dichters lange Zeit ein Schattendasein fristete. Erst in jüngerer Zeit zeichnet sich hier eine Wende ab: das vermeintlich missglückte Vergil-Imitat hat, insbesondere in der amerikanischen Romanistik, Verteidiger und Fürsprecher gefunden,[9] wobei nicht zuletzt Phillip John Ushers viel beachtete englischsprachige Übersetzung der *Franciade* (2010) zu dem erneuerten Interesse an diesem Werk entscheidend beigetragen hat. Es soll hier unterdessen nicht darum gehen, ein Plädoyer für die literarische Qualität der *Franciade* zu führen oder den bisherigen Voten über dessen Scheitern oder Gelingen ein weiteres hinzuzufügen. Anliegen ist es vielmehr, das Potenzial eines Gründungsmythos auszuloten, der Ronsard zufolge seine angemessene literarische Gestaltung nur im antiken Gewand, im Zeichen der epischen Muse, finden konnte.

Ein Hinweis auf die spezifische Wirkungskraft, die Ronsard der antiken Epik

7 Usher 2014, S. 120.
8 Sainte-Beuve 1828, S. LX.
9 Neben Usher vor allem Maynard 2017.

als Vehikel seines Gründungsprojekts zutraut, lässt sich bereits dem Vorwort zur *Franciade* entnehmen, in dem Ronsards Freund Amadis Jamin den poetologischen Einsatz dieser Dichtung erläutert:

> En ce laborieux ouvrage de la Franciade, l'Autheur s'est proposé la façon d'escrire des Anciens & sur tous du divin Homere : combien qu'en ce premier livre il ait principalement imité Homere et Virgile, si est-ce que l'embarquement de Francus est à l'imitation d'Apolloine Rhodien.[10]

Mit dem Vorsatz, die »façon d'escrire des Anciens« aufzunehmen, wird hier zugleich eine generische Referenz gesetzt: Es ist, wie die Reihe der evozierten Namen: Homer – Vergil – Apollonios von Rhodos signalisiert, nicht ein bestimmter, einzelner Autor, sondern das Epos als Gattung, das hier als Muster literarischer Nachahmung aufgerufen wird. Der eklektische Zug des damit anvisierten Verfahrens ist dabei integraler Bestandteil des Programms: Aus der Zusammenführung der verschiedenen Vorlagen soll in einem Vorgang der kreativen Wiederaufnahme und Umgestaltung etwas Neues, d. h. ein modernes, auf die kulturpolitische Lage im damaligen Frankreich abgestimmtes Epos hervorgehen. Dieses poetologische Konzept veranschaulicht Jamin durch den Vergleich des Dichters mit der honigsammelnden Biene und zitiert damit ein wichtiges Motiv antiker Dichtungstheorie, das seine wohl bekannteste Formulierung in Platons *Ion* (534a7-b6) gefunden hat. Im Vorwort zur *Franciade* heißt es:

> Il [i. e. l'auteur] resemble à l'abeille, laquelle tire son profit de toutes fleurs pour en faire son miel : aussi sans jurer en l'imitation d'un des Anciens plus que des autres, il considere ce qui est en eux de meilleur, dequoy il enrichit [...] nostre langue Françoise.[11]

Der epische Schaffensprozess wird hier also als ein Vorgang der Synthese und produktiven Umschrift des aus unterschiedlichen Quellen zusammengetragenen poetischen Materials vorgestellt. Die fundierende Kraft dieser *poiesis* äußert sich dabei zunächst auf der Ebene der Sprache, als ein Akt der Erneuerung der französischen Sprache, die durch den bereichernden Einfluss der antiken Dichtung zur Literatursprache werden soll. Vor dem Hintergrund der zuvor zitierten antiken Epen, die allesamt Gründungsgeschichten zum Thema haben, liegt es freilich auf der Hand, dass sich das Programm der *Franciade* nicht in einem Projekt der Sprachbildung erschöpft. Es geht vielmehr zugleich darum, eine kulturelle und politische Gründung, einen Akt des ›nation-building‹,[12] zu vollziehen. Um dies zu bewerkstelligen, wählt Ronsard im Epos eine Form, der zugeschrieben wird, die Dichtung einer Gemeinschaft, eines Kollektivs, zu sein

10 Ronsard 1993, S. 1014f.
11 Ronsard 1993, S. 1015.
12 Keller 2011, S. 1ff.

und die von daher geeignet scheint, als Medium der Bildung einer kollektiven Identität zu dienen. Dass es sich hierbei freilich weniger um eine reale Identität denn um eine ›imagined community‹ handeln konnte,[13] lässt sich schon an dem widersprüchlichen Umstand lesen, dass Ronsard sein Werk in der Form eines gedruckten Buchs vorlegt und so seinen Lesern zur (einsamen) Lektüre überantwortet. Hier fehlt also die rhapsodische Konstellation, die man sich gemeinhin als Urszene des Epos und als ideales Medium vorstellt, eine solche kollektive Identität zu vermitteln.[14] Zwar mag sich der Autor, gewissermaßen als Krönung seines Werks, dessen öffentlichen Vortrag erhofft haben, doch auch bei Hofe war man wenig geneigt, den gravitätischen Dekasyllaben der *Franciade* zu lauschen. Dabei hatte der Dichter alles aufgeboten, das es braucht, um ein authentisches Epos auf den Weg zu bringen. So lässt er die *Franciade* standesgemäß mit dem Anruf der Muse beginnen, die von den Taten des Helden Francus singen soll:

> Muse, l'honneur des sommets de Parnasse,
> Guide ma langue et me chante la race
> Des Rois FRANÇOIS yssus de Francion
> Enfant d'Hector Troyen de nation, […].
> De ce Troyen conte moy les travaux,
> Guerres, conseils, et combien sur les eaux
> Il a de fois (en despit de Neptune
> Et de Junon) surmonté la Fortune,
> Et sur la terre eschappé de peris
> Ains que bastir les grans murs de Paris.[15]

Der zitierte Anfang bietet eine geradezu mustergültige epische Exposition: der Held, seine Genealogie wie seine Taten werden in Kurzform vorgestellt und zudem der von ihm zu vollziehende Gründungsakt angekündigt: »bastir les grans murs de Paris«. Mit der genealogischen Linie, die zurück ins mythische Troja führt, eng verknüpft erscheint hier überdies die Dynastie der amtierenden französischen Könige, die Ronsards Muse gleichfalls besingen soll und als deren Stammvater der Held der *Franciade* firmiert. Gleich zu Beginn wird hier also *in nuce* das komplette Programm des Epos präsentiert, dessen Telos in der Gründung Frankreichs und dessen Herrschergeschlechts besteht. An diesen gleichsam klassischen Epeneinsatz schließt sich sodann ein typisches Formelement antiker Epik an, die Götterversammlung auf dem Olymp, die von Jupiter persönlich einberufen wird. Sie bietet Anlass zu einem Rückblick auf die nunmehr zwanzig Jahre zurückliegende Zerstörung Trojas, die der Göttervater voll Trauer

13 Vgl. Christians 2004, S. 61.
14 Vgl. ebd., S. 58.
15 Ronsard 1993, S. 1021.

in Erinnerung ruft und dabei von dem Schicksal von Francus, des Sohns von Hector und Andromache, und von dessen wundersamer Rettung berichtet. Jupiter bekundet seinen Entschluss, Francus, der in ländlicher Zurückgezogenheit herangewachsen ist, auf eine Fahrt zu entsenden, die ihn über diverse Abenteuer nach Gallien führen soll, wo sich sein Auftrag, ein neues Reich zu gründen, erfüllen soll. Es ist kein Geringerer als der Götterbote Merkur, der diesen Auftrag übermittelt und so die epische Handlung in Gang setzt.

Ronsard hat damit alle Elemente versammelt, die man für eine Gründungserzählung braucht: Da ist zunächst das Motiv einer mythischen Katastrophe, einer Zerstörung, die wie in Vergils *Aeneis* zum Ursprung einer Bewegung der Erneuerung und Gründung wird. Da ist zudem die Figur eines Helden, der, durch seine besondere Abstammung nobilitiert, von höchster göttlicher Instanz ausgewählt und mit einer Mission zur Staatsgründung betraut wird. Warum erwirkte, so ist zu fragen, dieses so sachgemäß und kunstfertig komponierte Epos nicht den erhofften literarischen Erfolg? Warum fand der französische Aeneas nicht die gleiche Resonanz und traditionsbildende Wirkung wie sein mythischer Vorgänger in Vergils Epos?

Man wird hier noch einmal auf Sainte-Beuves Bemerkung zurückkommen müssen, dass es, um eine *Aeneis* ins Werk zu setzen, der Gunst der Zeit wie der Fürsten bedarf. In beiden Hinsichten hatte es Ronsard als neuer Vergil offensichtlich nicht gut getroffen: in dem von den *guerres d'Italie* erschöpften und von religiösen Konflikten bedrohten Frankreich schien es wenig probat, eine historisch-kriegerische Muse anzurufen, und auch bei den von Ronsard umworbenen königlichen Gönnern fand das Epos von der Gründung ihrer Dynastie wenig Gegenliebe. Als nicht weniger gewichtig als diese widrigen Umstände dürfte indessen ein weiterer Aspekt einzuschätzen sein, der die spezifische mediengeschichtliche Situation zur Zeit Ronsards betrifft. Wir bewegen uns in der Periode der Umstellung auf das Medium des Drucks bzw. des gedruckten Buchs und damit in einer Konstellation, zu der das Begehren nach dem Epos in seiner antiken Form in einem gewissen Missverhältnis steht. Jedenfalls bietet sich das Buch, auch wenn es vorgelesen werden kann, nicht ohne weiteres als Medium einer breit angelegten öffentlichen, kollektiven Rezeption an, wie sie dem Autor der *Franciade* vorschwebte. Es fehlte also nicht zuletzt die zum Epos als einer öffentlichen Angelegenheit passende Rezeptionssituation.

Vor diesem Hintergrund ist bemerkenswert, dass die Gründungsgeschichte der *Franciade* schließlich doch eine gleichsam postume Bekanntheit erlangte, nämlich durch den Zyklus von 78 Gemälden, die der Maler Toussaint Dubreuil im Auftrag des französischen Königs Henri IV für das Schloss Saint-Germain-en-Laye anfertigte.[16] Durch den Medienwechsel vom Text zum Bild präsentierte sich

16 Vgl. Usher 2014, S. 149ff.

Abb. 1: Toussaint Dubreuil: *Hyanthe et Climène offrent un sacrifice à Vénus* (ca. 1600). Öl auf Leinwand (190 cm x 140 cm). Musée du Louvre.

das epische Narrativ nun in einem für den damaligen Kontext rezeptionsgeschichtlich günstigeren Format: Die Übertragung ins Bild erlaubte es, die epische Großform in eine Serie von prägnanten Szenen aufzulösen, die jede für sich gleichsam mit einem Blick zu erfassen und so für eine unmittelbare und (im Vergleich zum umfangreichen Text) raschere Rezeption geeignet ist. Überdies stehen die Szenen in einem Raum höfischer Repräsentation, der, wenngleich beschränkt auf Mitglieder und Besucher des Hofes, ein Raum öffentlicher Sichtbarkeit ist. Zudem zeigen uns die Bilder keineswegs nur Schlachtszenen und Kriegsgetümmel. Vielmehr kommt dort den Frauenfiguren der *Franciade*, Hyante und Clymène, den Töchtern des kretischen Königs, eine entscheidende Rolle zu. Aufschlussreich ist hier vor allem eine Szene, in der die beiden Frauen, die sich beide in Francus verliebt haben, gemeinsam einen Ritus vollziehen, in dem sie der Göttin Venus ein Opfer darbringen (vgl. Abb. 1). In diesem Bild zeichnet sich eine Distanzierung vom kriegerischen Ethos des Heldenepos ab. Nicht Mars, sondern Venus erweist sich hier als die Gottheit, die den epischen

Bildzyklus regiert. In eins damit tritt anstelle des Kriegs die Ehe als biopolitisches Prinzip der Allianz- und Dynastiebildung hervor.

## Bibliographie

Machiavelli, Niccolò: *Discorsi sopra la prima deca di Tito Livio.* Seguiti dalle Considerazioni intorno ai Discorsi del Machiavelli di Francesco Guicciardini, a cura di Corrado Vivanti. Turin 2000.

Ronsard, Pierre de: »La Franciade«, in: *Œuvres complètes,* hg. v. Jean Céard, Daniel Ménager, Michel Simonin, tome 1. Paris 1993, S. 1011–1186.

Bernsen, Michael: *Der Mythos von der Weisheit Ägyptens in der französischen Literatur der Moderne.* Bonn 2011.

Burkert, Walter: »Mythos und Mythologie«, in: *Propyläen Geschichte der Literatur, Bd. 1: Die Welt der Antike 1200 v. Chr. - 600 n. Chr.* Berlin 1981, S. 11–35.

Christians, Heiko: *Der Traum vom Epos. Romankritik und politische Poetik in Deutschland (1750–2000).* Freiburg im Breisgau 2004.

Keller, Marcus: *Figurations of France: Literary Nation-Building in Times of Crisis (1550–1650).* Delaware 2011.

Livius, Titus: *Römische Geschichte,* Lateinisch / Deutsch. Bd. 1. Hg. von Hans Jürgen Hillen. Düsseldorf: Artemis und Winkler 1987.

Maynard, Katherine: *Reveries of Community: French Epic in the Age of Henri IV (1572–1616).* Evanston 2017.

Ménissier, Thierry: *Machiavel ou la politique du centaure.* Paris 2010.

Pedullà, Gabriele: *Machiavelli in tumulto. Conquista, cittadinanza e conflitto nei Discorsi sopra la prima deca di Tito Livio.* Rom 2011.

Sainte-Beuve, Charles-Augustin: »Notice sur Ronsard«, in: *Œuvres choisies de P. de Ronsard.* Paris 1828, S. IX–LXXII.

Usher, Phillip John: *Epic Arts in Renaissance France.* Oxford 2014.

Usher, Phillip John: *Ronsard's Franciad. A translation, with introduction and notes.* New York 2010.

Helmut J. Schneider (Bonn)

# Aufbruch ins Freie. Zum Ursprung von Spaziergang und Wanderung als europäischer Kulturpraxis zwischen Aufklärung und Romantik

## I. Entdeckung der Landschaft und Freisetzung des Gehens

Das 18. Jahrhundert war der Schauplatz eines epochalen Vorgangs, den wir gemeinhin die »Entdeckung der Natur« nennen. Gemeint ist die Natur als ästhetische Erscheinung, als Landschaft. Die Wurzeln dieses gemeineuropäischen Vorgangs, der tief bis in unsere Gegenwart hinein wirkt, liegen in der frühen Neuzeit (Renaissance) und ihrer Öffnung des innerweltlichen Horizonts gegen den geschlossenen metaphysischen und religiösen Kosmos von Antike und Mittelalter. Aber erst seit der frühen Aufklärung wurde die Entdeckung der Natur zu einem umfassenden geistes- und kulturgeschichtlichen Prozess, der in den Künsten – und insbesondere der Literatur – Ausdruck fand und mehr und mehr auch die Mentalität und Lebenswelt des modernen, sich aus den ständischen Fesseln befreienden Bürgertums prägte. In der affektiv-ästhetischen Hinwendung zur äußeren Natur gab sich die Aufklärung ein in der Lebenswelt verankertes Symbol ihres emanzipatorischen Aufbruchs. Der Aufbruchscharakter mochte überlagert sein von der Sehnsucht nach Welt- und Gesellschaftsflucht, die sich im Gefolge einer mehr und mehr ›verbürgerlichenden‹ oder ›verbiedermeierten‹ Romantik verstärkte und Natur im Wesentlichen als eskapistischen Gegenraum zu einer sich durch Technik, Industrie, Verkehr, Verstädterung usw. hemmungslos beschleunigenden Moderne vorstellte. Tatsächlich war dem Umgang mit der landschaftlichen Natur, besonders in Form des Spaziergangs oder der Wanderung, von Anfang an auch ein Entlastungscharakter von zivilisatorischen und sozialen Zwängen zueigen. Dem stand jedoch die andere, dem aufklärerischen Ursprung geschuldete Seite eines genuinen Freiheitsimpulses gegenüber. »Wie froh bin ich, daß ich weg bin!« – dieser Stoß- und Befreiungsseufzer, mit dem Goethes Werther, einer der großen Naturschwärmer des späteren 18. Jahrhunderts, seine Bekenntnisse eröffnet, hält die Schwebe zwischen Flucht und Aufbruch. Der Protagonist kehrt der beengenden Gesellschaft und Vergangenheit den Rücken und wird zum unermüdlichen Wanderer auf der Suche nach einem neuen Leben, ja: einer neuen Welt.

Landschaft und Moderne bilden nicht etwa einen Gegensatz, sondern stehen in einem Wechsel- und Entsprechungsverhältnis. Erst die neuzeitliche Beherrschbarkeit der Natur hat deren äußeren Anblick zu einem Gegenstand kontemplativen Genusses machen können, der zugleich für die zivilisatorischen Mängel entschädigen sollte; aber andererseits machte sich in der Landschaftserfahrung derselbe Entdeckungs- und Aufbruchsdrang geltend, wie er auch die wissenschaftlich-technische Unterwerfung der Natur charakterisiert.[1] – Im Folgenden soll ein spezifisches Moment dieser Erfahrung pointiert werden, das in der historischen Forschung aufgrund seines scheinbar selbstverständlichen Charakters lange hinter den geistesgeschichtlichen Implikationen zurückstand und erst in jüngster Zeit ausdrücklich thematisiert wird. Gemeint ist das *Gehen*, verstanden als elementar körperliches Geschehen und zugleich als symbolische Handlung. Wenn man dem modernen Gang »hinaus« in die Natur die philosophische Bedeutung eines »transcensus« (J. Ritter) aus weltlicher Befangenheit oder eines »Gestus der Hinaustretens« aus konventionell-verdinglichten Verhältnissen (Adorno)[2] attestiert hat, der die verlorene metaphysische Ganzheitserfahrung von Welt substituiert, so realisiert sich in diesem Akt der Überschreitung auch ein neuartiges körperliches Verhalten. Der Landschaftsspaziergang befreite die Füße von allen instrumentellen – ökonomischen, sozialen, religiösen usw. – Zwecksetzungen und wurde zu einer selbstzweckhaften Handlung. Es war ein Gehen um des Gehens willen, ohne äußerlich auferlegten Zwang oder Sinn, ein ›reines‹, wir können auch sagen: ästhetisches Gehen. Weil es dabei auch nicht mehr auf die Erreichung eines von der Lebensnotdurft vorgeschriebenen Ziels ankam, lässt sich ebenso von einer Emanzipation des Weges sprechen. Gewiss konnte der Spaziergang ›im Freien‹ (und die Wanderung als seine ausgedehntere Form), wie er sich seit dem frühen 18. Jahrhundert als eine zunehmend breiter geübte (bürgerliche) Kulturpraktik durchsetzte, auch ältere Zielsetzungen des Gehens bewahren, doch geschah dies dann in ästhetisch überformter Weise. So konnten traditionelle Formen wie die Gesellen- oder Pilgerwanderung in der Romantik wieder aufgenommen werden. Auch bei Realisten wie Stifter und Keller oder großen zeitgenössischen Gehern wie Tho-

1 In einem bedeutenden Essay – bis heute dem grundlegenden geistesgeschichtlichen Beitrag zum Thema – hat Joachim Ritter vor mehr als fünfzig Jahren die ästhetische Naturwahrnehmung in den Zusammenhang einer philosophisch begriffenen Moderne gestellt, indem er sie als Kompensation für die durch die technisch-industrielle Zivilisation verlorene (antik-mittelalterliche) philosophische Theoria oder Kosmosschau deutete. Die unter den wissenschaftlichen Bedingungen der Neuzeit nicht mehr im philosophischen Begriff aussagbare Ganzheit der Welt werde nun in der Landschaft – »Natur, die im Anblick für einen fühlenden und empfindenden Betrachter ästhetisch gegenwärtig ist« – erfahrbar. Damit ist die Landschaft für Ritter überhaupt das Paradigma für die »Funktion des Ästhetischen in der modernen Gesellschaft« (dies der Untertitel seines Essays). – Ritter 1974, S. 150.

2 Adorno 1970, S. 100f.

mas Bernhard, W. G. Sebald und Peter Handke handelt es sich stets um ein selbstbestimmtes, ›autonomes‹ Gehen, dem Sinn oder Symbolik von innen eingestaltet sind. Besonders signifikant ist die symbolträchtige Analogie von Gehen und Schreiben, die in der literarischen Moderne des 20. Jahrhunderts zur poetologischen Figur einer auf den eigenen Vollzug gerichteten, gewissermaßen *intransitiven* Textbewegung wurde.[3]

Das so als symbolische Kulturpraxis verstandene Gehen und Wandern hat seinen diskursiven und künstlerischen Ursprung also in der Epoche zwischen Aufklärung und Romantik, bevor es im Laufe des 19. Jahrhunderts zu einem alltäglichen Verhalten wurde. Letzteres fand seinen institutionalisierten Ausdruck in den vielen Wanderbewegungen und -vereinen, die nun freilich ihrerseits (so etwa im Wandervogel der vorletzten Jahrhundertwende und seinen Abkömmlingen) die freie Bewegung wieder ideologischen Zwecken unterwerfen konnten. Diese neuerliche Besetzung des ›freien‹ Wanderns mit einem externen Sinn charakterisiert insbesondere die deutsche Entwicklung, wobei Faktoren wie eine popularisierte Romantik, ein ausgeprägter Regionalismus (und Provinzialismus) und nicht zuletzt ein in das Natur- und ›Heimat‹-Erleben abgeleitetes nationales Einheitsbestreben eine Rolle spielten.[4] Im 18. Jahrhundert handelte es sich dagegen um die gemeineuropäische Entfaltung einer Figur individueller Freiheit, zu der (zunächst) in erster Linie England, Frankreich und Deutschland in einem intensiven Austauschprozess beitrugen.

Grundzüge dieser Ursprungsgenese sollen in den drei folgenden Abschnitten in grober historischer Abfolge, die zugleich systematische Aspekte vorstellen, skizziert werden: Der empiristischen Einstellung Englands kommt die grundlegende Vorreiterrolle zu (II), bevor Rousseau sein emotionalistisch und geschichtsphilosophisch aufgeladenes Naturverständnis unmittelbar mit dem körperlichen Akt des Gehens und Wanderns verband (III); hieran knüpfte die deutsche Romantik an, indem sie den aufklärerischen Gestus des Aufbruchs und Überschreitens idealistisch überhöhte und in eine ›absolute‹ Bewegung hinein steigerte, die sich mit der Konzeption absoluter Kunst berührt (IV). – Ziel der knappen Ausführungen, die durchweg Bekanntes zur Sprache bringen, ist die

3 Die Literatur zu Spaziergang und Wanderung hat in den letzten Jahrzehnten großen Aufschwung genommen. Hier seien stellvertretend für einen phänomenologisch-theoretischen, einen kulturhistorischen und einen poetologischen Zugang drei Titel genannt: Waldenfels 1986, König 1996 sowie der Sammelband, der die Linien in die Moderne des 20. Jahrhundert hin auszieht: Gellhaus / Moser / Schneider 2007.

4 Zur kulturgeschichtlichen Entwicklung im 19. Jahrhundert s. den Sammelband: Albrecht / Kertscher 1999. Darin vor allem die Aufsätze von Heinrich Bosse, »Zur Sozialgeschichte des Wanderlieds« (Bosse 1999) und Hans-Joachim Althaus, »Bürgerliche Wanderlust. Anmerkungen zur Entstehung eines Kultur- und Bewegungsmusters« (Althaus 1999). Zur überragenden Bedeutung des in der spätromantischen Tradition stehenden Wanderlieds vgl. auch Bosse / Neumeyer 1995.

historische Zusammenschau einer literatur- und kunstgeschichtlich maßgeblich vorbereiteten und gedeuteten Kulturpraxis, die mit Grund als ein »europäischer Gründungsmythos« bezeichnet werden kann.[5]

## II. Öffnung des weltlichen Auges und der Einbildungskraft in der frühen Aufklärung (Joseph Addison, Barthold Heinrich Brockes)

Das bedeutsamste frühe Zeugnis für die neue Landschaftswahrnehmung sind Joseph Addisons einflussreiche Essays *On the Pleasures of the Imagination*, die 1712 in der Wochenschrift *The Spectator* erschienen. Sie preisen den Gang in die Natur als Öffnung der Sinne, zuerst und vor allem des Gesichtssinns: »Our Sight is the most delightful of our senses«, beginnt der erste Essay. Das Auge findet in der Landschaft eine unbegrenzte Nahrung, die es nicht passiv, sondern mit belebendem Sinn aufnimmt. Ein Mensch, der in der schönen Natur spazieren geht, heißt es, »looks upon the World, as it were, in another light, and discovers in it a Multitude of Charms, that conceal themselves from the generality of mankind«.[6] Unverkennbar ist die Entdeckerfreude, mit der die visuellen Eindrücke aufgenommen und gesammelt werden. In dem gefeierten Drang zu einer ästhetischen Weltaneignung bekundete sich nicht zuletzt der Geist englischer kolonialer Eroberungslust. Unser Gesichtssinn, so Addison, »füllt« den Geist mit einem Vorrat von Eindrücken und Vorstellungen, er »bringt einige der entferntesten Teile der Welt in unsere Reichweite«, so dass er uns an allen Gegenständen »eine Art von Eigentum« gibt.

> It [sight] fills the Mind with the largest Variety of Ideas, converses with its Objects at the greatest Distance, and continues the longest in action without being tired or satiated with its proper Enjoyments [...]. Our Sight spreads itself over an infinite Multitude of Bodies, comprehends the largest Figures, and brings into our reach some of the most remote Parts of the Universe [...]. It gives him, indeed, a kind of property in every thing he sees, and makes the most rude uncultivated parts of nature administer to his pleasures.

Deutlich wird hier, wie der Landschaftserfahrung neben dem befreienden Aspekt (und ihm eng verbunden), ganz im Sinne einer Dialektik der Aufklärung, der andere einer visuellen Weltbemächtigung eignet, in der sich die moderne Naturbeherrschung spiegelt. Die Landschaft wird zum privilegierten symboli-

5 Die Skizze greift, bisweilen auch wörtlich, auf eine Reihe früherer Arbeiten des Verfassers zurück, die hier nur summarisch genannt seien: Schneider 1999; Schneider 2008; Schneider 2017.

6 Addison 1963, S. 278. Dort auch das folgende Zitat.

schen Raum eines Prozesses, den Martin Heidegger als die neuzeitliche Verwandlung der Welt ins Bild beschrieben hat.[7] Der Aufbruch ins Freie war auch Aufruf zu (visueller) Eroberung. Das landschaftliche Auge konnte sich von seiner körperlich-lebensweltlichen Einbettung abspalten, um sich einer zweidimensional reduzierten Welt zu bemächtigen. »It is but opening the Eye, and the Scene enters«, heißt es bei Addison.[8] Im zur gleichen Zeit entstehenden »englischen« Landschaftsgarten, der den architektonisch-symmetrischen Park französischer Provenienz ablöste, erhielt diese ästhetische Haltung ihre räumliche Gestalt. Seine auf abwechslungsreiche Ansichten und Durchblicke angelegte, Unbegrenztheit suggerierende, geschlängelte (daher Auge und körperliche Bewegung synchronisierende) Wegführung spielte dem Spaziergänger die Mannigfaltigkeit der ›Welt‹ als sein mühelos erwerbbares »Eigentum« zu. Die wahrnehmungs- und medienpolitische Problematik dieser inszenatorischen Veranstaltung wird dann ein Jahrhundert nach Addison Goethes Roman *Die Wahlverwandtschaften* (1808) aufzeigen. In ihm wird die Umgestaltung eines alteuropäischen, durch Gutsschloss, Kirche, Dorf, Mühle definierten sozialen Raums in die Bilderfolge eines Landschaftsparks zum Symbol einer modernen Welterfahrung, in der sich alle Substanz in pure Virtualität zu verflüchtigen droht.

Vorherrschend bei Addison ist jedoch die befreite Zuwendung zu einer offenen Welt, die dem Spaziergänger in einem neuen Licht erscheint: »[He] looks upon the World, as it were, in another light«. Dieses Licht nun verdankt sich nicht allein dem äußeren Gesichtssinn, sondern einer als welterschließendes Vermögen verstandenen Einbildungskraft. Äußere und innere Bilder, visuelle Wahrnehmung und mentale Vorstellung wirken zusammen in wechselseitiger Steigerung; Öffnung des Auges und Entbindung der Einbildungskraft sind Momente desselben Prozesses. Damit nimmt Addison nicht nur in der Geschichte der Landschaftsästhetik, sondern der Kunst überhaupt, genauer: ihrer Entwicklung zur Autonomie, einen zentralen Platz ein. Die Koppelung der »Vergnügungen der Einbildungskraft« an die Wahrnehmung der äußeren Natur hatte zunächst zum unmittelbaren Ziel, die Kunst von den klassischen Vorbildern und den von ihnen abgelesenen Normen zu befreien. Damit aber war ein Prozess in Gang gesetzt, der im weiteren Verlauf des Jahrhunderts die Einbildungskraft auch von der mimetischen Bindung an die Natur löste, bis die Romantik ihr schließlich einen absoluten Spielraum gewährte. –

Für das imaginativ gesteigerte Sehen gibt es neben dem aufklärerisch-empiristischen noch einen religiösen, insbesondere in Deutschland wirksamen Hintergrund. Dieser manifestierte sich in dem zur selben Zeit Addisons entstehenden – und von England mit beeinflussten – vielbändigen Gedichtwerk des

7 Vgl. Heidegger 1980.

8 Addison 1963, S. 277. Dort auch das folgende Zitat.

Hamburger Patriziers Barthold Heinrich Brockes, *Irdisches Vergnügen in Gott* (neun Bände, 1721–1748). Die Gedichte des aufgeklärten Lutheraners preisen den Aufbruch in die Natur mit dem säkularisierten Ethos einer geistlichen Erweckung. In immer neuen, schier unermüdlichen Anläufen schildert Brockes die unterschiedlichsten Phänomene der Natur, vom unscheinbaren Grashalm bis zum unermesslichen Sternengewölbe, als Werk und Gabe eines weisen und gütigen Schöpfers, denen der Mensch mit dankbarem und offenem Blick zu entsprechen hat. Das »betrachtende Gemüt«, so laute eine wiederkehrende Formel, taucht die exakt beobachteten, in detaillierter Zergliederung, aber auch subtiler Nuancierung beschriebenen Naturgegenstände in ein inneres Licht. Es ist dies ein ins Innerweltliche gewendetes Gnadenlicht, das dem aufmerksamen Betrachter alles das, was ihm immer schon vor Augen stand und nur die »Unachtsamkeit« der »schädlichen Gewohnheit« verbarg, erst eigentlich in seiner Schönheit und Vollkommenheit sichtbar macht. Es bereitete historisch der romantischen Verschmelzung von Landschaft und Einbildungskraft den Weg.

Brockes' in der ersten Hälfte des Jahrhunderts im deutschsprachigen Bereich weit verbreitetes *Irdisches Vergnügen* ist ein Beispiel für das später von Lessing im *Laokoon* (1766) angegriffene Genre der deskriptiven Poesie, dessen prominentestes europäisches Muster wiederum England mit James Thomsons *The Seasons* (1726–1728) geliefert hatte. Lessings poetologische Kritik richtete sich bekanntlich gegen die Dominanz des Visuellen und die ermüdende Aufzählung von unverbundenen Eindrücken, für ihn die eitle Ausbeute einer mechanischen »Bilderjagd«, der er als eigentliches Gebiet der auf die Sprache angewiesenen Dichtung die Einheit einer Handlung entgegenstellte. Damit war der vorrangig visuellen Naturwahrnehmung der Aufklärung aber nur das dichtungskritische Urteil gesprochen. Wenn Spazierengehen hieß, sein Auge schweifen zu lassen und die wechselnden Bilder der äußeren Welt (der Natur, der Landschaft) in sich aufzunehmen, so fügte sich für Lessing dieser Vorgang aufgrund des sukzessiven und damit potenziell dissoziativen Charakters der Sprache zu keinem geschlossenen Eindruck für die Einbildungskraft des Lesers, auf den es ihm ankam. Doch lag dem Spaziergänger, auch wenn er sich bloß als spazierengehendes oder -geführtes Auge darstellte, eben doch der entscheidende anfängliche *Schritt hinaus* zum Grund, auch wenn der sich nicht als anschauliche Einheit eines durchgeführten Gangs realisierte. Erst mit Rousseau und seinem in ganz Europa ausstrahlenden Einfluss trat das körperliche Gehen selbst als emphatischer Vorgang hervor.

## III. Selbstmächtigkeit und Nostalgie des modernen Wanderers – die geschichtsphilosophische Perspektive (Rousseau, Schiller)

»Wer geht, sieht im Durchschnitt anthropologisch und kosmisch mehr, als wer fährt«, so postuliert es der größte Geher der deutschen klassischen Epoche, Johann Georg Seume, und fährt fort: »Ich halte den Gang für das Ehrenvollste und Selbständigste in dem Manne [...]. Sowie man im Wagen sitzt, hat man sich sogleich einige Grade von der ursprünglichen Humanität entfernt.«[9] Der Anklang an Kants Aufklärungsdefinition ist sprechend: Indem er sich auf seine eigenen Beine stellt, erlangt »der Mann« Selbstständigkeit und authentische Erfahrung von Welt und Mitwelt. Im Verzicht auf technische Transportmittel und im ausschließlichen Verlass auf den eigenen Körper realisiert das Subjekt eine elementare Autonomie; zugleich öffnet es sich einer sonst unbeachteten niederen sozialen Realität.

Seume steht hier klar in der Nachfolge von Jean-Jacques Rousseau, des ersten großen Fußwanderers in dem bezeichneten modernen Sinn (andere Nachfolger, um nur einige zu nennen, sind in Deutschland Hölderlin und Jean Paul, in England Wordsworth und in Amerika Thoreau). Mit Rousseau wird der ›Spaziergang‹ zur ›Wanderung‹ im eigentlichen heutigen Sinn (im 18. Jahrhundert war der semantische Unterschied noch nicht ausgeprägt, Seumes Hauptwerk von 1802/03 trägt den (allerdings auch spielerisch-ironisch gemeinten) Titel *Spaziergang nach Syrakus*). Sachlich ist der Spaziergang als räumlich und zeitlich begrenzter Rundgang, der von Zuhause ausgeht und wieder dorthin zurück führt, von der ausgedehnteren und tendenziell unbegrenzten Wanderung unterschieden. Deren unkalkulierbare Offenheit hat ihr Symbol im Einbruch der Nacht, die den Wanderer mit seiner Entfernung vom Zuhause, ja gewollten Unbehaustheit konfrontiert. Die ursprüngliche (aufklärerische) Grenzüberschreitung wird damit um ein existenzielles Moment radikalisiert. Und so wie der Wanderer sich aus den lebensweltlichen Rückversicherungen des Spaziergängers löst, so entfernt sich die Einbildungskraft von dem Bezugsrahmen, an den jener trotz aller auch ihm, wie wir sahen, grundsätzlich eigenen Offenheit gebannt blieb. Symbolisch gesprochen, findet der zum Wanderer gewordene Spaziergänger nicht mehr (und *will* nicht mehr) nach Hause zurück; im (romantischen) Extremfall verliert er sich als heillos, rückkehrlos Verirrter im Imaginären.

Rousseau repräsentiert den Übergang vom aufklärerisch-empfindsamen Spaziergänger zum romantischen Wanderer. In seinen späten autobiographi-

9 Seume 1974, S. 638.

schen Schriften stellt er sich als gehend und wandernd zu sich selbst kommendes, seiner Identität sich vergewisserndes Individuum dar. Dazu gehören die Beschwerlichkeiten und Abenteuer des Weges, dazu gehört die teilnehmende Begegnung mit den unteren sozialen Klassen, die dem Kutscheninsassen verborgen bleiben, dazu gehört die Aktivierung des gesamten körperlich-sinnlichen, nicht auf die visuelle Wahrnehmung beschränkten Erlebens, und dazu gehört schließlich das In-Bewegung-Setzen einer intensiven Phantasieproduktion. All das fließt zusammen in ein gesteigertes Selbstgefühl. In der folgenden Passage aus den *Confessions* (1782–1788) wandert sich der Autobiograph geradezu in einen Machtrausch hinein, der das Ich zum imaginären Mittelpunkt der Welt macht:

> Jamais je n'ai tant pensé, tant existé, tant vécu, tant été moi, si j'ose ainsi dire, que dans ceux [les voyages] que j'ai faits seul et à pied. La marche a quelque chose qui anime et avive mes idées : je ne puis presque penser quand je reste en place ; il faut que mon corps soit en branle pour y mettre mon esprit. La vue de la campagne, la succession des aspects agréables, le grand air, le grand appetit, la bonne santé que je gagne en marchant, la liberté du cabaret, l'éloignement de tout ce qui me fait sentir ma dépendance, de tout ce qui me rappelle à ma situation, tout cela dégage mon ame, me donne une plus grande audace de penser, me jette en quelque sorte dans l'immensité des êtres pour les combiner, les choisir, me les approprier à mon gré sans gêne et sans crainte. Je dispose en maitre de la nature entiére ; mon cœur errant d'objet en objet s'unit, s'identifie à ceux qui le flatent, s'entoure d'images charmantes, s'enivre de sentimens délicieux.[10]

Die euphorische Selbstmächtigkeit des Wanderers bleibt freilich nicht ungebrochen. Ihr liegt eine Ursprungsszene zugrunde, die den emanzipatorischen Aufbruchscharakter signifikant dramatisiert und ihm ein neues Moment hinzufügt, das für die romantischen Nachfolger bedeutsam werden wird. Der Aufbruch erhält einen zwiespältigen Charakter, insofern ihm ein halb erzwungener Entschluss zugrunde liegt. Bei einer verspäteten Rückkehr von einem seiner

10 Rousseau 1959, S. 162 (Teil I, Kap. 4) in der Originalgraphie. – Deutsche Übersetzung nach: Rousseau 1961, S. 134f.: »Nie habe ich so viel nachgedacht, nie war ich mir meines Daseins, meines Lebens so bewußt, nie war ich sozusagen mehr Ich als auf den Reisen, die ich allein und zu Fuß gemacht habe. Im Marschieren liegt etwas meine Gedanken Anfeuerndes und Belebendes, und ich kann kaum denken, wenn ich mich nicht vom Platze rühre; mein Körper muß in Bewegung sein, wenn es mein Geist sein soll. Der Anblick des freien Feldes, der Wechsel angenehmer Aussichten, die frische Luft, der gute Appetit, das Wohlbefinden, das sich beim Wandern einstellt, die Ungebundenheit des Gasthauslebens, die Entfernung von allem, was mich meine Abhängigkeit fühlen läßt, von allem, was mich an meine Lage erinnert, all das befreit meine Seele, gibt mir eine größere Kühnheit der Gedanken, schleudert mich gewissermaßen hinein in die unendliche Mannigfaltigkeit der Wesen mit der Kraft, sie zu verbinden, sie auszuwählen, mir sie nach Gefallen ohne Scheu und Furcht anzueignen. Ich verfüge als Herr über die ganze Natur; mein Herz, von Gegenstand zu Gegenstand gaukelnd, verbindet sich, verschmilzt mit denen, die ihm zusagen, umgibt sich mit reizenden Bildern, berauscht sich an seligen Empfindungen.«

vielen Spaziergänge fand der junge Genfer das Tor seiner Heimatstadt verschlossen, worauf er ihr kurzerhand den Rücken kehrte – für immer. Wiewohl hierzu schon zuvor disponiert – im Unterschied zu seinen Kameraden sei er »immer vorwärts [gegangen], ohne an Umkehr zu denken«[11] – ist Jean-Jacques doch auch ausgeschlossen. Auf seiner freiwillig-unfreiwilligen Wanderschaft wird er daher von nostalgischen Empfindungen gegenüber der verlassenen Heimat heimgesucht. Im Schoße seiner Vaterstadt wäre er, so die Klage, ein guter und zufriedener Bürger, Christ und Familienvater geworden und hätte ein schlichtes und beschränktes Leben geführt. Nur umso befreiender macht sich dann freilich nach diesem melancholisch-nostalgischen Rückblick, mit dem das erste Buch endet, zu Beginn des zweiten wieder das ausschließliche Gefühl seiner »Unabhängigkeit« geltend:

> Libre et maitre de moi-même, je croyois pouvoir tout faire, atteindre à tout : je n'avois qu'à m'élancer pour m'élever et voler dans les airs. J'entrois avec sécurité dans le vaste espace du monde.[12]

Mit jedem Schritt ins Freie bestätigt sich Rousseau seine Ungebundenheit: die Freiheit der körperlichen Bewegung, die Freisetzung des Auges und der Einbildungskraft. Das ist eine immense Steigerung von Addisons frühaufklärerischem Aufbruch. Das ortlose Subjekt gewinnt im Wandern den Status eines *homme naturel* zurück, der in paradoxer Weise die Mobilität der Moderne in sich aufgenommen hat. Rousseaus Naturwanderung lädt sich mit der geschichtsphilosophischen Figur eines von der Kultur verlassenen und doch *durch* sie und *in* ihr wiederzugewinnenden Ursprungszustands auf. –

Bevor wir im nächsten Abschnitt diese Ambivalenz zwischen Sesshaftigkeit und Mobilität in der (deutschen) Romantik weiter verfolgen, soll der Blick auf ein Werk gerichtet werden, das am Scheitelpunkt der Weimarer Klassik den aufklärerischen Naturgang unter dem Einfluss Rousseaus in einen großen geschichtsphilosophischen Bogen spannt: Schillers »Spaziergangs«-Elegie von 1795.[13] Im Medium eines ausgedehnten Gangs aus der Ebene auf einen nahe gelegenen Berg (der biographische Hintergrund deutet auf die Lokalität Jenas) wird der Gang der Weltgeschichte von einfachen Ursprüngen bis zum Höhepunkt der entwickelten Gegenwart veranschaulicht. Der Spaziergang *in* der Natur als *Landschaft* wird zur Reflexion *der* Natur als *Norminstanz* in ihrem Verhältnis zur Kultur. – Mit dem befreienden Ausruf des ersten Verses: »Endlich

11 Rousseau 1959, S. 41 (»Dans nos promenades hors de la ville j'allois toujours en avant sans songer au retour«).

12 Rousseau 1959, S. 45. Übersetzung nach: Rousseau 1961, S. 39: »Frei und Herr meiner selbst, glaubte ich alles tun, alles erreichen zu können; ich brauchte nur mich aufzuschwingen, um mich zu erheben und in die Lüfte zu fliegen. Ich trat voller Sicherheit in die weite Welt.«

13 Schiller 1960, S. 228–234.

entflohen des engen Zimmers Gefängnis«, öffnet sich die äußere Natur als ein Raum gleichermaßen der Erholung wie der Reflexion. Den Spaziergänger nimmt zunächst eine freundliche Agrar- und Gartenlandschaft auf, die ihm einen frühen Gesellschaftszustand widerspiegelt, bevor ihn ein langer und mühsamer Aufstieg in unwegsames Gebirge führt und schließlich verirren lässt; die Situation halsbrecherischer Verlassenheit wird ihm zum Gleichnis modernen Orientierungsverlusts (mit offensichtlicher Bezugnahme auf die Französische Revolution): »Aber wo bin ich? Es birgt sich der Pfad. Abschüssige Gründe / Hemmen mit gähnender Kluft hinter mir, vor mir den Schritt. / Hinter mir blieb der Gärten, der Hecken vertraute Begleitung, / Hinter mir jegliche Spur menschlicher Hände zurück.«[14] Doch zuletzt fasst sich der heillos Verlorene, indem er sich einer bei allem historischen Wechsel gleich bleibenden Natur versichert: einer landschaftlichen Natur, wie sie ihn ja – darstellerisch bedeutsam – durch den gesamten Ausflug bis hierhin getragen hatte und deren Anblick ihm nun symbolisch die Einheit des Menschengeschlechts und seiner Geschichte zur Anschauung bringt: »Unter demselben Blau, über dem nämlichen Grün / Wandeln die nahen und wandeln vereint die fernen Geschlechter, / Und die Sonne Homers, siehe! sie lächelt auch uns.« –

Mit diesem selbstreferenziellen Verweis der im klassischen Distichen-Maß verfassten Elegie (deren Versfüße gewissermaßen auch dem körperlichen Schritt ihr Maß setzen) auf die immer noch leuchtende griechische Sonne markiert Schiller zugleich die Grenze zur literarischen Romantik, die eine solche tröstende Rückversicherung – polemisch: die Heimkehr in die klassische Welt – nicht mehr kennen wird.

## IV. Absolute Bewegung: Romantische Entgrenzung und das Jenseits der Sichtbarkeit

Wo der Wanderer Rousseaus trotz aller Zivilisationskritik an der Figur aufklärerischer Selbstbehauptung festhält und sie noch intensiviert, und wo Schillers verirrter Spaziergänger von einem letzten Vertrauen auf die in klassischer Kunst überdauernde Natur gehalten wird, da bleibt der romantische Wanderer zerrissen zwischen befreiendem Aufbruch in die Ferne und nostalgischem Heimweh. Sein immerwährendes Fort- und Weitergehen löst sich aus jedem bestimmbaren Bezugsrahmen und entzieht auch dem wandernden Ich seinen Kontur und Halt. Innen und Außen verschmelzen bis zur Ununterscheidbarkeit in einem Raum, der zwischen einem imaginären Da und Dort, Ferne und Heimat,

14 Schiller 1960, S. 233.

Unbekanntheit und Vertrautheit, Zukunft und Erinnerung zu einem Medium reiner Bewegung verflüssigt wird. Der Naturraum wird zum reinen Ausdruck einer schwebenden, von allen referenziellen Bezügen freigesetzten Einbildungskraft. Mit Blick auf die hier bisher von ihrem aufklärerischen Ursprung aus gezogene historische Linie könnte man von einer *verinnerlichten Mobilisierung* sprechen, einem *psychischen Mobilitätshabitus*, in dem der Aufbruchs- und Überschreitungsgestus verabsolutiert und auf Dauer gestellt erscheint. Die romantische Wanderung vollzieht sich als absolute, nie zum Stillstand kommende Bewegung in einem imaginären Raum des *Dazwischen*, einem ›Medium‹ im buchstäblichen Sinne. »Wohin gehen wir? Immer nach Hause«, lautet die bekannte Formel aus Novalis' *Heinrich von Ofterdingen* für dieses oft beschriebene Phänomen.[15]

In dieser schwebenden Stimmungs- und Bewegungslandschaft ist der Ausbruch aus der Alltagsrealität immer schon vorausgesetzt, ohne dass er explizit dargestellt (narrativ umgesetzt) werden müsste (wie dies oft, beispielsweise in Eichendorffs *Taugenichts*-Novelle der Fall ist). Die Bewegtheit des Wanderraums speist sich aus einem immerwährenden »Ungenügen an der Normalität«,[16] das zu keiner befriedigenden Erfüllung gelangt. In eine solche, zwischen Fernsucht und Heimweh unversöhnbar hin und her pendelnde Landschaft führt unmittelbar der Beginn von Ludwig Tiecks Erzählung *Der Runenberg* von 1802 hinein:

> Ein junger Jäger saß im innersten Gebirge nachdenkend bei einem Vogelherde, indem das Rauschen der Gewässer und des Waldes in der Einsamkeit tönte. Er bedachte sein Schicksal, wie er so jung sei, und Vater und Mutter, die wohlbekannte Heimat, und alle Befreundeten seines Dorfes verlassen hatte, um eine fremde Umgebung zu suchen, um sich aus dem Kreise der wiederkehrenden Gewöhnlichkeit zu entfernen, und er blickte mit einer Art von Verwunderung auf, daß er sich nun in diesem Tale, in dieser Beschäftigung wiederfand. Große Wolken zogen durch den Himmel und verloren sich hinter den Bergen, Vögel sangen aus den Gebüschen und ein Widerschall antwortete ihnen. Er stieg langsam den Berg hinunter, und setzte sich an den Rand eines Baches nieder, der über vorragendes Gestein schäumend murmelte. Er hörte auf die wechselnde Melodie des Wassers, und es schien, als wenn ihm die Wogen in unverständlichen Worten tausend Dinge sagten, die ihm so wichtig waren, und er mußte sich innig betrüben, daß er ihre Reden nicht verstehen konnte.[17]

Der junge Jäger, der sich willentlich aus dem »Kreise der wiederkehrenden Gewöhnlichkeit« entfernt hat, ist im entlegenen Gebirge seinem eigenen Inneren ausgesetzt. Doch wenn ihn aus der abgeschiedenen Natur seine eigene Verlassenheit anspricht, so scheint dieselbe Natur andererseits geheime und unverständliche, verlockende Botschaften an ihn zu richten. Indem er ihnen folgt, wird

15 Hardenberg (Novalis) 1960, S. 325 (Zweiter Teil: Die Erfüllung.).
16 Pikulik 1979.
17 »Der Runenberg«, in: Tieck 1967, S. 61.

Tiecks Held trotz seiner Sehnsuchtsanfälle zurück zur Normalität bürgerlichen Lebens schließlich in den Abgrund der Einbildungskraft gestürzt. –

Im romantischen Raum, so lässt sich das Gesagte resümieren, wird der konkrete Vorgang des Gehens vom Individuum abgelöst und in die Bewegtheit des Raums selbst überführt. Eine bis heute unübertroffene Analyse Richard Alewyns hat die romantische Landschaft am Beispiel Eichendorffs als ein hochbewusstes Artefakt beschrieben, das Räumlichkeit als ein Arrangement von Licht- und Klangeffekten herstelle; »ein körperloses Gebilde«, das bei aller konkreten Ungegenständlichkeit paradoxer Weise doch eine intensive Raumvorstellung evoziere; »reiner Raum, aus nichts gemacht als aus Bewegung, der konsequenteste Versuch, reinen Raum in der Dichtung darzustellen, den wir kennen.«[18] Alewyns allein auf die Struktur, die *Faktur* des literarischen Phänomens konzentrierte Analyse, die sich von ausgreifenden Deutungen im Licht etwa der idealistischen Natursymbolik und -philosophie fernhält, kann sich auf bereits von der Frühromantik formulierte Erkenntnisse berufen. Diese verstanden die Landschaft (meistens im Medium der aufgewerteten Landschaftsmalerei) als eine von aller Gegenständlichkeit abgelöste, selbstbezügliche Schöpfung und setzten sie in explizite Analogie zur Musik, wie sie zur selben Zeit als reine, referenzlose Kunst zum Vorbild für alle Kunst erhoben wurde.[19] So zeichnete August Wilhelm Schlegel in seinen *Vorlesungen über Literatur und schöne Kunst* (als Vorlesung gehalten in Berlin 1801) die Landschaftsmalerei als den »musikalischen Teil« der Malerei aus, in der sich deren Gattungscharakter am reinsten verwirkliche. Die Malerei, so Schlegel, habe ihr Wesen in der Konzentration auf das Medium des Sehens, auf Schein und Licht im Unterschied zur Körperbezogenheit der klassischen Plastik (worin für den romantischen Theoretiker ihre Modernität besteht); in der Landschaftsmalerei emanzipiere sich dieses Medium vollkommen von seinem Gegenstand:

> Die Gegenstände anderer Gattungen [gemeint: der Malerei] [...] sind, auch wenn sie nicht gesehen würden, an und für sich etwas Bestimmtes; die Landschaft als solche existiert nur im Auge ihres Betrachters. Hier mußte die Kunst des Scheines also zum vollsten Bewußtsein ihrer selbst kommen, alles beruht auf den Wunderkünsten der Luftperspektive. Licht und Luft, die in anderen Gattungen nur als Hilfsmittel und unumgängliche Bedingungen der Sichtbarkeit mit behandelt werden, wählt sich der Landschaftsmaler unmittelbar zu seinen Gegenständen.[20]

18 Alewyn 1974, S. 217, 218.

19 Grundlegend zum Prinzipiellen: Dahlhaus 1978. – Zur Malerei: Lankheit 1951, S. 55–90, sowie Décultot 1995 (»Der Landschaftsmaler [...] wird aufgefordert, sich zur Autonomie, Freiheit und absoluten Gegenstandslosigkeit der Musik zu erheben«, S. 226).

20 Schlegel 1963, S. 175f.

Das Medium wird hier selbst zum Gegenstand, die Bedingung der Sichtbarkeit wird ihrerseits sichtbar gemacht. Die Existenz der Landschaft »nur im Auge des Betrachters« meint nicht etwa ihre Reduzierung auf subjektive Gefühlsprojektion oder Sublimierung im Geist, sondern sie zielt auf den ursprünglichen Wahrnehmungsakt, der uns die Welt zu allererst im bloßen optischen Schein gibt, bevor wir lernen, sie rational zu distanzieren und in eine perspektivisch-räumliche Ordnung zu bringen (und damit ihre primäre Sichtbarkeit *ver*lernen!); die »pittoreske Einbildungskraft« diene dazu, so Schlegel in einer bemerkenswert modernen Einsicht, »den Schein in uns wieder herzustellen«. Es handelt sich hier also ebenso wenig um eine Rückkehr zur Visualität der beschreibenden Poesie, sondern um die Wiedergewinnung des kindlichen Sehens auf einer bewussten Stufe. Das Landschaftsbild restituiert für den modernen Menschen die verlorene unverstellte Wahrnehmung: »Die Malerei [und das heißt eben insbesondere die Landschaftsmalerei] wirft das reine ursprüngliche Sehen gleichsam aus uns heraus, indem sie das gerundete, vor- und zurücktretende [sic] auf eine flache Tafel bringt, wie wir es unstreitig zuerst sehen«.[21] Hier ersteht aufs Neue das Addisonsche »to look upon the world, as it were, in another light«, und Brockes' adamitischer Ursprungsblick des durch die Naturerfahrung oder Natur*offenbarung* zum »gantz anderen Menschen« gewordenen Individuums; die frühaufklärerische Öffnung zur Landschaft wird zur Erfahrung reiner Kunst und des in ihr artikulierten ›absoluten Sehens‹. –

»Das sogenannte Romantische einer Gegend«, heißt es einmal bei Goethe, ist »ein stilles Gefühl des Erhabenen, der Einsamkeit, Abwesenheit, Abgeschiedenheit«.[22] Das Erhabene zielte in der idealistischen Kunsttheorie der Epoche auf die Grenze der Sichtbarkeit, an der ein die Sinne überwältigender äußerer Eindruck umschlug in die spirituelle Erhebung des Subjekts. Ein Beispiel hierfür bot Schillers Schwindel erregende, aber sogleich reflexiv aufgefangene Gipfelerfahrung. Man könnte ihr Friedrichs berühmtes Gemälde *Wanderer über dem Nebelmeer* (um 1818) zur Seite stellen, in dem ein städtisch gekleideter Wanderer von der Warte seines erklommenen hohen Felsens einen beherrschenden Blick in die Weite unter ihm wirft. Ein anderes Bild Friedrichs, *Mönch am Meer* (1810), verweigert sich freilich der idealistischen Überhöhung. Heinrich von Kleist hat ihm in seinen *Berliner Abendblättern* von 1810 (eine Vorlage von Clemens Brentano bearbeitend) eine berühmte Beschreibung gewidmet. Sie deutet die winzige Vordergrundfigur, die in eine »unbegrenzte Wasserwüste« hinaus blickt,

21 Ebd. S. 160. Der Fortgang des Zitats betont, dass dieser Schein sich erschließt »weder für das kindische und ungeübte Auge, noch für das in der Dienstbarkeit des Bedürfnisses allzu geübte, welches den Schein selbst wahrzunehmen gänzlich verlernt hat, sondern für einen gebildeten Sinn der bei dem Schein verweilend zugleich die Bedeutung desselben [!] auf das bestimmteste erkennt.«

22 Goethe 1960, S. 488 (= Nr. 868).

als Konfrontation mit dem nackten Nichts. Für Kleist handelt sich dabei nicht bloß um die Entleerung jeglicher Gegenständlichkeit, sondern darüber hinaus, das ist seine radikale Einsicht, um den Entzug jeglichen Rahmens als konstitutiver Bedingung von Darstellung überhaupt – bis hin zum allerletzten Rahmen des Auges: »als ob einem die Augenlider weggeschnitten wären«, so die Formulierung, die dem von den zeitgenössischen Betrachtern empfundenen Schock den adäquaten Ausdruck verlieh.

Das ist für Kleist aber eine Erfahrung, die nur der Betrachter des Bilds, nicht der in seiner Darstellung vorausgesetzte Spaziergänger macht. Nur die Kunst kann das Nichts – den Entzug der Sichtbarkeit als »Apokalypse«, wie es im Text heißt – darstellen, nur sie leistet das Paradox einer Darstellung des Unsichtbaren. In der Wirklichkeit ist das Auge dagegen stets in die Bewegung des Ichs im Raum eingebunden. »Herrlich ist es«, so beginnt Kleists Text *Empfindungen vor Friedrichs Seelandschaft*, indem er von der ›normalen‹ Situation eines Wanderers ausgeht,

> in einer unendlichen Einsamkeit am Meeresufer, unter trübem Himmel, auf eine unbegrenzte Wasserwüste, hinauszuschauen. Dazu gehört gleichwohl, daß man dahin gegangen sei, daß man zurück muß, daß man hinüber möchte, daß man es nicht kann, daß man alles zum Leben vermißt, und die Stimme des Lebens dennoch im Rauschen der Flut, im Wehen der Luft, im Ziehen der Wolken, dem einsamen Geschrei der Vögel, vernimmt.[23]

Aus diesem lebensweltlichen Kontext trennt das Bild unvermittelt einen Augenblick heraus, der das Sehen und die Sichtbarkeit gewissermaßen auf den Nullpunkt führt. Die Identifikation des Betrachters mit dem Kapuziner – eine der vielen Rückenfiguren Friedrichs – erlaubt ihm keine Einfühlung in ein erhabenes Gefühl angesichts der Unendlichkeit des Meers, wie es die illusionistische Bildtheorie der Aufklärung vorausgesetzt hatte (und als deren Mittel bei Friedrich die Rückenfigur oft eingesetzt wird), sondern er ist einer Leere der Darstellung konfrontiert, geradezu einer Verstellung des Sichtbaren.[24]

> [S]o ward ich selbst der Kapuziner, das Bild ward die Düne, das aber, wo hinaus ich mit Sehnsucht blicken sollte, die See, fehlte ganz. Nichts kann trauriger und unbehaglicher sein, als diese Stellung in der Welt: der einzige Lebensfunke im weiten Reiche des Todes, der einsame Mittelpunkt im einsamen Kreis.

---

23 Kleist 1987, S. 327; dort auch das folgende Zitat. – Interessanterweise übernimmt Kleist diesen Eingang von Brentano, bevor er von ihm in seiner bildlogischen Einsicht abweicht.

24 Vgl. hierzu Koerner 1998, S. 241: »anstatt uns hineinzuziehen rückt es [das Bild] uns in eine tragische Distanz vom Meer, von der Wirklichkeit, von der Fülle des Lebens und der Erfahrung […] nicht die Auslöschung der Grenze zwischen Ich und Welt, sondern die Errichtung einer Grenze.« – Aus einer poststrukturalistisch pointierten darstellungskritischen Perspektive: Grave 2010, S. 295–329, zu Kleist S. 297ff.

Wenn dem Betrachter Friedrichs und Kleists – sowohl dem *im* Bild als dem *vor* ihm – kein von der Einbildungskraft nachvollziehbarer, gleichsam begehbarer Weg in den dargestellten Landschaftsraum mehr geboten und damit jegliche Kontinuität zwischen der künstlerischen Darstellung und einem weltlichen Außen durchschnitten wird, so weist das Gemälde doch gerade in dieser Negation auf ein Moment hin, das das moderne Landschaftsbild gegenüber seinen klassischen Vorgängern (etwa Claude Lorrain) auszeichnete und das seine Entstehung mit der durch Spaziergang und Wanderung erschlossenen neuen Naturerfahrung verband: Es ist dies das Moment eines stets schon vorausgesetzten *Dahingekommenseins* – einer hierdurch erlangten Anwesenheit seines Schöpfers (und sekundär seines Betrachters), der dorthin, nach draußen, ins Freie, Abgelegene, nie Gesehene und Erkundete, auf eigenen Füßen aufgebrochen war aus dem Gewohnten, Sesshaften, Angestammten und Überlieferten, nicht zuletzt den tradierten malerischen Konventionen.

## Bibliographie


Addison, Joseph: [»Essays on the Pleasures of the Imagination«], in: Addison, Joseph / Steele, Richard and Others: *The Spectator*, hg. v. G. Smith, London/New York 1963, Bd. 3, S. 276–309 (= Nr. 411–421).

Brockes, Barthold Heinrich: *Irdisches Vergnügen in Gott*, 9 Bde., Hamburg / Berlin 1721–1748.

Goethe, Johann Wolfgang: »Maximen und Reflexionen«, in: Goethe, Johann Wolfgang: *Werke*, hg. v. Erich Trunz (Hamburger Ausgabe), Bd. 12, Hamburg 1960, S. 365–547.

Hardenberg, Friedrich von (Novalis): *Heinrich von Ofterdingen*, in: *Schriften*, hg. v. Paul Kluckhohn und Richard Samuel, Bd. 1, Stuttgart 1960, S. 195–334.

Kleist, Heinrich von: *Sämtliche Werke und Briefe*, hg. v. Helmut Semdner, Bd. 2, München 1987.

Rousseau, Jean-Jacques: *Die Bekenntnisse*, übertragen von A. Semerau, Frankfurt/Main / Hamburg 1961 (= Fischer Bücherei Exempla Classica 21).

Rousseau, Jean-Jacques: *Les Confessions*, in: Rousseau, Jean-Jacques: *Œuvres complètes* (Bibliothèque de la Pléiade, 11), Bd. 1, hg. v. Bernard Gagnebin und Marcel Raymond, Paris 1959.

Schiller, Friedrich: »Der Spaziergang«, in: Schiller, Friedrich: *Sämtliche Werke*, hg. von G. Fricke und Herbert G. Göpfert, Bd. 1., München 1960, S. 228–234.

Schlegel, August Wilhelm: *Die Kunstlehre* (*Kritische Schriften und Briefe*, hg. v. Edgar Lohner, Bd. 2), Stuttgart 1963.

Seume, Johann Georg: »Mein Sommer« [zuerst 1806], in: Seume, Johann Georg: *Prosaschriften*, hg. v. Werner Kraft, Darmstadt 1974, S. 638.

Tieck, Ludwig: *Werke in vier Bänden*, hg. v. Marianne Thalmann, Bd. 2: *Die Märchen aus dem Phantasus. Dramen*, Darmstadt 1967.

Adorno, Theodor W.: *Ästhetische Theorie*, Frankfurt/Main 1970.

Albrecht, Wolfgang / Kertscher, Hans-Joachim (Hg.): *Wanderzwang – Wanderlust. Formen der Raum- und Sozialerfahrung zwischen Aufklärung und Frühindustrialisierung*, Halle 1999 (= Hallesche Beiträge zur europäischen Aufklärung 11).

Alewyn, Richard: »Eine Landschaft Eichendorffs«, in: Alewyn, Richard: *Probleme und Gestalten. Essays*, Frankfurt/Main: Insel 1974, S. 203–231.

Althaus, Hans-Joachim: »Bürgerliche Wanderlust. Anmerkungen zur Entstehung eines Kultur- und Bewegungsmusters«, in: Albrecht / Kertscher 1999, S. 25–43.

Bosse, Heinrich / Neumeyer, Harald: *Da blüht der Winter schön. Musensohn und Wanderlied um 1800*, Freiburg im Breisgau 1995 (= Litterae 35).

Bosse, Heinrich: »Zur Sozialgeschichte des Wanderlieds«, in: Albrecht / Kertscher 1999, S. 135–157.

Dahlhaus, Carl: *Die absolute Musik*, Kassel / München 1978.

Décultot, Elisabeth: »Das frühromantische Thema der ›musikalischen Landschaft‹ bei Philipp Otto Runge und Ludwig Tieck«, in: *Athenäum. Jahrbuch der Friedrich Schlegel-Gesellschaft* (5) 1995, S. 213–234.

Gellhaus, Axel / Moser Christian / Schneider, Helmut J. (Hg.): *Kopflandschaften – Landschaftsgänge. Kulturgeschichte und Poetik des Spaziergangs*, Köln / Weimar / Wien 2007.

Grave, Johannes: »Landschaft als Bildkritik. Zur Restitution von Bildlichkeit bei den Nazarenern und Caspar David Friedrich«, in: Bertsch, Markus / Wegner, Reinhard (Hg.): *Landschaft am »Scheidepunkt«. Evolutionen einer Gattung in Kunsttheorie, Kunstschaffen und Literatur um 1800*, Göttingen 2010, S. 295–329.

Heidegger, Martin: »Die Zeit des Weltbildes«, in: Heidegger, Martin: *Holzwege*, Frankfurt/Main 1980, S. 73–110.

Koerner, Leo: *Caspar David Friedrich. Landschaft und Subjekt*, München 1998.

König, Gudrun M.: *Eine Kulturgeschichte des Spaziergangs. Spuren einer bürgerlichen Praktik 1780–1850*, Wien / Köln / Weimar 1996.

Lankheit, Klaus: »Die Frühromantik und die Grundlagen der ›gegenstandslosen‹ Malerei«, in: *Neue Heidelberger Jahrbücher* 1951, S. 55–90.

Pikulik, Lothar: *Romantik als Ungenügen an der Normalität. Am Beispiel Tiecks, Hoffmanns, Eichendorffs*, Frankfurt/Main 1979.

Ritter, Joachim: »Landschaft. Zur Funktion des Ästhetischen in der modernen Gesellschaft«, in: ders.: *Subjektivität. Sechs Aufsätze*, Frankfurt/Main: Suhrkamp 1974, S. 141–163.

Schneider, Helmut J.: »›Setze nur leicht den beweglichen Fuß auf‹. Zur sozialen Symbolik des Gehens in der Moderne (18. und 19. Jahrhundert)«, in: Hahn, Daniela / Mohnkern, Ansgar / Parr, Rolf (Hg.): *Kulturelle Anatomien: Gehen*, Heidelberg 2017, S. 87–100.

Schneider, Helmut J.: »Mobilisierung der Natur. Bemerkungen zur romantischen Landschaft und ihrer Genese aus der Aufklärung«, in: *Colloquium Helveticum* (39) 2008, S. 155–174.

Schneider, Helmut J.: »Selbsterfahrung zu Fuß. Spaziergang und Wanderung als poetische und geschichtsphilosophische Reflexionsfigur im Zeitalter Rousseaus«, in: Söring, Jürgen Söring / Gasser, Peter (Hg.): *Rousseauismus. Naturevangelium und Literatur*, Frankfurt/Main / Berlin / Bern / New York / Paris / Wien 1999, S. 133–154.

Waldenfels, Bernhard: »Gänge durch die Landschaft«, in: Smuda, Manfred (Hg.): *Landschaft*, Frankfurt/Main 1986, S. 29–43.

Patrizio Collini (Firenze)

# *Entretiens sur le Musée de Dresde*: Da Winckelmann a Cocteau nella Galleria di Dresda

## *Winckelmann*

Voltaire ha scritto che il periodo fra il 1748 e il 1756 (fra la Pace di Aquisgrana e l'inizio della Guerra dei sette anni) rappresentò un'oasi di pace in un secolo dilaniato dalle guerre. Fu in questi anni che a Dresda nacque, ad opera di Winckelmann, il classicismo tedesco e da questo il neoclassicismo europeo. Dopo un'esistenza misera fatta di lavori precari come istitutore e insegnante in ginnasi di provincia, Winckelmann giunse nel 1748 a Nöthnitz presso Dresda per assumere l'incarico di bibliotecario del conte von Bünau. In questa splendida biblioteca che era allora la più importante biblioteca privata della Germania, Winckelmann condusse studi ininterrotti e solitari, nel corso dei quali gettò le basi delle sue teorie, per giungere infine nel 1755, alla vigilia della sua partenza per Roma, alla pubblicazione del suo epocale *Erstling: Gedanken über die Nachahmung der griechischen Werke in der Malerei und Bildhauerkunst.*[1]

Dresda era allora la capitale culturale della Germania. Gli illuminati sovrani di Sassonia, Augusto il Forte e il figlio Augusto III, che per adire al Regno di Polonia si erano convertiti all'inizio del 1700 al Cattolicesimo, avevano trasformato la cosiddetta «Florenz an der Elbe» in un cantiere architettonico all'insegna del Barocco romano che trionfava nella Hofkirche dell'architetto Chiaveri, ornata, sul modello di San Giovanni in Laterano a Roma, dalle 78 colossali statue dello scultore Matielli, ammiratissimo da Winckelmann e da questi definito nei *Gedanken* artista nella scia di Fidia e Prassitele. Il cuore segreto di questa città barocca, e una vera e propria oasi di pace classico-rinascimentale, era però intorno a metà secolo la grande Galleria pittorica, allora, e per tutto il secolo, la maggiore in Europa.[2] L'italomania dei sovrani sassoni si era tradotta nell'acquisizione di intere collezioni di quadri anzitutto italiani, massima fra le quali

1 Su Winckelmann a Dresda si veda anzitutto il fondamentale Justi 1898 e poi Heres 1991, Fancelli 2011.

2 Sulla Galleria di Dresda in generale cfr. Marx 1992.

quella costituita dai cento capolavori della Galleria Estense di Modena (definita dal presidente De Brosses pochi anni prima la più bella in Italia), che, nel 1745, con la cosiddetta *Vendita di Dresda*, pervenne nella capitale sassone dopo anni di trattative condotte in gran segreto dai consiglieri italiani di Augusto III, tutti appartenenti al mondo artistico (come i pittori veneti Pietro Maria Guarienti e Ventura Rossi) oppure all'illuminismo settentrionale (come il grande veneziano Francesco Algarotti o l'emiliano Giovanni Lodovico Bianconi). L'arrivo della collezione estense (i capolavori di Correggio, fra cui la celeberrima *Notte*, di Veronese, di Tiziano, e tutto il meglio della pittura emiliana dai Carracci a Guido Reni e ai fratelli Dossi) offrì l'occasione per la risistemazione della Galleria nei locali delle Scuderie Reali am Neumarkt.

È al pittore Pietro Maria Guarienti che si deve il progetto definitivo, e l'allestimento della Galleria (dopo un progetto iniziale di Algarotti, la cosiddetta «Galleria progressiva» ispirata a principî dichiaratamente illuministici) e il primo sommario catalogo (1750) della stessa. Come vedremo successivamente, questo geniale allestimento articolantesi in tre diversi strati (l'Antikensaal al pianterreno e le due gallerie pittoriche concentriche al primo piano, infilate l'una nell'altra come due anelli), – poco variato nelle successive risistemazioni del 1747, del 1750 e del 1754 – costituisce una vera e propria opera d'arte, ideata da artisti e intellettuali, che contribuirà non meno dei dipinti conservati all'interno, alla costituzione del mito della Galleria di Dresda che alla morte di Augusto III nel 1763 (anno che vide la fine della Guerra dei sette anni persa dalla Sassonia contro la Prussia, e con questo il declassamento politico di quel Regno) contava circa 5000 quadri, la maggior parte dei quali di qualità superiore. E Augusto III, il vero artefice del sempre maggiore prestigio e splendore della Galleria (completamente disinteressato alla politica, che lasciava amministrare dal primo ministro conte von Brühl, per potersi così dedicare interamente all'incremento delle sue collezioni), dopo l'acquisizione della collezione estense, pervenne finalmente nel 1754 al coronamento del suo sogno più grande: l'acquisto, dai frati benedettini della chiesa di S. Sisto a Piacenza, della *Madonna Sistina* di Raffaello, corteggiata dal re per oltre venti anni, che contribuirà in modo definitivo alla fama transnazionale della Galleria, che divenne meta di pellegrinaggi di studiosi, artisti e scrittori di tutta Europa. Le parole con cui il re accolse il capolavoro dell'Urbinate: «Platz dem großen Raffael» (parole profferite mentre il sovrano spostava il proprio trono per lasciar posto alla *Sistina*) costituiscono un gesto simbolico quanti altri mai da parte di un re che peraltro pochi anni prima aveva scambiato con Federico II di Prussia un reparto di fanteria per un reparto di statue provenienti dal castello di Sanssouci (mettendo così, per amore dell'arte, in serio pericolo l'esistenza stessa del suo Regno).

Augusto III seppe circondarsi in questi anni di personalità geniali che incoraggiarono il suo mecenatismo artistico; oltre agli italiani e al conte von Brühl va ricordato Carl von Heinecken che fu il primo direttore della Galleria rinnovata (mentre ispettori erano i pittori Guarienti e Riedel), al quale si deve un'opera magnifica – che contribuì alla sempre maggiore fortuna della Galleria: la riproduzione in due volumi in folio dei cento capolavori della Galleria corredati da una sua prefazione degna di essere meditata:

> Un amas de belles peintures rangées avec symétrie et intelligence ne peut manquer d'exciter l'imagination et d'élever l'âme du spectateur : il est très naturel que cette infinité d'objets nous inspire le désir d'acquérir des connaissances qui nous manquent encore.[3]

Si ricordi anche che Dresda, in virtù della sua corte fastosa e della sua Galleria, era in questi anni meta dei viaggi dell'intellighenzia europea, e nel 1753, fra i tanti, vi arrivò Giacomo Casanova per rendere visita al fratello Giovanni, pittore di corte, e alla madre, attrice nello Hoftheater. In questa occasione Casanova fece amicizia con Winckelmann.

Fu in questo ambiente privilegiato, sottratto ai clamori della guerra, che – come detto – sorse il classicismo winckelmanniano. Già Carl Justi però, nella sua ancora oggi fondamentale biografia *Winckelmann und seine Zeitgenossen*, si stupiva che il fondatore della moderna archeologia e storia dell'arte non avesse, fino ai *Gedanken* del 1755, prodotto niente in questo campo e che anzi la sua prima opera (del 1752), a trentacinque anni, fosse una *Beschreibung der vorzüglichsten Gemälde der Dresdener Galerie*, dedicata esclusivamente ai dipinti italiani allora esposti nella Galleria.

In effetti, come Winckelmann scriverà nel 1752 in una lettera all'amico Berendis, le statue antiche (prime fra le quali le celebri tre Vestali provenienti da Ercolano) erano difficilmente visibili a Dresda, malamente sistemate com'erano («impacchettate come aringhe», scriverà Winckelmann) nel Japanisches Palais, e tutto questo in ragione della passione predominante del sovrano sassone per i quadri della sua Galleria. Per cui gli anni dresdensi di Winckelmann ruotarono soprattutto intorno al vero cuore pulsante della città, cui erano rivolte tutte le attenzioni della corte: la Galleria, appunto. Si spiega così perché nei *Gedanken*, lo scritto fondatore del neoclassicismo europeo, l'artista cui è dedicato più spazio e attenzione sia il Raffaello della *Madonna Sistina*, visto come l'unico artista moderno in grado di resuscitare lo spirito degli antichi Greci attraverso l'imitazione del Bello ideale che caratterizza l'antichità classica. I tre cardini su cui si fondano i *Gedanken:* primato assoluto dello spirito greco e della grecità, critica dell'arte barocca e moderna e, infine, l'esaltazione di Raffaello visto come l'unico artista in grado di gettare un ponte fra l'antichità classica e la modernità, sarebbero assolutamente impensabili senza la cosiddetta «officina dresdense»

3 Carl von Heinecken 1753–1757, I, 5.

ovvero le ripetute visite della Galleria, che Winckelmann, in virtù di un lasciapassare permanente a lui concesso dal conte von Brühl, poté effettuare in quell'anno, fra il 1754 e il 1755, che egli trascorse a Dresda; periodo in cui stava appunto lavorando al suo *Erstling* dedicato alla glorificazione dell'arte classica, ma in effetti concepito, progettato e condotto a termine in quel luogo magico che, in virtù dei capolavori del Rinascimento italiano e, soprattutto della *Madonna Sistina*, gli evocava quella felice età dell'oro che ora non si trovava più dietro di lui ma davanti a lui e che poteva così essere miracolosamente riconquistata. Si legga con quale entusiasmo – come se avesse dinanzi ai suoi occhi un'opera scultorea di Fidia o Prassitele – Winckelmann descrive la *Madonna Sistina*, non prima di aver enunciato – proprio in relazione a Raffaello – il manifesto dell'estetica classicista, la celeberrima «Edle Einfalt und stille Größe»:

> Die edle Einfalt und stille Größe der griechischen Statuen ist zugleich das wahre Kennzeichen der griechischen Schriften aus den besten Zeiten [...]. Und diese Eigenschaften sind es, welche die vorzügliche Größe eines Raffael machen, zu welcher er durch die Nachahmung der Alten gelangt ist [...]. Die königliche Galerie in Dresden enthält nunmehr unter ihren Schätzen ein würdiges Werk von Raphaels Hand, und zwar von der besten Zeit [...]. Seht die Madonna mit einem Gesicht voll Unschuld und zugleich einer mehr als weiblichen Größe, in einer selig ruhigen Stellung, in derjenigen Stille, welche die Alten in den Bildern ihrer Gottheiten herrschen lassen. Wie groß und edel ist ihr ganzer Kontur![4]

Ma non è solo per Raffaello che i *Gedanken* tradiscono il loro carattere dresdense. Nella dedica del libro a Augusto III se ne esalta il ruolo di protettore e promotore delle arti «der aus Dresden ein neues Athen gemacht hat», importandovi – come Winckelmann dice subito nelle prime pagine dell'opera – tesori d'arte d'incomparabile bellezza come «eine fremde Kolonie». E qui il riferimento non è solo alle tre Vestali ercolanensi o alle statue acquistate a Roma dai Chigi e dal Cardinale Albani, ma – evidentemente – si allude a quel vero tesoro pittorico custodito nelle sale della Galleria. È quindi evidente che per l'elaborazione del classicismo winckelmanniano fosse di centrale importanza il confronto con i dipinti del rinascimento italiano presenti nella Galleria di Dresda, quel rinascimento che per primo aveva innalzato a principio l'imitazione degli antichi e che aveva prodotto – come statuirà Warburg – il ritorno nelle arti degli antichi dei e del paganesimo. Tutto questo è dimostrato pienamente non solo, come detto, dall'esaltazione di Raffaello, ma anche da quelle poche decine di pagine della *Beschreibung der vorzüglichsten Gemälde der Dresdener Galerie* (le prime descrizioni di dipinti che si abbiano nella letteratura tedesca) dedicate a sessantotto capolavori della pittura italiana conservati nella Galleria. In quest'opera rimasta allo stato di

4 Winckelmann 2005, 22–24.

frammento (e pubblicata solo nel 1923)[5] Winckelmann afferma che l'organo dell'arte è il «denkend Auge», e il miracoloso occhio winckelmanniano si mostra già all'opera in queste descrizioni, in cui continuo è il paragone con altre opere dell'artista considerato o con altri artisti: confronto questo che gli era facilitato non solo dalla straordinaria ricchezza della Galleria, ma, soprattutto, dal sistema dei *pendants* su cui si basava l'allestimento delle sale della Galleria che accostava opere simili per impostazione e ispirazione. Le pagine della *Beschreibung* sono scritte da Winckelmann per il giovane figlio del conte von Brühl, e con questo Winckelmann dà inizio a un grande tema della cultura tedesca dell'età classico-romantica: il quadro e la statua come veicolo principale dell'educazione estetica.

## *I romantici*

Diversamente dalla Galleria di Düsseldorf, nel '700 la seconda galleria della Germania, il cui impianto (derivato dalla «Galleria progressiva» di Algarotti) era ispirato da un ottimismo illuminista, l'allestimento e la disposizione dei quadri della Galleria di Dresda favorivano il raccoglimento estetico e un atteggiamento contemplativo. Il sovrano sassone, insieme al direttore della Galleria e ai suoi ispettori, aveva prestabilito il percorso dei visitatori, dalle sculture antiche al pianterreno – malamente sistemate peraltro – alla pittura tedesco-olandese della Galleria esterna fino alla finale rivelazione della pittura rinascimentale italiana nella Galleria interna: un vero e proprio itinerario iniziatico-escatologico conduceva quindi ai Giorgione, Tiziano, Correggio, Carracci e Reni e, dal 1754, a Raffaello. La Galleria italiana era suddivisa in 31 divisioni, il cui allestimento mirava al confronto e alla visione contemplativa di soggetti tematicamente affini[6] (il cosiddetto sistema dei «pendants», per il quale, ad esempio, ad una *Sacra Conversazione* o *Sacra Famiglia* di un pittore ne doveva corrispondere una di un altro pittore). I due capolavori assoluti di tutta la Galleria – la *Notte* di Correggio e la *Madonna Sistina* di Raffaello – erano rispettivamente collocati nella 27a e 30a divisione. La predilezione di allora per Correggio si rifletteva nella posizione centrale della *Notte* sulla parete principale della galleria interna, mentre al capolavoro di Raffaello, collocato sulla parete trasversale, erano riservati gli ultimi passi del percorso museale che si avviava così a conclusione con l'apparizione della *Madonna Sistina*. Il sistema combinatorio che improntava l'allestimento di questa 30a divisione, al cui centro si trovava Raffaello, sottolineava il carattere di apparizione improvvisa della *Sistina* e la valenza numinoso-culturale del quadro. La tela di Raffaello era infatti circondata da Sacre Conversazioni similari e ai suoi

5 Winckelmann 1923.
6 Cfr. Weber 1999.

piedi si trovavano, con una funzione iniziatica, due figure di Santi di Guido Reni che rivolgevano lo sguardo verso il cielo dipinto da Raffaello («himmelnder Blick»), proprio mentre la *Madonna Sistina* appariva improvvisamente squarciando il sipario: un vero e proprio *coup de théâtre* che impressionò fortemente il giovane Goethe che nel 1768 trascorse mezza giornata nella Galleria:

> Die Stunde, wo die Galerie eröffnet werden sollte, mit Ungeduld erwartet, erschien. Ich trat in dieses Heiligtum, und meine Verwunderung überstieg jeden Begriff, den ich mir gemacht hatte. Dieser in sich selbst wiederkehrende Saal, in welchem Pracht und Reinlichkeit bei der größten Stille herrschten, die blendenden Rahmen, der gebohnte Fußboden gaben ein Gefühl der Feierlichkeit, einzig in seiner Art, das um so mehr der Empfindung ähnelte womit man ein Gotteshaus betritt.[7]

Visione che colpiva e seduceva però anche personaggi poco sensibili e ben poco inclini alla contemplazione estetica, come ad esempio, il duca Karl August di Weimar (1783):

> Bei Raffael, der die Sammlung schmückt, ist mir nicht anders gewesen, als wenn man den ganzen Tag durch die Höhe des Gotthard gestiegen ist, durch das Urseler Loch kam und nun auf einmal das blühende und grünende Tal sah. Mir war es, so oft ich hinsah, immer nur wie eine Erscheinung vor der Seele.[8]

Come ora è noto, la Galleria di Dresda – e in particolare la *Madonna Sistina* – svolge un ruolo fondamentale non solo nella genesi del classicismo come abbiamo visto – ma anche e soprattutto del romanticismo. Si vedano le ripetute visite nella Galleria di Wackenroder e Tieck, le cui *Herzensergießungen* e *Sternbald* (le due prime opere del Romanticismo tedesco), oltre che essere entrambe ornate dallo stesso ritratto del «göttlicher Raffael», si leggono come trasposizione narrativo-romanzesca di un percorso museale che, in origine, fu quello all'interno della Galleria di Dresda. Il primo testo delle *Herzensergießungen,* e il primo testo in assoluto del Romanticismo, *Raffaels Erscheinung,* offre infatti una visione onirica di Raffaello, che è ricalcata sulla *Madonna Sistina,* e che è impensabile senza di essa. Evidente la differenza con il Raffaello di Winckelmann, che è grande in virtù della sua imitazione dell'antichità classica, mentre il Raffaello romantico ha ormai fatto tabula rasa di ogni tradizione e crea solo sulla base di visioni interiori o di raptus notturni. In questi testi di Wackenroder e Tieck si assiste alla genesi di quella religione dell'arte che è così caratteristica per la *Frühromantik*, ma stranamente questo fenomeno non è stato mai finora posto in relazione con l'allestimento particolare della Galleria di Dresda nella seconda metà del '700, che mirava a una interiorizzazione della visione artistica e che, per così dire, la prevedeva e calcolava.

7 Cfr. Marx 1992, 7–8.
8 Cfr. Ladwein 2004, 34.

Il documento più eccezionale dell'entusiasmo dresdense romantico è costituito – se si prescinde dalle *Herzensergießungen* di Wackenroder – dal dialogo *Die Gemälde* di August Wilhelm e Caroline Schlegel, pubblicato nel 1799 nella seconda annata dell' «Athenäum», che si basa – e ne è un documento assai fedele – sulla visita collettiva dei primi romantici (i fratelli Schlegel, le loro compagne Carolina e Dorothea, Tieck, Novalis, Fichte e Schelling: Wackenroder era appena morto) alla Galleria di Dresda nell'ultima settimana dell'agosto del 1798. Il percorso all'interno della Galleria dei tre protagonisti del dialogo conduce (secondo l'articolazione dei tre diversi settori della Galleria) dall'Antikensammlung, che viene lasciata rapidamente dietro di sé, alla Galleria esterna, con interessanti ma veloci disquisizioni sulla pittura di paesaggio olandese (considerata come una pittura autoreferenziale rivolta solo all'occhio), fino ad una particolareggiata interpretazione della pittura del rinascimento italiano custodita nella Galleria interna, che culmina in un'interpretazione veramente profetica della *Sistina.* Il percorso dei tre amici attraversa così le intere collezioni (con un significativo disinteresse nei confronti dell'antica pittura tedesca), secondo quel cammino iniziatico prestabilito di cui abbiamo già parlato, e – però – con una sorpresa finale: il *Dialogo sui dipinti* avviene, su sollecitazione di Caroline – la quale mantiene in tutto il dialogo una funzione maieutica e psicagogica – lontano dal museo, all'aperto, sulle rive dell'Elba. E sebbene la discussione interpretativa dei dipinti si basi su appunti e notizie di Caroline, questa interpretazione non è più guidata da una visione empirica, ma piuttosto da una visione immaginativa, astratta e del tutto mentale che, in assenza dei quadri, può entrare in concorrenza con la loro realtà fattuale. L'occhio è rivolto verso l'interno ed è guidato da una libera *vis* associativa. L'immagine esteriore diventa così sempre di più un'immagine interiore, il condensato psichico di esperienze eterogenee che convergono sul quadro secondo le molteplici prospettive e ricordi dei diversi interpreti, e non secondo una prospettiva centrale, come è nel caso della visione oggettiva al cospetto del quadro. In questo dialogo romantico sui quadri siamo inoltre in presenza di una visione collettiva, ai sensi della sinfilosofia romantica, frutto di una soggettività plurale per la quale l'io è solo parte di un tutto, per cui l'interpretazione resta sempre «in progress» e risulta infine dai diversi punti di vista con cui si guarda il dipinto. Nel caso della *Sistina*, la *Insight* sinfilosofica romantica, che possiede un accento marcatamente femminile, raggiunge un vertice insuperato all'interno del *Dialogo*, e mentre le altre descrizioni si basano su appunti di Caroline, l'interpretazione del capolavoro di Raffaello sorge direttamente da una associazione simbiotica di pensieri, alla quale prendono parte tutti i protagonisti del *Dialogo.* E solo in questo caso l'interpretazione conserva un carattere evenenziale. L'interpretazione schlegeliana del quadro presuppone certo quella di Winckelmann nei *Gedanken*, che, per così dire, aveva scolpito nel marmo l'apparizione aerea, dai passi leggerissimi, della Madonna di Raffaello. Ma quella epocale interpretazione classicistica costituisce, per gli Schlegel, solo il punto di partenza del tutto esteriore, mentre l'interpretazione del quadro stesso – l'apparizione della Madonna – è rivolta programmaticamente contro l'interpretazione pietrificante di Winckelmann. Negli Schlegel il dipinto di Raffaello appare in effetti come un tempio aperto sospeso nell'aria (con una significativa variazione della concezione rinascimentale del quadro come «finestra aperta»), dal quale esce improvvisamente la Madonna, che è in procinto, con il suo passo alato, di scendere dal cielo – e dal tempio – sulla terra. Si annuncia così, in questa visionaria interpretazione di Raffaello, la rivoluzionaria concezione di F. Schlegel, secondo la quale l'antichità classica costituisce una fase definitivamente conclusa, mentre la modernità romantica, progressiva e universale, sta nel segno di un divenire che travolge impetuosamente tutti i confini e al quale, forse, solo la musica può conferire espressione. Non stupisce così che questo così progressivo *Dialogo sui dipinti* venga collocato nell'«Athenäum» fra due testi altamente significativi: *Über die natürliche Gleichheit des Menschen* del giacobino Hülsen, e *Diotima* di F. Schlegel (dedicato a Dorothea Schlegel), in cui la donna viene presentata come sacerdotessa dell'avvenire. La *Madonna Sistina* – vista nei termini dell'infinito divenire e della «kommende Göttin», che si accinge, come un'attrice alla fine di una rappresentazione teatrale, ad abbandonare il tempio del passato classico – è così predestinata a divenire l'annunciatrice del programma romantico della sintesi di tutte le arti. Programma che era stato evocato da Caroline all'inizio della sua interpretazione della *Sistina:*

> Und so sollte man die Künste einander nähern und Übergänge aus einer in die andere suchen. Bildsäulen belebten sich vielleicht zu Gemälden. Gemälde würden zu Gedichten, Gedichte zu Musiken, und wer weiß? So eine feierliche Kirchenmusik stiege auf einmal als ein Tempel in die Luft.[9]

## Aragon / Cocteau: *Entretiens sur le Musée de Dresde*

Quando Cocteau e Aragon si incontrarono a casa di quest'ultimo nel giugno del 1956 per registrare una lunga conversazione sui quadri della Galleria di Dresda (il libro di oltre duecento pagine di grande formato *Entretiens sur le Musée de Dresde* apparirà l'anno successivo in una magnifica edizione presso le Cercle d'Art),[10] Dresda è in macerie, il Museo non esiste più e a lungo si era creduto che anche i capolavori della Galleria fossero stati distrutti, ma essi torneranno a Dresda quella stessa estate, dopo dieci anni di esilio nell'Unione Sovietica, e dopo essere stati esposti in una grande mostra a Berlino Est. Il museo non esiste più, non solo

9 Schlegel 1996, 20.
10 Aragon / Cocteau 1957.

fisicamente, ma anche mentalmente per questi due ex-avanguardisti dissociatisi dall'istituzione museale e da ogni estetica normativa. Cocteau trova da Aragon centinaia di fotografie dei capolavori della Gemäldegalerie, scattate in occasione della mostra a Berlino Est di quello stesso anno. Sulla base di queste foto i due artisti improvvisano una conversazione su un museo immaginario che non è semplicemente, come quello dei romantici centocinquanta anni prima, un dialogo sulla Galleria fatto fuori dal museo, ma un dialogo contro ogni idea di museo (di cui subito i due scrittori si prendono gioco affermando di non saperne nulla).

Le foto sparpagliate a caso, come carte da gioco, sul tavolo e sul pavimento dell'appartamento di Aragon sono altrettanti frammenti di un'esplosione che è allo stesso tempo quella che nella notte del 13 febbraio 1945, a seguito del bombardamento anglo-americano sulla città, distrusse la Galleria insieme a tutta la città, e quella che con *Les Demoiselles d'Avignon* del loro comune amico Picasso aveva infranto cinquanta anni prima la continuità della storia dell'arte (e costante sarà in tutta la conversazione, soprattutto da parte di Cocteau, il richiamo a Picasso e alla rottura epocale che la sua opera ha significato). I segni di questo «bombardamento» reale e metaforico (che sconvolse ogni gerarchia estetica e ogni giudizio di valore, e, soprattutto, ogni simmetria storico-cronologica proclamando la contemporaneità delle espressioni estetiche di ogni tempo e luogo) si colgono ovunque negli *Entretiens,* non solo nell'organizzazione pressoché abbandonata al caso del materiale e della stessa conversazione, bensì anche nell'interpretazione degli stessi dipinti, come quando, esemplarmente, a proposito della *Récréation champêtre* di Watteau – di quello stesso quadro cioè di cui Renoir aveva detto: «À Dresde il y a un Watteau où il y a un paysage épatant»[11] – Cocteau afferma: «on dirait des personnes qui se rencontrent pendant un accident de chemin de fer, pendant une halte, pendant un bombardement, obligés d'abandonner leur voiture sur la route.»[12] Anche in relazione a questo quadro, così significativo sia per Cocteau che per Aragon, risaltano tuttavia le differenze nello sguardo rivolto ai dipinti dai due scrittori, giacché, a proposito della stessa *Récréation,* Aragon, come sempre, storicizza il suo giudizio evocando il preciso contesto storico di cui «Watteau est un témoin, un reporter. Il est l'homme qui rentrant dans son pays, de Paris, à pied, au moment de la bataille de Malplaquat, a assisté à la déroute de l'armée française.»[13] Nel comunista Aragon c'è sempre il richiamo ai valori collettivi, storici e sociali, nell'anarchico Cocteau prevale invece lo sguardo ipersoggettivo, trasversale che attraversa obliquamente in un lampo tutte le epoche, facendo *tabula rasa* di ogni giudizio tramandato e di ogni estetica imperativa. In questo, Cocteau, seppure da un punto di vista molto più

11 Aragon / Cocteau, 115.
12 Aragon / Cocteau, 117.
13 Aragon / Cocteau, 116.

imprevedibile, irriverente e antiistituzionale, può ricordare il Malraux del *Musée imaginaire* di dieci anni prima (1947).

Le foto che ritraggono Malraux in ginocchio in una stanza cosparsa da centinaia di foto di opere d'arte provenienti da ogni parte del mondo, simili a un mazzo di carte da gioco sparpagliate su un tavolo, annunciano già l'intento e il metodo di lavoro di Malraux: dopo l'invenzione della fotografia, la storia dell'arte è la storia di ciò che è fotografabile con la conseguente evaporazione dell'aura dell'opera d'arte e l'inevitabile ribaltamento e messa in discussione di ogni gerarchia estetica. Per la prima volta, con l'invenzione e la diffusione della fotografia, secondo Malraux, ad ognuno è consentito la costituzione di un «museo immaginario» dell'arte, e per la prima volta può essere formulato un concetto universale dell'arte. Tutto ciò si traduce nel libro di Malraux nell'applicazione del criterio dell'analogia universale, con l'abolizione di tutte le distinzioni scolastiche fra le diverse espressioni artistiche di ogni tempo e paese. Questo presupposto ubiquitario della visione artistica di Malraux (ma si ricordi il precedente illustre costituito dall'Atlante di immagini *Mnemosyne* di Warburg) si traduce nell'accostamento di opere d'arte di luoghi e età diverse, come il cavallo in corsa di Degas che viene accostato nella stessa pagina all'impetuoso galoppo, fissato nel bronzo, di un cavallo dell'arte delle steppe di duemila anni prima.

Ma pur avendo certamente letto e meditato il libro di Malraux, Cocteau e Aragon ne hanno tratto conseguenze ben diverse. Aragon rimane infatti sostanzialmente fedele ad una concezione genetica e storica del dipinto, insistendo sul suo ancoraggio storico/cronologico/sociale e, subito ad inizio di conversazione, celebra l'Armata Rossa che dopo dieci anni restituisce alla DDR, la «migliore delle due Germanie», i dipinti della Galleria di Dresda. E se, a proposito del destino delle opere d'arte durante la recente guerra civile spagnola, Aragon esalta i repubblicani che cercarono di difendere le opere d'arte dai franchisti, Cocteau esalta piuttosto l'iconoclastia repubblicana contro le troppe opere devozionali custodite nelle chiese spagnole. Ma le differenze fra i due scrittori sono molto più profonde e se Aragon – che non è certo più l'Aragon del *libertinage* surrealista di trenta anni prima – propugna una visione progressiva della storia dell'arte (da qui l'esaltazione del realismo olandese con la sua pittura fatta tutta di cose e persone), Cocteau esalta invece il valore di shock, di interruzione traumatica della storia che la visione del quadro nella sua singolarità deve produrre, e questo shock per il panerotico Cocteau è costituito naturalmente dalla sessualità, per cui il valore e il significato del quadro è ricondotto provocatoriamente al suo produrre o meno «une érection morale [...] et si elle ne se produit pas il y a seulement platonisme ou dilettantisme [...]. En art il n'y a pas d'autre plan que le plan de l'amour.»[14]

Ciò invece su cui Cocteau e Aragon concordano è la scelta di quadri provo-

14 Aragon / Cocteau, 14.

catoriamente «brutti»[15] che sembrano voler infrangere deliberatamente il canone della bellezza: «ce que nous cherchons, ce sont des tableaux secrets, pas les tableaux «de la porte»»,[16] dice Aragon, mentre Cocteau celebra «les tableaux assassins qui tuent tous les autres».[17] Questa «estetica del brutto» si traduce negli *Entretiens* in una aperta predilezione per i quadri tedesco-olandesi e viene applicata la prima volta a un grande dittico di Cranach, che è il primo quadro preso in considerazione e che si guadagna addirittura l'onore di figurare sulla copertina del libro: ovvero il doppio ritratto di Enrico il Pio e di sua moglie Caterina di Mecklenburg (e su questa scelta avrà certo anche pesato la predilezione di Picasso per Cranach). Sia Aragon che Cocteau notano come questo dittico costituisca il *pendant* dell'altro celebre dittico di Cranach conservato a Dresda, rappresentante Adamo ed Eva. Ma mentre Aragon interpreta, in modo interessante ma prevedibile, i due quadri alla luce del luteranesimo di Cranach e della utopia morale e sociale della Riforma che intendeva ricreare il mondo, Cocteau vede anzitutto in Enrico il Pio un vero e proprio gangster e, per giunta, un gangster sessualmente ambiguo, un travestito molto più femminile di quel vero e proprio maschio sotto mentite spoglie rappresentato dalla moglie Caterina, e arriva a supporre che sotto le squame di serpente dell'abito di Enrico si celi addirittura uno scheletro, etc., etc. Così, mentre Aragon conferma l'*opinion reçue* della pia religiosità di Cranach, Cocteau la mette non solo in discussione, ma letteralmente a nudo, riportando alla luce ciò che questa presunta religiosità ha rimosso: la perversa sessualità, la morte, l'inferno; ovvero: la carne, la morte e il diavolo.

Il contrappunto e il reciproco controcanto di Aragon e Cocteau prosegue poi intorno ad ogni quadro. A proposito del meraviglioso *Trittico* di Van Eyck rappresentante la Vergine, l'Angelo e i due donatori, i due scrittori sono concordi nel ravvisarvi, come negli altri grandi capolavori fiamminghi, la caratteristica «hypnose du détail», che produce una magica sospensione temporale, ma Aragon spiega il fastoso gusto per il dettaglio dei fiamminghi con il loro amore del mondo visibile, mentre Cocteau vede piuttosto in tutto questo l'irruzione sulla scena europea del fascino dell'Oriente, dell'Asia e, in particolare, del mondo incantato della Persia: ovvero del totalmente altro rispetto al mondo geometrico e simmetrico dei paesi del nord. In conclusione i due amici si trovano finalmente d'accordo nella comune predilezione per i quadri tardo-ottocenteschi provenienti dalla Galleria «Neue Meister» di Dresda: i bellissimi Monet, Degas, Renoir e, sopra a tutti, Van Gogh, sulla cui *Nature morte aux poires* si conclude la conversazione con le memorabili parole di Cocteau che rivelano una precisa

15 Fra tutti, primeggiano i quadri «pestilenziali» dell'olandese Adriaen Brouwer, prediletto da entrambi.

16 Aragon / Cocteau, 15.

17 Aragon / Cocteau, 58.

scelta di campo a favore dell'arte dei «martiri» anziché di quella dei «rappresentanti». Se per Aragon le *Pere* di Van Gogh stanno nel solco della tradizione olandese della pittura realista, per Cocteau «elles viennent de l'arbre où fut crucifié Van Gogh, premier martyr de cette religion dont Picasso est le Pape».[18] E si ricordi qui che Dresda, in virtù della sua Galleria «Alte und neue Meister», fu non solo la culla del Classicismo e del Romanticismo (tedeschi) ma anche dell'Espressionismo e della *Künstlergemeinschaft «Die Brücke»* (1905).

Per finire: Raffaello e la sua *Madonna Sistina* sono prevedibilmente assenti dalle conversazioni di Aragon e Cocteau, e non ce ne stupiamo, poiché l'utopia di cui fu portatrice per oltre quattro secoli la Madonna di Raffaello è andata letteralmente in fumo a Auschwitz e nella notte del 13 febbraio 1945.

## Bibliografia

Aragon, Louis / Cocteau, Jean: *Entretiens sur le Musée de Dresde.* Paris 1957.

Winckelmann, Johann Joachim: *Gedanken über die Nachahmung der griechischen Werke in der Malerei und Bildhauerkunst.* Stuttgart 2005.

Winckelmann, Johann Joachim: «Beschreibung der vorzüglichsten Gemälde der Dresdener Galerie», in: id.: *Kleine Schriften und Briefe.* II. Leipzig 1923, I, p. 257–274.

Schlegel, August Wilhelm: *Die Gemälde. Ein Gespräch.* Dresden 1996.

Borghese, Lucia / Collini, Patrizio (a cura di): *Pinacoteche di parole. Letteratura e arti figurative da Winckelmann a Rilke.* Pisa 2011.

Fancelli, Maria: «Sul primo Winckelmann e le arti figurative», in: Borghese, Lucia / Collini, Patrizio (a cura di): *Pinacoteche di parole. Letteratura e arti figurative da Winckelmann a Rilke.* Pisa 2011, p. 13–34.

Heinecken, Carl von: *Recueil d'estampes d'après les plus célèbres tableaux de la Galerie Royale de Dresde.* II. Dresden 1753–1757.

Heres, Wolfgang: *Winckelmann in Sachsen. Ein Beitrag zur Kulturgeschichte Dresdens und zur Biographie Winckelmanns.* Berlin 1991.

Justi, Carl: *Winckelmann und seine Zeitgenossen.* III. Leipzig 1898.

Ladwein, Michael (a cura di): *Raffaels Sixtinische Madonna.* Dornach 2004.

Marx, Harald: *Gemäldegalerie Dresden. Alte Meister.* Leipzig 1992.

Weber, Gregor J. M.: «1798 in der königlichen Gemäldegalerie zu Dresden», in: *Dresdner Hefte* (2) 1992, p. 8–15.

18 Aragon / Cocteau, 139.

Lucia Borghese Bruschi (Firenze)

# Otto Vermehrens »Toteninseln«. Zur frühen Rezeption Arnold Böcklins

> Liebe Eltern! Seit heute Mittag 1 Uhr bin ich angelangt, am Sonnabend Abend aus Florenz fortgefahren. – Die Ausstellung ist *ganz fabelhaft*, seit der letzten sind deutscherseits richtige Fortschritte gemacht, ich bin ganz konfus und habe ein sehr demüthiges Gefühl und sehe meine ganze Kleinheit und Winzigkeit so genau! – Vieles steht *so* hoch und vieles, sehr vieles auch *so* fremd mir gegenüber. Böcklins Bild (*Spiel der Wellen*) hat mir richtig imponiert und [mich] zu gleicher Zeit etwas getröstet. Habe doch etwas Fühlung mit seiner Art. Mein Bild sticht etwas von der Masse ab, mir etwas zu viel für mein Gefühl.[1]

Wer sich am 2. Juli 1888 in einer Postkarte aus München so freimütig seinen Eltern gegenüber bloßlegt, denen er von seiner Verstörung erzählt beim Wahrnehmen des Ausmaßes und der Außerordentlichkeit der im Glaspalast repräsentierten Werke, und dann aber auch von einem gewissen Trost, den er aus Arnold Böcklins [*Im*] *Spiel der Wellen* geschöpft hat, ist Otto Vermehren, ein jüngerer Maler aus Florenz, wie aus dem Katalog der III. Internationalen Kunstausstellung 1888 ersichtlich, in der er selbst mit seinem Gemälde *Dem Meere entrissen* vertreten ist.[2] Obwohl das von ihm eingereichte Bild bisher nicht näher zu identifizieren war, könnte es infolge der Zentralität des Meeres und der im Titel angedeuteten Handlung mit einigen anderen Werken Vermehrens aus den vorhergehenden Jahren in Bezug gebracht werden, in denen das Unermessliche des Meeres in mythologischen Figurationen artikuliert wird. Wie im Gemälde der *Meeresnymphen* zum Beispiel, einem Bild, das er im Briefwechsel

1 Otto Vermehren, Brief an die Eltern, 02.07.1888, »Archiv Otto und Augusto Vermehren« (AOAV), Privatarchiv Florenz. Die Sammlung von Briefen und Dokumenten Otto Vermehrens (1861–1917), Maler und Restaurator, und seines Sohnes Augusto (1888–1978), Bildhauer und nach dem Vater Restaurator an den Uffizien und den Florentiner Galerien, erstreckt sich über fast 100 Jahre. In Zusammenarbeit mit Anna Mieli, Archivdirektorin am Opificio delle Pietre Dure (Florenz), ist eine Monographie über Otto Vermehren in Vorbereitung, herausgegeben von Lucia Borghese Bruschi und Anna Mieli.

2 »2353 Vermehren, Otto, Florenz. ›Dem Meere entrissen‹«, in: *Illustrierter Katalog der III. Internationalen Kunstausstellung im Glaspalast zu München* 1888, S. 146.

mit den Eltern erwähnt,[3] aber auch im augenscheinlich großen Gemälde eines bewegten Trauerzugs im Meer, von dem eine Fotografie zeugt: eine tote junge Frau mit einem toten Kind auf dem Schoß wird auf einem Floß von muschelhornblasenden Tritonen und einem Gefolge von Nymphen und Wasserwesen in die Meeresflut hinein geleitet. Das Bild ist unten rechts signiert: Otto Vermehren, Florenz 1887.

Das Vermehren imponierende und zugleich tröstende *Im Spiel der Wellen*[4] ist eine von Böcklins großen, makroskopischen Meeresszenen (180 x 236 cm), deren rätselhafte Figurationen durch undurchdringlich funkelnde Farbigkeit den Betrachter tief sinnlich ansprechen, gleichsam als aus Antike und Renaissance verlebendigte Grotesken. *Im Spiel der Wellen* war während Böcklins Florentiner Aufenthalt in den Jahren 1874 bis 1885 entstanden, und gehört zu den »farbenglühendsten Bildern«[5] jener künstlerisch fruchtbaren Zeit, in der auch *Flora Blumen streuend*, die Prometheusbilder, *Toteninsel* in mehrfacher Variation, *Der heilige Hain*, *Dichtung und Malerei* entstanden.

Der seit einigen Jahren in Florenz lebende junge Mecklenburgische Maler, der seine Ausbildung in München an der Kunstakademie (bei Ludwig von Löfftz) und ab 1884 bei seinen wiederholten Reisen nach Italien (Venedig und Florenz) fortgesetzt hatte, wird von der absoluten Eigenart Böcklins betroffen, sieht aber auch »eine gewisse Fühlung mit seiner Art« bestätigt, eine näher nicht erklärbare Entsprechung mit dem Werk eines Meisters, mit dem er sich schon in früheren Jahren intensiv auseinandergesetzt hatte.[6]

Otto Vermehren hat Böcklins »Art« während seines ganzen Lebens studiert und ihn als einzigen modernen Künstler den alten Meistern gleichgesetzt, deren Bilder er kopierte, um sich ihnen anzunähern – Tizian insbesondere, dessen Zauber ihn auf ähnliche Weise bis zu seinem Lebensende begleitete, aber auch Rembrandt, Van Dyck, Raffael und Holbein. Das Kopieren ermöglichte es ihm, mit den alten und neuen Meistern vertraut zu werden, ihre Sprache auch mittels ihrer Sprachmittel kennenzulernen. Franz von Lenbach hatte sich in München für seine Kopien alter Meister interessiert;[7] und ein Maler war es auch, der sich 1891 als Auftraggeber an Vermehren für eine Kopie von Dürers *Selbstbildnis*

3 O. Vermehren an die Eltern, München, 21.03.1886, AOAV.

4 Das Bild war 1883 entstanden, nach *Triton und Nereide*, 1874; *Die Meeresbrandung*, 1877; *Triton, auf einer Muschel blasend*, 1879; *Tritonenfamilie*, 1880 (verschollen); *Im Meere* (See-Tingeltangel), 1883. Es folgten dann *Das Spiel der Najaden*, 1886; *Meeresidylle*, 1887; *Meeresstille*, 1887.

5 Berger 1906, S. 110.

6 Dies geht aus einem Brief von Christine Hennemann Vermehren an den Sohn Otto Vermehren hervor (Güstrow, 18.06.1885), AOAV.

7 O. Vermehren an seine Frau Margherita Papini (München, 06.03.1891) und an seinen Vater (München, 19.3.1891), AOAV. Ein *Bildnis F. v. Lenbachs* von O. Vermehren befindet sich im Museum der Stadt Güstrow.

wandte.[8] Daran erinnert der mit Otto Vermehren befreundete Ernst Berger[9] in seiner *Maltechnik des Altertums*, wenn er, entgegen der allgemein behaupteten vielseitigen Verwendbarkeit der Harzölfarben, Widersprüchliches hervorhebt:

> Denn ich könnte Beispiele anreihen von ausgezeichneten Kopien, die mit Emulsionstempera ausgeführt wurden; so die seinerzeit berühmte Kopie von Dürers Selbstporträt von Vermehren, die allgemeines Aufsehen machte und Dr. Bayersdorfer (gewiss ein Kenner!) zu einem lateinischen Distichon begeisterte.[10]

Otto Vermehrens frühe Bilder – *Galilei im Kerker, Jäger und Nymphe am Quell* –[11] ließen schon den Koloristen erraten,[12] der sich auch weiterhin in der Erforschung der Beziehung von Dunkelheit und Helligkeit und im Erkennen der Wirkung von Farbigkeit als solcher auszeichnet. Das Kopieren bezog sich deshalb für ihn schon früh auf die Farbigkeit von Böcklins unnachahmlicher Mythologie. Von Böcklins Meeresszenen hat Otto Vermehren *Meeresbrandung*,[13] *Spiel der Najaden*[14] und das inzwischen verschollene Gemälde *Tritonenfamilie*[15] kopiert, sehr wahrscheinlich – bisher war es nicht möglich, diese Arbeiten zeitlich genauer zu kontextualisieren – während seiner Basler Jahre (1891–1900).

8 Albrecht Dürer, *Selbstbildnis im Pelzrock*, München, Alte Pinakothek. Dazu die Briefe O. Vermehrens an Margherita (München, 13.05.1891) und an seine Eltern (München, 15.05.1891), AOAV.

9 Ernst Berger (1857–1919), zuerst Schüler von Hans Makart in Wien, war seit 1882 an der Kunstakademie (bei L. v. Löffz) in München. Als Maler und Wissenschaftler widmete er sich hauptsächlich der Erforschung historischer Maltechniken. Auf eine große Freundschaft zwischen Otto Vermehren und Ernst Berger weist Ottos Sohn, Augusto Vermehren, im eigenem »Lebenslauf« (1937) hin.

10 Berger 1912, S. 282. Adolf Bayersdorfer (1842–1901), Kunsthistoriker und Schriftsteller, gehörte seit den 1870er Jahren zum Freundeskreis Arnold Böcklins, dem er auch nach Florenz gefolgt war. 1884 wurde er zum Konservator der Alten Pinakothek in München ernannt.

11 *Jäger und Nymphe am Quell*, 1886, Öl auf Leinwand, 124 x 177 cm. Bez. o.r.: Otto Vermehren, München, 1886. Privatbesitz München.

12 O. Vermehren beteiligte sich mit seinem *Galilei im Kerker* (1884) an der LVII. Ausstellung der königlichen Akademie der Künste in Berlin (August–Oktober 1884). Das Bild erweckte danach in München – wie von Iris Brüdgam berichtet wird – die Aufmerksamkeit der Presse. In den »Münchener Neuesten Nachrichten« wurden die »großen Reize des Helldunkels« hervorgehoben und für Friedrich Pecht zeugte das Bild »von entschiedener coloristischer Begabung«. Siehe Brüdgam 1995, I, S. 18f.

13 A. Böcklin, *Meeresbrandung*, 1879, zweite Fassung, Leinwand, 151 x 176,5 cm, Berlin, Nationalgalerie. O. Vermehren, Kopie nach A. Böcklins *Meeresbrandung*, Öl auf Leinwand, 34 x 26 cm, unbekannter Privatbesitz.

14 A. Böcklin, *Spiel der Najaden*, 1886, Öl auf Leinwand, 151 x 176,5 cm, Basel, Kunstmuseum. O. Vermehren, Kopie nach A. Böcklins *Spiel der Najaden*, Öl auf Leinwand, 131 x 155 cm, unbekannter Privatbesitz.

15 A. Böcklin, *Tritonenfamilie*, 1880, Öl auf Leinwand, 99 x 143 cm, seit 1945 verschollen. O. Vermehren, Kopie nach A. Böcklins *Tritonenfamilie*, Öl auf Leinwand, 36 x 50 cm, Museum der Stadt Güstrow.

Ernst Berger, der sich als Maler und als Autor maltechnischer Schriften eindringlich mit der Technik des schweizerischen Meisters befasst hat, bemerkte auch infolge seiner beiden Gespräche mit Böcklin (1896 und 1898), dass dieser »immer nur sein Ziel darin sah, die koloristische Wirksamkeit seiner Mittel zu steigern, [...] stetig daran verbesserte und [...] ein neues Verfahren versuchte.«[16] Für die Technik von Böcklins Florentiner Periode ist für Berger »neben der Tempera die Umwandlung der früheren Öltechnik in die ›Firnisfarbe‹ von Bedeutung.«[17] Die Verwendung dieses neuen Bindemittels, die eine größere Schnelligkeit der Ausführung ermögliche, entspreche auch »seinem Verlangen, sich in seiner Technik den Methoden der alten Meister zu nähern.«[18] Mit diesem Verfahren seien viele der hervorragendsten Werke dieser Periode entstanden, wie auch *Im Spiel der Wellen.*

Eine Reihe von landschaftgebundenen musikalischen Zwitterwesen aus Böcklins Werk, die auf Pan als ihren Archetypus und ursprüngliche Gestalt Bezug nehmen, haben Otto Vermehren insbesondere interessiert, sodass anzunehmen ist, dass er schon in seinen Münchner Jahren einige der für ihn bedeutendsten Bilder Böcklins kopierte: die *Idylle*,[19] ein hybrider Landschaftsausschnitt, in dem ein die Syrinx blasender pompejanischer Pan sich zwischen Säulen einer Tempelruine inmitten wuchernder Vegetation auf Bocksfüßen erhebt, gleich einer Insel von stehendem Wasser umgeben; und, in verkleinertem Format, *Die Klage des Hirten*,[20] Böcklins Umdeutung der 3. Idylle Theokrits: Daphnis, von der Nymphe Amaryllis verlassen, hat nach seiner Liebesklage die Panflöte vom Mund abgesetzt, der Verstörung anheimfallend, während Amaryllis, »von eher mütterlicher Gestalt«[21] in ihrer Grotte, ihm unsichtbar, lauscht. In Bezug zu diesem dionysischen, symbolisch-metaphorischen Kontext, den Vermehren als der eigenen Richtung entsprechend erkannte, gestaltete er eine eigentümliche Szene, *Faunenfamilie*, von der neben der fotografischen Dokumentation eines Gemäldes,[22] auch eine wie von Leuchtkraft durchzogene Koh-

16 Berger 1906, S. 110.

17 Berger 1906, S. 110.

18 Berger 1906, S. 113.

19 A. Böcklin, *Idylle*, 1875, Tempera auf Leinwand, 62,7 x 50,2 cm, München, Bayerische Staatsgemäldesammlungen, Neue Pinakothek. Christoph Heilmann verweist auf »den Eindruck des Bühnenhaften«, der den »Auftritt des Pan« charakterisiert. »Böcklin legt das Ganze in recht trocken wirkender olivfarben gestimmter Tempera nach den Eindrücken Pompejanischer Wandmalerei an« (Heilmann 1987, S. 39). O. Vermehrens ›Kopie‹ nach Böcklins *Idylle*, die sich im Museum der Stadt Güstrow befindet (vorher Sammlung A. Vermehren, Florenz), scheint unfertig, als Studie angelegt.

20 A. Böcklin, *Die Klage des Hirten*, 1866, 137,9 x 100,4 cm, München, Bayerische Staatsgemäldesammlungen, Schack-Galerie. O. Vermehrens Kopie nach Böcklins *Die Klage des Hirten*, Öl auf Leinwand, 29,5 x 41 cm, befindet sich in einer Privatsammlung, Florenz.

21 Heilmann, Christian: »Die Klage des Hirten«, in: Heilmann 1987, S. 193–195.

22 Verortung des Gemäldes unbekannt; Fotografie AOAV.

lezeichnung aus dem Jahre 1889 erhalten ist.[23] Diese enthüllt sich als eine stumme dialogische Variation des Böcklinschen *Pan im Schilf*:[24] ein rückwärts sitzender Faun im Schilf wird von Vermehren dargestellt – mit deutlicher Absicht das böcklinsche Bild fast wiederholend –, der von seiner Syrinx lassend den Kopf wendet und mit plötzlich unsäglichem Ausdruck nach der sich an ihn lehnenden und mit dem schlafenden Kind auf dem Arm selig ruhenden Faunin blickt. Im Vordergrund der wie aus dem Verborgenen auftauchenden märchenhaften Handlung liegen neben den Bocksfüßen der Faunin zwischen den Blättern Früchte.

Otto Vermehrens Tätigkeit als Maler und als Kopist weist insgesamt einen fortdauernden, nahen Bezug zu Böcklins Werk auf, der sich bei manchen Bildern augenscheinlich einstellt und zugleich das von ihm Abweichende zeigt.

Abb. 1: Otto Vermehren, *Selbstbildnis mit der Muse Euterpe* [?], Neunziger Jahre des 19. Jahrhunderts, Öl auf Leinwand, 73 x 58 cm, Güstrow, Museum der Stadt Güstrow (vorher Florenz, Collezione Augusto Vermehren)

23 O. Vermehren, *Faunenfamilie*, 43 x 55 cm, Privatsammlung, Florenz.

24 A. Böcklin, *Pan im Schilf*, 1859, Leinwand, 199,7 x 152,6 cm, München, Bayerische Staatsgemäldesammlungen, Schack-Galerie.

Exemplarisch ist hierfür sein *Selbstbildnis mit der Muse Euterpe* [Abbildung 1], an dem nicht nur Vermehrens »Fühlung« der »Art« des schweizerischen Meisters zu erkennen ist, sondern auch seine persönliche malerische Identität gemessen werden kann. Es handelt sich um ein zweiköpfiges Selbstbildnis, in dem der Maler als Horchender erscheint. Dem Betrachter zugewendet, ihm jedoch nicht direkt in die Augen schauend, hält er Farbpalette und Pinsel in der linken Hand während er mit der Rechten dem Ohr eine Muschel schafft, um das Gehör im Gesicht miteinzubeziehen, dem Gehör vielleicht sogar den Vorrang zu geben. Hinter seinem Rücken in einem lichten arkadischen Kontext bläst die Muse einen doppelröhrigen Aulòs, auf dessen Töne der Maler zu horchen scheint.

Vermehrens *Selbstbildnis mit der Muse Euterpe* zeichnet sich als deutlicher Hinweis auf Arnold Böcklins *Selbstbildnis mit fiedelndem Tod* aus,[25] das 1872 während Böcklins zweiter Münchener Zeit (1871–74) entstandene Selbstbildnis des Malers, der sich dem kontrapunktischen Drang des Todes ausgesetzt weiß. Es stellt den Maler dar, mit Farbpalette in der linken Hand und Pinsel in der Rechten, während er aus dem Bereich des Schattens heraus, dem Betrachter zugewendet, ›die Augen bis zum Horchen spitzt‹, den fiedelnden Tod im Rücken. Wie einschlägig für die Epoche dieses Bild war, zeigen die Selbstbildnisse von Künstlern, die sich, davon sichtbar angeregt, in den folgenden Jahren in einem jeweils andersartig aufgefassten Bezug zum Tod darstellten. Bereits 1875 war Hans Thomas (1839–1924) *Selbstbildnis mit Tod und Amor* entstanden,[26] in dem das Brustbild des Künstlers vor einer fernen Landschaft zwischen einem lorbeerbekränzten Skelett und einem Amorett erscheint. Und 1896 entstand Lovis Corinths (1858–1925) *Selbstbildnis mit Skelett*,[27] wobei das Skelett neben ihm im Atelier an einem Eisengestell aufgehängt ist und durch die Fensterscheiben dahinter die städtische Industrielandschaft sichtbar wird. Auch Edvard Munchs geisterhaftes *Selbstbildnis* (1895),[28] ein Kupferstich mit einem Knochenarm unterhalb seines Gesichts, weist ausdrücklich den Einfluss Böcklins auf.

In Otto Vermehrens *Selbstbildnis* ist jedoch kein Skelett als hergebrachtes Symbol des Todes der Böcklins *Selbstbildnis mit fiedelndem Tode* evozierende Hinweis, nicht ein nur an Vergänglichkeit erinnerndes *memento mori*, sondern – mittels der Muse der lyrischen Poesie – der Bezug des Malers zur Musik.[29] Das

25 A. Böcklin, *Selbstbildnis mit fiedelndem Tod*, 1872, Öl auf Leinwand, 75 x 61 cm, Berlin, Nationalgalerie.

26 H. Thoma, Karlsruhe, Staatliche Kunsthalle.

27 L. Corinth, München, Städtische Galerie im Lenbachhaus.

28 E. Munch, Basel, Öffentliche Kunstsammlung, Kupferstichkabinett.

29 Zur Bedeutung der Musik für Böcklins Werk siehe Schneider 1943. Von *Im Spiel der Wellen* wurde Max Reger angeregt, Böcklins Werk mit *Vier Tondichtungen nach A. Böcklin*, Op. 128 (*Der geigende Eremit, Im Spiel der Wellen, Die Toteninsel, Das Bacchanal*) für das 20. Jahrhundert als Orchesterwerk zu gestalten.

Gemälde ist nicht signiert und ohne Jahresangabe, doch kann es mit einem Bild identifiziert werden, von dem es eine genaue Beschreibung Vermehrens in einem vorgezeichneten Itinerarium von eigenen Werken gibt, das er während des Baus seines Hauses in Florenz (ca. um 1910) für dessen innere Konfiguration redigierte. Darin werden auch einige damals vorhandenen Kopien von Bildern Böcklins erwähnt – u. a. »Böcklin, eine *Toteninsel* (dunkel)« und die »*Toteninsel* nach Böcklins Bild in Leipzig« – und eben interessanterweise auch das »Porträt von mir, *horchend auf die Töne*, die meine Frau *als Nymphe* hinter mir Flöte blasend, *mich hören lässt*. Original«.[30] Kein Titel also, sondern eine Erzählung, eine Kurzgeschichte, eine Dichtung. Die flötenblasende Nymphe im Halbprofil [die ›Muse‹?] entpuppt sich als seine Frau,[31] die somit – als Trägerin eines stummen Bezugs zu Böcklins »Art« der Wirklichkeitsbezogenheit und zugleich als akustisch-instrumentale Inspirationsquelle für Vermehrens Hand – die Verkörperung einer unnachahmlichen neuzeitlichen Zeichensprache darstellt.

Als Otto Vermehren im Juli 1888 in der Münchener Ausstellung seine »Fühlung« für Böcklin mitteilte, war sein Sohn Augusto in Florenz schon geboren. Die Liebesbeziehung zu Margherita Papini (»Ghita«, wie er sie oft nannte), einer jungen Witwe, die dann seine Frau wurde, hatte ihm und seiner Kunst einen großen Aufschwung gegeben: Davon zeugen die anmutigen Porträts Margheritas – als ein »Höhepunkt im frühen Porträtschaffen Otto Vermehrens« kennzeichnet sie Iris Brüdgam –,[32] aber auch das *Paolo und Francesca* gewidmete Bild,[33] in dem Francesca wie märchenhaft aus einem tiefem Traum erwacht erscheint.

In der zweiten Hälfte der 1880er Jahre arbeitete Vermehren abwechselnd in München und in Florenz. Von Alois Hauser, Maler, Restaurator und Konservator an der Alten Pinakothek, wurde ihm im Oktober 1890[34] die Möglichkeit angeboten, sich bei ihm in der Restaurierung alter Bilder auszubilden. Schon im April 1891 beschloss Vermehren, mit der Familie nach Basel zu ziehen, um die Bilder des Basler Kunstsammlers August Rittmann zu restaurieren, darüber erfreut – wie er seinen Eltern schrieb –, dass Rittmann »Liebhaber der Böcklinschen Richtung« sei, »ganz mein Fall«.[35] In seiner Basler Zeit (1890–1900), in der Vermehren auch oft nach München und nach Florenz reiste, arbeitete er viel als

30 O. Vermehren, AOAV [Hervorhebung des A.].

31 In einem anderen frühen Bild O. Vermehrens ist Margherita mit einer Leier und einem weißen ›griechischen‹ Kostüm als *musicus* porträtiert. Museum der Stadt Güstrow.

32 Brüdgam 2003, S. 91.

33 O. Vermehren, *Paolo e Francesca*, Öl auf Leinwand, 153 x 97 cm, unten links signiert: Otto Vermehren. Galleria d'Arte Moderna di Palazzo Pitti, Firenze. Dazu siehe Paolozzi Strozzi 1989, S. 74f.

34 O. Vermehren an Margherita, München, 7. Oktober 1890, AOAV.

35 O. Vermehren an die Eltern, München, 23 Mai 1891, AOAV.

Restaurator und als Kopist. Er kopierte u.a. Böcklins *Jagd der Diana* und *Der heilige Hain.* Hans Sandreuter, ein Schüler Böcklins, notierte in seinen Tagebüchern im Juni 1892 nach einem Besuch in Vermehrens Basler Atelier, »dass er dort viele gute Kopien gesehen habe«.[36] Im selben Zeitraum erfolgte sehr wahrscheinlich auch seine Bekanntschaft mit der Familie Böcklin-Bruckmann – und durch diese vielleicht schon mit dem alten Meister –, eine Beziehung, die sich in den folgenden Jahren in Florenz (1890–1915) als eine tiefe Freundschaft entwickelte, die die ganze Familie Vermehren einbezog.

Als Otto Vermehren von Enrico Ridolfi, dem Direktor der Uffizien und der königlichen Galerien, nach Florenz berufen wurde, um die Bilder der alten Meister zu restaurieren, zog er im September 1900 mit Margherita und Augusto wieder in die Stadt, in der er schon als Maler tätig gewesen war und sich als Kopist mit Tizians Werk auseinandergesetzt hatte (*Venus von Urbino* und *Flora*).[37] In Florenz beteiligte er sich an einem gemeinsamen künstlerischen Projekt mit Peter Bruckmann, Bildhauer und Schwiegersohn Arnold Böcklins, seit 1876 mit dessen Tochter Clara verheiratet, mit deren Sohn Reinhard (Bildhauer) und mit Theodor Riegel (Maler): der künstlerischen Ausstattung der Deutschen Evangelischen Kirche, die 1901 im Largo Torrigiani 9 eröffnet wurde[38] und deren architektonische Erweiterungen dann von Böcklins Sohn Carlo ausgeführt wurden. Neben Angela, der Frau Arnold Böcklins, und neben Bruckmanns stand auch Carlo dem gesundheitlich geschwächten Vater bei seinem zweiten und letzten Florenz-Aufenthalt (1895–1901) sehr nahe. Das Innere der Kirche war karg ausgestattet. Oberhalb des Bogens, der die Apsis vom Kirchenkörper trennt, war eine Plastik Peter Bruckmanns – der Kopf Johannes des Täufers – angebracht. An der linken Seite des Bogens war ein Fresko Otto Vermehrens zu sehen, das den Blick des Besuchers in dem sonst bilderlosen Raum mit einer sinnverwirrenden Perspektive konfrontierte. Das Fresko stellt eine rätselhafte doppelte Christusfigur dar, die dem Betrachter entgegenzukommen scheint: die überlebensgrosse Christusgestalt in weißem Gewand trägt ein nacktes Kind auf dem Arm; die Signatur am Halsausschnitt der weissen Kleidung ist in die Komposition einbezogen: »OTTO VERMEHREN FECIT ANNO DOMINI MCMI«.[39]

36 Brüdgam 1995, S. 44. I. Brüdgam verweist mehrfach auf die Freundschaft und auf die Zusammenarbeit Sandreuters mit Otto Vermehren in seinen Basler Jahren.

37 Tiziano Vecellio, *Venus von Urbino*, 1538, Öl auf Leinwand, 119 x 165 cm, Firenze, Galleria degli Uffizi; O. Vermehren, Kopie nach der Tizianschen *Venus von Urbino*, 1887, Öl, auf Leinwand, 118 x 165 (Privatsammlung, Florenz). Siehe dazu *Museo dei musei* 1988, »Tiziano« (s.v.). O. Vermehrens Kopie nach der Tizianschen *Flora* befindet sich in Florenz, Galleria d'Arte Moderna di Palazzo Pitti.

38 Zur Geschichte der Kirche siehe Hueck 2004, S. 211–244. Zum Fresko O. Vermehrens siehe Borghese Bruschi / Mieli 2018.

39 Das Fresko in der Evangelischen Kirche ist nicht mehr zu sehen, da es in späteren Jahren wahrscheinlich zugedeckt wurde. Eine Fotografie des Freskos befindet sich im AOAV, eine

Vermehren restaurierte Werke von Böcklin in seiner Villa Bellagio zwischen San Domenico und Fiesole.[40] Sein Sohn Augusto verbrachte den ganzen Sommer 1902 in Forte dei Marmi bei Bruckmanns, zusammen mit Peter, Clara, mit seinem gleichaltrigen Freund Reini und Angela Böcklin. In ihrem Haus in Fiesole, Villa Miralunga, war Otto Vermehren oft als Gast; im Winter 1905 las er dort jeden Freitag von vier Uhr bis spät abends aus Fritz Reuters *Ut mine Festungstid* für einen kleinen Freundeskreis: »la signora Bruckmann quasi crepò dalle risa, anche la signora prof. Böcklin ebbe molto piacere«, erzählt Otto in einem Brief an Margherita.[41] Sogar zum Verkauf einer Kopie nach Böcklin holt sich Otto Rat bei Angela Böcklin, wie aus Claras Brief vom 11.8.1907 aus Forte dei Marmi an Augusto hervorgeht:

> Lieber August, [...] Selbstverständig, schreibt Mama, soll Herr Vermehren das Bild verkaufen so gut er nur kann, denn seine Copien sind schön und gut. [...] Grüsse deine l. [lieben] Eltern bestens von uns und sei du herzlich gegrüsst in aufrichtiger Freundschaft von Clara Bruckmann-Böcklin.[42]

Die Freundschaft überstand den ersten Weltkrieg, der die Eltern von den Söhnen trennte und alle in äußerste Verzweiflung gestürzt hatte. Peter und Clara Bruckmannn starben in München, kurz nachdem Reinhard 1924 in Italien gestorben war; Augusto wurde infolge seiner italienischen Staatsangehörigkeit nach Libyen in den Krieg geschickt und erfuhr dort vom Tode Ottos im Oktober 1917 in Deutschland. Im Oktober 1919 erreichte August Clara Bruckmanns Brief aus München:

> München 13.10.19 Mein lieber August. Durch meinen Mann höre ich dass du noch am Leben. Kind, was ist alles unterdessen geschehen. Ich will nicht klagen was würde es auch helfen. Nichts! Von Reini habe ich nach 3 $\frac{1}{2}$ Jahr endlich eine Nachricht erhalten er ist in Castelmassimo. Ach August wie schrecklich ist alles geworden. Dein armer Vater es ist nicht zum Ausdenken. – Laßen wir all das es hat keinen Zusammenhang und auch kein Glück. Wir wollen hoffen – – – Wie oft habe ich an unsere schöne Zeit in unserem schönen Land zurückgedacht. Werden wir hinkommen? – – – Ich habe gehört daß du gefangen warst daß du vieles gelitten hast. Schrecklich, unsagbar schrecklich – Wie ist das alles! – – – Ich leide auch so viel. – – – Augusto weißt du noch wie wir die Flasche Zinkali vergraben Ach! Das waren Zeiten des Glücks. Ich hoffe dich bald zu sehen und dir die Hand zu reichen. Augusto du bist immer der gleiche Freund Reinis und deiner zweiten Mutter *donna Chiara.*[43]

---

dem Fresko entsprechende großformatige Vorzeichnung wird im Museum der Stadt Güstrow aufbewahrt.

40 Dazu gibt es Hinweise und Dokumente im AOAV.

41 O. Vermehren an Margherita, Firenze, 02.12.1905. Der Briefwechsel Otto-Margherita ist auf Italienisch, AOAV.

42 Clara Bruckmann Böcklin an Augusto Vermehren, 11.08.1907, AOAV.

43 Clara Bruckmann Böcklin an Augusto Vermehren, München, 03.10.1919, AOAV. »Donna Chiara« auf Italienisch im Text.

Im Kontext einer so innigen Beziehung zum Werk und zur Familie Böcklins kann man auch Otto Vermehrens Auseinandersetzung mit den *Toteninseln* des schweizerischen Meisters als ein Zeugnis seiner unbestechlich dialogischen Haltung lesen. Von ihm gibt es zwei »*Toteninseln*«, die die Leipziger *Toteninsel* Böcklins wiedergeben.[44] Beide werden als »treue Kopien« dieser »fünften und letzten Version der *Toteninsel*, absoluter Ikone des europäischen Symbolismus«[45] geschätzt. Die hier abgebildete *Toteninsel* befindet sich im Museum der Stadt Güstrow und stammt aus der Collezione Augusto Vermehren, Florenz [Abbildung 2].

Abb. 2: Otto Vermehren, *Toteninsel* nach Arnold Böcklins fünfter und letzter (Leipziger) Version der *Toteninsel*, ohne Jahresangabe, signiert unten rechts: »cop. v. Otto Vermehren«. Öl auf Leinwand, 70 x 135 cm, Güstrow, Museum der Stadt Güstrow (vorher Florenz, Collezione Augusto Vermehren)

Eine weitere *Toteninsel* Otto Vermehrens (Privatsammlung, Brescia) stammt aus der Leipziger Galerie »Pietro del Vecchio« und besitzt eine ähnliche außergewöhnlich hohe Qualität; derentwegen wurde sie auch in einigen Ausstellungen zum Symbolismus in Italien für das Böcklinsche Bild (gleichsam als Urtext) stellvertretend gezeigt.[46] Beide Bilder sind unten rechts signiert – »copiert von

44 A. Böcklin, *Toteninsel*, 1886, fünfte Fassung. Öl auf Holztafel, 81,5 x 150,5 cm, Leipzig, Museum der Bildenden Künste. Das Bild wurde von Böcklin in Zürich im Auftrag des Leipziger Museums gemalt, wo es sich noch heute befindet. Zu Arnold Böcklins extrem unterschiedlich rezipiertem Bild in seinen fünf Variationen siehe Holenweg 2001; Schneider 1977.

45 Falconi 2018.

46 O. Vermehren, *Toteninsel*, Kopie nach A. Böcklins *Toteninsel*, fünfte (Leipziger) Fassung, Öl auf Leinwand, 71,5 x 135,3 cm, Privatsammlung, Brescia. Das Bild, das noch immer in seinem ursprünglichen Aedikula-Rahmen im Neorenaissance-Stil eingefasst ist, wurde 2011 in

Otto Vermehren« – was auffallend ist für eine Kopie und selbst für Vermehren ungewöhnlich. Die beiden »Vermehrenschen *Toteninseln*« erhielten durch diese Signatur einen auktorialen Schutz, der in der unüberschaubaren Vermarktung, der das Werk des Schweizer Meisters ausgesetzt war, vom Risiko eines Missbrauchs als Böcklin-Fälschung freimachte und die Kopien nicht ganz paradoxerweise als »Vermehren-Originale« kennzeichnete.[47] Otto Vermehren wies durch seinen persönlichen Beitrag zur Textur der Böcklinschen *Toteninseln* darauf hin, dass bei einem für die Moderne so entscheidenden Autor auch die kleinsten Unterschiede von Bedeutung sind. Gegen die sich infolge der Industrialisierung im Zug des Böcklin-Kults häufenden Missverständnisse um Böcklins Werk und um seine untereinander sehr verschiedenen *Toteninseln*, die insgesamt als Bildmotiv verabsolutiert wurden, scheint das mit Böcklins Formensprache dialogisierende Werk Otto Vermehrens einen richtungsweisenden Widerstand zu bieten.

In seinen stummen Dialog mit Böcklin – um des »tiefen Traums« wegen,[48] um dessentwillen er sich mit Böcklins Werk auseinandersetzte – werden auch seine *Toteninseln* einbezogen. Die Hybridität der Böcklinschen Zwitterwesen – jedoch ohne mythologische Figuren – scheint der Komposition dieser Landschaft ursprünglich eingeprägt zu sein. Willkürliches der Natur und architektonisch Geregeltes scheinen in einer metamorphischen Einheit verbunden zu sein. In einem Brief Otto Vermehrens an Augusto vom 1. November 1908, an Allerseelen, acht Monate nach Margheritas Tod, konnte ein Friedhof für den Maler in Gedanken und Sprache stellvertretend für einen anderen werden, die Ferne gleichsam überbrückend. Aus Frankfurt, wo Otto Vermehren am Städelschen Institut arbeitete, schreibt er dem Sohn in Stuttgart: »ich hatte keine Ruhe, ich musste zu viel daran denken, dass Allerseelentag sei und dass keiner von uns nach Trespiano [dem Friedhof in Florenz] zu Mama gehen konnte. So bin ich dann hier auf den Friedhof gegangen, in Ermangelung eines Besseren.«[49] Er beschreibt ihn dem Sohn mit an Böcklins »Art« geschulten Augen als einen »*Wald*, einen *wirklichen* parkähnlichen *Wald*, […] und *in diesem Walde* wieder

Padova anlässlich der Ausstellung »Il simbolismo in Italia« gezeigt. Siehe Falconi 2011, S. 100, 237.

47 Auf die Schwierigkeiten, bei Böcklins »populären Bilder[n] in öffentlichen Sammlungen« Böcklins Autorschaft zu wahren, weist Hans Holenweg (1977, S. 63) hin.

48 Hugo von Hofmannsthal, *Der Tod des Tizian* [1892] (1906, S. 7). Zitat aus der 1901 veränderten Fassung des dramatischen Fragments, das zur Totenfeier für Arnold Böcklin in München aufgeführt wurde. Auftritt des Prologs, seine Fackelträger hinter ihm: »Und wie der Schwan, ein selig schwimmend Tier, / Aus der Najade triefend weissen Händen / Sich seine Nahrung küßt, so bog ich mich / In dunklen Stunden über seine Hände / Um meiner Seele Nahrung: tiefen Traum«.

49 O. Vermehren an Augusto, Frankfurt am Main, 01.11.1908, AOAV.

*einen Wald von Gräbern*, theils *willkürlich*, teils *geregelt* angeordnet. [...] Man glaubt lauter *Böcklinsche Bilder* zu sehen.«[50]

Abb. 3: Otto Vermehren, *Toteninsel*, Variation nach Arnold Böcklins fünfter und letzter (Leipziger) Version der *Toteninsel*, ohne Jahresangabe, Öl auf Holztafel, 12,8 x 21 cm, Privatsammlung, Brescia (vorher Florenz, Collezione Augusto Vermehren)

Neben den Kopien der fünften Fassung der Böcklinschen *Toteninsel* gibt es von Vermehren zwei skizzenhaft auf Holztafel ausgeführte Ölbilder kleineren Formats, die in Bezug auf Böcklins dritte und fünfte Fassung der *Toteninsel* dialogische Variationen darstellen. In der einen (Öl auf Holz, 13 x 22 cm, Privatsammlung Berlin, vorher Collezione Augusto Vermehren, Florenz), die auf Böcklins dritte Fassung der *Toteninsel*[51] Bezug nimmt, wird das von Böcklin – im Unterschied zu den ersten beiden Fassungen – eingeführte Stürmische der Luft und des Wassers fast expressionistisch verdichtet und die kühlen grauen Töne der Felsen in rötlich dunkelnde Farbigkeit verwandelt. In Vermehrens Variation der fünften Fassung [Abbildung 3] erscheint die Insel hingegen in einer märchenhaften Abgeschiedenheit. Die Komposition von Felsen, Grabkammern und Zypressen wird beibehalten, nur in den Farbgradationen viel heller, leuchtend in der azurnen Stille von Luft und Wasser. Der Kahn mit dem rückengewandten dunkeln Ruderer ist vor der Schwelle, er trägt hier aber keinen Sarg, und aus der vermummten statuenhaften Gestalt ist eine seltsam sich bewegende weiße Figur

50 Ebd. [Hervorhebungen O. Vermehrens]. An demselben Tag war Augusto in Stuttgart auf dem Friedhof gewesen (Augusto an den Vater, 03.11.1908), AOAV.

51 A. Böcklin, *Toteninsel*, 1883, dritte Fassung, Öl auf Holz, 80 x 150 cm, Staatliche Museen zu Berlin, Nationalgalerie (vorher Berlin, Galerie »Fritz Gurlitt«).

geworden; das Wasser ist hier nicht – wie in Böcklins dritter bis fünfter Fassung – spiegelhaft glänzend und undurchdringlich, sondern klar und durchsichtig, dem Blick in die Tiefe offen. In beiden Bildern hält sich Vermehren in seinem Bezug zu Böcklin eng an das Vorbild, in deutlicher Erkennbarkeit, mit Veränderungen vorwiegend in der Farbsubstanz und in der Pinselführung. Durch die Abweichung entsteht die Bedeutung – wie auch Böcklins Versuche mit mehreren Variationen zu einzelnen Themen vorbildhaft zeigen –, in der Farbsubstanz geht erst der Sinn auf. Solch eine »Art« kennzeichnet den Dialog Otto Vermehrens mit Böcklins Sprache, in diesem Fall mit erweitertem Einbezug des Betrachters zugunsten einer komparatistischen Kunstbetrachtung. Indem durch das Festhalten am ikonographisch Vorbildhaften dessen zeichenhafter Wert anerkannt wird, kommt der persönlichen Variation die Bedeutung einer Gebärde zu, die auf die Semantik der Farblichkeit und auf eine rätselhafte Veränderung in der Fracht des Kahns hinweist.

Für die Ausstattung der Loggia in der Villa Belvedere, Böcklins letzter Arbeits- und Wohnstätte, bei der ihm der Sohn Carlo und der Schwiegersohn Peter Bruckmann behilflich waren, übernahm Böcklin von Ernst Berger die enkaustische Stuccolustro-Technik, von der Vitruv und Plinius zeugen. Ihm wurde dafür mit einer lateinischen Dedikation im experimentellen Illusionstheater der Loggia gedankt – »In honorem / E. Bergeri / reconstructoris Pompeianae Picturae / A.D. MDCCCXCVI«.[52] Otto Vermehren erhielt durch Carlos Hand aus seines Vaters Nachlass Arnold Böcklins Farbpigmente.[53]

## Bibliographie

Berger, Ernst: *Böcklins Technik.* München 1906.

Berger, Ernst: *Beiträge zur Entwicklungsgeschichte der Maltechnik. Dritte Folge.* München 1912.

Borghese Bruschi, Lucia/ Mieli, Anna: *I Vermehren e i Bruckmann a Forte dei Marmi*, in: Casaglia, Gianfranco (Hg.): *Arnold Böcklin. Atti dei Convegni commemorativi del 190. Anniversario della nascita 16 ottobre 1827.* Pisa 2018, S. 117–129.

Brüdgam, Iris: *Otto Vermehren. Eine Einführung in sein Leben und Werk.* Diplomarbeit. 2 Bde., Halle: Martin-Luther Universität 1995.

Brüdgam, Iris: »Ein Güstrower in Florenz. Der Maler, Kopist und Restaurator Otto Vermehren (1861–1917)«, in *Stadt und Residenz Güstrow. Ausstellungsführer.* Hg. v. Stadt und Residenz Güstrow. Text und Redaktion I. Brüdgam, D. Dieckow-Plassa, K.-D. Hoppe. Güstrow 2003.

Coers, Birgitta: *Die Farbe des Vergangenen. Pompeji in der Kunst der Moderne.* Berlin 2018.

52 Coers 2018, S. 366.

53 Siehe dazu Paolozzi Strozzi 1989, S. 74.

Falconi, Bernardo: *Otto Vermehren. L'isola dei morti d'après Böcklin*, in: Marini Clarelli, M. V. / Mazzocca, F. / Sisi, C. (Hg.): *Il simbolismo in Italia. Catalogo della mostra, Padova, Palazzo Zabarella, 10 ottobre 2011–12 febbraio 2012.* Venezia 2011.

Falconi, Bernardo: *Otto Vermehren. L'isola dei morti d'après Böcklin.* Verona: Scripta 2017, S. 1–45. Aufgenommen in: Casaglia, G. (Hg.): *Arnold Böcklin. Atti dei convegni commemorativi del 190. Anniversario della nascita 16 ottobre 1827.* Pisa 2018, S. 131–143.

Heilmann, Christian (Hg.): *»In uns selbst liegt Italien«. Die Kunst der Deutsch-Römer. Haus der Kunst, München, 12. Dezember 1987–22. Februar 1988.* München 1987.

Hofmannsthal, Hugo v.: *Der Tod des Tizian* [1892]. Leipzig $^{3}$1906.

Holenweg, Hans: »Böcklin-Kopien – Böcklin-Fälschungen – Böcklin-Signaturen«, in: Christ, Dorothea (Hg.): *Arnold Böcklin 1827–1901. Gemälde, Zeichnungen, Plastiken. Ausstellung zum 150. Geburtstag, veranstaltet vom Kunstmuseum Basel und vom Basler Kunstverein 11. Juni – 11. September 1977.* Basel / Stuttgart 1977, S. 63–67.

Holenweg, Hans: »Die Toteninsel: Arnold Böcklins populäres Landschaftsbild und seine Ausstrahlung bis in die heutige Zeit«, in: *Das Münster* (3) 2001, S. 235–241.

*Illustrierter Katalog der III. Internationalen Kunstausstellung im Glaspalast zu München, 1888.* München: Verlagsanstalt für Kunst und Wissenschaft 1888.

Hueck, Irene: »Die Deutsche Evangelische Kirche in Florenz und ihr Gemeindehaus«, in: *Mitteilungen des Kunsthistorischen Institutes in Florenz* (XLVIII.1–2) 2004, S. 211–244.

*Museo dei musei. Catalogo della mostra. Firenze, Palazzo Strozzi.* Hg. v. Passetto, Lucio. Firenze 1988.

Paolozzi Strozzi, Beatrice: »O. Vermehren, Paolo e Francesca«, in: *Ottocento e Novecento. Acquisizioni 1974–1989. Firenze, Galleria d'Arte Moderna di Palazzo Pitti, 1 giugno – 30 settembre 1989.* Catalogo della mostra a cura di C. Sisi, E. Spalletti. Firenze 1989, S. 74–75.

Schneider, Max F.: *Arnold Böcklin. Ein Maler aus dem Geiste der Musik.* Basel 1943.

Schneider, Norbert: »Böcklins ›Toteninsel‹. Zur ikonologischen und sozialpsychologischen Deutung eines Motivs«, in: *Arnold Böcklin 1827–1901. Ausstellungskatalog Darmstadt, Mathildenhöhe, 23. Oktober bis 11. Dezember 1977.* 2 Bde. Darmstadt 1977. Bd. I, S. 106–125.

Vermehren, Augusto: »Lebenslauf« (1937), in: *Archivio Poggi*, Serie I 22, V. 61–67, N. 67, Firenze.

Vermehren, Otto / Vermehren, Augusto: »Archiv Otto und Augusto Vermehren« (AOAV), Privatarchiv Florenz.

Ludger Scherer (Aachen/Bonn)

# Rubén Darío und der *modernismo* als interkontinentaler Gründungsmythos

Auf *Gründungsmythen Europas in Literatur, Musik und Kunst* nehmen nicht nur zahlreiche wissenschaftliche Schriften Michael Bernsens Bezug, der vorliegende Beitrag erscheint zudem in einem Band der gleichnamigen Publikationsreihe und praktiziert doch eine gewisse Dehnung dieses Konzepts, stellt der hier in Rede stehende *modernismo* doch ein die Kontinente Amerika und Europa übergreifendes Phänomen dar. Auch der Anspruch von Gründungsmythen, als »Erzählung verbindlicher Ursprungsgeschichten«[1] zu fungieren, ist im Fall des *modernismo* in spezifischer Weise als »Paradoxie aus profunder Mythenkritik und gleichzeitigem Festhalten am Gründungscharakter«[2] auszumachen, wie im Verlauf der Untersuchung deutlich wird. Analog zum Petrarkismus, dessen Mythos als Erzählung, die »das Sprechen von Petrarca ebenso voraussetzt wie das Sprechen in Petrarcas Sprache«,[3] verstanden werden kann, rekurriert modernistisches Schreiben in seinen Ursprungsdiskursen ebenso komplex auf ein dezidiert postromantisches »ironisch-sentimentalisches Verhältnis [der europäischen Kultur] zu ihrem eigenen kulturellen Erbe«,[4] wobei die europäische Perspektive – wie gesagt – interkontinental ergänzt wird.

Im folgenden sollen nach einem kurzen Überblick über terminologische und literarhistorische Aspekte des *modernismo*, dessen Extension und Intension ja nicht unumstritten sind, wichtige Autor*innen – nicht zuletzt Rubén Darío – und zentrale Themen der Strömung in Erinnerung gerufen werden, um auf dieser Grundlage dann eine Lesart des *modernismo* als interkontinentales Paradigma zu skizzieren.

Der Begriff *modernismo* bezeichnet in den verschiedenen romanischen Nationalliteraturen je unterschiedliche literarische Strömungen, die vom Ende des 19. Jahrhunderts bis ins 20. Jahrhundert reichen. Während der portugiesische

1 Bernsen 2011, S. 9.
2 Ebd., S. 11.
3 Bernsen / Huss 2011, S. 8.
4 Bernsen / Becher / Brüggen 2013, S. 7.

*modernismo* im Kontext der europäischen *Ismen* in zwei Wellen ab 1913 und 1927 entstand – bekanntester Mitarbeiter der Zeitschrift *Orpheu* des *primeiro modernismo* war sicherlich Fernando Pessoa – und der brasilianische *modernismo* als dezidiert anti-europäische Avantgarde-Bewegung 1922 proklamiert wurde und bis Ende des Zweiten Weltkriegs andauerte, umfaßt der katalanische *modernisme* weitgehend die beiden Jahrzehnte um 1900 und hat in der Literatur und nicht zuletzt in der Architektur – man denke an Gaudí – eindrucksvolle Zeugnisse eines iberischen Jugendstils geschaffen.[5] An dieser Stelle werde ich mich jedoch auf den spanischsprachigen *modernismo* konzentrieren, der bekanntlich in Hispanoamerika seinen Ausgang genommen und auf Spanien zurückgewirkt hat, und damit das erste bedeutende amerikanische Exportgut im Bereich der Kultur darstellt.

Zeitlich umfaßt dieser *modernismo* ungefähr die vier Jahrzehnte um die Wende vom 19. zum 20. Jahrhundert und steht damit im Kontext des *Fin de siècle*. Etymologisch verweist er auf das lateinische *modernus* und damit auf den schwierigen Begriff der Moderne. Im Gegensatz zu *antiquus* bezieht sich *modernus* ja seit dem 5. Jahrhundert nach Christus auf das Gegenwärtige und das Neue, dient demnach zur Abgrenzung von vorangegangenen ›alten‹ Positionen im gesamten Bereich der Kultur. In der bekannten *Querelle des Anciens et des Modernes*, die Charles Perrault 1687 in der *Académie française* offiziell initiierte, stehen die Alten, als Anhänger der Antike und damit eines überzeitlichen Schönheitsideals und des Prinzips der *imitatio*, den Modernen gegenüber, die auf der Grundlage des (technischen) Fortschrittsgedankens die Gleich- ja Höherwertigkeit der eigenen Epoche propagierten.[6] Damit war nicht nur ein zentrales Element der Aufklärung, der Fortschritt, formuliert, sondern auch der Historismus des 19. Jahrhunderts angelegt. In der Romantik wird allerdings die gesamte nach-antike Literatur als modern, mithin romantisch bezeichnet und damit der Epochenumbruch um 1800 zur Aufklärung ebenso verwischt wie eine Differenzierung von Mittelalter und Früher Neuzeit. Weitere Problematisierungen des vielschichtigen Begriffs der Moderne müssen an dieser Stelle aus Raumgründen unterbleiben. Einige mit ihm verknüpfte Grundzüge spielen jedoch auch für den hier in Rede stehenden *modernismo* eine Rolle und sollen deshalb noch kurz erinnert werden. Im Gegensatz zum Traditionsbezug geht es ›modernen‹ Strömungen um Innovation. Die im Zuge der »funktionalen Differenzierung«[7] erreichte Autonomie des Menschen führt als absolute Freiheit im Gegenzug jedoch auch zu existentieller Angst und Bindungslosigkeit – so wie die

5 Vgl. Hess / Siebenmann / Stegmann 2003, S. 197–200; Gullón 1993, S. 1043–1046.

6 Vgl. Buck 1958; Fumaroli / Lecoq 2001, dort auch die wichtigsten Texte; Jauß 1964; Krauss / Kortum 1966; Rigault 1859/ 1965; Roloff 1988; Rötzer 1979; Schlobach 1980.

7 Luhmann 1993, S. 261 et passim.

sich etablierende Position des Autors im literarischen Feld zu einem Konkurrenzkampf in der Medienwelt. Originalität, die poetologisch federführend wird, zeigt sich in sprachlichen Experimenten wie im gesteigerten Sprachbewußtsein bis hin zur Sprachkrise, sie bewirkt andererseits auch eine Spirale des Innovationsdrucks im Überbietungswettbewerb der Künstler. Deren Rolle in der Gesellschaft ist, gerade in der Romantik, von der Spannung zwischen Überhöhung als autonomes Genie und labiler Existenz als Außenseiter gekennzeichnet. Damit einher geht die Zweckfreiheit der Kunst, die pointierten Ausdruck im *l'art pour l'art* gefunden hat, deren Gegenstück, das politisch-gesellschaftliche Engagement der Literatur, aber untrennbar mit ihr verbunden ist – bis hin zur Auflösung der Kunst in Lebenspraxis bei den historischen Avantgarden. Diese können in ihrer Radikalisierung bestehender Ansätze, insbesondere in ihrem Gestus des radikalen Traditionsbruches, in mancherlei Beziehung als Kulminationspunkt ›moderner‹ Positionen gesehen werden, belegen im ständig beschleunigten Rotieren in der Innovationsspirale aber auch eindrucksvoll den *circulus vitiosus* des Überbietungsanspruches, aus dem auszubrechen erst post-avantgardistischen, *postmodernen* Ansätzen gelingen kann.

Das skizzierte Panorama sollte der besseren Situierung des spanischsprachigen *modernismo* dienen, um den es im folgenden geht.[8] In weiten Teilen Lateinamerikas setzt um das Jahr 1880 nach der Zeit der Unabhängigkeitskriege eine Phase der politischen Konsolidierung, ökonomischen Modernisierung und sozialen Umstrukturierung ein, die sich nicht zuletzt in massiver Urbanisierung äußert. Auch auf dem amerikanischen Kontinent differenziert sich der Berufsschriftsteller heraus, dem die zahlreichen Zeitungen und Zeitschriften wichtige Publikationsorgane und Einnahmequellen bieten, es entsteht die Feuilleton-Gattung der *crónica.* Wissenschaftsgeschichtlich dominiert der Positivismus, und politisch spielt die Auseinandersetzung mit den erstarkenden USA eine immer wichtigere Rolle. Als Spanien 1898 im Krieg gegen die Vereinigten Staaten seine letzten Kolonien verliert, symbolisiert dies auf der anderen Seite des Atlantiks eine nationale Krise, auf die spanische Intellektuelle der sogenannten *Generación del 98* reagieren.

An dieser Stelle soll auf die in der spanischen Literaturwissenschaft weit verbreitete Konfrontation von 98er-Generation und *modernismo* nicht weiter eingegangen werden, sie erscheint auch wenig sinnvoll, denn weder ist der panhispanische *modernismo* ein rein ästhetizistisches Phänomen der Poesie[9] noch

8 Überblickweise vgl. Albaladejo / Blasco / De la Fuente 1990; Gutiérez 2007; Gutiérrez Girardot 1976 u.1988; Henríquez Ureña 1962; Jrade 1998; Litvak 1975; Neuschäfer 2006, S. 323–338; Rössner 2007, S. 205–225; Zavala 1992; zum kulturellen Kontext auch Gunia / Niemeyer / Schlickers / Paschen 2000.

9 Zum (Gattungs-)Spektrum modernistischer Texte vgl. González 2007; zur lateinamerikanischen Lyrik vgl. Siebenmann 1993.

läßt sich der Versuch der 98er, die spanische Dekadenz zu analysieren und vor allem zu überwinden, mit rückwärtsgewandter kastilischer Prosa charakterisieren, das Moment der Orientierung an europäischen, kosmopolitischen Ansätzen spielt dort eine genauso wichtige Rolle.[10] Für die Charakterisierung des *modernismo* bringt eine undifferenzierte Abgrenzung von der vermeintlich urspanischen 98er-Generation jedenfalls keinen rechten Gewinn.

Der spanisch-amerikanische Krieg von 1898 führt auch in Lateinamerika zu einer intensiven Reflexion über die Eigenständigkeit und Identität des Subkontinents. Die Oligarchien geraten in die Krise und mit ihnen die alten Ordnungen, was sich beispielsweise in den mexikanischen Revolutionskriegen Bahn bricht.

Im Bereich der Literatur ist es der *modernismo*, der auf die tiefgreifenden sozialen, politischen und kulturellen Veränderungen reagiert. Dezidiert modern ist der *modernismo* in seiner entschiedenen Wendung gegen die Vergangenheit. Der relationale Begriff wurde im nachhinein literarhistorisch als Epochenbegriff kanonisiert, allerdings auf recht uneinheitliche Weise. Schon seine zeitliche Ausdehnung, die maximal ungefähr von 1880 bis 1920 angesetzt wird, hängt mit den Bestimmungskriterien zusammen, die jeweils stark gemacht werden. Die Abwendung von der zeitgenössischen akademischen spätromantischen bürgerlichen literarischen Tradition geschieht nämlich unter Rekurs auf die damals aktuelle französische Literatur, die als die ›modernste‹ angesehen wird.[11] Die wichtigen Referenzpunkte sind *Parnasse*, *Décadence* und Symbolismus, die in Lateinamerika allerdings nicht als chronologisch distinkte Phänomene, sondern synchron und synkretistisch rezipiert werden. Deshalb sind ausführliche Differenzierungen dieser französischen Bewegungen auch hier – nicht nur aus Raumgründen – nicht zielführend. So sei zu den *Parnassiens* nur erwähnt, daß sich ihre Bezeichnung von der dreibändigen Lyrik-Anthologie *Le Parnasse contemporain* (1866–1876) herleitet, in deren erstem Band die bedeutendsten französischen Lyriker dieser Zeit Gedichte veröffentlichten – so Charles Baudelaire, Théophile Gautier, Paul Verlaine, Stéphane Mallarmé, Théodore de Banville, Leconte de Lisle, Sully Prudhomme, José-Maria de Heredia und andere. Gemeinsam ist diesen doch recht unterschiedlichen Dichterpersönlichkeiten die Orientierung an der Ästhetik des *l'art pour l'art*, wie sie Gautier am deutlichsten formuliert hat. Dieser als Reflex bourgeoiser Gesinnung bis heute überwiegend pejorativ gebrauchte Begriff meint jedoch wesentlich Autonomie der Kunst, die nur ihren eigenen Gesetzen verpflichtet ist und ihren Zweck in sich selbst hat. Das nutzlos Schöne soll vom auratisch überhöhten Künstler formvollendet und distanziert dargestellt werden. Damit wendet sich diese Ästhetik sowohl gegen

10 Vgl. Rull Fernandez 1989.
11 Vgl. Gullón 1990.

romantische subjektivistische Gefühlslyrik als auch gegen engagierte Dichtung zum Nutzen der bürgerlichen Gesellschaft. Nicht alle der soeben genannten Dichter zählen indes zum *Parnasse*, der engere Kreis umfaßt nicht die Symbolisten Baudelaire, Verlaine und Mallarmé. Zwischen Romantik und dem bekannteren Symbolismus sind die *Parnassiens* jedoch mehr als eine Zwischenstufe, sie bilden eine eigene Richtung und gleichzeitig ein bedeutendes Verbindungsglied in der Kette der anti-utilitaristischen Lyrik. Angesichts der fortschreitenden Technisierung und damit Entzauberung der Welt bemühten sich Banville und die anderen Dichter der Bewegung um formal ausgefeilte Kunstwerke zeitloser Gültigkeit, die auf traditionelle lyrische Formen und antike und exotische Themen rekurrierten. Post-romantisch sind die *Parnassiens* insofern, als die Darstellung möglichst unpersönlich erfolgen sollte, im Unterschied zum kritisierten Gefühlsüberschwang der Romantiker, mit denen sie jedoch die Stilisierung des Künstlers zum *poeta vates* teilen. Kunst und Leben werden in der Ästhetik des *l'art pour l'art* also streng getrennt, entsprechend gering ist der gesellschaftliche Bezug der entsprechenden Gedichte, die doch gleichzeitig Ausdruck der zeitgenössischen Moderne sind – dieses Paradox wird der *modernismo* importieren.

*Décadence* meint in diesem Zusammenhang das kulturpessimistische Bewußtsein eines Verfalls, wie es sich am Ende des 19. Jahrhundert, im *Fin de siècle*, zuspitzte. Als epochenübergreifendes Paradigma kann Dekadenz sich, in Anlehnung an die Spätantike, allgemein auf Nach- oder Unklassisches beziehen, in der französischen Literatur wird damit konkret auf die ästhetische Überfeinerung pathologischer Phänomene rekurriert, die sich in Texten Verlaines, Baudelaires und Huysmans' findet, um nur einige zu nennen. Es handelt sich hierbei also weniger um eine eigene Strömung als um den Versuch, eine gesteigerte morbide Artifizialität terminologisch zu fassen. Stärker noch als die Texte der *Parnassiens* feiern die ›dekadenten‹ Kunstwerke das Exquisite, Seltene, Exotische, Subtile. Als Verkörperung dekadenter Philosophie erscheint der Typus des *Dandy*.

Der bereits angesprochene *Symbolismus* steht nun natürlich auch im Kontext der Krise des Positivismus und des Dekadenzbewußtseins der imminenten Jahrhundertwende, auch er verbindet in spezifischer Weise Verfall und Verfeinerung, entwickelt jedoch in Abgrenzung zur plastischen Darstellungsweise des *Parnasse* eine raffinierte Poetik der Suggestion, der subtilen Anspielung, statt der zwar elaborierten, aber expliziten Benennung von Objekten. Mallarmés bekanntes Diktum »*nommer* un objet, c'est supprimer les trois quarts de la jouissance du poème qui est faite du bonheur de deviner peu à peu; le *suggérer*, voilà le rêve«,[12] steht paradigmatisch für diese Bewegung, die in Jean Moréas' in

12 Mallarmé (1891) in Huret 1984, S. 77 (Kursivierung im Original).

*Le Figaro* erschienenem Artikel *Le symbolisme* aus dem Jahr 1886 gar ihr – nicht unumstrittenes – Manifest besitzt. Grundlage der im engeren Sinne symbolistischen Ästhetik ist eine idealistische Weltsicht, die Vorstellung einer verborgenen Wirklichkeit hinter der empirischen Welt, die sichtbar zu machen dem auch hier priesterlich überhöhten Dichter gelingen kann. Dies bedeutet eine multiple Absage an naturalistischen Fortschrittsoptimismus, Beschreibungslyrik des *Parnasse* und dekadenten Weltschmerz. Die gesteigerte Freiheit des Dichters führt auch zu einer freieren Behandlung formaler, insbesondere metrischer Elemente der Lyrik bis zur Propagierung des *vers libre.* Die Überlagerung und ungewohnte Verbindung bestimmter Bilder, Themen und Stimmungen äußert sich im frequenten Gebrauch von Synästhesien, sprachmagischen und musikalischen Korrespondenzen. Nicht zufällig stellt Baudelaires Sonett *Correspondances* eines der bekanntesten Gedichte der Zeit dar, und auch wenn der Dichter in Relation zur späteren *école symboliste* als Vorläufer betrachtet wird, bleiben er, Verlaine, Mallarmé und Arthur Rimbaud die großen Namen der französischen Poesie dieser Zeit. Die Verbindung zur Musik stellt ein wichtiges Charakteristikum symbolistischen Dichtens dar, ebenso wie seine bevorzugten exotischen Objekte und das Blau, *l'azur,* als Ausdruck einer unbestimmten Sehnsucht – um nur einige Elemente zu suggerieren.

Die skizzierten französischen literarischen Bewegungen stellen nun die entscheidenden Referenzgrößen im intertextuellen Netz dar, das sich über den Atlantik spannt. Dort werden sie, wie gesagt, zeitgleich rezipiert werden und führen zur Ausbildung des *modernismo*, um den es im folgenden zweiten Durchgang genauer gehen soll.

Das Aufbegehren gegen die als ungenügend empfundene zeitgenössische Kunst der hispanischen Sphäre bricht sich in einer Abkehr von spanischen Vorbildern und einer Hinwendung zur ›modernen‹ französischen Literatur Bahn. Ablehnt wurde damit gleichermaßen die spätromantische Kombination traditioneller Werte des Schönen, Guten und Wahren wie die *costumbristische* Beschreibung typischer regionaler Phänomene, beide Ausdruck einer konservativen Haltung, die es durch poetische Innovationen zu durchbrechen galt. Realismus und Naturalismus wurden ebenso als ungeeignete überholte Schreibweisen verworfen. In der Orientierung am nicht-spanischen Europa kommt auch ein neues kontinentales Selbstbewußtsein zum Ausdruck, in dessen Zuge sich Lateinamerika erstens als Einheit und zweitens als gleichberechtigtes Gegenstück zum spanischen ›Mutterland‹ versteht, mit dem es durch die gemeinsame Sprache verbunden ist. Auf diese kontinentalen Aspekte wird noch einzugehen sein.

Der bereits im Beitragstitel angesprochene Rubén Darío ist unbestritten Initiator und Protagonist des *modernismo* – bereits vor der Publikation seines epochemachenden Buches *Azul…* (1888) gibt es jedoch Ansätze modernistischen Schreibens, deren Autoren in der Regel mit dem Etikett ›Vorläufer‹ bezeichnet werden. Zu verweisen ist hier in erste Linie auf José Martí (1853–1895) aus Cuba, der einerseits noch den Typus des engagierten Intellektuellen im kubanischen Freiheitskampf repräsentiert, andererseits in seinen Gedichtbänden[13] romantische Empfindungslyrik mit überraschenden sprachlichen Neuerungen verbindet und damit, und nicht nur durch seine politischen Visionen für eine lateinamerikanische Identität, in das Projekt des *modernismo* eingegliedert werden kann. Aus dem Eingangsgedicht seiner *Versos sencillos* (1891) stammen auch die bekannten Verse »Yo soy un hombre sincero / de donde crece la palma«,[14] die im populären Lied *Guantanamera* aufgegangen sind. Der kubanische Nationalschriftsteller Martí hat es – ironischerweise – also geschafft, modernistische Lyrik in die Popmusik und bis in Versionen des US-amerikanischen Hiphop zu schmuggeln. Auch der Mexikaner Manuel Gutiérrez Nájera (1859–1895) überschreitet als Beobachter des modernen urbanen Lebens in seinen *Cuentos frágiles* (1883) die Grenzen der konservativen costumbristischen Tradition und wird ab 1890 Teil der modernistischen Bewegung. Als Gründungsherausgeber der *Revista Azul* (1894) verteidigt er die Orientierung des *modernismo* an der französischen Lyrik.[15] Von Beginn an weist die Strömung demnach ein deutlich differenziertes personelles und thematisches Spektrum auf.[16]

Rubén Darío (Abb. 1), der offizielle ›Gründungsvater‹ der Bewegung, wurde 1867 in Nicaragua geboren und starb dort im Jahr 1916. Zwischen diesen beiden fatalen Daten war er als Korrespondent und Diplomat in beinahe ganz Amerika und Europa unterwegs, unter anderem in Chile, Argentinien, Spanien und Frankreich. Aus dem frühreifen Dichter wird im Zuge seiner geographischen und literarischen Erfahrungen der Initiator und Protagonist des *modernismo*, als der er seit dem Erscheinen seines ersten Buches *Azul…* (1888) bekannt ist. Der Band enthält – neben Erzählungen – vor allem Gedichte in Prosa und Versen, in denen ein durch die Rezeption der angesprochenen französischen Literatur angeregter neuer fremdartiger lyrischer Ton auffällt. Daríos Texte handeln in musikalischer nuancenreicher Sprache von exotischen Themen und der Sehnsucht nach dem zweckfreien Schönen. Daß damit kein blasser Eskapismus einhergeht, zeigt beispielhaft schon der erste *cuento* des Buches, *El Rey Burgués*, in dem ein reicher Bürger-König sich einen (romantischen) Dichter wie einen Hofnarren zur Belustigung hält, bis dieser schließlich im Winter draußen ver-

13 *Ismaelillo* (1882), *Versos sencillos* (1891) und *Versos libres* (postum 1913); zu Martí vgl. auch Esteban 1992; Schulman / González 1969.

14 Martí in: Schulman / Picon Garfield 1986, S. 68.

15 Zu Mexiko vgl. bes. Kurz 2005.

16 Zur Heterogenität des *modernismo* vgl. Guevara 2009.

Abb. 1 Büste Rubén Daríos im Foyer der Romanischen Bibliothek der Universität Bonn

gessen wird und an seiner Drehorgel erfriert – Reflex der ambivalenten gesellschaftlichen Außenseiterposition des genialen Priester-Dichters.[17]

Das *novum* dieses Dichtens wurde auch in Spanien sofort bemerkt, wie die positive Kritik Juan Valeras zeigt, dessen treffende Synthese, Daríos Buch »no enseña nada, y trata de nada y de todo« ein Zitat aus einem Brief Valeras an Darío ist, den dieser seit der zweiten Auflage von *Azul…* als Vorwort abdrucken ließ.[18] Zur selben Zeit prägte Darío auch den Terminus *modernismo* für »el espíritu nuevo que hoy anima a un pequeño pero triunfante y soberbio grupo de escritores y poetas de la América española: el modernismo«,[19] der Name der Bewegung stellt mithin keine nachträgliche Begriffsprägung der Literaturkritik dar.[20] In einem anderen Essay umschreibt Darío seine Poetik mit einem vielzitierten Bild als Versuch, »lograr no escribir como los papagayos hablan, sino hablar como las águilas callan«.[21] Durch seine poetischen Werke und seine Essays,

17 Vgl. Darío 1995, S. 155–161.
18 Valera in: Darío 1995, S. 108.
19 Darío: *Don Ricardo Palma* [1890], in: Darío 1991, S. 78–81, hier S. 79.
20 Zur modernistischen Innensicht vgl. die Anthologie von Gullón 1980.
21 Darío: *De Catulle Mendès*, in: Darío 1989, S. 31.

beispielsweise die Sammlung literarischer Porträts zeitgenössischer Autoren mit dem Titel *Los raros*, die 1896 in Buchform publiziert wurden und auf Verlaines *Les poètes maudits* aus dem Jahr 1884 verweisen, etabliert Darío den *modernismo* praktisch und theoretisch, die neue Bewegung wurde schulbildend. Zu dieser Schulbildung trug entscheidend auch Daríos im selben Jahr erschienener zweiter Lyrikband *Prosas profanas* bei, dessen Titel eine gelehrte Anspielung auf die lateinische *prosae*, also liturgische Texte des Mittelalters, darstellt. Durch den Zusatz ›weltlich‹ wird die Transposition der Anbetung auf Objekte erotischen Begehrens angedeutet, um die es bei Darío wesentlich geht. Das folgende Beispiel aus diesem Band bringt dies vor Augen und stellt gleichzeitig das wichtigste Symboltier des *modernismo* vor: den Schwan.[22]

Fue una hora divina para el género humano.
El Cisne antes cantaba sólo para morir.
Cuando se oyó el acento del Cisne wagneriano
fue en medio de una aurora, fué para revivir.

Sobre las tempestades del humano océano
se oye el canto del Cisne; no se cesa de oír,
dominando el martillo del viejo Thor germano
o las trompas que cantan la espada de Argantir.

¡Oh Cisne! ¡Oh sacro pájaro! Si antes la blanca Helena
del huevo azul de Leda brotó de gracia llena,
siendo de la Hermosura la princesa inmortal,

bajo tus blancas alas la nueva Poesía,
concibe en una gloria de luz y de harmonía
la Helena eterna y pura que encarna el ideal.[23]

Unter Rekurs auf den Mythos *Helena* beschreibt Darío hier die Geburt der neuen Poesie als ideale Schönheit durch den Zeugungsakt des göttlich-tierischen Schwans.[24] In Daríos *Œuvre* bewegen sich zahlreiche Schwäne,[25] sie tauchen auch im weiteren Verlauf dieses Beitrags wieder auf, denn ihre Symbolik folgt einer charakteristischen Entwicklung: Vom durch Baudelaire[26] inspirierten ›dekadenten‹ Bild des Künstlers in widrigen Zeiten wird der Schwan schließlich zum Hoffnungssymbol für die Erneuerungskraft der Poesie, für eine neue Harmonie

22 Vgl. Gertel, Zunilda: »El cisne: del signo imaginario al signo ideológico en la poesía de Darío«, in: Cardwell / McGuirk 1993, S. 277–293.
23 *El cisne* in: Darío 1968, S. 587–588 (*Prosas profanas y otros poemas*).
24 Zum Mythos Helena vgl. Scherer / Scherer 2008.
25 Vgl. *Leda* [1892] in Darío 1995, S. 414–415 und nicht zuletzt die Sektion *Los cisnes* (1905) in den *Cantos de vida y esperanza*, deren erstes Gedicht die im folgenden thematisierte Öffnung des *modernismo* zu Spanien zeigt: »Soy un hijo de América, soy un nieto de España« (Darío 1995, S. 375–385, hier S. 379).
26 Vgl. *Le Cygne* aus *Les fleurs du mal* (*Tableaux parisiens*) in: Baudelaire 1996, S. 125–127.

und die Macht des Dichters, die Welt zu verändern. Das darin zum Ausdruck kommende Selbstbewußtsein des Dichters zeigt sich besonders in Texten aus Daríos drittem bedeutenden Band *Cantos de vida y esperanza* aus dem Jahr 1905: »¡Torres de Dios! ¡Poetas!« beginnt dort beispielsweise das gleichnamige Gedicht an die Poeten als ›Türme Gottes‹.[27]

Das bedeutsame Jahr 1898, von dem bereits die Rede war, hat auch Daríos modernistisches Schaffen beeinflußt: Nach einer fast vollständigen Orientierung an der französischen Literatur, für die beispielhaft die erste Zeile des Totenhymnus auf Verlaine steht: »Padre y maestro mágico, liróforo celeste«,[28] führt die spanische Niederlage zu einem verstärkten und bewußten Rückgriff auf spanische Traditionen. Das geschieht thematisch, formal und im intertextuellen Verweis auf spanische Autoren und Nationalfiguren wie beispielsweise Don Quijote.[29] Diese Wendung bedeutet mehr als eine Ausweitung des Bildspender-Reservoirs auf die Exotik Kastiliens, sie beinhaltet eine Rückbesinnung auf die spanischen Wurzeln des lateinamerikanischen Kontinents. In diesem sozusagen neulateinischen oder romanistischen Blick liegt nun auch mehr als eine generelle Frontstellung gegen die konservative bürgerliche Gesellschaft, er bedeutet ein Zusammenrücken der hispanischen Welt zu einem »reino nuevo«,[30] wie es in Daríos Gedicht *Salutación del optimista* heißt, gegen die erstarkenden USA. An deren damaligen Präsidenten Theodor Roosevelt richtete Darío nämlich eine poetische Botschaft, die an Deutlichkeit nichts zu wünschen übrig läßt. Roosevelt wird als Verkörperung der mächtigen Vereinigten Staaten angesprochen, zukünftiger Invasor Lateinamerikas, das in charakteristischer Weise als indigen, katholisch und spanischsprachig dargestellt wird:

> Eres los Estados Unidos,
> eres el futuro invasor
> de la América ingenua que tiene sangre indígena,
> que aún reza a Jesucristo y aún habla en español.[31]

Darin kommt keine Kolonialreich-Rhetorik zum Vorschein, sondern ein im doppelten Sinne modern anmutendes Konzept eines multiethnischen, aber kulturell verbundenen Kontinents, das auf spätere Ansätze des *mestizaje* von José Vasconcelos, José Martí und Roberto Fernández Retamar verweist.

> Crees que la vida es incendio,
> que el progreso es erupción;

27 Vgl. Darío 1995, S. 363.
28 *Verlaine – Responso* aus dem Band *Prosas profanas y otros poemas*, Darío 1968, S. 594.
29 Vgl. die *Letanía de nuestro señor don Quijote* (1905) der Sektion *Otros poemas* (XXXIX) in: Darío 1995, S. 461–464.
30 Darío 1968, S. 631–632, hier S. 631 (*Cantos de vida y esperenza*).
31 *A Roosevelt* aus Darío 1968, S. 639–641, hier S. 640 (*Cantos de vida y esperenza*).

en donde pones la bala
el porvenir pones.
No.[32]

Daríos schroffe Ablehnung der brutalen Segnungen der nordamerikanischen Zivilisation gipfelt dann in der Warnung zur Vorsicht vor dem anderen hispanischen Amerika,[33] das sich hier bereit zum vereinigten Widerstand präsentiert. Dieses Beispiel einer *poesía civil* zeigt ein Potential des *modernismo* auf, das in der Regel nicht im Mittelpunkt der gängigen Lesarten steht. Darío steht mit seiner Kritik an den USA natürlich nicht alleine, exemplarisch sei nur auf den wirkmächtigen Text *Ariel* von José Enrique Rodó (1871–1917) aus Uruguay verwiesen, dessen Erscheinen im Jahr 1900 das Konzept des *Arielismo* initiierte.[34] Die beiden dienstbaren Geister Prosperos aus William Shakespeares *The Tempest* werden bei Rodó zur Verkörperung des nordamerikanischen Utilitarismus in Caliban – im Gegensatz zum interessenlosen Ideal des Geistes in der Titelfigur. Die Elemente Erde versus Luft, der zweckrationale Ungeist der angelsächsischen Zivilisation gegen die lateinische Kultur, diese eingängige Konfrontation übte als Entwurf einer hispano-amerikanischen Identität großen Einfluß auf zahlreiche Intellektuelle nach der Jahrhundertwende aus.[35]

Die sogenannte zweite Phase des *modernismo* bringt neben einer Hinwendung zu Spanien und einer Integration politischer Themen auch eine formale Wendung zur Aufrichtigkeit, zur Einfachheit des Ausdrucks, die natürlich auf José Martís Poetik verweist. Ein wichtiger Autor dieser Phase ist Enrique González Martínez (1871–1952) aus México, dessen hier exemplarisch zitierter Text nicht zufällig auf den Schwan zu sprechen kommt.

Tuércele el cuello al cisne de engañoso plumaje
que da su nota blanca al azul de la fuente;
él pasea su gracia no más, pero no siente
el alma de las cosas ni la voz del paisaje.

Huye de toda forma y de todo lenguaje
que no vayan acordes con el ritmo latente
de la vida profunda... y adora intensamente
la vida, y que la vida comprenda tu homenaje.

32 Darío 1968, S. 640.
33 »Tened cuidado. ¡Vive la América española!« heißt es an späterer Stelle im Gedicht, Darío 1968, S. 641.
34 Vgl. Aching 1997, S. 80–114; Hess / Siebenmann / Stegmann 2003, S. 9–10.
35 In Roberto Fernández Retamars 1979 erschienenen Essay *Calibán* identifiziert der kubanische Autor interessanterweise nun gerade den Sklaven Caliban mit dem mestizischen lateinamerikanischen Menschen im Gegensatz zum europäischen Intellektuellen Ariel.

Mira al sapiente buho cómo tiende las alas
desde el Olimpo, deja el regazo de Palas
y posa en aquel árbol el vuelo taciturno...

Él no tiene la gracia del cisne, mas su inquieta
pupila, que se clava en la sombra, interpreta
el misterioso libro del silencio nocturno.[36]

Das Sonett von González Martínez steht zudem offensichtlich im intertextuellen Dialog mit Verlaines berühmten *Art poétique* (1882), dessen 6. Strophe beispielsweise mit dem Vers »Prends l'Éloquence et tords-lui son cou !« beginnt.[37] In beiden Werken ist das Ziel des effektvollen Angriffs die leere Rhetorik der erstarrten Konventionen, und so ist der vielzitierte Text von González Martínez auch weniger als Affront gegen Rubén Darío und seine Schwäne oder Absage an den *modernismo* zu lesen, sondern als Rückkehr zur (symbolistischen) Tiefe, gegen eine sich verselbständigende Poesie-Maschinerie, die mit topischen Ingredienzien epigonale Gedichte vom Fließband fabriziert. Die Eule als mythologisches Tier der Weisheit steht für die Suche des Dichters nach einem verborgenen Sinn, einer tieferen Wahrheit.

Der Schwan dagegen bevölkert, wie gesagt, zahlreiche modernistische Gedichte und bildet auch den *missing link* zur letzten hier kurz angesprochenen Autorin: Delmira Agustini (1886–1914) aus Uruguay.[38] In ihrem Lyrikband *Los cálices vacíos* (1913) findet sich – passend zur Titelabbildung – das Gedicht *El cisne*, in dem der modernistische Lieblingsvogel massiv erotisch aufgeladen wird. An dieser Stelle soll es jedoch um den Text *Fiera de amor* gehen, der wohl vor allem dadurch Berühmtheit erlangt hat, daß er in biographistischen Deutungen mit dem durchaus bewegten kurzen Leben der Dichterin kurzgeschlossen wurde. Interessanter als Spekulationen über das fatale exzessive Liebesleben Agustinis, die im Alter von 27 Jahren von ihrem Ehemann, mit dem sie in Scheidung lebte, erschossen wurde, erscheint doch eine intertextuelle Lesart des Gedichtes, die auf die *femme fatale* rekurriert. Dieser Typus der verführerischen dämonischen Frau findet sich in Kunst und Literatur seit deren Anfängen, verstärkt aber im *Fin de siècle* in Gestalt etwa von Lilith, Salome, Lulu, Nixen und Vamps.

Fiera de amor, yo sufro hambre de corazones.
De palomos, de buitres, de corzos o leones,
No hay manjar que más tiente, no hay más grato sabor,
Había ya estragado mis garras y mi instinto,

36 González Martínez: *Los senderos ocultos* (1911), in: Schulman / Picon Garfield 1986, S. 197.

37 Verlaine 1979, S. 56; zu Verlaine im *modernismo* vgl. Ferreres 1975.

38 Vgl. beispielsweise Kirkpatrick, Gwen: »Delmira Agustini y el ›reino interior‹ de Rodó y Darío«, in: Cardwell / McGuirk 1993, S. 295–306.

Cuando erguida en la casi ultratierra de un plinto,
Me deslumbró una estatua de antiguo emperador.

Y crecí de entusiasmo; por el tronco de piedra
Ascendió mi deseo como fulmínea hiedra
Hasta el pecho, nutrido en nieve al parecer;
Y clamé al imposible corazón... la escultura
Su gloria custodiaba serenísima y pura,
Con la frente en Mañana y la planta en Ayer.

Perenne mi deseo, en el tronco de piedra
Ha quedado prendido como sangrienta hiedra;
Y desde entonces muerdo soñando un corazón
De estatua, presa suma para mi garra bella;
No es ni carne ni mármol: una pasta de estrella
Sin sangre, sin calor y sin palpitación...

Con la esencia de una sobrehumana pasión![39]

Die überbordende Sinnlichkeit der *femme fatale* fällt in diesem Text selbst ihrem unstillbaren Verlangen zum Opfer, verzehrt sich in schwelgender Sprache nach dem Unerreichbaren. Angesichts des relativ späten Publikationsdatums fällt die ausgeprägt dekadente Bildlichkeit des Gedichts ins Auge, das die Persistenz einer frühmodernistischen Faktur bezeugt. Die Bezugnahme Agustinis auf dieses Paradigma geschieht aber erkennbar spielerisch, in einem intertextuellen Dialog mit der entsprechenden kulturellen Tradition, sie überbietet auf diese Weise zum wiederholten Male den modernistischen Synkretismus. Der *modernismo* bietet damit aber auch ein gutes Beispiel für die oft diagnostizierte Gleichzeitigkeit des Ungleichzeitigen in Lateinamerika.

Damit wären wir bei den interkontinentalen Implikationen des *modernismo*. Meine notgedrungen äußerst geraffte Lektüre dieser Bewegung hat sich bereits auf die Aspekte des intertextuellen, interkulturellen Dialogs konzentriert. An die große Wirkung Rubén Daríos auf die spanische Lyrik der Jahrhundertwende, auf Jiménez, die Brüder Machado und Valle-Inclán sei hier deshalb nur kurz erinnert. Durch frühe Rezeption der Texte und persönliche Bekannt- und Freundschaften wurde die lateinamerikanische Erneuerungsbewegung auch in Spanien zum wichtigen Anstoß für die Auseinandersetzung mit europäischen kulturellen Traditionen. Im spanischen Dilemma zwischen Europäisierung und Hispanisierung, das die Debatten der 98er-Generation in womöglich übertriebenem Maße bestimmt, bietet der Kosmopolitismus des *modernismo* einen gangbaren Ausweg an. Wichtiger noch ist dessen Art der Aneignung der vielfältigen An-

39 Agustini: *Fiera de amor* aus *Los cálices vacíos* (1913), in: Jiménez 1994, S. 448.

regungen: Der bereits kurz zitierte Juan Valera bescheinigt Darío nämlich ausdrücklich, kein Imitator zu sein:

> Y Ud. no imita a ninguno: ni es Ud. romántico, ni naturalista, ni *neurótico*, ni decadente, ni simbólico, ni parnasiano. Usted lo ha revuelto todo: lo ha puesto a cocer en el alambique de su cerebro, y ha sacado de ello una rara quinta esencia.[40]

Der *Alembik* der Alchemie, der hier nicht zufällig aufgerufen wird, verweist auf ein uraltes kulturelles Paradigma, das auch im Bereich der Literatur, gerade im *Fin de siècle*, ungeheure Tiefenwirkung entfaltet hat. Das alchemistische Verfahren der Transmutation, der veredelnden Anverwandlung,[41] beschreibt gut die produktive Art und Weise, in der Darío und andere Modernisten auf ihre zeitgenössische Moderne und deren kulturelles Reservoir reagiert haben, wie sie Indigenes und Europäisches, Eigenes und Fremdes zu einem neuen selbstbewußten lateinamerikanischen und pan-hispanischen Identitätsdiskurs destillierten.

Das kommt, abschließend, auch in Daríos Gedicht *Caracol* zum Ausdruck:

> En la playa he encontrado un caracol de oro
> macizo y recamado de las perlas más finas;
> Europa le ha tocado con sus manos divinas
> cuando cruzó las ondas sobre el celeste toro.
>
> He llevado a mis labios el caracol sonoro
> y he suscitado el eco de las dianas marinas,
> le acerqué a mis oídos y las azules minas
> me han contado en voz baja su secreto tesoro.
>
> Así la sal me llega de los vientos amargos
> que en sus hinchadas velas sintió la nave Argos
> cuando amaron los astros el sueño de Jasón;
>
> y oigo un rumor de olas y un incógnito acento
> y un profundo oleaje y un misterioso viento...
> (El caracol la forma tiene de un corazón.)[42]

In diesem vielzitierten Sonett ruft der führende Dichter des *modernismo* nacheinander alle Sinne auf, um die symbolischen Dimensionen des preziösen Objekts *caracol* zu evozieren, dessen morphologische Relation zum menschlichen Herz in der abschließenden Parenthese dann allzu deutlich – und nicht in der suggestiven Art Mallarmés – benannt wird. Bei näherem Hinsehen inszeniert Darío jedoch vor allem eine mythenreiche und bildungsgesättigte Selbstbespiegelung des autonomen, wortmächtigen Dichters zwischen Europa und

40 Valera in: Darío 1995, S. 107 (Kursivierung im Original).
41 Zur Alchemie vgl. beispielsweise Priesner 2011; Schütt 2000.
42 *Caracol* in: Darío 1968, S. 679 (*Cantos de vida y esperanza. Los Cisnes y otros poemas*).

Amerika und stiftet nicht zuletzt damit einen interkontinentalen Gründungsmythos modernistischer Faktur.

## Bibliographie


Baudelaire, Charles: *Les Fleurs du Mal.* Texte présenté, établi et annoté par Claude Pichois. Paris: Gallimard 1996.

Darío, Rubén: *Poesías completas.* Edición, introducción y notas de Alfonso Méndez Plancarte. Aumentada con nuevas poesías y otras adiciones por Antonio Oliver Belmás. Madrid: Aguilar 1968.

Darío, Rubén: *El modernismo y otros ensayos.* Selección, prólogo y notas de Iris M. Zavala. Madrid: Alianza 1989.

*Rubén Darío Esencial.* Edición de Arturo Ramoneda. Madrid: Taurus 1991.

Darío, Rubén: *Azul… Cantos de vida y esperanza.* Edición de José María Martínez. Madrid: Cátedra 1995.

Verlaine, Paul: *La Bonne Chanson. Jadis et naguère. Parallèlement.* Édition présentée, établie et annotée par Louis Forestier. Paris: Gallimard 1979.

Aching, Gerard: *The Politics of Spanish American Modernismo. By Exquisite Design.* Cambridge: Cambridge University Press 1997.

Albaladejo, Tomás / Blasco, Javier / De la Fuente, Ricardo (Hg.): *El modernismo. Renovación de los lenguajes poéticos.* Valladolid: Universidad de Valladolid 1990.

Bernsen, Michael: *Der Mythos von der Weisheit Ägyptens in der französischen Literatur der Moderne.* Göttingen: V&R unipress / Bonn University Press (Gründungsmythen Europas in Literatur, Musik und Kunst 5) 2011.

Bernsen, Michael / Huss, Bernhard (Hg.): *Der Petrarkismus – ein Europäischer Gründungsmythos.* Göttingen: V&R unipress / Bonn University Press (Gründungsmythen Europas in Literatur, Musik und Kunst 4) 2011.

Bernsen, Michael / Becher, Matthias / Brüggen, Elke (Hg.): *Gründungsmythen Europas im Mittelalter.* Göttingen: V&R unipress / Bonn University Press (Gründungsmythen Europas in Literatur, Musik und Kunst 6) 2013.

Buck, August: »Aus der Vorgeschichte der ›Querelle des anciens et des modernes‹ in Mittelalter und Renaissance«, in: *Bibliothèque d'Humanisme et Renaissance* 20 (1958), S. 527–541.

Cardwell, Richard A. / McGuirk, Bernard (Hg.): *¿Qué es el modernismo? Nueva encuesta, nuevas lecturas.* Boulder, Col.: Society of Spanish and Spanish American Studies 1993.

Esteban, Angel: *La modernidad literaria de Bécquer a Martí.* Granada: Impredisur 1992.

Ferreres, Rafael: *Verlaine y los modernistas españoles.* Madrid: Gredos 1975.

Fumaroli, Marc / Lecoq, Anne-Marie (Hg.): *La Querelle des Anciens et des Modernes.* Paris: Gallimard 2001.

González, Aníbal: *A Companion to Spanish American Modernismo.* Woodbridge: Tamesis 2007.

Guevara, Rigoberto: *Homogeneidad dentro de la heterogeneidad. Un estudio temático del Modernismo poético latinoamericano.* New York: Lang 2009.

Gullón, Ricardo: *Direcciones del modernismo.* Madrid: Alianza $^3$1990 (1963).
Gullón, Ricardo (Hg.): *El modernismo visto por los modernistas.* Barcelona: Guadarrama 1980.
Gullón, Ricardo (Hg.): *Diccionario de literatura española e hispanoamericana.* 2 vol. Madrid: Alianza 1993.
Gunia, Inke / Niemeyer, Katharina / Schlickers, Sabine / Paschen, Hans (Hg.): *La modernidad revis(it)ada. Literatura y cultura latinoamericanas de los siglos XIX y XX. Estudios en homenaje a Klaus Meyer-Minnemann.* Berlin: tranvía 2000.
Gutierrez, José Ismael: *Perspectivas sobre el modernismo hispanoamericano.* Madrid: Pliegos 2007.
Gutiérrez-Girardot, Rafael: »Hispano-amerikanische Literatur 1880–1910«, in: *Neues Handbuch der Literaturwissenschaft*, hg. v. Klaus von See. Bd. 19. Wiesbaden: Athenaion 1976, S. 153–170.
Gutiérrez Girardot, Rafael: *Modernismo. Supuestos históricos y culturales.* México: Fondo de Cultura Económica $^2$1988.
Henríquez Ureña, Max: *Breve historia del modernismo.* México: Fondo de cultura económica $^2$1962.
Hess, Rainer / Siebenmann, Gustav / Stegmann, Tilbert: *Literaturwissenschaftliches Wörterbuch für Romanisten (LWR).* Tübingen: Francke $^4$2003 (1972).
Huret, Jules: *Enquête sur l'évolution littéraire.* Vanves: Thot 1984 (1891).
Jauß, Hans Robert: »Ästhetische Normen und geschichtliche Reflexion in der *Querelle des Anciens et des Modernes*«, in: Perrault, Charles: *Parallèle des anciens et des modernes en ce qui regarde les arts et les sciences.* München: Eidos 1964, S. 8–64.
Jiménez, José Olivio (Hg.): *Antologia crítica de la poesía modernista hispanoamericana.* Madrid: Hiperion 1994.
Jrade, Cathy Login: *Modernismo. Modernity and the Development of the Spanish American Literature.* Austin, Tex.: University of Texas Press 1998.
Krauss, Werner / Kortum, Hans (Hgg.): *Antike und Moderne in der Literaturdiskussion des 18. Jahrhunderts.* Berlin: Akademie-Verlag 1966.
Kurz, Andreas: *Die Entstehung modernistischer Ästhetik und ihre Umsetzung in die Prosa in Mexiko. Die Verarbeitung der französischen Literatur des fin de siècle.* Amsterdam/New York: Rodopi 2005.
Litvak, Lily (Hg.): *El modernismo.* Madrid: Taurus 1975.
Luhmann, Niklas: *Soziale Systeme. Grundriß einer allgemeinen Theorie.* Frankfurt/Main: Suhrkamp $^4$1993 (1984).
Neuschäfer, Hans-Jörg (Hg.): *Spanische Literaturgeschichte.* Stuttgart/Weimar: Metzler $^3$2006 (1997).
Priesner, Claus: *Geschichte der Alchemie.* München: Beck 2011.
Rigault, Hippolyte: *Histoire de la querelle des anciens et des modernes* (Paris 1859). New York: Burt Franklin 1965.
Roloff, Volker (Hg.): *Tradition und Modernität. Aspekte der Auseinandersetzung zwischen Anciens und Modernes.* Essen: Hobbing 1988.
Rössner, Michael (Hg.): *Lateinamerikanische Literaturgeschichte.* Stuttgart: Metzler $^3$2007 (1995).

Rötzer, Hans Gerd: *Traditionalität und Modernität in der europäischen Literatur. Ein Überblick vom Attizismus-Asianismus-Streit bis zur ›Querelle des Anciens et des Modernes‹*. Darmstadt: WBG 1979.

Rull Fernández, Enrique: *El modernismo y la generación del 98*. Madrid: Playor 1989.

Scherer, Ludger / Scherer, Burkhard (Hg.): *Mythos Helena*. Stuttgart: Reclam 2008.

Schlobach, Jochen: *Zyklentheorie und Epochenmetaphorik. Studien zur bildlichen Sprache der Geschichtsreflexion in Frankreich von der Renaissance bis zur Frühaufklärung*. München: Fink 1980.

Schulman, Iván A. / González, Manuel Pedro: *Martí, Darío y el modernismo*. Madrid: Gredos 1969.

Schulman, Iván A. / Picon Garfield, Evelyn (Hg.): *Poesía modernista hispanoamericana y española*. Madrid: Taurus 1986.

Schütt, Hans-Werner: *Auf der Suche nach dem Stein der Weisen. Die Geschichte der Alchemie*. München: Beck 2000.

Siebenmann, Gustav: *Die lateinamerikanische Lyrik 1892–1992*. Berlin: Schmidt 1993.

Solares-Larrave, Francisco: *Una armonía de caprichos. El discurso de respuesta en la prosa de Rubén Darío*. Chapel Hill, NC: Univ. of North Carolina Press 2007.

Zavala, Iris M.: *Colonialism and Culture. Hispanic Modernisms and the Social Imaginary*. Bloomington: Indiana University Press 1992.

Henryk Chudak (Varsovie)

# Quelques remarques sur le manifeste de *L'art cérébriste* de Ricciotto Canudo

Le 9 février 1914 Ricciotto Canudo publie dans « Le Figaro » *L'art cérébriste*, un des derniers manifestes littéraires et artistiques de la *Belle Epoque*. Le journal avait déjà auparavant fait connaître au public les textes programmatiques de Jean Saint-Georges de Bouhélier, Fernand Gregh et Marinetti.[1] L'article de Canudo s'inscrivait visiblement dans la politique éditoriale du journal qui frayait ainsi le chemin aux tendances nouvelles :

> Voici un manifeste où quelques jeunes artistes soucieux d'exprimer une pensée nouvelle et une inquiétude pas encore ressentie, ont formulé leurs espoirs et leurs ambitions. Ils sollicitent, avec confiance qui nous honore, la publicité du « Figaro » pour se faire entendre. Certes, il ne nous appartient pas de prendre parti dans la lutte à laquelle se préparent ceux qui veulent combattre pour leur foi. Mais ce journal s'est fait une loi d'offrir toujours l'hospitalité de ses colonnes à ceux qui ont à parler au grand public. Nous accueillons donc volontiers le manifeste de « l'art cérébriste ».[2]

Il convient de rappeler que Canudo est une figure prestigieuse de la vie littéraire et artistique: poète, romancier, critique, musicologue, théoricien du cinéma, il dirige avec succès la Gazette d'art « Monjoie ! » et entretient des rapports étroits et amicaux avec Apollinaire, Cendrars, Walden et Chagall. Parmi ses collaborateurs on trouve aussi d'autres noms célèbres: Robert Delaunay, André Salmon, Erik Satie, Fernand Léger. De ce point de vue *L'Art cérébriste* semble particulièrement intéressant car il nous vient d'un témoin oculaire et en même temps d'un participant actif du débat qui atteint en 1914 le point le plus élevé sur la courbe évolutive entre le symbolisme agonisant et l'avènement de la première avant-garde. Canudo était bien placé pour saisir d'un seul regard toute cette époque et dresser une sorte de bilan.

D'autre part, il faut ajouter que la publication des manifestes n'a rien de

1 Saint-Georges de Bouhélier, « Un manifeste », *Le Figaro*, 12 janvier 1897, p. 4; Fernand Gregh, « L'humanisme », *Le Figaro*, 12 décembre 1902, p. 1; F. T. Marinetti, « Manifeste du futurisme », *Le Figaro*, 20 février 1909, p. 1.

2 Canudo 1914, p. 1.

surprenant et constitue une des caractéristiques majeures de la vie littéraire et artistique de la *Belle Epoque.* On ne saurait surestimer ces documents qui permettent de mieux cerner les principes esthétiques des différentes écoles qui ont marqué, chacune à sa façon, le débat littéraire. On n'a jamais vu avant une telle éruption de tendances nouvelles, d'écoles, de groupes littéraires, de cénacles, de journaux et de petites chapelles littéraires. Rien que la liste des chefs de file est d'ailleurs impressionnante car elle comprend des personnalités de premier ordre: Jean Moréas, Anatole Baju, Fernand Gregh, Saint-Georges de Bouhélier, Jules Romains, Apollinaire, Marinetti, Jean Schlumberger, Jean Royère, Adrien Mithouard, Jean-Richard Bloch, Henri Clouard et Ricciotto Canudo.[3] Ces noms renvoient aux naturisme, humanisme, unanimisme, futurisme, cubisme, néo-classicisme qui ont tous contribué de différentes manières à la transformation des sensibilités et à la cristallisation de la première avant-garde.

Parallèlement aux phénomènes de premier ordre, que nous venons d'évoquer, il y avait un nombre étonnant d'autres courants, moins importants, le plus souvent éphémères, mais qui ont marqué toutefois l'esprit d'aventure et de rupture. Intéressant à cet égard est le livre de Florian-Parmentier *L'histoire contemporaine des lettres françaises (1885–1914)*, publié la même année que l'article de Canudo et qui apporte un répertoire de doctrines et un inventaire de manifestes.[4] De cette liste signalons, à titre d'exemple, quelques étiquettes et quelques noms : « le paroxysme » (Albert Mockel, Nicolas Beauduin), « le synthétisme » (Jean de La Hire), « le somptuarisme » (Hector Boschot), « l'impulsionisme » (Florian-Parmentier lui-même), « le dynamisme » (Henri Guilbeaux), « l'intégralisme » (Adolphe Lacuzon), « l'aristocratisme » (Gérard de Lacaze), « le primitivisme » (Marc Dhano, Georges Gaudion), « l'intensisme » (Charles de Saint-Cyr), « le sincérisme » (Louis Nazzi), « l'école spiritualiste » (Maurice Brillant, François Mauriac), « la Renaissance révolutionnaire » (Jean Richard Bloch, Christian Beck), « le floralisme » (Lucien Rolmer), « le philo-présentanéisme » (Lenzi), « le vivantisme » (Gustave Five), « le totalisme » (André Billy), « le sérénisme » (Louis Estève).

En observant ce paysage littéraire en pleine mutation Canudo a le sentiment d'être entraîné dans une aventure irrésistible, une sorte de révolution permanente qui englobe toutes formes d'activité artistique :

> Jamais époque ne fut plus favorable aux disputes artistiques. La république athénienne des temps modernes s'y intéresse, s'y passionne, juge et condamne cinq ou six fois par an, à l'occasion d'un Salon, d'un concert, d'un spectacle (p. 173).[5]

3 Cf. Mitchell 1966.

4 Florian-Parmentier 1914. Voir aussi le livre magistral de Décaudin 1960.

5 Canudo 1914, in: Mitchell 1966. La pagination entre parenthèse dans le corps de l'article renvoie désormais à cette édition.

Selon Canudo cette profonde transformation esthétique s'effectue surtout en France, plus précisément à Paris (« la Ville-Visage du Monde ») et à partir de là, elle se propage dans toute l'Europe : « Les échos de notre vie artistique moderne [...] s'en vont, au delà des frontières, susciter des disputes identiques en Allemagne, en Russie, en Angleterre » (p. 173). Ce rayonnement s'annonce d'ailleurs, à travers l'évolution artistique, depuis le XIX^e siècle (« le véritable siècle de la Renaissance française ») et se transforme en domination de toute nature cérébrale, « absolument cérébrale », comme le souligne Canudo. Ce phénomène commence avec Baudelaire – « le précurseur de cette esthétique subtilement cérébrale », puis il est consolidé par Mallarmé et Rimbaud qui ont tracé le chemin à la modernité (« notre lyrisme d'aujourd'hui et de demain »). Ces deux poètes ont rompu avec l'esprit du romantisme et son esthétique, ont récusé également l'idéal des parnassiens en franchissant ainsi le seuil au-delà duquel « une émotion nouvelle » et « un frisson nouveau » sont devenus possibles. Ils ont demandé une poésie « capable de faire frissonner le cerveau plus que le cœur » (p. 174). A l'étranger deux écrivains retiennent l'attention de l'auteur: Gabriele d'Annunzio et Oscar Wilde qui représentaient un « intellectualisme hautain [...] qui a poussé aussi le lyrisme vers les voies cérébristes – intellectuelles et sensuelles inséparablement – d'aujourd'hui » (p. 174).

Un phénomène analogue s'est produit dans d'autres domaines d'art. Canudo souligne tout d'abord les changements en musique :

> La musique moderne se libérant à la fois des chaînes molles et visqueuses de la mélodie sentimentale, à l'italienne, et du grand symbolisme sentimental de Wagner, s'est *intellectualisée* dans l'œuvre de Debussy, de Paul Dukas, d'Erik Satie. L'esthétique des plus jeunes compositeurs est dominée par des préoccupations lyriques toutes cérébrales, d'un symbolisme ou d'un impressionisme parfaitement intellectuel, où la sensibilité est cérébralisée, où la cérébralité devient toute sensuelle (p. 174).

Du côté des arts plastiques la même volonté cérébrale justifie toutes les formes de déformation: Whistler, Fantin-Latour, puis Cézanne, Gauguin et Van Gogh récusent la ligne et les proportions. Lorsque Cézanne distingue « l'œil photographique » et « l'œil esthétique » il se donne droit à la déformation et affirme la prédominance de l'intellect. Cette idée triomphe dans le propos de Rodin : « L'œil ne voit que lorsque l'esprit le mène » (p. 175). Cela signifie que l'art est fondé sur une interprétation intellectuelle et libre du sujet. Les jeunes peintres, sous les drapeaux du fauvisme et du cubisme, ont suivi cette innovation et ont accepté à briser la forme, puis à la recomposer, « hors des surfaces linéaires, par la profondeur des volumes » pour déboucher sur une synthèse nouvelle.

L'innovation est donc aux yeux de Canudo une recherche héroïque de l'inconnu :

> Ce que les artistes demandent à l'évolution de l'art, ce sont des émotions toujours neuves, par la découverte de nouveaux modes expressifs de l'émotivité artistique d'un temps. Chaque époque a renié ainsi l'époque précédente (p. 175).

Il est donc normal que la nouveauté frappe, surprend, révolte, choque, offense et traumatise même les contemporains. A aucun moment Canudo ne doute que l'essentiel de la révolution qui s'est s'opérée au début du XXe siècle réside dans « la transposition de l'émotion artistique du *plan sentimental* dans le *plan cérébral* » (p. 175). Elle postule le refus de la représentation simple et réaliste considérée comme banale et facile.

> Nous ne voulons plus d'une peinture qui ne soit que paroles en images. On cherche des gammes nouvelles de formes et de couleurs, on veut la jouissance de la peinture par la peinture, et non par l'idée littéraire ou sentimentale qu'elle doit illustrer (p. 176).

Un tel art demande une sensibilité transformée qui ne se nourrit plus dans les stimulations extérieures – mythiques ou religieuses, dans le répertoire « des sentiments tout faits, compréhensibles pour tout le monde » mais qui, juste au contraire, puise dans les richesses intérieures de l'individu.

> tout artiste doit se forger son monde intérieur et sa représentation extérieure. Il a le devoir de concrétiser sa vision particulière de la vie, et le droit de l'exprimer. De cela est né, depuis une trentaine d'années, l'art moderne, libéré, volontaire, rebelle à tout dogmatisme d'école : l'art vers-libriste et, d'une manière générale, post-mallarméen, pour la Poésie ; impressionniste, fauviste, cubiste, futuriste, synchoniste, simultanéiste, pour les Arts plastiques ; debussyste et post-debussyste, pour la Musique ; métachorique, pour la Danse (p. 176).

La clé pour cet art nouveau se trouve dans l'individualisme farouche qui exige de l'artiste le devoir de donner forme à son propre univers intérieur et de l'extérioriser de façon particulière en opposition à toutes modalités de sentimentalisme. Se solidarisant avec les jeunes artistes de son temps Canudo conclut : « Nous voulons un art plus noble et plus pur, qui ne touche plus le cœur, mais remue le cerveau, *qui ne charme pas mais qui fait penser* » (p. 176).

*

En 1920 Canudo publie *Hélène, Faust et nous. Précis d'esthétique cérébriste* où il reprend et élargit les vues antérieures, insiste surtout sur l'idée de purification de l'art par le refus de toutes formes de réalisme et de sentimentalisme. Il est visiblement impressionné par le spectacle du monde moderne qui s'impose comme représentation dynamique des forces naturelles asservies et des forces déchaînées par la civilisation industrielle dont la machine serait le symbole le plus spectaculaire. Il se solidarise avec les artistes qui ont le sentiment d'être entraîné dans une sorte de rythme libéré de toutes contraintes qu'ils considèrent comme l'indice fondamental de la modernité : « Voilà notre signe: *l'adoration du*

*Rythme*. Le sens dynamique pur, hors toute vision du monde anthropomorphe, hors toute restriction morale ».[6]

Cette prise de conscience se trouve à la source de l'exaltation de l'âme produite par la synthèse des « émotions du cerveau et les sensations de la chair ».[7] C'est là, la vérité qui s'impose à tous les domaines d'art :

> Dédaignant la pauvre jouissance, toute extérieure, de cette *représentation*, cette copie formelle du corps, du paysage, dont on veut faire encore toute la peinture et toute la sculpture ; ou d'un *discours* cadencé dont on veut faire encore toute la poésie; ou d'une agglomération superficielle de sons et de mélodies, dont on veut faire encore toute la musique ; l'art de nos jours est inspiré en outre par le dynamisme mondial, et tend à en répandre l'émotion.[8]

Une fois de plus Canudo met en relief le rôle privilégié de la musique qui, par sa nature même, tend vers une liberté et se veut suggestion avant toute chose. La peinture va d'ailleurs dans le même sens et tous les grands courants – futurisme, cubisme, rayonnisme, simultanéisme – refusent la représentation simpliste et ne veulent plus qu'un tableau soit *une parole en images* car la vision intérieure de l'artiste est désormais évoquée et structurée « selon un principe plastique de lignes et de couleur qui lui est personnel ».[9] Il en est de même en sculpture qui a réussi, elle aussi, comme le prouve l'exemple de Rodin, à imposer « une idée libre à la pierre la dégageant de l'architecture rigide pour retrouver avec elle des états de sensation toute musicale ».[10] Evidemment Canudo qui s'intéresse beaucoup au cinéma n'oublie pas de souligner aussi la contribution du septième art à l'élaboration du langage mélodique des formes.

En un mot, de tous les côtés se manifeste le refus d'un langage qui véhicule un sens préalable en faveur d'un langage qui génère son propre sens. Il va de soi que la logique du désaccord avec le préalable change profondément les conditions de réception de l'œuvre et de ce fait la nature du plaisir esthétique devient dynamique car le plaisir se produit sur le vif, dans l'acte de la rencontre avec le non-figuratif de l'œuvre. Pour le poète, tout comme pour le peintre ou le musicien l'objectif n'est plus d'imposer au lecteur une idée ou un sentiment mais de « l'entraîner dans un mouvement : cerveau et sens à la fois, pour éveiller, en lui, son propre monde visionnaire ».[11] Dans un esprit phénoménologique, avant la lettre, Canudo constate que « par l'aperception de l'œuvre, l'émotion se produit ».[12]

6 Canudo 1920, p. 14.
7 Canudo 1920 p. 17.
8 Canudo 1920, p. 17s.
9 Canudo 1920, p. 28.
10 Canudo 1920, p. 32.
11 Canudo 1920, p. 35.
12 Canudo 1920, p. 30.

Dans la conclusion de son livre de 1920 Canudo, tout comme auparavant, reste fidèle à la perspective évolutive : « l'art d'aujourd'hui » est né au cours d'une trentaine d'années et marque le dernier moment d'une longue histoire de recherche d'authenticité, de liberté, de pureté et de primitivité. A ses yeux c'est la recherche de *l'essentiel* qu'il définit, faute de mieux, en terme vague de « squelette de l'âme » ce qui explique que l'effort de ces artistes est constructiviste « à la fois furieusement cérébral et sensuel ».[13]

*

Il n'est pas facile, même à la lumière des éclaircissements apportés dans le livre de 1920, de préciser ce que Canudo entendait exactement par l'art cérébriste. Le terme qu'il emploie est vague : cérébriste est pour lui relatif à l'intellect mais en même temps inséparable du sensuel. L'œuvre d'art dans cette conception refuse toute forme de représentation réaliste, rompt avec le préalable et le sentimentalisme. Qu'elle soit littéraire, musicale ou plastique elle se nourrit d'un impressionisme intellectuel et doit faire frissonner le cerveau, éveiller des émotions intellectuelles et mettre aussi en branle tous les sens. Libérée des entraves de la forme traditionnelle et de l'esprit d'imitation l'œuvre atteint le statut d'un objet construit et abstrait.

En situant le manifeste de l'art cérébriste dans son contexte historique on constate que, finalement, il annonce moins un programme nouveau, comme on pourrait le penser de prime abord, qu'une vue d'ensemble de ce qu'il observait depuis un certain temps. Selon Bonner Mitchell le cérébrisme serait la dernière en date d'une série de doctrines qui préconisent une création contrôlée par l'intellect et qui sont, en somme, héritières de la manière mallarméenne. L'idée que la création se veut connaissance absolue est soutenue par l'Intégralisme représenté par Adolphe Lacuzon, Adophe Boschot, Léon Vannoz. En 1905 ce dernier fait cette observation intéressante :

> Car les mots et phrases, représentatifs de pensée, de sentiment et d'émotion sont des valeurs, et ces valeurs sont des fonctions attendues que les variations de l'une entraînent les variations de l'autre. Que le rythme intervienne et l'œuvre est née.[14]

D'autre part lorsque Canudo souligne l'unité dynamique de l'art il enchaîne visiblement avec certaines préoccupations de l'époque. Comme l'a bien remarqué M. Décaudin on y trouve des échos de l'orphisme invoqué par Apollinaire, le postulat de collaboration de tous les arts conçue comme « synthèse de ces modes dans une seule œuvre : techniques musicales appliquées à la poésie, *artifices typographiques* suggérés par Apollinaire, mots en liberté et compositions futu-

13 Canudo 1920.
14 Cité par Mitchell 1966, p. 170. Dans cette tradition se situe aussi, selon Mitchell, « le paroxysme » de Nicolas Baudoin et « le dramatisme » de Henri-Martin Barzun.

ristes, etc. ».[15] Il va de soi que le rapport qu'il établit entre les différents arts le rapproche aussi de Paul Valéry.

On relève chez Canudo aussi une fascination pour la modernité industrielle caractéristique de l'imaginaire futuriste, l'admiration pour « une usine en mouvement, une machine lancée sur les routes de la terre »[16] ou « Le monstre de fer et de feu, cherché par l'homme dans les entrailles mêmes de la terre. Le mariage de l'esprit de l'homme avec la matière brute ».[17] Quant aux autres sources d'inspiration il semble que l'unanimisme n'était pas pour rien non plus, ce qui d'ailleurs n'a pas échappé à Jules Romains. La théorie des sentiments unanimes le sensibilisait à l'influence continuelle qu'exerce la collectivité sur l'individu: « L'inter-psychologie des foules de Gabriel Tarde a donné naissance à la plus pensive des littératures, celle de l'âme collective » (p. 174). Michel Décaudin rappelle que le roman *La ville sans chef* (1910) est conçu par Canudo comme une étude de l'âme des foules, des sentiments collectifs que l'écrivain définit comme « sentiments qui ne sont pas, pour ainsi dire, dans la nature, mais que la société a fait éclore et a rendus inéluctables comme des instincts ».[18]

L'article de 1914 est publié par l'éditeur sous l'étiquette de *manifeste*, de même que le *Précis* en 1920, ce qui situe les deux textes sous les drapeaux d'un avant-gardisme qui postule, par définition, la rupture avec le passé. Cependant Canudo, comme on l'a vu, loin de là, pense la transformation de la littérature et des arts en termes d'évolution, d'un changement qui s'étale dans le temps et s'effectue par le relais des générations : il définit l'art cérébriste comme résultante d'une durée. Le frisson nouveau est préparé par les prédécesseurs et transmis par les passeurs. En dernière instance son « manifeste » constitue une somme, apporte un témoignage, certes précieux, mais n'ouvre pas de chapitre nouveau. Canudo, comme l'a bien remarqué Michel Décaudin, est un « témoin pathétique de son temps, lancé dans un effort non moins pathétique pour le saisir dans sa totalité et lui donner un sens ».[19] Tout prête à croire que la sensibilité de Canudo ne dépasse pas le cap de la première avant-garde (Apollinaire, Jules Romains, Cendrars). En tout cas, il est frappant qu'en 1920 lorsqu'il met le point final à sa conception de l'esthétique cérébriste (« le lyrisme d'aujourd'hui et de demain ») il reste indifférent aux signes avant coureurs de la deuxième avant-garde qui traversait le moment inaugural (dadaiste) et allait s'épanouir bientôt sous le soleil du surréalisme. Et pourtant le paysage littéraire était déjà labouré par les œuvres des nouveaux

15 Décaudin 1978, p. 63.
16 Canudo 1920, p. 4.
17 Canudo 1920, p. 16.
18 Décaudin 1978, p. 62.
19 Décaudin 1978, p. 70. Selon Giovanni Dotoli « Canudo [...] costruisce una vera e propria epopea del moderno », Dotoli 1995, p. 45.

maîtres : Tzara, Breton, Eluard, Reverdy, Picabia, Soupault, Cocteau et quelques autres.

## Bibliographie

Bouhélier, Saint-Georges de: « Un manifeste », in: *Le Figaro*, 12 janvier 1897, p. 4.
Canudo, Ricciotto: « L'art cérébriste », in: *Le Figaro*, 9 février 1914.
Canudo, Ricciotto: *Hélène, Faust et nous. Précis d'esthétique cérébriste*, Paris 1920.
Gregh, Fernand: « L'humanisme », in: *Le Figaro*, 12 décembre 1902, p. 1.
Marinetti, Filippo Tommaso: « Manifeste du futurisme », in: *Le Figaro*, 20 février 1909, p. 1.

Décaudin, Michel: *Canudo et les avant-gardes*, in: *Ricciotto Canudo. Atti del Congresso internationale nel centenario della nascita* a cura di Giovanni Dotoli. Fasano 1978, p. 61–70.
Décaudin, Michel: *La Crise des valeurs symbolistes*, Toulouse 1960. (Nouvelle édition Genève 1981.)
Dotoli, Giovanni: *Nascita della modernità: Baudelaire, Apollinaire, Canudo. Il viaggio dell'arte*, Fasano: Schena, 1995.
Florian-Parmentier, Ernest: *Histoire des lettres françaises de 1885 à 1914*, Paris 1914.
Mitchell, Bonner: *Les Manifestes littéraires de la Belle Epoque*, Paris 1966.

Roland Galle (Duisburg-Essen)

# Überlegungen zum Tragischen in Paul Claudels *Le Soulier de satin*

Eines der großen Theaterereignisse der jüngeren Zeit ist die Aufführung von Paul Claudels *Der seidene Schuh* in der Inszenierung von Stefan Bachmann gewesen.[1] Der Erfolg, der dieser Aufführung beschieden war, hat geradezu verstörend gewirkt, hatte er seinen Ausgangspunkt doch in einem Stück, das fundamentalen Grundströmungen unserer Zeit auf diametrale Art entgegensteht. Deutlich macht dies bereits eine wie auch immer verkürzte Wiedergabe der überbordenden Handlung.

*Le Soulier de satin* spielt auf drei Kontinenten: in Europa, näherhin in Spanien und in Prag, in Südamerika und an der nordafrikanischen Küste. Das Stück ist im 16. und 17. Jahrhundert angesiedelt, umfaßt einen Zeitraum von zumindest 20 Jahren und läßt 73 Schauspieler auftreten, darunter nicht nur zwei einander folgende Könige von Spanien, gemeint sind Karl V. und Philipp II., sondern auch Engel und sogar den Mond, der eine wunderbare Partie zu sprechen hat. Darüber hinaus präsentiert es Stil- und Formelemente in verschwenderischer Fülle. Im Zentrum des Stücks stehen die verzweifelten Versuche eines Liebespaars, zueinander zu finden. Dem Triebwunsch des Paars steht aber ein unüberwindliches ›obstacle‹ entgegen: das Ehesakrament. Über dieses Sakrament ist die junge Frau an einen alten, rigiden, wenn auch durchaus noblen Mann gebunden. Vordergründig also geht es um eine banale Dreiecksgeschichte: Die verheiratete Doña Prouhèze liebt Don Rodrigue, den Helden des Stücks. Beide trennen sich im Dienste der spanischen Krone: Rodrigue erobert Südamerika, Doña Prouhèze sichert einen Außenposten des spanischen Reiches an der afrikanischen Küste. Ihrer Liebe tut die Trennung keinen Abbruch. So leidenschaftlich das illegitime Paar aber auch einander zugetan ist und soviel Raum beide ihrer verbotenen Begierde auch gewähren, eine Erfüllung ihrer Liebe ist und bleibt unmöglich. Länger als ein Jahrzehnt brandet die Handlung zwischen Europa, Afrika und Amerika mit einer Vielzahl von Personen und Konstellationen hin und her. Kolonialreiche werden gegründet und stürzen wieder ein, Flotten versinken; die

1 Zuerst in Basel, dann, im Jahre 2003, in der Jahrhunderthalle Bochum.

Liebenden lassen nicht voneinander ab, müssen aber schließlich aufeinander verzichten. Und diesen wechselseitigen Verzicht bringen sie als Opfer dar. Am Ende des dritten ›Tages‹ nämlich geht Prouhèze – mit Einverständnis von Rodrigue – in einen freiwillig auf sich genommenen Tod. Zuvor aber hat sie Rodrigue noch ihre Tochter Sept-Epées anvertraut, die gleichsam zwei Väter hat: Dem Geiste nach ist sie das Kind Rodrigues, dem Fleische nach aber das des Finsterlings Don Camille, mit dem Prouhèze nach dem Tod ihres ersten Mannes am Rande Afrikas zwangsverheiratet war. Dieses Kind von Prouhèze und ein körperlich wie sozial ruinierter Rodrigue sind die Protagonisten des vierten und letzten ›Tages‹, in dem die äußerste Erniedrigung des Helden und ein mit Sept-Epées verbundener weltgeschichtlicher Sieg der Christenheit über die Türken, errungen in der Schlacht von Lepanto, zusammenfallen und ein heilsgeschichtliches Finale bilden. Die »trompette au loin sonnant triomphalement« kündet nicht nur von einem militärischen Sieg, sondern auch von der Erlösung der gefangenen Seelen, insbesondere derjenigen des Liebespaars, eventuell auch der von Camille. »Délivrance aux âmes captives«, lautet der letzte Vers des Dramas.[2]

Entscheidend ist, daß eine zu Beginn angekündigte und am Ende sich tatsächlich durchsetzende providentielle Heilsordnung alle individuellen Leid-Erfahrungen zu überwölben und in sich aufzuheben befähigt ist, wodurch Claudels Meisterwerk als Wirkungseffekt zwar eine vom barocken Theater her bekannte und ihm auch angemessene ›admiratio‹ hervorzurufen vermag, kaum aber einem der beiden Grundtypen zeitgenössischer Theaterrezeption, sei es der affektiven Teilhabe oder aber der reflektierenden und distanznehmenden Beobachtung, entgegenkommt. Die Erklärung, die der Regisseur zunächst für seine eigene Faszination und dann auch für die Resonanz des Stücks gegeben hat, führt freilich auf eine vielversprechende Spur. Auf die Frage nämlich, was ihn an dem Stück trotz seiner geradezu enigmatischen Fremdheit interessiert habe, führt er die »Bedingungslosigkeit [an], mit der sich die Menschen in ihr Schicksal stürzen. [...] Diese Radikalität, sein Leben für seine Ideale herzugeben«, so Bachmann, »ist für uns absolut bedrohlich. Bei Claudel haben diese Menschen aber eine wahnsinnige Energie und Leidenschaftlichkeit. Sie blicken sehnsüchtig ins Jenseits und sind gleichzeitig gierig nach dem Leben – also genau das Gegenteil von diesem latenten Gefühl der Unlust, in dem wir uns befinden.«[3] In anderem Kontext hat Stefan Bachmann dem hier von ihm apostrophierten Gefühl der Unlust einen anderen Namen gegeben, indem er von dem »Larifari unserer Tage« spricht und diese Haltung kontrastiert mit dem, was seiner Sicht

2 Paul Claudel, *Le Soulier de satin*, in: Claudel 1965, S. 948.
3 Bachmann 2003a.

nach ausgeht von dem »Rammbock Claudel«.[4] Diese Stichworte hat Jürgen Grimm in dem Titel einer anläßlich der Bochumer Aufführung erschienenen Besprechung aufgegriffen, in welcher es resümierend heißt: »Das ist vielleicht das größte Verdienst dieser Inszenierung, daß sie in einer von Pragmatik und Effizienz geprägten Welt das scheinbar Unzeitgemäße mit großem Ernst als lebensfähige Utopie aufscheinen läßt«.[5] Einen gemeinsamen Nenner für diese Charakterisierungen kann man in einem Artikel sehen, der in zeitlicher Nähe zu den hier angeführten Kommentierungen in *Theater heute* sich findet, wenn es dort mit Bezug auf die Kompromißlosigkeit Claudels heißt: »Er ist unrettbar unjugendlich. Er ist düster wie Beckett, hochfahrend wie Botho Strauß und Peter Handke zusammen, monströs eigenwillig wie Richard Wagner, der ihn stark beeinflußt hat, und beredt, wie nur er selbst. Er ist ein moderner Tragiker und in keinem Fall in irgendeiner Form zu verniedlichen.«[6]

Das für uns entscheidende Stichwort ist das vom ›modernen Tragiker‹. Inwiefern mit diesem Prädikat ein Schlüsselbegriff als Zugang zu *Le Soulier de satin* gefunden ist, wie dieser zu konturieren ist, inwiefern mit ihm eine tragfähige Kategorie für die Erschließung des Textes benannt ist und wo ihre Grenzen sich abzeichnen, diesen Fragen soll im weiteren, wie vorläufig und begrenzt auch immer, nachgegangen werden. Aufgerufen ist damit das Problem, wie der äußerst deutlich bekundete christliche und das heißt hier in erster Linie providentielle Gehalt des Stücks das Subthema Tragödie dirigiert oder auch – interessanter vielleicht –, wie und in welcher Hinsicht die traditionell für das hohe Opfer-Thema sich anbietende, dann aber abgedrängte Form der Tragödie doch wieder ihre Wirksamkeit für die innere Dynamik von *Le Soulier de satin* zu erweisen vermag. Aus dieser Problemlage ergeben sich zwei miteinander verbundene Untersuchungsschritte: Im ersten geht es darum, wie sich *Le Soulier de satin* in seiner Makrostruktur in das Spannungsverhältnis von Tragödie und Christentum einfügt, im zweiten um die Frage, welche Spielräume das Stück binnenstrukturell für ein Ausspielen tragischer Implikationen freigibt und auch ausagiert.

## I

Zu beginnen ist mit einigen allgemeinen Überlegungen zum Verhältnis von Christentum und Tragödie. Dieses Verhältnis scheint, generell, als ein wechselseitiges Ausschließungsverhältnis geklärt zu sein: literarhistorisch und auch von

4 Bachmann 2003b.
5 Grimm 2003, S. 236.
6 Hammerstein 2002, S. 40.

den theologisch-theoretischen Voraussetzungen her. Literarhistorisch ist es jedenfalls so, daß eine unbefragt christliche Epoche wie das Mittelalter eine Tragödienproduktion nicht hervorgebracht hat.[7] Wie immer man im Einzelnen die Wieder- und Neubegründung der Tragödie von der Renaissance an erklären wird, sie geht einher mit einem Abschmelzen der Absolutheitsgeltung, die der christlichen Weltdeutung im Mittelalter zugekommen war.[8]

Und aus theologischer Perspektive scheint das Problem, wenn es denn je eins war, ebenfalls definitiv entschieden. Das Evangelium, formuliert Helmut Thielicke, »ist das Ende des Tragischen.«[9] Karl Barth formuliert im Grunde nichts anderes als ein Seitenstück zu diesem Diktum, wenn er ausführt, daß der vermeintlichen Tragik der menschlichen Existenz, strenggenommen, aus christlicher Sicht jegliches Interesse zu verweigern ist. Das ›göttliche Leiden‹, das der Tragödie zugesprochen wird, ist den Gläubigen durch Jesus Christus nicht nur abgenommen, sondern als Anmaßung gar verboten. Unser eigenes Leiden, so Karl Barth, kann immer nur eine Erinnerung an das Leiden Christi sein und muß in bezug auf dieses Leiden gesehen werden.[10] Damit wird der Leitgedanke sichtbar, der sich aus theologischer Perspektive durch nahezu alle Erörterungen des Verhältnisses von Christentum und Tragödie zieht: Das Leiden Christi hat die Kraft, alles erfahrene menschliche Leid, alle je von Menschen erfahrenen Ausweglosigkeiten und Erschütterungen zu transformieren in Erlösung, transparent zu machen auf eine letztlich sich manifestierende Ordnung und Harmonie hin, jede Tragik in eine nur vermeintliche Tragik aufzulösen.[11]

---

7 Was die Mediävistik nicht davon abhalten muß, der Dimension des Tragischen auch in mittelalterlicher Literatur nachzugehen. Siehe dazu neuerdings: Toepfer 2017.

8 So kann Andreas Kablitz im Kontext einer Erörterung von Torquato Tassos *Il Re Torrismondo* zu folgender allgemeiner Konklusion kommen: »Bekanntlich ist dem Mittelalter die Tragödie fremd geblieben, und in der Tat mußte sie in einer christlichen Kultur ein Fremdkörper sein. Denn welches Konzept des Tragischen man auch immer ansetzen mag, all seinen Varianten gemeinsam ist die Annahme eines Restes an Unordnung. Vielleicht tritt dieses Spezifikum aller tragischen Mimesis nirgends deutlicher als dort zutage, wo sich Aristoteles in der *Poetik* bemüht, an der Gestalt des mittleren Helden solche Unordnung zu verringern. Nur wenn das Unglück in dessen Charakter eine gewisse Rechtfertigung findet, ist die Handlung für einen Zuschauer akzeptabel. Indes darf das Unheil, das ihm widerfährt, auch nicht völlig gerechtfertigt erscheinen, denn in diesem Fall verlöre die Tragödie ihre Identität. Genau diese Prämisse irreduzibler Unordnung aber ist für eine christliche Wirklichkeitsinterpretation nicht hinnehmbar. Gewiß gibt es auch für sie Unerklärliches, doch dessen Irreduzibilität ist hermeneutischer Natur. Gottes Ratschluß bleibt um seiner Tiefe willen dem Menschen verschlossen; verfügte dieser Mensch jedoch über vollkommenere Verstandeskräfte, so vermöchte er einzusehen, warum das vermeintlich Widrige in Wahrheit nichts als providentiell ist« (Kablitz 1997, S. 102).

9 Siehe: Sparn 2002, S. 755.

10 Ebd.

11 Vor diesem Hintergrund wird auch einsichtig, warum eine Tragödientheorie wie die von Karl Jaspers – trotz der Beiziehung explizit christlicher Begrifflichkeit – letztlich nur in Ab-

Hat man diese hier nur ganz pauschal benannten Vorgaben vor Augen, so wird immerhin unmittelbar einsichtig werden, daß Claudel dem eigenen christlichen Weltentwurf folgt, wenn er in *Le Soulier de satin*, auf makrostruktureller Ebene, für das von den Protagonisten erfahrene große Leid, vor allem auch für die erzwungenen Selbst-Versagungen und Opfer, Lösungen bereit hält, die man als tragisch – im Sinne von fortdauernd unversöhnt – jedenfalls nicht wird bezeichnen können.

Geradezu plakativ macht dies der letzte von einem Mönch gesprochene Satz des Stücks deutlich, den wir oben bereits zitiert haben. In ihm wird eine Art Summe der äußerst komplex angelegten Verwicklungen, Wendungen und latent mitgeführten Hoffnungen des Stücks gezogen, wenn eine »Délivrance aux âmes captives!« verkündet wird. Das solchermaßen besiegelte Ende des Stücks signalisiert – auf der welthistorischen Ebene – ein Versprechen für die Zukunft: ›Erlösung den gefangenen Seelen‹ stellt insofern die Reaktion auf einen Kanonenschuß dar, mit dem gemeldet wird, daß die Adoptivtochter des Helden, Doña Sept-Epées, über eine äußerste Gefährdung ihres Lebens hinweg zu Jean d'Autriche gefunden hat und nun in Aussicht steht, daß beide – mittels ihrer Verbindung und der von ihnen betriebenen Schlacht von Lepanto – den Sieg des Christentums über die Türken werden in die Wege leiten können. In einem orthodox katholischen Sinn geht es darum, daß durch die weltgeschichtlichen Verwicklungen und Katastrophen – wie etwa den Untergang der Armada –, die das Stück zu seinem Gegenstand macht, letztlich doch die ›Erlösung‹ noch heidnischer – also in Heilsferne ›gefangener‹ – Völker ermöglicht wird.

Näher ist uns Modernen die zweite und hier wohl auch vorrangig gemeinte Bedeutung von »Délivrance aux âmes captives«. Mit ihr wird eine endgültige Herauslösung der Akteure aus den immer wieder neuen Zwängen beschworen, in denen das langgedehnte Schauspiel sie gefangen hielt. Es ist dies eine Befreiung oder eben eine Erlösung, die mit einem extremen Vollzug christlicher ›humilitas‹ zusammenfällt. Abgeschlossen nämlich wird das Stück mit einer Szene, in welcher der ehemalige Welteroberer Rodrigue sich zum Sklaven gemacht hat und sich verschachern läßt. Offensichtlich aber kann Rodrigue gerade in dieser äußersten Geste der Selbsterniedrigung jene Befreiung und Erlösung (mit-)bewirken, welche nicht nur für ihn selbst, sondern für alle Protagonisten

grenzung zu und Überwindung von Grundpositionen des Christentum eine in sich kohärente Form finden kann. In seinen Ausführungen über »das tragische Wissen« greift Jaspers den christlichen Begriff der »Erlösung« auf, deutet ihn aber um und reklamiert ihn – als Ergebnis des Tragödienprozesses im Zuschauer – für eine »Erlösung im Tragischen«. Wobei alles darauf ankommt, daß er diese »Erlösung im Tragischen« absetzt gegen eine »Erlösung vom Tragischen«, offensichtlich, um solcherart auch eine Alternative zur christlichen Lebens- und Leidensbewältigung deutlich zu machen und in besonderem Maße zu adeln (Jaspers 1958, S. 922–960).

einen Zustand des »ordre« herstellt, von dem Claudel in einem Vorwort schreibt, daß er »le plaisir de la raison« sei, wogegen all die Wirrungen, die dieser Lösung vorausgehen, von ihm als ein »désordre« bezeichnet werden, der zugleich aber ein »délice de l'imagination« sei.[12]

Die in eine transzendente Ordnung eingebundene finale ›Erlösung‹ unterscheidet sich dem versöhnenden Ausgleich gegenüber, wie er unbefragt tragischen Stücken ja ebenfalls eigen sein kann, in einem fundamentalen Sinn. Und zwar dadurch, daß schon am Anfang von *Le Soulier de satin* neben dem für das Arrangement zuständigen *Annoncier* auch ein *Père Jésuite*, angebunden an den Mast eines gekaperten und auf dem offenen Meer treibenden Schiffes, auftritt und sich dem zukünftigen Schicksal des Hauptheldens Don Rodrigue widmet, indem er über dessen weiteren, verworrenen Weg zu seinem Seelenheil sinniert. Die Freiheit, die dem Protagonisten eingeräumt wird und für eine partielle Offenheit des zukünftigen Geschehens einzustehen hat, ist aber offensichtlich begrenzt:

> Mais, Seigneur, il n'est pas si facile de Vous échapper, et s'il ne va pas à Vous par ce qu'il a de clair, qu'il y aille par ce qu'il a d'obscur; et par ce qu'il a de direct, qu'il y aille par ce qu'il a d'indirect; et par ce qu'il a de simple,
> Qu'il y aille par ce qu'il a en lui de nombreux, et de laborieux et d'entremêlé,
> Et s'il désire le mal, que ce soit un tel mal qu'il ne soit compatible qu'avec le bien,
> Et s'il désire le désordre, un tel désordre qu'il implique l'ébranlement et la fissure de ces murailles autour de lui qui lui barraient le salut,
> Je dis à lui et à cette multitude avec lui qu'il implique obscurément.[13]

Der *Père Jésuite* variiert damit lediglich eines der beiden dem Stück vorangestellten Leitworte: *Deus escreve direito per limbas tortas*, also: Gott schreibt gerade auf krummen Zeilen. Die krummen Zeilen, das Auf und Ab dessen, was die Akteure bewegen und was ihnen widerfährt, ihre potentiell tragischen Erfahrungen und Erlebnisse also, werden zumindest makrostrukturell aufgehoben in den geraden Schriftzügen Gottes. Dies ist die Botschaft, die gleich zu Beginn vom *Père Jésuite* formuliert und am Ende noch einmal von *Frère Léon* ratifiziert wird, indem er die »Délivrances aux âmes captives !« verkündet.

## II

Eine ganz andere Frage betrifft das Binnengeschehen selbst und gilt dem Problem, ob die genannte Rahmenlösung Raum lassen kann für eine partiale Tragödie, die sich in dem begrenzten Bereich zwischenmenschlichen Geschehens

12 Claudel 1965, S. 663.
13 Claudel 1965, S. 668.

abspielt. Der Frage kommt erhebliche Brisanz zu, da man – im Unterschied zum Beispiel zu Goethes *Faust* – davon auszugehen hat, daß der Rahmen bei Claudel nicht einfach aufgesetzt, sondern mit den Binnenereignissen auf fundamentale Art verzahnt ist, Rahmen und Binnenhandlung also in einem produktiven Wechselverhältnis zueinander stehen. Im einzelnen heißt dies vorderhand, daß die Binnenereignisse selbst in einen tätigen Glaubensvollzug einbeschlossen sind. Es ergeben sich damit Probleme, denen ich wiederum, wie den vorausgehenden Überlegungen, eine theologische Position voranstellen möchte. Nun aber geht es nicht um das schiere Bestreiten einer wie auch immer möglichen Kompatibilität von Christentum und Tragödie, sondern darum, sie – unter sehr besonderen Voraussetzungen – für denkbar zu erachten.

Hatten wir anhand von Helmut Thielicke und Karl Barth gesehen, daß es innerhalb der Theologie nahezu eine ›communis opinio‹ ist, eine christliche Tragödie nicht für möglich zu halten, so gibt es gleichwohl Gegenstimmen, die unser Interesse verdienen. So schreibt Paul Tillich, daß »Tragik« »ein universal gültiger Begriff« sei. Die menschliche Existenz wurzelt, so führt er aus, in der Freiheit und im tragischen Schicksal. Tragik bezeichnet ihm zufolge eine Wirklichkeit, an der auch Christus selbst insofern teilhat, als er durch die Begegnung mit den Führern seines Volkes und mit Judas in deren Schuldigwerden selbst verstrickt ist.[14] Diese Ausweitung der Geltung von Tragik auf den Gottessohn selbst ist sicherlich die größte Provokation von Paul Tillich. Reinhold Schneider, im allgemeinen auf fester christlicher, im gegebenen Fall: katholischer Grundlage, nähert sich dieser Position in einzelnen Äußerungen durchaus an, sieht in der Tragödie jedenfalls ein entscheidendes Erschließungspotential für das Verständnis von (Heils-)Geschichte – und dies nicht nur in einem summarischen Sinne, sondern unter Einschluß von Kategorien wie Schuld, Opfer, Sühne, Reinigung und vor allem Wahrheit. »Die Geschichte«, schreibt er, »löst sich aus dem Kreis des Tragischen nicht, vielleicht deshalb, weil die Gnade immer wieder anknüpft an die Schuld und oftmals nur durch die Schuld den Menschen erreicht.«[15] Der große Theologe Urs von Balthasar, Übersetzer und Kommentator von Paul Claudel, ist an der Seite von Reinhold Schneider zu nennen.[16] Es muß hier der Hinweis genügen, daß die theologisch verfügte Verbannung des Tragischen aus dem Christentum nicht unwidersprochen geblieben

14 Siehe: Sparn 2002, S. 755ff.

15 Schneider 1946/47, zitiert nach: Profitlich 1999, S. 308.

16 Das Thema der Tragik aufgreifend, schreibt Urs von Balthasar in seinem ausführlichen Nachwort, das er seiner Übersetzung von *Le Soulier de satin* folgen läßt, zu dem unerfüllten Streben Rodrigues nach Liebes-Erfüllung: »Aber es ist dies nicht eine in sich ruhende blinde Tragik. Es ist die Tragik dessen, der hinter seiner weltlichen Sehnsucht den Stachel des Religiösen weitertreiben spürt.« (Balthasar 1983, S. 360).

ist, sondern, auch theoretisch, durchaus ein Feld gesehen wird, in dem beide Wege, der der Tragik und der des Christentums, sich kreuzen.

Insbesondere aber könnte Reinhold Schneiders Satz, daß die Gnade immer wieder an die Schuld anknüpft, ihrer eventuell sogar bedarf, zu einem Ausgangspunkt für eine eingängige Untersuchung von *Le Soulier de satin* gemacht werden. Und dies in einem durchaus komplexen und auch strukturbildenden Sinn. Die weibliche Hauptfigur des Stücks, Doña Prouhèze, wird man im Zentrum einer derart auf tragische Konstellationen hin geöffneten Handlung sehen können. In einem eher herkömmlichen Sinn hat sich der Protagonistin die Liebe als Leidenschaft erschlossen: wie ein Verhängnis und wie eine Verheißung erfüllten Lebens. Der Einlösung dieser Leidenschaft steht zwar auch der ›point d'honneur‹ im Wege.[17] Von vornherein aber ist die weltliche Barriere überwölbt von der religiösen Wegweisung, in die Doña Prouhèze ihr Leben gestellt hat. Als sie aus dem Haus ihres Ehemanns ausbricht, um sich auf den Weg zu ihrem Liebhaber zu machen, da tut sie es – im Bewußtsein der eigenen Schuld – mit der titelgebenden Geste, der Jungfrau Maria, der Schutzheiligen des Hauses, einen ihrer seidenen Schuhe gleichsam als Opfergabe zu weihen: »quand j'essayerai de m'élancer vers le mal, que ce soit avec un pied boiteux !«[18]

Diese Wunde – und das entsprechende Gebrochensein des eigenen Impetus – kann als Siegel für die sehr eigenwillige christliche Existenz der Doña Prouhèze gelten. Es ist nicht so, daß sie im Bemühen, ihr Begehren Wirklichkeit werden zu lassen, das Wissen um ihre Heilsbestimmtheit suspendieren könnte. Vielmehr begründet die in ihr eigenes Inneres verlagerte Gegenwirkung zur Leidenschaft eine perennierende Spannung, die sich ihrem immer wachen Bezug auf Gott verdankt. Die Dimension, die sich damit ihrem Leben erschließt, kündigt sich zumindest an, wenn sie in der aufgerufenen Szene ein Gebet an die Gottesmutter folgendermaßen abschließt: »Garde-le [den *soulier de satin* nämlich] contre votre cœur, ô grande Maman effrayante !«[19]

Sie ruft die Gottesmutter weder als die Instanz an, die sie vom Fehltritt bewahren soll, noch nur als diejenige, welche Nachsicht und Gnade bewirken möge, sondern – erstaunlich genug – als »grande Maman effrayante«, als Instanz mithin, die nun auch als Projektionsfigur für die angesprochene innere Spannung zu dienen hat und auch in dieser Funktion dem eigenen Leben und Handeln tragische Dignität zu geben vermag. Diese tragische Dignität ist die eines Opferweges. Er vollzieht sich in mehreren Anläufen, alle getragen von dem Umstand, daß es im Heilsplan Gottes ein autonomes Verhältnis von Mensch zu

17 Überspitzt, so denke ich, hat auf diesem ›point d'honneur‹ Harald Weinrich seine Interpretation von *Le Soulier de satin* aufgebaut (vgl. Weinrich 1968).
18 Claudel 1965, S. 686 (I,5).
19 Ebd.

Gott gar nicht gibt, sondern stets ein unhintergehbares Angewiesensein auf einen Dritten die Oberhand einnimmt. Zu dieser Konstellation hat Claudel selbst eine für das Verständnis seines Werks kapitale Anmerkung gemacht:

> Cette notion de sacrifice est étroitement liée à la grande idée chrétienne de la *Communion des Saints* dans laquelle il serait naïf d'envisager le fonctionnement inoffensif d'une coopérative de bienfaisance. Le commandement de la religion : *Aimez-vous les uns les autres !* a plus de rapport qu'on ne croit avec le commandement de la nature: Mangez-vous les uns les autres ! Il y a un profond mystère et une source infinie de tragique dans le fait que nous sommes l'un à l'autre la condition du salut éternel, que nous portons en nous, nous seuls, la clef de l'âme de tel ou tel de nos frères, qui ne peut être sauvé que par nous, et à nos propres dépens. D'où dans *le Soulier de Satin,* le rôle si important de Don Camille. Plus que Rodrigue, il a besoin de Prouhèze. Il a besoin dans Prouhèze de quelque chose qui est au-delà du désir de Rodrigue. Une Prouhèze dégagée de toute attache humaine, de toute préférence au regard de Dieu, de quoi que ce soit, l'étoile pure / dans le rayon de son Créateur ! C'est cette Prouhèze, cette Prouhèze seule, qui est la condition de son propre salut, c'est elle dont il a absolument besoin, c'est elle qu'il désire, d'un désir intelligent et désespéré, où se mêle dans un cœur d'homme ce qu'il y a de meilleur, ce qu'il y a de plus animal et ce qu'il y a de plus diabolique, c'est elle à laquelle il sait qu'il a droit, et c'est elle, que, plus heureux que le Turulure de *l'Otage,* il finit par obtenir. Mogador n'a plus qu'à sauter en l'air ![20]

Es gibt, soweit ich sehe, keinen zweiten Text Claudels, der eine vergleichbar ausdifferenzierte Annäherung an das Problem des Tragischen zum Gegenstand hätte. Um so wichtiger wird der Ausgangspunkt, von dem her unser Autor diese Annäherung vornimmt. Gemeint ist die Rede von den zwei Wirklichkeiten, die sich auszuschließen scheinen, die aber für die anthropologisch fundierte Situation des Menschen, wie Claudel sie sieht, gemeinsam einzustehen haben: Dem emphatischen Gebot der Religion, das auf die Nächstenliebe ausgerichtet ist, wird als Gebot der Natur ein ›homo homini lupus‹ zur Seite gestellt. Und die Verklammerung dieser beiden Wirklichkeiten ist es, aus der heraus Claudel seine Sicht auf das Tragische entwickelt. Es geschieht dies dadurch, daß er eine Konstellation in Szene setzt und entfaltet, in welcher dem Einzelnen die Möglichkeit entzogen ist, aus seinem eigenen nur individuellen Vermögen heraus einen Weg zur Gnade und zum Seelenheil zu finden. Ins Spiel nämlich kommt der Anspruch eines optional wesensfremden und ungeliebten Dritten, der gleichwohl über den Seelenhaushalt der von ihm gewählten Bezugsperson dadurch zu verfügen trachtet, daß er seine eigenen Heilsaussichten an die Wirksamkeit seiner Ansprüche zu knüpfen und solcherart sein Gegenüber zu entmächtigen vermag: »que nous portons en nous, nous seuls, la clef de l'âme de tel ou tel de nos frères, qui ne peut être sauvé que par nous, et à nos propres dépens.« Tragisch wird die

20 Claudel 1965, S. 1480f.

solcherart erfahrene Entmächtigung dadurch, daß ihr die höchsten, mit aller Leidenschaft verfolgten Ziele aufgeopfert werden müssen.

In wenigen interpretatorischen Schritten sei zumindest angedeutet, wie diese theoretischen Vorgaben zum Problem des Tragischen im fiktionalen Text umgesetzt, variiert und eventuell überboten werden. Claudel folgend konzentrieren wir uns dabei auf die im Gesamtplan des Stücks eher zweitrangige Beziehung zwischen Doña Prouhèze und Don Camille, einem Außenseiter, der aber seinerseits verdeckte Besitzansprüche an die auch von ihm begehrte Frau richtet. Vordergründig um voneinander Abschied zu nehmen, trifft das ungleiche Paar bereits in I, 3 aufeinander, einer Eingangsszene, auf deren Analyse wir uns hier beschränken können, da sie die komplex angelegte Keimzelle späterer Entwicklungen bildet, die im weiteren Verlauf, vor allem aber in III, 10, ausdifferenziert und zu ihrem Höhepunkt geführt werden. Vorherrschend ist aber schon in I, 3 eine Interaktion, die durch ein dialektisches Verhältnis von Nähe und Ferne, von Abhängigkeit und Unabhängigkeit, derart organisiert wird, daß sie schließlich in eine tragische Konstellation umschlagen kann.

Eröffnet wird die Szene durch eine auffällige Bühnenanweisung. Die beiden Protagonisten sind durch einen Laubengang derart voneinander getrennt, daß Doña Prouhèze weder von ihrem Gegenüber noch vom Publikum visuell wahrgenommen werden kann, wohl aber über ihre Stimme präsent ist und insofern ihre Rolle abgeschirmt zu spielen hat. Früh wird erkennbar, daß der Laubengang eine Art Schutzschild darstellt, der für sie vonnöten ist, um sich der Ansinnen und Bedrängungen Don Camilles, denen sie im Laufe der Szene immer wieder ausgesetzt ist, erwehren zu können.

Gleich eingangs unterstreicht Don Camille seine Absonderung vom spanischen Hof sowie seinen dezidierten Rückzug auf sich selbst mit einem Bekenntnis zu Mogador, einem Fort an der afrikanischen Küste: »Ce que j'apprécie le plus est cette barre de quarante pieds qui me coûte une barcasse ou deux de temps en temps et qui ennuie un peu les visiteurs.«[21] Diese Selbst-Evakuierung an einen gleichsam extraterritorialen Ort hat ihm, seiner eigenen Wahrnehmung nach, die Fama eines Geächteten eingebracht, der die Schranken der Ehre und der christlichen Religion dadurch hinter sich gelassen hat, daß er in das Innere der afrikanischen Welt – obendrein »déguisé en marchand juif« – eingedrungen war. Diesem Selbstbild Camilles tritt nun die ursprünglich sehr reservierte Doña Prouhèze mit den eher werbenden Worten »Personne n'a jamais pensé que vous fussiez un rénégat« entgegen und untermalt ihr Werben mit einer versuchsweisen Annäherung an den exorbitanten Gegenspieler: »Vous savez que je pense comme vous. Moi aussi j'aime cette race dangereuse.«

21 Claudel 1965, S. 672 (I, 3). – Sämtliche im weiteren herangezogenen Zitate, soweit sie der Szene I, 3 (S. 672–679) entnommen sind, werden nicht eigens nachgewiesen.

Camilles Antwort auf dieses überraschende Angebot einer plötzlichen Übereinstimmung ist eine erneute, diesmal besonders forcierte Abgrenzung, die mit der sakrileghaften Provokation einsetzt, sich vom Selbstverständlichsten losgesagt zu haben: »je n'aime pas l'Espagne«. Aus dieser Position heraus, mit der er die Distanz zu Donña Prouhèze wiederherzustellen trachtet, entwirft Camille ein aussagekräftiges Szenario über die Herkunft der Frau, die seine Partnerin *malgré elle* ist, und entwirft damit zusammen auch ein Gegenbild zu sich selbst, das – in Form eines Negativs – wiederum geeignet ist, ihn ebenfalls zu charakterisieren: »Il y a des gens qui trouvent leur place toute faite en naissant, / Serrés et encastrés comme un grain de maïs dans la quenouille compacte: / La religion, la famille, la patrie.«

Sein eigenes Ausbrechen aus der so beschworenen Ordnung setzt Camille dadurch ins Bild, daß er seine eigene Situation mit der des »Enfant Prodigue« überblendet, womit er sich zu einer quasi-mythologischen Selbsterhöhung aufschwingt. Der nahezu archaischen Einbindung in »[l]a religion, la famille, la patrie« steht also die quasi-mythologische Figur des ›Verlorenen Sohns‹ gegenüber. Im variationsreichen Ausspielen der so eröffneten Spannung zwischen beiden Protagonisten tun sich immer neue Wendungen auf, die aber letztlich, affektiv aufgeladen, in einen ausweglosen Engpaß führen, in die Situation, die hier als tragisch verdeutlicht werden soll.

Zunächst versuchen Doña Prouhèze und Don Camille den einmal ins Spiel gebrachten Antagonismus zwischen ihnen – zu ihrem jeweiligen Vorteil – wieder einzuebnen und den je Anderen auf die eigene Seite zu ziehen. Prouhèze tut dies, indem sie die Entschiedenheit von Camilles Ablösung anzweifelt: »Est-ce que vous êtes dégagé de tout cela?« Camille wiederum bedient sich zum gleichen Zweck eines Umwegs, indem er ein »sourire câlin« in Erinnerung bringt, mit dem er als Jugendlicher schon seine Mutter entwaffnet hatte, wenn sie ihn in ihre eigene Welt zurückholen wollte, bevor sie dann realisieren mußte, daß dieses »sourire câlin« einen »accord en dessous« zugunsten des Sohnes besiegelte. Nicht zufällig hatte Doña Prouhèze sehr eindringlich nach der Bedeutung dieses sehr besonderen Lächelns gefragt. Das nun ihr angetragene untergründige Einverständnis mit Camille aber ruft ihre Gegenwehr auf den Plan: War sie von ihrem Gegenüber auch als »comme ma mère« apostrophiert worden, so kann sie doch, vorläufig, ihre Eigenständigkeit noch sicherstellen und die ihr zugemutete Rolle einer zweiten Mutter zurückweisen: »Je ne suis pas chargée de vous refaire«; bald darauf sieht sie sich aber doch genötigt, das wechselseitige Ringen um Selbstbehauptung hintanzustellen und zu öffnen auf ein Verhältnis, das dominiert wird von Interdependenz: »Je sais que vous avez besoin de moi.«

Dieses Angebot greift Camille unmittelbar auf und münzt es um in ein eigenes und eigenwilliges Liebeswerben, das darauf ausgerichtet ist, Doña Prouhèze aus allem herauszulösen, was ihr einmal wert und teuer war, sie in das von ihm gefeierte Nichts hineinzuziehen und ihr auf diese Art eine Übernahme der eigenen Weltleere als singuläres Geschenk zu offerieren:

> D'autres à la femme qu'ils aiment montrent des perles, des châteaux, que sais-je ? des forêts, cent fermes, une flotte sur la mer, des mines, un royaume,
> Une vie paisible et honorée, une coupe de vin à boire ensemble.
> Mais moi, ce n'est rien de tout cela que je vous propose, attends ! je sais que je vais toucher la fibre la plus secrète de ton cœur,
> Mais une chose si précieuse que pour l'atteindre avec moi rien ne coûte, et vous vous ennuierez de vos biens, famille, patrie, de votre nom et de votre honneur même !
> Oui, que faisons-nous ici, partons, Merveille !
> DONA PROUHÈZE. – Et quelle est cette chose si précieuse que vous m'offrez ?
> DON CAMILLE. Une place avec moi où il n'y ait absolument plus rien! *nada !* rrac !
> DONA PROUHÈZE. – Et c'est ça ce que vous voulez me donner ?
> DON CAMILLE. – N'est-ce rien que ce rien qui nous délivre de tout ?

Sieht man das Aperçu Camilles über das »rien qui nous délivre de tout« im Spiegel des schon mehrfach angeführten Ausblicks, mit dem das Gesamtstück endet und welches bekanntlich lautet »Délivrance aux âmes captives«, so ist man vorderhand mit zwei ganz gegensätzlichen Wegen zur Erlösung (»délivrance«) konfrontiert. Auf der einen Seite steht Camille mit seinem Bekenntnis zum Nichts, welches als Faszination durch »la mort et le désert« ein Frei-Werden von allen traditionellen Bezügen in Aussicht stellt, freilich um den Preis einer absoluten Leere, auf der anderen Seite steht Prouhèze mit ihrer Zustimmung zum Leben (»mais moi, j'aime la vie Seigneur«) und dem entsprechenden Vertrauen auf »ce sort que le bon Dieu m'a fait.« Je schärfer der Antagonismus beider Positionen hervorgetrieben wird und je mehr die zur Entscheidung gestellte Heilsfrage – als existentielle Option – den Disput beherrscht, desto deutlicher wird der Boden für eine schließlich Platz greifende Tragik bereitet. Eingelöst wird diese tragische Zuspitzung, sobald Camille als Ausweg aus der eigenen Verzweiflung von Prouhèze nicht weniger als die Preisgabe ihrer Selbstbestimmung einfordert. Auf ihre Frage »Faut-il donner mon âme pour sauver la vôtre« lautet seine knappe Antwort: »Il n'y a pas d'autre moyen.« Diese Selbstvernichtung als Weg zum Heil des Anderen ist es, die Claudel als »source infinie de tragique« bezeichnet hat. In ihr bricht sich die Unbedingtheit, die wir eingangs als Ursache für die auch heute von dem Stück ausgehende Faszinationskraft benennen konnten.[22]

22 Daß mit dieser Skizze nur ein einziger Aspekt unseres sehr umfangreichen Themas erfaßt ist, versteht sich von selbst. Verwiesen sei zumindest auf: Madaule 1964, insbes. S. 277–361, sowie auf folgende Replik: Baudot 1969. Genannt sei vor allem noch folgende, unveröffentlicht gebliebene Dissertation: Meyer 1952. Weiterführend für die Frage nach dem Tragischen bei Claudel ist ebenfalls: Fuss 1980.

## Bibliographie

Claudel, Paul: *Le soulier de satin*, in: *Théâtre II*, hg. von Jacques Madaule und Jacques Petit. Paris: Gallimard (Bibliothèque de la Pléiade) 1965, S. 661–948 u. 1467–1482.

Bachmann, Stefan: »Der Aufbrecher Freiheit ist, keine Karriere zu machen: Warum Stefan Bachmann seinen Job als Theaterintendant aufgibt und lieber um die Welt reist«, in: *Frankfurter Allgemeine Sonntagszeitung*, 29. 06. 2003. [= Bachmann 2003b]

Bachmann, Stefan: »Regisseure: Der Basler Schauspiel-Chef Stefan Bachmann über seinen überraschenden Abschied mit einem Claudel-Spektakel«, in: *Der Spiegel* (14) 2003, 192–194. [= Bachmann 2003a]

Balthasar, Urs von: »Nachwort zur deutschen Übertragung«, in: Paul Claudel, *Der seidene Schuh oder Das Schlimmste trifft nicht immer ein.* Berlin: Evangelische Verlagsanstalt 1983, S. 333–361.

Baudot, Alain: »›Le soulier de satin‹ est-il une anti-tragédie ?«, in: *Études françaises* (5/2) 1969, S. 115–137.

Fuss, Albert: *Paul Claudel.* Darmstadt: Wissenschaftliche Buchgesellschaft (Erträge der Forschung, 131) 1980.

Grimm, Jürgen: »Von der Restauration zur Postmoderne. Katholischer Rammbock und Larifari?«, in: *Theater über Tage. Jahrbuch für das Theater im Ruhrgebiet*, hg. von Jürgen Grimm, Ulrike Haß und Guido Hiß. Münster: Agenda 2003, S. 230–237.

Hammerstein, Dorothee: »Ein Kontinent taucht wieder auf«, in: *Theater heute* (8/9) 2002, 36–43.

Jaspers, Karl: *Von der Wahrheit.* München: Piper 1958.

Kablitz, Andreas: »Tragischer Fall und verborgene Wahrheit. Torquato Tassos *Re Torrismondo*«, in: Hellmut Flashar (Hg.), *Tragödie. Idee und Transformation.* Stuttgart / Leipzig: Teubner (Colloquium Rauricum, 5) 1997, S. 84–109.

Madaule, Jacques: *Le drame de Paul Claudel.* Paris: Desclée de Brouwer 1964.

Meyer, Helga: *Das französische Drama des 20. Jahrhunderts als Drama der Wiederholung.* Unveröffentlichtes Manuskript 1952.

Profitlich, Ulrich (Hg.): *Tragödientheorie. Texte und Kommentare. Vom Barock bis zur Gegenwart.* Reinbek bei Hamburg: Rowohlt 1999.

Schneider, Reinhold: »Die Tragiker des Abendlandes«, in: *Theater-Almanach* (1) 1946/47, S. 23–33.

Sparn, Walter: »Tragik / Tragödie«, in: *Theologische Realenzyklopädie*, hg. von Gerhard von Müller u. a. Berlin / New York: de Gruyter 2002, XXXIII, S. 755–762.

Toepfer, Regina (Hg.): *Tragik und Minne.* Heidelberg: Winter (Studien zu Literatur und Erkenntnis, 12) 2017.

Weinrich, Harald: »Claudel. Le Soulier de satin«, in: Jürgen von Stackelberg (Hg.): *Das französische Theater. Vom Barock bis zur Gegenwart.* Düsseldorf: Bagel 1968, II, S. 187–205.

Patrick Marot (Toulouse)

# Julien Gracq : essai de portrait moral d'un écrivain en intellectuel nietzschéen

Pourquoi parler d'éthique de Julien Gracq ou soulever la question de la relation de Julien Gracq à l'éthique ? L'idée en effet, semble *a priori* saugrenue, si on se souvient que l'essai *André Breton* stigmatise justement, en 1947, ceux qui, concevant la condition humaine comme « prison » (nommément Malraux, Sartre, Camus) ne peuvent manquer de poser la question centrale du rapport de l'écriture au monde « avant tout en terme d'éthique ».[1] À quoi l'auteur oppose justement Breton lui-même, qui fait du refus de la geôle un impératif « catégorique »,[2] et donc balaie tout souci de fonder des règles de comportement pour s'adapter à une situation. Gracq, sur ce point comme sur bien d'autres, est clairement du côté de Breton – c'est-à-dire d'un côté qui l'engage dès la fin des années Trente et surtout à partir de la Seconde Guerre Mondiale contre les tenants d'une littérature de « l'exclusion »[3] – « exclusion de cette espèce de mariage entre l'homme et le monde qui le porte », exclusion dont la phase doctrinale est l'existentialisme, et dont une des préoccupations majeures est de justifier la littérature dans l'ordre de la morale.[4] Si Gracq récuse continûment toute subsomption du littéraire à des considérations qui lui sont extérieures (morales, politiques, religieuses, etc.), il n'en demeure pas moins toutefois, qu'il y a chez lui une exigence pour l'écriture et pour l'écrivain de se tenir à une certaine hauteur qui est par exemple celle de la « Confession dédaigneuse »[5] de Breton, à laquelle

1 Julien Gracq, *André Breton. Quelques aspects de l'écrivain* (Gracq 1989, I, p. 470). Toutes les références étant tirées, sauf mention contraire, de l'œuvre de Gracq, sont données dans l'édition suivante : Julien Gracq, *Œuvres Complètes*, (*O.C.*), I, II, Gallimard, « Bibliothèque de la Pléiade » (éd. de Bernhild Boie), 1989 et 1995.

2 Gracq 1989, I, p. 471.

3 *Préférences* (Gracq 1989, I, p. 879).

4 Je n'ignore pas le distinguo notionnel entre « éthique » et « morale ». Il n'apparaît toutefois guère décisif ici dans la mesure où est envisagée la ligne de conduite et les valeurs que se donne l'écrivain dans un contexte qui l'engage personnellement comme tel et qui engage celles qu'il entend faire valoir pour la communauté.

5 Voir André Breton, « La Confession dédaigneuse » (Breton 1988, p. 193–202). L'expression

est assimilée la confession de Christel dans *Un Beau ténébreux*. De même, si l'acte d'écrire ne relève que de lui-même ou d'une relation de l'écrivain à soi-même, comme le dit un passage de *En lisant et en écrivant*,[6] l'exigence qui le porte se passe difficilement de témoins. La relation essentielle de l'écrivain à l'autre, pour lui, relève d'une sorte de passage de témoin, ou plus justement d' « adoubement » –[7] il emploie encore le terme tauromachique d' « alternative », où il évoque le rituel religieux de la désignation de l'élu. Se tenir à la hauteur de tels regards extérieurs apparaît en l'occurrence comme la seule exigence vraiment authentifiante pour l'écriture et, serait-on tenté de dire, la seule morale pour l'écrivain.

Il y a donc une reconnaissance de *la* valeur qui s'oppose nettement à quelque promotion que ce soit *des* valeurs – ces valeurs dont la fondation rationnelle est justement l'affaire de l'éthique qui a vocation à régler les comportements individuels (c'est le sens de l'*ethos* grec), et dont la détermination axiologique selon ce qui est collectivement recevable ou ce qui ne l'est pas (*mores)* est l'affaire de la morale. Gracq reprend largement sans s'y étendre outre mesure le constat de la mort de Dieu – constat fondateur de la modernité et dont Nietzsche a repris la formule à Jean-Paul Richter. Et de ce fait, on aurait du mal à dégager de l'œuvre, fictionnelle ou non, quoi que ce soit qui puisse renvoyer à un sens du devoir, à un « impératif catégorique » permettant quelque objectivation ou quelque maxime que ce soit, à un universel humain, qui pourrait régler ce qu'on se doit à soi-même et ce qu'on doit aux autres. Tout à l'inverse, les rapports humains ne semblent pouvoir déboucher que sur les violations des principes les plus élémentaires du comportement : viols, meurtres, destructions du couple abondent dans les deux premiers récits. Quant aux rapports entre états, ils sont de prédation et de destruction violente. Or ces agissements ne suscitent ni condamnation, ni approbation (sinon selon le motif nietzschéen de l'*amor fati*, explicitement proposé par Gracq à propos d'Oswald Spengler). Tout au plus Vanessa s'amuse-t-elle de que son ancêtre n'était pas «  un enthousiaste de la personnalité inviolable »,[8] ce qui revient au passage à taxer plus ou moins de jobardise les tenants de l'héritage individualiste et universaliste de Rousseau ou de Kant.

Et de fait, comment au juste situer Julien Gracq quant à la question de l'humanisme qui obsède le monde intellectuel européen au lendemain de la Seconde Guerre Mondiale ? Humaniste, il ne l'est pas au sens chrétien, puisque rien chez lui (il se dit « agnostique ») n'atteste une représentation de l'homme en image de dieu ; ni au sens marxiste, dès lors qu'aucune visée de société juste n'apparaît

« confession […] dédaigneuse » est reprise à propos de Christel (*Un Beau ténébreux*, Gracq 1989, I, p. 112).

6 *En lisant en écrivant* (Gracq 1995, II, p. 667).

7 *En lisant en écrivant* (Gracq 1995, II, p. 1109).

8 *Le Rivage des Syrtes* (Gracq 1989, I, p. 775).

dans son œuvre, aucune perspective de résorption de l'inégalité qui sépare les humains ; ni au sens existentialiste, puisque Gracq, toujours à l'aise dans la polémique, affirme dans sa conférence de 1949 *Le Surréalisme et la littérature contemporaine* : « l'humanisme de Sartre n'est plus guère [...] qu'une position de repli chagrine et réprouvée [...] et l'exercice dérisoire d'une liberté inutile ».[9] Gracq apparaît, dans ce texte contemporain de l'écriture du *Rivage des Syrtes*, plutôt sarcastique envers ceux qui prétendent « avoir quelque chose à dire sur l'Homme avec une majuscule », auxquels il oppose ceux qui s'obstinent contre les défaites mêmes de l'Histoire à espérer dans « les pouvoirs profonds de l'homme et les possibilités indéfinies de l'esprit »,[10] « l'homme » étant ici écrit avec une minuscule, mais, on l'aura noté, toujours au singulier. S'il y a en 1949 un humanisme de Gracq, il est celui d'un pari sur les possibles offerts à chacun par la vie – pari que les surréalistes lui semblent mieux que personne en mesure de tenir :

> Il y a aussi un *pari* surréaliste, où il y a tout, toute la vie et tout l'au-delà de cette vie, à gagner ou à perdre, et dont on a envie de rappeler à quelques déserteurs de l'armée de l'humanisme, de ceux qui se couvrent comme toujours de la défaite inévitable et déjà consommée, qu'il vaudrait peut-être, même maintenant, même encore, la peine de le tenir.[11]

L'individualisme affiché de Gracq, son art du contre-pied et de la distance, ne règlent pas en réalité la question de la relation au groupe dont j'ai rappelé qu'elle a obsédé durablement l'écrivain, ni même – me semble-t-il – la question de l'engagement. On peut en effet se demander si l'engagement dans la littérature n'a pas pris précisément le relais de l'engagement politique, devenu depuis 1939 intenable ou par trop décevant. Ce qu'on peut qualifier grossièrement de passage de la politique à la littérature suppose en fait non une transposition, mais une sorte de changement de clef qui distord la référence en l'appropriant à l'espace symbolique où elle se trouve réinscrite. C'est ce qui advient avec les références philosophiques, et qu'on peut également décrire notamment en ce qui concerne l'implication politique. Le plan de projection de ces engagements serait en l'occurrence l'exigence, pour la littérature telle que l'entend Gracq, d'un débouché dans le réel – voire d'une objectivation qui prendrait la forme à la fois d'une affirmation de l'autonomie plénière de la littérature (affirmation maintes fois réitérée dans les ouvrages à caractère critique), et d'un dépassement de l'art vers le réel (souci qui constitue pour l'écrivain une préoccupation poétique constante par-delà la variété des formules retenues). Par cette dualité, Gracq est fidèle à Breton dont les préoccupations sont identiques depuis les années Trente, et presque plus fidèle à Breton que Breton lui-même puisque ce dernier continue à

9 Gracq 1989, I, p. 1029.
10 Gracq 1989, I, p. 1030.
11 Gracq 1989, I, p. 1030.

vouloir concilier liberté artistique et engagement politique là où son cadet pense l'action sur le réel à travers la projection dans un ordre symbolique.

Le mythe, qui passionne Gracq dès *Au Château d'Argol* et jusque dans les années Cinquante, peut être lu comme ce qui permet idéalement d'opérer cette sorte d'objectivation irréalisante, qui constitue la forme gracquienne de la fusion de l'art et du réel. On est proche à bien des égards de la spéculation du romantisme allemand – entendu au sens large (en gros de Novalis à Wagner) – et proche de ce qui intéresse particulièrement Breton pendant son exil new-yorkais et au lendemain de la guerre. Le mythe tel que le décrit l'avant-propos de la pièce *Le Roi pêcheur* en 1947 est défini dans son usage moderne, non par son éloignement comme pour les poètes tragiques du XVII^ème^ siècle, mais au contraire par son rapport avec la proximité, par ce que Klossowski appellera dans la préface de sa traduction de l'*Énéide* sa « quotidienneté fabuleuse » : dans cette proximité au vécu contemporain, il permet de « raréfier l'air »,[12] de produire l'altérité par laquelle la vie et le monde remis en « perspective »[13] se présentent de manière plus intense. Cette perspective qu'offre le mythe, c'est en somme l'entrée imminente, et par définition, toujours promise, aux « villes splendides » d'*Une saison en enfer*, dont l'évocation termine la conférence *Pourquoi la littérature respire mal ?*[14] Il y a bien en l'occurrence une dimension politique du mythe, et une forme d'engagement analogue à certains égards – la dramatisation métaphysique en moins, à l'engagement-dégagement que pensera Maurice Blanchot quelques années plus tard : un engagement qui libère au lieu d'étouffer, qui unifie au lieu de séparer.

C'est au cœur de cette politique du mythe que se situe la figure du groupe, et que se développe la relation contradictoire de tension et de fusion du sujet individuel avec lui. Et c'est relativement au groupe que se joue dans les fictions la représentation gracquienne de l'éthique, laquelle pourrait bien questionner de manière décalée, énigmatique, l'éthique même de l'écrivain. Le groupe, on l'a rappelé, est pour Gracq une structure qui ne va pas de soi, et que pourtant il ne cesse de mettre en œuvre dans ses fictions narratives et dramatiques. C'est par ce biais qu'il aborde le mouvement surréaliste à travers celui qui en fut, pour lui, le héros et le héraut. Gracq suit en cela la perspective sociologique adoptée par son ami Jules Monnerot dans son ouvrage *La Poésie moderne et le sacré*, publié en 1945. Monnerot emploie, pour caractériser la manière de « faire groupe » propre aux surréalistes, le terme de *set*, qu'il oppose au *Bund* romantique allemand en ce qu'il est moins organique, plus instable et plus circonstanciel.[15] Or c'est préci-

12 *Le Roi pêcheur* (Gracq 1989, I, p. 328).
13 Gracq 1989, I, p. 327.
14 Gracq 1989, I, p. 881.
15 Voir Monnerot 1945, p. 72.

sément les caractères du *Bund* que retient pour sa part Gracq, dans son essai *André Breton*, privilégiant les effets de cohésion, de pensée collective, de magnétisation d'une collectivité par une individualité forte, qui ont fait à ses yeux pendant une brève période la singularité du mouvement. On retrouve bien cet imaginaire de la chevalerie mystique, qui l'occupe à cette époque. Cette configuration sociale, à la fois idéale et vouée à se décomposer rapidement, traverserait l'Histoire qu'elle illumine ponctuellement d'une sorte d'inactualité incandescente. Les relations au sein du *Bund* sont analogiquement évoquées selon les métaphores de l'attraction et de la répulsion (au sens physique), de l'affinité élective (au sens gœthéen), de la dépossession qui est le revers de la hantise. A la notion d' « entourage », pour qualifier le groupe surréaliste, il convient, selon l'auteur de l'essai *André Breton*, de substituer celle de « milieu ». Les relations sont donc régies non pas selon une logique morale qui présuppose par exemple des sujets égaux et autonomes par principe comme chez Aristote ou Kant, mais selon une logique proprement matérielle, dont les sciences (la physique surtout) fournissent une métaphore qui permet d'échapper au piège de la détermination conceptuelle. Et de fait, l'impertinence conceptuelle voulue permet d'éviter de se condamner à produire, à l'instar des existentialistes, ce que *La Littérature à l'estomac* appelle en 1950 « cette chose impensable, une littérature de magisters ».[16] Le lexique qui caractérise le *Bund* pointe en réalité vers la pensée nietzschéenne tout en la récusant, ou plutôt en la biaisant. C'est à la croisée de ces polarités antinomiques dont je vais parcourir brièvement les positions que se noue, me semble-t-il, le lien étroit entre éthique et poétique chez Gracq.

Ainsi, l'analyse historique qu'il propose dans le troisième chapitre de son essai *André Breton* (« Battant comme une Porte »), conformément à la grille de lecture élaborée par Monnerot qui est celle d'une sociologie du sacré, envisage l'élan poétique du surréalisme comme la résurgence d'une exigence métaphysique dans la déréliction d'un monde sans Dieu. Une réponse ardente et solaire où se laisse entendre « le regret tenace d'un paradis réellement perdu », d' « un âge d'or » –[17] réponse qui trouverait ses prédécesseurs dans les grands témoins du romantisme allemand ou dans Rimbaud, mais aussi dans « ces troupes ardentes et démunies qui se ruaient vers la Terre Sainte, très en avant de l'armée des croisés ».[18] Ce millénarisme moderne, diamétralement opposé à l' « éthique [...] laborieuse » élaborée par les tenants de l'enfermement métaphysique (les existentialistes toujours), promeut donc une fois encore un modèle explicitement chrétien. Mais c'est là un christianisme qui tourne le dos à tout l'héritage chrétien

16 Gracq 1989, I, p. 551 – note appendice (celle-ci fut ajoutée par Gracq à la demande d'Albert Camus, qui publia le texte dans la revue *Empédocle* (8), février 1950).
17 *André Breton* (Gracq 1989, I, p. 458s.).
18 *André Breton* (Gracq 1989, I, p. 457).

de la faute, de l'interdit, du refus de l'affirmation individuelle, et ne retient que l'élan mystique ou la folie de la croix. De cette déviation, le personnage de Perceval apparaît particulièrement significatif, dans la mesure où la réécriture du *Parsifal* de Wagner à laquelle se livre explicitement Gracq (on se rappelle qu'il prétend avoir fait de même avec son premier roman) entend sauver l'œuvre de la condamnation pour christianisme fulminée par Nietzsche, non pour nier cette dimension chrétienne, mais au contraire pour en révéler le caractère sulfureux ou noir (Wagner, dit Gracq, est un magicien noir). Il se pourrait en l'occurrence que Gracq procède – non sans goût du paradoxe et de la provocation – à une lecture nietzschéenne de *Parsifal*, comme si l'on devait corriger l'un par l'autre. Et de fait, les deux noms sont souvent associés sous la plume de l'écrivain.

La question d'une influence de la pensée de Nietzsche sur Gracq a été plusieurs fois soulevée (elle a même suscité une thèse). Elle pourrait être moins impertinente que ne le suppose la critique gracquienne récente, mais semble appeler quelques précautions. Nietzsche est le philosophe le plus cité par Gracq, qui le met régulièrement en dialogue avec Wagner dont il est en quelque sorte le médiateur privilégié. Il n'y a rien de surprenant à cela : Nietzsche est, comme on le sait, le philosophe des écrivains, et son œuvre appartient selon Gracq à la littérature la plus haute. Il est probable, d'autre part, que l'influence explicite de Monnerot sur la pensée gracquienne du surréalisme, et plus largement de la logique du groupe, ait pu véhiculer une forte dimension nietzschéenne. On sait – et Gracq le premier bien sûr – que l'auteur de *La Poésie moderne et le sacré* était intellectuellement proche des habitués de la rue Blomet : Masson, Bataille, Caillois, Klossowski, bref le noyau du Collège de Sociologie du milieu des années Trente, pour qui Nietzsche constituait une référence centrale que n'a pas par ailleurs désavouée Breton. De fait, l'interprétation que donne Gracq des surréalistes comme résurgence du *Bund* du romantisme allemand, introduit une dimension héroïque, transgressive, solaire, qui permet certes d'associer (au prix d'un amalgame que je qualifierai presque de bretonnien) Rimbaud et Lautréamont à Iéna, mais qui n'appartient pas fondamentalement à ce dernier. Ainsi en va-t-il de l'équivalence entre l'énergie du désir et le feu du Graal dans *Au château d'Argol* comme dans *Le Roi pêcheur* – équivalence qui assimile l'objet de la quête à la transgression elle-même, et fait primer cette énergétique sur toute objectivation par définition décevante pour Amfortas et finalement pour Perceval lui-même, comme elle l'avait été pour Allan dans *Un Beau ténébreux*.[19] Gracq retient de Nietzsche la détermination des champs significatifs de conflits : ainsi la guerre des sexes qui traverse en mineur toute l'œuvre, ou plus essentiellement le jeu des forces et des formes tel que le décrit *Naissance de la tragédie*, les premières déchirant les secondes pour exhiber la matière comme quelque chose d'à la fois

19 Voir *Un Beau ténébreux* (Gracq 1989, I, p. 209s.).

éblouissant et opaque, pour renvoyer le sens à l'en-deçà d'une matérialité énigmatique. C'est ce qu'attestent des scènes comme la description de Heide violée (dans *Au château d'Argol*), *ou* l'*ekphrasis* imaginaire de l'écrasement de la rose rouge d'Orsenna par le gant de fer de Piero Aldobrandi sur le tableau de Longhone (dans *Le Rivage des Syrtes*). Les héros gracquiens sont ainsi, à l'instar de Tête d'or qui pour Gracq ouvre le XX^e^ siècle, ceux qui transgressent pour affirmer l'ouverture d'un horizon inobjectivable, et ceux qui transgressent pour la jouissance pure de la prédation. Cet idéal héroïque a pour Gracq ses représentants réels et imaginaires : Julien Sorel, Marie de Verneuil, le capitaine Hatteras, Arthur Rimbaud, André Breton que l'essai qui lui est consacré qualifie de « héros de notre temps », ou Ernst Jünger en chevalier médiéval. Le trio d'Argol, Allan, Vanessa et Aldo, Perceval, relèvent assurément du même type de représentation axiologique, du même ordre de trajectoire narrative, à la fois fatale et indéfiniment ouverte, dont l'aventure et la quête fournissent les modèles référentiels : ce que l'avant-propos du *Roi pêcheur* appelle aussi « les gestes glorieuses des forceurs de blocus ».[20] Cet idéal héroïque manifesté par les personnages des fictions gracquiennes jusqu'à *Le Rivage des Syrtes* évoque de manière assez troublante la morale aristocratique telle que Nietzsche la promeut dans *Par-delà le bien et le mal* ou dans *La Généalogie de la morale*, quelques réserves que Gracq fasse sur ce dernier texte, qu'il jugera beaucoup plus tard « plus pré-nazi qu'il n'est permis de l'être ».[21] Ainsi retrouve-t-on, en particulier dans le troisième roman, la dénonciation de l'idée du vert pâturage qui assure au plus grand nombre bien-être et sécurité, le refus de la morale du troupeau et l'exaltation d'une morale du « oui », qui est affirmation de soi et de la vie. Cette exaltation du « oui » vient de *La Généalogie de la morale*, d'où elle a transité par Monnerot. Évoquons encore l'appel à une régénérescence des sociétés épuisées, à une « explosion » qui doit rendre l'homme à sa totalité et la civilisation à sa vitalité, le consentement au cycle tragique et exaltant de l'ordre des choses contre les valeurs de l'ordre social, l'expérience de l'abîme comme condition d'une expérience des hauteurs, la figure de l'homme du destin, etc. Chacun de ces thèmes renvoie certes à une longue et complexe tradition culturelle, mais le faisceau qu'ils forment avec les autres – et on reconnaît par exemple, outre les œuvres déjà mentionnées, les motifs de *Zarathoustra* et du *Crépuscule des idoles* – pointe indubitablement vers la référence nietzschéenne et vers la mise en valeur de ce que *La Généalogie de la morale* appelle la « morale aristocratique ». Il est tout de même significatif, soit dit en passant, qu'Albert soit décrit comme « le dernier rejeton d'une famille noble et riche »,[22] que Heide rende éclatante aux yeux les moins prévenus « la

20 *Le Roi pêcheur* (avant-propos) (Gracq 1989, I, p. 329).
21 *En lisant en écrivant*, (Gracq 1995, II, p. 761).
22 *Au château d'Argol* (Gracq 1989, I, p. 7 et 29).

distinction essentielle de la qualité et du degré », qu'Allan ait été élevé « dans une atmosphère de cour de jeunes princes romantiques » et cultive le style aristocratique le plus casté des collèges anglais, qu'Aldo, comme le dit l'*incipit* de *Le Rivage des Syrtes*, appartienne « à l'une des plus anciennes familles d'Orsenna », que Vanessa soit princesse et que la mendiante fouettée elle-même frappe par la noblesse de son visage, que Perceval enfin soit caractérisé, à l'instar de Siegfried, par son innocence héroïque (ce qui, rappelons-le, est un des traits de la présentation du noble selon Nietzsche). Il est inutile de préciser que la noblesse de sang vaut ici comme exposant plus romanesque que sociologique de la noblesse morale.

Toutefois, il apparaît peu satisfaisant de faire de Gracq un adepte de la pensée nietzschéenne, ou de faire de certaines œuvres une illustration de celle-ci. Gracq n'est pas ses personnages, et au demeurant seuls certains d'entre eux – certes majeurs – sont porteurs de ces discours lisibles selon la morale aristocratique. En outre, les trois premiers romans et *Le Roi pêcheur* sont des constructions énigmatiques où chaque élément de reprise (discours, événements, intertextes) se voit ressaisi dans des dispositifs réflexifs qui livrent l'interprétation à l'équivoque, et se voit transfiguré par un style dont Gracq décrit comme en miroir le pouvoir idéal d'évocation à propos de *Sur les falaises de marbre* de Jünger :

> Je dirais qu'il (ce pouvoir) est dans la distance que ce style presque inhumain, minéral – où on dirait parfois à force de densité que la langue cristallise en suivant ses mystérieuses lois moléculaires plutôt que la claire volonté de l'écrivain, interpose entre le regard et la chose regardée.[23]

Si en somme une morale est lisible dans les textes, elle ne peut l'être que selon une logique symbolique (Gracq dit aussi « emblématique ») qui fait sens selon une économie proprement poétique. Wagner reprend pour le coup, dans cet aboutissement de l'héroïsme à l'imaginaire et aux ambiguïtés du mythe, ses droits sur Nietzsche – Nietzsche à qui Gracq reproche dans l'avant-propos du *Roi pêcheur* d'avoir eu le grand tort de jeter trop légèrement *Parsifal* en pâture aux chrétiens. Ainsi dans *Un Beau ténébreux* le motif héroïque connaît-il une sévère distorsion. Nombre de fils thématiques font signe vers une mise en scène à valeur évangélique du suicide d'Allan, qui joue, comme le dirait l'avis au lecteur d'*Au château d'Argol*, son salut et sa damnation – nouvel Amfortas comme Herminien dans le premier roman et comme le roi pêcheur. Mais il n'y a rien ici ni personne à sauver, et la « sortie héroïque »[24] que le héros s'inflige n'incarne aucune autre valeur qu'une fidélité à soi devenue absurde (puisque d'Allan est déjà devenu un autre que celui qu'il était au moment de sa résolution) et qu'une complicité forcée des

23 *Préférences* (Gracq 1989, I, p. 981).
24 *Un Beau ténébreux* (Gracq 1989, I, p. 261).

autres avec la fascination de la mort. Ce qui se révèle là est la valeur absolue de la transgression, mais d'une transgression qui n'ouvre ni souveraineté, ni affirmation de la plénitude de la vie (comme dans le quatrain de Shakespeare placé en épigraphe pseudo-programmatique au seuil du roman) ; mais d'une transgression qui n'est peut-être finalement maintenue par le protagoniste que pour ne pas encourir le ridicule et le sarcasme qui accablent celui qui prétend jouer sans avoir les moyens de payer.[25] *Le Rivage des Syrtes* offre le même type modèle de « transvaluation » biaisante de l'éthique dans l'esthétique. Le motif spenglerien d'un désir de retour d'une civilisation vieillissante à la vitalité de son état primitif de culture est assimilé *a posteriori* par Gracq, dans sa « Réponse à une enquête sur la poésie » de 1978, à l'*amor fati* nietzschéen. Mais le roman déploie concurremment à cette création héroïque de l'événement toute une symbolique de l'identité et du repli dont le personnage de Marino – nouvel et peut-être ultime avatar d'Amfortas – est l'emblème.[26] En somme la constitution héroïque de l'événement qui imprime au récit sa pulsation et son élan même, se double comme dans *Un Beau ténébreux* de la possibilité de son imposture, ou du moins de son renvoi à une vaine figure de l'imaginaire.

## Bibliographie

Gracq, Julien: *Œuvres Complètes*, éd. de Bernhild Boie, 2 vol., Paris: Gallimard (Bibliothèque de la Pléiade) 1989 et 1995.

Breton, André: « La Confession dédaigneuse », in: Breton, André: *Les Pas perdus. Œuvres Complètes*, éd. de Marguerite Bonnet, t. I, Paris: Gallimard (Bibliothèque de la Pléiade) 1988, p. 193–202.

Monnerot, Jules: *La Poésie moderne et le sacré*, Paris: Gallimard 1945.

25 Voir *Un Beau ténébreux* (Gracq 1989, I, p. 260).

26 De même les motifs proprement héroïques sont ambiguïsés : outrance disqualifiante des anciennes épopées sur la guerre du Farghestan, brouillage de la morale aristocratique qui devient chez les bergers des Syrtes morale bégayante du troupeau, brouillage de la valeur individuelle qui se perd dans l'équivoque entre retour irréversible dans le giron de la grande Histoire et résultante de manœuvres politiques ou de doubles jeux diplomatiques.

Véronique Gély (Paris)

# Souvenirs germaniques dans l'*Électre* de Jean Giraudoux : notes sur les versions primitives manuscrites de la pièce[1]

Écrivant après coup la préface de *Feux*, Marguerite Yourcenar a reconnu avoir voulu, avec ce recueil, réagir « consciemment ou non, contre Giraudoux dont la Grèce ingénieuse et parisianisée [l'] irritait ».[2] Un cliché tenace, de fait, voit en Giraudoux le plus « parisien » ou le plus « français » des écrivains de l'entre-deux-guerres. Tenace, et bien paradoxal pourtant, concernant celui qui, avant de choisir une carrière de diplomate, avait préparé à l'École normale supérieure l'agrégation d'allemand, fait un long séjour à Munich, d'où il avait voyagé en Autriche-Hongrie, en Italie, puis deux ans après découvert, à partir d'Harvard, l'Amérique du Nord. De toutes les cultures que ses voyages l'avaient amené ensuite à découvrir dans le monde entier, l'allemande reste sans doute celle qui revient le plus souvent dans son œuvre,[3] et cela même quand le sujet qu'il traite vient d'ailleurs, comme lorsqu'il choisit, en 1936, de reprendre celui qu'avaient traité les trois grands Tragiques grecs, *Électre*.

Jouée pour la première fois en mai 1937 pendant l'Exposition universelle, sa pièce, à laquelle allaient répondre en 1943 Jean-Paul Sartre avec *Les Mouches*, et Marguerite Yourcenar avec *Électre ou la chute des masques*, peut bien sembler, avec son palais à-demi grec et à-demi gaulois, vérifier le cliché. Pourtant, une lecture de son palimpseste, rendue possible depuis qu'en 2005 Madame Blanche Pineau a légué au Département des Manuscrits de la Bibliothèque nationale de France un important lot de manuscrits de Giraudoux, dont plusieurs ébauches d'*Électre*,[4] fait apparaître tout ce qu'elle doit à la connaissance qu'avait son auteur de la littérature et de la philosophie écrites en langue allemande.

1 Je développe ici des éléments de l'édition de l'*Électre* de Giraudoux que j'ai réalisée pour la collection « Folio théâtre » des éditions Gallimard (Giraudoux 2019).

2 Yourcenar 1982, p. 1077.

3 La thèse fondamentale de Jacques Body, *Giraudoux et l'Allemagne* (Body 1975 / 2003), l'a amplement démontré.

4 Je remercie Mauricette Berne, qui m'a généreusement communiqué le tableau de ces versions manuscrites qu'elle avait établi avec Guy Teissier en 2005 en tant que Conservateur du Dé-

Même si la version définitive de la pièce en a effacé les traces les plus évidentes, d'autres restent clairement perceptibles, et donnent des clés pour sa lecture. Il ne s'agira pas ici de remplir le vœu émis par Jacques Body d'une exploration approfondie des liens qui unissent son *Électre* à l'*Elektra* de Hugo von Hofmannsthal : on tiendra pour acquis ce qu'il a démontré, à savoir que Giraudoux avait eu connaissance de la pièce du dramaturge viennois,[5] tout comme de la trilogie de l'auteur américain Eugene O'Neill, *Mourning becomes Electra.* Il s'agit plutôt de mettre en lumière l'une de leurs sources communes, et d'abord d'autres hypotextes plus spécifiques que les premières versions manuscrites de la pièce laissent voir.

***

Celle qui semble la plus ancienne des versions manuscrites du premier acte d'*Électre*[6] situe l'action en Bavière. Les personnages mentionnés sont « Le poète, La sœur d'Électre, 14 ans, fille d'un prince bavarois ». Un peu plus loin dans le dialogue, on apprend que cette fillette est une princesse Wittelsbach, nom bien réel de la Maison royale de Bavière, celui du roi Louis II, celui aussi de sa cousine Élisabeth devenue impératrice d'Autriche, qui allait inspirer à Jean Cocteau *L'Aigle à deux têtes* en 1944, après « Une impératrice » dans les *Promenades littéraires* de Remy de Gourmont en 1904. Cette Bavière a peut-être à voir avec le passage de Giraudoux à Vienne le 6 novembre, pour la première de *La Guerre de Troie n'aura pas lieu* au théâtre de la Josefstadt, qui avait réveillé chez lui des souvenirs de l'année 1905 où, étudiant boursier à Munich, il avait assidûment fréquenté les cercles mondains et aristocratiques, et les théâtres. Il écrivait à Louis Jouvet :

> Mon séjour à Vienne, mes répétitions, les repas dans les petits restaurants viennois, tout cela a été charmant. J'y ai retrouvé mon Munich et mon Berlin théâtraux et romantiques, qui d'ailleurs ne sont plus que là.[7]

Dans cette première ébauche, les Atrides se confondaient avec une dynastie moderne marquée, comme eux, par la tragédie, la folie et la mort violente. Le décor bavarois, les forêts, déplaçaient Électre dans une atmosphère romantique annonçant *Ondine*, celle des grands conteurs allemands, projetés sur le personnage du poète qui affirmait à la jeune princesse que « sous chaque nuage, sous chaque feuille, sous chaque pierre, des êtres se cachent, assoupis ou nerveux », qui lui faisait réciter leurs noms : « dans les sources ce sont les naïades, dans les

partement des Manuscrits de la Bibliothèque Nationale, et la Fondation de France qui m'a autorisée à citer ces manuscrits.

5 Cf. Body 1987.

6 Que je désigne par *IV2* ; voir le tableau donné à la fin de l'article.

7 Lettre citée par J. Body (Body 1975 / 2003, p. 642).

forêts les sylvains, dans chaque arbre l'hamadryade ». La jeune princesse elle-même montrait une imagination poétique imprégnée de souvenirs de Kleist et de son Amazone, elle qui prétendait avoir vu une hamadryade un peu naïade aussi, « un hybride, quoi », « au fond de la fontaine Penthésilée ».

Dans les versions suivantes, le palais des Wittelsbach redevient palais d'Argos ; la Gaule s'est substituée à la Bavière pour ramener vers le présent l'histoire des Atrides : à partir de la version *I–V5*,[8] ce palais a un « corps de droite » construit « en pierres gauloises qui suintent à certaines époques de l'année » et un « corps de gauche en marbre d'Argos, lequel, sans qu'on ait jamais su pourquoi, s'ensoleille soudain, même la nuit ». Mais les forêts allemandes se sont peut-être métamorphosées en un rhizome de réminiscences littéraires et philosophiques, qui forment l'une des trames du palimpseste de la pièce.

*

Dans la première scène de la version définitive de la pièce, les petites Euménides, qui suivent Oreste depuis son arrivée dans Argos, montrent leur derrière au Jardiner. Ce geste obscène est la seule trace d'un motif qui était présent dans plusieurs des versions primitives manuscrites : une petite sœur d'Électre, qui portait tantôt le nom d'Aricie, tantôt celui d'Ismène, et déjà la petite princesse bavaroise de la première version, expliquaient toutes que, pour faire fuir les importuns, elles avaient pour habitude de se mettre nue. Dans une assez longue scène de la version *IV2*, la princesse bavaroise apprend au poète qu'elle cherche dans la solitude « quelque chose qui ne se partage pas », parce qu'« on n'est jamais seul, sur cette terre » :

> – L'état de princesse est une générosité. Il vous donne à tous. Mais il doit bien y avoir un moyen de vous soustraire à cette pression des humains.
> – Oui, il y en a un. Je me mets nue.
> – Et tous disparaissent ?
> – Ils ne savent pas, ils ont peur.
> – Tous ont peur ?
> – J'ai commencé toute petite. Quand on m'ennuyait, je me mettais nue. Ils sont lâches. Ils fuyaient. À six ans, j'ai fait fuir des vieillards.
> – Pour une bonne raison. Une loi veut que ceux qui voient nue une demoiselle Wittelsbach soient fustigés ou tués selon les circonstances.

La nudité utilisée comme arme mortelle rappelle la sanction des humains qui voyaient une déesse nue, tel Actéon ayant surpris le bain de Diane. Elle évoque aussi le souvenir d'un épisode biblique célèbre : deux vieillards veulent faire condamner à mort la jeune et chaste Suzanne qu'ils ont surprise au bain parce qu'elle a repoussé leurs avances, et sont eux-mêmes exécutés après l'intervention

8 Voir le tableau donné à la fin de l'article.

du prophète Daniel. Mais dans ces deux mythes la femme est surprise nue, elle ne s'offre pas volontairement aux regards. L'exhibition volontaire et grotesque de la nudité féminine a pu venir à Giraudoux d'un autre pan de sa culture, à la fois helléniste et germaniste. Il est question dans un hymne orphique de Baubo, qui avait accueilli Déméter à Éleusis, et l'avait distraite du chagrin qu'elle avait d'avoir perdu sa fille en lui montrant son sexe nu. Or Goethe avait introduit Baubo dans son *Faust*, parmi les sorcières de la Nuit de Walpurgis. Peut-être Giraudoux se l'est-il rappelé ; mais Baubo est une vieille femme, et dans les textes grecs antiques c'est à d'autres femmes, non à des hommes, qu'elle montre sa nudité, qui déclenche le rire et non la terreur. Il faut peut-être alors penser à un autre texte : la fin de la préface de la deuxième édition du *Gai Savoir*, en 1886, où Nietzsche[9] avait écrit « Peut-être la vérité est-elle une femme qui est fondée à ne pas laisser voir son fondement ? Peut-être son nom, pour parler grec, serait-il Baubo ? »[10] Giraudoux, au moment de la création de sa pièce, en mai 1937, dira : « Électre, c'est pour moi le mythe de la vérité »[11] et « *Électre*, c'est le drame de la Vérité comme ma précédente pièce était celui de la Guerre ».[12]

*

C'est assurément dans l'*Iphigénie en Tauride*[13] de Goethe que Giraudoux a trouvé l'origine d'autres motifs de sa pièce. D'abord, peut-être, l'avertissement donné par le Jardinier à l'Étranger (Oreste), à la fin de la première scène dans la version *IV5* : « Ne restez pas. Egisthe déteste les étrangers. Rarement ils repartent d'Argos ». Dans *Iphigénie en Tauride*, en effet, le roi Thoas fait mettre à mort les étrangers.

Plus nettement, la pièce allemande a inspiré un motif récurrent que Giraudoux a introduit très tôt dans ses manuscrits, et qui garde une place majeure dans la version définitive : celui que Le Mendiant appelle le « poussé ou pas poussé » (I, 13). L'un des signes de reconnaissance inventé par Euripide dans son *Électre* pour qu'Oreste soit reconnu de sa sœur, qui ne voit d'abord en lui qu'un étranger, était une cicatrice au bord du sourcil, datant de l'enfance du garçon, lorsque, vivant encore auprès de son père, il avait couru derrière un jeune faon, était tombé, avait beaucoup saigné (v. 572–575). Dans son *Iphigénie en Tauride*, Euripide ne reprend pas ce signe de reconnaissance lorsqu'Oreste doit persuader à Iphigénie,

9 Il avait lu et il cite plusieurs fois le philosophe allemand dont il récuse notamment la philosophie de l'origine, mais avec qui il partage beaucoup de questionnements. Voir Body 1979.
10 Traduction par Marc de Launay (Nietzsche 1982), de « Vielleicht ist die Wahrheit ein Weib, das Gründe hat, ihre Gründe nicht sehn zu lassen ? Vielleicht ist ihr Name, griechisch zu reden, Baubo ? » (Nietzsche 1954, t. 2, p. 9–17).
11 Giraudoux : À Kleber Haedens, *L'Insurgé*, 12 mai 1937.
12 Giraudoux : À Pierre Barlatier, *Ce Soir*, 13 mai 1937.
13 C'est Ariane Eissen, auteur des *Mythes grecs* (Eissen 1993 / 2013), qui m'a signalé cette relation entre la pièce de Goethe et celle de Giraudoux ; je l'en remercie très vivement.

cette fois-ci, qu'il est bien son frère. Mais Goethe, à la fin de sa propre *Iphigénie en Tauride* (V, 6),[14] s'en souvient et le transforme. Lorsque, avant d'accepter de la laisser partir avec Oreste et Pylade, le roi de Tauride, Thoas, demande à Iphigénie une preuve que le jeune Grec est bien son frère, elle mentionne deux signes sur lesquels elle a fondé sa propre reconnaissance : Oreste a une marque sur la main droite, et surtout, une cicatrice partage son sourcil, parce qu'« il était encore enfant lorsqu'Électre, vive et imprudente comme elle était, le laissa tomber de ses bras »[15] et qu'il heurta un trépied. La chute mentionnée par Euripide était celle d'un jeune garçon s'essayant, à sa mesure enfantine, à un acte héroïque et viril, la poursuite de bêtes sauvages. Goethe la transforme en un accident domestique, en apparence banal : une grande sœur maternante porte son petit frère, mais le porte mal et le laisse tomber.

Giraudoux s'en est souvenu dès le fragment *I–V3–3*, où Électre, si l'on en croit le pronom personnel écrit puis biffé par Giraudoux, reprochait d'abord à sa mère de l'avoir laissé tomber, elle, en la portant mal, avant de l'accuser d'avoir causé la « marque » portée par Oreste :

> – [CLYTEMNESTRE] : Je veux que qu'Électre se marie, Oreste. Elle a vingt ans. À son âge, je vous portais déjà tous les deux dans mes bras.
> – [ÉLECTRE] : Tu ~~m'~~as même laissé tomber Oreste une fois sur le marbre de l'escalier.
> – [CLYTEMNESTRE] : C'est vrai, chéri. De là cette marque. Que pouvais-je faire : Électre te poussait.
> – [ÉLECTRE] : C'est faux, je ne l'ai pas poussé.

Dans la version primitive de la pièce reconstituée par Colette Weil (*I–V4*). La cicatrice d'Oreste n'est plus sur le sourcil, mais dans les cheveux et comme ici Oreste ne tombe pas des bras d'Électre, mais de ceux de leur mère, Clytemnestre, qui portait ensemble ses deux enfants. De sorte que la chute d'Oreste n'est plus conséquence de la maladresse d'une petite fille jouant à la maman, mais, selon Clytemnestre, de la jalousie de la petite fille pour son jeune frère, rival dans l'affection maternelle. Dans une version ultérieure (*I–V5*), la mention de la cicatrice clôt le premier duo d'amour du frère et de la sœur, formant la dernière réplique de la scène 7 dans la bouche d'Électre (« Et voilà que je touche cette bosse plus dure dans tes cheveux ; c'est la marque de ta chute quand tu étais enfant… Je ne t'ai pas poussé, Oreste, je ne t'ai pas poussé ! »).

Dans la version définitive, dès leur première apparition conjointe en scène (I, 4), Électre et Clytemnestre se reprochent mutuellement d'avoir fait tomber et se blesser Oreste encore bébé, et c'est à nouveau Électre qui dénonce et accuse la première la négligence d'une mère peu aimante et remplissant mal ses fonctions à

14 Citée ici dans la traduction de Jean Porchat (Goethe 1860, t. 3, p. 2–62).

15 « Als ein Kind / Ließ ihn Elektra, rasch und unvorsichtig / Nach ihrer Art, aus ihren Armen stürzen ».

l'égard de ses deux enfants. Mais Clytemnestre, un peu plus loin, déplace la question, en démontrant à Électre que si elle n'a pas essayé d'empêcher la chute de son petit garçon, c'était pour protéger sa petite fille. La mère dit avoir préféré au fils la fille, malgré la culpabilité de la fille, car c'est bien selon elle Électre qui a poussé Oreste. La protestation indignée d'Électre « C'est faux ! Je n'ai pas poussé Oreste ! » est redoublée par un appel : « D'au-delà de toute mémoire, je me le rappelle. Ô Oreste, où que tu sois, entends-moi ! Je ne t'ai pas poussé ! » Il s'agit peut-être aussi une réponse de Giraudoux à Goethe. Car c'est à lui qu'il emprunte cette évocation d'une vie quotidienne et familiale au palais des Atrides,[16] avec ses troubles incidents, tout comme il lui emprunte peut-être aussi celle de la « joie pure », mais d'une paradoxale pureté, qui naît du lien fraternel, de l'étreinte du frère et de la sœur.

Les trois Tragiques grecs avaient, chacun à sa manière, montré la reconnaissance et les retrouvailles du frère et de la sœur, qui donnaient lieu à une explosion de joie et de sentiment, à des degrés divers, mais sans équivoque ni quiproquo : à aucun moment un sentiment amoureux n'était supposé entre Oreste et Électre. Avec Giraudoux la scène de la reconnaissance acquiert une ampleur jamais vue, mais en étant métamorphosée, au centre de la pièce, en une célébration de l'amour adelphique, de cette « fraternité » qui fait pour Giraudoux la spécificité de la nature humaine, sous la forme équivoque des noces du frère et de la sœur. Or, dans l'*Iphigénie en Tauride* de Goethe, Oreste, en proie à un délire provoqué par les Euménides, y refusait d'abord de reconnaître sa sœur qu'il croyait morte sur l'autel, et prenait pour les avances amoureuses d'une bacchante les débordements de tendresse d'Iphigénie, qui pourtant d'emblée comparait le flot de joie coulant de son cœur à l'eau de la plus claire des sources, celle du Parnasse :

> Iphigénie : Oh ! écoute-moi, vois comme, après un long temps, mon cœur s'ouvre au bonheur de baiser la tête de l'homme le plus cher que le monde me puisse offrir encore ; de te presser dans mes bras, qui ne s'ouvraient qu'au souffle des vents. Oh ! laisse-moi, laisse-moi !… car la source éternelle qui jaillit du Parnasse, de rochers en rochers, ne descend pas plus pure [*heller*] dans la riche vallée, que la joie qui s'épanche à flots de mon sein, et m'environne comme un océan de bonheur. Oreste, Oreste, mon frère !

Il lui avait fallu être plus explicite encore pour persuader Oreste que sa « joie pure » était d'une sœur et non pas d'une amante, en remplaçant l'adjectif « *hell* »

16 Oreste rapporte aussi, au début de la pièce d'autres souvenirs de cette intimité familiale : « Combien de fois, quand Electre, ma sœur, était assise en silence auprès du feu, dans la salle profonde, je me pressai, tout ému, contre son sein, et, tandis qu'elle pleurait amèrement, j'arrêtai sur elle mes yeux étonnés ! Alors elle disait beaucoup de choses de notre illustre père. » (I, 2 ; Goethe 1860).

qu'elle venait d'utiliser pour qualifier la pureté de sa joie par un autre, « *rein* », à tonalité plus morale :

> Blâme, si tu veux, la joie pure et céleste d'une sœur, mais non un insensé, un coupable désir.*[Schilt einer Schwester reine Himmelsfreude / Nicht unbesonnene, strafbare Lust]* (III, 1)

et pour qu'enfin Oreste, à l'unisson, réponde, avec ce même adjectif, de sa propre « joie pure » :

> Oreste : Laisse-moi pour la première fois, le cœur libre, éprouver dans tes bras une joie pure ! *[Laß mich zum Erstenmal mit freiem Herzen / In deinen Armen reine Freude haben!]* (III, 3)

Une différence majeure, certes, sépare les deux pièces : la joie qu'il éprouve dans les bras d'Iphigénie délivre Oreste des Euménides qui le poursuivaient. Au contraire, la joie qu'éprouve Oreste dans les bras d'Électre prélude à ce qui fera de lui la proie des Euménides. Mais dans les deux pièces l'inceste qui menace est conjuré par la proclamation d'une pureté de l'amour adelphique. Dans un fragment que Giraudoux avait intitulé « Monologue d'Électre sur Oreste endormi » (*I–V3–4*), Électre explique cette pureté de la fraternité, sa supériorité sur l'amour :

> Laisse moi remercier les dieux de m'avoir donné, par inadvertance évidemment, la connaissance du seul bonheur qu'un homme et une femme peuvent goûter ensemble ici bas. Par quelle méchanceté vengeresse les dieux ont-ils détourné les hommes et les femmes de leur seul but, et ont-ils été faire des amants de ceux qui sont faits pour être frère et sœur ! Me voici dans tes bras, ton étreinte, tes baisers, pour ceux qui nous verraient de loin, pourraient paraître ceux de l'amour ; mais tout en eux est purifié et sain.

***

La complexité, voire l'ambiguïté des relations entre l'Oreste et l'Électre de Giraudoux ont pour probable origine une source qu'il partage avec Nietzsche, avec Freud et avec Hofmannsthal dans son *Elektra* : il s'agit du livre très controversé, mais très lu aussi de Johann Jakob Bachofen, *Le droit maternel.*[17] Dans la longue analyse qu'il consacrait à l'Orestie d'Eschyle, il rapprochait les mythes d'Œdipe et d'Oreste qui selon lui racontent la fin du matriarcat archaïque et l'avènement du patriarcat. Clytemnestre représente le féminin tellurique et nocturne, le pouvoir sanglant des Mères, tandis qu'Oreste, guidé par Apollon, fait entrer l'humanité dans une nouvelle ère lumineuse où les Pères instaurent la justice. Électre pressent la nécessité d'aider l'avènement de ce nouvel ordre, c'est pourquoi, quoique femme, elle prépare et aide l'action définitive d'Oreste. Bachofen as-

17 Bachofen 1861 ; Bachofen 1996.

sociait le couple du frère et de la sœur à l'astre solaire dans une formule métaphorique : « Es ist Tag geworden, noch ehe die Sonne in vollem Glanze hervortritt » (« Le jour est né bien avant que le soleil n'apparaisse dans toute sa splendeur »).[18] Le soleil d'Apollon resplendira grâce à Oreste ; mais Électre fait déjà naître le jour, écrivait Bachofen : de là vient probablement le choix par Giraudoux de faire se terminer sa tragédie avec l'aurore. Cette aurore reste à jamais ambiguë : son rouge sanglant peut-être interprété comme la marque des massacres entraînés par l'obstination d'Électre à préférer la mise au jour des crimes anciens, l'exhumation de la vérité, à la paix sociale ; elle est peut-être, au contraire, l'annonce d'une nouvelle ère, par-delà l'épreuve de la révolution meurtrière qui a renversé les tyrans. Mais cette ère nouvelle n'a plus rien à voir avec le triomphe du patriarcat célébré par Bachofen : le couple qui demeure sur scène, quand tombe le rideau, est celui qu'Électre forme, après la mise à mort de Clytemnestre par un Oreste qui est désormais perdu pour elle, avec la mère qu'elle s'est choisie parmi les femmes du peuple, la femme Narsès à qui le Mendiant donne l'ultime réponse :

> La femme Narsès : Comment cela s'appelle-t-il, quand le jour se lève, comme aujourd'hui, et que tout est gâché ; que tout est saccagé, et que l'air pourtant se respire, et qu'on a tout perdu, que la ville brûle, que les innocents s'entretuent, mais que les coupables agonisent, dans un coin du jour qui se lève ?
> Électre : demande au Mendiant. Il le sait
> Le Mendiant : cela a un très beau nom, femme Narsès. Cela s'appelle l'aurore.

## Bibliographie


Giraudoux, Jean: *Électre*, éd. par Véronique Gély, collection « Folio théâtre », Paris: Gallimard 2019.

Giraudoux, Jean: À Kleber Haedens, dans: *L'Insurgé*, 12 mai 1937.

Giraudoux, Jean: À Pierre Barlatier, dans: *Ce Soir*, 13 mai 1937.

Bachofen, Johann Jakob: *Das Mutterrecht. Eine Untersuchung über die Gynaikokratie der alten Welt nach ihrer religiösen und rechtlichen Natur*, Stuttgart: Krais & Hoffmann 1861.

Bachofen, Johann Jakob: *Le Droit maternel. Recherche sur la gynécocratie de l'Antiquité dans sa nature religieuse et juridique*, traduit en français et préfacé par Étienne Barilier, Lausanne: L'Âge d'Homme 1996.

Body, Jacques: « Giraudoux contre Fichte et Nietzsche », dans: *Cahiers Jean Giraudoux* (8) 1979, p. 114–128.

Body, Jacques: « Giraudoux und Hofmannsthal. Notizen für zukünftige Forschungen », dans: *Hofmannsthal-Forschungen* (9), *Hofmannsthal und Frankreich* 1987, p. 203–206.


18 Bachofen 1996, XXXI, p. 247.

Body, Jacques: *Giraudoux et l'Allemagne*, Paris: Didier Érudition 1975 ; Genève: Slatkine Reprints 2003.

Eissen, Ariane: *Mythes grecs*, Paris: Belin 1993 ; édition de poche 2013.

Goethe, Johann Wolfgang: *Théâtre*, traduction de Jean Porchat, tome troisième, Paris: Hachette et Cie 1860.

Nietzsche, Friedrich: *Die fröhliche Wissenschaft*, dans: Nietzsche, Friedrich: *Werke in drei Bänden*, München 1954, t. 2, p. 9–17.

Nietzsche, Friedrich: *Œuvres complètes*, traduction par Marc de Launay, Paris: Gallimard 1982.

Yourcenar, Marguerite: *Préface* de *Feux*, dans: Yourcenar, Marguerite: *Œuvres romanesques*, Paris: Gallimard (Bibliothèque de la Pléiade) 1982, p. 1043–1049.

## Annexe : Tableau des versions primitives de l'*Électre* de Giraudoux citées dans cet article

<table>
<tr><td>V1</td><td colspan="2">[Don Blanche Pineau]<br>5 feuillets</td><td>Notes et plans</td></tr>
<tr><td>I–V2</td><td colspan="2">[Don Blanche Pineau]<br>4 feuillets</td><td>Fragment d'une version primitive de l'acte I :<br>« Le poète, la sœur d'Electre 14 ans, fille d'un prince bavarois »</td></tr>
<tr><td rowspan="5">I–V3</td><td>I–V3–1</td><td>[Don Blanche Pineau]<br>4 feuillets</td><td>Fragment d'une version primitive de l'acte I :<br>« Aricie, Egisthe et autres »</td></tr>
<tr><td>I–V3–2</td><td>[Don Blanche Pineau]<br>1 feuillet</td><td>Fragment d'une version primitive de l'acte I :<br>« [Électre], Aricie, Oreste »</td></tr>
<tr><td>I–V3–3</td><td>[Don Blanche Pineau]<br>3 feuillets</td><td>Fragment d'une version primitive de l'acte I :<br>[Clytemnestre, Oreste, Electre,<br>Première rencontre]</td></tr>
<tr><td>I–V3–4</td><td>[Don Blanche Pineau]<br>5 feuillets</td><td>Fragment d'une version primitive de l'acte I :<br>– « Électre, Oreste »<br>– « Monologue d'Électre sur Oreste endormi »<br>– [à leur réveil, Électre, Oreste et Clytemnestre]</td></tr>
<tr><td>II–V3–5</td><td>[Don Blanche Pineau]<br>9 feuillets</td><td>Fragment d'une version primitive de l'acte II :<br>– [Électre, Oreste et Clytemnestre]<br>le nom d'Aricie est mentionné par Clytemnestre<br>– [Électre, Clytemnestre]<br>– [Électre, Oreste et Clytemnestre, puis entrent successivement un pâtre, un beau soldat, de beaux garçons, Égisthe]<br>« Peut-être à ce moment les Erynnies en fillettes »<br>– « Oreste, Électre »</td></tr>
</table>

*(continuation)*

| | | |
|---|---|---|
| *I–V4* | – manuscrit (perdu) des scènes 1, 2, 3 de l'acte I, qui subsiste grâce à trois dactylographies possédées par René Thomas-Coèle et Marthe Besson-Herlin (*fr. 1*, *fr. 2*, *fr. 3*)<br>– manuscrit (BN) des scènes 4 à 11 de l'acte I : 15 feuillets perforés non paginés, en deux ensembles non suivis (8 + 7 ff.) | Version primitive complète de l'acte (reconstituée par Colette Weil, *Pléiade*, p. 1560–1568). Les petites Euménides n'apparaissent pas ; la sœur d'Électre se nomme Ismène, sa suivante Aricie |
| *I–V5* | [Don Blanche Pineau] Acte I, *ms. 1* : 39 +1 feuillets, 10 scènes. | Version primitive complète de l'acte I.<br>Pas de sœur d'Électre mais les Euménides. Le personnage d'Agathe est absent. La scène 10 est inachevée. |
| *I–V6* | [Don Blanche Pineau] Acte I, *ms. 2* : 52 feuillets, 10 scènes. | Version primitive complète de l'acte I.<br>*Idem* mais le personnage d'Hélène Théocatoclès apparaît, à peine esquissé |
| *I–V7* | [Don Blanche Pineau] Acte I, *ms. 3* : 55 feuillets, 11 scènes. | Version primitive complète de l'acte I.<br>Agathe a été introduite. Texte très proche de la version définitive.<br>Les deux dernières scènes sont toutes deux numérotées 10. |
| *II–V8* | [Don Blanche Pineau] Acte II, *ms. 1* : 18 feuillets, numérotés de 22 à 39, scènes 7 et 8. | Version primitive fragmentaire de l'acte II.<br>Les noms des personnages ne sont pas indiqués dans les dialogues. Les 21 premiers feuillets manquent. |
| *II–V9* | [Don Blanche Pineau] Acte II, *ms. 2* : 42 feuillets numérotés, 8 scènes. | Version primitive complète de l'acte II.<br>Les noms des personnages ne sont pas indiqués dans les dialogues. ils commencent à l'être au F. 24, pour la scène 7. Le feuillet 16 manque. |
| *II–V10* | [Don Blanche Pineau] Acte II, *ms. 3* : 48 feuillets, 10 scènes. | Version primitive complète de l'acte II. |

# III Orient und Okzident: Literarische Transgressionen

Rolf Lessenich † (Bonn)

# L'anglo-israélisme comme mythe fondateur des îles de la Grande Bretagne

Bien avant la naissance de l'ethnologie en tant que discipline scientifique et académique au cours du dix-neuvième siècle, la recherche des origines des peuples (*origines gentium*) occupait déjà l'historiographie européenne depuis l'Antiquité classique, surtout au Moyen Âge. Cette historiographie des origines était spéculative, fondée sur des mythes bibliques et non-bibliques mal compris pour des sources historiques.

Un exemple d'un mythe fondateur biblique était celui du Saint-Empire romain germanique de Frédéric Barberousse en 1157 jusqu'à sa fin en 1806, pour légitimer le pouvoir de l'empereur d'après l'Ancien Testament. Les rêves des rois Nabuchadonosor et Belshatsar dans le Livre de Daniel (chapitres 2 et 7) avaient une vision prophétique de quatre empires, interprétés comme ceux des Babyloniens, des Mèdes et Perses, des Grecs et finalement des Romains, et désormais l'Empire se proclamait Saint-Empire dans la tradition du dernier de ces empires pour légitimer le pouvoir de l'empereur de manière divine contre le pouvoir du pape à Rome (*translatio imperii*).

Un exemple d'un mythe fondateur non-biblique était celui de la généalogie de Troyes. Selon ce mythe, les Italiens, les Français et les Britanniques étaient descendus d'Énée et de sa famille, des réfugiés de Troyes qui fondaient des villes comme Paris, Troyes, ou Xanten et des civilisations dans leur fuite de Troyes ou (plus tard) leur fuite de l'Italie, Francus comme l'ancêtre de la France, Brutus comme l'ancêtre de la Bretagne.

Un mythe fondateur rivalisant avec celui de Troyes et presque oublié en Europe, qui est pourtant encore en force chez des sectes évangélicales chrétiennes aux États-Unis d'Amérique comme justification de la supériorité de la race blanche, était d'origine biblique : l'anglo-israélisme. Il est fondé sur la mythologie généalogique biblique selon laquelle les peuples du monde descendent des trois fils de Noé, Shem, Cham, et Japhet, identifiés par Saint Jérôme : les Sémites habitants de l'Asie, les Hamites habitants de l'Afrique, et les Japhétites habitants de l'Europe.

Depuis son origine, la théologie chrétienne s'efforça de prouver avec des arguments et des spéculations les plus absurdes que l'Europe japhétique chrétienne était le nouvel Israël, *Verus Israel*, d'abord dans l'esprit, mais depuis le dix-septième siècle aussi dans la généalogie. Il fallait nier aux Juifs le droit d'avoir une religion encore valable et leur contester le droit de posséder un pays saint promis par Dieu, la Palestine. Il fallait justifier leur expulsion de la Palestine et leur dispersion ou diaspora, גלות.[1]

L'Ancien Testament (le Second Livre des Rois) raconte que, après la mort du roi Salomon (vers 930), le Royaume Uni des Juifs fut divisé dans un royaume du sud, Juda, avec pour capitale Jérusalem, habité par les tribus Juda et Benjamin, et le royaume du nord, Israël, avec pour capitale Samarie, habité des dix autres tribus (השבטים אשרט) descendues de Jacob : Ruben, Siméon, Issachar, Zabulon, Dan, Naftali, Gad, Aser, Joseph (Manassé et Ephraïm). La tribu de Lévy, dédiée au service du temple, n'avait pas de territoire propre et était dispersée dans les deux royaumes. Le roi d'Assyrie détruisit le royaume du nord (vers 722), déportant les dix tribus du nord. « Et il [l'Éternel] déporta Israël de son pays en Assyrie, jusqu'à ce jour » (II Rois 17,23). La Bible est ambiguë sur le sort des déportés, et n'explique pas s'ils se sont mêlés avec les Assyriens et ont formé une religion hérétique samaritaine dans leur nouvelle province de l'Assyrie, ou s'ils ont mystérieusement disparu de leur exil.

Plusieurs passages de l'Ancien Testament suggèrent la dispersion des Israélites expulsés en vagues de leur terre sainte, la Palestine, par leurs ennemis, les Assyriens, les Babyloniens, et les Romains sur des « îles de l'océan », באיי הים, et les « îles des peuples », באיי הגוים. Ces îles étaient situées au nord (Jérémie 3,12) ou à l'ouest (Isaïe 21,15) de la Palestine, dans un climat froid où ni le soleil ni la chaleur ne frappaient les habitants (Isaïe 49,10).

Au cours des siècles entre les premiers commentateurs bibliques et l'âge romantique, la généalogie mythique et les théologies juive et chrétienne ont localisé les descendants des dix tribus perdues d'Israël en plusieurs endroits du monde. Toutes ces théories étaient fondées sur l'expérience de la diaspora comme caractéristique distinctive de leur peuple et religion.[2] Le Talmud les localisait derrière une rivière infranchissable jusqu'à l'arrivée du Messie (rojte jiddlech, les Juifs rouges). Au quatorzième siècle, le voyageur Sir John Mandeville, par exemple, les localisait renfermées dans les Montagnes Caspiennes. Au dix-septième siècle, le marrane Antonio de Montesinos affirmait les avoir rencontrées chez les Indiens du sud d'Amérique qui priaient encore le שמע ישראל. Un siècle plus tard, des voyageurs et missionnaires croyaient les avoir identifiées en Inde, soupçonnant par une ressemblance de coutumes et rites que les Brahmanes étaient des descendants des Aaronites du Temple de Jérusalem et les prédécesseurs des

1 Cf. Braude 1996, p. 141–168.
2 Cf. Zeitlin 2012.

druides celtiques.[3] Ainsi, la confusion fréquente entre Celtes et Germains au dix-huitième siècle et leur croisement ethnique et culturel en Grande Bretagne aboutissait à des spéculations extravagantes, comme dans l'œuvre de William Blake. La découverte de sociétés isolées pendant les dix-huitième et dix-neuvième siècles (en Polynésie par exemple) menait à des spéculations encore plus extravagantes sur leur origine hébraïque, etc.[4] Dans la littérature, on trouve l'hypothèse que les moines anglo-saxons autour de Beda Venerabilis au neuvième siècle avaient déjà soupçonné une descendance des Bretons et Anglo-saxons des dix tribus perdues, et que les réformateurs anglais et écossais avaient revitalisé cette hypothèse pour justifier leur séparation de Rome par une descendance directe du peuple élu. Mais on ne présente aucune preuve, et mes recherches dans la British Library à Londres et ma correspondance avec des historiens et des judaïstes confirment le manque. Évidemment, la descendance sémitique au lieu de japhétique des dix tribus était un obstacle difficile à surmonter, et le mythe fondateur troyen jouissait d'une exclusivité qui empêcha ainsi dans les îles Britanniques l'établissement de tout autre mythe fondateur avant le dix-septième siècle. Tout ce qu'on trouve est le *locus communis* selon lequel les Anglais sont un peuple élu par Dieu, un *locus communis* que les colonisateurs anglais importèrent en Amérique du Nord. Dans le roman de John Lyly, *Euphues and his England* (1580), par exemple, on lit : « so tender care hath He [the living God] always had of that England as of a new Israel, his chosen and peculiar people. » Mais c'est une distinction spirituelle et non généalogique ou ethnique.

En vue de l'association des tribus perdues avec des « îles de l'océan » dans les textes bibliques on s'étonne que l'anglo-israélisme ne se soit pas formé pendant les siècles antérieurs à l'âge d'Oliver Cromwell, quand il apparut pour la première fois. Le puritanisme calviniste était fort réorienté vers l'Ancien Testament comme source de l'origine de la religion chrétienne. Cromwell était modérément philosémite : il réadmettait les Juifs expulsés du pays en 1290 et cultivait une amitié avec des Juifs érudits.[5] Il y avait même une rumeur selon laquelle il aurait été juif lui-même et de la ligne de David.[6] Inspirés par l'esprit sectaire et le protestantisme fanatique du temps, son ami John Sadler, orientaliste et juriste, et Thomas Tany suggéraient une ascendance juive des Britanniques en 1649 et 1650 pour justifier la fondation d'un royaume de Dieu dans leur « île de la mer ».[7]

Après la fin catastrophique du règne cromwellien en 1660, l'anglo-israélisme ethnique, British Israelism, renaquit à l'âge romantique, dans le contexte des

3 Cf. La Créquinière 1704.
4 Cf. Parfitt 2002, p. 145–156.
5 Cf. Parfitt 2002, p. 65–67 concernant les activités du presbytérien écossais John Dury alias Johannes Duraeus sous Cromwell.
6 Cf. Parfitt 2002, p. 73s.
7 Parfitt 2002, p. 37.

idéaux de la Révolution française et dans le contexte de la pensée raciale du dix-neuvième siècle.

De grands nombres de jeunes Européens avaient une vision d'un millénaire imminent de *liberté, égalité, fraternité.* C'était une variante de l'attente messianique du temps de Jésus Christ, qui produisit plusieurs prophètes romantiques annonçant l'arrivée d'un paradis terrestre fondé sur les prophéties bibliques. Elle peut être comprise dans le contexte de la vague du nationalisme romantique qui engloutit l'Europe au dix-neuvième siècle : une réponse profondément conservatrice au mythe moderniste aryen (Sir William Jones), qui postulait une origine indo-iranienne (« aryenne ») pour les peuples germaniques et d'autres peuples, réduisant l'autorité de la Bible.[8] Les deux mythes se sont révélés également désastreux pendant les deux siècles suivants. Les plus fameux représentants de l'anglo-israélisme romantique étaient William Blake, Joanna Southcott et Richard Brothers. Dans ses poèmes visionnaires, Blake soutenait une dialectique historique dont le comble ou la synthèse serait un millénaire qui restituerait une Nouvelle Palestine et un nouveau Jérusalem dans les îles Britanniques. Son petit poème « Jerusalem » en quatre strophes précédait son grand poème visionnaire, *Milton* (1804), plus tard intégré dans les recueils des chants de l'Église d'Angleterre et de la Labour Party anglaise (ensemble avec « Red Flag ») :

> And did those feet in ancient time
> Walk upon England's mountains green?
> And was the holy Lamb of God
> On England's pleasant pastures seen?
> [...]
> I will not cease from Mental Fight,
> Nor shall my sword sleep in my hand,
> Till we have built Jerusalem,
> In England's green & pleasant Land.[9]

Dans son grand poème visionnaire *Jerusalem : The Emanation of the Giant Albion* (1804–20) il identifiait les druides britanniques comme descendants des Juifs hébreux : « All things begin and end in Albion's ancient Druid rocky shore. Your Ancestors derived their origin from Abraham, Heber, Shem, and Noah, who were Druids ».[10] La vision gnostique et antinomique de Blake s'opposait également aux Juifs et aux druides, à cause de leur ‹ loi de fer ›, la loi morale qui causait la désintégration du monde, imaginée dans le mythe de l'expulsion du paradis.[11]

Richard Brothers était un soi-disant prophète généalogiste et racial qui exerça

8 Parfitt 2002, p. 46.
9 Blake 2007, p. 502s.
10 Blake 2007, p. 712; chapitre 2 « To the Jews ».
11 Cf. Tandecki 1987, p. 137–157.

beaucoup plus d'influence que Blake avec ses visions semblables mais ésotériques. Le racialisme du dix-neuvième siècle, le siècle des combats des races et des classes, était le résultat de la classification taxonomique de la nature entière par la biologie éclairée du siècle des Lumières (Linné, Cuvier, Buffon) et de la pensée évolutionnaire du préromantisme et du romantisme (Erasmus, Darwin, Lamarck). Les représentants les plus distingués et influents de ce nouveau racialisme étaient Immanuel Kant à Königsberg et Johann Friedrich Blumenbach à Göttingen. Encore fixés sur le modèle des généalogies de l'Ancien Testament, ils réclamaient des « races » (un mot étymologiquement dérivé du latin « generatio » ou « radix » ou de l'arabe « ras », tous signifiant « origine ») dans le sens d'une ramification avec des caractéristiques plus ou moins visibles : *erectus, albus, niger, rufus, phlegmaticus, melancholicus, cholericus, laxus,* etc. Cette ramification montrait deux choses contraires : une parenté commune et une distinction progressive. Wilhelm von Humboldt était encore parmi ceux qui voyaient tout le genre humain comme une famille entière de nombreuses ethnies, sans considération pour les distinctions de religion, nation et couleur.[12] Mais, en privilégiant cette distinction, ce racialisme s'est bientôt transformé en racisme, suivant le précédent de la généalogie biblique, selon laquelle les Juifs étaient ou le peuple élu par Dieu ou le peuple assassin de Dieu. Donc, l'anglo-israélisme devenait raciste et plus ou moins anti-juif, affirmant la supériorité de la race blanche, blonde et belle sur toutes les autres races.

Comme son contemporain Blake, Richard Brothers était encore racialiste plutôt que raciste. Il se prit pour un hébreu britannique, descendant de la maison de David comme le Christ, et le prophète du Messie, destiné à rendre les Britanniques conscients de leur origine biblique. En 1794, il publia *A Revealed Knowledge of the Prophecies and Times [...] the Restoration of the Hebrews to Jerusalem by the Year 1798 under their Revealed Prince and Prophet [Richard Brothers]*. Un an plus tard, il poursuivit avec *A Correct Account of the Invasion of England by the Saxons, Showing the English Nation to be Descendants of the Lost Tribes of Israel.* Quoique la prophétie de Brothers ne se réalisât pas en 1798, ni la prophétie de Southcott en 1814, et quoique l'ancien régime anglais enfermât Brothers temporairement dans une maison de fous, Brothers eut un grand nombre de disciples pendant tout le dix-neuvième siècle jusqu'après la Grande Guerre de 1914–18.

Un mouvement britannique qui marquait la transition du racialisme au racisme fut *Young England*, initié par Benjamin Disraeli et un petit sous-groupe de jeunes aristocrates anglais du parti conservateur des Tories. Cherchant une solution pour la question de la condition anglaise au temps de la révolution industrielle, *the condition of England question*, ils propageaient un néo-médié-

12 Cf. Scurla 1976, p. 611.

valisme fondé sur l'idée de guides génétiquement prédisposés à imposer un nouvel ordre féodal, des Juifs et des aristocrates anglais. Disraeli, Juif converti à la Haute Église (*High Church*) de l'Église d'Angleterre, dissémina cette idée dans sa fameuse trilogie romanesque *Coningsby* (1844), *Sybil* (1845), et *Tancred* (1847).[13] *Young England* fut un mouvement de courte durée, à cause du petit nombre de ses membres sectaires et d'un ressentiment anti-judaïque en dépit d'un philosémitisme racial, mais un mouvement typique pour la dissémination de l'anglo-israélisme.

Au cours du dix-neuvième siècle, les nombreux successeurs philosémitiques et anti-judaïques de Brothers se divisaient en deux partis. John Finlayson et John Wilson formaient le parti des Teutonistes, qui affirmait que les descendants des dix tribus perdues étaient toutes les nations gothiques du nord de l'Europe, y compris les Allemands. Leurs adversaires étaient les Saxonistes, Edward Hine et Edward Wheler Bird, qui limitaient les descendants des dix tribus perdues aux Anglo-Saxons à l'exclusion surtout des Allemands. Les deux partis formèrent de grandes associations rivales.[14] Ils se servaient de la phrénologie naissante, d'une étymologie spéculative et d'une esthétique euro-centriste. Une majorité des Anglo-Israélistes britanniques voulait montrer que, à l'origine, tous les Israélites élus par Dieu étaient des Sémites beaux, blancs, blonds, naturellement religieux et doués d'une plus grande capacité intellectuelle, prêts à surmonter leur religion originale en faveur du Christianisme dans sa forme évangélicale et protestante. Comme le Judaïsme, ce Christianisme était une religion racialisée. Donc, les Israélites blancs britanniques avait toutes les caractéristiques d'un peuple élu par Dieu et étaient naturellement destinés à coloniser et dominer les races non-blanches. Selon cette ethnologie, les tribus du nord avaient conservé leur pureté sémitique raciale, tandis que les tribus du sud, les Juifs modernes, s'étaient mêlés avec des Hamites (les édomites au sud de Juda, en Afrique noire) et abusaient du nom d'israélites. Dans le désordre inextricable des spéculations il y avait aussi des Britanniques qui, dans la succession de Sir John Mandeville et contre le texte de la Bible, prenaient les Israélites pour des Japhétites plutôt que des Sémites, ce qui réconciliait leur anglo-israélisme à la fois avec l'antisémitisme raciste populaire et avec la linguistique historique. Ils n'avaient pas besoin de construire des étymologies hébraïques pour le vocabulaire anglais, en s'opposant à la théorie moderne d'une famille de langues indo-européennes. Dans sa monographie lexicale, le théologien anglican Robert Govett maintenait que moins de cinq pour cent du vocabulaire anglais ne pouvait pas être dérivé de l'hébreu, explicant ‹ Britain › comme « île du seigneur de l'alliance (בעל ברית) » :

13 Cf. Lessenich 1987, p. 33–46.
14 Cf. Kidd 2006, p. 206–209.

> Take the Hebrew BeRiTH, ‹ *a covenant* ›. Hence we obtain the Latin Foe-De-Ra, ‹ covenants ›. Hence our *Brother, Barter, Bride,* and perhaps *Brit-ain,* ‹ Isle of (Baal) Berith ›, *Ain* signifying ‹ *Island* ›.[15]

Également ridicule était l'étymologie hébraïque de ‹ Brit-ish ›, ברית איש, « homme de l'alliance avec Dieu », qui, en hébreu classique, est pourtant איש ברית. On trouvait même une étymologie hébraïque mal construite pour l'Irlande ou Éire : ארץ עד ou Arzareth, le pays mystique au-delà de l'Euphrate où les dix tribus avaient été transplantées selon le livre apocryphe II Ezdra 13.45.[16]

Depuis le neuvième siècle du moins, les rois d'Écosse étaient couronnés debout sur une pierre mystique et magique, la Pierre sacrée de Scone (village dans la région de Perth). Initialement, cette pierre fut appelée la Pierre du destin. Au dix-neuvième siècle, on note la formation d'un nouveau mythe affirmant que la pierre était l'oreiller de Jacob sur lequel il avait eu le rêve de l'échelle céleste (Genèse 28.12). Une des dix tribus, celle de Dan – au cours de la migration de leur royaume perdu aux îles Britanniques – aurait porté cet oreiller de Jacob à travers le Danemark et désigné ce pays d'après leur tribu. Du Danemark ils seraient passés en Irlande sous le nom de « Tuatha Dé Danann », devenus des dieux dans la mythologie irlandaise, avant de continuer leur migration en Écosse.[17]

Une cause du succès des Saxonistes et du déclin des Teutonistes était l'expansion progressive de l'Empire britannique qui cherchait une justification et la trouvait dans l'Ancien Testament. Les îles deviendraient trop petites pour Israël (Isaïe 49.19), Israël deviendrait une compagnie de nations (Genèse 35.11), Israël aurait des colonies (Isaïe 49.20) qui entoureraient les nations (Deutéronome 30.7–9) et les dominerait (Deutéronome 7.6; 14.2; 28.1). Une autre cause du succès saxoniste était la fondation d'un puissant second Empire allemand. Pendant l'année de la victoire prussienne dans la Guerre franco-allemande et la fondation de ce nouvel Empire qui menaçait l'hégémonie britannique, Edward Hine, saxoniste, publia l'*Identification of the British Nation with Israel* (1871). Devenue le nouvel ennemi de la Grande-Bretagne, l'Allemagne était interprétée comme la nouvelle Assyrie, un pays de païens essayant de conquérir le pays du peuple élu de Dieu, *God's own chosen people in God's own chosen country*, la Grande-Bretagne. Par conséquent, l'anglo-israélisme servait comme justification de la Grande-Bretagne dans sa Grande Guerre contre l'Empire allemand. Le représentant littéraire le mieux connu pour cette justification était Rudyard Kipling, poète, romancier, et apologiste de l'Empire britannique qui, d'ailleurs, perdit son fils dans la bataille d'Ypres. En 1897, lors de la célébration du jubilée diamant de l'accession au trône de la Reine Victoria, Kipling avait déjà prévenu

15 Govett 1869 / 1977, p. 65.
16 Cf. Cohen 1948, vol. I., p. 317.
17 Jacobs 1904, vol. I., p. 600s.

les Britanniques, peuple élu par Dieu, de la chute de leur Empire dans la Décadence, comme Dieu avait puni les Israélites chaque fois qu'ils n'observaient plus ses commandements dans la Sainte Loi, la תורה. Strophe 3 du « Recessional » (1897) de Rudyard Kipling, poème en cinq strophes encore présent dans le recueil de chants de l'Église d'Angleterre, *English Hymnal* :

Far called, our navies melt away;
On dune and headland sinks the fire:
Lo, all our pomp of yesterday
Is one with Niniveh and Tyre!
Judge of the Nations, spare us yet,
Lest we forget – lest we forget.[18]

« Lest we forget », פן תשכו , est une citation libre de la Torah, Deutérome 4, 23–24, affirmant que les Israélites n'oublient pas leur alliance avec le Dieu de l'Ancien Testament invoqué dans le premier vers du poème, « God of our fathers, known of old », traduction de l'hébreu אדונאי אבותנו et מיקדם, et Dieu est un Dieu militaire des armées, אדונאי צבאות. Les Allemands, comme tous les peuples non-britanniques, sont des « Gentiles […] lesser breeds without the law. »[19] Ces races inférieures de גוים ne possèdent ni n'observent la תורה, « the law », la loi des israélites. Ils sont des païens qui adorent des idoles, des faux dieux, comme « the Kaiser and his Gott », dénigré dans son poème « The Holy War » (1917) où il présente John Bunyan comme le prophète de la guerre finale d'Armageddon de l'Apocalypse, la victoire finale de la Grande Guerre où la Grande Bretagne vaincrait les forces de l'Enfer, les Allemands, y compris le Pape idolâtre à Rome et les pays neutres comme la Suède :

Emmanuel's vanguard dying
  For right and not for rights,
My Lord Apollyon lying
  To the State-kept Stockholmites,
The Pope, the swithering Neutrals,
  The Kaiser and his Gott –
Their rôles, their goals, their naked souls –
  He knew and drew the lot.
[…]
*Eight blinded generations*
  *Ere Armageddon came,*
*He showed us how to meet it,*
  *And Bunyan was his name!*[20]

18 Kipling, « Recessional », 1897, v. 13–18 (Kipling 2013, vol I., p. 614).
19 Lessenich 1993, p. 197–211.
20 Kipling, « The Holy War », 1917, v. 33–40, 49–56 (Kipling 2013, vol. II, p. 1086). Le 17 août

Le droit divin de la Grande-Bretagne dans sa bataille sainte contre l'injustice et l'idolâtrie des païens comparée avec la guerre d'Israël contre les גוים ou païens était un *locus communis* de la poésie religieuse anglaise, déjà avant la Grande Guerre, quand il était célébré dans les églises et finalement réduit à l'absurde dans les tranchées de Verdun et Ypres. Arthur Christopher Benson était l'auteur du fameux hymne « In Time of War » (1899), encore présent dans l'*English Hymnal* :

O LORD of hosts, who didst upraise
Strong captains to defend the right,
In darker years and sterner days,
And armedst Israel for the fight;
Thou madest Joshua true and strong,
And David framed the battlesong.[21]

Pendant la Grande Guerre, la réplique de l'Empire allemand fut l'identification de la mentalité britannique et juive comme mentalité commune, diffamée comme caractérisée par une basse mentalité matérialiste et épicière. C'était la perspective du sociologue Werner Sombart dans son pamphlet patriotique *Händler und Helden* (1915), adaptée par Thomas Mann dans ses *Betrachtungen eines Unpolitischen* (1918) en opposition polémique au pacifisme et à la tolérance de son frère Heinrich Mann.

Après la victoire de 1918, l'anglo-israélisme triomphait. La *British Israel World Federation* avait plus de 230 branches et organisait des congrès avec plus de 20.000 membres en 1931.[22] Mais il faut constater que, en dépit de leur contraste, l'anglo-israélisme britannique philosémitique (à sa façon) et l'anglo-israélisme allemand antisémitique étaient au fond anti-juifs, parce qu'ils regardaient le judaïsme comme une religion dépassée et inférieure.

Après la folie raciste et le génocide des Juifs européens au temps de la Seconde Guerre mondiale, l'anglo-israélisme n'était plus respectable et tomba dans l'oubli, du moins en Grande-Bretagne. Aujourd'hui les lecteurs anglais de Kipling ou Benson ne comprennent plus le contexte de leurs poèmes, si ce n'est avec un commentaire. S'ils parlent de la pierre de Scone, restituée à l'Écosse en 1997 et exposée dans le Château d'Edinburgh avec la couronne et le sceptre écossais, *the honours of Scotland*, ils ne connaissent plus son identification avec l'oreiller de Jacob.

Malheureusement, pendant la seconde moitié du dix-neuvième siècle, l'anglo-israélisme avait migré de la Grande-Bretagne vers les États-Unis d'Amérique, avec un caractère beaucoup plus anti-juif et raciste, et s'est aussi répandu dans le

1917 Kipling notait d'avoir lu le *Pilgrim's Progress* (1678–1684) de John Bunyan comme une allégorie moderne qui se rapportait à la Grande Guerre (cf. Kipling 2013, vol. II, p. 1514).

21 *English Hymnal*, 1906 / 1967, p. 697 (hymne no. 539).

22 Cf. Kidd 2006, p. 210.

sionisme et en Israël moderne dans la forme contraire d'un pan-israëlisme raciste et fasciste qui a contribué à l'intensification du mythe d'une conspiration mondiale juive, qui trouve son origine au dix-neuvième siècle.[23] Aux États-Unis, il est encore virulent dans les sectes des ‹ chrétiens identitaires › et, moins activement, chez les Mormons.[24] Selon eux, les dix tribus perdues fondaient la race blanche, une race supérieure destinée à dominer toutes les autres races. Après la tour de Babel, puis après l'effondrement des empires hébreux de l'Ancien Testament, les Israélites blancs auraient émigré en Amérique pour répandre leur religion et leur race supérieures au nom du Christ. Ils se seraient divisés en deux groupes, les Néphites pieux et les Lamanites hérétiques ; le Christ serait apparu aux Néphites blancs en Amérique pour les sauver tandis que les Lamanites auraient été punis par une couleur rouge et seraient devenus les Indiens américains.[25] L'Ange Moroni qui révéla le Livre de Mormon à Joseph Smith en 1823 aurait été un survivant des vieux Néphites blancs et pieux. Comme les Anglo-Israélistes britanniques, les ‹ chrétiens identitaires › américains cherchent et trouvent des passages dans l'Ancien Testament pour justifier leur racisme agressif et le génocide. L'aigle américain serait la réalisation de la prophétie d'Ézékiel 17,3 ; et Manassé et Ephraïm extermineront les premiers habitants dans les pays où ils se répandent (Deutéronome 33,17). C'est le comble de l'absurdité d'une lecture sélective et arbitraire de la Bible pour justifier le génocide chrétien des aborigènes en Afrique et en Amérique.

En conclusion, les livres soi-disant saints, soit la Bible, soit le Coran, ont causé tant (sinon plus) de malheur que de salut dans notre monde. Mal compris comme histoire sotériologique plutôt que mythe, ils ont contribué à la formation d'un racisme sécularisé qui a justifié (et justifie encore) des guerres et des génocides.

## Bibliographie

Blake, William: *Complete Poems*, ed. W. H. Stevenson. Londres: Longman $^{3}$2007 (1971).

Braude, Benjamin: « Mandeville's Jews among Others », in: Bryan LeBeau / Menahem Mor (éd.): *Pilgrims and Travellers to the Holy Land.* Omaha 1996, p. 141–168.

Cohen, Abraham: « Anglo-Israelism », in: Isaac Landman (éd.): *The Universal Jewish Encyclopedia.* New York 1948, I, p. 317.

*English Hymnal.* Oxford: Oxford University Press 1967 (1906).

23 Propagé par *Les Protocoles des Sages de Sion* (1903), un faux et plagiat russe rédigé par un provocateur des services secrets russes, Okhrana, pour prouver l'existence d'un plan juif et franc-maçon de conquête du monde. Pour l'affinité de ce mythe et celui du Juif errant cf. Parfitt 2002, p. 223s.

24 Cf. Kidd 2006, p. 218–226, 226–237.

25 *Le Livre de Mormon*, 3 Néphi 11–30.

Govett, Robert: *English Derived from Hebrew.* London 1869 / Boston, Mass.: Longwood Press 1977.

Jacobs, Joseph: « Anglo-Israelism », in: Isidor Singer (éd.): *The Jewish Encyclopedia.* New York 1904, I., p. 600–601.

Kidd, Colin: *The Forging of Races: Race and Scripture in the Protestant Atlantic World, 1600–2000.* Cambridge: Cambridge University Press 2006.

Kipling, Rudyard: *The Cambridge Edition of the Poems of Rudyard Kipling*, ed. Thomas Pinney. Cambridge: Cambridge University Press 2013.

La Créquinière, M. de: *Conformité des coutumes des Indiens orientaux avec des Juifs et des autres peuples de l'Antiquité.* Bruxelles 1704.

Lessenich, Rolf: « Synagogue, Church, and Young England: The Jewish Contribution to British Civilization in Benjamin Disraeli's Trilogy », in: Franz Link (éd.): *Jewish Life and Suffering.* Paderborn: Schöningh 1987, p. 33–46.

Lessenich, Rolf: « The Mission of Empire: Romantic Humanitarianism in Rudyard Kipling's Earlier Work », in: *Studia Neophilologica* (66) 1993, p. 197–211.

Parfitt, Tudor: *The Lost Tribes of Israel: The History of a Myth.* London: Weidenfeld & Nicolson 2002, p. 145–156.

Scurla, Herbert: *Wilhelm von Humboldt: Werden und Wirken.* Düsseldorf: Claassen 1976.

Tandecki, Daniela: *Mind-Forg'd Manacles: William Blake und das Moralgesetz.* Frankfurt/Main: Peter Lang 1987, p. 137–157.

Zeitlin, Irving M. (éd.): *Jews: The Making of a Diaspora People.* Cambridge, Mass.: Polity 2012.

Rolf Lohse (Bonn)

# Faszination Altes Ägypten

Die Kultur des Alten Ägypten versetzt abendländische Denker immer wieder in Staunen und regt sie an zu profunden Spekulationen. Im Zuge des Orientalismus im 18. und 19. Jahrhundert und des napoleonischen Feldzuges rückt Ägypten im 19. Jahrhundert in den Fokus Europas. Ägypten steht aus der Sicht Europas bis heute für einen herausragende, wenn nicht *den* Ursprung von Kultur und Weisheit, von Mathematik, Astronomie, Baukunst, Religion und Jenseitsvorstellungen. Um Ägypten ranken sich diverse mythische Vorstellungen, ja, Ägypten selbst wird zu einem Mythos, der heute zum festen Bestand der europäischen Literaturen gehört.[1] Auch die populären Gattungen nehmen sich gerne dieses Mythos an.

Von besonderem Interesse ist die antike ägyptische Kultur aufgrund ihrer herausragenden Rolle für die biblische Vorstellungswelt. Die geographische Nähe bedingt einen unmittelbaren Kontakt zwischen der ägyptischen und der jüdischen Kultur in biblischen Zeiten – bei gleichzeitig unübersehbaren Differenzen. Im übrigen finden sich am Mittelmeer im direkten Umfeld weitere bedeutende außereuropäische Kulturen, deren künstlerische Ausdrucksformen, religiöse Riten und Mythen aus europäischer Perspektive mit großem Interesse rezipiert wurden und werden. An der ägyptischen Kultur zieht insbesondere der

1 Davon zeugen zahlreiche literarische und populärliterarische Texte, darunter Friedrich Schillers Gedicht »Das verschleierte Bild zu Sais« (1795), Novalis' Fragment »Lehrlinge zu Sais« (1802), Achim von Arnims »Isabella von Ägypten« (1810), Hermann Fürst von Pückler-Muskaus *Aus Mehemed Alis Reich. Ägypten und der Sudan um 1840*, (1844), Gustave Flauberts *Voyage en Égypte* (1881), *Salammbô* (1862), *La tentation de Saint-Antoine* (1874), Bram Stokers *The Jewels of the Seven Stars* (1903), Rainer Maria Rilkes Briefe, Gedichte und Notizen anläßlich seiner Reise nach Ägypten, Thomas Manns *Joseph und seine Brüder* (1933–1943), Agatha Christies *Death on the Nile* (1937), Mika Waltaris *Sinuhe egyptiläinen* (1945), René Goscinnys und Albert Uderzos *Astérix et Cléopâtre* (1963). Kulturgeographische Studien – Anton Eschers *Mythos Ägypten* (2005) – sowie kulturwissenschaftliche Studien – Michael Bernsens *Der Mythos von der Weisheit Ägyptens in der französischen Literatur der Moderne* (2011) sowie Bénédicte Savoys Aufsatz »Égyptologie et Égyptomanie. Les profondeurs de l'histoire« (2018) – zeigen das bis heute lebendige Interesse an ägyptischen und mit Ägypten verknüpften Mythen.

Zusammenhang von Religion und Macht das Interesse auf sich sowie die intensive Auseinandersetzung mit dem Jenseits. Gerade dieses Thema erregt aufgrund der besonderen – magisch anmutenden – Riten der alten Ägypter Aufmerksamkeit, zu denen die Mumifizierung zählt, die die Unsterblichkeit der Menschen sichern soll, sowie die Errichtung von monumentalen königlichen Grabstätten u. a. in Form von Pyramiden. Auf ein besonderes Interesse trifft auch die Hieroglyphen-Schrift, die erst seit knapp zweihundert Jahren vollständig entziffert ist. Ihr wird – vor allem in populärliterarischen Kontexten, etwa der phantastischen Literatur – immer noch die Qualität des Geheimnisvollen zugeschrieben.

## *Le décalage* – Mythos und ideosynkratische Form

Der herausragende Comic *Le décalage* (2013) des französischen Zeichners und Autors Marc-Antoine Mathieu bezieht sich an zentralen Stellen auf Mythen, die mit Ägypten verknüpft sind und auf deren Basis der Autor dieses Werks eine gattungs- und medientheoretisch pointierte These zu Text-Bild-Medien entwirft. In diesem sechsten Band der Comic-Serie um den Helden Acquefacques, »le prisonnier des rêves«, erzählt Mathieu wie schon in den Vorgängerbänden eine Traumgeschichte um den Helden, dessen Namenspalindrom auf Kafka verweist. Dieser bis auf zwei Seiten in schwarzweiß gestaltete Comic stellt Anspielungen auf Ägypten, seine Mythenwelt und Geheimnisse – durchaus postmodern – in neue Kontexte und reichert sie mit neuen Deutungen an, die es erlauben, die erzählte Geschichte mit der kulturgeschichtlichen Erfahrung des mythisch aufgeladenen Themas Ägypten zu verknüpfen und der Geschichte einen weiten medienreflexiven und mediengeschichtlichen Resonanzraum zu eröffnen.

In *Le décalage* werden zwei Alpträume eines jeden Autors wahr: Erstens kommt schon zu Beginn der Handlung die Hauptfigur Acquefacques abhanden. Der Autor rettet die Situation, indem er die Nebenfiguren auf die Suche nach der Hauptfigur schickt. Während dieser Suchhandlung werden die bisherigen Nebenfiguren zu Hauptfiguren aufgewertet, bis sie nach einigem Herumirren erneut mit der Zentralfigur zusammentreffen. Zweitens erscheint der Band in einer bemerkenswert deformierten Fassung. Die Titelgraphik zeigt die Seite sieben (Abb. 1), der Rückdeckel die Seite sechs. Offenbar wurde in dem Band der Anfang der Erzählung um 50 Seiten oder 25 Blatt gegenüber der üblichen Druckreihenfolge nach hinten verschoben.[2]

2 Um die im folgenden diskutierten Seiten eindeutig zu bezeichnen, folge ich der Seitenzählung des Bandes, selbst wenn die jeweilige Seite aufgrund der titelgebenden »Verschiebung« in einem normal gedruckten Band an einer anderen Stelle stehen würde. Die auf die Seite 7

Abb. 1 Mathieu *Décalage* Umschlagtitel

Auf diese Besonderheit weist eine Banderole hin, die den Band beim Verkauf einfaßt. Die schmale Banderole, die um den Vorder- und den Rückdeckel her-

folgenden Seiten sind fortlaufend bis Seite 53 numeriert. Die Seiten 54 bis 56 – letztere ist als farbiger Rückdeckel gestaltet – tragen keine Seitenzahlen. Die folgende Seite ist als farbige Titelgraphik gestaltet, daher könnte man sie als Seite I bezeichnen, darauf folgt die Titelei – die Seiten II–VI, die keine Seitenzahlen aufweisen. Die sich anschließenden Seiten 1–6 enthalten den Beginn der Handlung. Seite 6 ist auf dem Rückdeckel des Bandes abgedruckt.

umläuft und die die üblicherweise auf das Cover gedruckten Angaben, wie Autorname, Titel und Verlag trägt, gehört zur Inszenierung des vermeintlichen Fehldrucks. Denn auf einer Seite 7 sind diese Angaben üblicherweise nicht enthalten. Die Banderole simuliert das Provisorium, zu dem ein Verlag greifen könnte, wenn versehentlich der Titel nicht auf dem Bucheinband abgedruckt worden wäre, und plausibilisiert damit die Behauptung, daß hier eine unvorhergesehene Verschiebung des Inhalts gegenüber der Form stattgefunden hat. Auf der Banderole wird zudem darauf hingewiesen, daß die Besonderheit der Form etwas mit der Handlung des Bandes zu tun hat. Dort heißt es: »Vorsicht: dieses Album enthält Anomalien, die in jeder Hinsicht gewollt sind und die sogar seinen Gegenstand bilden.«[3] Der Titel *Le décalage*, auf deutsch *Die Verschiebung*, läßt sich damit sowohl auf die formalen als auch auf die inhaltlichen Besonderheiten des Bandes beziehen.

Der Verlust der Hauptfigur scheint für das Thema Ägypten nur am Rande interessant zu sein. Allerdings ergibt sich im Verlauf der Diskussion des Bandes für das Verschwinden der Figur eine Bedeutungsdimension, die ihre Brisanz vom Mythos Ägypten erhält; auf das Thema Tod ist daher noch zurückzukommen.

## Abschied von den Lebenden und Reinkarnation

Kapitel eins, das aufgrund der genannten Verschiebung sehr weit hinten in dem Band beginnt, erzählt von einem Besuch Acquefacques' und seiner Freunde in einer Lagerhalle, in der ausrangierte gebrauchte Betten von sehr verschiedener Form aufgearbeitet und angeboten werden. Über die Herkunft der Betten erfährt man nichts. Als sich der Protagonist auf eines dieser Betten setzt und versehentlich den Startknopf betätigt, der den Flugmodus des Bettes aktiviert, beginnt das Bett zu schweben, beschleunigt stark und rast mit dem Protagonisten davon. Nach Auskunft des Verkäufers sei es nicht möglich, die Flugbewegungen des Bettes zu kontrollieren, weil die Steuereinheit für eine Reparatur ausgebaut worden sei. Daher ist das Bett nicht mehr zu bändigen und trägt den Protagonisten mit rasch zunehmender Geschwindigkeit davon. Dieser unverhoffte Abflug läßt die übrigen Figuren fassungslos zurück. Sie diskutieren über die Folgen des Verschwindens des Protagonisten. Die Mitarbeiter des Lagers befürchten,

3 Die Banderole trägt einen Strichcode sowie den Warnhinweis: »Attention: cet album comporte des anomalies qui sont parfaitement volontaires et en constituent même le sujet.« Getarnt als erklärender Hinweis, der den Leser zu beruhigen sucht, handelt es sich tatsächlich jedoch um eine raffinierte Werbung, die die Anomalien, die diesen Band von üblich gestalteten Bänden unterscheidet, plakativ hervorhebt. An der Banderole sowie an der Plazierung des Strichcodes wird offenkundig, daß Mathieu sein Programm, Verschiebungen durchzudeklinieren, bis in die Ausstattungsdetails hinein realisiert.

daß die Sache ein böses Ende nehmen könne. Das Bett beschleunigt so stark, daß sich die Figur in zwei graphisch unterschiedlich realisierte Teilfiguren aufspaltet, die eine grau, die andere weiß. Beide Inkarnationen rasen auf eine Wand zu, auf der nebeneinander und übereinander die Seiten eben dieses Comicbandes abgebildet sind (S. 8). Was genau daraufhin passiert, deutet die folgende Seite 9 an, ohne allerdings explizit die drohende Kollision auszumalen. Aus dem weiteren Verlauf der Handlung ergibt sich, daß die Inkarnationen des Protagonisten auf verschiedenen Stellen der Wand auftreffen, d.h. je auf einer anderen Seite des Bandes landen und dort wieder in die Handlung eintreten.

Das zweite Kapitel setzt in Acquefacques' Schlaf- und Wohnraum ein und zeigt verschiedene Ansichten dieses Raum aus der Perspektive einer Figur, die sich in diesem Raum bewegt. Der Begleittext in den Kartuschen ist in Ich-Erzählweise verfaßt und erlaubt es, die Haupfigur Acquefacques zu identifizieren. Allerdings zeigt ein Blick in den Spiegel (S. 11, Panel 3), den das sprechende Ich als eigenen Blick identifiziert, daß die Figur unsichtbar geworden ist. Es ist offenbar etwas vorgefallen, das die Figur hat vollständig transparent werden lassen. Die Figur, so wissen wir aus dem ersten Kapitel, hat sich in zwei Inkarnationen aufgespaltet; die eine Inkarnation, so stellt sich in diesem zweiten Kapitel heraus, hat zwar die Gabe, in der Welt zu agieren und sie wahrzunehmen, aber sie ist – sogar für sich selbst – unsichtbar geworden.

Wenig später wird Acquefacques' Nachbar Hilarion Auxéclats von zwei Fiktionspolizisten daraufhin befragt, ob der Protagonist rechtzeitig geweckt worden sei. Zwar wird nun deutlich, daß es sich bei dem versehentlichen Abflug auf dem Bett um einen Traum gehandelt hat, dieser Traum hat allerdings offenbar gravierende Folgen für die weitere Handlung. Denn da Acquefacques nicht rechtzeitig aus seinem Traum geweckt wurde, ist er nun unauffindbar. Dadurch jedoch sei der Einstieg in die ursprünglich vorgesehene Handlung verpaßt worden. Allerdings erfahren wir weder, wer eigentlich die ursprünglich vorgesehene Handlung entworfen hat, noch, worin diese Handlung bestehen sollte.

Als sich Hilarion Auxéclats, eine wichtige Nebenfigur in mehreren der bisherigen Bände der Serie, zu den Zwillingsbrüdern Dalenvert begibt, zwei guten Freunden Acquefacques', um sich mit ihnen über das Verschwinden der Hauptfigur zu beraten, bemerkt Auxéclats, daß starker Wind große Mengen von Sand in die Stadt transportiert. Bei seinem Besuch bei den Zwillingsbrüdern Dalenvert trifft er auch auf den Forscher Igor Ouffe, eine weitere Nebenfigur der Comic-Reihe, dem die Brüder Dalenvert Obdach gewähren in dem fensterlosen Transformatorhäuschen, das ihnen als Unterkunft dient. Auch der unsichtbaren Inkarnation Acquefacques' gelingt es, in das Transformatorhäuschen zu gelangen und das Gespräch zu verfolgen, das die vier Nebenfiguren über sein Verschwinden führen.[4] Mitten in dem Gespräch fällt der Strom aus, es werden laute Geräusche vernehmbar, und als sich nach einer Weile die Tür öffnen läßt, finden sich Auxéclats, Ouffe und die Brüder Dalenvert – vermutlich begleitet von der unsichtbaren Inkarnation Acquefacques' – in einer menschenleeren Wüste wieder. Das Transformatorhäuschen ist auf ungeklärte Weise in diese Wüste versetzt worden und wie durch ein Wunder unversehrt geblieben. Es darf vermutet werden, daß es von den Sandmassen, die in die Stadt einströmen (Abb. 3), mitgerissen worden ist. Möglicherweise ist das Auftreten des Sandes auch mit dem Verschwinden des Protagonisten verknüpft: Man könnte vermuten, daß der Sand durch das Auftreffen der beiden Inkarnationen Acquefacques auf je unterschiedlichen Panels der *bande dessinée* aufgewirbelt und Bewegung versetzt worden ist. Es darf auch daran gedacht werden, daß Sand, den der Sandmann verstreut, die Menschen schlafen und träumen läßt, und daß der Sand, der in die Stadt eindringt und der in der Wüste im Übermaß vorhanden ist, auf das Träumen verweisen könnte.

Die Wüste, in die es die Nebenfiguren verschlägt, erweist sich in jeder Hinsicht als ein narratives Niemandsland. Nichts außer hellem Sandboden, einer geraden Horizontlinie und einem dunklen Himmel ist zu sehen, keinerlei Landschaft oder Bauwerk ist in Sicht. Ohne sich Sorgen um ihre Behausung oder den Weg zu machen, der vor ihnen liegt, brechen die Protagonisten zu einer Wanderung durch die Wüste auf, um Acquefacques wiederzufinden. Auf dieser Wanderung, die die folgenden Kapitel zwei bis acht füllt, bringen die Nebenfiguren einige der Geheimnisse dieser rätselhaften Landschaft in Erfahrung, etwa aus welcher Substanz sie besteht, wie sich diese Substanz verhält und was sich unter ihr verbirgt.

Als die Wandernden auf ihrer unfreiwilligen Entdeckungsreise die zweite Inkarnation des Protagonisten treffen, verschmelzen die beiden Inkarnationen miteinander. Damit gelangt der Protagonist wieder zu seiner ursprünglichen körperlichen Präsenz. Er erzählt seinen Freunden von einer aufregenden Reise und führt sie auf spektakuläre Weise aus der Wüste heraus und zum Ende der Handlung: Er geht mit ihnen auf eine senkrecht in der Wüste aufgestellte Comicseite zu (Seiten IV–VI), die Ähnlichkeiten zu jener zeigt, mit der die Geschichte auf Seite 1 einsetzt. Die Comicseite zeigt eine weit geöffnete Tür, die einen Blick in einen riesigen Lagerraum erlaubt, in dem bis in schwindelerregende Höhe Betten aufgestapelt sind. Acquefacques und seine Freunde können von der Wüste aus in diese Seite eintreten und finden sich in einer Situation

4 Die Anwesenheit des unsichtbaren Acquefacques ist an den gestrichelten Sprechblasen erkennbar, mit denen er versucht, mit seinen Freunden Kontakt aufzunehmen. Doch er wird nicht gehört, also dürfte die Strichelung signalisieren, daß die Rede des Unsichtbaren in der Diegese nicht zu hören ist. Allein der Leser erhält über die Sprechblasen einen Hinweis darauf, daß die unsichtbare Inkarnation Acquefacques anwesend ist.

wieder, die derjenigen am Anfang der Geschichte zu entsprechen scheint. Sie betreten erneut ein Bettenlager. Die in der Wüste aufrecht stehende Seite ist als Kapitelbeginn gestaltet und kann als Hinweis darauf gelesen werden, daß sich die Protagonisten auf Seite IV nun wieder am Anfang der Handlung befinden.

Diese Rückkehr an den Ausgangspunkt erzeugt den Eindruck von Zirkularität. Einmal am Ziel angekommen, müssen die Figuren offenbar immer wieder von neuem die Handlung durchlaufen, die sie nach dem Verschwinden des Protagonisten in die Wüste verschlägt, aus der sie zum Ausgangspunkt zurückkehren, sobald der Protagonist wieder zu ihnen stößt. Als Interpretation dieser Handlungsführung drängt sich das Modell der ewigen Wiederkehr auf: Die Figuren wären in einer sich ewig wiederholenden Handlung eingeschlossen. Aber man könnte bei genauer Betrachtung auch zu einer anderen Interpretation gelangen. Denn die gigantisch anmutende Comicseite, die senkrecht in der Wüste steht und den dort Herumirrenden einen Ausweg bietet, ist mit der Eingangsseite des Comics, der ersten Seite von Kapitel eins, *nicht* identisch. Der Unterschied zwischen den beiden Bildern liegt darin, daß auf Seite eins der Eingang zum Bettenlager am unteren Rand von dem Körper Acquefacques' teilweise verdeckt ist. Der Körper des Protagonisten, der auf dieser ein integraler Bestandteil des Bildes ist, fehlt auf dem Panel, das Seite IV zeigt, auch wenn die Seite ansonsten durchaus vergleichbar zu sein scheint. Ohne die Rückenansicht der Hauptfigur, die den Eingang verdeckt, kann es sich jedoch nicht um die entsprechende Seite handeln. Denn die Rückenansicht der Hauptfigur sollte auf der Comic-Seite in der Wüste auch zu sehen sein, wenn eindeutig erkannt werden soll, daß die in der Wüste aufgestellte Seite mit der ersten Seite des ersten Kapitels identisch sein soll. Dies ist jedoch nicht der Fall.

Richtig ist, daß die graphische Gestaltung von situativen Details und Handlungsträgern im Comic selbst bei aufeinanderfolgenden Panels nicht zwingend übereinstimmen müssen. Daher ist immer dann, wenn sich das Dekor oder das Aussehen von Figuren deutlich verändert, zu entscheiden, ob die Veränderung lediglich dem Wunsch nach Variation zuzuschreiben oder ob sie als signifikante Abweichung zu bewerten ist. Nichtidentität kann als ungenaue Wiederholung oder deutlicher Hinweis auf Differenzierung verstanden werden. Differenzierung würde im vorliegenden Fall jedoch bedeuten – und dies wäre eine zweite Möglichkeit, den Eintritt in diese Seite zu interpretieren –, daß die Türen, durch die die Figuren gehen, nicht identisch sind. Dies und die Tatsache, daß auch die Perspektive zwischen den Seiten nicht identisch ist, könnte bedeuten, daß die Figuren dem Wiederholungszwang entgehen. Denn da die Seiten nicht identisch sind, besteht kein Anlaß zu erwarten, daß die Handlung zwangsläufig nochmals zu durchlaufen ist. Die Figuren treten schlicht aus der Wüste in ein anderes Bettenlager ein als jenes, in dem sie sich am Anfang der Geschichte befinden.

Die Entscheidung, ob es Mathieu um Wiederholung oder Differenzierung geht, darf sicherlich jedem Leser überlassen bleiben, es ist für eine Interpretation lediglich entscheidend, darauf hinzuweisen, daß beide Möglichkeiten bestehen. Es wäre auch durchaus kohärent mit dem Werk Mathieus, eine Entscheidung zwischen beiden Möglichkeiten *gerade nicht zu treffen*, da auch die Verweigerung der Entscheidung grundsätzlich mit der rätselhaften Anlage des Bandes konvergieren würde – sowohl in inhaltlicher als auch in formaler Hinsicht. Denn dieser Band ist hinsichtlich verschiedener inhaltlicher, formaler Besonderheiten und sogar auf der Ebene der drucktechnischen Realisierung durch das Leitmotiv des »décalage«, der Verschiebung, geprägt. Dieses Leitmotiv ist inhaltlich dadurch realisiert, daß die Haupthandlung, von der man nur erfährt, daß sie wohl einmal vorgesehen war, ausfällt und nun durch eine unvorhergesehene Geschichte ersetzt wird, die in der Suche der Nebenfiguren nach der Hauptfigur besteht. Von der drucktechnischen – formalen – Verschiebung wurde schon berichtet. Narrativ wird die Verschiebung, der *décalage*, verwirklicht, indem der Protagonist aus der Diegese verschwindet und auf zwei Inkarnationen aufgeteilt wird. Die eine dieser Inkarnationen ist unsichtbar und unhörbar für die Nebenfiguren, folgt ihnen jedoch und äußert sich in Kommentaren, die dem Leser zugänglich sind. Die andere Inkarnation ist über weite Strecken der Handlung abwesend – sie macht nach eigener Auskunft eine seltsame Reise – und vereinigt sich an einem bestimmten Punkt wieder mit der ersten Inkarnation.

Dieses Spiel mit dem Verschwinden einer Figur, der dadurch ausgelösten Störung, die alle Pläne über den Haufen wirft, und mit der Reinkarnation der Figur, die die Bewohner der Welt wieder zurück zum Ausgangspunkt führt (oder auch nicht), kann als eine Variation der Problematik von Tod und Wiedergeburt, von Verlust und Reinkarnation gelesen werden, einer Problematik, die als großer *décalage* einen jeden in seinem Leben erwartet und für die in Ägypten ganz besondere Lösungen in Form der Jenseitsvorstellungen gefunden wurden, die auch ins Christentum aufgenommen wurden.

## Zwischenspiel: Die Zeitreise als narratives Skandalon

Der Text zeigt weitere Besonderheiten, die hier nur gestreift werden können, die jedoch auch mit Ägypten verknüpft sind – wenn auch nicht in jeder Hinsicht zwingend. Hinsichtlich der formalen Anlage stechen einige Seiten heraus, die auf eine Weise gestaltet sind, die den Eindruck erweckt, ein Teil dieser Seiten sei seitlich abgerissen worden. Dadurch sind einige der Panels verletzt und können mit Teilen von Panels davor- oder dahinterliegender Seiten zusammengeschaut werden. Dieser Riß durch die Diegese führt dazu, daß die eindeutige chronologische Situierung der betroffenen Panels ambivalent wird. Mathieu radikalisiert an dieser Stelle das Problem der Darstellung von Chronologie im Comic.

Normalerweise markiert die Trennung zwischen zwei Bildern, das *gutter*, einen gewissen zeitlichen Abstand zwischen zwei aufeinanderfolgenden Momenten eines narrativen Verlaufs. Das *gutter* trennt die Bilder, sichert aber gleichzeitig ihren engen Bezug als aufeinanderfolgende.

Da aufeinanderfolgende Panels chronologisch nacheinander liegende Erzählmomente abbilden, ergibt sich bei der Zusammenschau von Teilen früherer Bilder mit Teilen von Bildern, die spätere Erzählmomente zeigen, ein ungewöhnlicher Kontakt zwischen verschiedenen Momenten des Erzählens und auch verschiedenen erzählten Momenten. So erscheint es durch die Verletzung der Bildflächen möglich, über die Abrißkanten mit der Vergangenheit oder der Zukunft in Kontakt zu treten. Von dem jeweiligen Erzählmoment aus gesehen sind sowohl Vergangenheit als auch Zukunft normalerweise unerreichbar und können als eine Art Jenseits verstanden werden. Der Riß durch die Seite ermöglicht den Kontakt zwischen dem Jetzt und dem zurückliegenden Einst und dem, was vorausliegt. Der Riß schafft künstlich eine Kontinuität, die die beiden nun nebeneinander sichtbaren – tatsächlich jedoch auf verschiedenen Seiten liegenden – Teilbilder in eine (kaum erwartbare) Erzählgegenwart zusammenzwingt. Aufgrund dieser Verschmelzung zeitlich getrennter Erzählhorizonte können die Figuren vergangene oder zukünftige Situationen in den Teilen wahrnehmen, die sichtbar sind und auch mit den Figuren Kontakt aufnehmen, die dort zu sehen sind.

Die intentional in zerrissener Fassung gestalteten Seiten verändern die Rezeption der Teile, die noch vorhanden sind. Da die Risse mitten durch die Bildflächen gehen, fehlen Teile der Bilder. Diese verlieren nicht nur ihren geschlossenen Rahmen, sondern auch ihre geschlossene zeitliche Dimension. Für den Leser ergibt sich die Ambiguität, die Figuren, die auf diesen auch in zeitlicher Hinsicht offen stehenden Bildflächen erkennbar sind, im Rahmen der bisher geltenden Chronologie der Erzählmomente zu situieren, sie aber auch gleichzeitig – weil nun der Bildrand fehlt – über den Riß hinweg in einer neuen Chronologie wahrzunehmen, die die bisher geltende Zeitlogik an dem Riß aufhebt und zur Simultaneität umformt. Die Kommunikation zwischen den im Normalverlauf gegenwärtig gedachten Figuren mit jenen Figuren, die normalerweise in nicht sichtbaren und nicht zugänglichen – weil durch die Seitenfläche abgedeckten – Bildern vorkommen, hat einen besonderen Reiz, weil sie nun die Vergangenheit und die Zukunft von der jeweiligen Gegenwart aus gesehen simultan erreichbar macht. Diese Kommunikation mit der Vergangenheit und der Zukunft bietet die Möglichkeit, das Diesseits, das Hier und Jetzt zu transzendieren und Dinge aus erster Hand zu erfahren, die nicht mehr oder noch nicht zugänglich sind. Dies wird unterstrichen durch Sprechblasen, deren Texte durch den Abriß teilweise verloren gegangen sind, die jedoch über die Risse hinweg durch sichtbare Textfragmente teils verdeckter Sprechblasen auf den vorangehenden oder folgenden Seiten zu neuen Texten kombiniert werden können. Diese Kombination mit Textfragmenten aus der Vergangenheit oder aus der Zukunft zu einer gegenwärtig lesbaren Rede könnte wie ein Spiel mit verschiedenen Zeitebenen aufgefaßt werden, tatsächlich jedoch wird demonstrativ ein kommunikativer Zugang zur Vergangenheit und zur Zukunft eröffnet. Die Demonstration ist schlagend, weil je nach der Breite des fehlenden Stückes jener Seiten, die in dieses Spiel einbezogen werden, der Text anders lautet. Es kann auch gar nicht anders sein, denn jede Kombination von Redebestandteilen verschiedener Zeitebenen, von gegenwärtiger und vergangener oder gegenwärtiger und zukünftiger Rede kann ja nur anders lauten. Die sich verschiebenden Inhalte dieser Rede sind für den Leser unmittelbar zugänglich, ja, der Leser entscheidet, welche Kombinationsmöglichkeit er bei mehrfach möglichen Überlagerungen von Redeteilen auswählt. Da diese Kombinatorik auch den Figuren zuschreibbar ist, auf die die Sprechblasen deuten, ergibt sich auch für sie die ganz ungewohnte Möglichkeit, je nach historischer Tiefe oder futurischem Vorgriff anders zu sprechen. Da das Sprechen mit dem Bewußtsein zusammenhängt, kann dies nur bedeuten, daß die Figuren je nach Redevariation über ein immer anderes Bewußtsein verfügen. Es ist also über die Störung der zeitlichen Dimension eine Veränderung oder Erweiterung des Bewußtseins bei Figuren und Rezipienten zu verzeichnen. Diese Bewußtseinserweiterung hat mit dem Denken von Zeitlichkeit zu tun, das man von dem Umgang mit dem Tod in Ägypten kennt.

Das Spiel mit versehrten und unversehrten Panels, das Mathieu schon in *L'origine* (1991), dem ersten Band der Reihe, nutzt, kann narratologisch als Herstellung einer Brücke zwischen chronologisch auseinanderliegenden Erzählmomenten gedeutet werden. Es wird damit ein Weg gewiesen, wie nichtlineare Verlaufsformen von Zeit darstellbar werden, und damit auch die Möglichkeit zirkulärer Zeitvorstellungen.

Es ist durchaus signifikant, daß Acquefacques' Jenseitsreise an der Stelle endet, an der die Seiten zerrissen sind. Zum einen könnte die Zerstörung der Seiten auf die Kollision der bislang verschollenen Inkarnation der Hauptfigur mit der Comicseite zurückgeführt werden, wie auf Seite acht angedeutet wird. Zum anderen bezieht der Konnex zwischen zerrissenen Seiten und Figur, die sich wieder zusammensetzt, eine besondere Prägnanz, weil die Zerrissenheit der Figur gleichsam auf die Zerrissenheit der Seiten und auf die Zerrissenheit der Erzählgegenwart transferiert wird. Damit ist die Zerrissenheit versachlicht, und die Figur wird frei, ihre Existenz wieder ungeteilt auf sich zu nehmen. Es ist dieser Riß in der Zeit, der es der Figur gestattet, wieder zurück in ihre Zeit finden. Auf die Begegnung der Nebenfiguren mit der zweiten Inkarnation des Protagonisten in der Diegese folgt die Verschmelzung der beiden Inkarnationen und die Reinkarnation der vollständigen Figur, die von nun an mit den anderen Figuren nach dem Ausgang aus der Wüste suchen kann.

## Spiel mit »ägyptischen« Motiven

Einige Überlegungen zu den schon genannten Motiven – Verschwinden der Hauptfigur, Wüste und vielsagendes Nichts – sollen diese Darlegungen abrunden und abschließen.

Die Tatsache, daß die Hauptfigur abhanden kommt und in Stücke zerfällt, ist aus Sicht ägyptischer Mythen nicht völlig abwegig. Denn auch die ägyptischen Mythen kennen Figuren, die in Teile zerlegt werden, dann verschwinden, nach einer Suche wieder zusammengesetzt werden und damit wieder in die Existenz zurückfinden. Dieser Parcours, den die Hauptfigur Acquefacques durchläuft, ist konvergent mit dem des Osiris, dessen Verlust Isis nicht verschmerzen kann. Der Verlust motiviert Isis dazu, sich auf die Suche nach den Teilen des Osiris zu machen. Der zerteilte Osiris wird von Isis wieder zusammengesetzt und ins Leben zurückgebracht. Ebenso gewinnt Acquefacques seine Existenz zurück, als die zwei Teile wieder verschmelzen, in die er auf Seite acht dieses Comics zerfällt. Das Ende von Acquefacques' Halb- oder Doppelexistenz bringt auch das Leben der Nebenfiguren wieder ins Lot.

Die Art und Weise, wie Acquefacques aus der Handlung hinauskatapultiert wird, kann auf Vorstellungen bezogen werden, die mit Ägypten verknüpft sind: Die Tatsache, daß Acquefacques auf einem Bett seine Jenseitsreise antritt, ist in jeder Hinsicht vielsagend, denn er reist auf einer – wenn auch sehr mobilen – Ruhestätte ins Jenseits, so wie auch Mumien in Sarkophagen – also in Ruhebehältern – auf ihre letzte Reise gehen. Von seiner Reise erfährt der Leser nichts, was durchaus typisch ist für Jenseitsreisen, nur die Figuren der Diegese erfahren von dem, was auf dieser Reise vorgefallen ist, was ihren bewundernden Kommentaren (Seite 49, Panel 8) zu entnehmen ist. Die nicht genauer erklärte Wiedergeburt der Figur, die Erzählung seiner »Jenseitsreise« sowie die möglicherweise zyklische Anlage der Geschichte, die auf eine Zeitvorstellung der Wiederkehr verweist, all das deutet darauf, daß die Figur für die Zeit ihrer Abwesenheit in einer anderen Wirklichkeit – einem Jenseits? – gelebt haben muß. Ganz offenbar werden in diesem Comicband Vorstellungen verarbeitet, die auf ägyptische Mythen verweisen.

Auf der Wanderung durch das Nichts bemerkt Igor Ouffe, daß das Nichts von einer seltsamen sandartigen Materie angefüllt ist, die stetig durch die Landschaft strömt. Da sich die Wandernden auf dieser fließenden Materie bewegen, scheint sie für sie stillzustehen. Einige Dinge scheinen sich zu bewegen, dabei handelt es sich allerdings um die Dinge, die fest im Grund unterhalb der fließenden Materie fixiert sind und die scheinbar aus der Sicht der Wandernden von der einen zur anderen Seite ziehen, wie etwa ein Wegweiser, der für die scheinbar stillstehenden Protagonisten langsam durch die körnige Materie pflügt. Was nicht niet- und nagelfest ist, wird hingegen von der Materie fortgetragen.

Auf der mobilen sandartigen Materie wandelnd gelangen sie an einen Ort, an dem nach und nach Ruinen einer archaischen Zivilisation aus dem wüstenhaften Nichts in einem der Wellentäler auftauchen, die die Materie ausbildet. Denn offenbar schwillt der Pegel dieser sandartien Materie periodisch an und ab und bildet ausgedehnte Wellenberge und Wellentäler aus (Abb. 3).

Abb. 2: *Le décalage*, Seite 29, Panels 1 und 2

Zunächst stolpert Ouffe auf der planen Oberfläche der Wüstenlandschaft über eine Unebenheit im Boden. Der Stein des Anstoßes erweist sich als Spitze einer Pyramide (Abb. 2). Die Pyramiden als rätselhafte Bauwerke verweisen auf die antike ägyptische Zivilisation mit ihrer lange unerklärlichen Kultur. Sie weisen auf den Ägypten-Mythos, den auch weitere Elemente auf diesen Seiten thematisieren.

Als die sandartige Materie noch weiter zurückweicht, erweist sich die erste Interpretation der nach und nach unter dem Sand auftauchenden Bauwerke als voreilig. Zwar scheint es sich bei den Objekten, die aus der sandartigen Materie auftauchen, um Pyramiden zu handeln (Pl. 28–29 und Pl. 34), dann aber stellt sich heraus, daß es sich um ganz andere Objekte handelt: um die Eckblöcke massiver rechtwinklig angelegter Maueranlagen. Offenbar lassen diese Mauerstücke zu verschiedenen Momenten andere Beobachtungen zu und legen je eine andere Interpretation nahe. Deuten die pyramidenartigen Blöcke zunächst auf die ägyptischen Grabmonumente, dann deuten sie als Rand- und Ecksteine von monumentalen Maueranlagen in eine völlig andere Richtung. Als diese Objekte zur Gänze aus der sandartigen Materie aufgetaucht sind, lassen sie erkennen, daß sie monumentale dreidimensional gemauerte Comicseiten bilden. Mehrere aus Stein gefügte, dreidimensional angelegte Monumental-Comicseiten liegen leicht verwinkelt zueinander in der Wüste. Besonders gut kommen sie in der Vogel-

Abb. 3: *Le décalage*, Seite 29, Panels 4–6

perspektive zur Geltung. Da die im Vergleich zu den Ruinen winzigen Protagonisten vom Boden aus die Anlage nicht überblicken, können sie nicht erkennen, daß sie sich gerade auf der kreisrunden Oberfläche eines zylindrischen Bauwerks befinden, der den Punkt eines gigantischen dreidimensionalen Fragezeichens darstellt. Dieses Fragezeichen unterstreicht in hyperbolischer Übersteigerung die Desorientierung der Figuren, vielleicht aber auch die Fragen, die der Leser stellen könnte. Die Inhalte der dreidimensionalen Panels zeigen, soweit sie unter den noch verbleibenden Sandresten erkennbar sind, rätselhafte Handlungsfragmente[5] und leere Sprechblasen. Sprechblasen sind besonders kodierte Darstellungen der Rede von Figuren. Daher ist es bemerkenswert, wenn die archaischen monumentalen Sprechblasen keinen Redetext erkennen lassen. Entweder war nie ein Text auf diesen Sprechblasen vorhanden gewesen, oder aber die Erosion hat den Text der Sprechblasen ausgelöscht.[6] Wie immer man die Abwesenheit von Text auch erklären möchte, die gigantischen Comicseiten

5 Jedoch selbst aus der Vogelperspektive ist nicht erkennbar, was auf diesem archaischen – so wird es suggeriert – Panel passiert, auf dem einige Köpfe und Sprechblasen in klobiger Machart zu sehen sind. »[...] il faut de la hauteur de vue pour comprendre les très grandes choses, de trop près, elles sont incompréhensibles« (Pl. 33), »[...] erst von einem erhöhten Blickpunkt aus lassen sich die ganz großen Dinge erkennen, von zu nah betrachtet, bleiben sie unverständlich.«

6 Die Wortlosigkeit dieser Sprechblasen variiert das Thema der nicht hörbaren Sprechblasen, die zeigen, daß die Hauptfigur von der Kommunikation mit den anderen Figuren der Diegese ausgeschlossen ist.

bleiben rätselhaft – vergleichbar der ägyptischen Schrift, bevor der Schlüssel zu ihrer Entzifferung gefunden wurde.

Vielleicht deuten die leeren Sprechblasen an, daß sprachlose Kommunikation gemeint ist. Oder daß die Kommunikation ohne schriftsprachliche Zeichen ausgekommen ist. Auf einer der monumentalen Comicseiten (Seite 33) tritt eine Figur auf, die Hut und Brille trägt und die Acquefacques ähnlich sieht. Der Kartuschentext kommentiert mit ironischer Distanz die beschränkte Perspektive der in der Diegese handelnden Figuren.

Gemeinsam mit den Pyramiden verweisen die archaischen Monumental-Panels auf die Rätsel, die die ägyptische Kultur über lange Zeit gestellt hat. Die kulturelle Erbschaft tauchte für die Besucher Ägyptens ebenso wie die hier vorgeführten archaischen Comicseiten aus dem Wüstensand auf und blieb bis vor ca. 200 Jahren unentzifferbar.[7] Diese Anspielung auf den Mythos Ägypten verstärkt den rätselhaften Charakter der Situation.

Die Ruinen, die vor den unfreiwilligen Entdeckungsreisenden aus der Materie des Nichts auftauchen, deuten auf eine phantastische Prähistorie der *Bande dessinée*. Interessanterweise wird diese historiograhische Dimension Reisenden zugänglich, die nicht einer gegebenen und unabänderlichen Handlung folgen, sondern die den Eingang in die eigene Geschichte verpaßt haben und unfreiwillig einem »glissement spatio-temporel« ausgesetzt waren.[8] Auf der Wanderung durch das Nichts macht Ouffe eine nicht nur für die Beschreibung der dargestellten Welt, sondern auch für die Erkennbarkeit ihrer mythischen Dimension entscheidende Entdeckung. Er bemerkt, daß das feinkörnige Material, das in diesem Nichts zirkuliert, Buchstaben sind, die isoliert oder in Ketten vorkommen und Wörter bilden.

Die Aussage, daß lauter Buchstaben das Nichts anfüllen und es ausmachen, kann als typisch für Mathieus fulminante Einfälle angesehen werden. Ouffes Feststellung ist in der Weise deutbar, daß selbst das Nichts sprachlich fundiert ist. Diese Deutung führt zu der These, daß alles Existente, d. h. dem Menschen Verständliche, und selbst das Gegenteil, das Unverständliche, Rätselhafte, letztlich für den Menschen nur aufgrund von Sprache denkbar und damit sprachlich fundiert wäre. Die enge Verknüpfung von Sand und Schrift, ja die Identität von beiden, die hier behauptet wird, deutet darauf, daß sowohl metaphorisch gesprochen als auch konkret das Geheimnis der Schriftsprache mit dem Sand der heißen Länder des mittleren Ostens verknüpft ist. Die dargestellte aride Landschaft kann als Hinweis auf die Region verstanden werden, in der die Schriftzeichen, auch die Hieroglyphen erfunden wurden. Die Figuren bei Mathieu bewegen sich in einem sprachlich geschaffenen Universum. Selbst die

7 Siehe Bernsen 2011, S. 15.
8 Mathieu, *Le décalage*, Seite 21.

Abb. 4: *Le décalage*, Seite 36, Panels 1–3

Bilder erweisen sich als sprachlich fundiert auf der Oberfläche der dahinfließenden sprachlichen Materie.

Blickt man von hier auf den bei Mathieu evozierten Ägypten-Mythos, führt die Aussage, das Nichts bestehe aus Schriftzeichen, zu einer interessanten Pointe. Denn es ist diese sprachliche Materie, die die bild-schriftlich fixierte Hieroglyphen-Kultur Ägyptens überlagert und für viele Jahrhunderte zum Verschwinden bringt. Und es ist (überall hineindringende) sprachliche Materie, die die Welt zu einer (Buchstaben-)Wüste veröden läßt. Für eine solche historiographische Deutung spricht, daß in diesem Comic die Figuren zunächst die archaischen Bildwelten entdecken und erst danach verstehen, daß sie sich in einer Welt befinden, die von Buchstabenmaterie angefüllt ist. Diese Reihenfolge entspricht auch heutigen Annahmen über die Entwicklung der mentalen Fähigkeiten des Menschen, der erst in Bildern gedacht und Ausdruck gefunden hat und später in Buchstaben. Dies entspricht auch der Chronologie der Entzifferung der Hieroglyphen: Zunächst sieht man nur die Bilder, später dann entdeckt man die den Buchstaben analoge Lautqualität dieser Zeichen.

Mathieus Comic läuft auf die medienhistorische Pointe zu, nach der die in bild-schriftlichen Zeugnissen überlieferte Hochkultur von nachfolgenden buchstaben-schriftlich organisierten Kulturen verschüttet wird, wenn auch nur zeitweise. Durch das Evozieren der archaisch-monumentalen Comicseiten, aber auch des ägyptischen Kontextes mit ihrer Hieroglyphenschrift thematisiert

Mathieu die immer prekäre Medialität des Comics. Wie die ägyptische Hieroglyphenschrift ist der Comic als eine Kombination aus Schriftzeichen und Bildzeichen angelegt, und wie die Hieroglyphenschrift ist er permanent bedroht, in einer Umgebung unterzugehen, die auf die Schriftkultur setzt. Diese Botschaft ist an den archaischen Monumentalbauwerken abzulesen, die Mathieu in Szene setzt.[9]

Die verschüttete in Bildern fixierte Kultur bricht bisweilen durch die darüber gelagerte Schicht der Buchstaben-Schrift hindurch – sobald die Schicht des buchstaben-schriftlichen Superstrats abschwillt. Dann gelangen die pyramidenähnlichen Ecksteine der antiken Comic-Großbauwerke an die Oberfläche, und die archaische Kulturschicht wird wieder sichtbar. Daß es gerade ein Comic ist, das die Wiederentdeckung dieser Kulturschicht vorführt, spricht für sich: Es ist dem heutigen Schrift-Bild-Medium *bande dessinée* vorbehalten, diesen Zusammenhang aufzudecken und in einem Atemzug die in Bildern fixierte Frühkultur sowie die Gattung Comic zu rehabilitieren. Allein die Tatsache, daß die Ruinen als Grundriß Comic-Seiten zeigen, deutet zur Genüge an, daß sie als Überbleibsel bildlicher Kunstformen sowie als der archaische Vorgänger des Comics gewürdigt werden. Oberflächlich betrachtet könnte man diese mediengeschichtliche Pointe als eine popkulturelle Geschichtsklitterung betrachten, auf der Ebene der implizierten Mythen schreibt Mathieu hier an einer Geschichtserzählung der Bild-Text-Medien. Die Wüste, die in Frankreich mythologisch hoch aufgeladen ist, steht bei Mathieu nicht nur für die Weite, das Abenteuer und für Grenzerfahrungen, sondern auch als ein Gleichnis für die Kultur und den Kulturwandel.

## Bibliographie

Bernsen, Michael: *Der Mythos von der Weisheit Ägyptens in der französischen Literatur der Moderne.* Göttingen 2011.

Escher, Anton: *Mythos Ägypten.* Remscheid 2005.

Lohse, Rolf: *Ingenieur der Träume. Medienreflexive Komik bei Marc-Antoine Mathieu.* 3. überarbeitete und erweiterte Auflage. Berlin 2014.

Lohse, Rolf: »Vom Reiz offener Fragen«, in: *Kartographie der Träume. Die Kunst des Marc-Antoine Mathieu*, hg. v. David Beikirch, Mathias Wagner K. Berlin 2017, S. 77–83.

Mathieu, Marc Antoine: *Le décalage.* Bd. 6 der Serie *Julius Corentin Acquefacques, prisonnier des rêves.* Paris 2013.

9 Genauer gesagt enthalten die ägyptischen Hieroglyphen Bildzeichen (Ideogramme), Deutzeichen (Determinative) und auch Lautzeichen (Phonogramme). Letztere wurden lange als Ideogramme gedeutet.

Savoy, Bénédicte: »Égyptologie et égyptomanie: Les profondeurs de l'histoire«, in: *L'Europe. Encyclopédie historique* sous la direction de Christophe Charle et Daniel Roche. Arles 2018, S. 2004–2008.

Thomas A. Schmitz (Bonn)

# Eric-Emmanuel Schmitts *Ulysse from Bagdad*. Moderne Migration im Spiegel der homerischen *Odyssee*[1]

Vor zehn Jahren, also eine Weile, bevor der syrische Bürgerkrieg große Mengen von Flüchtlingen nach Europa brachte und damit eine Reihe von politischen Reaktionen auslöste, veröffentlichte Eric-Emmanuel Schmitt seinen Roman *Ulysse from Bagdad*. Die Erzählung schildert die Erlebnisse des Irakers Saad Saad, der auf der Flucht aus seinem vom Bürgerkrieg zerrissenen Heimatland nach Europa durch Ägypten und Nordafrika Gefahren und Schwierigkeiten bestehen muss. Am Ende des Romans befindet er sich in London, wo er das karge und mühsame Leben eines illegalen Einwanderers führt. Ob es ihm gelingen wird, seine Geliebte Leila zu sich zu holen und mit ihr ein neues Leben aufzubauen, bleibt offen. Schmitts Roman zu analysieren, bedeutet zwei Gebiete zu behandeln, die Michael Bernsen bei seinen Forschungsarbeiten besonders am Herzen liegen: einerseits die Verbindung zwischen dem Orient und der französischen Literatur, andererseits und insbesondere die Untersuchung europäischer Gründungsmythen. Auf dem letztgenannten Forschungsfeld habe ich viele Jahre mit ihm in dem trinationalen Graduiertenkolleg »Gründungsmythen Europas in Literatur, Musik und Kunst« zusammenarbeiten dürfen und hoffe, die vorliegende Untersuchung kann sein Interesse finden.

Der 1960 geborene Schmitt wurde nach dem Absolvieren der École Normale Supérieure 1987 mit einer Arbeit zu Diderot im Fach Philosophie promoviert und unterrichtete einige Jahre an Universitäten und Gymnasien. Einer breiteren Öffentlichkeit nicht nur in Frankreich wurde er 2001 durch *Monsieur Ibrahim et les Fleurs du Coran* bekannt: Die Erzählung hatte sowohl als Buch als auch als Theaterstück großen Erfolg, wurde in zahlreiche Sprachen übersetzt und 2003 verfilmt. Trotz des Publikumserfolgs fehlte es allerdings auch nicht an kritischen Stimmen: Der Handlungsverlauf von Schmitts Erzählung scheint bisweilen auffällig eng dem 1975 erschienenen und mit dem Prix Goncourt ausgezeichneten Roman *La Vie devant soi* von Romain Gary (unter dem Pseudonym Émile

1 Für wertvolle Hinweise bei der Fertigstellung bin ich Véronique Gély zu Dank verpflichtet.

Ajar) zu folgen; die Journalistin Nicole Müller bezichtigte Schmitt des Plagiats.[2] Dennoch wird das Buch oftmals auch im Französischunterricht behandelt und bleibt bei Lesern beliebt.

*Ulysse from Bagdad* gliedert sich in eine kurze Vorrede und 15 numerierte, unbetitelte Kapitel.[3] Die Kapitel 1–3 (13–72) schildern das Leben der Familie des Ich-Erzählers Saad Saad in Bagdad. Saad wächst im Irak Saddam Husseins auf; seine Familie wird, offenbar grundlos, verdächtigt, dem Regime kritisch gegenüberzustehen. Sein Vater arbeitet als Bibliothekar; von der Zensur bedrohte Bücher nimmt er aus der Bibliothek mit nach Hause; durch ihre Lektüre erhält der Erzähler nicht nur eine umfassende literarische Bildung, sondern lernt auch ausgezeichnet Englisch. Der Ausbruch des Zweiten Golfkriegs 1990 verschlimmert die Situation; mehrere Familienmitglieder sterben durch direkte oder indirekte Kriegseinwirkung. In den Wirren des Dritten Golfkriegs verliebt Saad sich 2003 in seine Mitstudentin Leila, die seine Liebe erwidert. Doch als er kurz nach der Eroberung Bagdads zu ihr eilt, findet er ihr Haus von einer Bombe vollständig zerstört; ein Nachbar versichert ihm, Leila sei mit ihrer Familie darin umgekommen. In den bürgerkriegsähnlichen Spannungen nach Kriegsende setzt sich das Martyrium der Familie fort: Die Ehemänner der beiden jüngeren Schwestern werden bei einem Selbstmordattentat getötet; Saads Vater von amerikanischen Soldaten erschossen, als er panisch Hilfe holen will. Dem schon mehrfach geäußerten Wunsch seiner Mutter, er solle das Land verlassen, folgt Saad erst, als auch seine sechsjährige Nichte Salma an einer Infektion stirbt.

Kapitel 4–10 schildern Saads Flucht aus dem Irak bis nach Sizilien, der ersten Station in Europa, die er als »clandestin« erreicht. Einen ersten Versuch, sich einer Gruppe von Terroristen anzuschließen und so nach Europa einschleusen zu lassen, gibt er wieder auf. Stattdessen schließt er sich Schmugglern an, die im Auftrag eines Museumsmitarbeiters in Babylon Antiquitäten und Drogen nach Ägypten transportieren. Mit ihnen gelangt er nach Kairo. Er freundet sich mit dem Liberianer Boubacar an. Als ihm vom Flüchtlingskommisariat der Vereinten Nationen der offizielle Flüchtlingsstatus verwehrt wird, beschließen Boubacar und er, sich auf eigene Faust nach Europa durchzuschlagen: Als Bühnenarbeiter einer Frauenrockband gelangen sie in die libysche Hafenstadt Zuwara nahe der tunesischen Grenze. Auf dem Boot eines Schleusers erreichen sie Malta, wo das Boot von der Küstenwache aufgebracht wird. Um nicht unmittelbar abgeschoben werden, werfen Boubacar und Saad ihre Papiere ins Wasser und werden in einem Internierungslager auf Malta festgehalten. Die beiden beschließen am Ende von Kapitel 9, von dort zu fliehen; der Beginn von Kapitel 10 schildert sie in einem Seesturm vor Sizilien, in dem ihr Boot kentert;

2 Vgl. Müller 2003.

3 Text und Seitenangaben folgen der Ausgabe Paris 2010.

Boubacar ertrinkt vor Saads Augen; er selbst kann sich mit letzter Kraft an das Ufer retten.

Kapitel 11–15 erzählen Saads Reise durch Europa: Auf Sizilien wird er von einer jungen italienischen Grundschullehrerin namens Vittoria aufgenommen. Obwohl sie ihn heiraten möchte, verfolgt er weiter seinen Traum: er verlässt sie und erreicht Neapel. Ein erster Versuch, von dort Frankreich zu erreichen, scheint zu scheitern, als der Zoll die illegalen Einwanderer in einem Lieferwagen entdeckt, doch ein mitfühlender Beamter lässt Saad entkommen. In einem französischen Grenzort begegnet er einer Gruppe von Aktivisten, die ihn über ein elsässisches Dorf nach Calais bringt. Dort findet er die totgeglaubte Leila wieder: Ihre Familie hatte die Zerstörung des Hauses dazu benutzt, sich über Syrien in den Libanon abzusetzen; als ihre Eltern dort bei einem Unfall ums Leben kommen, flieht Leila nach Europa. Beide wollen zusammen nach England übersetzen. Doch in der Nacht, bevor ein heimlicher Transport sie über den Ärmelkanal bringen soll, wird das Haus, in dem sie sich mit vielen anderen Flüchtlingen aufhalten, von der Polizei umstellt. Saad kann entkommen; Leila wird festgenommen und in den Irak zurückgeschickt. Das kurze letzte Kapitel zeigt Saad in London: Er hat ein prekäres Auskommen als illegaler Einwanderer, plant jedoch, sein in Bagdad begonnenes Jurastudium zu beenden und mit Leila ein bürgerliches Leben in England zu beginnen. Das letzte Wort des Romantextes ist »espoir«, die Hoffnung auf diese bessere Zukunft.

In diesem Beitrag soll es nicht in erster Linie um eine Bewertung von Schmitts Roman gehen. Nicht jeden Aspekt wird man als gelungen bezeichnen. So hat die Kritikerin Iris Radisch anlässlich der Diskussion um Plagiate in *Monsieur Ibrahim* von »Kitsch aus der Retorte« gesprochen.[4] Auch gegen *Ulysse from Bagdad* ließe sich dieser Vorwurf machen: Die emotionale Wirkung der zahlreichen Schicksalsschläge auf die Leser kann Schmitt narrativ oft nicht begründen. Saads Nichte Salma begegnet der Leser auf S. 63 zum ersten Mal, auf S. 70 stirbt »la petite fiancée« in seinen Armen. Die geraffte Erzählung kann nicht glaubwürdig machen, warum sich der Erzähler gerade ihr emotional so eng verbunden fühlt.

Wenn man Schmitts Erzählung nach den Maßstäben eines realistischen Romans beurteilt (die Beigabe einer Karte und einer Chronologie der Geschichte Iraks scheint diese Perspektive zunächst nahezulegen), so müssen Elemente wie Leilas Scheintod und die unerwartete Wiederbegegnung mit ihr reißerisch und wenig plausibel erscheinen. Vielleicht darf man dies und die große Rolle, die der Zufall im Romangeschehen spielt, in der Tradition der philosophischen Erzählung sehen (das über den Erzähler hereinbrechende Unglück und sein knappes Überleben erinnert etwa an Voltaires *Candide*).

4 Vgl. Radisch 2003.

Kritisieren kann man weiter, dass der Roman zwar durch die Wahl seines Erzählers suggeriert, die Geschichte einer Flucht aus der Perspektive des Flüchtlings zu schildern, letztlich aber doch eurozentrisch bleibt. Schmitt lässt Saad im Haus eines Bibliothekars aufwachsen, der die westliche Literatur hochschätzt;[5] seine besondere Verehrung gilt den homerischen Epen und der englischen Literatur. Saad ist damit in seinen Bezugspunkten ganz der europäischen Sichtweise verhaftet. So bleibt auch der Blick auf die Immigranten letztlich eurozentrisch, selbst dort, wo er kritisch zu sein scheint: Das Bild eines alternden, kraftlosen Europas im Kontrast zu den jungen, virilen Immigranten spiegelt in seiner klischeehaften Schwarzweißmalerei europäische Ängste und Vorurteile wider, nicht einen wirklichen Blick von außen.[6]

Hier soll es jedoch in erster Linie um die literarische Technik des Romans gehen. Es seien drei Bereiche genannt, in denen Schmitt besonders offensichtlich und für Leser nachvollziehbar auf literarische Traditionen Bezug nimmt. Der erste Punkt lässt sich direkt an unsere Kritik von Schmitts eurozentrischem Blick anschließen: Der nach Europa gelangende Saad, der die westliche Welt aus der Perspektive des Außenseiters wahrnimmt, erinnert an das wohl berühmteste Vorbild einer solchen umgekehrten Ethnologie, Montesquieus *Lettres persanes* (1721), in denen persische Höflinge das Frankreich des beginnenden 18. Jahrhunderts bestaunen und beschreiben. Bei Montesquieu dient diese persische Perspektive vor allem dem Ziel, Gesellschaft und Politik Frankreichs satirisch zu kritisieren. Schmitt hat eine Dissertation zu Diderot geschrieben und kennt die französische Literatur des 18. Jahrhunderts daher sehr gut. An die durch Montesquieus Briefroman in Frankreich berühmt gewordene Tradition des fremden, verfremdenden und damit kritisch distanzierenden Blicks schließt er in seinem Text offensichtlich an.

Stärker in Details des Texts verankert ist der zweite Bezugspunkt. Saads Vater kommt in Bagdad um, als er von amerikanischen Soldaten als verdächtig angesehen und erschossen wird. Aber auch nach seinem Tod bleibt er präsent und erscheint dem Erzähler immer wieder. Diese Erscheinungen werden nicht als besonders geheimnisvoll oder erschreckend geschildert, sondern in die Banalität des Alltagslebens integriert, wie etwa die Beschreibung des ersten Auftritts des Vaters nach seinem Tod zeigt (60):

5 Die offiziell verbotenen Bücher, die der Vater des Erzählers zu sich nach Hause nimmt, bilden »une belle collection où trônait le meilleur de la littérature européenne, essayistes français, poètes espagnols, romanciers russes, philosophes allemands, ainsi que, accaparant deux étagères, les récits policiers d'Agatha Christie« (22).

6 So etwa auf S. 207, gesprochen von Léopold, einem jungen Afrikaner, den Saad auf Sizilien kennenlernt: »On va les enfoncer, les Européens, on va leur faire des enfants, nous, les Noirs, les Arabes, les Asiatiques, parce qu'on baise plus qu'eux, parce qu'on aime les mioches et qu'on en fabrique davantage. Un jour, il n'y en aura plus beaucoup, des Européens !«

Trois jours après la disparition de mon père, à l'aube, à l'heure où traditionnellement, dans la salle de bains, nous discutions côte à côte en achevant notre toilette, je m'essuyais les pieds ainsi qu'il me l'avait inculqué, en les saupoudrant de talc, lorsque son fantôme m'apparut.
Il s'assit sur le tabouret, soupira, me sourit en me regardant finir mes soins.
– Alors, fils, comment se portent les fleurs de tes soucis ?
– Papa, parle clair.
– Tes verrues, crétin !

Die unmittelbare Nebeneinanderstellung von übernatürlichem Geschehen und alltäglicher Welt, der sprachliche Kontrast zwischen gehobener Beschreibung des Zeitpunkts der Erscheinung und populärem Register erinnert an die Vorgehensweise des insbesondere aus der lateinamerikanischen Literatur bekannten »magischen Realismus«, wie er etwa bei Gabriel García Márquez (1927–2014) anzutreffen ist.[7]

Schmitt verdeutlicht diesen Bezug zum magischen Realismus weiter durch subtile textliche Verweise auf den argentinischen Schriftsteller Jorge Luis Borges (1899–1986), der als einer der Begründer des magischen Realismus gilt.[8] Wie Borges, so ist auch Saads fiktionaler Vater Bibliothekar. Den von ihm nach Hause gebrachten verbotenen Büchern gibt er einen Namen, der unmittelbar an den Vorläufer erinnert (23):

Il appelait sa bibliothèque clandestine «ma Babel de poche», tant elle lui apparaissait, en plus exigu, reproduire la tour babylonienne où se rendaient autrefois les curieux du monde entier, pèlerins devisant en de multiples langues.

In seiner 1941 publizierten Erzählung »La Biblioteca de Babel« hatte Borges das phantastische Bild eines Universums entworfen, das aus einer unendlichen Abfolge von sechseckigen Bibliotheksräumen besteht, die alle möglichen Bücher in allen möglichen Sprachen enthalten. Die kurze Erzählung gehört zu Borges' bekanntesten und einflussreichsten Werken; Schmitts »Taschenbabel« ist eine augenzwinkernde Reverenz vor seinem argentinischen Vorgänger.[9] Zu diesen Hinweisen auf Borges passt auch, dass Saads Reise nach Europa ausgerechnet in der Stadt Babylon beginnt (89f.) und dass ein Angehöriger einer brasilianischen Tanztruppe, der Saad dabei hilft, aus Calais nach England zu kommen, den Namen »Jorge« trägt (262f.).

Die weitaus größte intertextuelle Präsenz in Schmitts Romantext zeigt jedoch

7 Vgl. etwa Bowers 2004 oder Warnes 2009.

8 Die Forschung ist sich uneinig darüber, ob Borges selbst zu den magischen Realisten gezählt werden sollte oder lediglich ein Vorläufer der Strömung ist; vgl. etwa Flores 1955 oder Menton 1982.

9 Véronique Gély macht mich noch auf eine Taschenbuchreihe (Poches) des Verlages »Actes du Sud« aufmerksam, die den Titel »Babel« trägt.

zweifelsohne die homerische *Odyssee.* Dies wird dem Leser schon vor Beginn der eigentlichen Erzählung durch zwei paratextuelle Signale angezeigt: Der Name »Odysseus« (in seiner französischen Form »Ulysse«) kommt im Romantitel vor. Dem Text vorangestellt ist als Motto ein Zitat aus Jean Giraudouxs *Elpénor* (1919), einer Erzählung, die den in der *Odyssee* vorkommenden Gefährten des Odysseus, »nicht allzu wehrhaft im Kampf noch auch so recht gefügt in seinen Sinnen« (10, 552 f.),[10] zur Hauptfigur macht und ihrerseits bereits eine französische Rezeption des homerischen Textes darstellt.

Schmitt macht den Bezug auf die *Odyssee* immer wieder deutlich; das Bemühen, auch Leser anzusprechen, die solche Bezüge nicht ohne weiteres wahrnehmen können, ist offensichtlich. Gleich zu Beginn des Romans erläutert Saad, dass sich sein Vater gerne in den Umschreibungen einer poetischen Sprache ausdrückte, schnell aber in die Vulgärsprache abrutschte, wenn diese Poesie nicht verstanden wurde. Das Beispiel, das Saad für diese Gewohnheit zitiert, entstammt einem Klischee des homerischen Epos (19):

> Je me souviens qu'un samedi de janvier où, levés tôt, nous devions nous rendre chez un oncle qui séjournait loin, il me demanda en se rasant :
> – Alors, mon fils, tel le divin Ulysse, tu frémis devant l'aurore aux doigts de rose, non ?
> – Pardon, Papa ?
> – Tu ne te gèles pas le cul à cinq heures du matin ?

Die »rosenfingrige Eos« ist eine homerische Formel, die in den Epen regelmäßig die Schilderung eines Tagesanbruchs einleitet. Zweimal wird in der *Odyssee* beschrieben, dass Odysseus friert (5, 469 und 14, 481–489). In keinem der beiden Fälle ist zugleich von der rosenfingrigen Eos die Rede; Schmitt lässt hier seine Figur also unpräzise auf typische Elemente des homerischen Epos anspielen. Entscheidend für unsere Analyse ist (neben dem schönen Kontrast zwischen der homerischen Göttin und dem drastischen »Arschabfrieren«), dass dies die erste literarische Referenz im Romantext überhaupt darstellt: Schmitt macht von Beginn an deutlich, was der wichtigste Intertext seines Romans ist.

Der Bezug auf die *Odyssee* dominiert ferner die Struktur der Erzählung. Dies gilt insbesondere für die Abenteuer, die Odysseus in den Büchern 9–12 des Epos, den berühmten Apologen, in eigener Person den Phaiaken erzählt; sie bilden den wohl berühmtesten Teil der Handlung.[11] Hier sei noch einmal kurz an die Reihe der Abenteuer erinnert, die Odysseus erlebt:

1) Kikonen
2) Lotophagen
3) Kyklop

10 Die *Odyssee* wird hier und im Folgenden zitiert nach der Übersetzung von Wolfgang Schadewaldt (1958).

11 Vgl. zu den Apologen etwa Most 1989.

4) Aiolos
5) Laistrygonen
6) Kirke
7) Unterwelt
8) Sirenen
9a) Skylla (und Charybdis)
10) Thrinakia
9 b) (Skylla und) Charybdis
11) Kalypso

Auf seiner Fahrt vom eroberten Troia mit seinen Schiffen gelangt Odysseus zunächst zu den Kikonen, die seinen Truppen Verluste beibringen, als sie ihre Stadt plündern. Bei den Lotophagen vergessen sie unter dem Eindruck der »honigsüßen Frucht des Lotos« (9, 94) beinahe die Heimkehr. Nur knapp können sie dem gewaltigen Kyklopen Polyphem entkommen, der mehrere Männer verzehrt. Aiolos, der Beherrscher der Winde, schenkt ihnen zunächst eine gute Heimfahrt bis beinahe nach Ithaka, doch die Gefährten öffnen den Schlauch, in dem die Winde eingenäht sind, und die Schiffe werden wieder auf das Meer getrieben. Die unheimlichen, riesenhaften Laistrygonen zerstören alle Schiffe bis auf das des Odysseus. Die Zauberin Kirke verwandelt die Gefährten des Odysseus in Schweine, bevor sie von ihm selbst überwältigt wird. Odysseus besucht die Unterwelt, kann auf der Rückfahrt durch die berühmte List den Gesang der Sirenen unbeschadet hören, aber gegen das Ungeheuer Skylla nichts ausrichten. Auf Thrinakia, der Insel des Sonnengotts, verstoßen die Gefährten gegen das Gebot, die Helios heiligen Rinder unangetastet zu lassen. Bei der Weiterfahrt wird das letzte Schiff zerstört; Odysseus selbst kann sich, an den Mast geklammert, auf die Insel der Kalypso retten, wo er mehrere Jahre verbringt.

Schmitt greift in seiner Romanhandlung die folgenden Abenteuererzählungen klar erkennbar auf:
2) Lotophagen
6) Kirke
8) Sirenen
3 a) Kyklop: In der Höhle
(Nausikaa)
3 b) Kyklop: Flucht »unter den Schafen«
7) Unterwelt

Wie man sieht, hält sich Schmitt nicht an die Reihenfolge der Erzählung in der *Odyssee*; das Kyklopenabenteuer greift er in zwei Episoden seines Romans auf.

Knapp sei hier referiert, in welcher Weise Schmitt seinen Saad das Schicksal des Odysseus durchleben lässt.

Die erste Etappe der Flucht bringt Saad aus Babylon nach Kairo; gemeinsam mit zwei weiteren Schmugglern, Habib und Hatim, transportiert er in einem Geländewagen gefälschte und echte Antiquitäten sowie Heroin. Beide sind selbst drogenabhängig und bringen durch ihren exzessiven Konsum das Unternehmen immer wieder in Gefahr. Den ersten Hinweis auf die Parallele zur *Odyssee* gibt Saads Vater, wird aber zunächst von seinem Sohn noch nicht verstanden (96). Erst bei einer weiteren Erscheinung klärt der Vater Saad (und Schmitt seine Leser) über die Identität der Lotophagen in der *Odyssee* und die Parallele zur aktuellen Situation auf (102f.):

> – Saad mon fils, chair de ma chair, sang de mon sang, sueur des étoiles, tu sais très bien qui sont les Lotophages car je t'ai lu plusieurs fois l'histoire dans ta jeunesse. Allons, souviens-toi. Tu me la demandais avidement tant tu l'aimais.
> – Moi ?
> – «Le dixième jour, Ulysse et ses compagnons abordèrent le pays des mangeurs de fleurs appelés Lotophages. Ces hommes dévorent du lotos au cours de leurs repas. Or quiconque en goûtait le fruit, aussi doux que le miel, ne voulait plus rentrer chez lui ni donner de nouvelles mais s'obstinait à rester là, parmi les Lotophages, à se repaître de lotos, dans l'oubli du retour.»
> – Ah oui, l'*Odyssée*…
> – L'*Odyssée*, fils, le premier récit de voyage qui marque l'humanité. Un voyage écrit par un aveugle, Homère, ce qui prouve qu'on décrit mieux avec l'imagination qu'avec les yeux.

Schmitt zitiert hier, in gekürzter Form und in die dritte Person übersetzt, recht genau die Erzählung des Odysseus.[12] Die Relevanz der Lotophagen wird am Ende des Kapitels 5 noch deutlicher: Saad wird bei der Überfahrt über das Rote Meer so seekrank, dass er zu sterben meint und sich, obwohl er zuvor der Versuchung immer widerstanden hatte, dazu bewegen lässt, von dem Opium zu probieren. Der Effekt auf ihn ist so stark, dass er sich an Details der Reise durch Ägypten bis nach Kairo nicht mehr erinnert.

Die nächste Station der *Odyssee*, die Saad erlebt, ist der Aufenthalt bei der Zauberin Kirke. Schmitt übersetzt sie in die Welt der modernen Bürokratie: Nachdem Saad mehrere Monate auf sein Interview bei der Flüchtlingshilfe der

12 9, 83–97: »am zehnten [Tag] liefen wir an im Land der Lotophagen, die pflanzliche Nahrung essen. […] Und es sannen die Lotophagen gegen unsere Gefährten kein Verderben, sondern gaben ihnen zu essen von dem Lotos: und wer von ihnen aß die honigsüße Frucht des Lotos, der wollte nicht mehr zurück Meldung bringen noch heimkehren, sondern an Ort und Stelle wollten sie unter den Lotophagenmännern den Lotos rupfen und bleiben und der Heimkehr vergessen.«

UNO gewartet hat, wird er endlich zu der Bearbeiterin seines Falles vorgelassen. Wiederum wird der Bezug zur homerischen *Odyssee* deutlich angekündigt (127):

> La femme qui va m'interroger – je sais que c'est une femme par l'hôtesse d'accueil – est une magicienne qui tient ma vie entre ses mains. Selon ce qu'elle pensera de moi, elle deviendra fée ou sorcière, bonne ou cruelle, car elle a le pouvoir de me métamorphoser en avocat anglais ou en porc vautré dans sa souille.

Schon der Hinweis auf die Zauberin, die die Macht hat, ihn in ein Schwein zu verwandeln, macht die Referenz auf die homerische Erzählung manifest, aber Schmitt scheint seinen Lesern nicht ganz zu trauen und fügt einen noch plakativeren Verweis ein (128): »En m'asseyant, je découvris son nom décliné sur l'étiquette qui marquait son cartable en cuir : Docteur Circé.« Anders als ihr homerisches Gegenstück jedoch kann und will Schmitts Circé Saad nicht helfen: Sie erklärt ihm mit Bedauern, dass sein Versuch, den Status eines politischen Flüchtlings zu erhalten, aussichtslos sei, weil der Irak nach der Eroberung durch die Amerikaner nunmehr ein freies und demokratisches Land sei; Saad solle in seine Heimat zurückkehren. Schmitt hat die Rolle der homerischen Kirke in seinem Roman umgekehrt: Statt einer Helferin auf der Reise ist seine Circé eine gleichgültige, ja feindselige Macht.

Aus Kairo gelangen Saad und sein Freund Boubakar nach Libyen, indem sie sich als Arbeiter dem Tross einer weiblichen Rockband anschließen, deren Namen »Les Sirènes« den Bezug zum Sirenenabenteuer der *Odyssee* bereits deutlich macht. Schmitt schließt noch weitere Verweise auf die homerische Erzählung ein: Während die antiken Sirenen ihre Opfer durch die Schönheit ihres Gesangs bezaubern (12, 39–54), betäuben ihre modernen Wiedergängerinnen durch die unerhörte Lautstärke ihrer elektronisch verstärkten Darbietung (143):

> Davantage que les sirènes d'autrefois, les Sirènes évoquaient celles d'aujourd'hui, ces alarmes électriques, ces entonnoirs hululants qui se déchaînent lors de l'irruption du feu ou du voleur.

Die Bühnenarbeiter müssen sich daher durch Kopfhörer und Wachspfropfen gegen den infernalischen Lärm schützen, so wie Odysseus die Ohren seiner Kameraden mit Wachs verstopft, damit sie das zaubermächtige Lied der Sirenen nicht hören.

Das wohl berühmteste Abenteuer der *Odyssee*, Odysseus' Aufenthalt in der Höhle Polyphems, die Überlistung des Kyklopen durch Wein, seine Blendung und das Verlassen der Höhle in der Schafherde Polyphems, verwendet Schmitt in seiner Erzählung mehrfach. Ein erstes Mal geschieht dies bei Saads Aufenthalt auf Malta: Bei seiner Gefangenschaft in einem Lager für ankommende Flüchtlinge befasst sich ein Beamter mit seinem Fall, den Saad als gewaltige »Fleischmasse« (165) bezeichnet, »un géant qui attendait ses amis pour jouer à la dînette«

(166). Wie der homerische Polyphem ist dieser Riese einäugig (167). Saad, der seine Papiere fortgeworfen hat, weigert sich, seinen Namen oder seine Heimat anzugeben. Während eines Verhörs findet Saad den Beamten schlafend vor und benutzt die Gelegenheit, von seinem Schreibtisch einen Zirkel zu entwenden. Als der Riese erwacht, beginnt ein neues Verhör, das zunächst ebenso ergebnislos verläuft wie die vorangegangenen (173):

> Aussitôt, montant au sommet d'un ronflement énorme comme une vague, l'ogre s'étouffa, toussa, se réveilla, grogna, frotta son crâne, sentit une présence dans la pièce.
> – Qui est-ce ? Qui est là ?
> Facétieux, je lui lançai :
> – C'est personne.
> Il se dressa sur son séant, examina de son œil unique l'endroit de la pièce d'où était partie la voix et me découvrit.
> – Ah, Personne, c'est toi.
> J'éprouvai une envie de rire irrésistible ; cependant je confirmai.
> – Oui, c'est Personne, c'est moi.

Wie für den homerischen Odysseus, so ist auch für Saad der temporäre Verzicht auf den eigenen Namen und die eigene Identität (symbolisiert durch das Fortwerfen seiner »preuves d'identité«, 159) lebensrettend: Nur als »Niemand« kann er dem Schicksal entgehen, wieder in seine Heimat Irak deportiert zu werden. Saad ergreift in dieser Situation die Initiative: Er packt den Schlüsselbund des Beamten, um zu fliehen, doch dieser versperrt ihm mit seinem gigantischen Körper die Tür. In diesem Augenblick greift Saad zu dem entwendeten Zirkel (174):

> A cet instant-là, épuisé, je saisis le compas, l'ouvris et lui plantai le pic dans l'œil vivant.
> L'ogre hurla.
> J'enfonçai de toutes mes forces.
> Il hurlait.
> Le sang jaillit, aussi puissant que son cri.
> J'enfonçai et laissai la pointe se maintenir seule au milieu de l'œil éventré.
> Abruti de douleur, l'ogre tomba à terre. J'ouvris la porte et me mis à courir.

Die gesamte Sequenz entpuppt sich jedoch als Traum Saads, der sich immer noch in seiner Zelle befindet; er teilt Boubacar seinen Entschluss mit, aus dem Gefangenenlager zu fliehen, doch die eigentliche Flucht wird nicht erzählt.

Der zweite Bezug zum Polyphem-Abenteuer findet sich bei einer späteren Etappe der Flucht: Der Lastwagen, mit dem Saad und eine Gruppe anderer Migranten die italienisch-französische Grenze zu überwinden versucht hatten, ist vom Zoll aufgehalten und kontrolliert worden; die Gruppe von Flüchtlingen wird an der Grenze interniert. Als Saad zum Verhör gebracht wird, spielt er auf die *Odyssee* an, indem er sich nicht nur wiederum »Niemand« nennt, sondern auch »Ulysse«, und als seine Heimat »Ithaka« angibt (225):

> – Comment vous appelez-vous ?
> – Ulysse.
> Pardon ?
> – Ulysse. Parfois aussi je m'appelle Personne. Mais personne ne m'appelle Personne. D'ailleurs personne ne m'appelle.
> Il se frotta le menton.
> – D'accord, je vois. D'où venez-vous ?
> – D'Ithaque.
> – D'Iraq ?
> – Non, d'Ithaque. Là d'où viennent tous les Ulysse.
> – Où est-ce ?
> – On ne l'a jamais su.

Schmitt lässt seinen Saad hier auf die mythische, paradigmatische Dimension des Odysseus verweisen: Seine Wanderungen sind typisch für alle diejenigen, die durch Schicksalsschläge und widrige Umstände aus ihrer Heimat vertrieben werden, eben für »tous les Ulysse«.

Der Zollbeamte, der Saad verhört, hat Mitleid mit dem jungen Mann und lässt ihn durch ein Fenster entkommen. Es bleibt aber immer noch das Problem, dass er die Grenze nach Frankreich überwinden muss. Hier erscheint ihm sein Vater und erinnert ihn an Odysseus' Flucht aus der Höhle Polyphems (233f.):

> Te souviens-tu, fils, de l'épisode d'Ulysse et des moutons ? [...] Le rusé Ulysse ne savait pas comment sortir de la grotte où il était enfermé avec ses compagnons. Car le Cyclope, aveuglé, tâtait de les animaux de son troupeau lorsqu'ils passaient le seuil de la grotte afin de vérifier qu'aucun de ses prisonniers ne les chevauchait. Ulysse eut donc l'idée de lier plusieurs moutons entre eux, et de glisser chaque Grec sous leurs ventres. Le Cyclope, qui parcourait de la main le dos de ses bêtes, laissa ainsi s'échapper l'équipage d'Ulysse.

Der Hinweis erweist sich als nützlich: Auf einem Parkplatz findet er einen Lastwagen, der Schafe transportiert. Durch den Hinweis auf Odysseus und seine Flucht aus der Höhle versteht er, dass er sich nicht zwischen diesen Schafen verstecken, sondern sich unter ihnen festhalten muss. Saad bindet sich mit Hilfe seines Gürtels unter die Ladefläche des Lastwagens und erreicht auf diese Weise ein französisches Dorf.

Der letzte Bezug auf ein Abenteuer der *Odyssee* in Schmitts Roman ist nur rudimentär: Das Netzwerk französischer Aktivisten, die Saad dabei helfen, Calais zu erreichen, bringt ihn zunächst zu einem Helfer, der ihm angekündigt wird als »le docteur Schoelcher, le maire des morts« (238).[13] Die Amtsbezeichnung

13 Der Name ist wohl als Reverenz vor Victor Schœlcher (1804–1893) zu verstehen, der im 19. Jahrhundert maßgeblich zur Abschaffung der Sklaverei in Frankreich beigetragen hatte.

bezieht sich, wie Saad dann vor Ort erfährt, auf eine Hinterlassenschaft aus dem 1. Weltkrieg (246):

> Ici, dans le canton de Charny-sur-Meuse, il y avait avant la guerre environ trois mille résidents, paysans pour la plupart, qui occupaient neuf villages. Contraints à l'exode dès début de la bataille, ils ne revinrent jamais. Dès 1919, une loi dota chacun des neuf villages morts pour la France d'une commission municipale et d'un président dont les pouvoirs s'apparentent à ceux d'un maire.

Schoelcher ist vom Präfekten des Département Meuse in diese Funktion berufen worden und lebt inmitten der Kriegsgräber; hier steigt Saad also, wie Odysseus, in das Totenreich.

Eine weitere Begebenheit erwähnt explizit die *Odyssee*, bezieht sich allerdings nicht auf die Apologe des Odysseus, sondern auf Ereignisse, die der epischen Erzählung entstammen: Vor der Küste Siziliens gerät Saads Schiff in einen Seesturm, aus dem er sich knapp an Land retten kann; dort verliert er das Bewusstsein und erwacht erst wieder, als sich eine junge Frau um ihn kümmert. Saad verrät ihr zunächst seinen Namen nicht, sondern stellt sich aus Vorsicht so, als habe er das Gedächtnis verloren (186f.):

> – D'où es-tu ?
> – Je ne m'en souviens plus, Vittoria.
> – Bien sûr… tu me le diras plus tard. Comment t'appelles-tu ?
> – Je ne m'en souviens plus. Comment veux-tu m'appeler ?
> – Puisque je t'ai trouvé nu sur la plage, telle Nausicaa découvrant Ulysse nu entre les roseaux, je t'appellerai Ulysse.
> – Ulysse ? Ça me va.

Hier ist es nicht Saad oder sein Vater, sondern seine Gesprächspartnerin, die den Bezug zum homerischen Odysseus herstellt, wenn auch nicht ganz präzise: Nausikaa entdeckt den nackten Odysseus nicht »im Schilf«, sondern Odysseus spricht, von ihrem Ballspiel geweckt, die Königstochter und ihre Gefährtinnen selbst an (6, 110–312).

Die oben analysierten Beispiele zeigen, dass Schmitt den Bezug zur homerischen *Odyssee* offensichtlich, teilweise plakativ herstellt: Das Vorbild wird immer wieder explizit benannt und zitiert; Leser benötigen keine extensiven Kenntnisse der griechischen Literatur, um diese Zitate und Anspielungen zu entschlüsseln. Doch sein Roman enthält auch einige subtilere Verweise auf das homerische Epos, die über die Bezüge auf Abenteuer des Odysseus hinausgehen.

Der erste Aspekt, den ich hier nennen möchte, schließt an die eben zitierte Rettung durch die italienische Lehrerin Vittoria an: Die junge Frau bietet Saad einen Platz in ihrem Leben an; heimlich hat sie bereits Verlobungsringe gekauft, um ihm eine Möglichkeit zu geben, legal bei ihr zu bleiben. Aber Saad erkennt, dass er dieses Angebot nicht annehmen kann, und macht sich selbst deswegen Vorwürfe (193):

> [...] je me reprochai non seulement d'avoir quitté mon pays, détruit mes papiers, perdu mon ami, mais de ne plus supporter personne ; alors que mon but restait de trouver ma place dans la société européenne, je refusais celle qu'on m'offrait, je préférais m'enliser, dévisser... Prochaine étape, la folie sans doute ?

Die Figur der Vittoria spielt in doppelter Weise auf die *Odyssee* an: Zum einen entspricht sie, wie oben gesehen, der Prinzessin Nausikaa, weil sie Saad nach seinem Schiffbruch rettet und aufnimmt. Zugleich aber ähnelt ihre Gestalt auch der Nymphe Kalypso, die Odysseus auf ihrer Insel Ogygia,[14] ebenfalls nach einem Seesturm, aufnimmt und ihm die Ehe anbietet. Wie Odysseus, so lehnt auch Saad dieses Angebot ab, allerdings mit einem gewichtigen Unterschied: Odysseus möchte zu seiner Frau, in seine Heimat zurück, während Saad selbst nicht genau weiß, wohin er eigentlich strebt.

Auf die *Odyssee* verweist auch die Wichtigkeit des Namens und seiner Bedeutung. Der eigentlichen Erzählung stellt Schmitt eine Selbstvorstellung des Erzählers voran; dies sind die ersten Worte des Romans (9):

> Je m'appelle Saad Saad, ce qui signifie en arabe *Espoir Espoir* et en anglais *Triste Triste* ; au fil des semaines, parfois d'une heure à la suivante, voire dans l'explosion d'une seconde, ma vérité glisse de l'arabe à l'anglais ; selon que je me sens optimiste ou misérable, je deviens Saad l'Espoir ou Saad le Triste.

Auch in der *Odyssee* spielt die etymologische Herleitung und Bedeutung des Namens des Hauptthelden eine wichtige Rolle. Die Beziehung des Namens zum Verb *odussomai* »zürnen, jem. böse sein« wird mehrmals implizit angesprochen (etwa 1, 62; 5, 340) und an einer Stelle ausdrücklich mit dem »Zorn« von Odysseus' Großvater begründet (19, 407 f.). Diese Beziehung ist sicher weniger offensichtlich als die Parallele zu den Abenteuern der *Odyssee*, aber sie zeigt besonders deutlich, dass der Verweis auf den homerischen Odysseus in Schmitts Roman mehr ist als ein Prunken mit Inhalten einer bürgerlichen Bildungstradition. Wie Odysseus, so scheint auch Saads Persönlichkeit eng mit dem Namen und der Sprache verknüpft; beide gewinnen ihre Identität erst aus der Erzählung ihrer Abenteuer. Damit wird die *Odyssee* zu einem wirklichen Gründungsmythos, Odysseus zu einem auch heute noch gültigen, zahlreiche Assoziationen heraufbeschwörenden Bild des Heimatlosen.

Schmitt ist nicht der erste und nicht der einzige Romanerzähler der Gegen-

14 Schon die antike Homerkritik siedelte einen Teil der Irrfahrten des Odysseus in der Nähe Siziliens an; Ogygia wurde von Kallimachos (frg. 470) im 3. Jh. v. Chr. mit dem Inselchen Gozo (nordwestlich von Malta, zwischen Sizilien und dem tunesischen Festland) identifiziert, wie Strabon 7, 299 berichtet.

wart, der die homerische *Odyssee* als literarischen Spiegel verwendet; als fast beliebig genannte Beispiele sei etwa verwiesen auf Carlos Liscanos *El Camino a Ítaca* (1994), Milan Kunderas *L'Ignorance* (2003) oder Karla Suárez' *La Viajera* (2005).[15] Schmitts Erzählung ist sicher nicht die literarisch anspruchsvollste oder reichhaltigste Umsetzung des Odysseusmythos, aber sie zeigt deutlich die mythomotorische Kraft dieser Gestalt und verweist darauf, dass am Anfang der europäischen Kultur nicht ein selbstbewusster Machtmensch steht, sondern ein unsteter Wanderer auf der Suche nach Heimat und Identität.

## Bibliographie

Schmitt, Eric-Emmanuel: *Ulysse from Bagdad.* Paris 2010 (Le Livre de Poche 31897).
Homer: *Odyssee.* Übersetzung von Wolfgang Schadewaldt. Hamburg 1958.

Bowers, Maggi Ann: *Magic(al) Realism.* London 2004.
Flores, Angel: »Magical Realism in Spanish American Fiction«, in: *Hispania* (38) 1955, S. 187–192.
Menton, Seymour: »Jorge Luis Borges, Magic Realist«, in: *Hispanic Review* (50) 1982, S. 411–426.
Most, Glenn W.: »The Structure and Function of Odysseus' *Apologoi*«, in: *Transactions of the American Philological Association* (119) 1989, S. 15–30.
Müller, Nicole: »Abgeschrieben. Recherchen der Weltwochen zeigen: Der internationale Beststeller ›Monsieur Ibrahim und die Blumen des Koran‹ ist ein Plagiat«, in: *Die Weltwoche* (41), 08.10.2003.
Radisch, Iris: »Kitsch aus der Retorte. Eric-Emmanuel Schmitts Bestseller sind aus zweiter Hand«, in: *Die Zeit* (46), 06.11.2003.
Warnes, Christopher: *Magical Realism and the Post-Colonial Novel. Between Faith and Irreverence.* New York 2009.

15 Zur Zeit fertigen im Rahmen des Kollegs »Gründungsmythen Europas« zwei Doktorandinnen, A. Sofia Markou und Penelope Kolovou, Dissertationen zur Rezeption der Odysseusfigur in der Literatur der Gegenwart an.

Jacques Raymond Domenech (Nice)

# Nicolas Fromaget : *Kara Mustapha et Basch-Lavi* ou un autre « genre » de turquerie après *Le Cousin de Mahomet* ?

Si nous comparons les deux *incipit* des deux « turqueries » si turques de Nicolas Fromaget – celui du *Cousin de Mahomet* contenant les aventures de Parisien l'Ecolier à Constantinople et celui de *Kara Mustapha et Basch-Lavi*, l'œuvre qui a été parfois considérée comme une suite moins réussie du *Cousin* –, la différence de propos et même de style est évidente. Les titres ne trompent jamais au XVIII^ème^ siècle. Les *incipit* encore moins. Mais pourquoi donc ce couple ?

Le titre renvoie à deux personnages historiques célèbres de la plus grande importance au Sérail impérial ottoman : « KARA MUSTAPHA ET BASCH-LAVI. »[1]

L'*incipit* explique cette importance au lecteur occidental peu averti :

> Kara Mustapha, fameux par le Siège de Vienne, que Jean Sobieskhi, roi de Pologne, et le Prince Charles de Lorraine lui firent lever honteusement, était neveu du Grand Vizir Achmet Kuprogli, qui avait succédé à Mahomet son père, dans cette première Charge de l'empire ottoman.[2]

La présentation de ce héros, qui s'inscrit dans le titre du roman, précise sa place importante dans l'histoire véridique de l'Empire Ottoman depuis sa jeunesse au Sérail. N. Fromaget ne semble guère s'éloigner de la chronique historique dans cette première relation de ce héros. Il indique ainsi un contexte crépusculaire d'entrée qui contraste par sa rigueur avec son premier *opus* bien plus célèbre et apprécié dès la deuxième moitié du XVIII^ème^ siècle :

> Il avait été élevé dans le Sérail impérial, en qualité d'*Ichoglan*, c'est-à-dire de Page, auprès de Mahomet IV placé sur le trône des Ottomans en 1648, après la mort de son père Ibrahim I que les Janissaires avaient étranglé.[3]

1 Fromaget 1750. Les extraits de l'édition originale cités ici servent de référence pour cet article qui ne traite pas de la deuxième partie, « Minutianne », étrangère à cette aventure. La fin de l'ouvrage se termine par la capture et la fin du Sultan Mahomet mais la fin aussi de La Validé devenue Zencoub sans son pouvoir.

2 Fromaget 1750, p. 1.

3 Fromaget 1750, p. 3.

Ainsi le destin de Kara Mustapha paraît scellé, dans le Sérail : un espace de vie réel mais surveillé de grand adolescent, d'apprentissage et en fait, d'initiation libertine particulière, fatale. Dans ce cadre étouffant, il vit d'une bien autre jeunesse que Parisien l'Ecolier. Lui trouvait, libre, esclave ou à nouveau libre, sa singulière histoire fictive dans toute Constantinople et plus encore. Cela paraît peu réjouissant pour le lecteur du *Cousin de Mahomet* si bien habitué à des aventures incessantes et si diversement exotiques.[4]

Pourtant Fromaget a su inverser son monde dans la même Turquie, restreindre le cadre, le nombre des personnages, et construire une autre fiction. C'est de ce point de vue une incontestable nouveauté. Mais la jeunesse des deux héros constitue un point commun essentiel pour évoquer l'oppression religieuse, politique et sexuelle turque que Parisien l'Ecolier a su si bien détourner avant la tragédie de Nédoua. Et que serait un roman turc à la Nicolas Fromaget sans la présence des femmes ?

## Basch-Lavi

Nous n'avons dans cette histoire si bien documentée que deux héroïnes et cela paraît bien peu en apparence pour le lecteur enchanté par les exploits de Parisien l'Ecolier. Mais, dans le Sérail, deux figures majeures, bien distinctes, occupent exclusivement l'existence de Kara Mustapha. L'une, la princesse Basch-Lavi, pour laquelle il éprouve à la fois ses premiers élans sensuels, puis un vif libertinage. Dans les jardins du Sérail, où veillent les implacables Eunuques noirs, la jeunesse du Page le pousse même au sentiment et à l'amour.[5] Cela n'est pas inhabituel chez notre auteur et caractérise une filiation bien propre dans la littérature de son temps et de l'après 1750. Basch-Lavi en est la figure emblématique et trouve ainsi toute sa place dans le titre de cet ouvrage. C'est un libertinage auroral et l'éveil au sentiment :

> Quoiqu'elle n'eût qu'un peu plus de treize ans, Basch-Lavi avait déjà toute l'opiniâtreté d'une femme faite. [...] Si Mustapha, pour ne pas ravir à la jeune Sultane l'honneur de mettre la bête à bas, avait eu les bras croisés pendant cette petite expédition, il n'en avait pas été de même de ses jambes. Il suivait la Princesse de si près, qu'il dépendit de lui de culbuter sur elle après sa chute, mais ils se retint de tomber pour ne pas faire le mal plus grand qu'il n'était ; et son honnêteté reçut sur le champ son salaire.[6]

4 Fromaget 1742. L'édition de 1750, 2 tomes, Constantinople (Paris) sert de référence. Notre édition du *Cousin de Mahomet* (Fromaget 2007) présente en postface l'étude « Le Cousin de Mahomet de Nicolas Fromaget : un cousin de Candide de Voltaire » (voir Domenech 2006).

5 Sur la notion de sentiment présentée ici, voir sur cet aspect philosophique notre étude Domenech 1989 / 2008.

6 Fromaget 1750, p. 7.

Ce Kara Mustapha n'est pas celui des chroniques historiques, à moins qu'on les ait effacées… Puni d'en avoir trop vu, le jeune Turc est réprimandé pour la forme. Il n'est plus appelé que « Mustapha » dans la narration, n'est-il pas devenu humain, trop humain ? Et surtout sa belle lui interdit de paraître à nouveau devant elle comme le préconise la décence.

Toutefois un stratagème permet la suite de l'intrigue même. Avec l'aide d'un jeune eunuque blanc, Amulakhi, qui prendra puis prêtera à son maître le travestissement d'un habit d'Odalisque, Kara Mustapha prend le risque de rendre visite à Basch-Lavi dans une partie du jardin réservé aux femmes :

> Mustapha habitait un corps-de-logis, séparé de celui qu'occupait Basch-Lavi, par une partie du jardin, qu'ils traversérent sans crainte d'être découverts. La nuit se trouvant par hasard aussi obscure que s'ils l'avaient choisie exprès.[7]

Le jardin du Sérail est un havre de bonheur et d'amour. Le style particulier de N. Fromaget se retrouve là où il paraît impossible, par le choix du lieu et d'un sentiment tendre qu'il a presque toujours créé entre ses personnages turcs, c'est une originale universalité qui fait de lui un turbulent enfant des Lumières. Les deux jeunes amants libertins multiplient les rencontres dangereuses pour la rigueur de la discipline du Sérail. L'amusant épisode des Moustiques montre à la fois combien leurs jeux sont (presque) innocents et d'un érotisme qui n'exclut pas le comique :

> Le Rabbin Abdénago Barba-Rara […] prend une peine infinie pour faire croire à ses lecteurs que le Cousin était purement de l'invention de Basch-Lavi. […] Et il en parle comme *de visu*. En vérité une pareille imagination pourrait aller de pair avec quelques-unes de ces absurdités répandues dans le Talmud. A Mahomet ne plaise que je prétende faire ici le D. Quichotte de Basch-Lavi.[8]

Le narrateur rend l'ironie de ces amours tranquilles, il joue avec le lecteur. L'épisode du « bain, rafraichissant plus que [Mustapha] n'aurait voulu »[9] dans le jardin montre comment l'auteur a su adapter son écriture plus qu'il n'a consulté les registres de l'empire ottoman. Nous pouvons l'identifier aisément sans exhaustivité, notre N. Fromaget. De Parisien l'Ecolier à Kara Mustapha grand Vizir, défait par une coalition catholique devant Vienne à ses prouesses dans le jardin du Sérail autant qu'à l'histoire à la fois officielle et romancée de la Turquie. Parmi ces figures majeures de l'empire ottoman, N. Fromaget distingue comme à la fois comme Page et héros le vizir Kara Mustapha qui conduira son armée à une terrible défaite devant Vienne. Les Autrichiens coalisés avec des alliés lui infligent

7 Fromaget 1750, p. 34.
8 Fromaget 1750, p. 46.
9 Fromaget 1750, p. 76.

une terrible déroute historique avérée dans les annales européennes. C'est son Lépante.

Le roman historique se déroule donc uniquement entre les plus importants personnages de la cour. Mais Kara Mustapha et Basch-Lavi se livrent à un badinage, à un libertinage auroral qui égaie le roman. Dans les contraintes redoutables et les interdits, Nicolas Fromaget transpose dans ce terrible Sérail le génie singulier qui a fait la réussite du *Cousin de Mahomet.* Gaillardise et libertinage, à haut risque bien sûr, que l'auteur fait habilement oublier au lecteur, interpellé mais aux yeux bandés et à la bouche cousue, comme le sera celui de *Jacques le Fataliste.* N. Fromaget nous leurre par sa prouesse générique. Le huis clos du Sérail se prête davantage à l'écriture théâtrale que Fromaget a pratiquée souvent avec Lesage.

## Zencoub dite La Validé

Le destin tragique des amours de Nédoua – exécutée par le Sérail dont elle constituait la figure la plus haute – doit être considéré comme le lien organique entre ces deux œuvres formellement distinctes. Les titres entrecroisent les destinées turques tragiques d'un Sérail à la *Bajazet.*

Avec une double appellation, Zencoub, dite surtout La Validé, terrible veuve du Sultan, incarne un libertinage crépusculaire, au maléfique pouvoir de vie ou de mort. La structure s'affichait comme à la fois romanesque certes, mais également théâtrale. Mais notre Page, le sympathique et tendre *Ichoglan* passe, malgré lui, insensiblement de Watteau et Marivaux aux *Liaisons Dangereuses* et à Sade.

Collègue et disciple de Lesage, notre auteur – dont Octave Uzanne se désespérait de ne pas connaître l'exactitude du portrait qu'il avait retrouvé – peint ainsi un crépusculaire Sérail indiscret où Zencoub dépasse en cruauté le libertinage français de bon ton, mais rappelle les sauvageries perpétrées dans le *Cousin de Mahomet.* Des liens sont donc bien tissés entre les deux œuvres malgré une écriture singulièrement différente.

Du badinage libertin le plus léger, qui ne craint de s'engager vers l'amour – quand on le découvre – nous voyons ces mêmes personnages qui font le titre de cette œuvre victime d'une fin crépusculaire préparée par La Validé, mante noire qui acquiert un pouvoir tout-puissant au détriment des grands, du Sultan lui-même.

La Validé, initiatrice dépitée du jeune Kara, ne lui pardonnera pas sa constance pour Basch-Lavi. Fille de Sultan et terrible veuve de Sultan, elle incarne dans toute son horreur la pérennité de l'empire ottoman. C'est la même lignée, le même absolu arbitraire ceux qui ont fait le malheur de Parisien l'Ecolier. C'est un libertinage crépusculaire qui est d'une certaine manière annoncé dans le *Cousin de Mahomet.*

Et on comprend que le vizir Kara Mustapha partait à la conquête de Vienne, en service commandé. Le Sultan Mahomet désigna malgré lui ainsi son protégé qu'il aimait à une mort certaine. Après la défaite, La Validé incarne le vice majeur de ce pouvoir impérial. La Validé suscite aisément le mécontentement, la colère, la haine. La Validé obtiendra ainsi une vie. Bafouée elle fait une affaire impériale que le Sultan dut sacrifier malgré lui pour qu'elle trouve enfin la vengeance.

Fromaget joue donc sur une représentation qui implique une terrible ambiguïté formelle, par la suite. Les conséquences du désastre condamnent au pire Kara Mustapha. Le sultan son protecteur l'épargnerait volontiers pour services rendus. Mais La Validé, terrible veuve du Sultan précédent, intrigue, désire une vengeance contre l'ancien page qu'elle a initié au plaisir et lui a toujours préféré Basch-Lavi. L'initiation à la turque se paie par la vie et les libertinages du Sérail dépassent en cruauté Pommeraye et Merteuil.

Cette Turquie est bien celle du *Cousin de Mahomet.* Ce sont bien ceux qui ont assassiné Nédoua sans pitié. C'est bien cette Constantinople où on empale un Chrétien parce qu'il couche avec sa Patronne turque. Le contexte est le même que dans le *Cousin.* Mais dans le Sérail imperial, c'est, on le repète, *Bajazet.*

*Le Cousin de Mahomet* participe d'un libertinage auroral avec un héros positif aux aventures inédites et asymétriques par rapport aux canons stricts définis. Les codes sont inversés. L'œuvre n'a pas encore reçu l'onction universitaire de nos jours. Octave Uzanne et Peter Nagy ne se sont trompés et c'est l'essentiel. Le regretté Jean d'Ormesson l'a citée trois fois : connaissez-vous Fromaget ? Mais la cruauté du Sérail, univers totalitaire et fermé, prison dorée, est le cadre d'un roman en apparence singulièrement différent du *Cousin.*

Il existe surtout une différence d'ordre générique certaine entre les deux grandes œuvres turques de Nicolas Fromaget. Proches dans la période d'écriture – entre 1742 et 1750 – elles diffèrent considérablement dans le genre. Autobiographie fictive qui a trompé bien des critiques, le *Cousin de Mahomet* est un authentique chef-d'œuvre de fausse écriture de soi. C'est également un roman atypique et asymétrique qui l'éloigne du libertinage traditionnel. Comme nous avons déjà eu l'occasion de l'écrire, si Parisien l'Ecolier n'a guère été accueilli, parfois même de nos jours, c'est qu'il amorce *Candide* et *Jacques le Fataliste,* et leurs héros plus philosophiques que de salon.

Octave Uzanne nous a obligés à changer de lunettes. Le passage par Lesage s'impose pour le procédé, une documentation infaillible, et une méthode qui repose sur un lectorat laïque bien aguerri dès cette époque. De tout cela Fromaget a profité avec audace et persistance. D'où cette fausse suite du *Cousin de Mahomet.* Turc, *Kara Mustapha et Basch-Lavi* l'est autant que le *Cousin de Mahomet,* certes. Mais N. Fromaget s'attache à nous peindre l'univers clos du Sérail du

Sultan turc. Le roman historique est d'un libertinage singulier, passant du badinage à un contexte crépusculaire bien tragique, beaucoup plus adapté à la cruauté de La Validé.

Peu de personnages, Basch-Lavi et sa jeune servante Géorgienne, Kara Mustapha qui « ne put s'empêcher de rire en voyant le bon Eunuque blanc se secouer comme un barbet ».[10] Les deux tout au sommet de la Turquie, deux jeunes comparses, comme dans ce huis clos plus théâtral que romanesque. Comédie légère, puis tragédie qui évoque la fin de Nédoua.

Mais dans le Sérail, si proche des témoignages ou des études qui feront par la suite référence, Fromaget réussit à théâtraliser par un vase clos, au-delà du pire libertinage sadien, une atmosphère de tragédie.[11]

Belle et subtile fantaisie dans ce monde implacable. Cela n'était pas inhabituel chez N. Fromaget et caractérise une filiation bien propre de ces deux œuvres turques dans la littérature de son temps et de l'après 1750. Basch-Lavi, entourée d'une suivante, comme au théâtre, est la figure emblématique de l'héroïne telle que la conçoit Fromaget. Elle trouve ainsi toute sa place dans le titre de cet ouvrage. C'est au début l'histoire d'un marivaudage auquel se livrent deux jeunes gens. C'est bien un libertinage auroral et l'éveil au sentiment qui est esquissé dans un premier temps. Les héros respirent ainsi le bonheur hors du Sérail. Mais leur innocence leur coûtera la vie à tous deux. Un mélange des genres se noue avec des personnages historiques tout à fait vraisemblables dans l'irrationalité et l'absolutisme de la tradition cruelle séculaire.

## Bibliographie

Diderot, Denis: *Jacques le Fataliste et son maître*, dans : *Œuvres complètes*, 28 tomes, éd. Arthur M. Wilson, t. XXIII, Paris: Hermann 1981.
Fromaget, Nicolas: *Kara Mustapha et Basch-Lavi*, trois parties, Amsterdam 1750.
Fromaget, Nicolas: *Le Cousin de Mahomet et la folie salutaire*, Leyde 1742 / Constantinople [Paris] 1750, 2 tomes.
Fromaget, Nicolas: *Le Cousin de Mahomet*, éd. par Jacques Domenech, Paris : Les Belles Lettres 2007.

Barthes, Roland: *Sade, Fourier et Loyola*, Paris: Seuil 1974.
Centre d'Études et de Recherches Marxistes: *Romans et Lumières au XVIII$^{e}$ siècle : colloque* [1968], Paris: Éditions Sociales 1970.

10 Fromaget 1750, p. 77.
11 La notion de « clôture » renvoie à Barthes 1974, la notion de « vase clos » à Labrosse, à propos de Crébillon, dans *Centre d'Études et de Recherches Marxistes* 1970, celle d' « isolisme » à Sade inventeur de ce néologisme.

Domenech, Jacques : « *Le Cousin de Mahomet* de Nicolas Fromaget : un cousin du *Candide* de Voltaire », dans : Bernsen, Michael / Neumann, Martin (éd.) : *Die französische Literatur des 19. Jahrhunderts und der Orientalismus*, Tübingen : Niemeyer 2006, p. 19–35.

Domenech, Jacques : « Parisien l'Ecolier – devenu Cousin de Mahomet – et Jacques : libertinage atypique, gaillardise et sentiment », dans : *Mélanges autour de Jacques le Fataliste*, textes réunis par Jacques Domenech, Paris : L'Harmattan 2017.

Domenech, Jacques : *L'Ethique des Lumières. Les fondements de la philosophie française du XVIII^e siècle*, Paris : Vrin 1989 / 2008.

Giraud, Yves : « Un témoignage romanesque sur la Turquie et sur les Turcs », dans : *Studi francesi* (110) 1993, p. 251–259.

Grosrichard, Alain : *Structure du sérail. La fiction du despotisme asiatique dans l'Occident classique*, Paris : Seuil 1979.

Hanoun, Leïla : *Le harem impérial au XIX^e siècle*, Bruxelles : Editions Complexe 1991.

Henriot, Emile : *L'Art de former une bibliothèque*, Paris : Delagrave 1928.

Laufer, Roger : *Style rococo, style des Lumières*, Paris : Corti 1981.

Nagy, Peter : *Libertinage et révolution*, Paris : Gallimard 1975.

Saïd, Edward W. : *L'Orientalisme. L'Orient créé par l'Occident*, Paris : Seuil 1997.

Remigiusz Forycki (Varsovie)

# « Le mirage russe » à l'heure des Lumières et du Romantisme

*Dautre part on ne peult appeler vertu, tuer ses citoyens,*
*trahir ses amyz estre sans foys, sans pitié, sans religion.*
*Lesquelles manières de vivre peuvent bien faire*
*acquester empire à quelcun, mais gloire non.*
Nicolas Machiavel, *Le Prince* (VIII, 10)

L'année 1709, soit la date de bataille de Poltava, gagnée par Pierre I$^{er}$, est celle qui marque, dans une certaine mesure précisément, le début d'un intérêt plus approfondi porté à la Russie en France. Vainqueur de la puissante Suède de Charles XII – à côté de la Pologne, principal allié septentrional de Louis XIV – le tzar russe s'est garanti une position de puissance parmi celles européennes. Encore au cours de sa première *tournée* européenne, en 1697, malgré les démarches effectuées par la diplomatie russe, il n'a pas été invité en France par Louis XIV. Mais quelques années plus tard, en 1717, le souverain de Toutes les Russies sera accueilli avec honneur à Versailles par le Régent et la princesse d'Orléans, visitera la Bibliothèque et l'Imprimerie royale, le Collège Mazarin, la Sorbonne et, le dernier jour de son passage, rencontrera au Louvre les membres de l'Académie royale des sciences et le jeune roi de France. Les contacts et les discussions avec les professeurs de la Sorbonne et les membres de l'Académie des sciences se sont avérés particulièrement importants, et non dépourvus d'une certaine tension, car ils ont mis à nu de profonds clivages existant entre les savants parisiens et, qui pis est, érigé le tzar de Russie en réconciliateur crédible, voire arbitre capable, par exemple, de trancher le dilemme : qui a raison dans tous ces conflits ? Et, le cas échéant, il s'agissait d'une chose non négligeable – la France était alors déchirée par une profonde crise religieuse où les jésuites s'opposaient aux jansénistes. C'est ainsi que la venue du tzar – qui était plutôt intéressé par des questions d'ingénierie militaire (technologies modernes, instruments scientifiques, cartes, cabinets de curiosités, toutes sortes de machines, instruments de navigation et de mesure, etc.) – est devenue l'occasion de régler les problèmes franco-français chez soi et de ne pas les étaler (le cas échéant ceux religieux) au forum étranger.

Au seuil du XVIII$^{e}$ siècle, l'absolutisme militariste du « roi-Soleil » a subi une érosion naturelle en cédant la place à un système socio-politique moins hiérarchisé, basé sur des assemblées représentatives éligibles. Les transformations intervenues dans la haute culture et la science, et aussi la révolution dans le domaine de la technique et celui de la tactique militaire, ont contribué à faire d'une monarchie de type féodal un système absolutiste de pouvoir éclairé. Aussi est-il devenu évident qu'après la Révolution et les guerres religieuses, il serait impossible de rétablir l'unité de la chrétienté et le pouvoir absolu du roi, sanctionné par Dieu. La voie vers ce que A. de Tocqueville appellera démocratie s'est ouverte à la France – l'année 1789 sera à cet effet décisive.

Cependant, le maintien en Russie du système patrimonial basé sur la *samoderjavie* (pouvoir autocratique), la subordination de l'Église et de la société, inscrite dans les « tableaux des rangs », la liquidation de l'opposition des grands seigneurs (boyards) avec la conservation du servage – tout cela ne donnait aucunement à Pierre I^er^ de légitimité de trancher des affaires conflictuelles dans l'État européen le plus important, mis à part l'Angleterre. Nonobstant une propagande agressive et des gestes symboliques (barbes coupées, transfert de la capitale de l'État de Moscou à Pétersbourg, etc.), la réforme de Pierre n'a jamais réussi à mettre un signe d'égalité entre l'empire des tzars et l'Europe éclairée, ni – à fortiori – n'a introduit ici ou incorporé dans l'ordre socio-politique de changement révolutionnaire de type *novus ordo saeculorum.*[1] Le régime patrimonial, initié par Ivan III le Grand, consolidé par son petit-fils, Ivan le Terrible, et ensuite efficacement « amendé » par les Romanov,[2] a été – il est vrai – réformé par Pierre I^er^, mais il n'empêche qu'il existe un continuum manifeste entre sa version première, celle de *samoderjavie*, des temps anciens et ses avatars ayant été perfectionnés par Pierre (principalement dans la sphère militaire et celle de la propagande). Cette continuité perdurera sans rupture jusqu'à 1917.

Il est bon de s'interroger ici sur le terme de « mirage russe »,[3] évoqué par A. Lortholary, définissant une fascination *sui generis* par l'image fantasmagorique du colosse du Nord – falsifiée, illusoire voire inexistante – mais pourtant présente dans l'imaginaire collectif de nombreux Européens.

J'entends par « mirage russe » une sorte d'illusion, hallucination, fantasme où la réalité de l'imagination devient plus réelle que le monde empirique. Il est loisible de le comparer à l'interprétation psychanalytique de Carl Gustav Jung où un individu (ou un groupe social) non seulement commence à croire que le phénomène perçu, ou la vision socio-politique utopique, revêt une existence authentique, réelle, mais aussi est prête à combattre pour elle, voire mourir. Hannah Arendt, Zbigniew Brzeziński, François Furet ou Alain Besançon ont

---

1 Et pourtant, une telle image de la Russie, fantasmatique, bourrée de mythes, créée par des Encyclopédistes fonctionne dans les cercles de bien des chercheurs jusqu'à aujourd'hui. Même Pierre I^er^, tzar-réformateur, a ses enthousiastes contemporains, dont témoigne ne soit-ce que son portrait suspendu fièrement dans le cabinet de l'actuel Président de la Russie.

2 Sous le règne de cette dynastie, la Russie « gagnait » au jour le jour environ 140 km$^2$ de sa superficie !

3 Cf. Lortholary 1951.

décrit des systèmes totalitaires et leur attraction magique, basée souvent sur une propagande raffinée. C'est justement dans ces systèmes qu'on peut observer le mécanisme d'envoûtement par le « charme de la Méduse » et l'idéologie du mal. Ici, on pourrait se demander : quelles sont les ressemblances qui existent entre ces systèmes criminels et l'empire de tzars ? En répondant à la question ainsi posée, je voudrais me concentrer sur quatre aspects : je définirais le premier comme *novus ordo saeculorum*, soit mirage du point zéro de l'histoire ; le deuxième, c'est *tabula rasa*, soit illusion d'une page blanche, non écrite ; le troisième – basée sur une ingénierie sociale frôlant la folie – concerne un projet fantasmatique de création d'un « homme nouveau », préfiguration de *homo sovieticus* du XX$^{e}$ siècle ; le quatrième, enfin, c'est l'Éden russe – vision utopique d'un paradis sur terre, pays de cocagne.

Le *novus ordo saeculorum* est l'expression de l'espoir d'effectuer une coupure radicale dans l'histoire, d'établir un commencement absolu, soit point zéro dans l'histoire d'une nation, d'un État ou d'une dynastie. À l'échelle globale et celle de l'ensemble de la population humaine, l'évènement de ce type le plus connu aurait été la mise à mort de Louis XVI. Le roi – oint d'huiles saintes au cours de la cérémonie de sacre à Reims et personnifiant la France – a été décapité sur l'échafaud en quelque sorte doublement : en tant qu'individu (Albert Camus l'appelle « homme faible et bon », dont la mort a servi de fondement à l'histoire contemporaine)[4] et en tant que roi (la décapitation du monarque équivalait à la disparition de l'Ancien régime en France). Les révolutionnaires pensaient avoir établi, grâce à la désacralisation de l'histoire, un nouvel ordre. Comme il était impossible de ressusciter Louis XVI, ils étaient persuadés qu'on ne pourrait plus revenir au passé. Ils croyaient avoir réussi à définir, une fois pour toutes, le point zéro de l'histoire – son *novus ordo saeculorum*. Ils ont déplacé le point de gravité de la pensée politique sur une pensée fantasmatique et symbolique, et pourtant – comme Czesław Miłosz a remarqué à juste titre – jamais dans l'histoire du Vieux Continent une telle manœuvre de propagande n'a été réussi : « tous les bouleversements européens montrent que sous la surface des événements changeants subsiste une continuité. Cette continuité culturelle n'a été altérée ni en France par la Révolution de 1789, ni en Russie par la Révolution d'octobre, ni en Pologne par la venue au pouvoir des communistes en 1944–1945 ».[5]

L'empire des tzars a connu à deux reprises des événements d'une envergure comparable : la première fois, sous le règne d'Ivan le Terrible, la seconde – sous Pierre le Grand. Je pense ici à la disparition des héritiers du trône – tzarévitchs Ivan et Alexis. Ces évènements peuvent être définis justement comme un tournant radical, faisant établir un « nouvel ordre de l'histoire ». Les deux souverains

4 Cf. Camus 1951, p. 156.
5 Cf. Miłosz 1964, p. 131.

ont « dévoré » leurs progénitures comme Saturne, les deux ayant transféré la soif du pouvoir et leurs passions politiques sur les relations de famille. Dans le cas d'Ivan, il s'agissait de la trahison de la « Sainte Russie » (il aurait pacté secrètement avec les Polonais). Alexis en revanche a été pour le père-réformateur l'incarnation d'arriération et le symbole de l'*ancien régime* haï – la peine frappant l'héritier du trône « devait effrayer, imposer la soumission et révolutionner la société russe ».[6]

Il est vrai qu'Ivan le Terrible, en instituant l'*opritchnina*, a imposé une tyrannie absolue « seulement » à la moitié de l'État, mais en revanche, par sa résolution décidée en matière de « rendre » le pouvoir,[7] il a gagné une reconnaissance fanatique et un appui total de tous les sujets. Dans son livre *La Russie en 1839*, Astolphe de Custine dit : « ne nous lassons pas de le répéter, que le despotisme sans frein produit sur l'esprit humain l'effet d'un breuvage enivrant [...]. Les victimes deviennent les zélés complices de leur bourreau. Voilà ce que l'on apprend en Russie ».[8]

Pierre I$^{er}$ est déjà maître et seigneur régnant sans partage sur toutes les Russies – un despote, pour le dire ainsi, « total ». Laissons une fois de plus la parole à de Custine qui se réfère ici à L.-Ph. Ségur :

> « Mais c'est là surtout que se développe avec une complaisance effrayante le génie de son [Pierre I] despotisme ! » – « Tout l'Etat, dit-il, est en lui, tout doit se faire pour lui, maître et despotique, qui ne doit compte de sa conduite qu'à Dieu seul ! » – « C'est pourquoi tout parole injurieuse contre sa personne, tout jugement indécent de ses actions ou intentions, doivent être punis de mort. »[9]

Dans le contexte de la réforme sanglante de Pierre I$^{er}$, les pays slaves ont été confrontés à une alternative historique. D'un côté, ils pouvaient faire le choix d'un projet de développement restreint, donc celui d'une démocratie représentative, basée sur les principes de coresponsabilité de l'État entendu comme une chose publique (*res publica*), de l'autre – d'un modèle de centralisation extrême de l'État et confier au tzar-Dieu la totalité du pouvoir et la responsabilité de tout empire. *Samoderjavie*, système basé sur la terreur policière, le mensonge politique et la

6 Cf. Massie 1980, p. 270.

7 « A la fin de l'année 1564, il quitte soudain Moscou avec sa famille et s'installe à 90 kilomètres de la capitale, dans la Sloboda d'Alexandrov. De là, après quatre semaines de silence, il adresse un message au métropolite Afanassii lui annonçant qu'il veut renoncer au trône. Il dénonce ceux qui, dit-on, ont toujours paralysé l'exercice de son pouvoir, nobles, attachés à leurs privilèges, méprisant l'intérêt commun. Au peuple, il fait adresser un second message pour expliquer pourquoi il ne peut remplir la mission que Dieu lui a confiée [...] premier tsar couronné de Russie, se retira dans sa *Sloboda* d'Alexandrov pour annoncer qu'il abdiquait et qu'il avait choisi pour successeur ... un Khan tatar converti à l'orthodoxie ! » – cf. Carrère d'Encausse 1988, pp. 91 et 107.

8 Cf. De Custine 2005, p. 528.

9 De Custine 2005, p. 536.

puissance militaire constitue une variante socio-politique de l'exceptionnalité de la Russie (*Sonderweg*) et se situe aux antipodes de la civilisation de l'Occident.[10] La Moscovie, humiliée, menacée des siècles durant par l'asservissement aux Tatars et le « Temps des troubles », a perfectionné dans ses moindres détails la règle de pouvoir tzariste monolithique, ainsi que sa sacralisation, hissant le souverain au-dessus de l'État et de la nation. Il est bon d'ajouter que cette idée devait être un secret de puissance des générations futures. La mise en place d'un contrat social tellement cruel – humiliant la société russe et basé sur l'asservissement de l'individu – s'est faite de façon violente, voire révolutionnaire, si l'on tient compte de la mort des tzarévitchs. Cette démarche propagandiste et idéologique a été fidèlement reprise plus tard par les bolcheviks qui ont assassiné la famille de Nicolas II.

Le deuxième facteur important de la formation et du façonnement du « mirage russe » a été la conviction (provoquant, comme l'opium, la dépendance) de faire de la Russie une carte blanche, vierge, un « Paraguay des Jésuites » rêvé. Cette idée se faisait notamment entendre dans les milieux des intellectuels susceptibles aux charmes de constructions intellectuelles – tant perverses que progressistes. La naïveté et l'ingénuité de Voltaire, des encyclopédistes, des souverains européens (y compris Stanislas Auguste Poniatowski), des diplomates, des ecclésiastiques, etc., n'auraient pas constitué de fondement rationnel des illusions fantasmatiques sans la géniale, extraordinairement subtile et très efficace propagande de Catherine II. Son meilleur exemple, c'est le féérique, préparé avec perfection, voyage en Crimée. Les relations de Charles-Joseph de Ligne et de Louis-Philippe de Ségur sont une source importante permettant de connaître cette expédition au pays de villages de Potemkine offrant l'opportunité de lecture du code accompagnant la « propagande de succès » (j'ai emprunté cette expression aux temps de la RPP (République populaire de Pologne) d'Edward Gierek). Le prince Grigori Aleksandrovitch Potemkine faisait venir à des villages improvisés des gens déguisés en paysans – il voulait ainsi convaincre tout le monde que Catherine II a construit sur le territoire de la province conquise « une seconde Russie ».[11] Astolphe de Custine a commenté cet événement :

10 Chose surprenante, dans *Le Passé d'une illusion*, F. Furet prétend que c'est plutôt l'Allemagne qui a été un adversaire historique de l'Occident, tandis que la « Russie, dans ses meilleurs moments n'a jamais été qu'une imitatrice de la Prusse » – cf. Furet 1995, p. 58.

11 Les autorités soviétiques ont eu recours à la même stratégie en montrant, en 1932 (donc au cours de la grande famine, exactement), une Ukraine « florissante » à Henriot, et ensuite encore à Pierre Cot et Romain Rolland – cf. Furet 1995, pp. 178, passim. La même tentative de séduction d'André Gide a valu aux Soviets un fiasco total. Revenu à son pays, l'écrivain français a publié *Retour de l'U.R.S.S.* – récit comparable à *La Russie en 1939* du marquis de Custine. Comme le dit Furet : « Dans les salutations des stakhanovistes, les salamalecs des académiciens et les compliments des ‹ pionnier ›, Gide se senti partout le bourrage de crâne, la tyrannie et la peur. Il était parti à la rencontre d'une société révolutionnaire, et il a trouvé

Au milieu des fêtes de Pétersbourg, je ne puis oublier le voyage en Crimée de l'Impératrice Catherine et les façades de villages figurées de distance en distance en planches et en toiles peintes, à un quart de lieu de la route, pour faire croire à la souveraine triomphante que le désert s'était peuplé sous son règne.[12]

Dans sa guerre avec la Turquie, Catherine II tenait à mettre de son côté (ou neutraliser, au moins) les puissances occidentales. C'était une mission casse-cou – au milieu du XIXe siècle, la Russie de Nicolas Ier a subi une défaite honteuse au cours de la guerre de Crimée et a perdu Sébastopol. La Sémiramis du Nord a pourtant réalisé son plan sans encombre. Le voyage de propagande a été couronné d'un final spectaculaire, plein de feux d'artifice et d'éclats carnavalesques. Surprise, l'Europe a cru une fois de plus que la Russie était suffisamment forte pour pouvoir rivaliser même avec la puissance musulmane. Dans les yeux des participants à l'entreprise, ravis et stupéfaits, il est devenu évident que l'empire des tzars – bastion de la civilisation européenne le plus avancée à l'Est – allait remplir désormais la fonction de rempart de la chrétienté. Le prix que la tzarine a eu à payer pour cela fut minimal. Elle n'a fait que couvrir les frais du voyage, a distribué à ses amis quelques portraits-miniatures et étuis à cigarettes sertis de brillants, les dotant de quelques centaines d'hectares de terres aux alentours de l'actuelle Odessa (le prince de Ligne a reçu Parthenizza par exemple) et a pris soin de ce que les nouveaux propriétaires de ces terres puissent disposer de paysans asservis, accroché quelques médailles à des hommes politiques et officiers frais promus et… en principe, c'est tout. Tandis que l'effet politico-propagandiste a été fulgurant – la querelle quant à cette entreprise improvisée de Potemkine se poursuit jusqu'aujourd'hui.

La création de villages en carton n'égale cependant l'idée de Pierre Ier, qui a mis en place un décret de rasage de barbe, ni peut concourir avec les « horloges vivantes » d'Ivan le Terrible. Ces éminents spécialistes d'ingénierie sociale savaient ramener l'homme au rôle de la machine ou automate sans âme. Par exemple, le créateur d'*opritchnina* :

Se servant de corps humain pour horloges, Ivan invente des poisons à heures fixes, et parvient à marquer avec une régularité satisfaisante les moindres divisions de son temps par la mort de ses sujets, échelonnés avec art de minute en minute sur le chemin du

partout des esclaves réduits à adorer Staline. L'éclat de son petit livre, à demi masqué par l'urbanité exquise du style, tient à ce constat que, l'U.R.S.S n'étant pas, ou plus, ce qu'elle prétend être, un pouvoir absolu y oblige tous les citoyens à répéter et même à croire le contraire : qu'elle est ce qu'elle prétend être » – cf. Furet 1995, p. 335. A. Gide a rendu Staline furieux et plein d'une colère rageuse par son aveu : « …la moindre protestation, la moindre critique est passible des pires peines, et du reste aussitôt étouffée. Et je doute qu'en aucun autre pays aujourd'hui, fût-ce dans l'Allemagne de Hitler, l'esprit soit moins libre, plus courbé, plus craintif (terrorisé), plus vassalisé » – voir Gide 1993, p. 435s.

12 Cf. De Custine 2005, p. 225.

tombeau qu'il tient sans cesse ouvert sous leurs pas ; la précision la plus scrupuleuse préside à ce divertissement. Infernal n'est-il pas le mot propre ? L'homme à lui seul inventerait-il de telle volupté ? Oserait-il surtout profaner le saint nom de justice en l'appliquant à ce jeu impie ? Qui oserait douter de l'enfer en lisant une pareille histoire ?[13]

Il y a peu encore, l'Occident – stupéfait d'étonnement – pouvait observer une telle « horloge » dans un des hôpitaux londoniens. Dans l'organisme d'Alexandre Litvinenko « tictaquait » du polonium-210 :

In Litvinenko's case, once the isotope had reached his stomach, it began to shoot off particles in a ferocious attack on his intestinal lining. Internal bleeding resulted, causing him to feel pain and nausea. By the end of the first day, up to half the poison was lodging in his spleen, kidneys, liver, lymph nodes, and bone marrow. It was delivering a massive punch to his red blood cells, whose natural response was to stop multiplying, and his bone marrow stopped replenishing his body with new blood cells. Ultimately, his organs were ripped apart and his immune system rendered inoperable.[14]

L'ordonnance de couper les barbes, mise en place par Pierre le Grand, dans l'Europe tout entière a fait l'objet de moqueries et de commentaires négatifs. Montesquieu a réagi brusquement à cette méthode atypique de réformer l'Etat. Selon lui, les mœurs doivent être modifiées organiquement par d'autres mœurs et non pas décrétées par la mise en place d'un oukase tzariste. Jean-Jacques Rousseau, dans son *Contrat social*, attire aussi l'attention sur le syndrome de la réforme avortée de Pierre I^er^ :

Les Russes ne seront jamais vraiment policés, parce qu'ils l'ont été trop tôt. Pierre avoit le génie imitatif ; il n'avoit pas le vrai génie, celui qui crée et fait tout de rien [...]. Il a vu que son peuple étoit barbare, il n'a point vu qu'il n'étoit pas mûr pour la police ; il l'a voulu civiliser quand il ne faloit que l'agguerrir. Il a d'abord voulu faire des Allemands, des Anglois, quand il faloit commencer par faire des Russes ; il a empêché ses sujets de jamais devenir ce qu'ils pourroient être, en leur persuadant, qu'ils étoient ce qu'ils ne sont pas.[15]

Dans son évaluation de la réforme de Pierre I^er^, Rousseau non seulement abolit l'illusion de *tabula rasa* (donc de faire « tout de rien »), mais aussi enlève à la Russie l'illusion d'universalité. Non seulement le tzar ne crée pas de nouvelle

13 Cf. De Custine 2005, p. 512.

14 LeVine 2009, p. 144. – Dès que l'isotope a atteint l'estomac de Litvinenko il s'est acharné à bombarder l'épithélium de l'œsophage. Ce qui a provoqué une hémorragie intérieure, des douleurs et des nausées. Au bout du premier jour, la moitié du poison s'est logé dans la rate, les reins, le foie, les glandes lymphatiques et la moelle épinière. Le poison a porté un grand coup aux globules rouges qui, suite à une réaction naturelle, ont cessé de se répliquer, et la moelle épinière a cessé de fournir à l'organisme de nouveaux globules. Les organes internes ont fini par être endommagés et le système immunitaire a refusé de fonctionner.

15 Rousseau 1964, p. 386.

histoire, mais il corrompt l'histoire déjà connue : « il a empêché ses sujets de jamais devenir ce qu'ils pourroient être ». Dans une formule célèbre attribuée à Diderot, cette question est caractérisée encore plus crûment : « Les Russes sont un fruit pourri avant d'être mûr ». Dans ce contexte, on peut être d'accord avec la thèse de Furet que l'esprit allemand n'a pas d'adversaire à l'Est, puisque la Russie « a toujours été imitatrice de la Prusse ».[16]

Voltaire a été le penseur qui a introduit, codifié et diffusé à une très grande échelle cette interprétation de l'empire des tzars justement. Il a consacré presque trente ans à élaborer son *opus vitae* intitulée *L'Histoire de l'empire de Russie sous Pierre le Grand* (1759/1763) ou un machiavélisme singulier avoisine une propagande politique subtile. Il est bon d'examiner d'un peu plus près et d'expliquer en quoi consiste le « génie » de cette russophilie appliquée voltairienne.

Deux vices fondamentaux flétrissent l'*Histoire de l'empire de Russie* qui en font une œuvre plutôt de propagande que – comme Voltaire l'aurait souhaité – un traité historique. Le premier reproche que l'on peut faire au publiciste français, c'est d'avoir avancé la thèse erronée selon laquelle Pierre I$^{er}$ serait le créateur d'une « nouvelle Russie ». Le tzar réformateur aurait établi dans son empire une ère nouvelle, un absolu commencement, *novus ordo saeculorum*, ou le point zéro de l'histoire. La deuxième falsification perpétrée par l'historiographe français consiste à avoir fait de cette « nouvelle Russie » un État éclairé qui a non seulement rattrapé le niveau de civilisation européenne, mais encore – sous certains égards, principalement dans la sphère spirituelle – l'a devancée en subordonnant l'Église à l'État. La pensée voltairienne vient s'appuyer ici sur deux assises : rôle clef de l'individu dans l'histoire socio-politique d'un pays donné ainsi qu'une position exceptionnelle que revêt la civilisation dans l'histoire de l'Europe. Le tzar réformateur, entouré – lui-même – d'un peuple primitif, fait établir un nouvel ordre dans son empire. L'acte créateur n'appartient pas, le cas échéant, à Dieu, mais au despote éclairé. L'Histoire est en devenir et n'obéit qu'à la volonté d'un seul homme – le peuple demeure passif et immature. Voltaire ira jusqu'à accepter l'asservissement politique : il rêvait d'une « république des philosophes » dont la règle majeure serait un « leadership intellectuel suprême » du tzar. Il était profondément convaincu que le pouvoir politique ne devrait revenir qu'à un seul monarque et que tous les « contrats sociaux » entre le prince et le peuple finissent, tôt ou tard, par amener à la ruine de l'État. L'excès de liberté peut pousser le pays vers l'anarchie ; affaibli et dévoré de l'intérieur par des luttes fratricides, un tel pays devient une proie facile pour ses voisins puissants qui – conformément à la doctrine *Machtstaat* de Samuel von Pufendorf – se le subordonnent et lui imposent leur droit. Les énormes succès et conquêtes de Pierre I$^{er}$ nous apprennent que l'on peut créer une puissante entité impériale en asservissant complètement

16 Furet 1995, p. 58.

le peuple. De l'avis de Voltaire, la Russie était la seule puissance à pouvoir réaliser totalement une telle politique de conquête, salutaire – pensait-il – pour la civilisation de l'Europe occidentale.

Dans la confrontation de l'utopie avec l'idée de progrès, le fantasmatique espace imaginaire est opposé ici au temps-espace de l'histoire. Or l'histoire peut également s'avérer une « promesse de l'utopie ». Il suffit de choisir une stratégie de parole appropriée, inventer une propagande efficace pour ouvrir aux masses l'illusion d'un avenir radieux. Voltaire a justement été un grand maître d'une telle stratégie, son génial créateur en Russie. Son modèle de progrès historique, basé sur un individu puissant, associé à la mission civilisatrice de la Russie, a servi d'assise à une interprétation falsifiée de l'histoire, à créer sa pochade historiographique – voire messianique. L'auteur du *Traité sur la tolérance* affirme que la naissance d'un nouvel État russe a été l'évènement majeur pour l'Europe, car « [l]es Russes ont fait en quatre-vingts ans, que les vues de Pierre ont été suivies, plus de progrès que nous n'en avons fait en quatre siècles ».[17] Voltaire attribue à la Russie le rôle d'arbitre et créateur d'un nouvel ordre sur terre : « Cependant ces mêmes Russes sont devenus les vainqueurs des Turcs et des Tartares, les conquérants et les législateurs de la Crimée et de vingt peuples différents ; leur souveraine a donné des lois à des nations dont le nom même était ignoré en Europe. »[18]

La croisade contre la barbarie, l'ignorance et le fanatisme, menée sous l'égide de la Russie et de son armée, doit apporter le progrès, la liberté, la tolérance et « libérer le genre humain ». Il n'y a aucun doute que les services rendus par Voltaire à la Russie au cours de son expansion en Europe sont énormes. Il a non seulement « élaboré », à l'usage des tzars, et imposé à l'Europe occidentale le modèle d'une Russie éclairée, mais aussi attribué à l'autorité de ses souverains une importante mission historique de civilisation. Pourtant, son *Histoire de l'empire de Russie sous Pierre le Grand* est pleine d'inexactitudes, anachronismes, erreurs, omissions, manipulations politiques, mensonges et propagande à outrance. À preuve, quelques exemples significatifs :

– En présentant la silhouette du tzar, Voltaire a éliminé tous les vices et improbités de son protagoniste. Il n'a pas voulu non plus s'occuper de détails concernant les lois, guerres, fondations ou autres entités administratives et économiques mises en place de son vivant. Il le laisse aux historiographes russes, mieux informés et plus au fait de ces choses-là. Il considère qu'un historien devrait présenter des vérités utiles sur l'État, et non pas dépister des secrets ou faiblesses de son souverain. Bien qu'il eût connaissance de la brutalité de Pierre Ier, de l'arriération de la Russie et du servage qui y était maintenu, il n'en dit rien à

17 Voltaire, *Dictionnaire philosophique : Pierre Le Grand et J.J. Rousseau*, 1879, p. 219, n. 2.
18 Voltaire 1879, p. 221.

ce propos. Au contraire, afin de soutenir la thèse d'une Russie dynamique, en développement (à l'époque, on croyait que plus l'État était civilisé, plus il devrait être peuplé), il dénature la perspective et amplifie les données relatives aux ressources humaines en triplant, par exemple, le nombre d'hommes payant la capitation ;

– Avec grande conviction, mû par un esprit de tolérance, il s'imaginait que le tzar Pierre ne persécutait pas les raskolniks, alors qu'il les opprimait plus que son père (*nota bene*, il avait tort de dater leurs origines au XII^e^, et non pas au XVII^e^ siècle) ;

– Il disait que les Ukrainiens était un assemblage d'anciens Roxélans, Sarmates et Tartares vivant du pillage ;[19]

– Il faisait dériver, de façon erronée, le nom de *tzar* de la langue perse ;

– Sa vérité historique a souvent été diluée par des tours rhétoriques ou bien se perdait dans des élucubrations stylistiques broussailleuses : « Charles – écrivait-il, par exemple – dévastait la Pologne, et Pierre faisait venir de Pologne et de Saxe à Moscou des bergers et des brebis pour avoir des laines avec lesquelles on pût fabriquer de bons draps ».[20]

Voltaire n'a jamais été dans l'empire des tzars, et pourtant il se prononçait courageusement au sujet de questions qui suscitaient de sérieuses controverses parmi les Russes eux-mêmes. Un tel sujet tabou, difficile, a été pour beaucoup le procès et la mort d'Alexis – fils de Pierre I^er^. Attentif à l'opinion publique européenne, Voltaire s'est trouvé dans une situation très gênante. Dans une lettre adressée à Ivan Chouvalov, il écrivit : « ne nous faisons point illusion. Je vais comparaître devant l'Europe en donnant cette histoire. Soyez très-convaincu, monsieur, qu'il n'y a pas un seul homme en Europe qui pense que le czarovitz soit mort naturellement. »[21] Mais, dans son histoire de Pierre I^er^, il a considéré que – en suivant d'ailleurs Fontenelle – la sévérité du tzar à l'égard du fils avait été nécessaire, ce dernier « abusant de la religion », en lisant des livres religieux pernicieux et maintenant des contacts avec des personnes opposées aux réformes progressistes du père. La conclusion de toute cette affaire d'Alexis (au contraire de l'engagement de Voltaire dans l'affaire Calas) est surprenante : le verdict des juges, reconnaissant la culpabilité d'Alexis et le condamnant à la peine de mort, a été – de l'avis de Voltaire – conforme à la volonté du peuple russe et, par là même, « le verdict a été rendu en quelque sorte au nom du peuple russe. […] ‹ ce fut la nation elle-même › qui condamna Alexis ».[22] Nous avons ici affaire à une propagande politique que nous pourrions appeler, en suivant l'exemple d'Orwell,

19 Cf. Mervaud 2009, p. 246.
20 Voltaire 1999 (I^ère^ partie, chap. XII), p. 629.
21 Voltaire 1881, p. 516 (Lettre du 9 novembre 1761 à M. Jean Schouvalow).
22 Mervaud 2009, p. 252.

« Novlangue » ou « la langue de bois ».[23] Voltaire décrit la tragédie du Tzarévitch, persécuté par son père cruel, en lui donnant la forme d'un mélodrame larmoyant où la victime c'est le bourreau caché sous le masque de l'amour envers le fils prodigue cornélien.

Dans sa satire *Le Russe à Paris* (1760), composé en alexandrin, Ivan Alethof (Alethof c'est-à-dire celui qui dit la vérité – un *alter ego* de l'auteur sans doute) exprime l'opinion que l'avenir de la civilisation européenne appartient au Nord, c'est-à-dire à la Russie. Ce genre de déclarations ont été prises *à la lettre* par la majorité des lecteurs de Voltaire qui accueillaient avec confiance l'assurance que : « C'est du Nord aujourd'hui que nous vient la lumière ».[24]

Autour de l'empire des tzars évoluait un important groupe de savants, philosophes, artistes qui ont créé une sorte de « république intellectuelle », divulguant des idées de progrès, de tolérance et de liberté. Menée par Saint-Pétersbourg à grande échelle, une campagne efficace de propagande idéologique, a rapidement contribué à présenter la Russie à l'Occident comme un État éclairé, tolérant et profondément européen. La censure occidentale agaçante, les chicanes frappant les encyclopédistes, l'absence de liberté, les persécutions religieuses (par exemple l'affaire Jean Calas susmentionnée) renforçaient encore davantage son autorité et son rang dans le « concert des nations » européennes ainsi que la position dans les cercles progressistes de penseurs et d'hommes politiques occidentaux. Les représentants de l'establishment du Vieux-Continent suivaient avec préoccupation les comportements de « nouveaux barbares », tandis que l'opinion publique libérale attendait avec espérance l'avènement de l'aurore de la liberté de l'Est.

Cependant, il s'est avéré que, contrairement à l'adage *Ex oriente lux*, c'est 1789 qui s'est mis à rayonner ! En France a eu lieu un changement radical, révolutionnaire de système socio-politique dont le visage nouveau correspondait aux aspirations idéologiques de philosophes français. Il semble que c'est en 1789 que la querelle de la Russie du XVIII$^e$ siècle a atteint son tournant : l'abolition de la monarchie en France a posé les fondements de l'Europe moderne, tandis que dans l'État des tzars et de la samoderjavie cela n'a fait que renforcer l'attachement à l'ancien régime et a fait de la Russie le porte-parole de la réaction et le bourreau de toutes les manifestations de libéralisme. Les rêves d'un leadership intellectuel de l'Europe se sont confrontés avec une réalité politique concrète : en mettant en place la *Déclaration des droits de l'homme et du citoyen* ainsi que le *Code civil*, la révolution a mis en œuvre les règles auxquelles auraient souscrit Voltaire et Rousseau, Diderot et d'Alembert. Or, confrontée à la Révolution française, l'européisation des formes extérieures de pouvoir, tout en maintenant en même

23 Thom 1987.
24 Mervaud 1999, p. 256.

temps le principe impérial de samoderjavie, demeurant en harmonie avec un système inhumain de despotisme, héritage des tzars cruels, s'est avérée pour la Russie une véritable catastrophe. Sur les décombres des réformes « révolutionnaires » de Pierre I^er^ et de Catherine II est né un « royaume du pouvoir, de la force et de la peur » – Astolphe de Custine l'appellera sans ambages : « empire du Mal ».

L'auteur de la *Russie en 1839* allait dans ce pays en quête d'arguments contre des gouvernements constitutifs. Il croyait que dans un État conservateur, reconnu comme arbitre de l'Europe, il trouverait la confirmation de ses principes socio-politiques. Pourtant, il s'est avéré que le despotisme qui y régnait était totalement contraire à ses « opinions et habitues » ; dans cette situation, il a opté pour un acte de palinodie politique en se détournant des principes autocratiques. Il cherchait en Russie un arbitre de l'Europe, et il y a trouvé son gendarme ! Dans l'herméneutique du despotisme russe,[25] Custine dévoile l'intoxication idéologique des intellectuels du XVIII^e^ siècle (pas tous, certes, mais nombre d'entre eux – et, qui plus est, des plus importants !) par le « mirage » russe. Ces remarques critiques, concernant la période du règne de Pierre I^er^ et de ses réformes, on pourrait les traiter, à vrai dire, comme un *antidote*, ou plutôt réfutation des principales thèses de Voltaire, étalées dans l'*Histoire de l'empire de Russie sous Pierre le Grand*, dont il y a déjà été question. À titre d'exemple – considérons l'apologie voltairienne des progrès civilisateurs de l'empire du Nord. Pour de Custine, les Russes sont tout au plus suspendus quelque part entre l'état primitif et la civilisation, les réformes de Pierre ayant freiné l'essor social organique du pays et fait que (ici, le marquis évoque – dit-il lui-même – les « horribles propos de Voltaire » :[26] « Les Russes sont un fruit pourri avant d'être mûr ». Selon lui, ce peuple a été dérouté de la grande voie de civilisation et personne ne saura le faire retourner dans sa ornière. Il en rend responsable Pierre le Grand, ou plutôt « Pierre l'Impatient ». C'est lui qui a imposé à la Russie un effort d'imitation constante d'autres peuples. Le marquis de Custine accueille avec un sourire goguenard la fausse prétention des Russes d'être gardiens des destinées de l'Europe – cette illusion n'est basée pour lui que sur la falsification.

L'« affaire d'Alexis » est devenue également une occasion de présenter tout le génie du despotisme de Pierre I^er^ : « Tout l'Etat, dit-il, est en lui, tout doit se faire pour lui, maître absolu et despotique, qui ne doit compte de sa conduite qu'à Dieu seul ! C'est pourquoi toute parole injurieuse contre sa personne, tout jugement indécent de ses actions ou intentions, doivent être punis de mort ».[27] En vertu de

25 Dans son *Journal écrit la nuit*, Gustaw Herling-Grudziński prétend que : « Le livre du marquis de Custine a été une anatomie du despotisme, impitoyable, faite à l'aide d'un bistouri tranchant, irréfutable dans son déroulé d'observations », Herling-Grudziński 1989, t. I, p. 133.

26 Ce sont des propos de Diderot, repris plus tard et rendus célèbres par Madame de Staël.

27 De Custine 2005, p. 536.

ce pouvoir divin et pour le bien de l'État, Pierre a été non seulement l'accusateur et le juge de son fils, mais il s'est avéré aussi être son bourreau.[28] Le marquis n'est ici en proie du moindre doute en donnant cette évaluation du tzar – il pense qu'il est encore plus odieux qu'Ivan le Terrible.[29] L'auteur de la *Russie en 1839* justifie la cruauté du tyran et son despotisme par une angoisse obsessive : « L'angoisse d'un homme tout puissant – disait-il – est quelque chose d'effrayant », car une peur sans cesse éveille des « pensées de guerre ». Comme c'est actuel.

Basée sur une terreur policière, un mensonge politique et une puissance militaire, la samoderjavie constitue une variante socio-politique de l'exceptionnalité russe et se situe aux antipodes de la culture de l'Occident. La Russie a élaboré dans ces moindres détails la règle d'un monolithe absolu de pouvoir tzariste et sa sacralisation, mettant le pouvoir au-dessus de l'État et de la nation. L'institution d'un contrat social tellement cruel s'y est fait d'une manière brusque voire révolutionnaire. Le marquis de Custine annonce même sa continuation apocalyptique : « Ou le monde civilisé passera de nouveau avant cinquante ans sous le joug des barbares, ou la Russie subira une révolution plus terrible que ne le fut la révolution dont l'occident de l'Europe ressent encore les effets ».[30]

Dans sa vision prophétique, au cas où le peuple russe amènerait à une véritable révolution, le carnage qu'il ferait dépasserait par sa portée et précision la Terreur de 1793 : « Vous allez voir les Russes s'entr'égorger sans démentir leur caractère ; c'est un devoir qu'ils accomplissent [...]. Là, le meurtre calculé s'exécute en cadence ; des hommes donnent la mort à d'autres hommes militairement, religieusement, sans colère, sans émotions, sans paroles, avec un calme plus terrible que le délire de la hainc [...] la tyrannie et la révolte y marchent en mesure et se règlent sur le pas l'une de l'autre ».[31]

Au XIXe siècle, en Russie on prônait la grande idée de leadership des peuples d'origine slave. Le panslavisme, c'est presque une variante primitive du nationalisme où la Russie devait jouer un rôle clef, tandis que le tzar – sauveur de la Russie – était comparé à Dieu lui-même. Nicolas Ier voulait sortir le pays du marasme et c'est pourquoi il a repris certains éléments de l'idéologie slavophile. Il a voulu de cette manière démontrer la supériorité de l'archaïque système moscovite, basé sur l'amour et une religiosité profonde, sur une Europe occidentale politisée, dominée par le matérialisme. Ici, une association s'impose avec le paradis perdu, Éden, pays de félicité éternelle. « L'âme russe » est opposée à la civilisation de l'Occident – de la même façon, l'idée de *Kultur* est opposée à celle de *Zivilisation*. Grâce à cette démarche astucieuse, les faiblesses matérielles de

28 De Custine 2005, p. 539.
29 De Custine 2005, p. 540.
30 De Custine 2005, p. 190.
31 De Custine 2005, p. 344.

l'empire des tzars ont été exposées comme autant d'arguments témoignant de sa supériorité spirituelle et religieuse. La propagande de l'État avait pour objectif de nier la réalité et de créer à sa place des êtres surréels bien connus (tels que : la « Russie éternelle », « L'âme russe », ou bien la « Mère Russie – Matouchka Rossïa »). Dans ce contexte deviennent compréhensibles les propos de Tchaadaïev qui « déclare, assure, jure et peut prouver qu'il n'y a pas de Russie ». Telle a été aussi l'attitude d'Astolphe de Custine, de Karl Marx, de Zygmunt Krasiński ou de Adam Mickiewicz. Jules Michelet voyait dans ce procédé l'essence même du mensonge russe :

> La tendance d'un tel État est visiblement de devenir de moins en moins un état, de plus en plus une religion. Tout est religieux en Russie. Rien n'est légal, rien n'est juste. Tout est ou veut être saint. [...] Ennemis de la Loi, vous voulez monter plus haut que la Loi, vous attendez au monde de la Grâce !... Impuissants aux œuvres de l'homme, alors vous vous dites dieux ! [...] Le Russe est mensonge. Il l'est dans la commune, fausse commune. Il l'est dans le seigneur, dans le prêtre et le czar. *Crescendo* de mensonges, de faux semblants, d'illusions ![32]

Le panslavisme (à côté du pangermanisme) a été le déclencheur idéologique de la Grande Guerre qui, en résultat de la confrontation des nationalismes meurtriers, a enseveli le système tzariste dans les tombeaux de millions de victimes. La Russie soviétique ne pouvant désormais être gendarme de la famille slave ni une grande puissance de l'Est – est devenue le centre de la révolution communiste. Les charmes et les illusions du « tzarisme blanc » ont été repris par le « tzarisme rouge ». Furet a donné à l'un des chapitres de son livre le titre de « Charme universel d'Octobre ». C'est le début de la suite du récit d'une fascination et admiration singulières à l'égard de l'empire du mal.

***

Ici, la conclusion s'impose que le « mirage russe » est un appât pour l'Occident manquant d'unité, en proie à ces propres problèmes. Intellectuels, militaires, missionnaires, gens assoiffés d'aventures, audacieux de petit calibre, voire marginaux n'ayant pas réussi à trouver une place digne au sein de leur propre société, c'est justement en Russie qu'ils voyaient le faste byzantin, la richesse ainsi que des opportunités capables de satisfaire la superbe. Lorsqu'ils voulaient résoudre ces problèmes en prenant des raccourcis, comme si hors famille, et succomber au charme de la « beauté de Méduse », alors se mettait inévitablement en marche le mécanisme que j'ai essayé de décrire ici. Les divisions et les crises de l'Occident (que les parties au conflit aient raison ou tort) contribuent toujours à l'accroissement de la puissance de la Russie qui sait exploiter à la perfection de telles tensions internes et agir conformément à la vieille maxime *divide et impera*.

32 Michelet 1899, pp. 265, 269 s., 46.

La Russie était trop souvent forte de la faiblesse de l'Occident. Aujourd'hui il en est de même aussi.

## Bibliographie

Camus, Albert: *L'Homme révolté.* Paris 1951.
Gide, André: *Retour de l'U.R.S.S.* (Novembre 1936). Paris 1993.
Michelet, Jules: *Légendes démocratiques du Nord.* Paris 1899.
Rousseau, Jean-Jacques: *Du contrat social ou essai sur la forme de la république*, dans: *Œuvres complètes*, t. III. Paris 1964.
Voltaire: *L'Histoire de l'empire de Russie sous Pierre le Grand*, dans: Voltaire, *Œuvres complètes*, édition critique par M. Marvaud, avec la collaboration de U. Kölving, C. Marvaud et A. Brown, t. XLVI et XLVII, Oxford 1999.
Voltaire: *Œuvres complètes.* Vol. 20. *Dictionnaire philosophique IV.* Conforme pour le texte à l'édition de Beuchot. Paris 1879.
Voltaire: *Œuvres complètes.* Vol. 41. *Correspondance IX: années 1760–1761.* Conforme pour le texte à l'édition de Beuchot. Paris 1881.

Carrère d'Encausse, Hélène: *Le malheur russe. Essai sur le meurtre politique.* Paris 1988.
De Custine, Astolphe: *La Russie en 1839.* Arles 2005.
Furet, François: *Le passé d'une illusion. Essai sur l'idée communiste au XXe siècle.* Paris 1995.
Herling-Grudziński, Gustaw: *Journal écrit la nuit.* Paris 1989.
LeVine, Steve: *Putin's Labyrinth*, New York 2009.
Lortholary, Albert: *Le mirage russe en France au XVIIIe* siècle. Paris 1951.
Massie, Robert K.: *Peter the Great.* New York 1980.
Mervaud, Michel: « Voltaire historien de la Russie : Vérité ou histoire militante ? », dans: *Slavica Occitania* (28) 2009, pp. 229–259.
Miłosz, Czesław: *Une autre Europe.* Paris 1964.
Thome, Françoise: *La langue de bois.* Paris 1987.

Franz Penzenstadler (Tübingen)

# Poetik des kapriziösen Einfalls und artistische Praxis in Victor Hugos *Les Orientales*

Gegen Ende seiner 1827 veröffentlichten *Préface de Cromwell* formuliert Victor Hugo als eine Art Fazit das Grundprinzip seiner Ästhetik, die er in den Vorworten zu seinen *Odes* nach und nach skizziert hatte: den radikalen Anspruch auf eine absolute *liberté de l'art.*[1] Dieses Prinzip ist zunächst als programmatischer Bruch mit den Konventionen und Normen der klassizistischen Poetik zu verstehen, fundiert ist es jedoch in einer für die Romantik typischen Ausdrucksästhetik, die der Inspiration des Genies keine Grenzen mehr zu setzen bereit ist. Die Inspiration selbst ist in der *poésie de sentiments* romantischer Gattungspoetik gemäß zuallererst im individuellen Erlebnis des genialen Dichtersubjekts begründet.[2]

In der *Préface* der *Orientales* greift Hugo zwei Jahre später dieses Prinzip absoluter künstlerischer Freiheit wieder auf, verschiebt den Fokus jedoch dabei auf die traditionelle normative Festlegung literarischer bzw. lyrischer Sujets:

> L'auteur de ce recueil n'est pas de ceux qui reconnaissent à la critique le droit de questionner le poëte sur sa fantaisie, et de lui demander pourquoi il a choisi tel sujet, broyé telle couleur, cueilli à tel arbre, puisé à telle source. [...] A voir les choses d'un peu haut, il n'y a, en poésie, ni bons ni mauvais sujets, mais de bons et de mauvais poëtes. D'ailleurs, tout est sujet; tout relève de l'art; tout a droit de cité en poésie. Ne nous enquérons donc pas du motif qui vous a fait prendre ce sujet, triste ou gai, horrible ou

1 »Ce qu'il a plaidé, au contraire, c'est la liberté de l'art contre le despotisme des systèmes, des codes et des règles. Il a pour habitude de suivre à tout hasard ce qu'il prend pour son inspiration, et de changer de moule autant de fois que de composition. Le dogmatisme, dans les arts, est ce qu'il fuit avant tout.« (Hugo 1963, S. 444).

2 Ich übernehme im Folgenden die Differenzierung zwischen ›*poésie de sentiments*‹ und ›*poésie d'images*‹ in der zeitgenössischen Gattungspoetik aus einer Rezension von A. Soumet zu »Nouvelles Odes par Victor-M. Hugo«, s. Soumet 1907–1909, S. 150. Die *poésie de sentiments* betrifft in erster Linie die Lyrik; sie behandelt Gedanken und Gefühle des ›Autors‹ in einer als faktisch suggerierten Sprechsituation. Die *poésie d'images* hingegen betrifft die narrative und dramatische Dichtung. In der Lyrik fallen darunter v. a. die narrativen Genres wie *ballade* oder *romance* sowie Rollengedichte mit fiktivem Sprecher in einer fiktiven Sprechsituation.

gracieux, éclatant ou sombre, étrange ou simple, plutôt que cet autre. Examinons comment vous avez travaillé, non sur quoi et pourquoi.[3]

Der ursprünglichen Fundierung der *liberté de l'art* in der Individualität des genialen Dichters, d. h. in der Einmaligkeit seines privaten Erlebens und seiner historischen Erfahrung, gibt er damit jedoch eine signifikante Wendung, insbesondere wenn er kurz danach gegenüber dem verständnislosen Vorwurf, die Wahl seiner Sujets sei allzu kapriziös, einräumt

que ces caprices étaient ses caprices; qu'il ne savait pas en quoi étaient faites les *limites de l'art*, que de géographie précise du monde intellectuel, il n'en connaissait point, qu'il n'avait point encore vu de cartes routières de l'art, avec les frontières du possible et de l'impossible tracées en rouge et en bleu; qu'enfin il avait fait cela, parce qu'il avait fait cela.[4]

Es geht nun nicht mehr um metaphysische Durchdringung der erlebten Wirklichkeit oder um Deutung des Zeitgeschehens im Lichte geistig-elitärer Erkenntnis wie in seinen *Odes* der frühen 20er Jahre, sondern um ein *caprice* als zwar immer noch individuellen Ausdruck des Autor-Subjekts, aber zum einen scheint der Kontingenzcharakter des Erlebnisses radikalisiert, zum anderen ist der Motivationszusammenhang zwischen dem künstlerischen Produkt der *fantaisie* und dem Impuls des außerkünstlerischen Erlebens nicht mehr erfassbar und letztlich auch nicht mehr relevant. Damit verschiebt sich das Genie-Konzept von der Einmaligkeit und Individualität des Erlebten bzw. des Erlebnis-Subjekts, von dem die Inspiration ausgeht, auf die pure Originalität des künstlerischen Einfalls und die individuelle Fähigkeit zu grenzenloser Imagination. Die Texte präsentieren daher nicht mehr erlebte Wirklichkeit, sondern Sachverhalte einer imaginierten Welt.

Dieses neue ästhetische Konzept des *caprice* rechtfertigt nun einerseits den eben formulierten Anspruch auf radikale künstlerische Freiheit hinsichtlich der Sujet-Wahl und andererseits eine radikale Freistellung des Lyrikers von allem politisch-gesellschaftlichen Engagement, ja von jedweder außerästhetischen Funktionalisierung der ästhetischen Dimension des Kunstwerks überhaupt.[5]

3 Hugo 1964, S. 577.

4 Hugo 1964, S. 578.

5 Die *Orientales* verstehen sich demnach als ein »livre inutile de pure poésie, jeté au milieu des préoccupations graves du public et au seuil d'une session« (Hugo 1964, S. 578). – Das ästhetische Konzept des *caprice* ist natürlich so neu nicht. Es hatte seinen Ort im Originalitätsprinzip der Barockliteratur, wo es allerdings allein an das intellektuelle *ingegno* des Dichters, nicht dessen biographisches Erleben gebunden war. Im letzten Gedicht der *Orientales*, »Novembre«, hingegen wird die nicht-biographische Thematik der vorausgehenden Gedichte mit den konkreten Umständen der Erfahrungswelt des Autors verbunden. Ebenso ist die – wenn auch ironische – Bemerkung in der *Préface* zu verstehen, die Orient-Thematik sei »une idée qui lui a pris; et qui lui a pris d'une façon assez ridicule, l'été passé, en allant voir

Warum aber wendet sich Hugo zur Realisierung dieses neuen poetologischen Programms gerade dem Orient zu? Die einschlägige Forschung hat diese Frage – sicherlich nicht ganz zu Unrecht – verschiedentlich mit dem Hinweis auf ein teils eher modisches, teils durchaus vertieftes Interesse am Orient und dessen vielfältiger Kultur beantwortet, das sich nicht nur in den Wissensdiskursen ganz Europas seit Napoleons Ägyptenfeldzug konstatieren lässt.[6] Hugo scheint es jedoch um mehr und anderes zu gehen.

Für Lyrikbände seiner Zeit eher ungewöhnlich ist die Tatsache, dass Hugo seiner Sammlung eine Reihe z. T. recht umfangreicher *Notes* beifügt, in denen er offenbar seine – wenn auch in Wahrheit sicherlich recht beschränkte – Kenntnis orientalischer Dichtung zu dokumentieren beabsichtigt. Diese *Notes* enthalten neben sachlichen Erklärungen paradigmatische Textbeispiele v. a. archaisch-arabischer Poesie, die er in Übersetzungen seines Freundes Ernest Fouinet vorlegt.[7] Die offensichtliche poetologische und programmatische Funktion dieser *Notes* ist m. W. bislang nicht hinreichend beachtet worden, und auf deren zentrales Anliegen einer bewussten Neukonzeption romantischer Stilistik kann auch hier nicht näher eingegangen werden.[8] In der archaisch-orientalischen Dichtung scheint jedoch für Hugo das Wesen poetischer Rede und Wirklichkeitsperspektivierung sowie von dichterischer Praxis überhaupt verkörpert. Zu dieser gegenüber romantischer Auffassung neuen Dichtungskonzeption gehören v. a. zwei Aspekte:

1) eine auf allen Textebenen – von der Sujet-Gestaltung bis zur stilistischen und metrischen Ausarbeitung – zu realisierende Artistik und Virtuosität,

coucher le soleil.« (Hugo 1964, S. 578) In dem Gedicht »Rêverie« wird dieser Impuls zur Imagination der orientalischen Welt dann auch innerhalb der Sammlung selbst zum Gegenstand. – Der Anspruch auf freie Sujet-Wahl widerspricht im Übrigen aller argumentativen Begründung romantischer Dichtung auf der Basis christlich und national geprägter Eigenständigkeit der modernen Literatur und Kunst.

6 Auf die aufblühende Orientalistik und die Aktualität der griechischen Freiheitskriege weist Hugo am Ende der *Préface* selbst hin. – Zu den *Orientales* in der Forschung s. insbes. Laurent 2002, Barrère 1949, dort v. a. S. 115–139. – Zum Orient in der Literatur des 19. Jahrhunderts s. Schwab 1950. Zu erwähnen ist in diesem Zusammenhang natürlich insbesondere auch Said 1978, dessen polemisch-kritischer Impetus jedoch im Hinblick auf eine exakte Beschreibung des Phänomens nicht immer hilfreich ist. Zum Orientalismus in der französischen Literatur s. Bernsen / Neumann 2006. M. Bernsen hat in der Einleitung dieses Bandes zurecht und scharfsinnig Saids »Neigung zu Essentialisierungen« kritisiert (1) und betont: »die Diskurse der Orientwissenschaften, der Politik und der Literatur lassen sich nicht problemlos auf eine Stufe stellen. Die Literatur und die Bildende Kunst des 19. Jahrhunderts [...] sind polyvalenter Natur und durchweg multifunktional« (1). Zur weiteren Bedeutung des Orients für die französische Literatur vgl. auch Bernsen 2014.

7 S. Hugo 1964, S. 693–706.

8 Larcher 2013 geht ausführlich der Herkunft der Texte und der Qualität der Übersetzungen nach, stellt sich aber nicht die Frage nach deren Funktion in Hugos Gedichtsammlung.

2) eine damit verbundene agonale Kommunikationsstruktur poetischer Praxis, d. h. es geht um eine Art dichterischen Wettstreit, der sich insbesondere in der Behandlung ähnlicher Sujets zeigt.[9]

Die einzelnen Gedichte der *Orientales* realisieren Hugos eben skizzierte Poetik in recht unterschiedlichem Grad und in einem Panorama vielfältiger Formen lyrischer *poésies d'images.*[10] Der im folgenden herausgegriffene Text ist daher nur partiell exemplarisch, er scheint aber die Konzeption poetischer Artistik nicht nur paradigmatisch umzusetzen, sondern zugleich das für die Sammlung zentrale Moment der Imagination selbst zum Thema zu machen.[11]

XIX
SARA LA BAIGNEUSE

Le soleil et les vents, dans ces bocages sombres,
Des feuilles sur son front faisaient flotter les ombres.
ALFRED DE VIGNY

Sara, belle d'indolence,
Se balance
Dans un hamac, au-dessus
Du bassin d'une fontaine
Toute pleine
D'eau puisée à l'Ilyssus ;

Et la frêle escarpolette
Se reflète
Dans le transparent miroir,
Avec la baigneuse blanche
Qui se penche,
Qui se penche pour se voir.

9 »Tous les sept ans, avant l'islamisme, les poètes de l'Arabie concouraient en poésie, à une foire célèbre [...]. La cassideh (chant) qui avait été la meilleure obtenait l'honneur d'être *suspendue* aux murailles du temple de La Mecque.« (Hugo 1964, S. 694).

10 Nur drei Texte der Sammlung, »Rêverie«, »Extase« und »Novembre«, sind dem Genre der *poésie de sentiments* zuzurechnen.

11 Hugo 1964, S. 638–641.

Chaque fois que la nacelle
Qui chancelle,
Passe à fleur d'eau dans son vol,
On voit sur l'eau qui s'agite
Sortir vite
Son beau pied et son beau col.

Elle bat d'un pied timide
L'onde humide
Qui ride son clair tableau,
Du beau pied rougit l'albâtre ;
La folâtre,
Rit de la fraîcheur de l'eau.

Reste ici caché : demeure !
Dans une heure,
D'un oeil ardent tu verras
Sortir du bain l'ingénue,
Toute nue,
Croisant ses mains sur ses bras !

Car c'est un astre qui brille
Qu'une fille
Qui sort d'un bain au flot clair,
Cherche s'il ne vient personne,
Et frissonne,
Toute mouillée au grand air !

Elle est là, sous la feuillée,
Éveillée
Au moindre bruit de malheur ;
Et rouge, pour une mouche
Qui la touche,
Comme une grenade en fleur.

On voit tout ce que dérobe
Voile ou robe ;
Dans ses yeux d'azur en feu,
Son regard que rien ne voile
Est l'étoile
Qui brille au fond d'un ciel bleu.

L'eau sur son corps qu'elle essuie
Roule en pluie,
Comme sur un peuplier ;
Comme si, gouttes à gouttes,
Tombaient toutes
Les perles de son collier.

Mais Sara la nonchalante
Est bien lente
À finir ses doux ébats ;
Toujours elle se balance
En silence,
Et va murmurant tout bas :

Oh ! si j'étais capitane,
Ou sultane,
Je prendrais des bains ambrés,
Dans un bain de marbre jaune,
Prés d'un trône,
Entre deux griffons dorés !

J'aurais le hamac de soie
Qui se ploie
Sous le corps prêt à pâmer ;
J'aurais la molle ottomane
Dont émane
Un parfum qui fait aimer.

Je pourrais folâtrer nue,
Sous la nue,
Dans le ruisseau du jardin,
Sans craindre de voir dans l'ombre
Du bois sombre
Deux yeux s'allumer soudain.

Il faudrait risquer sa tête
Inquiète,
Et tout braver pour me voir,
Le sabre nu de l'heyduque,
Et l'eunuque
Aux dents blanches, au front noir !

»Puis, je pourrais, sans qu'on presse
Ma paresse,
Laisser avec mes habits
Traîner sur les larges dalles
Mes sandales
De drap brodé de rubis.«

Ainsi se parle en princesse,
Et sans cesse
Se balance avec amour,
La jeune fille rieuse,
Oublieuse
Des promptes ailes du jour.

L'eau, du pied de la baigneuse
Peu soigneuse,
Rejaillit sur le gazon,
Sur sa chemise plissée,
Balancée
Aux branches d'un vert buisson.

Et cependant des campagnes
Ses compagnes
Prennent toutes le chemin.
Voici leur troupe frivole
Qui s'envole
En se tenant par la main.

Chacune, en chantant comme elle,
Passe, et mêle
Ce reproche à sa chanson :
- Oh ! la paresseuse fille
Qui s'habille
Si tard un jour de moisson !

Wie in den *Notes* erwähnt, ist für die archaisch-arabische Poesie bzw. für die Poesie generell ein wesentliches Moment die agonale Auseinandersetzung mit anderen Dichtern, und dies insbesondere hinsichtlich konkurrierender Behandlungen ähnlicher Sujets.

Der Epigraph des Textes verweist also nicht zufällig auf einen Text Alfred de Vignys, »La Dryade« aus den *Poèmes antiques et modernes*, in dem in einem dichterischen Wettstreit zwei Hirten sich in rivalisierender Rede an die Dryade wenden und die Schönheit ihrer jeweiligen Geliebten besingen.[12] Die von Hugo

12 Vigny 1986, S. 52–56.

zitierten Zeilen beziehen sich auf eine knappe Deskription der Bacchantin, die Ménalque liebt, in einer ähnlichen, heimlich beobachteten und erotisch aufgeladenen Situation, wie sie Gegenstand von Hugos Gedicht ist.

Indirekt sind damit aber auch zwei längere Texte aus der gleichen Sammlung Vignys aufgerufen, nämlich »Le bain« und »Le bain d'une dame romaine«[13] – beide paradigmatisch für Vignys Konzeption lyrischer *poésie d'images:* mehr oder weniger umfangreiche deskriptiv-narrative Szenen in mimetischem Modus, welche die exotische Dimension der von der vertrauten Alltagswelt deutlich verschieden dargestellten Welt einer historisch fernen Epoche herausstellen.[14] Dies entspricht im Wesentlichen der Poetik des zeitgleich entstehenden historischen Romans in der Tradition Walter Scotts. Hugo hingegen hat – zumindest in diesem Text – mehr und anderes im Sinn. Denn die Exotik orientalischer *couleur locale* spielt in diesem Text eigentlich kaum eine Rolle.

Signifikant im Hinblick auf Hugos Zitat der Verse aus »La Dryade« ist jedoch, dass die beiden Zeilen gerade nicht auf das eigentliche Sujet referieren, nämlich die schlafende Bacchantin, sondern auf die beiläufige Erwähnung lokaler und zeitlicher Umstände von eher untergeordneter Relevanz. Damit deutet Hugo möglicherweise bereits an, dass es ihm – in markantem Unterschied zu Vigny – weniger um den Darstellungsgegenstand als solchem geht als um scheinbar nebensächliche Details des Sachverhalts.

Der agonale Charakter und artistische Anspruch gegenüber Vigny ist bereits auf metrisch-formaler Ebene evident. Während Vignys Texte in paargereimten Alexandrinern den Konventionen des narrativen *poème* folgen, wählt Hugo eine Strophenform (heterometrisches *sizain* aus Sieben- und Dreisilblern), welche schon durch die Kürze der Verse die Reimfindung erschwert.[15] Hinzu kommt die extensive Verwendung von reichen Reimen, Binnenreimen und Paranomasien.

Auf den ersten Blick weniger markant, aber bemerkenswerter zeigt sich die Differenz zu Vigny in gattungsstruktureller Hinsicht. Bei Vigny handelt es sich bei aller Dominanz detaillierter Deskription um narrative Texte mit heterodiegetischer Erzählinstanz. Hugos Gedicht hingegen gehört zwar eindeutig zur Gattung der *poésie d'images,* lässt sich jedoch weder in das klassizistische Gattungssystem der Lyrik ohne weiteres einordnen,[16] noch ist es mit einem der gerade in der frühen Romantik beliebten Subgenera der *poésie d'images* zu identifizieren. Es handelt sich offenbar nicht um ein typisches Rollengedicht, da

13 Vigny 1986, S. 49f. und 57f.

14 Vgl. z. B. in »Le bain d'une dame romaine« die Tatsache, dass der Spiegel der Dame aus Metall besteht (»l'acier pur du miroir«, V. 2); das Bad entspricht dem Klischee von römischer Dekadenz und Luxus (»Et ses pieds sont lavés dans un vase de lait / Dans l'opale d'un marbre aux vaines purpurines / L'eau rose la reçoit [...]«. V. 6f.).

15 Diese Strophenform findet sich bezeichnenderweise bei Ronsard, s. *Odes* (1555), III.4.

16 S. dazu Penzenstadler 2000, S. 180–212.

der fiktive Sprecher hinsichtlich personaler Eigenschaften nicht näher charakterisiert ist: Nicht die Rede der Protagonistin selbst ist Gegenstand des Textes wie etwa in »Adieu de l'hôtesse arabe«, sondern die Rede einer Beobachtungsinstanz, die erst in V. 16 und deutlicher in V. 25ff., aber auch dann nicht präzise greifbar wird. Als innerer Monolog des Beobachtenden ist die Rede des Textes plausibel. Dass es sich um einen männlichen Beobachter handelt, ist zu vermuten. Aber mehr lässt sich über seine Person und seine Beziehung zur Protagonistin nicht sagen. Narratologisch gesehen wäre die Rede des Beobachters, so verstanden, homodiegetisch. In V. 61ff. sind jedoch auch die gemurmelten Gedanken Saras wiedergegeben, die Sprecherinstanz wäre demzufolge als heterodiegetisch zu beschreiben.[17] Aber ist es überhaupt ein narrativer Text? Die deiktisch-referentielle Koinzidenz von Rede und im Präsens berichtetem Sachverhalt unterscheiden ihn jedenfalls von eindeutig narrativen Genres wie *ballade, romance* oder *conte.* Und er lässt sich auch nicht einfach als epideiktische Deskription verstehen, da Sprechsituation und dargestellter Sachverhalt offenbar einen Geschehenszusammenhang voraussetzen, auch wenn dieser nicht expliziert wird. Die Beobachtungssituation muss irgendwie kausal motiviert sein, und die Schluss-Strophe deutet in der Rede von Saras »compagnes« einen Handlungskontext der beschriebenen Situation an: ein erfrischendes Bad als Erholung von der Erntearbeit oder dergleichen.[18] In struktureller Hinsicht erweist sich der Text also als höchst komplex und in seiner Ambivalenz von performativ lyrischer Rede eines homodiegetischen Sprechers,[19] epideiktischer Deskription und narrativem Genre scheint er in sich alle in den *Orientales* präsenten Arten der *poésie d'images* zu vereinen.

In funktionaler Hinsicht liegt jedoch für die vorliegende Deskription das traditionelle *genus demonstrativum* als rhetorische Referenzgattung nahe. Der Text impliziert ja zum einen – zumindest indirekt – eine enkomiastische Dimension, ein Lob erotisch-faszinierender Schönheit, zum anderen demonstriert er – ebenso typisch für die traditionelle Lobrede – so gut wie ausschließlich die artistische Virtuosität des Autors.

In struktureller wie in funktionaler Hinsicht scheint der Text somit als

17 Omniszienz ist plausiblerweise und konventionell nur mit einer heterodiegetischen Erzählinstanz kompatibel.

18 Wie eine ganz ähnliche Situation (männlicher Beobachter und Bad seiner jungen Geliebten) ganz konventionell in einem narrativen Zusammenhang integriert sein kann, zeigt die ansonsten recht triviale Erzählung eines erotischen Abenteuers von Charles Dovalle, »Conte fantastique«, in: *Le Sylphe* (1830), S. 155–165. Dovalles Gedichtsammlung ist postum mit einer *Préface* Victor Hugos erschienen. – Mit der ›unschuldigen Erotik‹ der Badenden ist in Hugos Text wohl auch ein neuer Frauentypus eingeführt, der sich sowohl von der *femme fatale* als auch von der engelsgleichen, von quasi-religiös geheimnisvoller Aura umgebenen Geliebten gerade durch die vollkommene Absichtslosigkeit ihrer Schönheit unterscheidet.

19 Vgl. Hempfer 2014 und Hempfer 2017.

autoreferentielle *mise en abyme* der *Orientales* insgesamt intendiert. Und der erste Vers (»Sara, belle d'indolence«) ruft bereits das poetische Programm der Sammlung auf: die reine Beschreibung der schönen Badenden, die – im textinternen Geschehen – gerade nicht auf Verführung ausgerichtet ist, und deren müßige Indifferenz gegenüber aller nützlichen Aktivität stehen für die textexterne rein ästhetische Intention ohne moralische oder gesellschaftliche Funktionalisierung der ästhetischen Dimension, welche die Sammlung auszeichnen soll.[20] Der Text (XIX) ist zudem ziemlich exakt in der Mitte der Sammlung (41 Gedichte) positioniert und auch insofern auffällig, als orientalischer Thematik – wie schon gesagt – darin im Vergleich zu den übrigen Texten der Sammlung nur marginale Bedeutung zukommt.

Das Sujet thematisiert als solches also schon den *L'art pour l'art*-Charakter der *Orientales.* Zentrales Thema des Textes ist zum anderen aber auch die Imagination als menschliche und künstlerische Fähigkeit. Auch dieses Imaginieren von Nicht-Erlebtem und eines aller Alltagswelt fernen Orients kennzeichnet die Sammlung insgesamt.

Der Text beschreibt in den ersten vier Strophen zunächst schlicht die Situation und das Tun der schönen Badenden, deren Abbild sich im »transparent miroir« (V. 9) des Wassers spiegelt. Exakt in dem Moment, in dem ihr Fuß jedoch die Wasseroberfläche berührt und deren »clair tableau« kräuselt (V. 21), die spiegelnde Abbildung also gestört wird, ändert sich auch der Status des Beschriebenen. Die Beschreibungsinstanz tritt als Beobachtungsinstanz in den Vordergrund, und die nachfolgende Deskription referiert nicht mehr auf aktuell Wahrgenommenes, sondern antizipiert ein zukünftiges Geschehen (V. 26ff.), das eigentlich nur in der Imagination des Beobachters situiert werden kann. Als entsprechend ambig erscheint somit zunächst auch die Fortsetzung der Deskription (V. 31ff.): Ist dies der Fortgang des Geschehens, wie vom heimlichen Beobachter wahrgenommen, oder sind es dessen bloß imaginierte erotische Wunschvorstellungen? Für letzteres spricht die Wiederaufnahme der Deskription in V. 55ff. Dieses wie ein wahrgenommenes geschilderte, aber wohl nur imaginierte Geschehen wird jedenfalls noch auf einer anderen Imaginationsebene durch die Phantasie der Sprecherinstanz poetisierend transformiert, insofern die konkreten Sachverhalte metaphorisch oder konnotativ in andere konkrete Sachverhalte transponiert werden: Die glitzernde weiße Haut des Mädchens erscheint wie ein »astre qui brille«, der feurige Blick der blauen Augen wie ein Stern am blauen Himmel, die am schlanken aufrechten Körper abfließenden Wassertropfen wie Regen an einer Pappel und wie die »perles de son

20 Ob dies für alle Texte der *Orientales* auch zutrifft, ist eine andere Frage. Aber selbst in den Sujets, die sich auf die griechischen Freiheitskriege beziehen, treten die typischen Verfahren politisch engagierter Lyrik eher in den Hintergrund.

collier«. Zudem evoziert der beschriebene Vorgang selbst (»une fille / Qui sort d'un bain au flot clair«, V. 33f.) – nicht metaphorisch, aber konnotativ – ein den Gegenstand mythologisch überhöhendes Bild, nämlich die Geburt der Venus aus dem Meer.

Die erotische Phantasie des Betrachters, die bis dahin dominiert, erfährt sodann eine Spiegelung in der Phantasie der Protagonistin (V. 60ff.). Dem erotischen Begehren entspricht ein Begehren, das sich in Saras Wunschvorstellungen von einem aristokratischen Leben in orientalischem Luxus, Reichtum (V. 61–72, 85–90), Macht und Grausamkeit (V. 79–84) manifestiert.[21] Denn dass die Protagonistin ein einfaches Mädchen aus dem Volk ist, geht eindeutig aus den Schluss-Strophen des Textes hervor. Aber nicht nur sozial, sondern auch geographisch ist die orientalische Welt im engeren Sinn nicht ihre Lebenswelt, denn diese liegt offenbar am »Illyssus« in Griechenland (V. 6). Wenn sich in der Imagination des Beobachters das erotisch Faszinierende des Schönen spiegelt, so ist es in Saras Vorstellung das Exotisch-Fremde. Dies sind jedoch exakt die beiden Seiten des Orients, die Hugo in seinen *Orientales* heraufzubeschwören sucht. Das im Text aufgerufene Thema der Imagination des Schönen und Fremden bildet somit autoreferentiell die zentralen thematischen Elemente der gesamten Sammlung ab, die markierte Differenz zwischen realer Situation der Protagonistin und vorgestellter Welt (»Illyssus« und »un jour de moisson«, V. 114, vs. »si j'étais capitane / Ou sultane«, V. 61f.) verweist auf die thematische Struktur der Sammlung: die Differenz zwischen Autor- / Leserwelt und imaginiertem Orient.

Die Spiegelung selbst wird im Text auf mehreren Ebenen relevant: als thematisches Motiv (Spiegelung der Schaukel und des Mädchens im Wasser), als ›Wiederholung‹ im Sinne einer dynamischen Variante der Spiegelung (Bewegung der Schaukel, Bewegung des Hemds (»sa chemise plissée, / Balancée«), Bewegung der Wassertropfen (»goutte à goutte«), als variierende Wiederholung von Sachverhalten durch metaphorische Verknüpfung ( »yeux d'azur en feu« – »astre« – »étoile«), auf metrischer Ebene als Wiederholung von Klangstrukturen.

In seiner Komplexität und bewusst zur Schau gestellten Artistik repräsentiert der Text nicht nur die essentiellen Aspekte der *Orientales* insgesamt, sondern auch die dezidierte Wende, welche diese Sammlung in der Geschichte lyrischer *poésie d'images* in Frankreich markiert. Hugo selbst setzt den hier eingeschlagenen Weg nicht konsequent fort, die nachfolgende Geschichte der französischen Lyrik ist jedoch ohne diese Wende kaum denkbar.

21 ›Schönheit‹ und ›Luxus‹, beide in einem ornamentalen Sinn verstanden, sind dabei durchaus als äquivalent zu verstehen.

## Bibliographie

Hugo, Victor: *Œuvres poétiques*, I. Avant l'exil 1802–1851. Préface par Gaëtan Picon. Édition établie et annotée par Pierre Albouy (Bibliothèque de la Pléiade). Paris 1964.

Hugo, Victor: *Théâtre complet*, I. Préface par Roland Purnal, notices et notes par Jean-Jacques Thierry et Josette Mélèze (Bibliothèque de la Pléiade). Paris 1963.

Soumet, Alexandre: »Nouvelles Odes par Victor-M. Hugo«, in: Marsan, Jules (Hg.): *La Muse française, 1823–1824*. Paris 1907–1909, II, S. 143–154.

Vigny, Alfred de: *Œuvres completes* I. Poésie et théâtre. Édition de François Germain et André Jarry (Bibliothèque de la Pléiade). Paris 1986.

Barrère, Jean-Bertrand: *La Fantaisie de Victor Hugo. 1802–1851*. Paris 1949.

Bernsen, Michael / Neumann, Martin (Hg.): *Die französische Literatur des 19. Jahrhunderts und der Orientalismus*. Tübingen 2006.

Bernsen, Michael: »Gérard de Nervals Begegnung mit dem Orient, ein Globalisierungsschub in der französischen Literatur des 19. Jahrhunderts«, in: Moser, Christian / Simonis, Linda (Hg.): *Figuren des Globalen. Weltbezug und Welterzeugung in Literatur, Kunst und Medien*. Göttingen 2014, S. 693–702.

Bernsen, Michael: »Sprechende Hieroglyphen: Erinnerungsbilder Ägyptens bei Charles Baudelaire«, in: Bernsen, Michael / Neumann, Martin (Hg.): *Die französische Literatur des 19. Jahrhunderts und der Orientalismus*. Tübingen 2006, S. 177–186.

Hempfer, Klaus W.: »Theory of the Lyric: a Prototypical Approach«, in: *Journal of Literary Theory* (11) 2017, S. 51–62.

Hempfer, Klaus W.: *Lyrik. Skizze einer systematischen Theorie*. Stuttgart 2014.

Ihring, Peter: »Orientalistische Poesie – Victor Hugo, das Morgenland und die Elementarsymbolik«, in: Bernsen, Michael / Neumann, Martin (Hg.): *Die französische Literatur des 19. Jahrhunderts und der Orientalismus*, Tübingen 2006, S. 63–79.

Larcher, Pierre: »Autour des Orientales. Victor Hugo, Ernest Fouinet et la poésie arabe archaïque«, in: *Bulletin d'Études Orientales* (62) 2013, S. 99–123.

Laurent, Frank: »Présentation«, in: Hugo, Victor: *Les Orientales – Les Feuilles d'automne*, hg. v. Frank Laurent. Paris 2002, S. 5–43.

Penzenstadler, Franz: *Romantische Lyrik und klassizistische Tradition. Ode und Elegie in der französischen Romantik*. Stuttgart 2000.

Said, Edward: *Orientalism*. London 1978.

Schwab, Raymond: *La Renaissance orientale*. Paris 1950.

Karl Maurer (Bochum)

# Erfahrenes, Erlesenes, Erfundenes: Gérard de Nervals *Voyage en Orient* als Reisebericht eines Reisenden im Geiste

Um von einer Reise zu berichten, muß man sie nicht wirklich unternommen haben. Dafür gibt es illustre Beispiele, nicht nur die glorreichen »Reiseerzählungen« eines Karl May alias Kara ben Nemsi alias Old Shatterhand »durch die Wüste«[1] und durch den Wilden Westen. Schwieriger ist es, überzeugend eine Reise nachzuzeichnen, die tatsächlich unter beengenden Bedingungen stattfand, keineswegs überall zur angestrebten Autopsie führte und aus dem Rückblick ein ernüchterndes Fazit hinterläßt.

Gérard de Nervals *Voyage en Orient* (1851), eine der faszinierendsten Reisebeschreibungen der europäischen Romantik, hatte eine solche Aufgabe zu bewältigen. Wie die minutiösen Recherchen seiner Herausgeber erhellt haben, ist er dabei nicht eben zimperlich verfahren. Vor allem der Vorspann, »Vers l'Orient«, unterschlägt den tatsächlichen Verlauf der Anreise von Paris über Marseille und Malta, mit einem kurzen Umsteigeaufenthalt auf der Zykladeninsel Syros, nach Alexandria und Kairo, über die es offenbar nichts Relevantes zu berichten gab, und substituiert ihr eine vier Jahre früher unternommene, schon damals in einer Serie von Feuilletons dokumentierte Reise in diplomatischer Mission über Genf, Zürich, Konstanz und München nach Wien und, im Anschluß daran, eine frei erfundene Reise nach Kythera und zu den Zykladen, mit langen fast wörtlich übernommenen Passagen aus zwei einschlägigen topographischen Darstellungen.[2]

Von den drei Etappen der eigentlichen Expedition hat Nerval sich nur in und um Kairo und, am Ende, in Istanbul länger umgesehen. Die Reise in den von

1 Zuerst unter dem Titel »*Giölgeda padishanün.* Reise-Erinnerungen aus dem Türkenreiche von Karl May« in der Zeitschrift *Deutscher Hausschatz in Wort und Bild.* Jg. 7 (1880–1881), Nr. 16–19 und Nr. 21–52. Erste Buchausgabe: *Durch Wüste und Harem. Reiseerlebnisse von Carl May.* Freiburg i. Br.: Fehsenfeld (Carl May's gesammelte Reiseromane, 1), o. J. [1892], unter dem heutigen Titel *Durch die Wüste* seit der vierten Auflage 1895.

2 Vgl. die detaillierten Nachweise in der Einleitung der grundlegenden vierbändigen Ausgabe des *Voyage en Orient* von Gilbert Rouger in der Bibliothèque des Éditions Richelieu, Paris 1950, Bd. 1, S. 15–89: »Gérard de Nerval et le *Voyage en Orient*«, hier: S. 55–63.

»Drusen und Maroniten« (so der definitive Titel des zweiten Teils)[3] dominierten Libanon wird auf wenige Wochen verkürzt und führt nicht weiter als nach Beirut und in die umliegenden Berge. Nach Damaskus und Baalbek gelangt er nicht, entgegen der Darstellung am Ende seines Berichts;[4] dem Vater beichtet er nach seiner Ankunft in Istanbul seinen Verzicht: Ein Ausbruch der Pest und die Unsicherheit der Wege hätten seine Weiterreise verhindert.[5] Der Aufenthalt in einem nicht genannten »eine Tagereise von Damaskus entfernten« Dorf[6] und die »gelegentlichen« Ausflüge von da zu den Ruinen von Baalbek[7] sind ebenso frei erfunden wie das Verhältnis zu seiner in jenem Dorf ansässigen Verlobten, die er nach Landessitte nur selten sieht,[8] und zu ihrem Vater, dem Drusenscheich, der nicht zuletzt als Erzähler der (tatsächlich weitgehend dem *Exposé de la religion des Druses* [1838] von Antoine-Isaac Silvestre de Sacy entnommenen) »Histoire du Calife Hakem« gebraucht wird.

Aber auch die Begegnungen mit den »Frauen von Kairo«, wie der erste Teil der Orientreise seit den ersten Vorveröffentlichungen in der *Revue des Deux Mondes* betitelt ist[9] – Eheanbahnungen, zu denen der Reisende gedrängt wird, der Kauf einer zänkischen Sklavin, zu dem er sich ersatzweise entschließt –, sind größtenteils fiktiv, wenn auch nicht ganz ohne Rückhalt in der Realität. Daß man ihn in Kairo mit einer zwölfjährigen Syrerin habe verheiraten wollen, erwähnt Nerval auch in dem Brief, den er am Tag seiner Weiterreise an seinen Vater schreibt,[10]

3 »Druses et Maronites«; in der zweibändigen Vorveröffentlichung unter dem Titel *Scènes de la vie orientale* im Verlag Hippolyte Souverain von 1850 noch: »Les Femmes du Liban«, in Anlehnung an den – modischen – Titel des ersten Teils, »Les Femmes du Caire«.

4 »Druses et Maronites«, IV, 6: »Correspondance (Fragments)«, in der dreibändigen kommentierten Ausgabe der *Œuvres complètes* von Jean Guillaume und Claude Pichois. Paris: Gallimard (Bibliothèque de la Pléiade, 89; 117; 397), 1984–1993, auf die ich mich im folgenden stütze: Bd. 2, S. 588–599, hier: S. 598f. Die Kapitelüberschrift spiegelt die Verlegenheit des Autors wider, der hier flunkern muß und nicht ins Detail gehen kann. In der Feuilleton-Veröffentlichung in der *Revue des Deux Mondes* trug der Abschnitt noch den stolzen Titel »Conclusion«.

5 Brief vom 25. Juli 1843, nach der Ankunft in Istanbul, *Œuvres complètes*, Bd. 1, S. 1400: »je n'ai pu voir ni Damas où était la peste ni Balbec dont la route était coupée par la révolte des Druses et des Métualis.« Über den fraglichen Zeitraum ist so wenig bezeugt, daß Claude Pichois und Michel Brix in ihrer Biographie vermuten, daß sich hinter diesem Mangel ein neuer Schub von Nervals Erkrankung verbirgt (*Gérard de Nerval.* Paris: Fayard, 1995, S. 218; im gleichen Sinne schon Rouger: »Gérard de Nerval et le *Voyage en Orient*«, S. 32).

6 *Œuvres complètes*, Bd. 2, S. 599: »C'est là que nous nous sommes arrêtés dans un village où se cultivent la vigne et le mûrier, à une journée de Damas.«

7 Ebd.: »Je fais de temps en temps une excursion à Balbek.«

8 Ebd.: »Tu comprends que je n'ai pas à te décrire les rares entrevues que j'ai avec ma fiancée. En Orient, les femmes vivent ensemble et les hommes ensemble, à moins de cas particuliers.«

9 In den Nummern vom 1. Mai, vom 1. Juli und vom 15. September 1846, jeweils mit dem Untertitel »Scènes de la vie égyptienne«.

10 Brief vom 2. Mai 1843, *Œuvres complètes*, Bd. 1, S. 1399: »On voulait me marier au Caire avec une Syrienne de douze ans; mais je l'ai trouvée un peu trop jeune.«

und in dem Rechenschaftsbericht an seinen Freund Théophile Gautier vom selben Tag erzählt er, sein (im *Voyage en Orient* nirgends erwähnter) Reisebegleiter Joseph de Fonfride (nicht er!) habe eine indische (nicht: javanische!) Sklavin gekauft, die sie nun mitführen müssten; er habe sie ihm angeboten, aber als er nicht mit ihr schlafen wollte, selbst auch verzichtet.[11]

Im Ungewissen bleibt auch, inwieweit Nerval eines seiner dringendsten Anliegen, den Besuch der Pyramiden von Giseh, tatsächlich umsetzen konnte. Daß er sie »gesehen« hat, ist der Aufzählung der bis dahin bereisten Orte in jenem letzten Brief aus Kairo an seinen Vater zu entnehmen: »j'ai vu déjà Alexandrie, L'Atfé, Le Caire, Fostat, Héliopolis, Giseh, Schoubra, les pyramides«,[12] aber es ist fraglich, ob diese Angabe mehr impliziert als den bewundernden Blick von der anderen Nilseite, den ihm ein erster Tagesausflug in Begleitung des französischen Konsuls ermöglichte und den er in einem früheren Kapitel des Reiseberichts feiert.[13]

So wie sie die Kapitelfolge »Les Pyramides«[14] beschreibt, ist die Besichtigung gewiß nicht verlaufen, wenn sie denn überhaupt stattgefunden hat. Der Plan einer neuerlichen gemeinsamen Fahrt zerschlug sich, weil sich die Krankheit des Konsuls verschlimmerte, der er bald darauf erliegen sollte. Es ist wenig wahrscheinlich, daß der Reisende, wie er behauptet, daraufhin allein in der bereitgestellten Barke zu den Pyramiden aufgebrochen wäre,[15] nur von vier kräftigen Männern begleitet, die ihn beim Besteigen der Cheops-Pyramide und beim Abstieg stützen sollten.[16] In dem Brief an seinen Vater, in dem Nerval von dem Fehlschlag berichtet,[17] ist von einer solchen Lösung nicht die Rede, und in einem weiteren, etwas späteren Brief wird erneut eine Fahrt »nach Giseh und zu den Pyramiden« ins Auge gefaßt, zu der ihn nunmehr Ibrahim Pascha höchstpersönlich eingeladen hätte,[18] über die aber sonst nirgendwo mehr etwas verlautet.

11 *Œuvres complètes*, Bd. 1, S. 1396: »Il a acheté une esclave indienne et comme il voulait me la faire baiser je n'ai pas voulu, alors il ne l'a pas baisée non plus, nous en sommes là.«

12 Brief vom 2. Mai 1843, *Œuvres complètes*, Bd. 1, S. 1397.

13 »Les Femmes du Caire«, III, 6: »L'Île de Roddah«, *Œuvres complètes*, Bd. 2, S. 359–368, hier: S. 363.

14 »Les Femmes du Caire«, IV, 1–4.

15 IV, 1: »L'Ascension«, *Œuvres complètes*, Bd. 2, S. 382: »lorsque nous fûmes arrivés au bord du Nil, il me dit: ›Je me sens déjà fatigué …; je préfère rester ici. Prenez la cange que j'ai fait préparer; je vous suivrai des yeux, et je croirai être avec vous.‹«

16 S. 384: »On m'a donné quatre hommes pour me guider et me soutenir pendant mon ascension.« Michael Bernsen spricht bei der Aufstiegsszene (S. 384f.) zu Recht von einer »Groteske«, die in der ernüchternden Entdeckung von Inschriften englischer Touristen auf der Plattform (!) gipfelt (*Der Mythos von der Weisheit Ägyptens in der französischen Literatur der Moderne*. Göttingen: V&R unipress / Bonn University Press, 2011, Kap. 5, 1: »Der *Voyage en Orient* als Versuch einer Initiation in die großen Mysterien«, S. 76).

17 Brief vom 18. März 1843, *Œuvres complètes*, Bd. 1, S. 1393.

18 Brief an den Vater ohne Datum, wohl etwa von Anfang April 1843, zitiert nach: Gérard de

Die nur erdachte Reise eröffnet neue Wege. Auf der krönenden Plattform der Cheops-Pyramide begegnet der Reisende einem preußischen Gardeoffizier, der zur Ägyptenexpedition von Richard Lepsius abgeordnet ist, aber – welch glücklicher Zufall – den Anschluß an das Gros noch nicht gefunden hat. Mit ihm zusammen dringt er in das Innere der Pyramide ein und läßt sich von seinem altertumskundigen Begleiter alles über die in ihren Gängen zu lokalisierenden Initiationsriten des altägyptischen Isiskults erzählen, was er auch in der Darstellung des Abbé Terrasson, *Séthos, histoire, ou Vie tirée des monuments anecdotes de l'ancienne Égypte* (1731) hätte lesen können – und was der Autor des *Voyage en Orient* zweifellos ebendort gelesen hat.[19]

Man könnte die Liste leicht verlängern (zu nennen wäre etwa noch im dritten Teil die in Istanbul während der Nächte des Ramadan gewissermaßen von den Lippen eines lokalen Erzählers abgelesene Tempellegende *Histoire de la reine du Matin et de Soliman, prince des génies*),[20] und es ist nicht einfach, mit diesem Befund umzugehen. Joachim Küpper hat vor zwanzig Jahren in begrüßenswerter Deutlichkeit klargestellt, daß es wenig Sinn hat, angesichts dieses Textes nach einem Orient-›Erlebnis‹ Gérard de Nervals zu fragen.[21] Zu vieles ist erfunden, vorgeschoben[22] oder schlicht plagiiert. Der Autor bringt seine bemühten Biographen immer wieder in Verlegenheit:[23] Wer war der verspätete Teilnehmer der Lepsius-Expedition?[24] Waren die in *Aurélia* erwähnten »halbzerknitterten«

Nerval, *Œuvres*, hg. von Albert Béguin und Jean Richer, 2 Bde. Paris: Gallimard (Bibliothèque de la Pléiade, 89; 117), 1952–1956 u.ö., Bd. 1, S. 879: »Dans deux jours, Ibrahim-Pacha nous a promis de nous conduire lui-même à Gizeh et aux Pyramides.« Der Brief ist nicht in die *Œuvres complètes* aufgenommen, wohl weil von ihm kein Autograph erhalten ist.

19 Terrassons Roman ist in den *Illuminés* mehrfach erwähnt (*Œuvres complètes*, Bd. 2, S. 1088 und S. 1132), aber hier dominiert die Erinnerung an Emanuel Schikaneders Umsetzung im Libretto zu Mozarts *Zauberflöte*, die der Reisende an diesem Ort am liebsten von einem reichen Mäzen inszeniert sähe (IV, 3: »Les Épreuves«, *Œuvres complètes*, Bd. 2, S. 391).

20 »Les Nuits du Ramazan«, III, 1–12.

21 »›Erlebnis‹ und Dichtung in Gérard de Nervals *Voyage en Orient*«, in: Dieter Ingenschay / Helmut Pfeiffer (Hg.), *Werk und Diskurs. Karlheinz Stierle zum 60. Geburtstag.* München: Fink, 1999, S. 251–309.

22 So wird der – authentische – Tod eines englischen Passagiers, dessen Leiche tatsächlich in Malta an Land gebracht wurde (wozu vgl. den Brief an den Vater von dort aus vom 8. Januar 1843, *Œuvres complètes*, Bd. 1, S. 1389), zum Prätext eines – fiktiven – Zwischenstops auf der Insel Kythera (»Introduction: Vers l'Orient«, XII: »L'Archipel«).

23 Pichois und Brix weisen in der Einleitung zu ihrer Biographie mit zahlreichen Beispielen auf diese beunruhigende Lage hin und sprechen von »zwei Biographien, die man schreiben müsste«, einer geträumten und einer realen (*Gérard de Nerval*, »Introduction«, S. 12).

24 Dazu Louis-A. Christophe, der mit historischer Akribie den künftigen preußischen Diplomaten Hermann von Abeken als Nervals Begleiter identifiziert und sogar mit dem einzigen möglichen Datum aufwartet, an dem die beiden, anders als im *Voyage en Orient* dargestellt, auf eigene Faust die Pyramide besichtigt hätten (»Gérard de Nerval et l'expédition de Richard Lepsius«, *La Revue du Caire* Bd. 44, Nr. 233 [Januar 1960], S. 44–60). Den Gedanken, daß die

»arabischen Briefe« am Ende doch bis zuletzt verwahrte Zeugnisse des Verlöbnisses mit Saléma?[25]

In einem andern Sinne allerdings kann Nerval sehr wohl ein Orienterlebnis oder vielleicht besser: eine Orientbegegnung für sich in Anspruch nehmen, die sich am ehesten mit dem Italienerlebnis in Goethes *Italienischer Reise* vergleichen läßt, nur mit einem bezeichnenden Unterschied. Während der Italienreisende Goethe bei seiner Ankunft in Rom konstatieren kann:

> Alle Träume meiner Jugend seh' ich nun lebendig; die ersten Kupferbilder, deren ich mich erinnere (mein Vater hatte die Prospekte von Rom auf einem Vorsaale aufgehängt), seh' ich nun in Wahrheit [...]; es ist alles, wie ich mir's dachte, und alles neu.[26]

resümiert Nerval am Ende seines Aufenthalts in Kairo:

> Je quitte avec regret cette vieille cité du Caire, où j'ai retrouvé les dernières traces du génie arabe, et qui n'a pas menti aux idées que je m'en étais formées d'après les récits et les traditions de l'Orient. Je l'avais vue tant de fois dans les rêves de la jeunesse, qu'il me semblait y avoir séjourné dans je ne sais quel temps; je reconstruisais mon Caire d'autrefois au milieu des quartiers déserts ou des mosquées croulantes! Il me semblait que j'imprimais les pieds dans la trace de mes pas anciens; j'allais, je me disais: En détournant ce mur, en passant cette porte, je verrai telle chose ... et la chose était là, ruinée, mais réelle.[27]

Wo Goethes vorgängige Erwartungen sich in einer Art prästabilisierter Harmonie ohne die Spur einer Eingangsstörung erfüllen, reiht sich der Spätromantiker Gérard de Nerval in die lange Reihe der nachgekommenen Dichter ein, die, in diesem Falle: Kairo in Kairo nicht, oder nur noch sehr bruchstückhaft wiederfinden.[28]

---

Figur einfach erfunden sein könnte, weist er ab, ungeachtet der zahlreichen Ungereimtheiten, die er seinem Autor im übrigen nachweist.

25 *Aurélia ou Le Rêve et la Vie*, »Seconde partie«, VI, *Œuvres complètes*, Bd. 3, S. 743: »Dans des rouleaux mieux enveloppés que les autres, je retrouve des lettres arabes, des reliques du Caire et de Stamboul. Ô bonheur! ô tristesse mortelle! ces caractères jaunis, ces brouillons effacés, ces lettres à demi froissées, c'est le trésor de mon seul amour ...«. Jacques Bony mag recht haben mit seiner Feststellung, »grammatisch« könne man unbedenklich in diesen beiden Sätzen »des lettres arabes« und »le trésor de mon seul amour« aufeinander beziehen (*Le Récit nervalien. Une recherche des formes.* Paris: Corti, 1990, S. 212). Aber ein auf arabisch geführter Briefwechsel mit der eifrigen Schutzbefohlenen eines französischen Pensionats wäre vielleicht doch zuviel der Mystifikation.

26 *Italienische Reise*, Erster Teil, »Rom, den 1. November 1786«, zitierte Ausgabe: *Goethes Werke. Hamburger Ausgabe*, hg. von Erich Trunz, 14 Bde. Hamburg: Wegner, 1948–1960 u. ö., Bd. 11: *Autobiographische Schriften.* Dritter Band, hg. von Herbert von Einem, S. 126.

27 »Les Femmes du Caire«, IV, 4: »Départ«, *Œuvres complètes*, Bd. 2, S. 396. Ganz ähnlich schon während der Reise aus dem Rückblick, »À mon ami Théophile Gautier«, *Journal de Constantinople* vom 6. September 1843, *Œuvres complètes*, Bd. 1, S. 762–766, hier: S. 765.

28 Das bekannteste Gedicht in dieser Traditionskette, das dritte Sonett in Joachim du Bellays *Antiquitez de Rome* (1558): »Nouveau venu, qui cherches Rome en Rome / Et rien de Rome en

Der Ausweg aus allen diesen Aporien ist wohl wirklich, wie Küpper mahnt, den *Voyage en Orient* nicht länger als biographisches Dokument und als Quelle für eine esoterische Mythologie zu lesen, sondern ihn »konsequent als literarischen Text zu begreifen«.[29] Nur müßte man ihn dazu erst einmal überzeugend einordnen können.

Michel Butor hat Anfang der siebziger Jahre vorgeschlagen, die reiche Saat des aufkeimenden Strukturalismus um eine »Iterologie« als weiteres Pflänzchen zu ergänzen, »une nouvelle science [...] étroitement liée à la littérature, celle des déplacements humains«[30] – angeregt wohl durch die drei Jahre zuvor erschienene Untersuchung *Gérard de Nerval et la poétique du voyage* von Ross Chambers,[31] dem sein Essay gewidmet ist (»Pour Ross Chambers, en Australie«). Die literarischen Reisebeschreibungen der deutschen und der französischen Romantik, auf die er erklärtermaßen abzielt,[32] hätten in der Tat eine solche gattungstypologische Behandlung verdient. Gerade der Blick auf Nervals Beitrag zu der Gattung – neben dem *Voyage en Orient* noch die ein Jahr später erschienenen »souvenirs d'Allemagne«, *Lorely* – kann verdeutlichen, in welchem Maß die Produktionsbedingungen ihrer Zeit die romantische Reisebeschreibung neugeprägt haben. Anders als noch die Rechenschaftsberichte eines Alexander von Humboldt, die sich an ein gelehrtes oder zumindest bildungsbeflissenes Publikum richten, konkurrieren die Reisefeuilletons von Alexandre Dumas, Gautier und Nerval in den Pariser Zeitschriften mit Gesellschaftschroniken aus ganz Europa und Konzert-, Opern- und Theaterkritiken um die Gunst eines nachrichtenhungrigen und unterhaltungsbedürftigen Publikums.[33]

---

Rome n'apperçois ...«, geht seinerseits auf das vier Jahre ältere Epigramm *De Roma* des neulateinischen Dichters Janus Vitalis (V. 1f.: »Qui Romam in media quaeris nouus aduena Roma, / Et Romae in Roma nil reperis media ...«) zurück; vgl. Walther Rehm, *Europäische Romdichtung*. München: Hueber, ²1960, S. 95–97.

29 »›Erlebnis‹ und Dichtung in Gérard de Nervals *Voyage en Orient*«, S. 252f., Anm. 8.

30 »Le Voyage et l'écriture«, *Romantisme* Jg. 1972, H. 4, S. 4–19, hier: S. 7.

31 Paris: Corti, 1969.

32 »Le Voyage et l'écriture«, S. 4: »Si cette parenté entre voyage et écriture a toujours été plus ou moins ressentie [...], il est certain que c'est à l'époque romantique qu'elle s'est le mieux manifestée, notamment en Allemagne et en France.« Auf Nervals *Voyage en Orient* kommt Butor allerdings erst gegen Ende seiner Betrachtungen zu sprechen, um dessen Reiseetappen, Kairo, Beirut, Konstantinopel, gegen diejenigen von Chateaubriands *Itinéraire de Paris à Jerusalem*, Rom, Athen, Jerusalem, abzugrenzen (S. 15–17: »II, 17. Nerval et Chateaubriand«).

33 Die literarische Produktion Nervals ist fast durchweg geprägt durch den feuilletonistischen Kontext, in dem sie jeweils entstanden ist. Paul Bénichou nimmt nur die letzten hochpoetischen Prosatexte – *Sylvie, Aurélia*, vielleicht noch *Octavie* – von diesem Befund aus (*L'École du désenchantement. Sainte-Beuve, Nodier, Musset, Nerval, Gautier.* Paris: Gallimard, 1992, S. 254–260: »Travaux et jours de Nerval«). Aber selbst die *Chimères* enthalten an manchen Stellen eine – verschlüsselte – tagespolitische Botschaft. Der Schlußvers von *Antéros* (V. 13f.): »Et protégeant tout seul ma mère Amalécyte, / Je ressème à ses pieds les dents du vieux

Bemerkenswerterweise stellt Nerval sein neues Themenfeld von Anfang an in eben diesen Zusammenhang. In einem launigen Brief aus Baden-Baden an den Herausgeber des *Messager* vom 1. September 1838[34] zur Eröffnung der neuen Saison läßt er zunächst die Pariser Ereignisse in allen Sparten Revue passieren, die er im Augenblick nicht wie gewohnt kommentieren kann – die aber alle so voraussehbar waren, daß er schon im Voraus über sie hätte schreiben können –, um seinem Adressaten danach unvermittelt eine Serie von Reisefeuilletons, beginnend mit dem bevorstehenden Besuch des russischen Zaren an seinem augenblicklichen Aufenthaltsort, anzubieten, gewissermaßen als sommerlichen Lückenfüller: »vous verrez que c'est là un genre de feuilletons d'été qui en vaut bien d'autres.«[35]

Das Plaidoyer zieht die Parallele konsequent weiter, gleiche Interessen des Publikums, gleiche Vielfalt der Beurteilungen: »Le goût des voyages n'est pas aujourd'hui moins répandu que le goût du spectacle, et l'on tient même à recueillir plusieurs avis, car chacun voit à sa manière, et les impressions sont plus diverses encore entre les voyageurs qu'entre les critiques.«[36] Und der Reisebericht – mit dem Terminus technicus: die »impressions de voyage« – sei eine neue Errungenschaft (»il y a eu des temps où l'impression de voyage n'existait pas«),[37] die entsprechenden Schilderungen seien lange Zeit nur Beiwerk gewesen.

Am Ende dieser Betrachtungen, die schon seine Zeitgenossen ungeachtet seines vorsorglichen Dementis[38] als eine Art vorgängige Poetik des Reisefeuil-

---

dragon.« greift das mythologische Bild wieder auf, mit dem der Dichter zuvor in seinen »scènes de la vie allemande« die neue Sendung des Journalismus umrissen hatte: »Le Prince: [...] grâce à la presse, l'intelligence marche aujourd'hui sur la terre, comme ce héros antique qui semait les dents du dragon.« (*Léo Burckart*, 1. Akt, 10. Szene, *Œuvres complètes*, Bd. 3, S. 91).

34 »A M. B*******« [= Brindeau], *Le Messager* vom 18. September 1838, *Œuvres complètes*, Bd. 1, S. 452–456.

35 S. 453. Auf diese Selbsteinschätzung beruft sich schon Hisashi Mizuno in seiner Analyse der ursprünglichen Fassungen der Nervalschen Reiseberichte: *Nerval. L'Écriture du voyage. L'Expression de la réalité dans les premières publications du* Voyage en Orient *et de* Lorely. Souvenirs d'Allemagne. Paris: Champion (Romantisme et Modernités, 75) 2003, »Introduction«, S. 13.

36 »A M. B*******«, *Œuvres complètes*, Bd. 1, S. 453f.

37 S. 454.

38 S. 455: »N'allez pas croire maintenant que toutes ces généralités que je vous soumets tendent à fournir une préface à mes *impressions* personnelles. Je pensais plutôt en les écrivant au travail que prépare en ce moment mon illustre compagnon de voyage« (Hervorhebung vom Autor). Das Dementi ist darauf bedacht, nicht bei Alexandre Dumas anzuecken, mit dem zusammen Nerval die Reise unternimmt, wie die neuerliche Beteuerung in einer späteren Folge des *Messager* vom 26. Oktober 1838 bekräftigt: »Ne va-t-on pas me dire [...] que je trahis mon compagnon de route, et que je tends à lui *couper l'impression de voyage sous le pied?* Dieu merci, je n'ai pas tant d'ambition, et ce que j'écris ici ne deviendra peut-être jamais un chapitre de livre« (abgedruckt in den Varianten zu *Lorely* in *Œuvres complètes*, Bd. 3, S. 978, Anm. a zu S. 28; Hervorhebung vom Autor).

letons wahrnahmen,[39] findet sich eine bemerkenswerte Überlegung, die man nachgerade als programmatisch für den *Voyage en Orient* lesen kann, in dem Nerval sich seinen Orient erschreibt:

> Il est tels poètes aussi, qui, sans sortir de Paris, devinent complètement la couleur et l'effet des régions étrangères, et qui ne trouvent plus rien à dire quand la réalité succède à cette sorte de mirage intellectuel et magique. Tels sont, par exemple, Balzac, Janin, de Musset et Eugène Sue, et croyez que je me fierais plus volontiers à de pareils voyageurs d'imagination et d'intuition qu'à bien d'autres qui ont traîné leurs semelles sur tous les chemins des deux mondes.[40]

Nerval nennt wohlweislich keinen seiner Confrères außer seinem Freund Jules Janin, dessen *Voyage en Italie* (1839) um diese Zeit gerade in Feuilletons vorveröffentlicht wird; von den anderen Genannten hat sich keiner als Reiseschriftsteller hervorgetan. Aber er nimmt wohl schon hier, in dieser (sogleich abgestrittenen) »Vorrede zu meinen persönlichen Reiseeindrücken«, vorab für sich selbst die Perspektive in Anspruch, die er Schillers *Kolumbus*-Epigramm (nicht: Sonett) entnimmt (V. 3–10):

> Immer, immer nach West! Dort muß die Küste sich zeigen,
> Liegt sie doch deutlich und liegt schimmernd vor deinem Verstand.
> Traue dem leitenden Gott und folge dem schweigenden Weltmeer,
> Wär' sie noch nicht, sie stieg jetzt aus den Fluten empor.
> Mit dem Genius steht die Natur im ewigen Bunde,
> Was der eine verspricht, leistet die andre gewiß.[41]

Mit einer sorglosen Mischung von anekdotischen Details und leicht durchschaubaren Erfindungen, kaum verschleiertem angelesenem Wissen[42] und mythologischen Einsprengseln ist Nerval in seinem *Voyage en Orient* ein solcher

39 Mizuno spricht hier von einer »Poetik der Reise ins Blaue« (*Nerval. L'Écriture du voyage*, S. 29, Kapitelüberschrift I, 2: »La Poétique du voyage au hasard«).

40 «A M. B*******», *Œuvres complètes*, Bd. 1, S. 455.

41 *Kolumbus*, zitierte Ausgabe: Friedrich Schiller, *Werke und Briefe in 12 Bänden*, hg. von Otto Dann u.a., Frankfurt a. M.: Deutscher Klassiker Verlag (Bibliothek deutscher Klassiker), 1988–2004, Bd. 1, hg. von Georg Kurscheidt, S. 25. Nerval hat dieses Gedicht mehrfach übersetzt, zuerst in den *Poésies allemandes* (1830). Der hier gewählte (verkürzte) Wortlaut: »Va devant toi, et si ce monde que tu cherches n'a pas été créé encore, il jaillira des ondes exprès pour justifier ton audace; car il existe un Éternel entre la nature et le génie, qui fait que l'une tient toujours ce que l'autre promet.«

42 Nerval weist offen auf die von ihm ausgewerteten Werke hin, auf Edward William Lanes *An Account of the Manners and Customs of the Modern Egyptians* (1837) im Text der »Femmes du Caire« (II, 5: »Visite au consul de France«, *Œuvres complètes*, Bd. 2, S. 315) und als ausdrücklicher Quellenhinweis im Anhang (»Appendice«, Bd. 2, S. 798, Anm.*) oder auf Silvestre de Sacys »ouvrage [...] sur la religion des Druses« als Referenz für »alle Einzelheiten« der Legende vom Kalifen Al Hakim in einer Fußnote am Ende der Erzählung des Scheichs (»Druses et Maronites«, III, 7: »Le Départ«, *Œuvres complètes*, Bd. 2, S. 564, Anm.*).

Kraftakt gelungen, so sehr er sich beklagt, daß der Orient sich ihm, je weiter er vordringt, um so mehr entzieht:

> Moi j'ai déjà perdu, royaume à royaume et province à province, la plus belle moitié de l'univers, et bientôt je ne vais plus savoir où réfugier mes rêves; mais c'est l'Égypte que je regrette le plus d'avoir chassé de mon imagination, pour la loger tristement dans mes souvenirs![43]

Viel besser wäre er in Paris geblieben, wo das orientalische Ballett *La Péri* seines Freundes Gautier gerade Triumphe feiert:

> Oh! reste à Paris, et puisse le succès de ton ballet se prolonger jusqu'à mon retour! Je retrouverai à l'Opéra le Caire véritable, l'Égypte immaculée, l'Orient qui m'échappe, et qui t'a souri d'un rayon de ses yeux divins. [...] c'est à cette Égypte-là que je crois et non pas à l'autre [...].[44]

Es ist viel romantische Pose in diesen Sätzen, die zugleich ein Beispiel Nervalscher – hymnischer – Theaterkritik aus der Ferne sind. Er formuliert sie auf der letzten Station seiner Reise im *Journal de Constantinople* vom 6. September 1843, von wo sie wenige Wochen später den Weg in die Pariser Presse finden.[45] In den Briefen an seinen Vater relativiert er diese ernüchterte Zwischenbilanz alsbald nach ihrem Erscheinen: »J'y ai manifesté une sorte de désillusion à l'égard de l'Égypte qui ne doit pas trop être prise au sérieux«.[46] Es zieht ihn schon nach weiteren Zielen: Athen, von da, »nach ein paar Tagen«, Korinth, Korfu, die Adria ...

## Bibliographie


Goethe, Johann Wolfgang: *Italienische Reise*, in: *Goethes Werke. Hamburger Ausgabe*, hg. von Erich Trunz, 14 Bde. Hamburg: Wegner 1948–1960 u.ö., Bd. 11: *Autobiographische Schriften.* Dritter Band, hg. von Herbert von Einem.

May, Carl: *Durch Wüste und Harem. Reiseerlebnisse von Carl May.* Freiburg i. Br.: Fehsenfeld (Carl May's gesammelte Reiseromane, 1), o.J. [1892].

Nerval, Gérard de: *Œuvres complètes*, hg. von Jean Guillaume und Claude Pichois, 3 Bde. Paris: Gallimard (Bibliothèque de la Pléiade, 89; 117; 397) 1984–1993.

Nerval, Gérard de: *Œuvres*, hg. von Albert Béguin und Jean Richer, 2 Bde. Paris: Gallimard (Bibliothèque de la Pléiade, 89; 117) 1952–1956 u.ö.

Nerval, Gérard de: *Scènes de la vie orientale*, 2 Bde. Paris: Hippolyte Souverain 1850.


43 «À mon ami Théophile Gautier», *Œuvres complètes*, Bd. 1, S. 764f.

44 S. 766.

45 *La Sylphide* Bd. 8, S. 284f., undatiert, wohl vom 30. September 1843, durch Vermittlung von Gautier. Vgl. die Anmerkungen von Guillaume / Pichois z. St., *Œuvres complètes*, Bd. 1, S. 1794.

46 Brief von Anfang Oktober 1843, *Œuvres complètes*, Bd. 1, S. 1404.

Nerval, Gérard de: *Voyage en Orient*, 4 Bde., hg. von Gilbert Rouger. Paris: Éditions Richelieu 1950.

Schiller, Friedrich: *Werke und Briefe in 12 Bänden*, hg. von Otto Dann u. a. Frankfurt a. M.: Deutscher Klassiker Verlag (Bibliothek deutscher Klassiker) 1988–2004, Bd. 1, hg. von Georg Kurscheidt.

Bénichou, Paul: *L'École du désenchantement. Sainte-Beuve, Nodier, Musset, Nerval, Gautier.* Paris: Gallimard 1992.

Bernsen, Michael: *Der Mythos von der Weisheit Ägyptens in der französischen Literatur der Moderne.* Göttingen: V&R unipress / Bonn University Press (Gründungsmythen Europas in Literatur, Musik und Kunst, 5) 2011.

Bony, Jacques: *Le Récit nervalien. Une recherche des formes.* Paris: Corti 1990.

Butor, Michel: »Le Voyage et l'écriture«, *Romantisme* Jg. 1972, H. 4, S. 4–19.

Chambers, Ross: *Gérard de Nerval et la poétique du voyage.* Paris: Corti 1969.

Christophe, Louis-A.: »Gérard de Nerval et l'expédition de Richard Lepsius«, *La Revue du Caire* Bd. 44, Nr. 233 (Januar 1960), S. 44–60.

Küpper, Joachim: »›Erlebnis‹ und Dichtung in Gérard de Nervals *Voyage en Orient*«, in: Dieter Ingenschay / Helmut Pfeiffer (Hg.), *Werk und Diskurs. Karlheinz Stierle zum 60. Geburtstag.* München: Fink 1999, S. 251–309.

Mizuno, Hisashi: *Nerval. L'Écriture du voyage. L'Expression de la réalité dans les premières publications du* Voyage en Orient *et de* Lorely. Souvenirs d'Allemagne. Paris: Champion (Romantisme et Modernités, 75) 2003.

Pichois, Claude / Brix, Michel: *Gérard de Nerval.* Paris: Fayard 1995.

Rehm, Walther: *Europäische Romdichtung.* München: Hueber ²1960.

Rouger, Gilbert: »Gérard de Nerval et le *Voyage en Orient*«, in: Nerval: *Voyage en Orient*, Bd. 1, S. 15–89.

Michael Wetzel (Bonn)

# Von einem Orient zum anderen: Pierre Loti und die Exotik des anderen Geschlechts. Eine Skizze

Pierre Loti, oder wie er im bürgerlichen Leben hieß: Julien Viaud, ist in Deutschland ein eher weniger bekannter Schriftsteller. Das mag schlicht an der Tatsache liegen, daß er als Marineoffizier zeit seines Lebens über die sieben Weltmeere gesegelt ist und somit als Zeuge der kolonialen Welteroberung sein literarisches Werk in dieser Perspektive verfaßt hat. Eine Perspektive, die dem deutschen Kulturkreis im 19. Jahrhundert fremd war. Als verspätete Nation hat zwar auch Deutschland im kolonialen Geschäft versucht, Fuß zu fassen, aber ohne in der kulturellen Repräsentation Spuren davon zu hinterlassen. Deutsche Dichter lauschten vielmehr dem Murmeln der Bäche und dem Rauschen der Bäume, denn selbst urbane Schauplätze mangelten ihnen, Loti dagegen vermischte kongenial Pflicht und Neigung, militärischen Dienst und ästhetische Reflexion, indem er die beruflichen Weltreisen narrativ ausschlachtete.

Und er war damit erfolgreich, wurde gelesen und sogar mit der Wahl der Schauplätze seiner Romane einer der Begründer des Genres ›Kolonialroman‹. Denn die meisten seiner Geschichten spielen im Orient und sind geprägt von der einzigartigen Verbindung zwischen Orientalismus und Exotismus, die vor allem die erotische Phantasie des 19. Jahrhunderts zu beflügeln wußte.

*Orientalismus* ist seit der einschlägigen Studie Edward Saids ein vieldiskutiertes Konzept, das in diesem Kontext vor allem als europäische kulturgeschichtliche Erfindung zum Zwecke der Abgrenzung als »contrasting image, idea, personality, experience«[1] gesehen wurde, als Diskursfigur (im Sinne Foucaults) ohne geographische Bedeutung. Aber auch Said fragt sich, wie weit erstreckt sich die Geltung des Orientalismus? Im Gegensatz zu Afrika, Amerika und besonders Australien trennt Asien von Europa nicht die Differenz einer kontinentalen Abgrenzung. Seit Valéry geistert das Wort von »l'autre cap« umher, Asien als das andere Ende Europas, da wo die Sonne aufgeht, aber verbunden über tausende von Kilometern bis in den fernsten Osten durch eine durchgehende Landmasse: der Orient als das Andere des Okzidents, ein Bina-

1 Said 1994, S. 2.

rismus, der oft als zu polemisch kritisiert wurde. Dadurch heizt sich auch die Übertragung des Binarismus auf einen anderen Binarismus, nämlich den der Geschlechter auf: der Orient als Inbegriff des anderen Geschlechtes in seiner *radikalen Andersheit*, weitaus archaischer als in der westlichen Kohabitation von Mann und Frau.

Der Begriff des Orientalismus ist in Deutschland ein sehr beschränkter, der eigentlich auf den arabischen Kulturraum begrenzt blieb. Sowohl Goethes west-östliche Streifzüge in die Fernen der Weltliteratur als auch die Märchen von Wilhelm Hauff, erst recht die Abenteuerromane von Karl May folgen gewissermaßen den Spuren der Kreuzzüge oder der *Märchen von 1001 Nacht* – und das obwohl Romantiker wie Friedrich und August Wilhelm Schlegel zu den Begründern des indologischen Zweigs der Orientalistik mit ihren Studien zu den Veden gehörten und in der Philosophie Schopenhauers und dann Nietzsches der Einfluß des Buddhismus sich durchzusetzen begann. Grund mag das Fehlen eines wirklichen deutschen Kolonialismus sein. Aber auch für die französische Orientalistik endete der ferne Osten oft an den Randbereichen des Mittelmeers: Seit Napoleons Expedition nach Ägypten war dieser Kulturkreis tragend für den abendländischen »Gründungsmythos« geworden. Die ideologischen Grundlagen, der »Hebraismus und der Hellenismus« verweisen auf die ursprünglichere Weisheit Ägyptens, dort war der Orient als »Lieferant bis dahin unbekannter Bilder und somit ein pittoreskes Konstrukt, dazu geeiget, vielfältige Projektionen des betrachtenden Europäers aufzunehmen.«[2]

Die meisten Projektionen betrafen dabei das sexuelle Versprechen des Orients, wofür gerade das von Said gewählte Beispiel Flauberts signifikant ist. Die ägyptische Hure *Kuchuk-Hanem* ist Inbegriff des Anderen der Sexualität, der animalischen Enthemmung einer Trangression: »Less a woman than a display of impressive but verbally inexpressive feminity.«[3] Schon Nerval bediente in seiner *Reise in den Orient* dieses Klischees, wobei er mit seinem Beispiel der auf dem Sklavenmarkt erstandenen *Seinab* den Exotismusfaktor noch übertraf, indem er zwar eine Muslimin in Ägypten kaufte, die aber ihrer Herkunft nach der gelben Rasse angehörte, nämlich aus Java stammte:

> »Ich stieß einen Schrei des Entzückens aus, denn ich hatte die mandelförmigen Augen, die schräggestellten Lider der Javarinnen entdeckt.«[4]
> »Sie war ein schillernder Vogel, den ich im Käfig gefangenhielt.«[5]
> »une petite sauvage.«[6]

2 Bernsen 2011, S. 16f.
3 Said 1994, S. 187.
4 Nerval 1986, S. 207. Vgl. auch den Beitrag von Karl Maurer in diesem Band.
5 Nerval 1986, S. 216.
6 Nerval 1986, S. 249.

Damit hatte er zwar eine Vorlage für einen der seltenen deutschsprachigen Exotismen geliefert, die Expeditionen eines gewissen Fürsten Pückler von Muskau ins ferne Ägypterland, der ganz ähnlich eine »appetitliche Wilde«, »ihres Charakters gleich einem verzogenen Hündchen«, als abbessinische Prinzessin auf dem ägyptischen Slavenmarkt erstand.[7] Aber alle diese Exotismen verblieben in der Reichweite eines Orientalismus der *Levante.*

Dabei hatte sich Frankreich in enger Konkurrenz zu England schon früh weit auf die Weltmeere hinausgewagt. Zahlreiche literarische Hinweise zeugen von einer Überwindung des ersten Horizontes von Orientalismus, der vom arabischen Kulturkreis gebildet wird, in Richtung des asiatischen Hinterlandes eines extremen Orients, auf deutsch eines »fernen Ostens«. Erst in der Mitte des 19. Jahrhunderts, sozusagen im Übergang von der romantischen zur kolonialistischen Einstellung zum Orient beginnt sich der Horizont zu erweitern:

> l'Orient commencait, pour les romantiques, à l'Espagne, et c'est à la toute fin du XIXe siècle que s'imposa la distinction entre un Orient moyen et un Orient situé au-delà du Gange […]. L'idée de cet Orient ›extrême‹ émerge vers 1850, puis s'impose en 1900, avec la fondation de l'Ecole française d'Extrême-Orient.[8]

China, das seit Marco Polo und der Entdeckung der Seidenstraße schon im Bewußtsein des Abendlandes angekommen war, wurde noch an Exotik übertroffen durch ein Land, das sich auf einzigartige Weise dem Kolonialismus bis ins 19. Jahrhundert entzogen hatte und erst unter dem militärischen Druck des pazifisch anrainenden Amerikas sich unfreiwillig öffnete: Japan, das legendäre *Zipangu* des Marco Polo, das über Jahrhunderte hinweg nur über reduzierte Handelsbeziehungen mit Holland an den Entwicklungen des Abendlandes teilgenommen hatte und 1868, mit der Meiji-Revolution und der damit einhergehenden Öffnung für den Rest der Welt, auf einen Schlag als Gegenstand der exotistischen Phantasien auftauchte. Besonders Frankreich, das mit seinen Weltausstellungen bereits seit 1855 ein Forum für die neue Nation bereitstellte, entwickelte mit der Modeströmung des *Japonismus* eine Attraktion, die ganz Europa erfaßte.[9] Besonders der Impressionismus Frankreichs wurde zunehmend von den Holzdrucken der *ukiyo-e*-Malerei beeindruckt, und auf den Wogen dieser neuen Kunstströmung geriet auch der 1850 geborene Pierre Loti als Angehöriger der französischen Flotte nach deren Einsatz im Formosa-Krieg zwecks Reparaturen seines Schiffes nach Japan, genau genommen in den immer noch für den Westen entscheidenden Hafen von Nagasaki. Für die Dauer der Reparatur entschied er sich für eine damals übliche Form der ›Prostitution‹, nämlich eine Heirat auf Zeit, oder – wie er es ausdrückt – eine »morganatische«

7 Pückler-Muskau 1985, S. 269.
8 Montier 2012, S. 20.
9 Vgl. zur weiteren Entwicklung Wetzel 2018.

Ehe. Es waren nur wenige Wochen im Sommer 1885, aber sie wurden verewigt im Roman *Madame Chrysanthème* (erschienen 1887), der – wie wenig bekannt – auch eine der Vorlagen für den berühmteren Mythos der *Madame Butterfly* wurde, der vor allem aber einen entscheidenden Einfluß auf die Kunstströmung des Japonismus ausübte. Van Gogh gehörte zu den faszinierten Lesern, der mit den Augen Lotis das ihm unbekannte Land und seine jungen Frauen erlebte und in seinen Bildern zu einem imaginären Leben zu erwecken suchte, und selbst einer der später größten Propheten des japanischen Mysteriums, Lafcadio Hearn, wurde durch Loti auf diese Spur gelenkt.

Das Buch ist ein durchaus merkwürdiges und schillerndes Werk, und es zählt zu den auffälligen Ausfällen in Saids Orientalismus, daß er aus lauter Desinteresse am fernen Osten Loti nur als einen der »minor writers« erwähnt.[10] Lotis Reiseromane sind grundsätzlich durch den erotischen Blick auf das kulturell Andere oder – mit der Formel von Lesley Blanch gesprochen – grundsätzlich durch die Trias von »landing, loving, leaving« geprägt.[11] Aber was bei der Geschichte von Madame Chrysanthème extrem auffällt – im Gegensatz übrigens zur späteren Geschichte von Madama Butterfly – , ist die Abwesenheit von Liebe. Lotis Verhältnis zum neu entdeckten Reich der aufgehenden Sonne ist zutiefst ambivalent, und das besonders in seiner Gefühlseinstellung zu seiner Braut auf Zeit. Schon vor der Ankunft in Japan erklärt er seinem Freund Yves eher formell:

> Moi, disais-je, aussitôt arrivé, je me marie … avec une petite femme à peau jaune, à cheveux noirs, à yeux de chat. – Je la choisirai jolie. – Elle ne sera pas plus haute qu'une poupée.[12]

Deutlich wird: Es geht gar nicht um die Begegnung mit einer realen Frau, sondern um die Erfüllung eines aus lauter *Japonaiserien* zusammengesetzten Klischees. Loti kennt seine Frau schon aus Holzdrucken, Lackmalereien auf Wandschirmen und Schachteln sowie Porzellan-Verzierungen – und so kann die Begegnung mit einem realen Wesen nur zur Enttäuschung werden, wie die Begegnung überhaupt mit dem historischen Japan der zweiten Hälfte des 19. Jahrhunderts, das sich auf dem Höhepunkt der Assimilation an die industrielle Revolution Europas befindet. Lotis Roman kann so als wahrer Steinbruch für alle Formen von Rassismen gegen Japan genutzt werden, das Land der gelben Affen, die ständig »à quatre pattes« (so die Umschreibung des Rituals der höflichen Verbeugung) sind und bei denen vor allem sämtliche Gegenstände des alltäglichen Lebens inklusive der Mahlzeiten von unglaublicher, lächerlicher Winzigkeit sind. Besonders aber die weiblichen Protagonisten, eingeschlossen

10 Said 1994, S. 252.
11 Blanch 1983, S. 126, 158, 181.
12 Loti 1990, S. 45.

die auserwählte Chrysanthème, figurieren als miniaturisierte Karikaturen des weiblichen Geschlechts, dem selbst noch das letzte Merkmal von Menschlichkeit, nämlich die Seele, aberkannt wird: Sie sind »bibelots d'étagère«,[13] »poupées« bzw. »marionnettes«,[14] ein »joujou«[15] oder allenfalls – wie die schlafende Chrysanthème – eine »fée morte«,[16] bei der sich Loti ernsthaft fragt, warum sie nicht ewig schlafen kann, da sie doch so dekorativ ist.

Auf der einen Seite ist alles *mignonne, miniscule, mièvre, mignard*, auf der anderen Seite wittert der westliche Reisende den üblen Geruch der japanischen Raubtiere, bei denen alles »saugrenu« ist, abgeleitet von *sel grénu*, gewissermaßen pikant oder übertragen ›überwürzt‹, albern und extravagant. Madame Chrysanthème ist faszinierend wie eine exotische Pflanze, die eine besondere Aufmerksamkeit erregt, aber in ihrer Fremdheit, Ferne und Verschlossenheit nichts mehr zuläßt: keine Nähe, keine ›Begegnung‹. Erotische Spannung gibt es bezeichnenderweise nur zwischen Chrysanthème und Lotis Kamerad Yves in einer latent bisexuell aufgeladenen Situation gemeinsamer Nächte zu dritt unter einem Dach, wobei Loti am Ende Yves damit provoziert, daß Chrysanthème nie seine Frau gewesen sei. Es ist nicht unbedingt ein körperlicher Widerwille noch Haß, der die beiden entfernt habe, eher habe umgekehrt Gewohnheit eine Verbindung gestiftet. Über den erotischen Reiz der japanischen Frau, die der Maskerade ihrer kleidungsmäßigen Verhüllung entblößt im alltäglichen Bad sich zeigt, verliert Loti nur abfällige, wenn nicht gar verachtende Worte:

> Une Japonaise, depourvue de sa longue robe et de sa large ceinture aux coques apprêtées, n'est plus qu'un être minuscule et jaune, aux jambes torses, à la gorge grêle et piriforme; n'a plus rien de son petit charme artificiel, qui s'en est allé complètement avec le costume.[17]

Es ist sozusagen der Inbegriff des weiblichen Trugs, der hinter der Maske der Verführung nichts gewährt und nur im artifiziellen Spiel aufgeht. Erst spät, genau genommen im signifikanten Augenblick des Abschieds, sieht Loti hinter der Marionettenmaske der kleinen Person »à yeux bridés et dépourvue de cervelle«[18] so etwas wie eine Seele aufblitzen und nennt sie bei ihrem japanischen Namen: *Kihou, Kihou-San*, was auf Japanisch Chrysantheme bedeutet. Aber am Ende dominiert doch ihr historisch wirklicher Name, der *Okane-San* gelautet haben soll, wobei ›okane‹ im Japanischen auch *Geld* bedeutet. Beim Abschied nämlich, als Loti in den Augen von Kihou-San so etwas wie Traurigkeit zu sehen

13 Loti 1990, S. 61.
14 Loti 1990, S. 77.
15 Loti 1990, S. 85.
16 Loti 1990, S. 108.
17 Loti 1990, S. 166.
18 Loti 1990, S. 199.

glaubt, wird er in der allerletzten Szene Zeuge, wie seine Ex-Braut mit einem Hämmerchen die für sie gezahlten Piaster auf ihre Echtheit prüft. Was bleibt, sind Eindrücke des Wegs zurück zum auslaufenden Schiff, vorbei an geifernden Straßenhändlern mit ihrem Krimskram und obszönen Bildern.

Auffallend sind dennoch bei allen negativen Charakterisierungen der jungen Mädchen Japans die faszinierenden Merkmale der Kindfrau, nicht nur in Form der Altersangaben (bei manchen Tänzerinnen 12–14 Jahre), sondern durchgängig bei der Beschreibung der kindlichen, unentwickelten, puppenhaften Körper. Auch wenn dies im Reich der aufgehenden Sonne durch eine Enterotisierung des weiblichen Ideals jener Kultur konterkariert scheint, so bleibt die Obsession im Kontext des Werks von Loti dennoch brisant. Das Zauberwort ist *mousmé* (japanisch: *musume*) als Bezeichnung für junge Frau oder Mädchen, Tochter, zu der Loti frei assoziiert:

> il semble qu'il y ait, dans ce mot, de la moue (de la petite moue gentille et drôle comme elles en font) et surtout de la frimousse (de la frimousse chiffonée comme est la leur).[19]

Die immer wiederkehrende Bezeichnung ist »mignonne« (bezeichnenderweise bedient sich Loti nicht des heute so populären japanischen Äquivalents *kawaii*). Mit seiner Popularisierung des Begriffs schafft er auch das Muster für ein neues Bildmotiv, das in »La Mousmé« von Van Gogh die Adaption auf ein provenzalisches Mädchen erfährt. Auch in Lotis späteren Werken über Japan kehrt die Faszination dieser *mousmés* immer wieder, gepaart zugleich mit dem nostalgischen Wissen um die Vergänglichkeit dieser ephemeren, nur augenblickshaften Erscheinung:

> Ce soir, je les trouve presque jolies, ces mousmés, c'est sans doute que déjà je m'habite à ces visages d'extrême Asie. C'est surtout qu'elles sont très jeunes, des petites figures aux traits vagues, comme inachevées, et au Japon le charme de la première jeunesse, de l'enfance, n'est pas contestable. Seulement cette fleur mystérieuse du commencement de la vie se fane plus vite qu'ailleurs; avec les années toute de suite cela se décompose, grimace, tourne aux vieux singes.[20]

Der Roman über Madame Chrysanthème ist aber seinerseits nur die Oberfläche einer werkgeschichtlichen Entwicklung dieser Figur, die in sich zumindest drei vorhergehende und romanesk verarbeitetete orientalische Liebesgeschichten birgt, denen das Motiv der kindlichen Geliebten gemein ist: der erste Roman *Azyyadé*, der seine Liebe zu einer Haremsfrau 1876 verklärt, zuvor die Liebe zu der Tahitianerin *Rarahu* von 1871, die im Roman *Le mariage de Loti* ihren Niederschlag fand, nicht zu vergessen die Liebesaffäre des Jean in *Le roman d'un*

19 Loti 1990, S. 90f.

20 Loti 1889, S. 72. Vgl. auch die Beschreibung einer sehr jungen Tänzerin als das ideale Spielzeug einer »petit chat qui parle«, in: Loti 1905, S. 25.

*Sphahi* im französischen Senegal von 1881, in dem die minderjährige Schwarze Fatou-gaye das ambivalente Ideal sexueller Erfüllung im Klischee der schwarzen Tierfrau darstellt. Gerade in dieser nicht-orientalischen, aber dennoch mit ihren Schwestern im nahen und fernen Osten wahlverwandten Figur kommt die sexuelle Gewalt der verführerischen Mischung »de jeune fille, d'enfant et de diablotin noir« bzw. die »puissance de séduction matérielle [...] du singe, de la jeune vierge et de la tigresse« besonders drastisch zum Ausdruck,[21] so daß in diesem Roman der Held durch seine Leidenschaft in den tödlichen Untergang getrieben wird:

> Ainsi était cette petite créature, avec sa tête ébouriffée de mouton noir, le modèle de marbre de sa chair, – et ses yeux d'émail qui savaient déjà ce qu'ils demandaient de Jean, et qui pourtant s'abaissaient devant lui par un jeu enfantin de timidité et de pudeur. – Fruit savoureux du Soudan, mûri hâtivement par le printemps tropical, gonflé de sucs toxiques, rempli de voluptés malsaines, enfiévrées, inconnues.[22]

Ganz anders sieht das Erscheinungsbild der türkischen Geliebten Aziyadé aus, der Loti laut gleichnamigem Roman als Haremsdame in Saloniki begegnet sein will. Der erste Eindruck betont wieder die Kindlichkeit der jungen Frau, aber es sind eigentlich nur ihre auf ihn gerichteten großen und grünen Augen, die er sieht:

> Les sourcils étaient bruns, légèrement froncés, rapprochés jusqu'à se rejoindre; l'expression de ce regard était un mélange d'énergie et de naiveté; on eût dit un regard d'enfant, tant il avait de fraîcheur et de jeunesse.[23]

Während bei den japanischen *mousmés* immer wieder die Kleinheit und Ausdruckslosigkeit der geschlitzten Augen hervorgehoben wird, ist hier der Blick sprechend, ja weitaus kommunikativer als der Mund. Von der geister-, feenhaften Erscheinung heißt es ausdrücklich:

> Aziyadé parle peu, elle sourit souvent, mais ne rit jamais; son pas ne fait aucun bruit; ses mouvements sont souples, ondoyants, tranquilles, et ne s'entendent pas. C'est bien là cette petite personne mystérieuse, qui le plus souvent s'évanouit quand paraît le jour, et que la nuit ramène ensuite, à l'heure des djinns et des fantômes.[24]

Diese Beschwörung des Mysteriums folgt dem typischen Schleier- und Phantommotiv der orientalischen Geliebten, wie es die französische Malerei besonders der *Pompiers* in schwülstiger Fülle zu imaginieren wußte. Schon hier folgte Loti also wie bei Madame Chrysanthème dem Phantombild einer artifiziellen Vorlage in Form einer – wie er selbst schreibt – orientalistischen Halluzination,

---

21 Loti 1992, S. 105 u. 157.
22 Loti 1992, S. 111.
23 Loti 1987, S. 29.
24 Loti 1987, S. 84.

die an der autobiographischen Dimension dieser mystischen Liebe zweifeln läßt. (Roland Barthes wittert in seinem Vorwort zum Roman sogar die Deckfigur für eine homosexuelle Liebe zu den beiden männlichen Begleitern, wobei er schon von den Goncourts bei Erscheinen des Buches geäußerten Verdachtsmomenten folgte.)

Mit Sicherheit aber nicht gegeben hat es das – entwicklungsgeschichtlich gesehen – Urmodell all dieser exotischen Lieben: die Begegnung mit dem Zaubermädchen in Tahiti auf den Spuren einer anderen Liebe, die Lotis älterer und tragisch verstorbener Bruder Gustave dort erlebt hatte. Die in *Le mariage de Loti* zusammengetragenen Episoden des Aufenthaltes auf den Osterinseln und Tahiti 1871/72 markieren nicht nur die Urszene der orientalischen Obsession, sondern auch die Geburtsstunde des Dichters Loti überhaupt: Aus Julien Viaud wird durch einen transitorischen Akt der Wiedergeburt oder Taufe Pierre *Loti*, was in der polynesischen Sprache (auch *Rôti* ausgesprochen) soviel wie Rose oder Rosenlorbeer bedeutet. Am anderen Ende der Welt, dem extremen Orient Tahitis, wird aus dem unbedeutenden, nur 1,64 m großen und zeit seines Lebens seine Physiognomie hassenden Julien Viaud der bedeutende, in jungen Jahren schon (gegen Zola) in die Académie Française gewählte Schriftsteller Pierre Loti durch eine Metamorphose, die zugleich eine Metempsychose in das Vermächtnis des bewunderten Bruders und in eine Blume ist, den Rosenlorbeer, der nicht nur als polynesischer Begriff homonym mit Lotus ist, sondern der auch botanisch auf Viauds Bisexualität anspielt:

> Loti naît *des* antipodes. … En termes photographiques, on dirait que Loti est le positif de Viaud. […] Mais ce baptême cache une métamorphose voire une métempsychose. […] Autrement dit, il ne se contente pas de changer d'identité, de se substituer à son frère, il change de race et d'espèce, voire en outre de sexe, puisque les lauriers roses ont des fleurs hermaphrodites.[25]

Loti erfindet sich selbst als dieser Andere, wobei auch seine intermediale Tätigkeit als Schreibender und Zeichnender eine Rolle spielt. Gerade bei der polynesischen Expedition wurden seine bildkünstlerischen (übrigens im Ausbildungsverfahren extra trainierten) Fähigkeiten von der Admiralität sehr geschätzt, um die Geographie, die Botanik und die Kulturdenkmäler zusammen mit den Eingeborenen in repräsentativen Skizzen zu dokumentieren. Allerdings wird schon dabei der Stift Lotis nicht dem Original gerecht: Mit dem Argument, er wolle nicht als Photoapparat fungieren, entwirft er das Bild eines fiktiven, wilden und legendären Polynesiens, das jedoch nicht originell ist, sondern der langen romantischen Tradition einer imaginären Aufladung jener antipodischen Atopie mit allen exotischen Erwartungen einer Wiederkehr der verlorenen

25 Montier 2012, S. 31f.

Harmonie von Naturunschuld und zugleich Kindheit, also einer Kindheit der Menschheit und des einzelnen Menschen folgt.[26] Wie viele erotische Abenteuer der junge Kadett dabei mit den eingeborenen Mädchen gehabt haben mag, ist unbedeutend: Sie alle verschmelzen zum Phantom der »petite créature qui ne ressemblait à aucune autre, bien qu'elle fût un type accompli de cette race maorie«.[27] Viele der körperlichen Vorzüge dieses Idols präfigurieren bereits diejenigen der späteren Reinkarnationen, wie die »yeux d'un noir roux, pleins d'une langueur exotique, d'une douceur câline, comme celle des jeunes chats«[28] etc. Es dominiert vor allem aber das Augenmotiv, in dem sich Kindlichkeit und Affenartigkeit verbinden: »dans les moments où elle était rieuse et gaie, ce regard donnait à sa figure d'enfant une finesse maligne de jeune oustiti«.[29]

In dieser vierzehn- oder fünfzehnjärigen »petite créature curieuse, jouet de passage qui serait vite oublié«,[30] spiegelt sich auch das kolonialistische Zerrbild der polynesischen Rasse als infantiles, arbeitsscheues und wollüstiges Volk, wie es seit den ersten Begegnungen mit Expeditionen wie die Bougainvilles oder Cooks – beschrieben durch den deutschen Begleiter Georg Forster – überliefert wurde. Bougainville hatte als erster auf seiner Reise um die Welt 1766–1769 die Begegnung mit Tahiti im Zeichen einer sexuellen Befreiung durch die Erscheinung der schönen Nymphen der Südsee, der *vahines*, als bereite Gastgabe für die Neuankömmlinge dem Mythos einer *Nouvelle Cythère* (»Neu Kythera«)[31] eingeschrieben, einer Wiederbegegnung mit der Geburtsinsel der Aphrodite, wie sie das 18. Jahrhundert in der Malerei Watteaus und Fragonards imaginiert hatte. Was sich den Seefahrern jener Epoche *entdeckte*, war ein Paradies ohne Sünde, das Versprechen einer Transgression des sexuellen Genießens ohne religiöse Restriktion, eine *Exotopie*, in der sich die romantische Utopie einer Rückkehr zur authentischen Natur und somit zur verlorenen Kindheit des Menschen realisierte. Victor Segalen hat versucht, dieses Konzept des *Exotismus* auf den Begriff zu bringen, indem er, ausgehend von der Vorstellung eines anderen Geschlechts, einer anderen Geschichte, ja einer anderen Vorstellung des Anderen, die Tendenz definierte: »Tout ce qui est ›en dehors‹ de l'ensemble de nos faits de conscience actuels, quotidiens, tout ce qui n'est pas notre ›Tonalité mentale‹ coutumière.«[32]

Es ist diese Fremdheit, die ins Befremdliche hinüberspielt, die besonders Lotis Einstellung Japan gegenüber beherrscht, aber in Tahiti weicht die Abstoßung

26 Vgl. Fayaud 2005, S. 154f.
27 Loti 1991, S. 53.
28 Loti 1991, S. 53.
29 Loti 1991, S. 54.
30 Loti 1991, S. 91.
31 Bougainville 1980, S. 181ff., 197 u. 365. Vgl. Forster 1983, S. 250.
32 Segalen 1978, S. 20.

einer faszinierten Anziehung durch das Fremde bis hin zur Konstatierung einer »foule d'affinités mystérieuses entre Loti et Rarahu«.[33] Aber Loti war auch derjenige, der im tiefsten Empfinden des Wunsches nach Vereinigung in Liebe seine Unmöglichkeit erlebte und im Zeichen einer *Nostalgie* verklärte: »point de lendemain possible«, »séparation des séparations«,[34] ja selbst die Zeichen des nahen Todes der Geliebten werden als Reizsteigerung erlebt, als »charme de ceux qui vont mourir, et plus que jamais je me sentais l'aimer«.[35] Und dennoch hat er nicht nur bereits mit diesem Buch Van Gogh zutiefst beeindruckt, sondern dessen Malerkollegen Paul Gauguin sogar dazu bewegt, zu diesen fernen Inseln aufzubrechen, um dort des verlorenen Paradieses teilhaftig zu werden. Daß er nur Enttäuschungen erlebte, kann man sich denken, aber zunächst war er fasziniert nicht nur von der jugendlichen, kindlichen Erotik der Polynesierinnen, sondern auch von ihrer Androgynität. In seinem Erinnerungsroman *noa noa* beschreibt er es als homoerotisches, besser bisexuelles Phänomen in der Begegnung mit einem jungen Maori, der in seiner nackten körperlichen Schönheit für ihn ununterscheidbar wird von den Reizen eines jugendlichen weiblichen Körpers:

> Bei diesen nackten Völkern ist, wie bei Tieren, der Unterschied zwischen den Geschlechtern viel weniger augenfällig als in unseren Breiten. [...] etwas Männliches ist in den Frauen, und in den Männern etwas Weibliches. Diese Ähnlichkeit der beiden Geschlechter erleichtert ihre Beziehungen, die durch die ständige Nacktheit völlig rein bleibt.[36]

Das Androgyne, das bereits bei Loti angelegt ist, spielt auch bei Gauguin eine entscheidende Rolle in der Genese des erotischen Exotismus der Südsee, den er aber erst in Frankreich in der Liebesbeziehung zu einer minderjährigen Javanesin auszuleben vermochte. Auch Segalen beschreibt dieses ästhetische Ideal als typisch für die Maori-Frau:

> Vor jeder anderen besitzt die Frau die Eigenschaft des jungen Mannes: jugendliche Schlankheit, die ihr bis an den Rand des Alters bleibt. Und die verschiedenen Gaben des Tieres sind mit Anmut in ihr verkörpert. Ihre Gliedmaßen sind nicht in Abschnitte unterteilt, wie sie die Körper unserer Schwestern genannten Seelen um uns herumbaumeln lassen. Von der Schulter bis zur Fingerspitze zeichnet die Maori-Frau eine bewegte oder gebeugte zusammenhängende Linie. Die Rundung des Arms ist von schlanker Eleganz. Die Hüfte zierlich und von Natur aus androgyn. Die Hüften werden nicht als gesellschaftliches Fortpflanzungsmittel, als Daseinsgrund der Frau zur Schau getragen.[37]

33 Loti 1991, S. 91.
34 Loti 1991, S. 121.
35 Loti 1991, S. 154.
36 Gauguin 1962, S. 34.
37 Segalen 1991, S. 88f.

Lotis nostalgisches Schema aber ist für sein ganzes Werk beherrschend: Der *Orient* als Ort der aufgehenden Sonne und damit als altes Symbol der Erneuerung ist vom einen zum anderen Horizont ergriffen von einer krankhaften Tendenz des *Untergangs.* Gleichzeitig mit der Entdeckung des Orients beginnt auch schon der Topos der *tristes tropiques* seine Wirkung zu entfalten: Das Virus des Okzidents hat die Kraft des Orients infiziert, von den Gestaden des Bosporus bis hin zu den polynesischen Archipelen und den Inseln Japans. Schon im Urerlebnis der Reise ins »nouvelle Cythère«[38] wird die idealisierte fernöstliche Liebe des Bruders zugleich demontiert, indem Loti den Mythos von dessen hinterlassenen Kindern als Trug seiner Frau erweist. Immer wird die Illusion von der Desillusionierung begleitet, variiert das Bekenntnis zur Leidenschaft das alte Gegenthema des *et in arcadia ego:* Aziyadé und Rarahu sterben an gebrochenem Herzen, nachdem Loti sie verlassen hat, Fatou-gaye stirbt zusammen mit ihrem Jean, nur Madame Chrysanthème stirbt – im Gegensatz zu Madama Butterfly – nicht, sondern zählt am Ende vergnügt das durch die morganatische Ehe verdiente Geld.

Aber Loti brauchte den *Orient* als Gegensatz zum *Okzident:* um zu sich selbst über das Andere und als Anderer zu gelangen, als Reinkarnation des größeren Bruders durch Loti (ablesbar auch am anagrammatischen Spiel des Namens der wirklichen ›Ehefrau‹ seines Bruders *Tarahu* und dem seiner fiktiven morganatischen Partnerin *Rarahu*), als Türke oder Maghrebiner in Stambul oder im Senegal, letztlich auch als anderes Geschlecht im Spiegel all der exotischen Frauen. Das Spiel mit den orientalischen Namen und Orten gibt ihm neue *Orientierungen,* wobei sich in den photographisch dokumentierten fetischistischen Verkleidungen Lotis (als Araber, Ägypter, Maoric, Chinese, Samurai etc.) auch wieder eine kolonialistische Hybris des Okzidents gegenüber dem Orient verrät. Letztlich aber liegt sein Orient gar nicht in den Weiten der Ozeane, sondern ist bei ihm zuhause in Rochefort, im häuslichen Privatmuseum der auf allen Reisen zusammengetragenen Souvenirs und Kitschgegenstände: ein eingebildeter, hybrider Orient als *künstliches Paradies.*

## Bibliographie

Loti, Pierre: *Madame Chrysanthème*, éd. Bruno Vercier. Paris 1990.
Loti, Pierre: *Japoneries d'automne.* Paris 1889.
Loti, Pierre: *La troisième jeunesse de Madame Prune.* Paris 1905.
Loti, Pierre: *Le roman d'un spahi*, éd. B. Vercier. Paris 1992.
Loti, Pierre: *Aziyadé.* Paris 1987.
Loti, Pierre: *Le mariage de Loti*, éd. B. Vercier, Paris 1991.

38 Loti 1991, S. 149.

Bernsen, Michael: *Der Mythos von der Weisheit Ägyptens in der französischen Literatur der Moderne.* Göttingen 2011.
Blanch, Lesley: *Pierre Loti. Portrait of an Escapist.* London 1983.
Bougainville, Louis-Antoine de: *Reise um die Welt.* Stuttgart 1980.
Fayaud, Viviane: *Le paradis autour de Paul Gauguin.* Paris 2005.
Forster, Georg: *Reise um die Welt*, Frankfurt/Main 1983.
Gauguin, Paul: *Noa Noa.* Berlin 1962.
Montier, Jean-Pierre: *Pierre Loti et le Japon.* Rennes 2012.
Nerval, Gérard de: *Reise in den Orient. Werke* I. München 1986.
Pückler-Muskau, Hermann Fürst von: *Aus Mehemed Alis Reich.* Zürich 1985.
Said, Edward: *Orientalism.* New York 1994.
Segalen, Victor: *Essai sur L'Exotisme. Une esthétique du divers.* Montpellier 1978.
Segalen, Victor: *Paul Gauguin in seiner letzten Umgebung.* Frankfurt/Main 1991.
Wetzel, Michael: *Neojaponismen. West-östliche Kopfkissen.* Paderborn 2018.

# IV Gründungsmythen der europäischen Romantik und Moderne

Angel Valentinov Angelov (Sofia)

# Italienische Bilder der nationalen Unabhängigkeitskämpfe in Griechenland

Das Ethnographische kann als der ahistorischen Idealisierung entgegengesetztes Ziel dienen, indem es Bilder aktueller politischer Ereignisse in Umlauf bringt. Gerade ethnographisch dargestellte Einzelheiten der Kleidung und des Umfelds bürgen für die Wahrhaftigkeit des Ereignisses. Dies belegen die Bilder der italienischen Maler zur Unterstützung des griechischen Freiheitskampfes in den 1820er Jahren. Zuallererst Francesco Hayez, danach auch andere Maler, reagierten auf die Aufrufe von Luigi Muzi im Jahr 1825 und Gabriele Pepe 1830, den Mythos und die klassische Geschichte beiseite zu lassen und sich der heroischen griechischen Gegenwart zuzuwenden.[1]

Die Produktion literarischer und visueller Werke zum Thema Griechenland war in Italien groß und hielt im ganzen 19. Jahrhundert an.[2] Liberal eingestellte italienische Intellektuelle entdeckten (besonders vor 1861) die Ähnlichkeit zwischen den politischen Situationen in beiden Ländern.

Während Italien von fremdländischen Malern als Arkadien dargestellt wurde, schufen italienische Maler in Bezug auf Griechenland Bilder von politischer Aktualität, wodurch sie es symbolisch an Europa anschlossen. Griechenlands Zugehörigkeit zu Europa veränderte das kulturelle Territorium des Eigenen und zog eine neue Grenze, hinter der die Anderen waren. Die visuellen Darstellungen funktionierten als politische Aufrufe zur Freiheit. Die Freiheit war ein Wert, der im 19. Jahrhundert als wichtigstes Unterscheidungsmerkmal zwischen dem Eigenen und dem Fremden diente. Das Fehlen von Freiheit war das Fehlen von Zivilisation; die Forderung nach Demokratie bezog sich nicht nur auf einen politischen, sondern auch auf einen zivilisatorischen Faktor, ihr Gegenpol war die Rechtlosigkeit.

1 Vgl. Spetsieri Beschi / Lucarelli 1986, S. 121.
2 Aus dem umfangreichen Material greife ich nur einige Beispiele heraus.

## Francesco Hayez: *I Profughi di Parma*

Abb. 1 Francesco Hayez, *I Profughi di Parga*, Öl auf Leinwand, 210 x 290 cm, 1826–31, Pinakothek *Tosio Martinengo*, Brescia

Sujet und Titel des Bildes stammen aus dem Poem »Flüchtlinge aus Parga« von Giovanni Berchet (1783–1851), geschrieben 1819/20 (1823 in Paris veröffentlicht). Im fünften Kapitel des zweiten Teils des Poems, überschrieben mit »Die Erzählung«, erzählt eine Griechin aus Parga dem Engländer Arrigo, wie die Bewohner der Insel, von Priestern angeführt, die Knochen ihrer Vorfahren ausgegraben, auf einen Scheiterhaufen geworfen und angezündet haben; die Knochen brennen, die Soldaten des Ehrlosen (Ali Pascha) trauen sich nicht, näher zu kommen, der Wind verweht die Asche, und als der Scheiterhaufen verlöscht, begeben sich die Bewohner auf die Flucht. »Questa è certo la parte migliore della romanza«.[3] Genau diesen Teil gibt Hayez in seinem Bild wieder. Die Erzählung und die Emotion darin reichen Hayez dennoch nicht aus, um das Verbale ins Visuelle zu übersetzen. In seinen Erinnerungen berichtet er von den Nachforschungen, die er anstellte, um Landschaft, Gesichter und Kleidung zuverlässig wiedergeben zu können.[4] Die Glaubwürdigkeit sollte die politische Wirkung verstärken. Das Ethnographische (Kleidung der Figuren, orthodoxer Priester) ist hier nicht exotisch, sondern schlüssig, dem Eigenen durchaus nahe.

3 Bellorini 1941, S. 44.
4 Vgl. Spetsieri Beschi / Lucarelli 1986, S. 278f.

Trotzdem ist das Ethnographische nur den Menschen vorbehalten (Gesichter, Trachten), während die Landschaft frei wiedergegeben ist, ohne Entsprechung zu der Landschaft in Parga. Die felsigen Berge können Freiheitsliebe, Unzugänglichkeit und Einsamkeit bedeuten, denn Parga wurde nicht eingenommen, sondern ersteigert.[5]

Das Problem mit der Freiheit ist im Unterschied zu sozialen Revolutionen als eine das ganze Volk betreffende Entbehrung dargestellt, ihm wird die Heimat weggenommen. Im selben Jahr 1831 stellte Delacroix im Pariser Salon »Die Freiheit führt das Volk auf die Barrikaden« aus, auf dem die Freiheit die Gesellschaftsschichten vereint bzw. trennt. Bei sozialen Revolutionen ist die Frage der nationalen Identität sekundär. Auf dem Bild von Hayez hat man das Gefühl, Pargas ganze Bevölkerung zu sehen; der Zusammenhalt im Leiden hebt das Fragen nach sozialen Unterschieden auf. Die Vernachlässigung realer oder potentieller sozialer Konfliktbereiche ist für Beschreibungen oder Darstellungen von Volksaufständen charakteristisch.

Hayez hat sich auf dem Bild selbst gemalt – als der junge Mann neben dem Priester. Indem er sich an der Seite derer platziert, die der Heimat und des Rechtes auf Selbstbestimmung verlustig gegangen, fremder Willkür ausgeliefert sind, verstärkt der Maler die Korrespondenz der Darstellung mit dem sozialen Milieu, für das das Bild bestimmt ist. Der Blick des jungen Mannes ist auf den Betrachter gerichtet, wodurch die Grenze zwischen der Darstellung und dem Betrachter aufgehoben scheint. Der fragende Blick wartet auf Antwort, umso mehr, als die Betrachter wussten, dass der Fragende der Maler selbst war. Die eigentlich suggerierte Aussage – in der eigenen Heimat verfolgt, gejagt sind nicht nur die Griechen, sondern auch wir, die Italiener – wird auch durch die Anwesenheit des Malers in der Darstellung erreicht. Das Bild wurde 1831 unmittelbar nach der Niederschlagung der Aufstände im Herzogtum Modena und im Kirchenstaat in Brera in Mailand ausgestellt. Es fungierte als politische Botschaft; die künstlerischen Elemente waren das Mittel zu ihrer Durchsetzung.

»Die Flüchtlinge von Parga« lässt an eine Chorszene aus einem Musikdrama denken, etwa eine Verdische Chorszene zum Thema Liebe, Freiheit, Unterdrückung. Der Vergleich visueller und literarischer Werke mit Opern- und Theaterinszenierungen in der ersten Hälfte des 19. Jahrhunderts ist bei vielen Forschern anzutreffen; die Verbindung erscheint offensichtlich.[6] Sie ist wichtig,

5 Genaue Angaben zu den von Hayez benutzten Quellen sowie ihrer Wirkung in: Spetsieri Beschi / Lucarelli 1986, S. 278f.; Bossaglia 1998, S. 109.

6 Über Hayez und die Chorpartien in Verdi-Opern: Zuffi / Castria 1998, S. 59. Vittorio Spinazzola überschreibt seine Untersuchung über Berchet bezeichnenderweise »La poesia come spettacolo di Giovanni Berchet«. Der Autor führt für die szenische Dimension der Dichtung von Berchet zahlreiche und überzeugende Belege an, vgl. Spinazzola 1969, S. 972–984, zu Berchets Beziehung zum Publikum: S. 973–975. Vgl. auch Cadioli 1991, S. 86–88, 158f.

weil sie zeigt, wie die Künste in Italien 1810–1820 ein bestimmtes Publikum zu formieren begonnen hatten, das in seiner emotionalen und werteorientierten Einheit als »Volk« wahrgenommen wurde. Die Dichtung, später auch die visuellen Künste und die Musik, traten in eine Wechselwirkung hinsichtlich ihrer Verfahren. Sie stellten aktuelle und »wahrhafte« Ereignisse dar, damit trugen sie zur Bildung einer Gemeinschaft bei, die ein und dasselbe »historische Schicksal« teilte. Die Künste haben entscheidend zur Schaffung der nationalen Identität beigetragen, die vor allem als ethnische erlebt wurde. Nach Spinazzola haben der Mann und die Frau aus Parga in Berchets Poem keine Eigennamen, weil sie für alle Bewohner von Parga stehen. Zudem hatte Berchet eher die Technik eines Künstlers für Theaterplakate als die eines Malers.[7]

Die Ausmaße des Bildes von Hayez tragen wesentlich zur »bühnenhaften« Wirkung bei: Die Figuren sind in natürlicher Größe gemalt; wenn der Betrachter vor ihnen steht, scheint er über die Grenze des Bildfeldes treten und sich neben die Frauengestalt und den Schädel vor ihr (unten links) stellen zu können. Die Bildmaße entsprechen der Thematik, sie gehört in das hohe Genre der historischen Malerei, doch das Ereignis ist aktuell.

7 Vgl. Spinazzola 1969, S. 976.

## Cesare Mussini: *Saremo liberi*

Abb. 2 Cesare Mussini, *Saremo liberi*, Öl auf Leinwand, 164,5 x 137, 5 cm, um 1833, Palazzo Reale, Torino (Ausschnitt)

In »Wir werden frei sein« (1849)[8] von Cesare Mussini belegen die Trachten, die Gesichter und die Aufschrift in griechischen Buchstaben die Glaubwürdigkeit des Dargestellten. Das Bild hätte eine andere Wirkung, wenn die »Glaubwürdigkeit« fehlen würde. Mit seinen Wörtern bestätigt sie der Maler: »Griechischer Stoff vom1824. Giorgios Rhodios tötet seine Frau Demetria, um sie vor der türkischen Sklaverei zu bewahren«.[9] Die Zelle, die dicken Gitter, und die Kette, die über dem Skelett hängt (unten rechts), sind schon eine Evokation von Kampf und Tod, von Rechtlosigkeit und Mangel an Freiheit. Mit Blut ist ein Kreuz an die Wand gemalt, das Blut wird wirklich gleich fließen, weil der Mann der Frau das Messer vor die Brust hält. Die Gestalten sind fast in realer Größe abgebildet, so

8 Das Bild ist 1849 vom Maler datiert, wurde aber 1841 begonnen und 1851 vollendet, vgl. http://www.treccani.it/enciclopedia/cesare-mussini_(Dizionario-Biografico)/ [18.03.2019].

9 Spetsieri Beschi / Lucarelli 1986, S. 314.

würden wir sie sehen, wenn die Szene sich vor unseren Augen abspielen würde. Die Schönheit der Gesichter des Mannes und der Frau steht im Kontrast zu dem bösen Gesicht des Wächters. Die moralische Gegenüberstellung von Selbstopfer und Grausamkeit ist für das zeitgenössische italienische Publikum bestimmt, das sich selbst in der erhabenen Bereitschaft der Griechen erkennen kann, für ihre Heimat zu sterben. Durch die Idealisierung des akademischen Darstellungstyps propagiert der Maler moralische Werte und formuliert deutlich seine politische Position; er stellt nicht außerhistorische und unveränderbare soziale Beziehungen dar, wie dies bei einem anderen Sujet der Fall wäre. Die herabsetzende Frage, warum die beiden Griechen gerade im Gefängnis so festliche Kleidung tragen, stellt sich nicht, denn es wird suggeriert, dass der Tod für die Heimat eine feierliche Opferdarbringung ist, die Hochzeit und Tod vereint. Der weiße Schleier vor dem Gesicht der Frau symbolisiert, dass sie gleichzeitig Braut und Verstorbene ist.

Mitgerissen vom italienischen bewaffneten (und erfolglosen) Widerstand gegen die österreichische Herrschaft, fungiert Mussinis Werk als politischer Aufruf zur Verteidigung der Freiheit, das Bild »beteiligt sich« am Kampf der Italiener. Der Künstler malt das Bild in Rom, wo er ethnographische Quellen studiert, um die griechischen Gesichter und Trachten glaubwürdig wiederzugeben, wie auch fremdländische Maler verfahren, wenn sie idyllische Bilder vom Land der Italiener als ewig und unveränderlich schaffen.[10] Beide Werke, sowohl das von Mussini als auch das von Hayez, gestalten das Bild von einem »Märtyrervolk«, mit dem sich die Italiener, die sich Freiheit für ihre Heimat wünschen, identifizieren können.

Der Titel des Bildes von Ludovico Lipparini »Erzbischof Germanos stellt Fahne und Kreuz am 25.III.1821 auf die Felsen von Kalavrita« (Venedig, 1838) ist beschreibend und dokumentarisch zugleich – ein tatsächliches Ereignis wird dargestellt, zudem hat es die Kraft eines Aufrufs. Ein Aufruf setzt eine Gemeinschaft voraus, nicht ein Publikum. Von der Gemeinschaft wird nicht nur Mitgefühl erwartet, sondern auch die Bereitschaft, aktiv zu werden. Entsprechend ist die Bildrhetorik monolithisch: Einheit des Volkes und Vereidigung von Glauben und Vaterland. Der Blick (des Gesinnungsgenossen, des Betrachters) wird zunächst auf die imposante Figur des orthodoxen Bischofs gelenkt, über dem sich Kreuz und Flagge erheben – die Heimat und der Glaube stehen über allem; die zum Schwur erhobenen Arme bestätigen die Entschlossenheit, die Heiligtümer zu verteidigen, die felsigen Berge ergänzen die Evokation von Macht. Wenn es auch naheliegt, dass dem italienischen Publikum suggeriert werden sollte, es gehe um die Freiheit, so gibt es doch Elemente, die nicht ihre eigenen sind – die Orthodoxie, die Form des Kreuzes, die Kleidung und die

10 Vgl. Bossaglia 1998, S. 111.

Gesichter. Sie gehören nicht zu ihnen, sind ihnen aber auch nicht ganz fremd. Gegenüber der Fremdheit des Islams und der Türken fügen sich die Orthodoxie und die Griechen in die erweiterten Grenzen des Eigenen gut ein. Die Widmung »Seiner Exzellenz Otto I., König von Griechenland« unterstreicht die visuelle Rhetorik mit Worten. Die Wirkung des Bildes ist gleich der einer Parole stark, worauf man anhand der Vielzahl lithographischer Reproduktionen im Gebiet Veneto und in Neapel schließen kann.[11]

## Ludovico Lipparini: *Un Suliotto che riflette sulla desolazione della patria*

Abb. 3 Ludovico Lipparini, *Un Suliotto che riflette sulla desolazione della patria*, Aquarell, 1838, Sammlung des Erzbischofs von Zypern (Ausschnitt)

11 Vgl. Spetsieri Beschi / Lucarelli 1986, S. 294. Das Bild verbrannte bei dem Bombenangriff auf Milano am 14.02.1943.

Im Aquarell »Ein Suliot denkt über die Zerstörung seiner Heimat nach« hebt sich die Gestalt eines bewaffneten Mannes, in örtlicher Tracht gekleidet, vor dem Hintergrund von Gebirge und Meer ab. Zu seinen Füßen liegt eine gebrochene kannelierte Säule und ein Stück vom Hauptgesims. Die Großartigkeit der Antike wird durch die Ausmaße der Ruinen dargestellt, die leicht erkennbar sind als die eigenen in Italien; das ist die gemeinsame Vergangenheit, die jetzt in fremden Händen liegt. Die Antike fungiert nicht einfach als Hintergrund ohne Verbindung zur Gegenwart, sondern als Teil dessen, was suggeriert werden soll: dass Griechenlands einstmalige Größe gebrochen daliegt. Verweisen Gesicht, Kleidung und Bewaffnung auf das Lokale, das Griechische, das – wenn auch mit einer gewissen Anstrengung – nachvollziehbar ist, kennzeichnen die antiken Überreste doch das Eigene in einem erweiterten kulturhistorischen Kontext. Die Suggestion betrifft Geschichte und Tragik, nicht Zeitlosigkeit und Idylle.

Die hier besprochenen Bilder stellen das Volk als leidend und einig dar, sie »appellieren« und tragen zur Schaffung nicht eines heterogenen Publikums, sondern einer geeinten Volksgemeinschaft bei, die sich in der Darstellung wiederfindet. Ähnlichen Bildern kommt eine wesentliche Bedeutung zu für die zukünftige Formierung eines monolithischen Nationenbildes, welche auch immer es sei. Gleichzeitig verdecken sie die Kompliziertheit der Ereignisse, die Existenz verschiedener sozialer Gruppen in der Ethnie und ihre auseinandergehenden Interessen. Das Ethnographische dient hier einem dem Idyllischen entgegengesetzten Ziel, und zwar der Darstellung des aktuell Historischen. Die Bilder, die die griechischen Kämpfe thematisieren, stellen menschliche Verhaltensweisen dar, die das europäische Publikum im Unterschied zu der exotischen Fremdheit auf den Bildern mit orientalischer Thematik als vertraut zu erkennen vermag. Diese Bilder können jedoch auch als Rechtfertigung für verschiedene Arten von Einmischung dienen, sei es in Ereignisse oder in darauf folgende Situationen – politisch, religiös, kulturell.

Um den Unterschied herauszuarbeiten zwischen Darstellungen, in denen der Maler danach strebt, Wirkung auch durch ethnographische Glaubwürdigkeit zu erzielen, und solchen, in denen der Maler eher das Thema benutzt, um seine Unterstützung des griechischen Widerstands und seine bürgerliche Position auszudrücken, werde ich kurz ein Bild von Letterio Subba analysieren.

## Letterio Subba: *Episodio della guerra di indipendenza greca*

Abb. 4 Letterio Subba (1787–1868), *Episodio della guerra di indipendenza greca*, Öl auf Leinwand, um 1836, Museo Regionale, Messina

Das Bild zeigt eine Seeschlacht: Den griechischen Aufständischen ist es gelungen, das osmanische Schiff zu entern und den Gegner zurückzuschlagen. Eine blaue Fahne mit weißem Kreuz ist zu sehen, im Hintergrund ein Berg mit einer Akropolis. Im Mittelpunkt befindet sich eine allegorische Frauengestalt, deren Blick auf einen der fliehenden Männer gerichtet ist; der Mann ahnt wohl die auf ihn zukommende Rache für seine Taten. Die Gestalt ist in – wie man wohl annehmen darf – griechischer Tracht gekleidet: mit ausgeschnittenem engen Oberteil in Gold und weitem Unterteil in Cremefarben, einem Gürtel aus vergoldetem Kupferdraht, bestickter Weste und roten Schuhen; das Haar ist sorgfältig in der Mitte gescheitelt, von der roten Mütze hängt ein blauer Troddel. Die Gestalt ist idealisiert, nicht ohne einen Hauch von Erotik.

Der Maler hat sich aber nicht um ethnographische Glaubwürdigkeit bemüht, wie sie die bisher besprochenen Darstellungen italienischer Maler auszeichnet. Doch auch hier gibt es ein Element, das die Glaubwürdigkeit sichert: Der Titel benennt das, was wir sehen, als »Episode« aus dem griechischen Unabhängigkeitskrieg (1821–29), der in der Mitte der 1830er Jahre, als das Bild entstand, noch bei vielen Italienern im Bewusstsein war. Die Darstellung selbst bestätigt jedoch nicht die relative Glaubwürdigkeit des Titels.[12] Ich kann das Bild auch als Schlacht, die der Befreiung von Geiseln dient, interpretieren – im linken Vordergrund sehen wir einen halbnackten Mann, an Bord des Schiffes von Piraten festgebunden –, als gerechte Rache für ein erlittenes Unrecht. Die angestrebte Szenizität bringt mich auch auf den Gedanken, dass es sich bei der Darstellung um eine mögliche Illustration für eine Abenteuererzählung handeln könnte.

Die allegorische Gestalt »verkündet« die Verteidigung der gerechten Sache – die niedergetretene Gerechtigkeit wird wiederhergestellt: Die allegorische Frauengestalt steht mit einem Bein auf dem vermutlichen Anführer der Feindesmacht, der ihr zu Füßen liegt und um Gnade bittet; seine Waffe ist überflüssig geworden, sie wurde nicht einmal aus der Scheide gezogen. So wurde gewöhnlich der Sieg des Guten über das Böse, des christlichen Kriegers über den Antichrist dargestellt. Um das Empfinden von Dynamik, aber auch von »Natürlichkeit« zu erreichen, schnitt der Maler Teile der Körper der von links in das Darstellungsfeld hereintretenden und entsprechend der nach rechts heraustretenden ab. Dem Betrachter wird klar, dass sich die Schlacht über den Darstellungsrahmen hinaus erstreckt. Wenn sie fliehen oder zurücktreten, scheinen die Gegner nach unten zu verschwinden, in die Hölle (?), während die griechischen Symbole, Flagge und Akropolis, hoch oben stehen. Die Gestalt des dunkelhäutigen jungen Mannes, der in der Darstellung aus dem realen Raum zu kommen scheint, in dem auch wir uns als Betrachter befinden, »übersetzt« unseren Blick über eine Diagonale nach innen zur Flagge; die andere Diagonale beginnt bei dem an Bord festgebundenen Mann und reicht zur Akropolis im Hintergrund. Das hier aufgezeigte Kompositionsverfahren – Gestalten betreten und verlassen das Feld der Darstellung – stammt aus dem Barock; das Verfahren zeigt die Konzeption eines räumlichen Kontinuums zwischen Fiktion und Realität, zwischen Bühne und Realität.

Das Bild entstand um 1836, als ein unabhängiger griechischer Staat schon existierte. Deshalb ist das Thema, der Kampf für Unabhängigkeit, für nationale Freiheit, wahrscheinlich mehr auf das lokale Publikum zugeschnitten. Das Bild dokumentiert »das politische Ideal« des Malers. Die zeitgenössischen Griechen kämpfen für das Christentum, aber auch für die Antike. Es geht wohl um die Suggestion republikanischer Antike, weil zumindest im 19. Jahrhundert dieser politische Zusammenhang nur als Ideal denkbar war. In beiden Bildern von Letterio Subba mit griechischer Thematik (das zweite ist »Tod von Marco Bot-

12 In einem Überblicksartikel über die Malerei in Sizilien (Barbera 1991, S. 523) lautet der Titel von Subbas Bild »Schlacht im Befreiungskrieg von Griechenland« (»Scena di battaglia…«). »Scena di battaglia…«, nicht »Episodio«, möglicherweise ist die leichte Abweichung im Titel zufällig, im Inventarbuch oder an anderer Stelle ist nicht belegt, dass der Autor des Artikels »Episode« und »Schlacht« verwechselt hat. Selbst wenn es ein Fehler ist, ist er grundlegend, weil er eben die schwache Glaubwürdigkeit der Darstellung bestätigt.

saris«, Aquarell, auch um 1836) sehen die Forscher eine patriotische Botschaft, die auf die Unabhängigkeit Italiens Bezug nahm und an das Publikum in Sizilien gerichtet war.[13] Auch an anderer Stelle bemerkt Gioacchino Barbera, wenn man sich die Position des Malers gegen die herrschende Familie der Bourbonen vor Augen führen würde, dann »la scelta di temi filelleni potrebbe costituire in qualche modo una spia dei suoi ideali patriottici«.[14]

Am Ende möchte ich zum Vergleich kurz ein Gemälde von Horace Vernet interpretieren; es geht wieder um eine politische Botschaft, diesmal aber zu Gunsten der Kolonialmacht Frankreich.

## Horace Vernet: *Dans le désert (L'enfant adopté)*

Abb. 5 Horace Vernet, *Dans le désert (L'enfant adopté)*, Öl auf Leinwand, 54 x 46 cm, 1848. GAM (Galleria d'Arte Moderna), Milano[15]

13 Vgl. Barbera 1991, S. 523, 1033; Vitella 2005, S. 178.

14 Barbera 1990, S. 70.

15 Mir ist aufgefallen, dass das Bild unter zwei Titeln anzutreffen ist: »In der Wüste« und »Adoptiertes Kind«. Beide Titel interagieren auf verschiedene Weise mit der Darstellung, so dass meine Interpretation in verschiedene Richtungen ging. Ich habe an die Moderne

Das Bild stellt eine lokale Militäreinheit in der Wüste dar. Im Hintergrund hebt ein Mann ein Grab aus, zwei weitere tragen einen Leichnam. Die Wahrnehmung von Gefahr ergibt sich aus dem Zustand, den das Bild suggeriert – die raue Natur verursacht den Tod, im Hintergrund sind Wachposten aufgestellt – Gefahr kommt auch durch den Feind.

Im Vordergrund hält ein Zuave in der einen Hand ein Gewehr und ein Schaf; das Schaf stellt sich, an den Mann gelehnt, auf die Hinterbeine, so dass das Kind, das kein Säugling mehr ist, an seinem Euter trinken kann; mit der anderen Hand gibt der Zuave der kranken Mutter Wasser. Der Tod, der auf verschiedenen Weisen tragisch sein kann, ereilt jeden, aber so, wie er hier dargestellt ist, war er in den 1840er Jahren in Frankreich nicht möglich. Die Zivilisation setzt eine Trennung von Natur und Kultur voraus, die in Vernets Bild dramatisch – zwischen Leben und Tod – miteinander verflochten sind.

Am Anfang habe ich gedacht, dass der Mann mit der Mutter verbunden ist, aber der Titel sagt uns, dass er das Kind in diesem Augenblick adoptiert, weil die Mutter stirbt und der Vater offenbar nicht unter den Lebenden ist. Die Adoption geht ohne rechtliches Verfahren, ohne Verzögerung vor sich, die Dramatik der Szene zeigt die Adoption eindeutig als Rettung. Die Umgebung – ein felsiger Ort in der Wüste – verrät keinerlei Anzeichen menschlicher Gestaltungskraft; die Beziehung der Menschen zur Natur ist fast primitiv. Und trotzdem heißt das nicht, dass das Verhalten dieser Menschen wild und unzivilisiert ist. Es kann opferbereit, heroisch, mitleidsfähig sein. Das tatkräftige Mitleid des Zuaven sowie die militärische Auszeichnung, die er an seiner Uniformjacke trägt, sind ein Beweis dafür. Aber eben diese Botschaft verkehrt sich in Propaganda, weil der Mann nicht einfach nur Araber (Algerier) ist, sondern Soldat aus der örtlichen französischen Kolonialtruppe.[16]

Kunstgalerie (GAM) in Mailand geschrieben. Alessandro Oldani aus der Abteilung für Konservierung war so freundlich, mir zu antworten: »Gentile dr. Angelov, in base alle informazioni in nostro possesso (schede inventariali e vecchi cataloghi della Galleria d'Arte Moderna) il titolo dell'opera di Vernet da noi conservata è »Il bambino adottato (Nel Deserto)«. Il dipinto è firmato e datato »H. Vernet 1848«. Il titolo »Nel deserto« è un titolo tradizionale, ma il dipinto è stato identificato come una replica di un'opera perduta ma nota tramite un'incisione, intitolata appunto »Il bambino adottato«. Le misure sono cm 54 x 46. L'appartenenza dell'opera è la seguente: Milano, Galleria d'Arte Moderna, il numero di inventario è GAM 373. L'opera è pervenuta nelle nostre collezioni come deposito della Pinacoteca di Brera nel 1902. Sperando di esserle stato utile, Alessandro Oldani. Ufficio Conservazione – Catalogo informatico e iconografico.«

16 Vgl. Lemaire 2010, S. 159.

## Bibliographie

Barbera, Gioacchino: »Letterio Subba, Episodio della guerra d'indipendenza greca«, in: *Antologia di restauri.* A cura di Francesca Campagna Cicala. *Quaderni dell'attività didattica del Museo regionale di Messina* (1) 1990.

Barbera, Gioacchino: »La Pittura dell'Ottocento in Sicilia«, in: *La pittura in Italia. L'Ottocento. A cura di Enrico Castelnuovo.* Vol. II, Milano $^{2}$1991.

Bellorini, Egidio: *Giovanni Berchet.* Torino $^{2}$1941.

Cadioli, Alberto: *Introduzione a Berchet.* Roma / Bari 1991.

Dimitropoulos Dimitris: »Parga 1819: Waiting for Ali Pasha«, in: *Sailing in the Ionian with History at the Helm.* Ed. by Eugenia Drakopoulou / Dimitris Dimitropoulos. Athens 2015, S. 123–131.

Di Natale, Maria Concetta (Hg.): *La Pittura dell'Ottocento in Sicilia tra committenza, critica d'arte e collezionismo.* Palermo 2005.

Lemaire, Gérard-Georges: *Orientalismus. Das Bild des Morgenlandes in der Malerei.* Potsdam 2010.

Bossaglia, Rossana (Hg.): *Orientalisti italiani.* Venezia 1998.

Spetsieri Beschi, Caterina / Lucarelli, Enrica (Hg.): *Risorgimento greco e filellenismo italiano: lotte, cultura, arte.* Roma 1986.

Spinazzola, Vittorio: »La poesia come spettacolo di Giovanni Berchet«, in: *Storia della letteratura italiana, diretta da Emilio Cecchi e Natalino Sapegno.* Vol. VII. Milano 1969, S. 972–984.

Toman, Rolf: *Neoclassicism and Romanticism 1750–1848.* Köln 2010.

Vitella, Maurizio: »La Pittura dell'Ottocento nella Sicilia Orientale«, in: Di Natale 2005, S. 175–215.

Zuffi, Stefano / Castria, Franco: *La pittura moderna.* Milano 1998.

Milan Herold (Bonn)

# Der Fall des Monds oder der Untergang eines Ideals im Traum. Leopardis *Odi, Melisso* (Frammento XXXVII)

*Ἄστερες μὲν ἀμφὶ κάλαν σελάνναν*
*ἂψ ἀπυκρύπτοισι φάεννον εἶδος,*
*ὄπποτα πλήθοισα μάλιστα λάμπῃ*
*γᾶν (ἐπὶ παῖσαν)*
*............ ἀργυρία ............*

*Die Sterne rings bei dem schönen Monde*
*verbergen alle ihr strahlend Antlitz,*
*immer wenn der Vollmond sein Licht läßt scheinen*
*über die (ganze) Erde,*
*............ der silberne ............*[1]

Leopardis 37. Gedicht der *Canti* – *Odi, Melisso* – nimmt auf mehrfache Weise eine Sonderrolle ein. Es ist ein uneigentliches Fragment, derjenige *canto*, der am ehesten als ›wirkliche‹ Idylle bezeichnet werden kann, und gleichzeitig eine dialogische Ausnahme, die an eine lyrische Variante der vielen *dialoghi* in den *Operette morali* erinnert. Das Gedicht trägt zunächst den Namen *Il Sogno*, erscheint als *Lo spavento notturno*[2] mit anderen *idilli* im *Nuovo Ricoglitore* (1826) und fehlt in der Florenz-Ausgabe (1831) der *Canti*, wird aber ohne Titel in der Neapel-Ausgabe (1835) als *frammento* aufgenommen. Die vorherigen Titel deuten eine gewisse Austauschbarkeit von Traum und Albtraum an, und das Gedicht hat nicht den Charakter eines Fragments, denn es basiert nicht auf

1 Sappho 1984, S. 24f., V. 1–5 (4 Diehl / 34 Lobel-Page; die Übersetzung orientiert sich an derjenigen von Max Treu). Im Folgenden verweist die Abkürzung »TPP« auf die von Felici und Trevi besorgte Gesamtausgabe von Leopardis Werken (Leopardi 2010), Zahlen in Klammern auf den entsprechenden Vers in *Odi, Melisso* (TPP 211).

2 Der Titel lässt sich aus der *Storia dell'astronomia* (1812/13) ableiten. Schon die *Introduzione* listet *errori degli antichi* zur Mondfinsternis auf und nimmt Elemente des *frammento* vorweg: »Nicia generale degli Ateniesi, al vedere *una ecclissi della luna* si atterrisce, e il suo *spavento* è cagione della rovina dell'armata di Atene. […] I Persiani […s]'immaginavano ancora che *le ecclissi della luna* dinotassero che ella era inferma, e temendo che *questo corpo non venisse morendo a cadere sulla terra*, distruggendone gli abitanti, attaccavano dei cani ad alcuni alberi, e li battevano affinchè i loro gridi risvegliassero la luna e la facessero rinvenire dal suo svenimento. Ecco dove conduce la ignoranza nella scienza degli astri.« (TPP 749; Kursivierung M.H.).

früheren Gedichten. *Odi, Melisso* wird 1819 verfasst und gehört insofern zur Entstehungszeit der *piccoli idilli.* Als erstes der drei Fragmente, die auf die ›eigentlichen‹ *canti* folgen, ist es dennoch als letztes entstanden. Die darauffolgenden Fragmente *Io qui vagando al limitare intorno* (1818) – eine Überarbeitung der mittleren Verse 31–54 der *Elegia II* – und *Spento il diurno raggio in occidente* (1816), das die ersten 82 Verse der dantesken Cantica *Appressamento della morte* abwandelt, werden chronologisch absteigend angeordnet. Sie enthalten Grundthemen, die spätere *canti* ausarbeiten, und sind Reflexionen auf die eigentlichen Gedichte, da sie semantische und strukturelle Vorstufen darstellen:[3] *Io qui vagando* inszeniert die Verabschiedung romantischer Liebe. *Spento il diurno raggio* stellt die defizitäre Struktur der *frammenti* dar und deutet spätere Denkfiguren der *canti* an. Entscheidende Poetologeme, die im *Zibaldone* entwickelt werden – wie die *doppia vista* und Leopardis Theorem der transzendentalen Erinnerung – werden in *Odi, Melisso* nicht umgesetzt. Dennoch behandelt diese *imitatio* einer antiken Unterhaltung ein Extrem. Alceta sieht, wie das (leopardische) Ideal der Liebe und der Dichtung, *la luna*, vom Himmel fällt und auf der Erde verglüht. Die natürliche Unmittelbarkeit ihres Traums wird durch Melissos Einwand gebrochen. Im intratextuellen Vergleich zu Leopardis vielen Mond-Gedichten ist *Odi, Melisso* einerseits untypisch und inszeniert andererseits eine Scharnierfunktion innerhalb der *Canti.* Alcetas Traum lässt sich als antike und klassizistische Seite von Leopardis Dichtung lesen, während Melisso die moderne, kritische, ironische Seite darstellt.

Alceta und Melisso werden gemeinhin als antike Hirten verstanden, auch wenn sie in dieser Kombination keinen Vorläufer in der antiken, griechischen Literatur haben.[4] Der Name »Μελιξοῦς« kommt etwa in der zweiten Idylle Theokrits vor,[5] bezeichnet dort eine Frau, mehrere Könige der Antike heißen Alceto, und es finden sich etwa im barocken Theaterstück *Filli di Sciro* (1603/1607) von Bonarelli lexikalische Parallelen.[6] In seinem rustikalen Ton ist dieses Gedicht sprachlich das archaischste der *piccoli idilli*, was Leopardi im *Zibaldone* als »rozzezza«[7] bezeichnet, und das *genus humile* zeigt sich drastisch im *hapax*

3 Vgl. Herold 2015b; Herold 2019.

4 Vgl. aber: »[N]on hanno antecedenti nei bucolici greci. A torto si sostiene che sarebbero nomi di pastori: non ricorrono assieme in alcun autore greco« (Peruzzi 1987, S. 109). Dennoch kommt Peruzzi zu dem Schluss »[che] il giovane recanatese non è un grande conoscitore dei greci: è un greco« (Peruzzi 1979, S. 31).

5 Φαρμακεύτριαι, V. 146.

6 Vgl. Contini 1986, S. 375f. In der ersten Szene etwa sagt Sireno: »Parmi un sogno, Melisso.« (Bonarelli 2001, S. 2, V. 14), »Ed ora fu ch'i' dissi: – Oimè, cad'egli / dal cielo in terra il mare?« (ebd., V. 29), in III,2 heißt es: »E pur non m'assicuro« (ebd., S. 80, V. 87). Melissos Gesprächspartner Aminta wird von Leopardi in Alceta geändert, meist fällt daher der Verweis nur auf Tassos *Aminta* (vgl. Rossi 2015, S. 18).

7 »I nostri veri idilli teocritei non sono nè le egloghe del Sanazzaro nè ec. ec. ma le poesie

*legomenon* »vomitava« (11).[8] Es gibt einen autobiographischen Zusammenhang, denn Leopardi spricht in den *Argomenti di idilli* von »[l]una caduta secondo il mio sogno« (TPP 459). Es bestehen klare inter- und intratextuelle Bezüge, etwa die abschließende Antwort von Melisso – »da nessuno / cader fu vista mai *se non* in sogno.« (27f.) –, die einen Vers seiner Übersetzung von Moschos' *Idillio quarto – Megara moglie d'Ercole* (1815) variiert: »Io vidi, io stessa / cogli occhi miei [...]. Orrendo caso, / che in mente a niun verria *nemmeno* in sogno!« (TPP 419, V. 24f.; Kursivierung M.H.).[9]

Es handelt sich im wörtlichen Sinne um ein ›de-kadentes‹ Gedicht – fünfmal wird »cader« verwendet (7, 22, 24f., 28) –, das kreisförmig als Traum-Bild gestaltet ist (»sogno«, 1, 28). Das Fragment inszeniert den lyrischen Diskurs als ein Erzählen-Wollen (»io vo' contarti«, 1) und als ein verstecktes Liebesgedicht (»mi torna a mente«, 2). Denn bereits *Il primo amore* (1817) setzt mit dieser petrarkistischen Reminiszenz[10] ein: »Tornami a mente il dì che la battaglia / d'amor sentii la prima volta« (TPP 113, V. 1–2). Während dort der Augenblick des Sich-Verliebens seine überwältigende, sinnstiftende Macht verliert und die literarische Anspielung die für Leopardi charakteristische Auflösung der Gegenwart einführt,[11] handelt es sich hier im »riveder la luna« (3) um einen Aufstieg aus einem *inferno* (»uscimmo a riveder le stelle«).[12]

> ALCETA
> Odi, Melisso: io vo' contarti un sogno
> di questa notte, che mi torna a mente
> in riveder la luna. Io me ne stava
> alla finestra che risponde al prato,
> guardando in alto: [...] (1–5)

Während in *Odi, Melisso* der Fall der Sterne ein angenehmes Spektakel ist, ist der Untergang des Monds ein Albtraum. Der Fall ist dabei ein häufiges Motiv in

---

rusticali come la Nencia, Cecco da Varlungo ec. bellissimi e similissimi a quelli di Teocrito nella bella rozzezza e mirabile verità, se non in quanto sono più burleschi di quelli che pur di burlesco hanno molto spesso una tinta.« (TPP 1492, Zib. 57); vgl. Pelosi 2013, S. 179. Leopardi bespricht das Ideal der *naturalezza* meist im Vergleich von Dante und Ovid (vgl. TPP 1474), dann ausführlich im *Discorso di un italiano intorno alla poesia romantica* (vgl. Rossi 2015, S. 59). Für Leopardi ist antikisierende Sprache ein ironischer Einspruch gegen die Moderne (vgl. TPP 1465; Gardini 2008, S. 83; zum bukolisch-pastoralen Charakter Favaro 2007, S. 170–174).

8 Vgl. Dorigo 2013, S. 134.

9 Im griechischen Original ist der oneirische Charakter der Vision deutlich: »ἐγὼ δύστηνος ἐμοῖς ἴδον ὀφθαλμοῖσι [...], τὸ δ᾽ οὐδ᾽ *ὄναρ* ἤλυθεν ἄλλῳ.« (Kursivierung M.H.).

10 »Tornami a mente, anzi v'è dentro, quella / ch'indi per Lete esser non può sbandita, / qual io la vidi in su l'età fiorita, / tutta accesa de' raggi di sua stella [...]« (Petrarca 1992, S. 419, CCCXXXVI, V. 1–4).

11 Vgl. Herold 2015a.

12 Dante 2014, S. 233 (XXXIV, V. 139).

seiner Lyrik: In *All'Italia* (1818) verwendet Leopardi die Variante eines apokalyptischen Sternenfalls – »Prima divelte, in mar precipitando, / spente nell'imo strideran le stelle, / che la memoria e il vostro / amor trascorra o scemi.« (TPP 72, V. 121–124) –, der auf den Niedergang Italiens antwortet (»come cadesti [...]?«, TPP 69, V. 34f.). Das *Wie* des Untergangs Italiens steht innerhalb eines längeren Fragenkatalogs, der »das Ende rhetorischer Wirkungsmacht«[13] in der Moderne besiegelt. Beide Gedichte verbindet der Charakter eines Totenlieds: Das bei Leopardi rekurrente Verb *cadere* steht im Zeichen des Endes von Leben und Begierde. Es sind gerade seine Liebesgedichte, die den etymologischen Konnex von *de-sider-are* zu den Sternen in einer extremen Variante der *amor de lonh* entwickeln. Das kommentiert Leopardi in der Ankündigung zur Bologna-Ausgabe zu *Alla sua donna* (1823) und zur »donna che non si trova« als »fuor dell'autore, nessun amante terreno vorrà fare all'amore col telescopio« (TPP 222).[14] Auf prägnante Weise verbindet *Le Ricordanze* (1829) – ebenfalls in einer Kreisstruktur – das Sterben der geliebten Nerina als Epiphanie, Vision und als dialogische Antwort auf das vorherige Gedicht *A Silvia* (1828): »All'apparir del vero / tu, misera, cadesti: e con la mano / la fredda morte ed una tomba ignuda / mostravi di lontano.« (TPP 153, V. 60–63). Damit wird das einleitende Sternenbild – »Vaghe stelle dell'Orsa« (TPP 154, V. 1) – am Ende ›sideral‹ aufgenommen:

> Ahi tu passasti, eterno
> sospiro mio: passasti: e fia compagna
> d'ogni mio vago immaginar, di tutti
> i miei teneri sensi, i tristi e cari
> moti del cor, la rimembranza acerba. (TPP 159, V. 169–173)

Nerina ist gefallen (»cadeva«, TPP 158, V. 113). Ihr Sterben (»passasti«) wird wiederholt,[15] als Augenblick (»Passasti.«, V. 149) und als Traum angesprochen: »rapida passasti; e come un sogno / fu la tua vita.« (V. 158). Neben diesen Parallelen – die *donna-luna* als Ideal, das Leben als Traum, Fallen als Tod – sind die Beobachtungsposition und die Wirkung vergleichbar (»dalle finestre«, »scolorarmi«, V. 4, 148). So teilt *Odi, Melisso* die Blickführung sowohl mit der verwandten Schwellenkunde eines Wachtraums in *Il sogno* – »Era il mattino, e tra le chiuse imposte / per lo balcone insinuava il sole / nella mia cieca stanza il primo albore« (TPP, S. 125, V. 1–3) – und mit dem Beginn von *La sera del dì festa:* Die nächtliche Ruhe und das klare, kalte Licht des zyklisch-azeitlichen Mondes eröffnen den *idillio.*

13 Ausgehend von Michael Bernsens Artikel »Giacomo Leopardis politische Kanzone *All'Italia* und das Ende rhetorischer Wirkungsmacht« (Bernsen 1993).

14 Vgl. Nymann 1990; Herold 2015a, S. 140f.

15 »passasti« wird fünf Mal genannt: V. 149, 152, 169f. (TPP 158f.).

Dolce e chiara è la notte e senza vento,
e queta sovra i tetti e in mezzo agli orti
posa la luna, e di lontan rivela
serena ogni montagna. O donna mia, (TPP 122, V. 1–4)

Mit dem Blick *in* die Fenster[16] der Geliebten brechen die schmerzhaften Erinnerungen in die Gegenwart ein. In einer ausgreifenden Bewegung – mit gleich fünf Monologpartner[17] – wird der moderne Erfahrungsverlust besonderer Augenblicke inszeniert. Die Fundierung der Erinnerungsbilder nimmt schrittweise ab. Der poetisch-logische Primat liegt jeweils auf dem *zweiten* Bild: Erst die Erinnerung an die Dame lässt den Mond eingangs so hell erscheinen. Das *déjà-écouté*-Erlebnis des Gesangs des Handwerkers offenbart sich als Bild unvordenklicher Wiederholung.[18] Der Mond als Ideal ist Anlass, Unendliches in der Form des Fernen, Letzten und Vagen zu evozieren. Dadurch wird implizit ein Gründungsmythos dekonstruiert, den Leopardi maßgeblich in die moderne italienische Literatur eingeführt hat.[19] Die Suche nach Ursprünglichem scheitert, denn die ironische Brechung besteht am Ende (nur) im erinnerten Bild. Auch Leopardis poetologische Überlegungen im *Zibaldone* kreisen immer wieder um diese Struktur einer endlosen Verschiebung auf vorherige und analoge Kindheitserinnerungen.[20] *Odi, Melisso* steht somit im Zeichen einer entsublimierten Erfahrung, die sich zugleich erweitert durch eine danteske Perspektive,[21] denn die Blickführung und Raumaufteilung erinnern an den fünfzehnten Gesang im *Paradiso* (V. 13–18):

Quale per li seren tranquilli e puri
discorre ad ora ad or subito foco,

16 Im Vergleich mit weiteren Schwellenerfahrungen fällt die Sonderrolle auf, die das berühmte Gedicht *L'infinito* einnimmt; vgl. dazu Agostini 2017, S. 385f.; Herold 2017, S. 241–254.

17 »la luna« (V. 3), »O donna mia« (V. 4), »il solitario canto / dell'artigian« (V. 25f.), »que' popoli antichi« (V. 34), »il grande impero / di quella Roma« (V. 35f.), »Nella mia prima età [...] io doloroso« (V. 40, 42; je TPP 122f.); vgl. Herold 2017, S. 331–348.

18 Der Augenblick, in dem sich das Herz zusammenzog, verweist auf einen anderen *canto* (V. 28), den dieser wiederholt. Diese transitive Funktion von Erinnerungsbildern sinnentleert die Gegenwart; vgl. »mi si stringe il core« und »già similmente mi stringeva il core« (TPP 123, V. 28, 46).

19 Man denke etwa an *Il fanciullino* (1903) von Giovanni Pascoli und von Cesare Pavese an den Essay *Del mito, del simbolo e d'altro* (1943/44) oder an *La luna e i falò* (1950).

20 Entscheidend sind hier einerseits die Überzeugung vom mittelbaren Charakter unserer Erfahrung, die immer auf vorherige Bilder verweist: »Così che la sensazione presente non deriva immediatamente dalle cose, non è un'immagine degli oggetti, ma della immagine fanciullesca; una ricordanza, una ripetizione [...] della immagine antica.« (1587, Zib. 515). Andererseits handelt es sich um einen infiniten Regress: »Il bambino che non può aver contratto abitudine, non ha memoria [...] manca formalmente della facoltà della memoria« (1745, Zib. 1255). Denn daraus folgt: »nessuno si ricorda delle cose dell'infanzia« (ebd.).

21 Vgl. Del Gatto 2014, S. 60f.

movendo li occhi che stavan sicuri,
*e pare stella che tramuti loco,*
se non che da la parte ond'e' s'accende
nulla sen perde, ed esso dura poco:
tale del corno che 'n destro si stende
a piè di quella croce corse un astro
de la costellazion che lì resplende.[22]

Bei Dante lässt der Augenblick des Sternenbrands (»subito foco«, »dura poco«) keinen Stern am Himmel fehlen (»nulla sen perde«). Bei Leopardi hingegen zerstört der fehlende Mond die »costellazion« plötzlich (»all'improvviso«) und hinterlässt eine Lücke (»nicchia«):

[...] ed ecco all'improvviso
distaccasi la luna; e mi parea
che quanto nel cader s'approssimava,
tanto crescesse al guardo; infin che venne
a dar di colpo in mezzo al prato; ed era
grande quanto una secchia, e di scintille
vomitava una nebbia, che stridea
sì forte come quando un carbon vivo
nell'acqua immergi e spegni. Anzi a quel modo
la luna, come ho detto, in mezzo al prato
si spegneva annerando a poco a poco,
e ne fumavan l'erbe intorno intorno.
Allor mirando in ciel, vidi rimaso
come un barlume, o un'orma, anzi una nicchia,
ond'ella fosse svelta; in cotal guisa,
ch'io n'agghiacciava; e ancor non m'assicuro. (5–20)

Der Himmel erleidet keineswegs einen ›kleinen Schaden‹ (»che picciol danno« [V. 24]). Das Verfallen vollzieht sich schrittweise (»a poco a poco«, 15, vgl. bei Dante »ad ora ad or«, V. 14), setzt den Verlust des poetischen Ideals lunar ins Bild, wie er für die *Canti* typisch ist. In *Alla sua donna* ist die Geliebte auf versteckte Weise der Mond – »Se dell'eterne idee / *l'una* sei tu« (TPP 139, V. 45f.; Kursivierung M.H.) –, in *A Silvia* steigt die Geliebte auf und ab wie ein Gestirn. Das Schwarz-Werden (»annerando«) und das Bild der glühenden Kohle (»carbon vivo«) sind für Leopardi Teil der *errori* und Mythen der Antike.[23] *Il tramonto della luna* lässt sich als allegorische Deutung des Traums in *Odi, Melisso* lesen, als

22 Dante 2014, S. 526 (Kursivierung M.H).
23 Vgl. »quando esso si ecclissa [...] il solo suo disco rimane offuscato, e sembra *annerire a poco a poco* a guisa di un *carbone che va a spegnersi.* Questa idea si presenta naturalmente a un intelletto non istruito, all'accadere di una ecclissi.« (TPP 903, *Saggio sopra gli errori popolari degli antichi, XI. Dell'astrologia, delle ecclissi, delle comete*).

»caduta delle *lontane speranze*, dei *dilettosi inganni*«,[24] was Leopardi als Weltverdunkelung gnomisch fasst: »scende la luna; e si scolora il mondo« (TPP 198, V. 12). Melissos Antwort ist recht lapidar:

> Melisso
> E ben hai che temer, che agevol cosa
> fora cader la luna in sul tuo campo.
>
> Alceta
> Chi sa? non veggiam noi spesso di state
> cader le stelle?
>
> Melisso
> Egli ci ha tante stelle,
> che picciol danno è cader l'una o l'altra
> di loro, e mille rimaner. Ma sola
> ha questa luna in ciel, che da nessuno
> cader fu vista mai se non in sogno. (21–28)

Alcetas Traumbericht ist zunächst (1–20) noch vom Schrecken gezeichnet. Dabei verkörpern die beiden Gesprächspartner eine für Leopardis Dichtung typische Dichotomie. Alceta verkörpert das antik-naive Ideal, Melisso rationale Distanz gegenüber Illusionen.[25] Damit ist hier eine Struktur angelegt, die für die Entwicklung von Leopardis Werk bestimmend ist. Das zuletzt entstandene berühmte Gedicht *La ginestra* verwendet für die indifferente, gleichbleibende Natur den Ausdruck *madre matrigna.*[26] Der Schrecken ist kaum vergangen (»di questa notte«, 2), der Eindruck ist augenblicklich (»all'improvviso«, 5), und die Wortwahl ist unmittelbar und prosaisch (»ed ecco«, 5, »e mi parea«, 6, »quanto«, 7, 10, »come«, 12, 18) und zeigt deutlich den Charakter einer Unterhaltung (»Odi«, »vo' contarti«, 1, ›anzi‹, 13, 18, »come ho detto«, 14). Das ist innerhalb Leopardis Lyrik eine Ausnahme, die durch Melissos indifferenten Umgang mit dem dichterischen Ideal verstärkt wird (21 f.). Die persönliche Erfahrung, dass das Ideal untergeht, wird als räumliche Nähe (»al prato«, 9, »in mezzo al prato«, 14 »in sul tuo campo«, 22) und zeitliche Dauer (»s'approssimava«, 5, »a poco a poco«, 15) aufgenommen. Alceta selbst nimmt die Bedeutung des Traums zurück, im »Chi sa?« können sich sowohl ein Verteidigungsversuch als auch ein Zustimmen verbergen. Die noch verbleibende Angst (»ancor non m'assicuro«, 20) wird epistemologisch (»Chi sa?«, 23) und durch den Vergleich mit dem Fall der Sterne relativiert.

24 Prete 1993, S. 67.

25 Vgl. etwa Frattini 2003, S. 670; Valentini 1984.

26 »l'uomo incolpando / del suo dolor, ma dà la colpa a quella / che veramente è rea, che de' mortali / madre è di parto e di voler matrigna.« (TPP 203, V. 122–125). Vgl. auch den Beitrag von Michael White in diesem Band.

Diese *Un*vollständigkeit der Sterne lässt sich als Bruch mit einem Gründungsmythos verstehen, gemäß der antiken Vorstellung, dass sich im Kosmos eine Harmonie erkennen lasse. Blumenberg kommentiert in diesem Sinne die Verse aus dem berühmten Kinderlied »Gott der Herr hat sie gezählet, / Daß ihm auch nicht eines fehlet / Von der ganzen großen Schar«, man müsse hier »den hundertsiebenundvierzigsten Psalm hindurch[hören]: *Er zählet die Sterne (kakâbim) und nennt sie alle mit Namen.* Solche Zuflucht ist dem Dichter versperrt.«[27] Insofern ist die Rolle des Dichters wie im *Canto notturno* die eines *pastore errante*, dessen Dichtung im Zeichen einer *poesia senza nome* steht.[28] Dieser scheitert daran, »[di] noverar le stelle ad una ad una« (TPP 164, V. 135). *Odi, Melisso* lässt sich als Gegenangebot verstehen, insofern das »riveder la luna« (3) als Anweisung gelesen werden kann zur *relecture* vorheriger Mondgedichte und damit von Bildern der Fülle, des Fernen bzw. des *in(de)finito.*[29] Aus der Perspektive einer gnomischen Stelle in Pindars 8. *Pythischer Ode*, die Leopardi mehrfach zitiert – etwa im *Zibaldone*, ist damit eine Wahrheit über Dichtung und Leben zugleich ausgesagt: »La vita umana [...] non essendo cosa di più sostanza che un sogno di un'ombra.«[30]

## Bibliographie


Bonarelli, Guidubaldo: *Filli di Sciro*, ristampa anastica dell'edizione Vottorio Baldini. Ferrara: 1607, mit einer Einleitung von Raffaele Manica. Rom: Vecchiarelli (La Scena e l'Ombra, 7) 2001.

Dante Alighieri: *Divina Commedia. Inferno – Purgatorio – Paradiso*, hg. von Giovanni Fallani, Silvio Zennaro, Italo Borzi. Rom: Newton Compton [5]2014 (1993).

Leopardi, Giacomo: *Tutte le poesie, tutte le prose e lo Zibaldone*, hg. von Lucio Felici, Emanuele Trevi. Rom: Newton Compton 2010 [= TPP].

Petrarca, Francesco: *Canzoniere*, hg. von Gianfranco Contini, Daniele Ponchiroli, Einleitung von Roberto Antonelli. Turin: Einaudi (ET Classici, 104) 1992 (1964).

Sappho: *Lieder*, Griechisch und Deutsch, hg. von Max Treu. München / Zürich: Artemis (Tusculum) [7]1984.


27 Blumenberg 2000, S. 17.

28 Vgl. Agostini 2017.

29 Leopardis wertet das *indefinito* als sinnliche Form der ästhetischen Idee des *infinito* auf (vgl. Blasucci 1985, S. 123–151) und setzt die Begriffe »infinito-indefinito« gleich (ebd., S. 138; vgl. TPP 2309, Zib. 4178).

30 TPP 507 (*Proposta di premi fatta dall'Academia dei Sillografi*). Vgl. »La vie, disoit Pindare, n'est que le rêve d'une ombre [...]; image sublime, et qui d'un seul trait peint tout le néant de l'homme.« (TPP 1988, *Zib.* 2672). Bei Pindar heißt es: »ἐπάμεροι· τί δέ τις; τί δ' οὔ τις; σκιᾶς ὄναρ / ἄνθρωπος.« (V. 95f.).

Agostini, Giulia: »Genealogie des Unendlichen. Leopardis Ergründung einer *poesia senza nome*«, in: *Germanisch-Romanische Monatsschrift* (4/67) 2017, S. 377–394.

Bernsen, Michael: »Giacomo Leopardis politische Kanzone *All'Italia* und das Ende rhetorischer Wirkungsmacht«, in: *Rhetorik* (12) 1993, S. 1–11.

Blasucci, Luigi: *Leopardi e i segnali dell'infinito.* Bologna: Il Mulino 1985.

Blumenberg, Hans: *Die Vollzähligkeit der Sterne.* Frankfurt/Main: Suhrkamp 2000.

Contini, Gianfranco: *Letteratura italiana del Risorgimento. 1789–1861.* Florenz: Sansoni 1986.

Del Gatto, Antonella: »Astri leopardiani: dalla luce alla caduta attraverso i *Fragmenta* petrarcheschi«, in: *Rassegna europea di letteratura* (1/43) 2014, S. 59–68.

Dorigo, Ermes: »La poliformia della luna nei *Canti* di Giacomo Leopardi«, in: *Rivista di studi italiani* (1/31) 2013, S. 102–209.

Favaro, Francesca: *Canti e Cantori bucolici. Esempi di poesia e soggetto pastorale fra Seicento e Ottocento.* Cosenza: Pellegrini (Crocevia, 4) 2007.

Frattini, Alberto: »XXXVI. Scherzo, XXXVII. Odi, Melisso«, in: Armando Maglione (Hg.): *Lectura leopardiana. I quarantuno* Canti *e* I nuovi credenti. Venedig: Marsilio 2003, S. 663–673.

Gardini, Nicola: »History and Pastoral in the Structure of Leopardi's *Canti*«, in: *The Modern Language Review* (1/103) 2008, S. 76–92.

Herold, Milan: »Fragment und Totalität. Das Ausbleiben der unio mystica und die negative Darstellung in der modernen Kunst«, in: Héctor Canal / Maik Neumann / Caroline Sauter / Hans-Joachim Schott (Hg.): *Das Heilige (in) der Moderne. Denkfiguren des Sakralen in Philosophie und Literatur des 20. Jahrhunderts.* Bielefeld: transcript 2013, S. 203–216.

Herold, Milan: »›Il presente non può esser poetico‹. Giacomo Leopardis Lesbarkeit der Zeit (*Il primo amore, Alla sua donna*)«, in: Milan Herold / Michael Bernsen (Hg.): *Der lyrische Augenblick. Eine Denkfigur der Romania.* Berlin / Boston: De Gruyter (Mimesis. Romanische Literaturen der Welt, 55) 2015a, S. 127–148.

Herold, Milan: »Liebe ohne Anfang – Ende der romantischen Liebe? Lamartines Invocation und Leopardis Io qui vagando«, in: Edoardo Costadura, Diana Di Maria, Sebastian Neumeister (Hg.): *Leopardi und die europäische Romantik.* Akten der 23. Jahrestagung der Deutschen Leopardi-Gesellschaft in Jena, 7.–9. November 2013. Heidelberg: Winter 2015b, S. 143–160.

Herold, Milan: *Der lyrische Augenblick als Paradigma des modernen Bewusstseins. Kant, Schlegel, Leopardi, Baudelaire, Rilke.* Göttingen: V&R unipress / Bonn University Press (Gründungsmythen Europas in Literatur, Musik und Kunst, 10) 2017.

Herold, Milan: »Funktionale Bildlichkeit – Leopardis Denkbilder (Frammento XXXIX Spento il diurno raggio in occidente)«, in: Barbara Kuhn / Michael Schwarze (Hg.): Akten des Leoparditags »Immagini e immaginazione. Leopardis Bilder – Reflexionen von Bild und Bildlichkeit«, Universität Konstanz, 22.–24. Juni 2017. Erscheint voraussichtlich 2019.

Nyman, Martti: »Hits and Misses: Lat. *considerare* and *desiderare*«, in: *Historische Sprachforschung / Historical Linguistics* (1/103) 1990, S. 51–68.

Pelosi, Andrea: »La doppia vita de ›Lo spavento notturno‹ di Leopardi«, in: *Stilistica e metrica italiana* (13) 2013, S. 177–185.

Peruzzi, Emilio: *Leopardi e i greci.* Florenz: Olschki 1979.

Peruzzi, Emilio: »Odi, Melisso«, in: Emilio Peruzzi: *Studi leopardiani II.* Florenz: Olschki (Saggi di »Lettere italiane« 36) 1987, S. 75–138.

Prete, Antonio: *Prosodia della natura. Frammenti di una Fisica poetica.* Mailand: Feltrinelli 1993.

Rossi, Luca Carlo: »Filigrane dantesche in ›Odi, Melisso‹ di Giacomo Leopardi«, in: *L'Ellisse. Studi storici di letteratura italiana* (1/10) 2015, S. 55–71.

Valentini, Alvaro: »Esperimento di lettura del Frammento XXXVII«, in: Giuseppe Galli (Hg.): *Interpretazione e simbolo.* Atti del V Colloquio sulla interpretazione (Macerata, 21–22 marzo 1983). Turin: Marietti 1984, S. 165–174.

Marc Föcking (Hamburg)

# Dichten in Zeiten der Cholera. Lyrik und Pandemie bei Giacomo Leopardi

In ihrer Studie *1918. Die Welt im Fieber. Wie die Spanische Grippe die Gesellschaft veränderte* fragt sich Laura Spinney verwundert, »wie es sein kann, dass zwar weltweit auf fast jedem Friedhof eine Reihe von Grabsteinen an diese Pandemie erinnert, dass sich durch die Kunst der damaligen Zeit aber keine vergleichbare Spur zieht«.[1] Dieselbe Frage lässt sich auch für die knapp einhundert Jahre früher grassierende Cholera stellen, an der zwar so prominente Köpfe wie Georg Wilhelm Friedrich Hegel (1832), Carl von Clausewitz (1831), August Neidhard von Gneisenau (1831), der französische Ministerpräsident Casimir Périer (1832), der Physiker und Begründer der Thermodynamik Nicholas Sadi Carnot (1832), der Mediziner François Broussais (1838), der polnische Nationaldichter Adam Mickiewicz (1855) oder noch 1893 Pjotr Iljitsch Tschaikowsky starben, die aber in kaum einem zeitgenössischen literarischen Text thematisiert wird – ganz im Unterschied zur Tuberkulose mit ihrer reichen Literaturgeschichte bei Balzac, Henri Murger, Dumas fils oder Niccolò Tommaseo.[2] Diese Leerstelle deutet hin auf die problematische Kompatibilität von Poetik und Dichtung der Romantik und der Cholera-Pandemie des 19. Jahrhunderts (und ihrer Imagination) als früher Globalisierungskrankheit, deren verheerender Zug aus Asien nach Europa und die westliche Welt im frühen 19. Jahrhundert eben die Bedingungen nutzte, die die erste Industrialisierung als Voraussetzung für die globalisierte Welt unserer Gegenwart geschaffen hat: Vernetzung des Verkehrs von Menschen und Waren, Bevölkerungsexplosion, Konzentration der Population auf große Ballungsräume und große soziale Ungleichheit.[3]

Giacomo Leopardi, der seine letzten Lebensjahre in Neapel, der Hauptstadt der Cholera im Italien der 1830er Jahre, verbracht hat, dessen Modernekritik hier ihren Höhepunkt erreichte und der seine *Canti* in der definitiven Fassung hier im Druck erscheinen ließ, ist der ideale Kronzeuge für diese problematische und

1 Spinney 2018, S. 305.
2 Zu letzteren siehe Föcking 2002, 2010, 2018.
3 Evans 1996, S. 294f.

eben deshalb signifikante Diskrepanz von Pandemie und Poesie in der ersten Hälfte des 19. Jahrhunderts. Leopardi, für den die Zehntausende von Choleratoten traurige Belege für die Berechtigung seiner Kritik der Moderne sind und der seit der verheerenden Pariser Cholera-Epidemie von 1832 und erst recht seit dem Ausbruch der Krankheit in Neapel 1836 in einer europäischen Kultur lebt, deren Angst vor der Zivilisationskrankheit Cholera den Optimismus des bürgerlichen Zeitalters wirkungsvoller demontiert als jede Zivilisationskritik, greift diese Argumentationshilfe in seinen *Canti* nicht auf – mit einer signifikanten Ausnahme. Die Cholera scheint bei Leopardi eher als biographisches Faktum präsent zu sein, davon zeugt eine Reihe seiner Briefe zwischen 1832 und 1837. Aus der späten dichterischen Produktion aber bleibt das Thema ausgeschlossen, und nur einmal taucht das Wort »choléra« überhaupt und an anscheinend unprominenter Stelle im Verein mit anderen Segnungen der modernen Kultur auf, und zwar in der »Palinodia al Marchese Gino Capponi« von 1834/35. Warum fiel dem Dichter Leopardi zu dieser Krankheit, in deren Zentrum er fünf Jahre lebte und starb, so wenig ein?

## Le fléau – Leopardi wartet auf die Cholera

Medizinisch betrachtet lässt sich die Cholera als mit Durchfällen und Erbrechen einhergehende Darmerkrankung beschreiben, die als ansteckende akute Infektionskrankheit zunächst den Dünndarm befällt. Da sie vor allem in Südasien en- und epidemisch vorkam und vorkommt, trägt sie auch in aktuellen medizinischen Nachschlagewerken die lateinische Bezeichnung »Cholera asiatica«, »cholera indica« oder »cholera orientalis«.[4] Verursacht wird sie durch das spezifisch menschenpathogene Bakterium Vibrio cholerae, das am besten unter Bedingung feucht-warmen Klimas gedeiht, sich in stehendem, warmem Wasser optimal entwickelt und sich durch Wasser, mit verseuchtem Wasser gewaschenem Obst und Gemüse, durch Butter und Milch und durch oralen Kontakt mit infizierten Menschen und ihren Ausscheidungen verbreitet. Nur wenn Vibrio cholerae in den Verdauungstrakt des Menschen gerät, ruft es eine Krankheit hervor, die bei fehlender oder falscher Behandlung eine hohe Letalität aufweist – 20 bis 60 Prozent der Erkrankten sterben nach wenigen Tagen.

Dabei sind die Stadien des Sterbens oder Überstehens immer die gleichen: Nachdem der Erreger durch peroralen Kontakt aufgenommen worden ist, kommt es nach einer 24 Stunden bis zu fünf Tagen umfassenden Inkubationszeit in einem ersten Stadium zu einem anfänglichen Unwohlsein und leichtem Taubheitsgefühl, dann folgen Brechdurchfall und Leibschmerzen, häufige dünn-

4 *Roche Lexikon Medizin* 1984, S. 261.

flüssige Stühle, die in mit Schleimflocken durchsetzte Entleerungen übergehen. Reiswasserstühle nennt die Medizin diese spezifische Choleradiarrhö, bei der die Erkrankten bis zu einem Viertel ihrer Körperflüssigkeit verlieren können. Der massive Flüssigkeitsverlust und die gleichzeitige Verdickung des Blutes führt in der zweiten Phase zu Untertemperatur, zur Austrocknung, zum typischen ›Choleragesicht‹ mit spitzer Nase, eingefallenen Wangen und faltiger, welliger und bläulicher Haut, tief in den Höhlen liegenden und stumpf blickenden Augen. Hände und Füße werden eiskalt, schmerzhafte Muskelkrämpfe lassen die Opfer immer wieder zusammenzucken. Schließlich kommt es zum Kreislaufzusammenbruch, da das Herz den Transport des verdickten Blutes nicht mehr leisten kann. Das dritte Stadium ist das der ›Reaktion‹, das zu Fieberanfällen, Benommenheit, Delirien und bei gut der Hälfte der Erkrankten zu Bronchopneumonie, Nephritis und schließlich zu Herz- und Nierenversagen infolge akuter Dehydration und des Mangels an lebenswichtigen Elektrolyten und Mineralien führt. Oder aber die Erkrankten erholen sich ohne fremdes Zutun auf unerklärliche Weise.[5]

Bis auf die Symptomatologie von Durchfall bis zum Choleragesicht, dem sprichwörtlichen »blue terror«, war nichts davon der Medizin des frühen 19. Jahrhunderts bekannt. Man ging eher von einem »ensemble de symptomes gastriques« aus,[6] das man von sehr unterschiedlichen Phänomenen verursacht sah (»usage des substances vénéneuses«, »poisons animaux«, »produite par les acides et des sels minéraux«,[7] »un verre d'eau glacé«, »un émétique léger«[8]). Nicht einmal die Sektion der Leichen – Mittel der Wahl der klinischen Anatomie des frühen 19. Jahrhunderts auf der Suche nach Krankheitsursachen – förderte etwas »positif sur la nature materielle du choléra-morbus«[9] ans Licht. Selbst als die Pandemie der 1830er Jahre die Stabilität dieses Symptombündels und damit die Realität des »choléra-morbus« als distinkte pathologische Erscheinung zehntausendfach bestätigte, musste die nach 1832 in Paris eingesetzte Kommission in ihrem *Rapport sur la marche et les effets du Choléra-morbus dans Paris et le département de la Seine* 1834 die Machtlosigkeit von Staat und Wissenschaft einräumen:

> Partout on essaie de le [Choléra-morbus] combattre, et partout les effets sont vains. Il se joue des barrières qu'on lui oppose comme des remèdes que l'on emploie. Il vient sans qu'on en connaisse la cause, il disparaît sans qu'on en sache la raison. En vain on ouvre

5 *Roche Lexikon Medizin* 1984, S. 261; Evans 1996, S. 294–296.
6 *Dictionnaire* 1827, S. 1.
7 *Dictionnaire* 1827, S. 2.
8 *Dictionnaire* 1827, S. 3.
9 *Dictionnaire* 1827, S. 5.

> les cadavres de ceux qui il a frappés, on interroge la mort: la mort ne révèle rien. [...] L'art a avoué son impuissance.[10]

Ergebnis dieser Kapitulation der Wissenschaft ist der Rückfall in die Mythisierung der Krankheit, die bereits der doch um Sachlichkeit und »sang froid« bemühte Kommissionsbericht[11] als Narrativ eines gewaltsam-erratischen, aber mit einem geheimnisvollen Willen ausgestatteten monströsen Agenten aus der asiatischen Fremde auflegt:

> Né dans l'Inde, prés des bouches marécageuses du Gange, il y renfermait depuis des siècles son existence et ses ravages. Tout à coup il franchait ses limites qu'il semblait s'être imposées jusqu'alors, et en 1817, il se montre à Jessore, à Malacca, à Java, où, sur quattre millions d'habitants, il en fait périr 400.000. [...] Bientôt, s'avançant vers l'ouest et le nord, il vient en Perse (1821), [...] il pénètre dans le cœur de la Russie [...], l'année suivante il envahit successivement en Afrique, l'Égypte, en Europe, [...] la Prussie (1831); et, continuant toujours ses effrayants progrès, il traverse la mer, se montre en Angleterre, d'où franchissant le détroit, il passe en France, éclate Calais et bientôt Paris, après avoir parcouru, dans ce voyage de géant, plus de trois millions lieus carrées, et couvert cet espace immense de deuil et de sépultures.[12]

Chateaubriand, der in seinen *Mémoires d'outre-tombe* 1848 ausführlich die Cholera-Epidemie von 1832 beschreibt, bedient sich desselben, aus Ratlosigkeit (»Qu'est-ce que le choléra? Est-ce un vent mortel? Sont-ce des insects que nous avalons et qui nous dévorent?«) erwachsenden mythisierenden Narrativs, verstärkt aber Benoiston de Châteaneufs lexikalisches Feld des Militärischen (»il envahit«) zum direkten Vergleich der Cholera mit den Feldzügen Napoleons. Wiewohl als Metapher (und anti-napoleonische Polemik) intendiert, unterliegt der Trope doch die Kausalität der Transmission der Krankheit durch Truppen- (und andere Menschen-) bewegungen:

> Le choléra sorti du delta du Gange en 1817, s'est propagé dans un espace de deux mille cents lieus, du nord au sud, et de trois mille cinq cents de l'orient à l'occident; il a désolé quatorze cent villes, moissonné quarante mille individus. On a une carte de la marche de ce conquérant. Il a mis quinze années à venir de l'Inde à Paris: c'est aller vite que Bonaparte: celui-ci employa à peu près le même nombre d'années à passer de Cadix à Moscou, et il a fait périr que deux ou trois millions d'hommes.[13]

10 Benoiston de Châteauneuf 1834, S. 12.

11 Benoiston de Châteauneuf 1834, S. 8.

12 Benoiston de Châteauneuf 1834, S. 11 f.

13 Chateaubriand 1951, II, S. 534. – Thomas Mann hat in seiner großen Cholera-Erzählung *Der Tod in Venedig* von 1912 dieses mythisierende Narrativ exakt und in erstaunlicher Nähe zum französischen Kommissionsbericht von 1834 nachgebaut, aber mit der medizinischen Erkenntnis bakteriellen Ursprungs zusammengefügt: »Seit mehreren Jahren schon hatte die indische Cholera eine verstärkte Neigung zur Ausbreitung und Wanderung an den Tag gelegt. Erzeugt aus den warmen Morästen des Ganges-Deltas, aufgestiegen mit dem mephitischen Odem jener üppig-untauglichen, von Menschen gemiedenen Urwelt- und Inselwildnis, [...]

In Verlängerung dieses imaginären unausweichlichen, durch keine zivilisatorische Leistung abwendbaren Fortschreitens des »fléau« aus dem Osten in den Westen und Paris als »ville regardée par l'Europe entière comme centre des lumières«[14] wuchs sich die Cholera dank einer der typischen Pausen, die die Krankheit in ihren gewundenen Infektionswegen immer wieder einlegte, erst 1835/36 in Süditalien zu einer echten Epidemie aus, wiewohl sie – wie Ippolito Nievo in den *Confessioni di un italiano* schrieb – bereits 1831 in Venedig »per la prima volta in Italia«[15] aufgetaucht war.[16]

August von Platen flüchtete im September 1835 aus Angst vor der soeben in Neapel ausgebrochenen Cholera nach Palermo und von dort nach Syrakus, wo er am 23. November an heftigen Magenkoliken erkrankte, die er für Cholera-Symptome hielt. In seiner Panik schluckte er eines der vielen angeblichen Gegengifte, die meist nicht weniger tödlich waren als die Cholera selbst. Er starb am 5. 12. 1835, nicht an der Cholera, sondern an deren Antidot. Den eigentlichen Beginn der »invasione del cholera in Napoli« setzt der Arzt Gennaro Fermarello in *Il cholèra in Napoli. L'autunno del 1836* (1837) erst für den 2. 10. 1836 an,[17] was sich mit Leopardis Beobachtung der eigentlichen Epidemie für den 18. Oktober 1836 annähernd deckt.[18]

So (relativ) spät die Choleraepidemie auch Neapel erreicht hatte, sie traf die Bevölkerung besonders hart: 13.800 Choleratote zählte man 1836 – in Hamburg und Berlin waren es 1831/32 nur je 2100, fünf Jahre später waren es in Berlin noch einmal 2338.[19] Die hohe Letalität in Neapel lag ohne Zweifel daran, dass die Stadt auch nach den Verhältnissen des frühen 19. Jahrhunderts eine der schmutzigsten Europas war, als Hafenstadt einen kaum kontrollierbaren Zustrom von Menschen und Waren kannte und dank des warmen Klimas, der Wassernähe, des ständigen Waren- und Personenstroms und der besonders beengten und schmutzigen Altstadtviertel Porto, Pendina und Mercato der Verbreitung der Cholera-Vibrionen ideale Bedingungen bot.[20]

Das war die Stadt, in der sich Leopardi am 2. 10. 1833 niedergelassen hatte.

---

den Hauptstraßen des Karawanenverkehrs folgend, [...] hatte [das Gespenst] in Toulon und Malaga sein Haupt erhoben, in Palermo und Neapel mehrfach seine Maske gezeigt [...]. Jedoch [...] fand man zu Venedig an ein und demselben Tage die furchtbaren Vibrionen in den ausgemergelten, schwärzlichen Leichnamen eines Schifferknechtes und einer Grünwarenhändlerin« (Mann 1981, S. 628).

14 Benoiston de Châteauneuf 1834, S. 8.

15 Nievo 1982, S. 743.

16 Zu den Verbreitungswegen der Cholera nach 1817 Durey 1979, S. 7–18; Morris 1976, S. 21–24; Evans 1996, S. 294 f.

17 Vgl. Fermarello 1837, S. 19.

18 Leopardi: *Tutte le poesie*, 1997, S. 1441.

19 Evans 1996, S. 324, 334.

20 Snowdon 1995.

Stellt man die Erwähnungen der Cholera in Leopardis Briefen der 1830er Jahre zusammen, dann spiegeln sie das unerbittliche und mäandernde Herannahen, das die Krankheit für die Zeitgenossen charakterisierte, ebenso wie die Ratlosigkeit angesichts einer fremden, »asiatischen« Krankheit. In seinem Brief an Louis de Sinner in Paris vom 24. 12. 1831 ist die Cholera für Leopardi noch weit weg, so weit, dass ihre Gefährlichkeit noch keineswegs verbürgt ist: »Credo che sia scherzo ciò che voi mi dite del testamento che avete intenzione di fare in caso che il *Choléra* invada la Francia.«[21]

Acht Monate später, als seit März 1832 genau das eingetreten war, was De Sinner gefürchtet hatte, berichtet Leopardi seiner Schwester Paolina aus Florenz am 31. 8. 1832, er habe »colla commissione medica mandata da Roma a complimentare il cholera a Parigi, la quale ci promette la venuta del morbo in Italia«, gesprochen.[22] Hatte Leopardi im Brief an de Sinner »*Choléra*« noch wie ein Fremdwort geschrieben – kursiv und mit Akzent auf der vorletzten Silbe –, so ist sie nun auch graphisch heimisch geworden, allerdings durch das Verb »complimentare« sogleich wieder verharmlost. Wenn Leopardi fortfährt, die Florentiner Ärzte lachten nur über die Warnungen der nach Paris entsandten Kommission, dann gibt das ziemlich genau eine wichtige Haltung wieder, die die Mediziner der Zeit zur Cholera einnahmen und die in Unkenntnis der 1840 von Jakob Henle erwiesenen kontagiösen Natur der Krankheit und der 1883 von Robert Koch erkannten bakteriellen Ursache durch Vibrio cholerae den infektiösen Charakter der Krankheit schlankweg leugneten. Dass zeitgenössische Quarantänemaßnahmen selten zur spürbaren Eindämmung der Krankheit führten, nahm eine der medizinischen Fraktionen zum Anlass, Infektionen als Ursache der Cholera gänzlich auszuschließen und Quarantäne und Isolierung der Kranken für nutzlos zu halten. Alternativ zur Infektionstheorie, die bis in die 1870er Jahre eine Mindermeinung blieb, vertrat man zum einen die sogenannte »Miasmen«-Theorie:[23] Die Krankheit werde etwa durch verfaulende Pflanzen im Marschland oder Sümpfen freigesetzt, daher der immer wieder in »Inde, près des bouches marécageuses du Gange«[24] gesuchte ›Ursprung‹. Oder sie entstehe dort, wo durch Grundwasseranstieg der Boden permanent durchfeuchtet werde. Der Hamburger Arzt Dr. F. von Brandenburg vertrat 1832 schließlich die phantasievolle Meinung, die Cholera werde durch das Abschmelzen von Eisbergen erzeugt, von denen kontaminierte Wolken aufstiegen, die dann das verseuchte Wasser über Europa abregneten. Letztlich ist für Brandenburg – wie für die Miasma-Theoretiker überhaupt – die Krankheit kaum beherrschbar, sie sei

21 Leopardi: *Tutte le poesie* 1997, S. 1408.
22 Leopardi: *Tutte le poesie* 1997, S. 1422.
23 Meyer 1992.
24 Benoiston de Châteauneuf 1834, S. 11.

vielmehr natürliche Folge der »chaotisch-chronischen Pro- und Destruktionssysteme der ewig wirkenden Natur«.[25]

Allerdings gab es gegen diesen Fatalismus auch die dezisionistische Gegenthese: Angst vor der Cholera sei der sicherste Weg, an ihr zu erkranken, und das einzige Mittel, ihr zu entkommen, seien Gottvertrauen und Mäßigkeit. Der in den 1830er Jahren an der Universität Neapel lehrende Philosophieprofessor Pasquale Galluppi etwa führt in seiner als »Lettera filosofica« veröffentlichten Vorlesung »La medicina morale in occasione del Cholera asiatico« 1837 den Menschenversuch eines polnischen Arztes an:

> La moglie di un medico Polacco narrava, che volendo suo marito praticare una esperienza a Varsavia, avea fatto venire a sè un uomo del popolo, che conosceva essere di forte complessione et esente di paura. Giunto che fu a lui dinanzi gli disse: voglio fare una sperienza. È morto un coleroso in questo letto: ti ci vuoi coricare? Tu sei forte, vigoroso, nè hai timore. Non vi è la menoma probabilità, che la malattia sia appiccicata: ma del resto, se cadrai malato, io ti curerò; se morrai ti prometto, che la tua famiglia non sarà in bisogno. La proposta fu accettata senza esitazione. Appena questo uomo è coricato, la sua testa comincia a lavorare, si disturba riandando nel suo animo quel che poco anzi gli è stato detto: prova da principio brividi, e poi tutti i sintomi del Cholera si dichiarano. Le cure, che si adoperarono non valsero a cosa alcuna. Il medico dichiarò poi, che in quel letto non erasi mai coricato alcun coleroso.[26]

Dieses ebenso einfache wie zweifelhafte Experiment ist für Galluppi hinreichender Beweis für die überreizte »immaginazione« als Quelle der Erkrankung, eine »immaginazione«, die man durch geistige und körperliche »temperanza« bekämpfen könne. Maßvolles Leben, die Bibel- und Cicero-Lektüre, das ist Galluppis Therapie gegen die Cholera. Wenn Heinrich Heine in seiner Schilderung der Pariser Cholera-Epidemie von 1832 die hohe Sterblichkeitsrate (neben der »kolossalen Unsauberkeit, die nicht bloß bei den ärmeren Klassen zu finden ist«) auf den »grenzenlosen Leichtsinn«, die »Reizbarkeit des Volkes« und die Maßlosigkeit der just am 29. März zelebrierten Mi-Carême-Belustigungen zurückführt,[27] dann scheint auch hier die dezisionistisch-psychologische Erklärung der Cholera-Ursache durch.

Die sich hinter einem Verlachen aller Positionen verbergende Verwirrung des in Florenz den Vormarsch der Krankheit beobachtenden Leopardi, der seiner Schwester schreibt, »io rido con chi crede e con chi non crede«,[28] resultiert ganz offensichtlich aus den Widersprüchen dieser sich kontradiktorisch gegenüberstehenden medizinischen Standardmeinungen.

Drei Jahre nach seiner Übersiedlung nach Neapel hat die Cholera im Oktober

25 Zit. nach Evans 1996, S. 303.
26 Galluppi 1991, S. 334f.
27 Heine 2005, S. 168.
28 Leopardi: *Tutte le poesie* 1997, S. 1422.

1836 Leopardi eingeholt und wird zu einem der beherrschenden Themen der Korrespondenz seines letzten Lebensjahres. An Monaldo schreibt er »di villa« am 30.10.1836, er habe sich rechtzeitig aus der durch die Cholera in völlige »confusione« gestürzten Stadt in ein zwölf Meilen entferntes Dorf flüchten können, wobei ihn in diesem und einem weiteren Brief an den Vater vom 11.12. 1836 weniger die Sorgen um die eigene Gesundheit – »Mi è grande consolazione veder che la peste, chiamata per la gentilezza del secolo cholera, ha fatto poca impressione costì« –[29] als vielmehr um die Verspätung seiner Post (und damit auch seiner Bettelbriefe) und um seine Finanzen umtreiben. Auch das Sterben an der Cholera gewinnt in Leopardis Briefen keinen besonderen Stellenwert, »la morte di 3 impiegati alla posta« wird nur erwähnt, um dem Vater die Verspätung seiner Briefe zu erläutern, die auch durch die Maßnahmen zu erklären sind, die wie in ganz Europa ergriffen wurden, um die (ja immerhin als möglich erachtete) Verbreitung der Krankheitserreger durch den Briefverkehr zu verhindern. Briefe wurden in dieser Zeit geschlitzt und über Holzfeuer gehalten, um sie inwendig wie äußerlich zu desinfizieren. Solche Briefe wurden mit Stempelmarkierungen wie »Netta fuori e scorca dentro« versehen.[30] Leopardis Briefe dieser Zeit dürften ähnlich ausgesehen haben.

Nach dem vorläufigen Abflauen der Seuche kehrt Leopardi im Januar 1837 in die Stadt Neapel zurück – doch damit ist seine Bewegungsfreiheit auch schon zu Ende. Dass die Behörden des angrenzenden Kirchenstaates trotz der widersprüchlichen medizinischen Positionen die Grenzen zum Königreich beider Sizilien geschlossen haben und die Behörden in Neapel die »confusione« der in Angst versetzten Großstadt durch Versammlungsverbote steigerten, gleichzeitig aber die Seuche zu verharmlosen versuchten, spiegelt sich in Leopardis Klagen über die im März 1837 noch immer unterbrochenen Reiseverbindungen und Maßnahmen der Gesundheitspolizei, die sich zum Jahreswechsel 1836/37 bis hin zur behördlich verordneten Schließung der Theater und Opern erstreckte: Gaetano Donizetti, der zur Inszenierung seiner Opern *Il Campanello di notte*, *Betly* und *L'assedio di Calais* in der Saison 1836/37 nach Neapel gekommen war, konnte nach der Schließung des Theaters San Carlo nichts weiter tun, als Kammermusik zu komponieren. Das Ergebnis ist sein 18. Streichquartett.

Leopardis Stellung zu den Quarantänemaßnahmen ist zwiespältig, so zwiespältig wie alles, was in dieser Zeit einer gleichzeitig hochspekulativen und auf empirisches *trial and error* angewiesenen Medizin mit der Cholera zu tun hat. Denn abgesehen davon, dass Leopardi aus finanziellen Gründen – Neapel ist cholerabedingt zu einem teuren Pflaster geworden, das Warenangebot war

29 Leopardi: *Tutte le poesie* 1997, S. 1441.
30 Meyer 1988.

ebenso knapp und teuer wie eine für Leopardi erschwingliche Wohnung –[31] die Stadt in Richtung Recanati verlassen wollte, versucht er sich doch aus wiederum völlig gegensätzlichen medizinischen Gründen von der Richtigkeit des Bleibens zu überzeugen: Mit den meisten Ärzten teilt Leopardi in seinem letzten Brief an den Vater vom 27. Mai 1837 (seinem letzten Brief überhaupt) die Auffassung, dass mit der warmen Jahreszeit sich auch die Cholera zurückmelden werde, und zwar »all'esempio di Marsiglia«[32] schlimmer als im Jahr zuvor. Leopardi rechtfertigt damit die vom Kirchenstaat verhängten Quarantänemaßnahmen gegen das Königreich beider Sizilien, so im Brief an Monaldo vom 9. 3. 1837.[33] Eine Rechtfertigung, mit der Leopardi in gewisser Weise mit den Kontagionisten übereinstimmt. Im selben Atemzug aber gibt er die Expertenmeinung wieder, dass

> il partire a cholèra avanzato si disapprova da tutti i periti, essendosi conosciuto per esperienza di tutti i paesi che il cambiamento dell'aria sviluppa la malattia negli individui, e non essendo pochi gli esempi di quelli che partiti sani da un luogo infetto sono morti di cholèra arrivando tra le braccia dei loro parenti in un luogo sano.[34]

Das wiederum deutet auf die stoisch-dezisionistische Position etwa Galluppis, man müsse die Cholera einfach mutig »aussitzen«, ohne in Panik zu verfallen.

Die Cholera hat Neapel damit für Leopardi zu einer Falle gemacht, der er nicht mehr entkommen ist. Sie hat das letzte Jahr seines Lebens ebenso bestimmt wie die Umstände seines Todes am 14. Juni 1837: Denn wiewohl Leopardi nach der Diagnose seines Arztes an einer Verschärfung seiner chronischen Krankheiten, an Asthma und »idropsia« (Perikarditis) oder an massivem Süßigkeitenkonsum gestorben ist[35] und wohl nicht, wie 2004 in einem Artikel der französischen Zeitschrift *Libération* (26. 8. 2004)[36] vermutet wurde, an der Cholera, wurde doch seine Leiche wie die eines Choleratoten behandelt. Da die Behörden angeordnet hatten, dass jeder Tote gleich welcher Todesursache schnellstmöglich in einem Massengrab zu beerdigen sei, drohten Leopardis sterbliche Überreste in einem Choleragrab zu verschwinden. Das verhindert zu haben, rechnet sich Antonio Ranieri in *Sette anni di sodalizio con Giacomo Leopardi* hoch an, wiewohl Zweifel an seiner Glaubwürdigkeit bestehen: Gegen die Behördenorder und »salvato dalla confusione del camposanto cholerico«[37] habe man Leopardi in der Kirche

31 Leopardi: *Tutte le poesie* 1997, S. 1443.
32 Leopardi: *Tutte le poesie* 1997, S. 1444.
33 Leopardi: *Tutte le poesie* 1997, S. 1443.
34 Leopardi: *Tutte le poesie* 1997, S. 1445.
35 Siehe Alessandro Livis Diskussion möglicher Todesursachen und Begräbnisorte Leopardis vom 19. Mai 2017, http://www.alessandrolivistudiomedico.it/giacomo-leopardi-le-malattie-ed-misteri-sulla-morte-sepoltura [09. 10. 2018].
36 https://next.liberation.fr/livres/2004/08/26/leopardi-es-tu-la_490370 [9. 10. 2018].
37 Ranieri 1995, S. 99.

San Vitale di Fuorigrotta in einer Vorstadt von Pozzuoli beerdigt. Als man dieses Grab 1900 öffnete, fand man nichts weiter als einige Knochenfragmente, zwei Schienbeine, Stofffetzen und einen Schuhabsatz, vom Schädel keine Spur – zu armselige Reste, als dass nicht eine Reihe von Fragen über Leopardis Tod und Begräbnis geblieben wären. Und was von diesen Resten bei einer abermaligen Exhumierung im Februar 1939 geblieben war, wurde schließlich in einem monumentalen Grab auf dem Posillipo im Parco delle Rimembranze beigesetzt. Aber wessen Überreste sind das?

Dazu ein Epilog: Im Sommer 2004 hat der Psychologe und Dokumentarfilmer Silvano Vincenti alle Hebel in Bewegung gesetzt, diese Überreste erneut exhumieren zu lassen, um durch DNA- und andere Analysen Aufschluss über die Identität des Toten und seine Todesursache zu erlangen (und darüber einen Film zu drehen) und so einem seit 1908 kursierenden Gerücht auf den Grund zu gehen: Ein Padre Giacchino Taglialatela hatte in einem Buch behauptet, Ranieri hätte die Beerdigung nur inszeniert, Leopardis Leichnam sei in Wirklichkeit in einem Cholera-Massengrab verschwunden.[38] Leopardis Erben lehnten dieses Ansinnen ebenso als »Nekrophilie« ab wie das Centro nazionale di studi leopardiani in Recanati.[39]

## Pandemie und Poesie

So massiv und existentiell die Cholera also in das Leben Leopardis und seiner Zeitgenossen eingegriffen hat, so gering ist ihr Niederschlag in der literarischen Produktion dieser Zeit. Die Krankheit, an der unmittelbar oder mittelbar Hegel oder August von Platen gestorben sind, an der Adalbert von Chamisso erkrankt, vor der Schopenhauer aus Berlin geflohen und durch die Leopardi in Neapel gefangen worden ist, findet sich in der europäischen Dichtung des frühen 19. Jahrhunderts fast ausschließlich in den Randbereichen des Feuilletons (etwa in Heines *Französischen Zuständen*) oder der Autobiographie wie Chateaubriands *Mémoires d'outre-tombe.*

Für diese Schere zwischen lebensweltlicher Präsenz und literarischer Absenz gibt es einen einfachen Grund: Das Erscheinungsbild, das die Cholera den Zeitgenossen bot, entzieht sich jeder Möglichkeit der Metaphorisierung, durch die sie sich aus dem Bereich des Physischen in den des Metaphysischen heben lassen könnte. Die Cholera taugt nicht zur Metapher, sie kann allenfalls zur Metonymie werden und schließt sich eben dadurch aus dem *grosso modo* ro-

38 Siehe Origo 1953, S. 260.
39 Siehe ebenda und das Interview mit Vincenti vom 13.1.2015, https://vimeo.com/116686313 [9.10.2018].

mantischen Dichtungsverständnis des frühen 19. Jahrhunderts aus, ganz anders als die Tuberkulose.

Im 19. Jahrhundert gehörte die Tuberkulose oder in der damaligen Terminologie die »phtisie«, die »Schwindsucht« zu den häufigsten Krankheitserscheinungen: Im Frankreich des frühen 19. Jahrhunderts lassen sich der Tuberkulose bis zu 20 % der Todesfälle zuschreiben,[40] aber dieses Sterben geschah kontinuierlich, nicht epidemisch. Die Gesellschaft hatte sich mit dieser immer schon und immer wieder präsenten Krankheit nicht nur abgefunden, sondern besondere kulturelle Strategien ihrer Bewältigung entwickelt, die wiederum auf medizinischen Voraussetzungen aufruhten: Wichtig war die Überzeugung der nicht-kontagiösen Natur der Schwindsucht – was sowohl der aufopfernden Pflege der mit dem langsam dahinschwindenden Patienten eng zusammenlebenden Kranken als auch (wie in Alexandre Dumas' *La dame aux camélias*) dem Sex mit den immer schöner und schlanker werdenden Schwindsuchtkranken keinerlei Hindernisse drohender Ansteckung entgegenstellte. »Schwindsucht« – der Begriff zeigt aber auch an, dass die Kranken nicht passive Opfer eines pathologischen Geschehens sind, sondern geradezu aktiv ›süchtig‹ sind nach ihrem langsamen (Ver-)Schwinden aus der Welt der Gesunden. Und besonders wichtig war, dass dieses Schwinden die Kranken entmaterialisierte, ihnen eine durchsichtige, ätherische, das Maß des Alltäglichen übersteigernde Schönheit verlieh. Diese Ästhetisierung der Schwindsucht implizierte oftmals nicht nur das passive »Schön-Werden« des, besonders aber der Kranken, sondern auch die Steigerung eines aktiven ästhetischen Vermögens: In E.T.A. Hoffmanns Novelle *Der Rat Krespel* von 1816 etwa gewinnt die Stimme der Sängerin Antonie ihre tatsächlich jenseitige Schönheit eben dadurch, dass Antonie an der Schwindsucht erkrankt ist und in dem Moment an ihr stirbt, in dem sie ihre gottgleiche Stimme erschallen lässt.[41] Im Tod Antonies amalgamieren sich Schwindsucht, Tod, Schönheit, Kunst und Jenseitsstreben zu einer (romantischen) Einheit, die durch ihre metaphysische Grundierung weit über den bloß ästhetisch »schönen Tod« hinausgeht, den Philippe Ariès als typisch für das *imaginaire* des frühen 19. Jahrhunderts beschrieben hat.[42] Den Tod durch Schwindsucht verklärt die Romantik, weil er ihr Metapher für das metaphysische, religiöse Jenseitsstreben des Menschen ist und das physische »Schwinden« des Kranken ikonisch das Abstreifen des Materiellen auf dem Weg ins Paradies repräsentiert. Dadurch hebt sich jeder Schwindsucht-Kranke von der Masse der Gesunden ab. Die Tuberkulose, so Susan Sontag, ist »die Krankheit, die individualisiert«.[43]

40 Herzlich / Pierret 1991, S. 40.
41 Siehe Hoffmann 1985, S. 51.
42 Siehe Ariès 1989, S. 521–602.
43 Sontag 1980, S. 40.

Diese romantische Auffassung des »schönen Todes« zerstört die Cholera radikal: Sie überfällt Europa aus der Fremde des asiatischen Raums und ist damit das genaue Gegenteil der »heimischen«, seit jeher zum Alltag gehörenden Schwindsucht, auf die man zu reagieren, die man zu kompensieren gelernt hatte: Die Erkrankten sterben nach wenigen Stunden oder Tagen: Es konnte vorkommen, wird über die Hamburger Choleraepidemie von 1832 berichtet, dass sich jemand mit »gesundem Appetit an den Abendbrottisch setzte und den Nachtisch nicht mehr erlebte«.[44] Der französische Kommissionsbericht bestätigt das, starben doch die meisten der 4907 Kranken, bei denen man genaue Auskünfte über den Krankheitsverkauf einholen konnte (von 18.402 Choleratoten 1832 insgesamt), nach ein- bis dreitägiger Krankheit, nämlich 3609.[45] Die Cholera gab niemandem die Zeit für eine *meditatio mortis.*

Zur Plötzlichkeit gesellte sich der Ekel: Cholerakranke starben auf eine besonders widerwärtige, die Materialität des Körpers hervortreibende Weise, denn sie transformierten sich nicht langsam in durchscheinende Astralleiber, sondern wurden in kürzester Zeit zu bläulichen, stinkenden lebenden Leichnamen. Da dieser Tod massenhaft und öffentlich, nicht isoliert und privat auftrat, erzeugte er eine Angst vor der Krankheit, die die Schwindsucht im 19. Jahrhundert nie hat aufkommen lassen: »Lorsqu'un de ces fléaux destructeurs, tels qu'une famine, une peste, une épidémie, vient à frapper une grande cité, le premier sentiment, qu'il fait naître est l'effroi«, schreibt Benoston de Châteauneuf.[46] Eine Angst, die im Verein mit den ekelerregenden Symptomen eine starke Desolidarisierung mit den Kranken hervorrief, die weniger als behandlungsbedürftige Patienten denn als todbringende Masse gesehen wurden. Ugo de' Bassi, ein Barnabiten-Priester, beschrieb in seiner Terzinen-Dichtung *Il choléra in Sicilia* in bester, von Boccaccio explizierter Manier literarischer Epidemie-Schilderung die Aussetzung erprobter Trauer- und Begräbnisrituale angesichts der nackten Angst der (noch) Überlebenden:

> Senza lamento, o lagrima benigna
> Fu dalle piume tiepide travolta,
> là dove il popol morto s'aggavigna.
> Non chi alla tomba l'accompagni ascolta,
> o preghi pace, o che le dice addio
> Anzi teme la gente, e'n fuga è volta.[47]

»Die Cholera ist die Art Kraft, die im Rückblick ein komplexes Ich vereinfacht und in eine kranke Umgebung hinabgewürdigt hat« – so für die zeitgenössische

44 Evans 1996, S. 298.
45 Siehe Benoiston de Châteauneuf 1834, S. 70.
46 Benoiston de Châteauneuf 1834, S. 7.
47 De' Bassi 1837, S. 4.

Auffassung völlig zutreffend Susan Sontag.[48] Diese Entindividualisierung des Cholerakranken setzt sich über seinen Tod hinaus fort, denn das typische Grab des Cholerakranken ist das Massengrab. Das Bild der Cholera präsentierte sich also in allem in Opposition zu dem der romantischen Schwindsucht. Die Cholera ist tauglich allein als Metonymie für die trostlose Materialität des Menschen.

Genau das ist der Grund, warum Chateaubriand in seinem Rückblick auf die Pariser Epidemie die Cholera als »fléau sans imagination«, als »poesielose Geißel« in perfekter Übereinstimmung mit dem gegenwärtigen »siècle de philanthropie, d'incrédulité, de journaux, d'administration matérielle« bezeichnet hat.[49]

Von hier lässt sich der Bogen zurückschlagen zu Leopardi, der auf die immer noch metaphorische Schwundstufe einer romantischen Schwindsucht in seinen *Canti* zurückgreift, während er die Cholera nur als Metonymie in einem analytischen Text willentlich reduzierter Poetizität zulassen kann. So erleben wir in »A Silvia« von 1828, wie ein lyrisches Ich seiner Erinnerung an die früh an einem »chiuso morbo« gestorbene Silvia zur Sprache verhilft, und es ist nicht einmal nötig, mit der unermüdlichen biographischen Forschung in der »Silvia« des Textes die 1818 an Tuberkulose gestorbenen Teresa Fattorini zu sehen,[50] um zum Schluss zu kommen, dass es sich bei diesem »chiuso morbo« um die Schwindsucht handeln könnte. »Silvia«, die noch im Mai gesund zu sein scheint, ist schon im Winter »combattuta e vinta« (V. 41). Die in ihrem Körper eingeschlossene Krankheit zum Tode braucht ein halbes Jahr, für die zeitgenössische Medizin keine unübliche Zeitspanne zur Kulmination einer latenten Tuberkulose.[51] Bedeutsam ist schließlich, dass Silvias »chiuso morbo« kompatibel ist mit ihrer »beltà« und ihrem »perpetuo canto« (V. 9), was nach zeitgenössischer Vorstellung – denkt man an E.T.A. Hoffmanns Antonie aus dem *Rat Krespel* – allein dem »schönen Tod« durch Tuberkulose vorbehalten ist.

Die letzten Verse von »A Silvia« aber zeigen an, dass die implizite Schwindsucht ihre typisch *romantische* Metaphorizität für Leopardi eingebüßt hat: Silvias physischer Tod wird durch kein Jenseitsversprechen überhöht, denn das einzige, was er zu zeigen vermag, ist »una tomba ignuda« (V. 62). Damit tritt Leopardis Poetisierung der Schwindsucht in Gegensatz zu der der Romantik: Die hatte in einem letzten Anrennen gegen die Säkularisierung der Aufklärung die Auffassung vertreten, dass – so auch Hegel in seiner Einleitung der *Vorlesung über die Ästhetik* aus dem Cholera-Jahr 1831 – »die Kunst [...] diejenige Befriedigung der geistigen Bedürfnisse gewährt, [...] welche wenigstens von Seiten

48 Sontag 1980, S. 40.
49 Chateaubriand 1951, II, S. 535.
50 Vgl. Leopardi 1984, S. 185.
51 Vgl. Laënnec 1831, II, S. 151ff.

der Religion aufs innigste mit der Kunst verknüpft war«.[52] Diese Spiritualisierung der Kunst verweigert Leopardi, und damit situieren sich seine *Canti* in eben jenem ›Ende der Kunst‹, das Hegel für die eigene Gegenwart konstatiert hat. Aber Leopardi bietet eine Kompensation dieses Endes an: Wenn Silvias »canto perpetuo« auch nicht romantisch auf eine jenseitige Ewigkeit verweisen kann, so doch auf die Macht der Dichtung selbst, die sich der metaphysischen Leere der »tomba ignuda« entgegenstellt: Schließlich ist es der Text »A Silvia« selbst, der den Gesang Silvias nicht verstummen lässt, sondern ihn tatsächlich zum immerwährenden, zum »canto perpetuo« in einer Lyriksammlung macht, die auf ewige Zeiten *Canti* heißen wird.

Die Schwindsucht kann so auch nach der Tilgung ihrer metaphysischen Aufladung eine nun poetologische Metaphorizität bewahren und damit trotz impliziter Romantikkritik Sujet eines elaboriert poetischen Textes bleiben. Mit »poetisch« meint Leopardi nicht mehr die romantische Transzendierung des Materiellen, nicht mehr die Einsicht in eine Wirklichkeit, die die Elemente des Empirischen und des Metaphysischen vereint. »Poesia« ist für Leopardi vielmehr das Mittel der Selbstbehauptung gegen die alternativlose Materialität der Wirklichkeit durch die Dichtung selbst. Konnte die Romantik so »Dichtung« noch in Harmonie mit dem aus »positif« und »idéal« zusammengesetzten »réel« der eigenen Gegenwart begreifen, so fast zeitgleich zu »A Silvia« Victor Hugo in der *Préface de Cromwell*,[53] stehen sich für Leopardi »poesia«, Wirklichkeit und Gegenwart oppositiv gegenüber. Entsprechend heißt es im *Zibaldone* vom 11. Juli 1823 (Nr. 2944): »Io dico che tutt'altro potrà essere contemporaneo a questo secolo fuorchè la poesia«.[54]

Als prominentes Element dieser Gegenwart kann die Cholera, dieser »fléau sans imagination«, kein Sujet der »poesia« werden. Die Beschäftigung mit ihr kann erst dort beginnen, wo die Dichtung keinen Platz mehr hat. Schon von daher ist es nicht erstaunlich, die einzige Erwähnung der Cholera in einem Text Leopardis zu finden, der im Ensemble der *Canti* wie ein Fremdkörper wirkt – in der »Palinodia al Marchese Gino Capponi«. Dieser Text hebt sich bereits durch den intertextuellen Verweis des ersten Verses auf die Horaz'sche *Epistula* I,4 (»Albi nostrorum sermonum candide iudex«), den Rekurs auf eine Fülle rhetorisch unverbrämter *verba propria* der Gegenwartssprache und den polemisch-sarkastischen Ton von den übrigen *Canti* ab. Er schafft einen Freiraum der satirischen Analyse einer Gegenwart, deren Poesieunfähigkeit Leopardi schon in seinem *Zibaldone*-Eintrag vom 11. Juli 1823 ausgemacht hat. Das Reden über die Gegenwart, ihre unpoetischen Gegenstände und ihr »linguaggio contempora-

52 Hegel 1984, I, S. 22.
53 Hugo 1963f., I, S. 436.
54 Leopardi: *Zibaldone* 1997, S. 584.

neo« kann also nur »unpoetisch« funktionieren, so auch das Reden über die Cholera:

> [...] Universale amore,
> ferrate vie, moltiplici commerci,
> vapor, tipi, e *choléra* i più divisi
> popoli e climi stringeranno insieme:
> (V. 42–45)

Vor aller polemischen Intention, dem liberalen »candido Gino« und seinem Glauben an die Gegenwart als »bester aller Welten« ganz wie in Voltaires *Candide* eben deren Kehrseiten vorzuhalten, spricht aus diesen wenigen Versen die ebenso knappe wie zutreffende Analyse der Cholera als Globalisierungskrankheit. Denn hier wird die Krankheit nicht als quasi dämonische Entität beschrieben, die ihre Spur der Vernichtung von Indien bis Europa zieht, sondern als Teil eines Systems der Moderne: Erst die industrielle Modernisierung des sich ausweitenden Handels durch Eisenbahn und Dampfschifffahrt und die dadurch mögliche schnelle Verbindung entfernter Kontinente machen Cholera-Epidemien möglich. Die Geschwindigkeit der Moderne – ihrer Transportmittel, ihrer Medien, ihrer Moden, ihrer Gesellschaftstänze – und die aggressive Schnelligkeit der Cholera hängen nicht durch bloße Analogie, sondern kausal zusammen: Dass damit die Cholera zur Metonymie der Moderne wird, hat Leopardi in der »Palinodia« nicht weniger scharfsinnig erkannt als Chateaubriand. Eine moderne Welt aber, die sich bestimmt durch das, wofür die Cholera metonymisch steht, eine Welt, in deren *imaginaire* eben diese Seuche der Moderne zu einem massiven Prestigeverlust der nunmehr »altmodischen«, aber poetisierbaren Tuberkulose führt, muss zwangsläufig als ganze »sans imagination«, »unpoetisch« sein. Es ist also keine zufällige Koinzidenz, dass die Choleraepidemien der 1830er Jahre mit dem Anfang vom Ende der europäischen Romantik zusammenfallen. So lässt sich das auf den ersten Blick so unprominente Auftauchen von Cholera und Tuberkulose in der »Palinodia« und in »A Silvia« und ihre völlig unterschiedliche Funktionalisierung als *mise en abyme* einer expliziten Diagnose der Moderne deuten, die ganz im Sinne Hegels »ihrem allgemeinen Zustande nach der Kunst nicht günstig« ist[55] und in der die ganze Anstrengung Leopardis darauf gerichtet ist, für die Existenz einer »poesia« auch nach diesem »Ende der Kunst« einzutreten.

55 Hegel 1984, I, S. 22.

## Bibliographie

Chateaubriand, F. R. de: *Mémoires d'outre-tombe*, hg. v. M. Levaillant u. G. Moulinier. II. Paris 1951.

Heine, Heinrich: »Französische Zustände«, in: ders.: *Sämtliche Schriften*, Klaus Briegleb (Hg.). München 2005, III, S. 91–279.

Hegel, Georg Wilhelm Friedrich: *Ästhetik*, Friedrich Bassenge (Hg.). II. Berlin 1984.

Hoffmann, E.T.A.: *Die Serapionsbrüder*, hg. v. W. Müller-Seidel u. W. Segebrecht. München 1985.

Hugo, Victor: *Théâtre complet*, edition établie et annotée par J.-J. Thierry et J. Mélèze. II. Paris 1963f.

Leopardi, Giacomo: *Canti*, a cura di Fernando Bandini. Milano [4]1984.

Leopardi, Giacomo: *Tutte le poesie e tutte le prose*, a cura di Lucio Felici e Emanuele Trevi. Roma 1997.

Leopardi, Giacomo: *Zibaldone*, a cura di Lucio Felici e Emanuele Trevi. Roma 1997.

Mann, Thomas: *Frühe Erzählungen. Gesammelte Werke in Einzelbänden*, Peter de Mendelssohn (Hg.). Frankfurt/Main 1981.

Nievo, Ippolito: *Le confessioni di un italiano*, a cura di Geno Pampaloni. Milano [5]1982.

Ariès, Phillipe: *Geschichte des Todes*. München [4]1989.

Benoiston de Châteauneuf, Louis-François: *Rapport sur la marche et les effets du Choléra-morbus dans Paris et le département de la Seine*. Paris 1834.

De'Bassi, Ugo: *Ugo de' Bassi P. Barnabita poetava e a S.E. il sig. Principe di Campofranco Luogotenete di S.M. in Sicilia e a' Palermitani suoi dedicava*. Palermo 1837.

*Dictionnaire des sciences médicales composé des meilleurs articles puisés dans tous les dictionnaires et traités spéciaux qui ont paru jusqu'à ce jour.* Tome quatrième. Bruxelles 1827.

Durey, Michael: *The Return of the Plague. British Society and the Cholera 1831–1832*. Dublin 1979.

Evans, Richard J.: *Tod in Hamburg*. Stadt, Gesellschaft und Politik in den Cholera-Jahren 1830–1910. Reinbek bei Hamburg 1996.

Fermarello, Gennaro: *Il cholèra in Napoli. L'autunno del 1836*. Napoli 1837.

Föcking, Marc: *Pathologia litteralis. Erzählte* Wissenschaft und wissenschaftliches Erzählen im französischen 19. Jahrhundert. Tübingen 2002.

Föcking, Marc: »La dame aux camélias – Physiologie, Stadt und Milieu bei Dumas fils«, in: *Romanistisches Jahrbuch* (61) 2010, S. 191–211.

Föcking, Marc: »›Fede e Bellezza‹ di Niccolò Tommseo e la materialità del mondo«, in: *Studi di letteratura italiana in onore di Gino Tellini*, a cura di Simone Magherini. II. Firenze 2018, I, S. 363–382.

Galluppi, Pasquale: *Saggi e polemiche*, a cura di F. Ottonello. Genova 1991.

Herzlich, Claudine/Pierret, Janine: *Kranke gestern, Kranke heute. Die Gesellschaft und das Leiden*. München 1991.

Laënnec, R.-T.-H.: *Traité de l'auscultation médiate et des maladies des poumons et du cœur*. III. Paris 1831.

Meyer, Klaus: »Die Desinfektion von Briefen«, in: *Beiträge zur Geschichte der Pharmazie* (40, Nr. 2/3) 1988, S. 18–30.

Meyer, Klaus: »Vom ›Miasma‹ und ›Contagion‹ bis zur modernen Infektionslehre«, in: *Pharmazeutische Zeitung* (137, Nr. 18) 1992, S. 9–16.
Morris, Robert J.: *Cholera 1832: The Social Response to an Epidemic.* London 1976.
Origo, Iris: *Leopardi. A Study in Solitude.* London 1953.
Ranieri, Antonio: *Sette anni di sodalizio con Giacomo Leopardi,* a cura di Raffaella Bertazzoli. Milano 1995.
*Roche Lexikon Medizin.* München/Wien/Baltimore 1984.
Severino, Emanuele: *Il nulla e la poesia. Alla fine dell'età tecnica: Leopardi.* Milano 1990.
Snowdon, Frank: *Naples in the Time of Cholera 1884–1911.* Cambridge 1985.
Sontag, Susan: *Krankheit als Metapher.* München [2]1980.
Spinney, Laura: *1918. Die Welt im Fieber. Wie die Spanische Grippe die Gesellschaft veränderte.* München 2018.

Michael White (St Andrews)

# Les cendres et la neige : *La Ginestra, o il fiore del deserto* de Giacomo Leopardi et *Bergkristall* de Adalbert Stifter

## I

Dans la première partie de *La Nouvelle Héloïse* de Rousseau, St Preux écrit à Julie depuis les Alpes et exprime son admiration pour les communautés montagnardes et le paysage qui a eu sur lui un effet éclairant : « Les méditations y prennent je ne sais quel caractère grand et sublime, proportionné aux objets qui nous frappent ».[1] La montagne comme représentation des possibilités hors de la communauté du poète est un topos constant de l'imagination littéraire, en Allemagne surtout peut-être, et l'intérêt durable de ce thème est attesté par un volume de 2012 édité par Sean Ireton et Caroline Schaumann qui explore le symbolisme de la montagne dans la culture allemande du Moyen Âge jusqu'à nos jours.[2] L'analyse suivante prend comme objet un texte qui, bien qu'absent de l'étude d'Ireton et Schaumann, offre une réinterprétation de la montagne dans l'époque réaliste, *Bergkristall* de Adalbert Stifter. Ce court récit du recueil *Bunte Steine* raconte comment deux enfants s'égarent sur un glacier à Noël pour enfin être retrouvés et ramenés en sûreté. La présente étude propose une lecture comparative à travers un poème de l'écrivain italien Giacomo Leopardi, *La Ginestra*.[3] Ce dernier se situe également dans un environnement montagnard et traite de la fragilité de l'homme face à une nature surpuissante, mais le ton est bien différent : contrairement au glacier de Stifter, le texte de Leopardi se situe sur le Vésuve, est composé en vers libres et, d'un point de vue germaniste, rappelle lors d'une lecture superficielle plutôt Hölderlin que la prose contrainte de Stifter qui s'intéressait uniquement, selon Hebbel, aux histoires d'abeilles et de boutons d'or. Contrastons les débuts de nos deux textes, l'invocation chez Leopardi du locus sublime :[4] « formidable », dangereux et oppressif : « Qui su l'arida schiena / del

1 Rousseau 2002, p. 130 (Lettre XXIII).
2 Ireton / Schumann 2012.
3 Pour Leopardi, voir aussi la contribution de Milan Herold dans ce volume.
4 A noter que le sublime typiquement léopardien a été analysé comme essentiellement positif :

formidabil monte / sterminator Vesevo »,[5] et l'observation presque anodine du narrateur stiftérien qui ouvre son récit évoquant un locus familier et religieux : « Unsere Kirche feiert verschiedene Feste ».[6]

Il n'est pas notre objectif de présenter une histoire d'influence, même si les recherches sur la réception de Leopardi en Europe ont été considérables.[7] Une comparaison est, pourtant, raisonnable. Non seulement les deux textes s'engagent dans une série de thèmes communs, tels que la communauté, le passé et la grandeur, mais il y a aussi des indications historiques que leurs deux mondes ne sont peut-être pas aussi éloignés l'un de l'autre qu'ils semblent être à première vue. Tandis que Leopardi est, d'une part, un poète dans le modèle néo-classique et romantique, d'autre part, il occupe, comme Stifter, une phase transitoire entre des périodes et des mouvements. Une comparaison entre ces auteurs qui prend pour base les étiquettes périodiques et stylistiques traditionnelles rencontrerait très vite des difficultés de classement. Quant à Leopardi, il est vu comme un auteur de tradition tantôt classique, tantôt romantique. En 1962, John Whitfield le plaça, par exemple, nettement avec les romantiques: « in spite of his conviction that he stood upon the side of the Classicists, his main springs lie within the territory of romanticism » ;[8] dans une perspective plus comparative, Margaret Brose fait de même en 2005, tout en soulignant le scepticisme matérialiste de Leopardi ;[9] dans sa présentation des *Canti*, Pamela Williams va plus loin encore et le regarde plutôt comme un réaliste, tout ce qui accentue peut-être que le débat « classique » – « romantique » – « réaliste » ne peut rester que relatif et fluide, et la définition de ces termes engendre nécessairement des difficultés, comme le constatait déjà 1969 Lilian Furst, sans même prendre en compte les spécificités du romantisme italien.[10] On a peut-être moins exploré le classement de Stifter, mais il n'est pas moins problématique d'un point de vue comparatiste, étant d'une part le représentant le plus important du mouvement Biedermeier, une phase des débuts du réalisme qui commence après le Congrès de Vienne et s'achève en 1848, et qui a largement été vue comme un phénomène spécifique aux pays allemands, ayant « no equivalent outside German literature ».[11] D'autre part, Stifter lui-

« The Leopardian sublime is intimate rather than overpowering, not the Kantian negative sublime », Brose 2005, p. 257.

5 Leopardi, 1993, p. 275, v. 1–3. Les autres références au texte renvoient à cette édition qui sera citée entre parenthèses dans le texte.

6 Stifter 1982, p. 183. Les autres références au texte renvoient à cette édition qui sera citée entre parenthèses dans le texte.

7 A noter surtout : Veronese 2013; Baehr 1996 ; Vietta 1993.

8 Leopardi 1962, p. 14.

9 Brose 2005, p. 257.

10 Furst 1976, p. 65.

11 Norst 1968, p. 147. A noter Virgil Nemoianu 1984 qui propose de considérer l'époque Biedermeier comme une réaction au romantisme au niveau européen.

même saute les barrières périodiques : il est souvent considéré avec les grands représentants de la tradition réaliste allemande, Keller, Storm, Fontane, comme dans l'étude de Fritz Martini, *Deutsche Literatur im bürgerlichen Realismus* qui définissait les paramètres de la recherche en réalisme lors de sa renaissance dans les années 1960, par exemple.[12]

*La ginestra,* comme beaucoup des écrits de Leopardi, porte la marque d'un rejet critique des valeurs de ses contemporains, d'un sentiment que, dans la modernité, l'homme est devenu arrogant et n'apprécie plus les valeurs humaines, négligeant la poursuite de la beauté. La loi douce, *das sanfte Gesetz,* de Stifter, sa louange des vies humbles qui reconnaissent la place de l'homme dans le monde, se sert, bien entendu, de termes différents, mais porte néanmoins une certaine ressemblance familiale comme l'on pourra constater dans la présente étude. Ces corrélations sont moins surprenantes qu'elles ne le semblent : moins de dix ans séparent les dates de naissance des auteurs, 1798 pour Leopardi et 1805 pour Stifter, de même pour les deux textes examinés ici, *La ginestra* datant de 1836, publié en 1845, *Bergkristall* datant de cette même année. Qui plus est, les deux auteurs expriment leurs critiques en ayant recours aux antécédents et traditions « classiques » – pour Stifter, l'identification avec la tradition classique récente de Goethe et la poursuite de l'harmonie dans l'âge moderne et dans les formes littéraires modernes.[13] Pour Leopardi, ce classicisme est le produit de son érudition personnelle et de son engagement avec les textes de l'Antiquité, mais lui aussi se laissait inspirer par la littérature et culture allemandes de la fin du 18e siècle, par Goethe et Schiller, et, dans son propre siècle, par la philosophie de Schopenhauer.[14] Et si la vision critique de Leopardi a été plus importante pour sa réception que celle de Stifter, la recherche sur la littérature allemande entre 1830 et 1880 a largement réussi à transformer l'image de cette littérature, soit pour présenter le Biedermeier comme un âge de l'angoisse, soit pour interpréter le réalisme « poétique » comme essentiellement critique au niveau social et idéologique. En bref, une lecture comparative de ces deux auteurs et de leurs œuvres met en valeur la nécessité de faire des comparaisons hors des rubriques périodiques de l'histoire littéraire nationale, celles-ci étant elles-mêmes problématiques et provisoires, non seulement dans le but de découvrir des coïncidences thématiques et formelles au niveau des deux textes, mais également à la recherche des « constantes européennes », lesquelles, elles-mêmes, peuvent nuancer et raffiner notre compréhension des spécificités nationales.[15]

12 Martini 1962.
13 Voir: Adel 1965.
14 Voir : Pacella 1993.
15 Dutu 1992.

## II

La correspondance la plus immédiate qu'il est possible de tirer entre les textes, et l'observation qui fut à l'origine de mes réflexions sur les deux œuvres concerne le fait qu'ils traitent au fond de la fragilité de l'existence de l'homme et que l'image centrale du poème comme celle de la nouvelle exprime la faiblesse de l'homme face à une nature puissante et insondable. Dans le poème de Leopardi, c'est la vue du genêt modeste sur le désert de Vésuve qui inspire les rêveries du poète sur l'état essentiellement frêle de l'homme. Et en effet, le *canto* conclut en contrastant la plante délicate mais « sage », et « l'infirmité » des hommes ignorants qui se croient immortels :

> Ma più saggia, ma tanto
> Meno inferma dell'uom, quanto le frali
> Tue stirpi non credesti
> O dal fato o da te fatte immortali. (vers 314–317)

Evidemment, il n'y a aucun moment d'observation par un ‹ je › lyrique parallèle dans *Bergkristall* ; mais ce furent, nonobstant, deux enfants que Stifter vit lors de ses vacances dans le Salzkammergut qui inspirèrent la vision ou l'image qui est au cœur du récit : trempés de pluie, les enfants avaient marché dans la montagne et attendaient la fin du mauvais temps sous un rocher. Stifter les imagina dans une grotte de glace, telle celle que son ami Simony lui avait montrée dans une peinture :

> Ich habe mir jetzt das Kinderpaar von gestern in diesem blauen Eisdom versetzt gedacht; welch' ein Gegensatz wäre dies liebliche, aufknospende frisch pulsierende Menschenleben zu der grauenhaft prächtigen, starren, todeskalten Umrahmung![16]

Dans ce récit, cette image composée et déjà imaginaire se transforme dans un moment surtout peut-être :

> Die Kinder gingen nun in das Eis hinein, wo es zugänglich war.
> Sie waren winzigkleine wandelnde Punkte in diesen ungeheuern Stüken (219).

Ceci est significatif pour l'analyse présente, car cela nous rappelle que, bien que l'on traite de deux formes littéraires très différentes, au commencement des deux, il y a une image centrale qui est ensuite développée : chez Stifter, il s'agit d'un développement vers un récit qui raconte comment deux enfants en viennent à se perdre dans la montagne ; chez Leopardi le texte développe une série de comparaisons qui ont pour origine cette image fondamentale du genêt.

Et, si d'une part les deux textes se fondent sur des symboles de fragilité qui sont intelligibles de façon immédiate et en soi, des enfants et des fleurs, c'est alors le

16 Stifter 1975, p. 67.

développement de leurs attributs spécifiques dans les textes qui les rend complexes et profonds. Encore une fois, ceci est peut-être plus en évidence chez Leopardi. Tout d'abord, il y a les qualités naturelles du genêt : dans la strophe finale, Leopardi décrit comment, si la lave du Vésuve revenait un jour, le genêt, étant une plante incapable de bouger, se laisserait simplement envelopper par son destin terrible. Mais c'est avant tout l'odeur du genêt qui devient la caractéristique définitive de la plante : dans la description initiale évocatrice, le genêt est identifié comme « oderata ginestra » ; l'adjectif porte ici presque la valeur d'une épithète épique, une qualité associée à une personne ou un objet qui peut même remplacer le nom. Plus loin dans la strophe Leopardi développe cette caractérisation, lorsque l'odeur de la fleur lui permet de communiquer ce qui en fait un symbole du poète et de la poésie, tout en reliant très étroitement la fleur et son environnement:

Or tutto intorno
Una ruina involve,
Dove tu siedi, o fior gentile, e quasi
I danni altrui commiserando, al cielo
Di dolcissimo odor mandi un profumo,
Che il deserto consola. (vers 32–37)

La fragilité de la plante dans le désert est transfigurée puisqu'elle se transforme en un parfum éphémère.

On observe chez Stifter également un développement et une accentuation du sens de faiblesse naturelle que fournissent les enfants. Non seulement le narrateur décrit comment leur mère prend soin de bien les habiller avant qu'ils partent traverser la montagne pour rendre visite à leur grand-mère (203). Stifter attire l'attention du lecteur vers leur fragilité à travers de petites descriptions significatives, comme celle de Sanna, qui tient au sac de Konrad avec ses « petites mains » – il s'agit ici effectivement d'une multiplication : Sanna, qui est plus petite que Konrad, et sa main qui est encore plus petite – et aussi à travers leurs actions représentées : quand il commence à neiger, les enfants se réjouissent parce qu'ils sont ignorants du danger que pose la neige et, par conséquent, ne la brossent pas de leurs vêtements. En outre, ils s'égarent et peuvent enfin être rescapés parce qu'ils manquent des connaissances détaillées de leur environnement que possèdent les équipes de secours : ils ne connaissent pas les mouvements des étoiles, par exemple, et sont donc incapables de s'orienter. Mais plus significative est la ponctuation de la description de leur retour, une fois qu'ils sont perdus, par des références répétées à leurs pouvoirs de perception limités et ineffectifs : quand Sanna demande à Konrad : « Wo sind wir denn, Konrad ? », il essaye tout d'abord de se repérer, et remarque : « Wenn ich nur mit diesen meinen Augen etwas zu erblicken imstande wäre [...]. Aber es war rings um sie nichts als das blendende [Eis] » (214). Il essaye aussi de guetter un bruit familier: « wir wollen ein wenig stehen bleiben und horchen, ob wir nicht etwas hören können ». Encore une fois la réponse du récit reste un silence assourdissant, la simplicité des verbes soulignant leur état impitoyable – dans cet environnement isolant et tout-puissant, même leurs actions les plus simples restent sans effet : « Sie blieben nun stehen, aber sie hörten nichts » (215). Et à chacune de ces occasions, à leur action limitée, le texte donne tout un paragraphe de description de leur environnement, ce qui souligne au niveau structural leur insignifiance relative dans l'immensité de ce monde qu'ils sont incapables de conquérir.

Parler de chacune de ces images hors contexte s'avère pourtant trompeur, nous fourvoie même, dans cette comparaison des textes sur l'homme errant. En vérité, le genêt et les enfants fonctionnent comme des représentations exagérées des communautés qui se trouvent menacées et isolées. Et ici une comparaison surtout est fructueuse: chez Stifter, puisqu'il s'agit d'êtres humains, il est relativement évident que ces enfants égarés dans la montagne sont emblématiques de l'impuissance ultime des communautés d'où ils viennent. Et en effet, le texte de Stifter s'ouvre avec une description de la communauté de Gschaid, son isolement : de même que les enfants se perdent, ne peuvent rien entendre et mènent une conversation close entre eux, pour la communauté dans la vallée, il n'y a aucun chemin hors de la vallée. Ses habitants constituent « eine eigene Welt », ils ont leur propre dialecte, ou en fait « Sprache » (186).

Dans le texte de Leopardi ceci est différent, non seulement parce que le point de départ est une fleur, mais essentiellement parce que le poète commence précisément par contraster la fleur et l'humanité. Le genêt, qui pousse autour des ruines de Pompéi, souligne l'arrogance de l'homme d'une part, et la modestie apte de la plante d'autre part. On a déjà cité la fin du poème qui retrace ces oppositions. Certainement, au début du poème la *ginestra* n'est point une représentation symbolique associée aux communautés dans le poème, mais plutôt au poète, qui s'oppose à la civilisation où il se trouve, Francesco Botti parle même de « ginestra-Leopardi ».[17] Cette structure de contraste subit une évolution vers la fin du poème où le poète évoque une autre communauté, cette fois-ci montagnarde : un fermier et sa famille qui, habitant le Vésuve, craignent la grande montagne, et dont l'existence craintive semble l'antithèse du siècle contemporain arrogant. Globalement donc, le poète insiste sur la séparation entre la nature d'une part, qui est

> dell'uomo ignara et dell'etadi
> Ch'ei chiama antiche, e del seguir che fanno
> Dopo gli avi i nepoti. (vers 289–291)

17 Botti 1975, p. 90.

et, d'autre part, la catégorie d'êtres vivants, y compris bien entendu l'homme, objet de critique dans la citation précédente, mais aussi comprenant le genêt, comme le souligne le « anche tu » de la dernière partie du poème :

E tu, lenta ginestra
Che di selve odorate
Queste campagne dispogliate adorni,
Anche tu presto alla crudel possanza
Soccombrai del sotterraneo foco. (vers 297–301)

Comme le souligne Botti, « La ginestra-Leopardi cede insensibilmente il posto alla ginestra-uomo ».[18] Ayant lu Stifter, on est peut-être plus attentif à la représentation par Leopardi d'une petite communauté qui contraste avec la société du dix-neuvième siècle au sens plus large, et c'est cette petite communauté consciente de la montagne et de leur impuissance, que l'on peut identifier avec le genêt. Cette identification est significative, car elle mène à une interprétation du poème qui est moins accablante de toute l'humanité. On ne peut parler de l'optimisme, puisqu'il ne s'agit point d'un progrès possible, mais comme chez Stifter, ce qui compte, ce sont les différents types des communautés et leurs valeurs. Lire Leopardi à travers Stifter fait ressortir les tensions entre les distinctions que fait le poète de façon explicite, et les affinités que suggère son imagerie. Dans le texte de Stifter, par contraste, la comparaison avec Leopardi tire l'attention sur le « Pompéi » qui semble absent – cette image du monde contemporain qui n'est qu'implicite dans l'introduction aux descriptions de Gschaid, ce monde et cette société qui en font à la fois partie mais sont distants du « nous » du « unsere Kirche » au début de la nouvelle. On ne peut que se demander si le monde contemporain est complètement absent, présent uniquement dans l'esprit du lecteur, ou bien si Millsdorf de la vallée voisine, ville plus industrielle, plus riche, et où les enfants avaient rendu visite à leur grand-mère avant de se perdre, ne peut représenter, jusqu'à un certain point, ce pôle antithétique à la communauté plus limitée de Gschaid.

## III

Précisons maintenant les sortes de valeurs qui donnent forme à ces communautés modestes que nos deux textes semblent favoriser. Ici, Leopardi est, pour l'essentiel, direct : dans la troisième strophe, le poète contraste l'homme, ou plutôt un individu, sage et modeste, avec ceux qui se croient riches et sont antagonistes envers autrui. Au fond, Leopardi conseille de ne pas perdre de vue

18 Ibid.

quell'orror che primo
Contra l'empia natura
Strinse i mortali in social catena. (vers 147–149)

L'ennemi véritable ce n'est point nos confrères, les autres hommes, mais c'est la nature : de ce fait, tous les hommes sont des alliés dans une « guerra comune » (135), et devraient s'offrir « valida e pronta [...] aita » (133). Le poème a un but didactique, car comme il le constate, si un jour cette idée est acceptée par le peuple, une société honnête de citoyens naîtra ; leurs valeurs de justice et de piété auront comme racine quelque chose de vrai, au lieu de vaines illusions (voir vers 145–157). Il s'agit donc très clairement d'une réappréciation des limites de l'homme face à la nature, d'une sorte d'honnêteté sévère qui devrait informer les valeurs d'une société future, et dans la métaphore de la racine « radice » (153), on aperçoit bien que le genêt et l'homme ne sont pas opposés, mais représentent des positions éthiques, des façons de vivre.

Dans *Bergkristall*, il existe d'une part une correspondance très claire en ce qui concerne la sorte de cohésion que crée le danger : *Bergkristall* raconte une histoire d'intégration – la mère et ses enfants sont, au commencement du récit, des étrangers à Gschaid, la mère étant de Millsdorf. Ce n'est qu'après l'aventure des enfants et leur sauvetage par les équipes de secours, auxquelles beaucoup de membres de la ville participent, qu'ils sont considérés « Eingeborne ». Ici on sent bien « quell'orror [...] che strinse i mortali », entre Rousseau et Nietzsche, que l'on rencontre chez Leopardi. Et pourtant le texte de Stifter est fondamentalement ambigu. Là où se manifeste l'idée maîtresse de *La Ginestra*, à savoir que les êtres humains devraient apercevoir leur lot commun, le texte de Stifter semble presque vouloir louer le particularisme de la communauté de Gschaid, leur besoin de se définir, non seulement par rapport au monde naturel, mais aussi par rapport à leur différence vis-à-vis d'autres communautés. Pour décrire les deux villes, Gschaid et Millsdorf, le narrateur constate :

> obwohl nur drei Wegstunden zwischen den beiden Tälern liegen, was für die an große Entfernungen gewöhnten und Mühseligkeiten liebenden Gebirgsbewohner eine unbedeutende Kleinigkeit ist, so sind doch Sitten und Gewohnheiten in den beiden Tälern so verschieden, selbst der äußere Anblick derselben ist so ungleich, als ob eine große Anzahl Meilen zwischen ihnen läge. (192)

Et en fin de compte, le récit, qui voit l'intégration des enfants dans une des communautés, qui les fixe donc, sert en fait à souligner cette logique de séparation.

Il ne faut pas pousser cet argument trop loin : les deux villes envoient toutes deux des équipes de secours, ce qui démontre de façon pratique et réelle cette « valida [...] aita » en face d'un désastre naturel. Ce que Stifter semble offrir donc est plutôt un équilibre : il justifie le concept d'une communauté distincte, car il explique qu'il est naturel dans la montagne que les communautés qui sont isolées les unes des autres et sont sujettes à d'autres pressions environnementales devraient se développer indépendamment :

> Das ist in Gebirgen sehr oft der Fall und hängt nicht nur von der verschiedenen Lage der Täler gegen die Sonne ab [...], sondern auch von dem Geiste der Bewohner, der durch gewisse Beschäftigungen nach dieser oder jener Richtung gezogen wird. (192)

On rappelle ici la tradition humaniste du dix-huitième siècle, l'équilibre très important pour Herder entre l'humanité d'une part, la fraternité des hommes partout dans le monde, mais d'autre part le fait que l'homme se développe sous des formes nécessairement variées à cause des conditions réelles de son existence, l'effet de « Klima ».

En même temps, *Bergkristall* promeut une approche pragmatique : il dépeint les gens de Gschaid comme bornés, mais crée précisément un monde où ce manque d'ouverture d'esprit rend possible un sens de soi cohérent. Ceci est une vue de la société humaine plus modeste que la veut Leopardi, mais il est peut-être plus réaliste et aussi plus cohérent au niveau poétologique, car ce que Stifter propose est la valeur d'une petite vie comme l'expression externe de l'humilité. Leopardi, au contraire, semble détester la fausse grandeur de son temps, de la société de façon générale, mais veut aussi insister sur une entreprise humaine énorme: une reconnaissance de notre état qui exige beaucoup de l'individu, et une réunification des hommes dans une société idéale.

Le texte de Stifter s'avère plus pragmatique dans une autre dimension importante : son exploration fascinante du rôle du récit, du passé, de la religion, bref de l'idéologie commune dans la création de cohésion sociale significative et, pour Gschaid, le rôle de l'idéologie locale qui sert à soutenir une façon de vivre dans un environnement menaçant. Retournant encore une fois au texte de Leopardi, nous trouvons que celui-ci veut contraster une société qui aurait au fond une vraie appréhension de la place de l'homme dans le monde et une autre qui se fond sur ce qu'il appelle des « superbe fole ». Le texte n'élabore pas ce que ces illusions pourraient être, mais il n'est pas difficile d'inférer que ce sont les mythes qui donnent à l'homme et aux communautés spécifiques une place spéciale dans le monde. En particulier, Leopardi vise au positivisme de son âge, la foi arrogante en « dell'umana gente / *le magnifiche sorti e progressive* » (vers 50–51).

C'est ici que le texte de Stifter est particulièrement subtil. Lors d'une première lecture, il semble présenter une vision contraire : Le texte commence par une description du calendrier de l'Eglise et la structure que celui-ci donne à la vie. Le narrateur passe alors aux liens entre la religion publique et les fêtes privées à travers la célébration de Noël et du Christkind. Ceci est significatif dans le récit parce que le sauvetage des enfants est perçu par la communauté et par les lecteurs jusqu'à un certain point comme un miracle de Noël, et le fait que les enfants peuvent, à la fin de l'histoire, se réintégrer dans les festivités, semble confirmer plutôt que critiquer le rôle que joue la religion dans cette société et donc dans la société au sens plus large. Ce modèle se retrouve dans la tendance des habitants de Gschaid à créer leurs propres narrations qui traitent de leur environnement, surtout de leur montagne. Ces histoires sont à la fois une source d'identification pour eux, et, à travers eux, les gens de Gschaid se communiquent des connaissances importantes : ils apprennent des expériences du passé, comme l'histoire du boulanger qui s'est égaré mais dont la mort dans la montagne mène à l'érection d'un panneau qui marque un endroit où il faut tourner pour trouver la route vers la vallée.

Mais le texte de Stifter ne s'oppose pas au texte de Leopardi de façon claire. Tout d'abord, l'attention que donne la communauté de Stifter à son environnement mène en fait à une conscience de ce sens de proportion qui est le but du texte léopardien : les habitants de Gschaid s'aperçoivent de petits changements dans la montagne qui, pour eux, ont beaucoup d'importance : « Die Bewohner des Tales heißen die geringen Veränderungen große, bemerken sie wohl und berechnen an ihnen den Fortschritt des Jahres » (189). De manière plus importante, non seulement la perception humaine est représentée comme essentiellement dangereusement restreinte dans l'environnement sauvage, mais il y a des indications subtiles que les histoires de la communauté et leur désir de posséder « leur » montagne n'ont pas véritablement de sens. Après tout, la « Unglüksäule » (190) n'est plus visible à cause de la neige lorsque les enfants sont au retour de Millsdorf, ce qui nie l'utilité de l'histoire du boulanger et l'idée que l'humanité pourrait progresser dans sa conquête du monde naturel. Et si le narrateur explique que les habitants de Gschaid connaissent très bien les passages dans la montagne, il indique en même temps que ces passages sont des constructions mentales : « Die Tannen bilden dort [bei der Unglüksäule] einen Durchlaß, als ob eine Straße zwischen ihnen hinginge » (190). Il n'existe point en réalité de chemin ; celui-ci existe uniquement dans la carte imaginaire humaine qui, aussi utile qu'elle puisse être, reste essentiellement imaginaire et sans validité dans la réalité des choses. Alors encore une fois Stifter s'avère pragmatique : il nous montre une communauté positive mais bornée dont les récits communs ont pour eux une utilité pratique, mais encore une fois limitée. Dans ce sens le texte semble plaider en faveur des cadres de références traditionnelles, ce qui, dans le contexte de 1848, semble raisonnable. En même temps, pourtant, Stifter démontre, subtilement, la contingence de ces récits et, en y incluant la religion, invite le lecteur à reconnaître la nature mythique de nos constructions idéologiques, aussi nécessaires que ces dernières puissent être pour notre vie quotidienne avec nos voisins. C'est peut-être dans cette fonction réflexive et plus large que les deux textes convergent, car, pendant que le texte de Leopardi ne préconise point, comme le texte stiftérien, l'utilité de la tradition ou des histoires narratives, le poème lui-même propose une interprétation de l'histoire humaine sous forme poétique que le lecteur et son époque sont invités à considérer.

## IV

Il vaut la peine de considérer brièvement les structures des deux textes. On a constaté que le texte de Stifter commence avec la présentation de la communauté et c'est avec la communauté que le récit se clôt : l'isolement des enfants a lieu au cœur du récit. Cette structure fondamentale semble avoir pour fonction d'affirmer la vue du monde des personnages dans le récit et du lecteur : peu de choses ont changé, aucune des croyances n'a été mise en question – même si nous, les lecteurs, avons vu davantage que les personnages dans le récit. Le texte de Leopardi fait essentiellement l'inverse : il commence par évoquer le genêt, puis il dépeint et s'adresse à une série de communautés – le dix-neuvième siècle, le fermier et sa famille – et d'interlocuteurs pour revenir au genêt à la fin. Le texte de Leopardi commence et se termine donc avec ce symbole qui représente à la fois l'isolement et la fragilité. Qui plus est, tandis que *Bergkristall* commence et finit avec des scènes de Noël, dans *La ginestra* le début et la fin sont occupés par un objet qui, dans la logique du poème, devrait nous mener à rejeter des illusions vaines et à accepter notre sort dans le cosmos. Fondamentalement, Leopardi ne finit pas avec l'homme mais invoque une image du monde naturel ; Stifter fait l'inverse.

Comme très souvent, la comparaison souligne cependant des ambiguïtés dans les textes. Car au niveau de la structure narrative, le texte de Stifter sépare, en fait, la communauté du début de celle de la fin avec la narration qui porte sur les enfants au milieu : cette séparation structurale correspond à la séparation au niveau de l'action. Au plus simple, il s'agit dans ce texte de l'intégration véritable dans une communauté ce qui implique le renoncement à l'autre, celle de Millsdorf. Et la structure narrative coïncide également avec la séparation spatiale des deux endroits qui est la cause de l'action narrative : les montagnes qui divisent les deux vallées se révèlent être une barrière plus puissante que les habitants de Gschaid ne l'avaient imaginée. La séparation physique de Gschaid et de Millsdorf est confirmée plutôt que diminuée par ce qui se passe dans l'action. Le récit de Stifter présente donc aussi bien une histoire d'isolement que de solidarité, et comme on a vu ailleurs dans ce récit, ce qui semble être une affirmation assez banale de valeurs sociales est en fait un questionnement des fondements sur lesquels se base la notion même de communauté : l'intégration, la vie sociale, implique-t-elle par nécessité l'exclusion des autres ?

Considérant le texte de Leopardi dans la même perspective, il est possible de le lire comme la représentation de l'inclusion. Si *Bergkristall* sépare ses communautés au niveau structural, alors *La ginestra* les groupe ensemble : l'invocation du genêt encadre une discussion de la société qui, en fin de compte, insiste sur l'identification, aussi bien que sur la distinction. Aussi violemment que Leopardi réprimande les arrogants de son âge, dont il se distingue, notamment dès la deuxième strophe où il s'adresse au siècle à la deuxième personne, le poème reste une discussion d' « il nostro stato ». Et, comme chez Stifter, la structure globale du texte se retrouve à plusieurs niveaux : au niveau de l'imagerie, dans la première phrase, le genêt s'étend « intorno » ; cette image est développée plus tard dans la strophe : « Or tutto intorno / Una ruina involve, / Dove tu siedi, o fior gentile. » (vers 32–34) ; on sent cet enveloppement inclusif et difficile aussi au niveau rythmique, notons par exemple une autre image d'encerclement dans le neuvième vers « che cingon la cittade » où les syllabes *cin*gon et citt*ade* sont accentuées, et qui, pour ce lecteur au moins, semble imiter les cercles multiples de ce poème, les limites humaines, le destin, cercles et structures d'enveloppement qui ont d'autant plus de signifiance dans cette strophe d'ouverture où le ‹ je › lyrique semble s'isoler des hommes et s'adresse à d'autres également solitaires, la montagne et le genêt.

Revenons en conclusion à un de nos points de départ. J'avais suggéré au début de notre analyse que les parallèles de ces textes, thématiques, symboliques, peuvent être retracés par le fait qu'ils sont tous les deux les produits d'images développées : pour Stifter, il s'agit des enfants dans la montagne, qui représentent la fragilité presque magique de la vie humaine dans la surpuissance froide et insondable de la nature. Pour Leopardi, cette image est le genêt, une plante qui, à travers son occupation d'un terrain qui fut habité par une grande civilisation dévastée par un désastre naturel, semble incarner la nécessité de l'homme moderne d'apercevoir sa vraie place et son véritable statut dans le monde, sa faiblesse fondamentale, et l'indifférence de la nature puissante et éternelle. Ce qui se passe, bien entendu, est que ces deux images évoluent vers deux formes littéraires différentes : un poème et un récit. En outre, le poème de Leopardi est un mélange curieux entre rumination philosophique et association symbolique et métaphorique : il traite des problèmes proches du poète de manière directe aussi bien qu'il fournit des représentations concrètes de ces soucis – on pense à la comparaison longue et complexe entre les hommes et les fourmis de la cinquième strophe – et le je lyrique participe, est présent dans la situation lyrique, ce qui est évident par exemple dans la quatrième strophe. Le texte de Stifter est, par contre, un récit réaliste, où le narrateur, malgré quelques références à « unsere Kirche », reste distant ou absent : le récit présente aux lecteurs un monde qu'ils doivent interpréter eux-mêmes et qui, comme on l'a constaté, est souvent ambigu, sinon contradictoire dans ses messages multiples.

Le *canto* de Leopardi offre un moment et une réflexion : il n'y a pas de changement de circonstance. L'image centrale chez Leopardi commence une série de réflexions sur la société ; Stifter raconte les procédés de socialisation. Chez Leopardi, un appel pour un pacte social et pour une ré-estimation de notre valeur en soi doit rester hypothétique, et donc idéaliste ; Stifter nous démontre un monde où existe une société semblable, d'autant plus pragmatique parce que réellement existante : les dures réalités que veut Leopardi sont ici tempérées par des mythes et des histoires communautaires.

Pour *Bergkristall* la comparaison avec *La ginestra* démontre jusqu'à quel point Stifter s'engage dans les mêmes thèmes et problèmes que les grands auteurs de son siècle, ce qui permet d'ancrer son art narratif dans l'histoire littéraire européenne. Pour Leopardi, la comparaison révèle que ses préoccupations avaient une valeur bien au-delà des limites de l'Italie, et que finalement ces deux auteurs qui semblent représenter des traditions littéraires difficilement comparables peuvent s'illuminer, ce qui, finalement, devrait nous faire réfléchir sur la productivité des modèles strictement nationaux.

## Bibliographie


Leopardi, Giacomo: *Canti*, trad. par J. H. Whitfield. Napoli 1962.

Leopardi, Giacomo: *Canti.* Gallo, Niccolò / Garboli, Cesare (éds.). Torino 1993.

Rousseau, Jean-Jacques: *Julie ou La Nouvelle Héloïse. Lettres de deux amants habitants d'une petite ville au pied des Alpes recueillies et publiées par J.-J. Rousseau.* Édition établie, présentée et annotée par Jean M. Goulemot. Paris: LGF 2002.

Stifter, Adalbert: *Bergkristall.* Stuttgart 1975.

Stifter, Adalbert: *Werke und Briefe. Historisch-kritische Ausgabe.* Doppler, Alfred / Frühwald, Wolfgang (éds.). Stuttgart 1982.

Adel, Kurt: « Adalbert Stifter als Erbe Goethes », in: Institut für Österreichkunde: *Neuere Beiträge zum Grillparzer- und Stifter-Bild.* Wien 1965, pp. 105–122.

Baehr, Rudolf: « Die Anfänge der Leopardi-Rezeption in Deutschland », in: Hausmann, Franz-Rutger (éd.): *Italien in Germanien: Deutsche Italien-Rezeption von 1750–1850.* Tübingen 1996, pp. 318–332.

Botti, Francesco: « La Ginestra: Flessioni e contraddizioni di un simbolo », in: *MLN* (90) 1975, pp. 72–92.

Brose, Margaret: « Ugo Foscolo and Giacomo Leopardi: Italy's Classical Romantics », in: Ferber, Michael (éd.): *A Companion to European Romanticism.* Oxford 2005, pp. 256–275.

Dutu, Alexandre: « La littérature comparée et la découverte des constantes européennes », in: Dyserinck, Hugo / Syndram, Karl Ulrich (éds.): *Komparatistik und Europaforschung. Perspektiven vergleichender Literatur- und Kulturwissenschaft.* Bonn 1992, pp. 63–75.

Furst, Lilian: *Romanticism.* London 1976.

Ireton, Sean / Schaumann, Caroline (éds.): *Heights of Reflection: Mountains in the German Imagination from the Middle Ages to the Twenty-First Century.* Rochester, NY 2012.

Martini, Fritz: *Deutsche Literatur im bürgerlichen Realismus.* Stuttgart 1962.

Nemoianu, Virgil: *Taming Romanticism: European Literature and the Age of Biedermeier.* Cambridge, MA 1984.
Nortsy, M. J.: « Biedermeier », in: Ritchie, J. M. (éd.): *Periods in German Literature.* London 1968, pp. 147–168.
Pacella, Giuseppe: « Riflessi della cultura tedesca nelle letteratura e nell'opera di Giacomo Leopardi », in: Italienisches Kulturinstitut (éd.): *Leopardi und der Geist der Moderne.* Tübingen 1993, pp. 129–143.
Veronese, Cosetta: *The Reception of Giacomo Leopardi in the 19th Century: Italy's Greatest Poet after Dante?* Ceredigion 2013.
Vietta, Silvio: « Leopardi und der Beginn der europäischen literarischen Moderne in der deutschen Romantik », in: Italienisches Kulturinstitut (éd.): *Leopardi und der Geist der Moderne.* Tübingen 1993, pp. 171–177.
Williams, Pamela: *An Introduction to Leopardi's Canti.* Leicester 1997.

Claudia Jacobi (Bonn)

# Le discours saphique en poésie et dessin : les « Femmes damnées » de Baudelaire et *Les amants transpercés* de Boulanger

Les « Femmes damnées » (« Delphine et Hippolyte ») font partie des six pièces des *Fleurs du mal* condamnées par le tribunal correctionnel en 1857 pour outrage à la morale publique et aux bonnes mœurs. Sur les six poèmes condamnés, deux abordent l'amour lesbien (« Delphine et Hippolyte » et « Lesbos »), les « Femmes damnées I » étant le seul texte saphique épargné par la censure. Malgré la dépénalisation des relations entre personnes du même sexe dans le code pénal de 1791, l'homosexualité continue d'être considérée comme une atteinte à la pudeur publique. Le climat social homophobe se reflète dans les entrées des dictionnaires de l'époque qui qualifient l'homosexualité féminine en termes de « vice », de « débauche », voire d' « abus sexuel »[1] et il est accrédité par la loi du 17 mai 1819 qui rétablit la censure de « tout outrage à la morale publique et religieuse, ou aux bonnes mœurs », frayant ainsi le chemin à la condamnation de Baudelaire en 1857.[2] D'après Myriam Robic, c'est en concomitance avec les revendications féministes, de plus en plus virulentes autour de 1848, que le puritanisme de la société bourgeoise se renforce et que la consommation d'œuvres érotiques augmente.[3] C'est dans ce contexte que « Sapho ressurgit comme un épouvantail »[4] dans la littérature et la peinture du XIX$^{e}$ siècle.

Dès le sous-titre « Delphine et Hippolyte », rajouté au titre en 1861 pour distinguer le poème des « Femmes damnées I », Baudelaire place ses protagonistes sous le signe de l'ambiguïté sexuelle. Le prénom Hippolyte renvoie à la fois à la reine des amazones et au fils homonyme de celle-ci qui se caractérise, notamment dans la version d'Euridipe, par sa chasteté. Le nom évoque ainsi des signifiés polyvalents : la femme guerrière, la mère, mais aussi l'homme chaste convoité dans la mythologie grecque par Phèdre, sa belle-mère. Le sous-titre suggère ainsi un rapport

1 Cf. par exemple le *Dictionnaire de l'Académie française* (1798) ou le *Dictionnaire national de Bescherelle* (1856). Pour une étude circonstanciée du lexique employé au XIXe siècle, voir Robic 2012, p. 79–98.
2 Pour l'histoire de l'homosexualité féminine en France, voir Robic 2012.
3 Robic 2012, p. 69.
4 Bonnet 1996, p. 4.

métonymique entre l'amour homosexuel et l'amour incestueux par le fait qu'ils sont tous les deux frappés d'interdiction. Le prénom de Delphine a posé beaucoup de questions à la critique qui l'a rapproché entre autres à Delphine de Sabran (1283–1360), jeune noble qui développa une telle répulsion face au mariage et à la maternité en écoutant les récits des vies des vierges qu'elle imposa à son époux le mariage virginal.[5] Tamara Bassim conclut que, par ses choix onomastiques, Baudelaire lance un défi aux normes sexuelles et morales de la société.[6] Dans ce contexte, Robic considère la référence emblématique à l'Antiquité comme un « alibi culturel » employé afin d'échapper à la censure.[7] L'analyse démontrera que les références antiquisantes sont juxtaposées à des allusions intertextuelles complètement négligées par la critique qui s'est peu intéressée à ce poème, se focalisant tout au plus sur la partition des voix féminine et masculine[8] ainsi que sur la représentation du saphisme.[9] Il s'agit plus précisément d'insister sur les motifs puisés dans le V^e^ chant de l'*Enfer*, dans lequel Dante décrit le châtiment des luxurieux, situés au deuxième cercle de l'entonnoir infernal. Ici, les adultères Paolo et Francesca sont condamnés à tourbillonner à tout jamais dans les vents infernaux après avoir été tués par le mari jaloux de Francesca. Il est question de montrer comment Baudelaire se sert de l'intertextualité dantesque dans la représentation des lesbiennes afin d'articuler son propre programme poétique. L'analyse se concentre tout d'abord sur le discours saphique et les rapports de domination articulés dans « Les femmes damnées » (« Delphine et Hippolyte ») et *Les amants transpercés* (1830) (dits aussi *Paolo et Francesca*) de Louis Boulanger – un dessin complètement ignoré par la critique qui présente de nombreux parallèles avec le poème de Baudelaire: Les deux œuvres insistent certes sur le côté violent qui était jadis attribué à l'amour saphique, mais ils montrent également que les principes de domination sont les mêmes que dans les relations hétérosexuelles. Alors que Boulanger semble dénoncer le pouvoir hétéronormatif par la présence d'un tyran masculin qui cherche à rétablir sa domination perdue, Baudelaire s'identifie explicitement avec les lesbiennes qui lui renvoient l'image de sa propre perdition dans le spleen. L'analyse du châtiment des « Femmes damnées » démontrera que la conception de l'enfer comme lieu géographique fait place, chez Baudelaire, à la métaphore de l'enfer comme état mental autour duquel se cristallise toute la conception poétique de l'auteur.

5 Bassim 1974, p. 193.
6 Bassim 1974, p. 193.
7 Robic 2012, p. 92.
8 Cf. Laforgue 2002.
9 Cf. Robic 2012 et Robic 2009.

## Discours saphique et rapports de domination dans « Delphine et Hippolyte » et *Les amants transpercés*

Le poème s'ouvre sur une description de deux femmes couchées dans un lit après un moment de passion intime : Hippolyte rêve des « caresses puissantes » qui annoncent la destruction de sa « jeune candeur » (v. 3–4). Baudelaire reprend le *contrappasso* des luxurieux du V$^{e}$ chant de l'*Enfer* dantesque pour décrire l'état d'âme de la jeune femme : à l'instar de Paolo et Francesca, Hippolyte est « troublé[e] par la tempête » de ses sentiments (v. 5). La transposition du châtiment dantesque dans l'*hic et nunc* force le rapprochement entre l'état d'âme d'Hippolyte et la damnation des luxurieux, et présente ainsi d'emblée la relation lesbienne comme amour fautif, vicieux et peccable, par opposition au « ciel » de la « naïveté » présenté aux vers 5–6 comme l'idéal perdu. Hippolyte, la « beauté frêle » (v. 17) et « fragile » (v. 12), aux « yeux amortis » et larmoyants (v. 9) est positionnée, « l'air brisé » et les « bras vaincus, jetés comme de vaines armes » (v. 11) devant Delphine, « beauté forte » (v. 17), « calme et pleine de joie » (v. 13). La relation homosexuelle n'est donc pas exempte du topos de domination traditionnellement associé au rapport entre homme et femme. Le poète joue effectivement sur la tension entre le féminin et le masculin établie dès le titre par le prénom androgyne d'Hippolyte. Il laisse le lecteur dans l'incertitude concernant son sexe qui ne sera révélé qu'au vers 5 par l'emploi du pronom personnel féminin « Elle ». A rebours des implications viriles de son prénom, Hippolyte apparaît comme « pâle victime » (v. 21), passive et soumise à une Delphine dominante et active. Plus précisément, Baudelaire conçoit l'homosexualité comme une relation belliqueuse, décrivant comme un « triomphe » (v. 19) la conquête d'Hippolyte par Delphine. Il va jusqu'à présenter leur amour comme un rapport de force sauvage et violent entre un prédateur et sa proie: « Comme un animal fort qui surveille une proie, / Après l'avoir d'abord marquée avec les dents » (v. 15). En effet, Nicole Albert fait remarquer que les discours médicaux du XIX$^{e}$ siècle rangeaient l'homosexualité aux côtés de la bestialité[10] et Myriam Robic insiste sur l'importance du cliché de la louve dans le « bestiaire saphique »[11] – image de la femme comme être débauché et hystérique dont Baudelaire s'empare aux vers 15–16. Les changements d'humeur d'Hippolyte, tantôt amortie et larmoyante (v. 9), tantôt douce (v. 20) et angélique (v. 51), peuvent ainsi être interprétés comme symptômes des crises émotionnelles incontrôlables de l'hystérie. L'introspection dans l'âme des deux femmes, mise en parallèle par l'anaphore en « Elle cherchait » aux vers 5 et 21, souligne la désorientation émotionnelle d'Hippolyte et de Delphine qui cherchent, toutes les deux, quelque chose qu'elles

10 Albert 2005, p. 83.
11 Robic 2012, p. 203s.

ne trouvent pas : l'idéal de l'innocence perdue dans le premier cas (v. 6) et, dans le deuxième, la reconnaissance du pouvoir du « maître » (v. 73) dans les yeux de l'esclave (« Elle cherchait dans l'œil de sa pâle victime [...] cette gratitude infinie et sublime », v. 21–23). La recherche de la gratitude pour la domination dans les yeux de l'être dominé va de pair avec une divinisation de l'amour qui évoque les discours amoureux médiévaux : Delphine cherche un « cantique muet » (v. 22) dans les yeux d'Hippolyte, associant le « plaisir » nettement charnel (v. 22) à la louange d'un sentiment religieux (« cantique » du lat. *canticum*, signifiant ‹ chant ecclésiastique, biblique ›). Ce discours se poursuit par la comparaison des « yeux pleins d'azur » d'Hippolyte avec des « étoiles » (v. 37) et par l'assimilation des « regards charmants » à un « baume divin » (v. 38). L'élévation d'Hippolyte culmine dans sa désignation comme *donna angelicata* (« Mon ange ! », v. 51). La représentation d'une passion charnelle à la fois comme damnation infernale et comme processus de purification n'est pas sans rappeler le V^e^ chant de l'*Enfer* où Dante emploie un vocabulaire stilnoviste pour décrire la passion des pécheurs luxurieux.[12] En effet, Delphine attend les mêmes réactions d'Hippolyte que Francesca manifeste à l'égard de Paolo : sa pâleur (v. 21)[13] devrait être accompagnée, comme dans l'épisode dantesque, par des regards et de longs soupirs :[14] « Elle cherche [...] cette gratitude infinie et sublime / Qui sort de la paupière ainsi qu'un long soupir » (v. 21–24). Manifestement, le désir est alimenté par la projection de clichés littéraires qui, cependant, échouent face à la réalité. Delphine ‹ attend › en vain la réaction physique de son amante. Elle se voit obligée d'employer une stratégie argumentative pour convaincre Hippolyte du bien-fondé de leur amour et pour la dissuader de retourner chez son amant (v. 31).[15] Dans son discours persuasif, elle oppose la prétendue douceur de l'amour saphique à la brutalité des hommes dont la passion est décrite par une gradation de métaphores météorologiques et agricoles de plus en plus violentes : l'éros masculin est comparé à des « souffles violents » qui « flétri[ssent] » (v. 28) les « premières roses » (v. 27) de la virginité, à des « chariots ou des socs déchirants » (v. 32) qui « creuseront leurs ornières » (v. 31), voire à « un lourd attelage » (v. 33) de « chevaux et de bœufs » qui passent « sans pitié » (v. 34) sur le corps féminin. Baudelaire brosse ainsi un tableau cruel de la pénétration sexuelle, comparée au processus mécanique par lequel le « soc » (v. 32), pièce de la charrue faite en acier pointu, s'enfonce dans la terre pour la préparer à recevoir le semis. Dans son invective contre l'hétérosexualité (v. 61–73), Delphine emploie une métaphore

12 Cf. « dolci pensier » (Inf. V, v. 113), « dolci sospiri » (Inf. V, v. 118), « cor gentil » (Inf. V, v. 100). Pour une analyse plus détaillée de l'intertextualité stilnoviste, voir Friedrich 1942, p. 70sq. ; Barolini 1998 ; Klinkert 2006.

13 Cf. « scolorocci il viso » (Inf. V, v. 131).

14 « Per più fiate li occhi ci sospinse » (Inf. V, v. 130), « dolci sospiri » (Inf. V, v. 118).

15 Cf. Robic 2012, p. 199.

alchimiste en déclarant que l' « accord mystique » (v. 65) entre des principes opposés tels que la « nuit » et le « jour » (v. 66), ne mènera jamais à « ce rouge soleil que l'on nomme l'amour ! » (v. 68). Elle oppose la condamnation de l'amour hétérosexuel à l'apologie de la ‹ jouissance stérile › des lesbiennes (v. 97) en comparant ses propres « baisers » à des « éphémères » (v. 29) qui « caressent le soir les grands lacs transparents » (v. 30). Robic fait remarquer que la métaphore de l'éphémère renvoie à l'aspiration à l'idéal, les éphémères étant « attirées par la lumière jusqu'à se brûler les ailes ».[16] Il faut ajouter que l'étymologie du mot ‹ éphémère ›, du grec ἐφήμερος, « qui dure un jour », renvoie également au caractère périssable de l'amour saphique : les éphémères meurent quelques heures après avoir déposé leurs œufs dans l'eau. Par ailleurs, la thèse de la tendresse exclusive de l'amour saphique (v. 29–30) se voit remise en question par la description précédente de la relation entre Delphine et Hippolyte comme acte de prédation (v.14–16). Baudelaire insiste effectivement sur les rapports de domination dans toute relation amoureuse, qu'elle soit hétéro- ou homosexuelle. Or, les métaphores bestiales employées pour décrire la sexualité masculine se concentrent sur la pénétration comme acte barbare, dont l'amour saphique est privé. Il n'est certes pas exempt du mélange ambivalent entre la douceur et le macabre, le lien entre *éros* et *thanatos* qui caractérise la passion chez Baudelaire comme « plaisir qui tue » (« A une passante », v. 8), mais l'image d'un envoûtement mortel employée par Delphine (« je t'endormirai dans un rêve sans fin », v. 40), n'est pas comparable à la brutalité des « lourds attelages » (v. 33), des « chariots » et des « socs déchirants » (v. 32) qui torturent le corps féminin. Elle évoque plutôt la sensation d'évanouissement liée à l'orgasme, désigné depuis le XVI^e^ siècle comme la ‹ petite mort ›.

Il est intéressant de remarquer que *Les amants transpercés* de Louis Boulanger, dits aussi *Paolo et Francesca*, reprennent l'épisode des adultères dantesques bien avant Baudelaire pour articuler des idées autour de l'homosexualité.

La comparaison intermédiale du dessin avec « Delphine et Hippolyte » soulève évidemment la question de la ‹ transposition d'art ›, tout à fait probable, dès lors que Baudelaire se présentait comme bon connaisseur de Boulanger dans ses ouvrages de critique d'art.[17] Pourtant, aucun document bibliographique ne permet de confirmer ou infirmer que Baudelaire se soit directement inspiré de ce dessin. Plutôt que d'insister sur un éventuel rapport de réception entre les deux œuvres, il s'agit de démontrer que *Les amants transpercés* s'approprient le même sujet controverse de l'homosexualité en anticipant de nombreux éléments du discours saphique de Baudelaire, notamment en ce qui concerne les rapports de domination dans toute relation amoureuse. Alors que le titre évoque la présence

16 Robic 2012, p. 184.
17 Cf. Baudelaire 1976, p. 366 ; 467.

Abb. 1: Louis Boulanger: « Les amants transpercés » / « Paolo et Francesca » 1830, Musée des Beaux-Arts d'Angers

d'un amant masculin, la représentation de ‹ Paolo › est marquée par une ambivalence sexuelle frappante : la pomme d'Adam bien prononcée, les bras musclés et la poitrine plate soulignent sa virilité, tandis que la taille de guêpe, les hanches larges ainsi que le visage fin aux sourcils arqués, aux pommettes saillantes et aux lèvres pulpeuses, apparemment maquillées, présentent des caractéristiques nettement féminines. Les habits du personnage corroborent davantage l'impression que Boulanger présente ici deux femmes : non seulement son pantalon bouffant apparaît à l'observateur contemporain comme une jupe, mais les boutons de sa chemise sont situés à gauche et non à droite, une caractéristique qui incombe aux vêtements de femme selon les conventions vestimentaires établies depuis le XVI$^{e}$ siècle. La posture des amant(e)s trahit le même rapport de domination que celui existant entre la ‹ beauté forte › et la ‹ beauté frêle › (v. 17) de Baudelaire. L'amant(e) à gauche enlace l'amante à droite d'une étreinte forte, possessive et dominante, comme un « animal fort » qui serre sa « proie » (v. 15). La tache sous la bouche de la ‹ beauté forte › et l'ombre qui semble s'écouler de la bouche au menton, voire sur le cou de la ‹ beauté frêle ›, évoquent du sang et renforcent l'image d'un rapport animal entre un prédateur et sa proie, « d'abord marquée avec les dents » (v. 16). La force et l'équilibre de la ‹ beauté forte › ne semblent pas être affectés par le coup de poignard et la prise de cheveux violente dont elle est la victime. Sa position et son regard ne traduisent ni douleur face à sa blessure mortelle, ni frayeur vis-à-vis de son agresseur – les yeux grands ouverts, les pupilles dilatées, les sourcils froncés et la bouche contractée, traduisent un mélange d'agressivité, de peur et de stupeur face à la réaction de son amante. A l'instar de Delphine, elle « cherch[e] dans l'œil de [l]a pâle victime » quelque chose qu'elle ne trouve pas (v. 21). L'expression de la ‹ beauté frêle › est esquissée de manière très minimaliste. Sa bouche ouverte inscrit à peine le choc dans son corps mourant. A l'instar d'Hippolyte qui s'adresse à Delphine en l'implorant de lui « explique[r] » le « trouble » et l' « effroi » qu'elle ressent (v. 50), la ‹ beauté frêle › cherche de l'appui en s'accrochant à la ‹ beauté forte › avant de tomber inerte sur le dos. L'instance masculine, seulement évoquée par le récit des lesbiennes chez Baudelaire, est ici physiquement présente. Le tueur évoque la figure du tyran oriental, comparable au roi d'Assyrie présenté par Eugène Delacroix dans *La mort de Sardanapale* au Salon de 1827 – la même année où Boulanger y exposa le *Supplice de Mazeppa.* Comme dans *La mort de Sardanapale*, les motifs principaux de la violence et de l'érotisme se confondent : le tyran est présenté debout, derrière les amant(e)s, dans une position manifestement sexuelle, tenant l'épée létale à l'endroit exact de son sexe et accompagnant le coup mortel d'un mouvement fougueux du bassin. Sa représentation est marquée par la même barbarie et la même brutalité que dans le récit de Delphine qui compare la pénétration sexuelle à l'enfoncement de l'acier pointu « des socs déchirants » (v. 32). Ainsi, le tyran transperce les amant(e)s d'un seul coup d'épée. La longueur disproportionnelle de son épée lui permet de perforer non seulement le corps des amant(e)s, mais également leur ombre entière qui forme une image remarquable sur le canapé : l'observateur peut y reconnaître les contours d'une femme enceinte dont les rondeurs du ventre se reflètent dans le vase contenant des roses fleurissantes, sur lequel se détache une ombre à la forme d'utérus gravide. De prime abord, ces symboles suscitent de nombreuses questions chez l'observateur : pourquoi Boulanger emploie-t-il des symboles de maternité dans une représentation de deux corps d'apparence féminine ? Pourquoi l'épée du tyran transperce-t-elle la silhouette de la femme enceinte à l'endroit même de son sexe ? Tout d'abord, il faut constater que l'ombre de la femme enceinte réunit les reflets des deux amant(e)s d'une manière complètement invraisemblable. Selon les lois de la physique, la lumière devrait partir directement des corps des personnages et se répandre de manière plus large sur le canapé. Manifestement, il ne s'agit donc pas d'une ombre réaliste, mais symbolique. Boulanger semble établir un lien métonymique entre *éros* et *thanatos*, entre l'acte sexuel et le meurtre par coup d'épée, qui suspend la dualité des amant(e)s en les fondant en un seul corps. Comme Dante le montre par le châtiment de la tempête infernale que ses amants affrontent *ensemble*, les amant(e)s de Boulanger sont uni(e)s au-delà de la mort. L'ombre symbolique semble remettre en question le cliché de la stérilité et de la frustration sexuelle de la lesbienne en indiquant la possibilité d'un amour fécond et indéfectible au-delà des normes sexuelles et morales de la société. Or, le pouvoir hétéronormatif du tyran empêche l'amour saphique en transperçant l'ombre à l'endroit même de la jouissance féminine, de ‹ l'Origine du monde ›. Dans ce contexte, l'acte barbare du meurtre apparaît comme une démonstration de pouvoir par laquelle le tyran cherche à rétablir sa domination perdue et à anéantir le plaisir féminin dès l'origine.

## La damnation chez Baudelaire

Dès le titre « Femmes damnées », Baudelaire inscrit le couple lesbien dans le contexte du châtiment éternel. D'après le *Grand dictionnaire classique de la langue française* de 1845, le terme ‹ damné › désigne tout individu qui « est en enfer [et] qui souffre les tourments de la damnation éternelle ».[18] A partir de la douzième strophe, Hippolyte multiplie les images évoquant la damnation infernale pour décrire l'angoisse psychique[19] provoquée par ses pulsions saphiques. Elle compare son inquiétude à la digestion d'un « nocturne et terrible repas » (v. 44), sent « fondre » sur elle de « lourdes épouvantes » (v. 45) et de « noirs bataillons de fantômes épars » (v. 46) voulant la conduire « en des routes mouvantes » (v. 47) qu'un « horizon sanglant ferme de toutes parts » (v. 48). Sa peur de s'enfoncer dans l' « abîme béant » (v. 76) n'est pas sans rappeler l'entonnoir infernal de la *Divine Comédie.* Or, chez Baudelaire, ce gouffre est assimilé au « cœur » d'Hippolyte (« cet abîme est mon cœur », v. 76) qui se transforme manifestement en métaphore d'un enfer « brûlant » et « profond comme le vide » (v. 77). Le ‹ vide › qui infeste son cœur évoque le sentiment de l'ennui, du *spleen*, état de mélancolie et de tristesse profondes qui représente le pire des péchés dans l'échelle baudelairienne des valeurs[20] sans pour autant jamais être nommé de manière explicite dans *Les Fleurs du mal.* Baudelaire préfère remplacer le mot par ‹ l'ennui › ou, justement, par le « vide » (v. 77) et la « lassitude » (v. 82). L'enfer,

18 Bescherelle 1845, p. 870.
19 « mon trouble », « mon effroi » (v. 50).
20 « Il en est un plus laid, plus méchant, plus immonde ! [...] C'est l'Ennui ! » (« Au lecteur », v. 33–37).

comme lieu géographique, est utilisé chez Baudelaire comme métaphore pour décrire un état mental. En effet, les métaphores infernales d'écrasement, de lourdeur et d'enfermement employées aux vers 45 et 48 sont les attributs principaux associés au spleen dans d'autres poèmes des *Fleurs du mal*.[21] Or, la spécificité de l'enfer vécu par les lesbiennes réside dans le châtiment supplémentaire de la « soif » (v. 79). Cette métaphore de l'inassouvissement de l'éros est présentée ici comme *contrappasso* dantesque qui établit un rapport d'inversion ironique entre le « plaisir » terrestre des lesbiennes et leur punition éternelle (« votre châtiment naîtra de vos plaisirs », v. 92). Baudelaire reprend ainsi un véritable topos de la littérature du milieu du XIXe siècle qui conçoit les lesbiennes comme femmes enchaînées à des « désirs toujours inassouvis ».[22] Plus précisément, les lesbiennes sont atteintes de la soif de « l'Euménide » (v. 79), divinité infernale de la justice et du châtiment, réputée pour tourmenter ses victimes sans répit en les frappant de folie.[23] Hippolyte interprète explicitement l'enfer mental qu'elle est en train de vivre (v. 50) comme punition d'un péché (« Avons-nous donc commis une action étrange ? », v. 49). Déchirée entre la « peur » (v. 51) de la damnation et sa pulsion homosexuelle, l'acte peccable du baiser (v. 52) est caractérisé par la « conscience dans le mal » (« L'irrémédiable », v. 40) – état généralement réservé, dans la poésie de Baudelaire, à la figure du poète qui est torturé par la conscience morbide de sa propre perdition sans pouvoir s'en sauver. Baudelaire reprend ainsi une idée centrale de la critique dantesque de son époque qui commence à insister sur la concomitance tragique entre l'ardeur de la passion et la conscience du péché chez Francesca, capable de susciter la compassion, voire l'évanouissement de Dante-personnage.[24] La ‹ nouvelle Francesca › homosexuelle de Baudelaire confesse son amour pour sa « sœur d'élection » (v. 54) et cède, ‹ frissonnante ›, à ses baisers,[25] tout en les qualifiant de « commencement » de sa « perdition » (v. 56). La critique dix-neuviémiste insiste par ailleurs sur l'identification de Dante-personnage avec les pécheurs, reconduite à son propre amour pour Béatrice.[26] Dans ce contexte, il est important d'insister sur l'identification du moi lyrique avec les lesbiennes qui peuvent être considérées comme un miroir de la condition du poète, reflétant non seulement son état d'âme spleenétique, mais toute sa conception poétique. A la fin des « Femmes damnées I » le moi lyrique déclare suivre les lesbiennes dans l'enfer mental de son âme :

21 Cf. par exemple : « Quand le ciel bas et lourd pèse comme un couvercle » (« Spleen IV », v. 1), « Quand la terre est changée en un cachot » (v. 5), « une vaste prison » (v. 10).
22 Robic 2009, p. 155s.
23 Robic 2012, p. 233.
24 Cf. par exemple l'analyse de De Sanctis 1967, p. 205–220.
25 « cependant je sens ma bouche aller vers toi », v. 52.
26 Ginguené 1824, p. 50s.

Vous que dans votre enfer mon âme a poursuivies,
Pauvres sœurs, je vous aime autant que je vous plains,
Pour vos mornes douleurs, vos soifs inassouvies,
Et les urnes d'amour dont vos grands cœurs sont pleins.[27]

Le moi lyrique se sent lié aux lesbiennes comme à des « sœurs » par leur commune aspiration à un idéal inatteignable (« chercheuses d'infini », « Femmes damnées I », v. 23). Cette idée est reprise au dernier vers de « Delphine et Hippolyte » où il conseille à ses sœurs d'élection : « fuyez l'infini que vous portez en vous ! » (v. 104). Dans *Le goût de l'infini*, Baudelaire définit cet infini comme « état charmant et singulier, où toutes les forces s'équilibrent », comme « état merveilleux, [...] dont nous devrions tirer [...] la certitude d'une existence meilleure », c'est-à-dire du « paradis ».[28] Or, le spleen naît du fait que cet état idéal n'est concevable que comme « la conscience d'un manque et d'une absence ».[29] L'état du spleen, présenté ici comme enfer mental, naît précisément de cette inaccessibilité de l'idéal et de l'impossibilité de ‹ fuir › le désir de l'atteindre. Maints poèmes de Baudelaire décrivent les tentatives de s'évader vers les sphères de l'idéal à travers les paradis artificiels de l'ivresse, du voyage, du rêve, de la beauté et, dans le cas des lesbiennes, de l'amour saphique, mais ces remèdes n'offrent qu'une évasion temporaire. Il est d'ailleurs intéressant que Baudelaire emploie la même image de l'éphémère pour décrire l'amour saphique au vers 29 et pour décrire l'amour du poète dans l' « Hymne à la beauté ».[30] Face à cette identification évidente du moi lyrique avec les lesbiennes, leur dénonciation explicite par la voix du poète dans les cinq dernières strophes typographiquement séparées des vers précédents ne peut que surprendre. Walter Benjamin prend ces vers à la lettre en les interprétant comme condamnation impitoyable de l'amour saphique.[31] Or, Claude Pichois émet l'hypothèse selon laquelle Baudelaire n'aurait rajouté ces strophes dans la version de 1857 que pour détourner l'accusation d'outrage à la morale publique.[32] En effet, l'avocat de Baudelaire cite mot pour mot ce passage lors du procès des *Fleurs du mal* pour défendre son client des accusations d'immoralité : « Puis, fidèle au rôle qu'il s'est tracé, le poète, après avoir montré le vice, le flagelle en des vers vengeurs, et quels vers ! Écoutez, Messieurs [...] ».[33]

– Descendez, descendez, lamentables victimes,
Descendez le chemin de l'enfer éternel !

27 « Femmes damnées I », v. 25–28.
28 Baudelaire 1975, p. 402.
29 Laforgue 2002, p. 275.
30 Cf. Schönwälder 2015, p. 197.
31 Benjamin 1978, p. 596.
32 Pichois 1975, p. 1127.
33 *Plaidoirie de M^e Gustave Chaix d'Est-Ange*, in : Baudelaire 1975, p. 1210–1224, ici : p. 1218.

Plongez au plus profond du gouffre, où tous les crimes,
Flagellés par un vent qui ne vient pas du ciel,

Bouillonnent pêle-mêle avec un bruit d'orage.
Ombres folles, courez au but de vos désirs ; (v. 85–90)

Dans ces dernières strophes, le moi lyrique s'érige en autorité en adoptant l'attitude morale de la condamnation chrétienne annoncée dès le titre et rejetée auparavant par Delphine :[34] l'amour saphique de ces « âmes désordonnées » (v. 103) est condamné comme « rage » inassouvissable (v. 91) attribuée au péché de la « concupiscence » (v. 99). Baudelaire cumule les modes d'expression du jugement et de la prophétie et présente désormais une déscription physique de l'enfer comme endroit géographique. Le moi lyrique prend ainsi la perspective omnipotente et omnisciente de Dieu que Dante avait adoptée dans la *Divine Comédie* en se faisant juge de la destinée de ses contemporains dans l'au-delà. Il n'est pas anodin que Baudelaire reprenne la même métaphore employée au vers 5 pour décrire l'état d'âme d'Hippolyte, afin d'illustrer les conditions météorologiques du paysage infernal. Outre le châtiment de la « soif » repris au vers 98, les lesbiennes concupiscentes sont punies du même *contrappasso* que les luxurieux dantesques : elles sont flagellées par une tempête infernale (cf. Inf. V, v. 29–32) aussi puissante qu'était leur « rage » sexuelle (v. 91) sur terre. A l'instar de Dante, Baudelaire conçoit ses pécheresses comme des « ombres » tourbillonnantes (Inf. V, v. 49), les punissant cependant plus sévèrement que les amants au deuxième cercle de la *Divine Comédie.* Les lesbiennes plongent « au plus profond du gouffre » (v. 87) où « tous les crimes » sont « flagellés » (v. 88) collectivement, sans qu'aucune gradation ne soit établie entre les différents péchés. Baudelaire remplace le principe dantesque de la gradation de la peine par celui d'une accumulation de vagues réminiscences des différents châtiments de la *Divine Comédie.* Celles-ci sont articulées sur le ton prophétique de la sentence, par une juxtaposition grammaticale du futur simple et du présent gnomique qui ne laisse planer aucun doute sur le fait que le moi lyrique est au courant de la destinée des femmes damnées :

Jamais un rayon frais n'éclaira vos cavernes ;
Par les fentes des murs des miasmes fiévreux
Filtrent en s'enflammant ainsi que des lanternes
Et pénètrent vos corps de leurs parfums affreux.

L'âpre stérilité de votre jouissance
Altère votre soif et roidit votre peau,
Et le vent furibond de la concupiscence
Fait claquer votre chair ainsi qu'un vieux drapeau. (v. 93–96)

34 « Qui donc devant l'amour ose parler d'enfer ? » (v. 60).

Les ‹ cavernes enflammées › semblent évoquer les tombes brûlantes dans lesquelles Dante plonge les hérétiques au sixième cercle de l'enfer. Or, ces cavernes sont enflammées de « miasmes fiévreux » (v. 94) qui renvoient, à leur tour, aux menteurs dantesques, dévorés d'une fièvre ardente qui les fait exhaler des vapeurs malsaines. Enfin, le raidissement ainsi que l'affaissement de la peau évoquent les métamorphoses corporelles subies par les voleurs à la septième bolge du huitième cercle.[35] Le lien métonymique établi entre le « plus profond du gouffre » infernal (v. 87) et le gouffre « profond » « du cœur » (v. 76–77) vient corroborer notre thèse de départ : Baudelaire emploie des images du paysage de l'*Enfer* dantesque pour peindre le spleen comme un enfer mental. En effet, les éléments de la soif, de la chaleur insupportable, et de la tempête infernale correspondent exactement aux métaphores employées auparavant pour décrire l'état d'âme des lesbiennes. Dans ce contexte, le moi lyrique apparaît, certes, comme observateur lucide, mais son apparente impitoyabilité envers les lesbiennes est relativisée par des signes évidents de compassion, attribuables à la dite identification avec leur sort : dès le début de sa tirade dénonciatrice, il décrit les ‹ femmes damnées › comme « lamentables victimes » (v. 85). Il joue ainsi sur le double sens de l'adjectif ‹ lamentable › désignant à la fois une personne « qui exprime une lamentation » et celle qui « inspire la pitié ou la tristesse ».[36] Il semble les dédouaner complètement de leur culpabilité en les présentant comme « victimes » (v. 85) de leur passion plutôt que comme pécheresses. Cette impression est renforcée par la substitution du verbe ‹ fouetter ›, employé dans la version initiale du poème, par ‹ flageller › dans la version définitive de 1857 : « Flagellés par un vent qui ne vient pas du ciel » (v. 88). Myriam Robic fait remarquer que Baudelaire donne ainsi une connotation plus forte au châtiment corporel, qui évoque la peine infligée à Jésus Christ par Ponce Pilate avant la crucifixion, ainsi que l'autoflagellation comme imitation christique pratiquée par de nombreux pénitents.[37] Le lien métonymique établi avec Jésus Christ par la peine infernale est renforcé par l'allusion aux stigmates des lesbiennes (« seins stigmatisés », v. 72) et il souligne davantage l'injustice de leur damnation en les présentant comme des martyres.[38] Le moi lyrique adopte ainsi la même position que Dante-personnage au V$^{e}$ chant de l'*Enfer* : il condamne les ‹ pécheurs › pour leurs crimes, tout en manifestant de la compassion à leurs égards – ce pourquoi la critique dix-neuviémiste commence à considérer Paolo et Francesca en termes de ‹ victimes › et de ‹ martyres ›.[39]

En guise de conclusion, il faut constater que l'image que Baudelaire construit des lesbiennes à travers l'intertextualité dantesque coïncide non seulement avec

35 Cf. « la sua pelle si facea molle, e quella di là dura », Inf. XXV, v. 110s.
36 CNRTL 2018.
37 Robic 2009, p. 149.
38 Cf. aussi les « Femmes damnées I », « ô martyres » (v. 21).
39 Cf. par exemple De Sanctis 1967, p. 648 sq.

beaucoup d'éléments du dessin de Boulanger, mais aussi avec l'image que l'auteur crée de lui-même comme ‹ poète maudit ›. Comme les lesbiennes, il se situe au-delà de l'ordre moral, il est marginalisé par la société, il est ‹ victime › du spleen et ‹ martyr › de l'art.

## Bibliographie


Baudelaire, Charles: *Œuvres complètes.* Texte établi, présenté et annoté par Claude Pichois. II. Paris: Gallimard (Bibliothèque de la Pléiade) 1975, 1976.

Albert, Nicole: *Saphisme et décadence dans Paris fin-de-siècle.* Paris 2005.

Barolini, Teodolinda: « Dante and Cavalcanti (On Making Distinctions in Matters of Love): Inferno V in its Lyric Context », in: *Dante Studies* (116) 1998, p. 31–63.

Bassim, Tamara: *Baudelaire et la Femme.* Neuchâtel 1974.

Benjamin, Walter: *Gesammelte Schriften I.* Unter Mitwirkung von Theodor W. Adorno und Gershom Scholem hg. von Rolf Tiedemann und Hermann Schweppenhäuser. Frankfurt/ Main 1978.

Bescherelle, Louis-Nicolas: *Dictionnaire national ou Dictionnaire universel de la langue française.* Paris 1856.

Bescherelle, Louis-Nicolas: *Dictionnaire national ou grand dictionnaire classique de la langue française*, t. I. Paris 1845.

Bonnet, Marie-Jo: « Les Relations amoureuses entre les femmes du XVI^e^ au XX^e^ siècle. Entretien avec Marie-Jo Bonnet », in: *Revue h*, 06.07.1997.

CNRTL: « Portail lexical », http://www.cnrtl.fr/definition/lamentable [28.09.2018].

De Sanctis, Francesco: *Lezione e saggi su Dante.* A cura di Sergio Romagnoli. Turin 1967.

*Dictionnaire de l'Académie française.* Paris 1798.

Friedrich, Hugo: *Die Rechtsmetaphysik der Göttlichen Komödie. Francesca da Rimini.* Frankfurt/Main 1942.

Ginguené, Pierre-Louis: *Histoire littéraire d'Italie.* t. II. Paris 1824.

Klinkert, Thomas: « Zum Status von Intertextualität im Mittelalter: Tristan, Lancelot, Francesca da Rimini », in: *Deutsches Dante-Jahrbuch* (81) 2006, p. 27–69.

Laforgue, Pierre: « ‹ Delphine et Hippolyte ›, ou érotique et poétique chez Baudelaire », in: Planté, Christine (éd.): *Masculin/féminin dans la poésie et les poétiques du XIX^e^ siècle.* Lyon 2002, p. 269–278.

Pichois, Claude: « Notes et variantes : Femmes damnées. Delphine et Hippolyte », in: Baudelaire 1975, p. 1126–1130.

Robic, Myriam: *« Femmes damnées ». Saphisme et poésie (1846–1889).* Paris 2012.

Robic, Myriam: « Tribadisme et lesbianisme dans *Les Fleurs du Mal* », in: *Cahiers de la Revue d'Art, Littérature, Musique* (10: « *Homosexualité(s) et Littérature* ») 2009, p. 145–156.

Schönwälder, Lena: « ‹ La douceur qui fascine et le plaisir qui tue ›. Der Blick der *Femme fatale* in Baudelaires *Fleurs du mal* », in: Michael Bernsen / Milan Herold (éd.), *Der lyrische Augenblick. Eine Denkfigur der Romania.* Berlin / Boston 2015, p. 189–208.

Helmut Meter (Klagenfurt)

# Apotheker und Pfarrer in *Madame Bovary* und *I Malavoglia*. Zur jeweiligen Funktion eines antagonistischen Figurenpaars

## I

Unter komparatistischem Aspekt betrachtet, verbindet Gustave Flaubert und Giovanni Verga wenig miteinander. Ihre literarischen Interessen verlaufen in unterschiedliche Richtungen, wobei Vergas veristische Wende zeitlich nahezu zusammenfällt mit Flauberts Tod und der sizilianische Erzähler im Zuge seiner Neuorientierung bereits einen anderen und festen Bezugspunkt im Kanon der damaligen französischen Romanciers zu entdecken begann: Émile Zola. Kam den französischen Autoren aus dem Umkreis des Realismus und Naturalismus eine normative Rolle für die zeitgenössische Literatur Italiens zu,[1] so mussten die italienischen Erzähler, um von ihrem Publikum wahrgenommen zu werden, diesem nach Möglichkeit neue Impulse vermitteln, ohne indes gegen die von Frankreich ausgehende Programmatik grundsätzlich zu verstoßen. In diesem schwierigen Prozess literarischer Modernisierung und Selbstbehauptung konnte der auf Italiens Buchmarkt sehr präsente und höchst geschätzte Flaubert weniger als nachahmenswertes Vorbild dienen denn als den Umständen geschuldete Kontrastfigur. Ihn weitgehend zu ignorieren oder sich von ihm abzusetzen boten sich als naheliegende Alternativen an. Verga scheint sich für die erstgenannte Variante entschieden zu haben, gibt es doch in seinem Œuvre kaum nennenswerte Spuren des normannischen Widerparts. Im Übrigen war er psychologisch belastet durch das Fiasko von *Il marito di Elena*, jenem wenig qualitätsvollen Roman aus vorveristischen Tagen, der sich in den größeren Reigen der *Bovary italiane* einreiht und nur einen schwachen Abglanz von Flauberts epochemachender Heldin bietet.[2]

Man muss demnach genau hinsehen, um in Vergas veristischen Texten kleinere Reflexe der *écriture* Flauberts zu finden. Am Ende betrifft dies ernsthaft nur ein narratives Konstruktionselement *a prima vista* peripherer Natur, das be-

1 Vgl. dazu Arrighi 1937, S. 73–83 u. 159–174.
2 Näheres bei Meter 1979.

zeichnender Weise gerade den gewichtigen Texten von *Madame Bovary* und *I Malavoglia* gemein ist: das Figurenpaar von Apotheker und Pfarrer, die prinzipielle Parallelführung von Homais und Bournisien einerseits sowie don Franco und don Giammaria andererseits. Dies überrascht allerdings insofern, als beide Romane, wenngleich einem provinziellen Ambiente verpflichtet, verschiedenartige Probleme thematisieren und in ihren gesellschaftsbezogenen Anschauungen divergieren.[3] Folglich erscheint es vielversprechend, sich der jeweiligen Funktion des Figurenpaars zu widmen sowie das Gemeinsame und das Trennende der beiden Fiktionsmuster herauszustellen. Dass dies dem Vorgehen Vergas eine Schlüsselrolle zuweist, ist unvermeidlich. Schließlich verdankt sich der Kern der Fragestellung seiner reaktiven Bezugnahme auf Flaubert.[4]

## II

Bei Flaubert wie bei Verga zeichnen sich Apotheker und Pfarrer durch eine kontinuierliche Präsenz im Romangeschehen aus. Beide Figurenpaare sind geprägt durch ihren konstitutiven weltanschaulichen Antagonismus. Dieser äußert sich in steten Disputen, die sich immer der Initiative des Apothekers verdanken, der sich in *Madame Bovary* als Sprachrohr des unablässigen naturwissenschaftlichen Fortschritts und dessen eminenter Vorteile für die Gesellschaft geriert, wohingegen sein Analogon in *I Malavoglia* sich zum Verfechter politisch-sozialer Veränderungen aufschwingt und eine alles erneuernde Revolution herbeisehnt.[5] Auch die Pfarrer beider Autoren sind einander, was die textliche Oberfläche angeht, verschwistert. In der ideologischen Auseinandersetzung mit den Apothekern befinden sie sich zumeist in der Defensive, verteidigen ihre Positionen allerdings hartnäckig, indem sie auf einer zeitlosen Glaubenstradition insistieren.

Flauberts Homais und Bournisien versagen letztendlich vor dem Phänomen Emma Bovary. Sie begreifen diese nicht in ihrer Suche nach existentieller Orientierung. Sie bleiben befangen in ihren unabänderlichen Gewissheiten, die sich als bizarrer Selbstzweck herausstellen und beiden weltfremde, wo nicht groteske Züge verleihen. Don Franco und don Giammaria, Vergas entspre-

3 Verga hat *Madame Bovary* Ende 1873 / Anfang 1874 gelesen. Distanziert äußert er sich zu Roman und Autor im Brief an Luigi Capuana vom 14. 1. 1874. Das Buch sei »schön« und zeuge von einer »mano maestra«, doch bekunde es einen »Realismus«, der ausschließlich die »sensi« betreffe. Es sei das Buch eines »uomo che non ha principi ben stabiliti«. Schließlich dokumentiere es »il pensiero francese di cui il Flaubert personifica tutte le debolezze di oggi«. Vgl. *Carteggio* 1984, S. 29.

4 Zitate und Verweise nach den Editionen: Flaubert 1971 u. Verga 1972.

5 Markante Beispiele: Flaubert 1971, S. 137f.; Verga 1972, S. 92f.

chendes Duo, kennzeichnen sich ihrerseits durch eine unspezifische Gegenwärtigkeit im Handlungsgefüge. Es gibt keine Figuren, auf die sie in auffälliger Weise ausgerichtet wären.[6] Ihr Agieren ist ein eher diffuses, obwohl der repetitiv angelegte Erzählhabitus des Romans auch stete Wiederholungsformen auf der Ebene des Handelns und Argumentierens aller Figuren mit sich bringt.

Bournisien und Homais tragen nicht zu einer positiven Entwicklung der Emma Bovary bei. In ihrer katholischen Internatsausbildung ist diese in eine romantisierende Wirklichkeitsferne geglitten, was sich später über einschlägige Lektüren fortsetzt. So ist die Kirche denn auch für Emma nicht präsent als eine einladende Stätte. Mit der Apotheke verhält es sich anders. Doch auch sie avanciert nicht zum Ort eines befreienden Denkens und Empfindens. Sie ermöglicht es Emma im strikten Sinne nur, das Arsen zum Selbstmord zu entwenden, was sich freilich Homais' Unachtsamkeit verdankt, die er aus Selbstschutz heuchlerisch verschweigt, indem er die Vergiftung vorgeblich auf ein Verwechseln des Arsens mit Zucker zurückführt.[7]

Sowohl Homais als auch Bournisien entgeht Emmas Doppelleben, obwohl sie bei gelegentlichen Aufenthalten in Rouen eine Ahnung davon hätten gewinnen können. So sind sie erst bei der Totenwache der jungen Frau nahe, wobei sie freilich auch hier ihre Einseitigkeit und Beschränktheit zur Anschauung bringen. Diese Identität beider in der egozentrischen Selbstgewissheit lässt sie denn auch als Kehrseiten ein- und derselben Medaille erscheinen.[8]

Abweichend von Flaubert ist bei Verga die szenische Exposition des Figurentandems eher reduziert. Es überwiegt die intermittierende Serie kurzer Impressionen. Beide Figuren resultieren mithin aus einer summarischen Mosaikbildung. Dabei ist der Anteil des Suggestiven zumindest so groß wie der des effektiv Verifizierbaren. Für Flauberts Konzeption gilt, dass die zwei Vertreter des Herkömmlichen bzw. des Neuen nichts bereithalten, woraus die Romanheldin ansatzweise ihre Rettung beziehen könnte, was in manchem deren Sonderweg begreifbar macht. Für Vergas Figurenpaar gilt demgegenüber, dass beide Gestalten das Schicksal der Malavoglia nicht entscheidend beeinflussen könnten. Bei ihren Stimmen handelt es sich nur um solche innerhalb eines größeren Konzerts gleichwertiger weiterer Stimmen. Die konzeptuelle Fatalität bei Verga entspricht einem umfassenden Gang der Geschichte. Individuelle und Grup-

6 So widmen sich beide auch diskursiv dem »mondo di fuori« und nicht, wie die anderen Figuren, nur den unmittelbaren Fragen ihres Lebensbereichs. Vgl. Caldarone 1992, S. 64.

7 Vgl. Flaubert 1971, S. 333f.

8 Vgl. Flaubert 1971, S. 339. So schlafen beide in Präsenz der toten Emma ein, »se rencontrant enfin dans la même faiblesse humaine« (ebd.). Nach einem anschließenden nächtlichen Mahl im Zeichen einer »gaieté vague« (Flaubert 1971, S. 341) meint Bournisien gar: »Nous finirons par nous entendre!« (ebd.).

penschicksale sind Folgen metahistorischer Bedingungen.[9] Die »fatalité« hingegen, der Emma Bovary mutmaßlich unterliegt,[10] ist eine weitgehend persönliche, die im Rahmen immanenter gesellschaftlicher Möglichkeiten zum Besseren hin korrigierbar wäre. Es liegt ein Sonderfall vor, der freilich typologische Wirkkraft entfalten könnte.

Angesichts dieser Modellierungsweisen wird deutlich, dass im Hinblick auf *Madame Bovary* ein Verzicht auf das Figurenpaar die Struktur des Romans beträchtlich beeinflussen würde.[11] Im Falle Vergas hingegen würde dessen Preisgabe der pittoresken Gestaltung des sozialen Milieus erheblichen Schaden zufügen; doch eine strukturelle Notwendigkeit zur Berücksichtigung ist nicht gegeben. Vergas motivische Anlehnung an Flaubert ist demnach nicht als eine narrative Analogie oder gar Homologie zu verstehen. Die Differenz überwiegt. Dies mag auch vorgegeben sein durch das Profil der tatsächlichen Protagonisten: Die Malavoglia kämpfen um ihre materielle Existenz, Emma Bovary kämpft um einen existentiellen Mehrwert jenseits des materiell Erforderlichen.

Weder bei Flaubert noch bei Verga lassen sich differenzbildende Entwicklungen der beiden im Hiat miteinander verbundenen Figuren beobachten. Sie bleiben jeweils unverändert in ihrem Habitus und den ihnen eingeschriebenen Qualitäten. Freilich gilt das auch für das übrige narrative Personal. Auch dieses gehorcht beständigen Handlungs- und Denkmustern und reproduziert immer wieder das fest umrissene Potential jeweils konstanter Eigenschaften. Man denke nur an Emmas Liebhaber Léon und Rodolphe oder an den Trunkenbold Rocco Spatu und den eitlen Gendarmen don Michele. Emma Bovary fällt teilweise aus diesem Rahmen, insofern etwaige Impulse aus ihrem sozialen Umfeld ihr zu einer anderen Entwicklung hätten verhelfen können. Auf der Suche nach geistiger Nahrung vermag ihr Bournisien nichts anzubieten, ja er versteht nicht einmal das an ihn gerichtete Verlangen.[12] Auch die Hoffnung auf eine qualitative Entwicklung des Ehemanns Charles in seinem Metier sieht sich enttäuscht und das kurzfristig ersehnte Glück einer zufriedenen Ehefrau auch in dieser Hinsicht verwehrt. Daran hat nicht zuletzt Homais einen Anteil, indem er aus purer Verblendung den nicht sonderlich versierten Arzt Bovary zur misslingenden

9 Zum »cammino fatale« der Menschheit vgl. die Vorrede zu *I Malavoglia* (Verga 1972, S. 5–7).

10 »C'est la faute de la fatalité!«, sagt Charles Bovary kurz vor dem Romanende und scheint ansatzweise erstmals einer Einsicht nahe, wenngleich der Erzähler sogleich auf Rodolphe verweist, »qui avait conduit cette fatalité« (Flaubert 1971, S. 355).

11 Für Matz 2007, S. 107f. ist Homais eine komplexe, häufig »mißverstandene Figur« und wird zur »zweiten Hauptfigur« neben Emma, zu ihrer »Ergänzung« und einem »Gegenspieler«, gerade weil er »bestimmte ihrer Eigenschaften […] in sich trägt«.

12 Als Emma gegenüber dem Pfarrer ein »je souffre« äußerst, meint dieser: »nous sommes nés pour souffrir.« Auch ihr Argument, sie brauche kein »remède de la terre«, wird von ihm nicht aufgegriffen. Selbst ihre »yeux suppliants« finden kein Echo. Vgl. Flaubert 1971, S. 115f.

strephopodischen Klumpfußoperation drängt.[13] Die negativen Rollen von Apotheker und Pfarrer bestehen darin, dass sich beide in ihrer Engstirnigkeit nicht vom übrigen Figurenbestand unterscheiden, doch demgegenüber virtuell die Möglichkeit hätten, etwas zum Positiven hin zu bewegen. Nur beider Einbettung in gewichtigere Zusammenhänge verleiht ihnen ein besonderes Relief, was dann allerdings auch ihr Ungenügen offen zutage treten lässt.[14] Es ist die gezielte Distribution des skurrilen Paares auf Zentren narrativer Intensität, die es zu einer gewissen Bedeutung gelangen lässt und damit die zunehmende Verzweiflung einer anfangs noch auf Selbstsuche befindlichen Emma Bovary begreiflicher macht.[15]

Bei Verga fällt die Analogie zwischen den beiden widerstreitend-einverständlichen Figuren noch stärker ins Auge.[16] Sie bilden idealtypisch die steten Streitsituationen dualer Partnerschaften im Ambiente von Aci Trezza ab. Meist handelt es sich dabei um eheliche Konflikte oder Unverträglichkeiten in Liebesbeziehungen. Nicht zuletzt daraus erwächst die repetitiv angelegte Lebenswelt des Fischerdorfes, denn schließlich erweisen sich sogar die sprachlichen Formen und Formeln, in denen die Dauerantagonismen sich niederschlagen, als insistente Wiederholungsmuster. Interessanterweise sind nun Apotheker und Pfarrer – unabhängig von ihrer Gegensatzrelation – auch in eine oppositionelle Struktur von Mann und Frau verstrickt: der Pharmazeut mit seiner Ehefrau, deren Verboten er sich ängstlich fügt, der Geistliche mit seiner Schwester, die sich insgeheim an ihm bereichert hat.[17] Diese doppelte Konfliktsituation beider hebt sie ein wenig über das Normalmaß der Übrigen hinaus, ändert aber nichts daran, dass sie Teil einer seriellen Ausgestaltung menschlicher Zwietracht sind.[18] Im Verhältnis zu Flauberts Vorgehen kommt dies einer Art Nivellierung innerhalb des Figurenspektrums gleich. Man kann das als bewusste Absetzung von der Vorgabe der *Madame Bovary* begreifen, zugleich aber auch als das Bemühen um eine Umwertung des Figurenpaares in Kategorien sozialer Normalität.

Beide Gestalten sind spezifisch ob ihrer vorgegebenen und traditionellen

---

13 Homais' Argumente betreffen die »humanité pure« und die »haute philanthropie« (Flaubert 1971, S. 179f.). Zu Verlauf und Scheitern der Operation vgl. Flaubert 1971, S. 183–189.

14 Vinken 2009, S. 80 versteht beider »Konkurrenz« als »oberflächliches Phänomen einer tieferliegenden Gemeinsamkeit« und ihre »konkurrierenden Diskurse gleichermaßen als buchstäbliches Wissen bar jeder Geistlichkeit« und folglich »nur als heilbringendes Wissen zum heillosen Tod«.

15 Collas 1985, S. 79 sieht gar hinter der »typically male bourgeois personality« des Homais eine gefährliche »bad mother figure« angesichts von »a certain vagueness in the boundaries between the sexes« im Roman.

16 Eines eint sie zumal: die Kritik des »Governo ladro« (Verga 1972, S. 114).

17 Vgl. etwa Verga 1972, S. 96 u. 213.

18 Luperini 1982, S. 88 sieht sie verbunden durch »somiglianza« und »opposizione«, ersteres auf Grund ihres Status als »gli intellettuali del paese«.

Berufsrollen. Da sie dieses ererbte Patrimonium nicht fruchtbar machen können für das Aufzeigen überzeugender Entwicklungsmöglichkeiten ihrer Lebenswelt, gleichen sie sich ihrer Umwelt letzten Endes an und geben nur eine einprägsame Facette von dieser ab. Weder eine kaum zukunftsweisende Religion noch vermeintliche Wissenschaft vermögen somit einen Weg aus dem sozialen Dilemma von Armut, gegenseitiger Übervorteilung und Disharmonie aufzuzeigen. Dementsprechend ist das Ansehen beider Gestalten in der Gemeinschaft eher begrenzt. Allein ihr ökonomisch gesichertes Leben erregt mitunter Neidgefühle,[19] was indessen in derselben Weise auf wirtschaftlich erfolgreiche Figuren wie Campana di legno oder padron Fortunato Cipolla zutrifft.

## III

Wie man sieht, möchte Verga offenbar nicht nur eine strukturelle Variante zum Figurenentwurf Flauberts realisieren. Sein Streben nach einer funktionalen Alterität im dialektischen Verbund des Figurengespanns richtet sich in letzter Konsequenz auch auf eine paradigmatische Opposition zur Figurenkonzeption seines Autorkollegen. Während Homais am Ende zu einem zweifelhaften, sarkastisch untermalten Renommee als vermeintliche naturwissenschaftlich-philanthropische Koryphäe gelangt und den heiß ersehnten Orden der *Légion d'honneur* erhält,[20] schwindet der in seinem Lebensbereich ohnehin eher mäßige und auf konversationelle Agitation beschränkte Einfluss von don Franco zum Romanausgang hin beträchtlich und lässt den nur verbalen Revolutionär zum bescheidenen pharmazeutischen Praktiker schrumpfen.[21] Dieser ist nun nur noch mit seinem Mörser und dem routinemäßigen Herstellen von Arzneien befasst, ganz so, wie dies despektierlich immer wieder im Volksmund zum Ausdruck kommt.[22] Flauberts ironischer Inszenierung des fragwürdigen sozialen Erfolgs seines Apothekers entspricht als Kontrastfolie die finale Bedeutungslosigkeit des Berufskollegen bei Verga, eine Entwicklung, die sich dessen durchaus sonderbarer Furcht vor dem Verlust der beruflichen Sicherheit verdankt.[23]

19 Vgl. Verga 1972, S. 16f., 211, 216f. u. 235.

20 Zu Homais' »tentation de reconnaissance bourgeoise« und seiner »soumission aux valeurs culturelles bourgeoises démodées, dévaluées« vgl. Privat 1994, S. 204f.

21 Bárberi Squarotti 1991, S. 91f. hebt »precisi opinioni politiche« und »idee democratiche avanzate« bei don Franco hervor. Er rege eine »rivolta dal basso« an, doch gerade seine »idee attuali« stießen bei Verga auf Antipathie, so dass er ihn einer »vera e propria denigrazione« unterziehe.

22 Vgl. z.B. Verga 1972, S. 280.

23 Don Franco behauptet sogar, man suche gern einen Vorwand, ihn als bekennenden »re-

Somit stehen einander gegenüber der ironisierte Homais als Sinnbild einer sich zum Negativen hin entwickelnden Gesellschaft und der schließlich verstummende Wichtigtuer und Feigling don Franco, dessen folgenlose Revolutionsrhetorik allmählich der schieren handwerklichen Enge weicht.[24] Wenn auch letzteres im Erzählduktus von einem distanzierenden Effekt begleitet wird, so sind die Verhältnisse dennoch anders als im Text Flauberts, wo ein wenn auch spärlicher Erzählerblick vorhanden ist und der Ironie einen klaren Bezugspunkt zuweist. Da in den *Malavoglia* hingegen der Erzählhabitus des kollektiven *stile indiretto libero* vorliegt, an dem letztlich alle Figuren – auch don Franco – teilhaben, bleibt die Beurteilung des Apothekers eine in manchem unbestimmbare, dies jedoch im Rahmen einer prinzipiellen Negativität, die ihn wiederum mit dem Gros der übrigen Figuren verbindet.

Gesellschaftskritik in einem gegenläufigen Sinne lässt sich mithin im Erzählen von Flaubert und Verga vorfinden. Demnach ist der gesellschaftliche Fortschritt in *Madame Bovary* ein problembehafteter, insofern mit Homais derjenige prämiiert wird, der ihn in einem nicht authentischen und kontraproduktiven Verständnis verkörpert.[25] Demgegenüber zeigt sich in den *Malavoglia* – ganz im Einklang mit Vergas Vorrede zum Roman – der Fortschritt an sich als Problem. In Vergangenheit wie Gegenwart hat er als ein Mythos zu gelten, der am Ende alle Menschen zu sozialen Verlierern macht.[26] Die Französische Revolution ist demnach ebensosehr ein Unglück wie die revolutionären Veränderungen, die don Franco bramarbasierend im Munde führt. Sein abschließendes Schweigen ergibt sich aus keiner tieferen Einsicht in die Bedingungen gesellschaftlichen Lebens, sondern erfolgt aus Mutlosigkeit und dem latenten Wissen um den Opportunismus seiner politischen Parolen.[27]

Das kontrastive Bild, das aus den Modellierungsformen beider Apotheker resultiert, lässt sich in homologer Weise auf die Zeichnung der zwei Geistlichen übertragen. Auch hier folgt Verga nicht nur eigenen Intentionen, sondern er ist zudem um eine kontrapunktische Konzeption im Verhältnis zu Flaubert bemüht. In seiner mentalen Begrenztheit bleibt Bournisien ein Pfarrer, der allein schon physisch der ländlich-provinziellen Szenerie des Handlungsortes Yonville verpflichtet ist. Er versteht es ebenso gut, den Kindern den Katechismus nahe zu

---

pubblicano« zu fassen, »per farmi sparire dalla faccia della terra« (Verga 1972, S. 260). Ähnlich ebd., S. 236.

24 Zum revolutionären Sprachgebaren von don Franco siehe insbesondere sein Loblied auf 'Ntoni, dessen inhaltsleeres Argumentieren er in seine eigene politische Denkweise einzupassen versteht. Vgl. Verga 1972, S. 170 u. 215.

25 Philippot 1997, S. 285 sieht den »Fortschritt« aufgefasst »comme une religion«, als »dogme suprême d'un fanatisme moderne qui a Homais comme prophète«.

26 Vgl. Verga 1972, S. 6f.

27 Für Rossi 1997, S. 59 repräsentiert don Franco eine »cultura libresca e inutile«, insofern diese im geistlosen Aci Trezza keine »effettiva incidenza« habe.

bringen wie bei körperlichen Arbeiten mit anzupacken. In Bezug auf Emma Bovary lässt ihn Flaubert in seiner formalen Amtsausübung deutlich zugegen sein: beim Austeilen der Sterbesakramente, bei der Totenwache wie bei der Beerdigung. Die Normalität priesterlichen Handelns erfährt eine besondere Betonung durch ihre gezielte Distribution auf hervorstechende Textsegmente. So ist Bournisien nahezu bis zum Romanende gegenwärtig – auch noch in einem vergeblichen Bemühen um den Witwer Charles – und rangiert folglich nur wenig hinter seinem pharmazeutischen Gegenspieler.

Insgesamt kommt ihm jedoch, von den Erzählanteilen her, ein geringeres Gewicht zu als Homais. Er verfügt auch nicht über dessen Ambitionen und die damit einhergehende Antriebskraft, das angestammte bäuerlich-kleinbürgerliche Milieu zu einer städtischen Denkungsart hin zu überschreiten. Bournisien ist der Vertreter eines ebenso soliden wie beengten *terre-à-terre* und geht zur Gänze in der tradierten Praxis des katholischen Priestertums auf. Konsequenterweise gehört er gleichsam zum Inventar des Ambientes, in dem er agiert. Er verkörpert die *longue durée* elementaren priesterlichen Selbstverständnisses und gibt somit einen Gegenpol zu jeglichem Fortschrittsdenken ab und damit evidenter Weise zu seinem Kontrahenten Homais. Doch auch der geistige Stillstand wird erwartungsgemäß von Flaubert nicht honoriert. Verhält sich Bournisien als Verwalter religiöser Alltäglichkeit korrekt,[28] so fehlt es ihm jedoch an elementarer Einfühlsamkeit in sich verändernde soziale Verhältnisse und damit auch in den seelischen Wandel, dem die Personen ausgesetzt sind – Emma Bovary lehrt es. Flauberts Pfarrer steht für die normativen Präskriptionen des Katholizismus, für ein Ensemble an Gesetzen, die strikt zu befolgen sind und keines reflexiven Zugangs bedürfen.[29] Damit rückt auch er in eine Zone der Realitätsferne und letztlich des Grotesken.

Anders verhält es sich mit don Giammaria. Traditionelle Religionsauffassung und routinierte Amtsführung sind auch hier vorhanden. Doch, Bournisien unähnlich, klagt Vergas Priester nicht selten über die politischen Verhältnisse und erweckt den Eindruck, seine Position, ökonomisch wie in der Akzeptanz durch seine Gemeinde, nicht dauerhaft gesichert zu sehen.[30] Das bewirkt offenbar ein größeres Interaktionsbedürfnis, das sich in regem Informationsaustausch mit der Umwelt niederschlägt. Dabei scheint sich don Giammaria nicht immer an das Beichtgeheimnis zu halten, wie aus den Bemerkungen mancher Ortsbewohner hervorgeht und unter anderem ein gewisses, sozial verbreitetes Detailwissen über die nicht minder sexuell unternehmungsfreudige wie von religiösem

28 Als »gutmütig und unbedarft« sowie »weit entfernt von einem antiklerikalen Pappkameraden« bezeichnet ihn Matz 2007, S. 107.

29 Vgl. v.a. Flaubert 1971, S. 335.

30 Vgl. Verga 1972, S. 276.

Eifer beseelte Wirtin Santuzza vermuten lässt.[31] Es ist dies ein Modus, den Geistlichen den Kommunikationsweisen und nicht zuletzt der Medisance seiner Mitbürger anzupassen.

Im Vergleich zu Bournisien wirkt don Giammaria mithin als Priester weniger verlässlich und, wie die meisten anderen Dorfbewohner, mehr von materiellen Interessen bestimmt.[32] Verga gewährt ihm im Übrigen auch nur eine eher geringe Präsenz gegenüber den Protagonisten der Familie Malavoglia. Insgesamt repräsentiert er eine noch weithin im Gemeinschaftsleben verankerte, doch in Manchem bereits schwächelnde Kirche.[33]

So verwundert es nicht, dass der Pfarrer, in signifikanter Weise von Bournisien abweichend, zum Erzählausgang hin immer mehr aus dem Geschehen ausgeblendet wird. Seine Spuren verlieren sich geradezu, ganz so, als ob die dramatischen Höhepunkte des Wiedererwerbs der *casa del nespolo* durch Alessi, die traurige Nachricht vom Schicksal der Lia und der definitive Aufbruch des gescheiterten 'Ntoni im übertragenen Sinne keiner geistlichen Begleitung mehr bedürften.

## IV

Die unterschiedlichen Perspektiven, aus denen Apotheker und Pfarrer in beiden Romanen wahrgenommen werden können, verweisen auf eine jeweilige Komplexität in der Anlage des Figurenpaares, aber auch auf den Umstand, dass es sich um bedeutungsträchtige Nebenfiguren handelt. Dabei sind es der Grad und der Modus ihrer Verstrickung in die Lebensumstände der Hauptfiguren, aber auch der übrigen Figuren, die Auskunft über ihr Potential an Suggestivkraft und rezeptiver Herausforderung geben.

Hier kann Flauberts Text zweifellos den Vorteil beanspruchen, nur über eine manifeste Hauptfigur zu verfügen, während im anderen Fall die Protagonistenrolle einer ganzen Familie vorbehalten ist. Unter dem Aspekt der Ereignishaftigkeit ist alles auf Emma Bovary zentriert, und diese weist als mehrdimensionale Gestalt ein hinreichendes konzeptuelles Spektrum auf, um Homais und Bournisien mit zwar mäßiger, doch kontinuierlicher Frequenz an sich zu binden.

Abweichend von *Madame Bovary* bemisst sich die narrative Spezifik des

31 Vgl. z. B. Verga 1972, S. 166 u. 216.

32 Dies auch wegen seiner Furcht, die Regierung könnte »progressista« werden und das Risorgimento eine Tatsächlichkeit, verbunden mit dem Verlust seiner Privilegien. Vgl. Rossi 1997, S. 59.

33 Laut Bàrberi Squarotti 1991, S. 94 hat der Pfarrer als »personaggio emblematico« einer im Niedergang befindlichen Kirche zu gelten, der sich in einer »posizione di pura mondanità« ohne ›spirituelle‹ Ziele einrichtet und den »stato unitario« polemisch ablehnt.

Figurenpaars in den *Malavoglia* insgesamt kaum im Verhältnis zur Ebene der Protagonisten. Es ist hingegen seine Funktion als Bindeglied zwischen den gleichgeordneten Nebenfiguren, die es in einem besonderen Licht erscheinen lässt. Vergas ingeniöse Umgestaltung und partielle Aushöhlung eines kleinen, doch signifikanten Struktur- und Inhaltsfaktors bei Flaubert erweist sich zweifellos als beredt.

Flaubert zählte nicht zu Vergas künstlerischen und ideologischen Leitfiguren.[34] Seine wichtige Position im Kontext des zeitgenössischen Romans mag diesen sogar irritiert haben. So findet Flaubert auch kaum Erwähnung in der Korrespondenz des zu Lebzeiten wenig erfolgreichen Erzählers aus Catania, auch nicht im literarisch ausgerichteten Briefwechsel mit dem Freund und Kollegen Luigi Capuana.[35] Im Übrigen wollte Verga ja mit einer Übersetzung der *Malavoglia* in Frankreich reüssieren,[36] ein – am Ende vergebliches – Unterfangen, das jedenfalls klare Zeichen von Originalität und das Vermeiden tautologischer Bezüge zu Paradetexten der französischen Literaturszene erforderte. Das binäre Konstruktionsmuster des Figurenpaars von Apotheker und Pfarrer kann seinerseits als Hinweis auf eine kontrastiv verstandene Eigenwilligkeit verstanden werden, ganz so wie die gewichtige, vordergründige Übernahme von Zolas kollektiv inszeniertem *style indirect libre* aus dem *Assommoir* angesichts von dessen Transposition aus der Großstadt in ein archaisches ländliches Milieu.[37]

Dennoch haftet dem verfremdenden Rückgriff auf Flauberts Figurendiptychon etwas Besonderes an. Wie sich im Rückblick auf die bedeutende Romanliteratur des 19. Jahrhunderts sagen lässt, ist das entsprechende Strukturelement nirgendwo sonst zu finden. Insofern eint es kurioserweise die beiden wenig affinen Autoren über einen offenkundig gemeinsamen Aspekt, der – genauer besehen – zugleich von ihrer letztendlichen Distanz kündet. So beschert die Literaturgeschichte der Leserschaft wie der Forschung mit dem narrativen Dispositiv zweier in Kontrast verbundener Figuren bei Flaubert und bei Verga ein kleines Unikat, das einen eigentümlichen Hintersinn offenbart.

34 Die Begeisterung für *Bouvard et Pécuchet* bildet eine Ausnahme, betrifft indes die neue Ästhetik eines Erzählens ohne *plot* und nicht das weite Feld des Realismus. Vgl. den Brief an F. Cameroni vom 2. Juni 1881 in Verga 1979, S. 10.

35 Siehe Anm. 3.

36 Vgl. hierzu Verga 1964.

37 Siehe dazu Kap. II, 12 in Meter 1986, S. 71–79.

## Bibliographie

*Carteggio Verga – Capuana*, a cura di G. Raya. Roma: Ed. dell'Ateneo 1984.

Flaubert, Gustave: *Madame Bovary.* Édition de C. Gothot-Mersch. Paris: Garnier 1971.

Verga, Giovanni: *Lettere al suo traduttore*, a cura di F. Chiappelli. Firenze: Le Monnier 1964.

Verga, Giovanni: *I Malavoglia*, in: Ders.: *I Grandi Romanzi*, a cura di F. Cecco e C. Riccardi. Milano: Mondadori 1972, S. 3–289.

Verga, Giovanni: *Lettere sparse*, a cura di G. Finocchiaro Chimirri. Roma: Bulzoni 1979.

Arrighi, Paul: *Le Vérisme dans la prose narrative italienne.* Paris: Boivin 1937.

Bàrberi Squarotti, Giorgio: »›I Malavoglia‹: la famiglia e la casa«, in: Cacciaglia, Norberto et al. (a cura di): *Famiglia e Società nell'opera di G. Verga. Atti del Convegno Nazionale (Perugia 25–26–27 ottobre 1989).* Firenze: Olschki 1991, S. 85–110.

Caldarone, Frank Ignazio: *Il ciclo dei »Vinti« da Verga a De Roberto.* Ravenna: Longo 1992.

Collas, Ion K.: *Madame Bovary. A Psychoanalytic Reading.* Genève: Droz 1985.

Luperini, Romano: »Sulla costruzione dei ›Malavoglia‹. Nuove ipotesi di lavoro«, in: Ders. (Hg.): *Verga. L'ideologia, le strutture narrative, il »caso« critico.* Lecce: Milella 1982, S. 61–114.

Matz, Wolfgang: *1857. Flaubert, Baudelaire, Stifter.* Frankfurt/Main: Fischer 2007.

Meter, Helmut: »Der düpierte Held und die enttäuschten Leser. Zur Erzählstruktur von G. Vergas ›Il marito di Elena‹«, in: *Italienische Studien* (II) 1979, S. 29–51.

Meter, Helmut: *Figur und Erzählauffassung im veristischen Roman. Studien zu Verga, De Roberto und Capuana vor dem Hintergrund der französischen Realisten und Naturalisten.* Frankfurt/Main: Klostermann 1986.

Philippot, Didier: *Vérité des choses, mensonge de l'Homme dans »Madame Bovary« de Flaubert. De la Nature au Narcisse.* Paris: Champion 1997.

Privat, Jean-Marie: *Bovary Charivari. Essai d'ethno-critique.* Paris: CNRS 1994.

Rossi, Salvatore: *La nausea nel cuore e altri saggi verghiani.* Palermo: Palumbo 1997.

Vinken, Barbara: *Flaubert. Durchkreuzte Moderne.* Frankfurt/Main: Fischer 2009.

# V *Ce que nous en faisons:* Europäische Perspektivierungen

Christian Moser (Bonn)

# Von der Sonne der Wahrheit zum Blitz der Erkenntnis: Epistemische Funktionen der Anekdote – Antike und Neuzeit im Vergleich

Unter den ›kleinen Formen‹, die seit einiger Zeit in der Literaturwissenschaft verstärkte Aufmerksamkeit erfahren, gehört die Anekdote zu denjenigen, die auf eine lange Geschichte zurückblicken können. Wird das Wort Anekdote erst seit dem 18. Jahrhundert zur Kennzeichnung einer bestimmten Textsorte verwendet, so ist die Sache, auf die es verweist, die kurze, episodische Erzählung, die die Konfrontation eines Protagonisten mit einer außergewöhnlichen Situation und ihre pointierte Auflösung zum Gegenstand hat, seit der Antike bekannt. Die eigentliche Heimat der Anekdote ist die Geschichtsschreibung.[1] Innerhalb der Historiographie wird der Anekdote traditionellerweise die Funktion zugewiesen, historische Erkenntnis zu erzeugen, indem sie geschichtliche Zusammenhänge auf eine prägnante Konstellation reduziert. Während die Geschichtsschreibung es als ihre eigentliche Aufgabe ansieht, das schwer überschaubare Geflecht von Ursachen und Wirkungen, das dem historischen Geschehen zugrunde liegt, aufzuschlüsseln, zielt die Anekdote darauf ab, die komplexen Verhältnisse in ein sinnfälliges Bild zu überführen. Durch Vereinfachung und Verdichtung, aber auch mit den Mitteln der Dramatisierung und der ›Verbildlichung‹ verschafft sie dem historischen Geschehen Anschaulichkeit. Die von ihr erbrachte Veranschaulichungsleistung ist aber auch dafür verantwortlich, dass sie unter Historiographen von jeher ein zweifelhaftes Ansehen besitzt. Ihr wird vorgeworfen, die historischen Tatsachen zu verbiegen oder gar mit Fiktionen zu operieren, um sinnfällige Anschaulichkeit herzustellen. Die Anekdote erscheint als literarischer Fremdkörper innerhalb einer faktographisch ausgerichteten Geschichtsschreibung. Dieser von Seiten der Historiker erhobene Vorwurf bildet wiederum den Ansatzpunkt für eine literaturgeschichtliche Konstruktion: Demnach hat sich die Anekdote im 18. Jahrhundert aus der Umklammerung durch die Historiographie befreit, hat sich auf ihr ästhetisches Potential besonnen und pragmatischer Funktionszuweisungen entledigt, um den Status einer autonomen literarischen Form zu gewinnen. Folgt man dieser literar-

1 Vgl. Fineman 1989; Weber 1993; Hilzinger 1997; Gossman 2003; Moser 2006.

historischen Konstruktion, so steht die Anekdotenkunst eines Autors wie Heinrich von Kleist paradigmatisch für den neuen Status ästhetischer Autonomie ein: Sie verkörpert angeblich den Typus der dezidiert *literarischen* Anekdote, die sich von der pragmatisch ›fremdbestimmten‹ *historischen* Anekdote abhebt.

Diese literarhistorische Konstruktion ist nicht unproblematisch. So kann man etwa fragen, ob Kleists Anekdoten tatsächlich einen autonomen Status erlangen, oder ob sie die Fremdbestimmung durch die Zwecke der Historiographie nicht gegen eine neue Fremdbestimmung eintauschen – diejenige durch die zeitgeschichtliche Berichterstattung, wie sie im neuen Medium der Tageszeitung praktiziert wird.[2] Zudem stellt sich die Frage, wie sich eine solche Literarisierung anekdotischen Schreibens auf ihre epistemische Funktion auswirkt. Bedeutet die Emanzipation der Anekdote von der pragmatischen Indienstnahme durch die Historiographie zugleich die Abkehr von der Funktion der Erkenntnisvermittlung? Büßt die moderne Anekdote seit dem 18. Jahrhundert dabei ihre Anschaulichkeit ein? Wird sie ›abstrakter‹? Das sind weitreichende Fragen, die hier allenfalls andeutungsweise und im Sinne notwendig zu leistender Vorarbeiten beantwortet werden können. Zu diesem Zweck möchte ich zweischrittig verfahren. Zunächst möchte ich mich der Vorgeschichte anekdotischen Schreibens zuwenden und der Frage nachgehen, was für ein Wissen in der spätantiken Historiographie mit welchen Mitteln und zu welchem Zweck durch Anekdoten hergestellt wird. Der Fokus soll dabei auf den *Bioi paralleloi* des griechischen Schriftstellers Plutarch von Chaironea liegen, denn Plutarchs Biographik wird auch in der Neuzeit immer wieder als Muster einer anekdotischen *écriture* aufgerufen; nicht zufällig geht die (vermeintliche) Literarisierung der Anekdote im 18. Jahrhundert mit einem neuen Schub der Plutarch-Rezeption einher.[3] In einem zweiten Schritt will ich dann schlaglichtartig an drei Fallbeispielen untersuchen, welchen Transformationen die von Plutarch etablierte Form anekdotischer Wissensbildung in der Neuzeit unterzogen wird. Zu diesem Zweck sollen ein theoretischer Text – Isaac D'Israelis *A Dissertation on Anecdotes* von 1793 – und zwei praktische Exempel – Kleists »Tagebegebenheit« aus den *Berliner Abendblättern* vom 2. Oktober 1810 und ein *fait divers* des französischen Schriftstellers Félix Fénéon – miteinander verglichen werden.

2 Kleist publizierte seine Anekdoten in der von ihm herausgegebenen Tageszeitung der *Berliner Abendblätter* – einer der ersten ihrer Art in Preußen.

3 Vgl. dazu Moser 2018, S. 71–82.

# I. Antike

Die oben getroffene Aussage, dass die Anekdote in der Historiographie der Antike die Funktion besitzt, geschichtlichen Zusammenhängen Anschaulichkeit zu verleihen, bedarf der Präzisierung. Anekdotisches Schreiben veranschaulicht nicht bloß, was in der gewöhnlichen historiographischen Darstellung auf andere Weise, diegetisch-distanzierend oder abstrakt-räsonnierend, vermittelt wird, vielmehr macht es etwas sichtbar, was in ihr überhaupt nicht zur Sprache kommt. Es bringt Verborgenes zum Vorschein. So jedenfalls möchte der byzantinische Historiograph Prokop von Caesarea seine *Anekdota*, die der Gattung den Namen gegeben haben, verstanden wissen. Die *Anekdota* sind eine Geheimgeschichte, mit welcher der Hofchronist Justinians nach dem Tod des byzantinischen Kaisers und der Kaiserin Theodora das zuvor vermittelte offizielle Bild der kaiserlichen Person und Taten einer Revision unterziehen will. Prokop konzipiert die *Anekdota* – die griechische Bezeichnung bedeutet soviel wie: das noch nicht Herausgegebene; das Unveröffentlichte – als Ergänzung zu der von ihm selbst verfassten ›offiziellen‹ Herrscherbiographie. Justinian und Theodora werden in den *Anekdota* als zweifelhafte moralische Charaktere entlarvt; ihren vermeintlich ›großen‹ Taten liegen bisher im Dunkel verbliebene zwielichtige Motive und Ursachen zugrunde. »Zu Lebzeiten der Täter«, so leitet der Chronist seine Geheimgeschichte ein,

> konnte man deren Verbrechen nicht in gebührender Art und Weise schildern. [...] Aber auch die Ursachen von vielem, was in meinen früheren Büchern steht, mußte ich verschweigen und bringe daher jetzt die bisher übergangenen Tatsachen zusammen mit den inneren Gründen der Ereignisse, von denen ich schon berichtete.[4]

Der Wunsch, verborgene Ursachen und Motive nachzureichen, veranlasst den Geheimgeschichtsschreiber dazu, den Bereich des Öffentlichen zu verlassen, sich auch hinter die Bühne des staatspolitischen Geschehens zu begeben und die Privatverhältnisse der Herrschenden einer näheren Betrachtung zu unterziehen. Dadurch gewinnt die Darstellung der Liebschaften und Intrigen, die am byzantinischen Hof üblich waren, im Rahmen der *Anekdota* ein großes Gewicht. Die respektvolle Distanz, aus der die Majestäten als dem gewöhnlichen Leben entrückte Akteure erscheinen, wird zugunsten einer Nahsicht aufgegeben, die sie auf ein menschliches Maß reduziert und ihre Fehler und Schwächen kenntlich macht. Anschaulich ist dieser Bericht insofern, als er im Zuge der Aufdeckung von ›sex and crime‹-Affären die Trivialitäten des Hoflebens in z. T. detaillierter Beschreibung wiedergibt. Anschaulichkeit ist hier also noch nicht eine Funktion anekdotischen Erzählens im engeren Sinne, sondern ein Effekt des Perspekti-

4 Prokop 1961, S. 7.

venwechsels, der die historische Persönlichkeit aus menschlicher Nähe zu erfassen sucht.

Auch der griechische Philosoph und Historiker Plutarch weist dem anekdotischen Schreiben die Aufgabe zu, eine Nahsicht auf die historische Persönlichkeit zu eröffnen und ihre verborgenen Qualitäten sichtbar zu machen. Doch während Prokop den Mangel offizieller Geschichtsschreibung in konkreten politischen Zwängen begründet sieht, fasst Plutarch ihn als die systematische Schwäche einer jeden Geschichte auf, die sich an den Kategorien der großen Ereignisse und Taten orientiert. Ihr stellt er als Gegenkategorie das Konzept der kleinen, marginalen Begebenheit gegenüber, die für eine spezifisch anekdotische Erzählweise konstitutiv ist. Im Proömion zu seiner Alexander-Biographie äußert sich Plutarch programmatisch über die Bedeutung der marginalen Begebenheit und ihre historiographische Funktion:

> [H]ervorragende Tüchtigkeit oder Verworfenheit offenbart sich nicht durchaus in den aufsehenerregendsten Taten, sondern oft wirft ein geringfügiger Vorgang, ein Wort oder ein Scherz ein bezeichnenderes Licht auf einen Charakter als Schlachten mit Tausenden von Toten und die größten Heeresaufgebote und Belagerungen von Städten. Wie nun die Maler die Ähnlichkeiten dem Gesicht und den Zügen um die Augen entnehmen, in denen der Charakter zum Ausdruck kommt, und sich um die übrigen Körperteile sehr wenig kümmern, so muß man es mir gestatten, mich mehr auf die Merkmale des Seelischen einzulassen und nach ihnen das Lebensbild eines jeden zu entwerfen, die großen Dinge oder Kämpfe aber anderen zu überlassen.[5]

Der Charakter (ἦθος) der historischen Persönlichkeit, so Plutarch, kann in den großen Ereignissen nicht zur Erscheinung gelangen, denn an ihnen sind verschiedene Personen und Faktoren beteiligt, sie sind das Resultat vielfältiger Ursachen und Einflüsse. Der kleine, scheinbar unbedeutende Vorfall hingegen, der außerhalb der Verkettung geschichtlicher Ereignisse steht, erlaubt es, das Wirken der Persönlichkeit isoliert, unabhängig von verzerrenden Einflüssen wahrzunehmen. Anekdotisches Schreiben ist notwendigerweise narrativ; und die Narration besitzt bereits hier die für die Anekdote typische Form: die Konfrontation des Protagonisten mit einem unerwarteten Ereignis und die Bewältigung der damit einhergehenden Herausforderung, in der sein *ethos* zutage tritt. Aus dem Maler-Gleichnis, das Plutarch anführt, geht zudem hervor, dass die anekdotische Erzählung auf die Herstellung von Anschaulichkeit zielt. Sie soll ein lebendiges Charakter*bild* erzeugen, das die Eigenschaften der Persönlichkeit sichtbar vor Augen bringt. Das Gleichnis macht aber zugleich auch deutlich, dass die Verfertigung eines solchen Charakterbildes eine Kunst ist, die an den Künstler, d.h. den Anekdotenschreiber, hohe Anforderungen stellt. Ge-

5 Plutarch 2001, S. 9. Seitenangaben aus dieser Ausgabe erfolgen fortan parenthetisch im fortlaufenden Text.

schichtliche Großereignisse wahrzunehmen, ist keine große Kunst, sie drängen sich dem Betrachter geradezu auf. Doch um die flüchtigen, kleinen Begebenheiten aufzufassen, in denen sich ein Charakter zu erkennen gibt, bedarf es einer besonderen, wachen Beobachtungsgabe; und um sie in die adäquate narrative Form zu bringen, ist literarisches und rhetorisches Geschick vonnöten.

Ein solches stellt Plutarch gleich zu Beginn der Alexander-Vita unter Beweis. Bereits die Schilderung der Kindheit des künftigen Weltenherrschers hat eine episodische Struktur; sie setzt sich aus einer Vielzahl von Anekdoten zusammen. Der ersten von ihnen wird ein herausgehobener Status zuerkannt; sie erfüllt das in der Vorrede aufgestellte Modell auf idealtypische Weise und figuriert gleichsam als paradigmatische Anekdote. Es handelt sich um die berühmte Anekdote von Alexander und dem Pferd Bukephalas. Sie besitzt eine doppelte epistemische Funktion: Nicht nur führt sie die anekdotische Enthüllung und Veranschaulichung des Charakters von Alexandros musterhaft vor, darüber hinaus versinnbildlicht sie allegorisch ihre eigene Erkenntnis- und Veranschaulichungsleistung; sie setzt sich als Meta-Anekdote in Szene. Ein *close reading* dieser Geschichte ist für die epistemische Funktion anekdotischen Erzählens daher aufschlussreich.[6] Der Inhalt der Bukephalas-Anekdote sei hier kurz in Erinnerung gerufen: Der Makedonerkönig Philipp, der Vater Alexanders, beabsichtigt, einem Thessaler das Pferd Bukephalas abzukaufen. Bei der Prüfung des Pferdes erweist sich dieses jedoch als wild und ungebärdig; es wirft alle Reiter ab. Daher will Philipp es zurückgeben, doch der junge Alexander, der zugegen ist, erhebt dagegen Einspruch und behauptet, das Pferd zähmen zu können. Sein Vater ist über die Respektlosigkeit des Sohnes verärgert und schließt mit ihm eine Wette ab: Wenn es dem Jungen nicht gelinge, das Pferd zu zähmen, müsse er den Preis für das Tier begleichen. Daraufhin wendet Alexander das Pferd in die Sonne, denn er hat bemerkt, dass es sich vor seinem eigenen Schatten geängstigt hat. In der Sonne verliert das Tier seine Angst, erlangt seinen edlen Charakter, »Zorn und Mut« (21) wieder, so dass Alexander aufsteigen und es nach seinem Willen regieren kann.

Was die Verfahren zur Erzeugung von Wissen anbetrifft, so ist zweierlei an dieser Anekdote bemerkenswert:

1. Die Anekdote fördert einige wichtige Charaktereigenschaften Alexanders zutage: seine Unbeugsamkeit gegenüber Autoritäten, seinen Ehrgeiz und vor allem seine kluge und kaltblütige Beobachtungsgabe. Wichtig ist aber, dass diese Eigenschaften nicht als solche benannt und auf den Begriff gebracht werden. Sie werden vielmehr in actu vorgeführt, sie werden im Handeln und Verhalten Alexanders *sichtbar.* Die Erzählerinstanz versagt sich jeglichen Kommentar; die einzige kommentierende Stellungnahme zum Geschehen

6 Zum Folgenden vgl. ausführlicher auch Moser 2018, S. 64–71.

erfolgt im Modus der Figurenrede, im finalen Diktum des Vaters, also aus der Handlungssituation heraus: »Such dir ein Reich, mein Sohn, das deiner würdig ist, denn Makedonien ist für dich nicht groß genug.« Das Diktum verweist zudem nur allgemein auf die künftig zu erwartende ›Größe‹ Alexanders, ohne die Eigenschaften, die ihn dafür qualifizieren, konkret zu benennen. Diese Eigenschaften werden *gezeigt*, veranschaulichend vorgeführt, nicht aber begrifflich expliziert. Der Begriff der jeweiligen Tugend – platonisch gesprochen: die Idee – bleibt eine Leerstelle, auf die das anschauliche Bild verweist.

2. Diejenige Eigenschaft, die am deutlichsten zur Darstellung gelangt, ist die kluge Beobachtungsgabe Alexanders. Sie geht seinem Vater, wie die Anekdote zeigt, ab: Philipp schließt vom ungestümen Verhalten des Pferds unmittelbar auf seinen wilden Charakter. Alexander hingegen vermag den wahren, ›edlen‹ Charakter des Pferds auszuspähen, weil er nicht bloß auf vordergründige Signale, sondern auch auf scheinbar beiläufige Umstände achtet, in denen sich das Wesentliche, wenn auch indirekt, zur Geltung bringt. Diese Fähigkeit, im scheinbar Nebensächlichen das Wesentliche aufzuspüren und dergestalt das *ethos* zu enthüllen, verbindet den jungen Alexandros mit dem Anekdotenschreiber, wie ihn das Proömion der Vita programmatisch vorstellt. Der Alexander der Bukephalas-Anekdote figuriert mithin zugleich als veranschaulichendes Paradigma des Historikers und Biographen. Die Bildlichkeit, die in der Anekdote Verwendung findet, indiziert die epistemische Dimension anekdotischer Geschichtsschreibung: Auffällig ist die Dominanz der platonischen Metaphorik von Licht und Schatten, die auf Wahrheit und Irrtum, Wissen und Unwissen verweist. Indem Alexandros das Pferd Bukephalas ins Licht wendet, führt er eine Wendung zum Wissen und zur Erkenntnis herbei – zur Einsicht in das wahre Wesen des im Grunde edlen Pferds, aber auch in sein eigenes wahres Wesen, das die Erzählung in eben dieser Peripetie zum Vorschein bringt.[7] Wenn man will, so kann man in dieser Wendung zum Licht eine Anspielung auf die platonische *epistrophè* sehen, wie sie im Höhlengleichnis veranschaulicht wird. Jedenfalls ist die Anschaulichkeit, die in der vorliegenden Anekdote erzeugt wird, mehr als nur eine rhetorische; sie besitzt zugleich eine epistemische Komponente. Anschauung ist zugleich Schau – Wesensschau, allerdings keine unmittelbare Schau, sondern eine, die durch Nebensächliches, Beiläufiges, durch »Schatten« mithin vermittelt ist. Der Schatten, den sein Vater nicht sieht, verhilft Alexander zur Einsicht in das wahre Wesen des Bukephalas. Die Bildlichkeit von Licht, Schatten und visueller Schau führt zugleich auf das Maler-Gleichnis aus dem Proömion zurück. Dort heißt es, dass die Maler

7 Zum Licht als einer Leitmetaphorik der Erkenntnis in der Antike vgl. Blumenberg 1957.

Ähnlichkeit mit den von ihnen Portraitierten nicht durch die Darstellung der Augen selbst, sondern der Züge um die Augen herstellen. Nach antiker Vorstellung ist das Auge kein Empfangsorgan, vielmehr sendet es Licht aus und ist insofern der Sonne ähnlich.[8] Wie die Bukephalas-Anekdote weist auch das Maler-Gleichnis den Biographen dazu an, das Wesen nicht unmittelbar zu schauen, sondern im Medium eines Ähnlichen, das in einer Kontiguitätsbeziehung zum Wesentlichen steht. Die Anekdote, die das Wesen der historischen Persönlichkeit veranschaulicht, ist zugleich Metapher und Metonymie.

Dieses Zugleich von Kontiguität und Ähnlichkeit bringt sich auch auf einer anderen Ebene des Plutarch'schen Textes zur Geltung, nämlich dort, wo es um die Einbindung der Anekdote in den größeren Zusammenhang der historischen Erzählung geht. Unmittelbar im Anschluss an die Bukephalas-Anekdote berichtet der Erzähler, dass Philippos den Entschluss fasste, den berühmten Philosophen Aristoteles als Lehrer für Alexandros zu engagieren. Ob diese Entscheidung in einer kausalen Beziehung zu der Bukephalas-Episode steht, bleibt offen; der Erzähler verzichtet auf einen erläuternden Kommentar, er vermeldet lediglich, dass Philippos seine Entscheidung mit dem unbeugsamen Charakter Alexanders begründet habe, der sich nicht durch Zwang, sondern nur durch Vernunftgründe leiten lasse. Die Bukephalas-Anekdote führt nun sowohl Alexanders eigene Unbeugsamkeit vor (er widersetzt sich dem väterlichen Willen) als auch sein Vermögen, ein vermeintlich unbeugsames Pferd nicht durch Zwang, sondern durch kluge Leitung zu bändigen. Wenn der Erzähler im Anschluss Aristoteles mit Hilfe eines Sophokles-Zitats als »einen guten Reiter und rechten Steuermann« (23) apostrophiert, so werden die Ähnlichkeitsrelationen, die zwischen der Bukephalas- und der Aristoteles-Episode bestehen, überdeutlich: Wie Alexander das edle, doch widerspenstige Pferd durch Klugheit dirigiert, so Aristoteles seinen königlichen Schüler. Das Neben- bzw. Nacheinander der beiden Episoden sowie die Ähnlichkeitsbeziehungen legen es dem Leser nahe, einen logischen Zusammenhang zwischen ihnen zu etablieren, der zugleich in der verbindenden Bildchiffre des Pferdes anschaulich wird. Der Erzähler erklärt nichts, aber die Erklärung scheint in der metaphorischen Verknüpfung der Episoden sichtbar zu werden.

Das erklärungslose Nebeneinander des Ähnlichen – eben darin besteht der aristotelischen *Rhetorik* zufolge das Prinzip metaphorischer Rede. Denn die Metapher ist, wie Aristoteles ausführt, ein Vergleich, bei dem die Erklärung weggelassen wird.[9] Das Fehlen der Erklärung, das die Metapher charakterisiert,

8 Zur antiken Optik vgl. Simon 1992.
9 Vgl. Aristoteles 1995, 1407a.

lässt diese Redefigur in einem ambivalenten Licht erscheinen. Es bedingt zudem ihre besondere Wirkungskraft, ihre Suggestivität. Zum einen nämlich ermöglicht der Verzicht auf die Explikation, die Rede ganz auf das Anschauliche zu reduzieren: Nichts lenkt von dem wahrnehmbaren Gegenstand ab, den sie darbietet. Zum anderen aber veranlasst der Verzicht auf die Erklärung den Leser oder Hörer dazu, die Ähnlichkeit, die ihm nicht expliziert wird, selbst zu ermitteln. Der Vergleich erklärt, worin die Ähnlichkeit besteht: »Folglich sucht auch die Seele nicht danach.«[10] Der Metapher hingegen liegt ein elliptischer Syllogismus zugrunde. Da sie den einen Gegenstand erklärungslos mit dem anderen gleichsetzt, nötigt sie den Hörer zur Suche. Ausgehend von dem Gegebenen muss er die Eigenschaft erschließen, die den beiden Vergleichsobjekten gemeinsam ist. Die anschauliche Wirkung der metaphorischen Rede beruht also auf der Ellipse des erklärenden Logos. Ähnliches gilt für die Plutarch'sche Anekdote. Sie zeigt die Charaktereigenschaften der historischen Persönlichkeit in actu vor, ohne sie erklärend auf den Begriff zu bringen. Sie bringt mehrere solcher Anekdoten in eine Beziehung gleichzeitiger Kontiguität und Ähnlichkeit, ohne diese logisch aufzuschlüsseln. Dadurch animiert sie den Leser zu einer suchenden Denkbewegung, die sich mit seiner Vorstellungstätigkeit verschränkt. Er glaubt innerlich zu sehen, was er denkend erschließt. Der Charakter Alexanders, sein inneres Wesen, wird zum Gegenstand einer unsinnlichen Schau. Kennzeichnend für die von Plutarch praktizierte anekdotische Schreibweise ist mithin das Bemühen, die epistemische Funktion der Wissenserzeugung mit der rhetorischen Funktion der Veranschaulichung möglichst eng zu verzahnen.

## II. Neuzeit

Im 18. Jahrhundert gerät die Anekdote als historiographische Darstellungsform zunehmend unter Druck. Bei Voltaire, Rousseau und Herder steht nicht mehr die historische Persönlichkeit – der Regent oder Feldherr – im Fokus der geschichtlichen Betrachtung. Vielmehr firmieren nun Völker oder Kulturen als die kollektiven Subjekte der Geschichte. Die Historie gilt diesen Autoren nicht mehr als Aggregat exemplarischer oder außergewöhnlicher Geschichten, sondern als ein singulärer Prozess und Ereigniszusammenhang, dem ein immanenter Sinn zu entnehmen ist. Die Geschichtsschreibung der Aufklärung äußert starke Vorbehalte gegenüber der anekdotischen Erzählform. Voltaire etwa bezweifelt, dass die »petits détails long-temps cachés«, die oftmals nach dem Tod der Regenten ans Licht kommen, die historische Erkenntnis zu befördern vermögen –

10 Aristoteles 1995, 1410b.

im Gegenteil, seiner Auffassung nach lenken diese Trivialitäten den Blick des Historikers von den eigentlichen, geschichtlich bedeutsamen Begebenheiten und Entwicklungen ab.[11] Darüber hinaus stellt Voltaire die Wahrhaftigkeit der anekdotischen Erzählung grundsätzlich in Frage: »Il n'est pas permis aujourd'hui d'imiter Plutarque, encore moins Procope. Nous n'admettons pour vérités historiques que celles qui sont garantis«.[12] Das anekdotische Ereignis, das aufgrund seiner allzu großen, allzu augenfälligen Sinnfälligkeit und Prägnanz aus dem Rahmen des Üblichen fällt, wird pauschal dem Verdacht unterstellt, erfunden zu sein. Diese Kritik an der Anekdotenform hindert Voltaire freilich nicht daran, seinem großen Geschichtswerk über das *Siècle de Louis XIV* vier umfangreiche Kapitel mit »Particularités et anecdotes du règne de Louis XIV« anzuhängen, um ein Sittenbild des Zeitalters zu malen. Und Voltaire zeichnet für die Verbreitung einer der populärsten Anekdoten überhaupt verantwortlich, die das Aufklärungszeitalter hervorgebracht hat, die Anekdote von Newton und dem Apfel.[13] Bei aller vordergründig zur Schau gestellten Kritik an der Anekdote als Wissensform wird sie von der Aufklärungshistoriographie doch weiterhin praktiziert. Es stellt sich dabei die Frage, welche Funktion sie in diesem diskursiven Kontext erfüllt. Dient sie noch immer der Erzeugung von anschaulichem Wissen? Und wenn ja: Wie funktioniert diese Anschaulichkeit? Beruht sie weiterhin auf der elliptischen Juxtaposition des Ähnlichen?

In seiner 1793 publizierten *Dissertation on Anecdotes* nimmt der englische Schriftsteller Isaac D'Israeli – Vater des bedeutenden viktorianischen Politikers und Romanciers Benjamin Disraeli – ausführlich auf Plutarchs Konzeption des Anekdotischen Bezug. Er unterzieht sie dabei jedoch einigen signifikanten Veränderungen. Wie Plutarch ist er skeptisch gegenüber der Aussagekraft der ›großen Geschichte‹. Die bedeutenden Ereignisse und heroischen Taten sind seiner Ansicht nach Produkte des Zufalls; sie sind kein Resultat weiser Vorausschau und Planung und sagen daher nichts über den Charakter ihrer vermeintlichen Urheber aus:

> The historian frequently seems ignorant of that haste, in which the most splendid actions are performed, and discovers a regular plot in the irregular combinations of fortune. Every statesman who comes down to us as a Nestor, I doubt was not the sage we believe him to have been; nor every general, the Achilles he appears. (15)[14]

Anders als Plutarch zieht D'Israeli aus dieser Abwertung der ›großen Geschichte‹ jedoch nicht die Konsequenz, in den überschaubaren Bereich der ›kleinen‹,

11 Vgl. Voltaire 1957, S. 889.
12 Voltaire 1957, S. 889.
13 Vgl. dazu Moser 2012, S. 173–184.
14 D'Israeli 1972, S. 15f. – Seitenangaben aus dieser Ausgabe erfolgen fortan parenthetisch im fortlaufenden Text.

abseitigen Ereignisse auszuweichen, wo sich das Wirken des Zufalls kontrollieren, Wesenhaftes mithin von Kontingentem unterscheiden lässt. Ihn interessiert gerade das kontingente Ereignis als Kernelement einer anekdotischen Geschichte. Es ist der Zufall, der den ›Charakter‹ des Protagonisten zur Erscheinung bringt, wobei ›Charakter‹ nicht mehr essentialistisch gedacht ist und der Protagonist auch nicht mehr als Individuum gefasst wird, sondern als ein Kollektiv. D'Israeli erkennt im anekdotischen Schreiben ein wichtiges Instrument der »history of manners« (6), der Kulturgeschichtsschreibung. Anekdoten machen demnach die kulturell bedingten Vorurteile und Werteordnungen sichtbar, die dem Denken und Handeln der Menschen zugrunde liegen: »it is alone by anecdotes the genius of an age or nation is thoroughly to be understood.« (9)

Wie hat man sich die kulturhistoriographische Funktion genau vorzustellen, die D'Israeli der Anekdote zuweist? Er selbst liefert dafür ein Beispiel, das dem Kontext seiner eigenen kulturellen Herkunft – er ist Angehöriger einer levantinischen jüdischen Familie, die nach England ausgewandert ist – entnommen ist:

> Had I to sketch the situation of the Jews in the ninth century, and to exhibit at the same time the character of that age of bigotry, could I do it more effectually than by the following anecdote […]? / A jew, of Rouen in Normandy, sells a house to a christian inhabitant of that city. After some time of residence, a storm happens, lightning falls on the house, and does considerable damage. The christian, unenlightened, villainous, and pious, cites the trembling descendant of Israel into court for *damages.* His eloquent counsellor hurls an admirable philippic against this detestable nation of heretics, and concludes by proving, that it was owing to this house having been the interdicted property of an Israelite, that a thunderbolt fell upon the roof. The judges (as it may be supposed) were not long in terminating this suit. They decreed that God had damaged this house as a mark of his vengeance against the property of a jew, and that therefore it was just the repairs should be at his cost. / Perhaps it is to be acknowledged, that the judges were merciful, and the jew fortunate. To be condemned to rebuild a house, is better than to be burnt with some of it's old wood. (8f.)

Die Anekdote zeigt auf, wie die Angehörigen und Institutionen der christlichen Gesellschaft dem vollkommen kontingenten Ereignis des Blitzschlags Sinn zuschreiben und einer teleologischen Ordnung unterstellen. Sie demonstriert zudem, dass die Sinnzuschreibung in bestimmte gesellschaftliche Institutionen (Kirche, Recht) eingebunden ist und als Machtinstrument fungiert. Die Anekdote verweist auf das Zusammenspiel von kulturell bestimmter Sinnstiftung und Machtmechanismen. Während die Plutarch'sche Anekdote Sinnfälligkeit erzeugt und anschaulich macht, während sie den Leser dazu animiert, selbst sinnstiftend tätig zu werden und den Sinn, den er in das Geschehen hineinliest, zugleich auch ›wahrzunehmen‹, führt D'Israelis Anekdote solche Sinnstiftungsprozesse vor Augen und stellt sie in Frage, erweist sie mithin ihrerseits als kontingent. Sie macht die naturalisierende Veranschaulichung von Sinn gleichsam rückgängig, um das Verfahren der Sinngenerierung aufzudecken. Gleichwohl besitzt auch sie eine Art von Anschaulichkeit. Wie funktioniert diese Anschaulichkeit? Der Blitzschlag, der in seiner Zufälligkeit Ordnungen des Sinns zerstört und zur sinnstiftenden Restitution der Ordnung herausfordert, besitzt selbst eine bildhafte Prägnanz. Er ist seinerseits ein vielfach kulturell determinierter Bedeutungsträger; in der vorliegenden Anekdote wird er jedoch von diesen kulturellen Vorprägungen entleert, um das Wirken des Zufalls zu veranschaulichen. Er ist ein leeres Zeichen, das zur Deutung anreizt, aber als einprägsame Bildformel veranschaulicht er zugleich die Bedeutungsleere. Signifikanterweise rekurriert D'Israeli in seiner *Dissertation* auf die Metapher des Blitzes, um die spezifische Veranschaulichungsleistung der Anekdote zu ›veranschaulichen‹: »A well-chosen anecdote frequently reveals a character, more happily than an elaborate delineation; as a glance of lightning will sometimes discover what had escaped us in a full light.« (16) Während Plutarch das Sonnenlicht und das ihm korrespondierende Augenlicht als das Medium anekdotischer Wahrheit deklariert, das den Charakter des Protagonisten zur Erscheinung bringt, assoziiert D'Israeli eben dieses gewöhnliche Tageslicht mit dem Zustand der Blindheit. Paradoxerweise bedarf es der blendenden Helle des Blitzes, um sichtbar zu machen, was sich im Sonnenlicht verbirgt. Die Blendwirkung des Blitzes setzt Wahrnehmungs- und Denkgewohnheiten außer Kraft und öffnet somit die Augen für das, was diese Gewohnheiten verdecken. Die Anekdote wirkt mithin durch einen Exzess an Anschaulichkeit, eine ›reine‹ Anschaulichkeit, die nichts (keinen Sinn) mehr veranschaulicht außer sich selbst und eben dadurch auf die Kontingenz von Sinnstiftungsprozessen verweist.

Diese aufklärerisch-entlarvende Funktion des Anekdotischen wird durch die Blitzschlag-Anekdote selbst (›meta-anekdotisch‹) exponiert, und zwar durch ein Wortspiel, das den Blitz (»lightning«) in unmittelbare Nähe zum unaufgeklärten (»unenlightened«) Charakter des mittelalterlichen Christen bringt. Die Anekdote, die wie ein erleuchtender Blitzschlag funktioniert, setzt sich selbst als ein Instrument der Aufklärung in Szene. Implizit verweist sie auf die Bemühungen neuzeitlicher Wissenschaft, die Naturkraft der Elektrizität beherrschbar zu machen und den damit verbundenen Aberglauben, konkret: die Gewitterfurcht, die Blitz und Donner als Manifestation göttlichen Zorns verkennt, zu eliminieren, etwa durch Erfindungen wie Benjamin Franklins Blitzableiter oder Ewald von Kleists Kondensator.[15] Wie diese technischen Erfindungen die Naturkraft der Elektrizität der Kontrolle des Menschen unterwerfen, so unterwirft laut D'Israeli die anekdotische Entlarvungstechnik das irrationale Wirken der

15 Zur Gewitterfurcht und ihrer Bekämpfung durch wissenschaftliche und pädagogische Aufklärung im 18. Jahrhundert vgl. Begemann 1987, S. 90–96 u. pass.

Kontingenz dem Aufklärungsstreben rationaler Historiographie. Die Anekdote dient hier letztlich der Kontingenzbewältigung innerhalb der Geschichte.

Kaum ein Text vermag die Kontingenz von Sinnstiftungsprozessen besser in Szene zu setzen als die kurze Geschichte, die Heinrich von Kleist in der Ausgabe der *Berliner Abendblätter* vom 2. Oktober 1810 unter der Rubrik ›Tagesbegebenheiten‹ publizierte:

> Dem Capitain v. Bürger, vom ehemaligen Regiment Tauentzien, sagte der, auf der neuen Promenade erschlagene Arbeitsmann Brietz: der Baum, unter dem sie beiden ständen, wäre auch wohl zu klein für zwei, und er könnte sich wohl unter einen Andern stellen. Der Capitain Bürger, der ein stiller und bescheidener Mann ist, stellte sich wirklich unter einen andern: worauf der etc. Brietz unmittelbar darauf vom Blitz getroffen und getötet ward.[16]

Kleists Text arbeitet mit Ellipsen – jener Art von Ellipsen, die bei Plutarch Anschaulichkeit erzeugen. Zwei Ereignisse – die unhöfliche Rede des Arbeitsmannes und der tödliche Blitzschlag – werden unvermittelt und ohne jede Erklärung neben- bzw. nacheinander gestellt. Der Text arbeitet aber zugleich auch mit dem Gegenprinzip zur Ellipse, der Redundanz. Denn zum einen wird der Arbeitsmann gleich bei seiner ersten Erwähnung als »erschlagen« eingeführt, wodurch sein Tod proleptisch vorweggenommen wird. Das kontingente Ereignis des Blitzschlags wird auf diese Weise doppelt erzählt und besonders akzentuiert. Zum anderen wird die zeitliche Folge durch die redundante Formulierung (»worauf … unmittelbar darauf«) stark hervorgehoben. Es wird mithin zugleich zu wenig (elliptisch) und zu viel (redundant) erzählt, ohne dass sich dieses Mehr und Weniger in anschauliche Erkenntnis ummünzen lässt. Denn wer durch das bloße Nacheinander von Beleidigung und Blitzschlag dazu verleitet wird, Ähnlichkeiten zu hypostasieren, kausale oder teleologische Beziehungen zwischen den Ereignissen zu konstruieren und dergestalt sichtbaren Sinn zu stiften – dadurch etwa, dass der Blitzschlag als Strafe für die Verbalinjurie lesbar gemacht wird –, tappt in eine Falle. Der Tod durch Blitzschlag wäre als Strafe für eine bloße Unhöflichkeit vollkommen unverhältnismäßig. Ein Gott, der eine bloße Unhöflichkeit mit dem Tode bestraft, wäre kein gerechter Gott. Das Interpretament der Strafe markiert einen Exzess an Sinn und einen Exzess an Anschaulichkeit, der Sinnstiftungs- und Veranschaulichungsprozesse desavouiert. Er konfrontiert den Leser mit eben jener Gewalt, die seinen kulturell kodierten Deutungsaktivitäten immer schon innewohnt und der die Randfiguren der Gesellschaft – der Jude bei D'Israeli, der unständische Arbeitsmann bei Kleist – zum Opfer fallen.

Kleists »Tagesbegebenheit« markiert den Übergang von der traditionellen

16 Kleist 1990, S. 354.

Anekdotenform zum modernen *fait divers.* Das *fait divers* basiert, wie Roland Barthes argumentiert, auf einer paradoxen »causalité aléatoire« und bewegt sich so in einer »zone ambiguë où l'événement est pleinement vécue comme un signe dont le contenu est cependant incertain«.[17] Es spielt mit der Kontingenz, um Erkenntnis zu suggerieren und zugleich zu entziehen. Auch hier indiziert das Motiv des Blitzschlags das Vorhandensein einer Meta-Ebene – einer textimmanenten Reflexion auf die epistemische Dimension des *fait divers.* Félix Fénéon, der Meister dieses Genres,[18] präsentiert dafür im Rahmen seiner *Nouvelles en trois lignes* ein bemerkenswertes Beispiel: »La foudre a frappé, à Dunkerque, des poseurs de paratonnerres. L'un d'eux tomba de 45 mètres dans la suie sans se tuer«.[19] Die Monteure, die Blitzableiter errichten, fungieren als Agenten rationaler und technologischer Naturbeherrschung, wie sie das Fortschrittsdenken der Aufklärung propagiert. Dass ausgerechnet sie – und ausgerechnet während der Aufstellung von Blitzableitern – vom Blitz getroffen werden, ist ein hochgradig ungewöhnlicher Zufall, der die Unterstellung von Sinnhaftigkeit provoziert, etwa die Deutung des Blitzschlags als einer Strafe für die Hybris technologischer Allmachtsvorstellungen. Dass einer der Monteure gleichwohl überlebt (und zwar nicht nur den Blitzschlag selbst, sondern auch den dadurch verursachten Fall aus großer Höhe), mehr noch: dass er, anstatt selbst zu Asche zu verbrennen, durch Verbrennungsreste (Ruß oder Kohlestaub) vor dem Tod gerettet wird, potenziert die Kontingenz und legt eine entgegengesetzte Deutung nahe. Beide Deutungen durchkreuzen sich wechselseitig. Das *fait divers* erzeugt durch ein Übermaß an Kontingenz einen Exzess an Signifikanz, eine blendende Helle des Sinns, die auf keine verbindliche Erkenntnis mehr führt.

## Bibliographie


Aristoteles: *Rhetorik.* Übers. Franz G. Sieveke. München [5]1995.

D'Israeli, Isaac: *A Dissertation on Anecdotes.* Reprint der Ausgabe London 1793. New York 1972.

Fénéon, Félix: *Œuvres.* Introduction de Jean Paulhan. Paris [6]1948.

Kleist, Heinrich von: »Tagesbegebenheit«, in: ders.: *Sämtliche Werke und Briefe.* Hg. v. Ilse Marie Barth, Klaus Müller-Salget, Stefan Ormanns und Hinrich C. Seeba. Frankfurt/Main 1990, Bd. 3: *Erzählungen, Anekdoten, Gedichte, Schriften*, S. 354.


17 Barthes 1964, S. 196. – Das *fait divers* bildet sich, wie Michelle Perrot aufzeigt, im 18. und 19. Jahrhundert heraus und beerbt das Genre der Anekdote in dem Moment, in dem dieses aus der seriösen Geschichtsschreibung verdrängt wird und in die Publizistik einwandert. Vgl. Perrot 1983.

18 Zu Fénéon vgl. Matala de Mazza 2017.

19 Fénéon 1948, S. 334.

Plutarch: *Alexandros*, in: Plutarch: *Fünf Doppelbiographien: Griechisch und deutsch.* Hg. v. Manfred Fuhrmann. Düsseldorf / Zürich ²2001, S. 8–195.
Prokop: *Werke. Griechisch-Deutsch.* Hg. v. Otto Veh. Bd. 1 *Anekdota.* München 1961.
Voltaire: *Le siècle de Louis XIV*, in: Voltaire: *Œuvres historiques.* Hg. v. René Pomeau. Paris 1957, S. 603–1274.

Barthes, Roland: »Structure du fait divers«, in: Barthes, Roland: *Essais critiques*, Paris 1964, p. 188–197.
Begemann, Christian: *Furcht und Angst im Prozeß der Aufklärung. Zu Literatur und Bewußtseinsgeschichte des 18. Jahrhunderts.* Frankfurt/Main 1987.
Blumenberg, Hans: »Licht als Metapher der Wahrheit. Im Vorfeld der philosophischen Begriffsbildung«, in: *Studium Generale* (10) 1957, S. 432–447.
Fineman, Joel: »The History of the Anecdote. Fiction and Fiction«, in: Veeser, Aram (Hg.): *The New Historicism.* New York/London 1989, S. 49–76.
Gossman, Lionel: »Anecdote and History«, in: *History and Theory* (42) 2003, S. 143–168.
Hilzinger, Sonja: *Anekdotisches Erzählen im Zeitalter der Aufklärung. Zum Struktur- und Funktionswandel der Gattung Anekdote in Historiographie, Publizistik und Literatur des 18. Jahrhunderts.* Stuttgart 1997.
Matala de Mazza, Ethel: »Der Anarchist als Redakteur. Félix Fénéons *faits divers*«, in: Holl, Ute / Pias, Claus / Wolf, Burkhardt (Hg.): *Gespenster des Wissens.* Zürich 2017, S. 227–232.
Moser, Christian: »Abgelenkte Falllinien. Kleist, Newton und die epistemische Funktion anekdotischen Erzählens«, in: Lü, Yixu / Stephens, Anthony / Lewis, Alison / Voßkamp, Wilhelm (Hg.): *Wissensfiguren im Werk Heinrich von Kleist.* Freiburg i. Br. 2012, S. 169–191.
Moser, Christian: »Die supplementäre Wahrheit des Anekdotischen: Kleists Prinz Friedrich von Homburg und die europäische Tradition anekdotischer Geschichtsschreibung«, in: *Kleist-Jahrbuch* 2006, S. 23–44.
Moser, Christian: »Kontingenz und Anschaulichkeit. Zur Funktion anekdotischen Erzählens in lebensgeschichtlichen Texten (Plutarch und Rousseau)«, in: Köppe, Tilman / Singer, Rüdiger (Hg.): *Show, don't tell. Konzepte und Strategien anschaulichen Erzählens.* Bielefeld 2018, S. 57–82.
Perrot, Michelle: »Fait divers et histoire au XIX^e^ siècle«, in: *Annales. Économies, Sociétés, Civilisations* (38) 1983, S. 911–919.
Simon, Gérard: *Der Blick, das Sein und die Erscheinung in der antiken Optik.* München 1992.
Weber, Volker: *Anekdote. Die andere Geschichte.* Tübingen 1993.

Peter Frei (Irvine)

# Les aventures européennes de Rabelais : notes sur la généalogie d'un mythe

Dans sa réponse à une enquête de la revue *La Règle du jeu* sur le nationalisme, Milan Kundera oppose au faux universalisme de l'histoire littéraire (notamment française) l'exemple de Rabelais en qui il voit l'un des « plus fascinants fondateurs » d'un « roman européen ».[1] S'il est vrai que l'auteur du *Pantagruel* est très tôt lu, voire même traduit et imité en dehors de la France et de ses frontières linguistiques, qu'est-ce qui au juste fait de Rabelais une des figures tutélaires d'une Europe littéraire ? Il n'est en effet pas inutile de rappeler que, dès 1653, son traducteur anglais, Thomas Urquhart, fait précéder son *Gargantua* d'un prologue intitulé « Rablophila » où, sous la signature d'un dénommé « Malevolus » s'exprime à la fois la fascination et le désarroi devant un texte aussi riche qu'incompréhensible et dont le sens semble s'évaporer comme de la fumée de cigarette : « Et comme de la fumée de tabac (*And for Tobacco's [...] smoke*), il a beaucoup dit et encore plus parlé (*Much had he said, and much more spoke)*, mais n'a pas alors été compris (*But 'twas not then found out*) tant le dessein était brisé (*so the designe was broke*) ».[2] C'est de l'histoire de cette image paradoxale,[3] du mythe et de ses enjeux littéraires, d'un Rabelais fondateur d'une littérature universelle sinon européenne qu'il sera question.

## Une généalogie grise

Figure mythique, Rabelais aura lui-même été à l'origine de toute une mythologie, d'un imaginaire où non seulement une langue, le français, mais tout un versant de la modernité littéraire semble avoir trouvé, sinon sa source, du moins ses ressources. Et, pourtant, la généalogie du mythe Rabelais est d'une redoutable

1 Kundera 1991, p. 232s.
2 Rabelais 1653 [First Book], f° A 4 v°.
3 Cette contribution prolonge une réflexion entamée à l'occasion d'un colloque organisé par Michael Bernsen à Bonn en 2014. Voir Frei 2017.

complexité. Que reste-t-il en effet de la machine textuelle rabelaisienne dans le « doulx-utile »[4] Rabelais quelque peu simpliste que célèbre en 1552 Joachim Du Bellay ? Le « bon Rabelais, qui boivoit tousjours »,[5] selon Ronsard. Voltaire, au moins, sera plus honnête deux siècles plus tard lorsqu'il proposera dans son *Temple du goût* d'en réduire l'œuvre « à un demi-quart ».[6] La légende, cependant, persiste. Surtout le mythe du grand buveur finit par populariser l'image d'un Rabelais bon vivant, figure de proue de la gauloiserie, affichée aux devantures d'innombrables estaminets en France et ailleurs.[7]

En même temps, une autre histoire, une contre-histoire se dessine. Elle se sera intéressée moins au nom qu'au texte de Rabelais, anticipant ainsi sur la figure de Rabelais en Mallarmé avant la lettre, avatar de l'« œuvre ouverte »[8] de la modernité, que redécouvrira la critique littéraire du XX^e^ siècle. L'adaptation du *Gargantua* par Fischart, plus exorbitante encore que son modèle dans son jeu des mots à la limite du non-sens, et la rivalité autour de l'héritage rabelaisien entre Sterne et Diderot dans leur radicalisation du questionnement sur les pouvoirs de la fiction, que Kundera voit à l'origine de la création d'une véritable *Weltliteratur* au XVIII^e^ siècle,[9] en sont les deux moments les plus parlants.

On dira ainsi que la généalogie du mythe rabelaisien est « grise ».[10] D'un gris qui n'a rien de grisâtre, de terne, mais qui traduit, dans l'impression instable d'un entre-deux, un jeu de forces qui s'entrechoquent sans s'annuler. Au lieu d'un récit généalogique faussement linéaire, c'est donc plutôt quelque chose de l'ordre du montage, d'une confrontation qu'il convient de produire pour rendre compte non pas du sens (toujours mouvant, passant de la légende du bon buveur au porte-parole d'une subversion anarchiste) du mythe Rabelais, mais de sa productivité, sa capacité à recréer des formes et des significations. Autrement dit, il s'agit de remettre en scène, de faire de Rabelais et de son texte ce qu'il aura lui-même fait des légendes et autres fictions, littéraires et politiques, sur lesquelles il aura greffé ses propres fables. Plutôt que de remonter à une origine, il sera alors question de remonter (comme on « remonte » un mécanisme) le moment, le temps complexe où plusieurs instants et instances se superposent, se surdéterminent pour former les « parchemins embrouillés, grattés, plusieurs fois récrits »[11] du mythe Rabelais. Mais pourquoi ?

Catalogué, passé au crible de l'ambition positiviste d'un savoir d'abord phi-

---

4 Cité dans De Grève 1961, p. 85.
5 Ibid., p. 100.
6 Voltaire 1953 [1733], p. 139.
7 Voir à ce sujet Fougère 2009.
8 Eco 1965.
9 Voir le chapitre « Weltliteratur » dans Kundera 2005, p. 49–51.
10 Foucault 1994, p. 136.
11 Ibid.

lologique puis structuraliste, le « mythe » a connu une réévaluation importante. Certes, à l'origine, le récit mythique conjure la hantise du doute, du non-savoir, pour offrir une grille de lisibilité. Mais il suffit de penser à la légende d'Œdipe pour se rappeler la part d'ombre qui ne cesse de travailler les récits mythiques et qui, la psychanalyse de Freud l'atteste, en fait la force explicative, productive. Pierre Brunel, dans sa *Mythocritique*, parle à ce sujet de « flexibilité » pour « suggérer la souplesse d'adaptation et en même temps la résistance de l'élément mythique ».[12] Je privilégierais pour ma part le concept de « plasticité » tel que le donne à penser Catherine Malabou, qui désigne par là la capacité et d'*accueillir* et de *donner forme*.[13] L'histoire du texte de Rabelais en exemplifie le jeu. En effet : si l'auteur du *Gargantua* réinvente une mythologie du géant à partir de « sources » qu'il se réapproprie, il se voit très tôt dépossédé de ses créations dans des ouvrages qui s'emparent de ses figures et mots souvent en les détournant. Contre-récits que la Renaissance taxait bien avant nous de « plagiat » et qui, souvent publiés aux côtés des « originaux » de Rabelais, contaminent son œuvre du vivant déjà de l'auteur du *Pantagruel*. Or, la relation entre texte et contre-texte n'a alors rien d'évident. En témoigne Rabelais lui-même qui empruntera un dispositif et des fragments textuels aux récits mêmes qui se sont servis dans la geste pantagruéline afin de relancer les aventures de Pantagruel et ses compagnons. C'est ce moment critique du mythe rabelaisien – à la fois au sens d'un moment historique et de son *momentum*, la dynamique dont il témoigne – qu'il s'agit maintenant d'interroger.

## Imitations et contre-imitations

Dans la lettre liminaire de son *Quart livre*, son testament littéraire, publié en 1552, Rabelais décrit lui-même ses fictions comme « mythologies ».[14] Une « Briefve description d'aulcunes dictions plus obscures » explique ce qu'il convient d'entendre par là : « *Mythologies*. Fabuleuses narrations ».[15] A la lumière du rapport complexe à la vérité qu'instaurent d'emblée les fictions rabelaisiennes, il n'est pas anodin que l'auteur du *Quart livre* se range du côté de la fable. Les « mythologies » sont en fait à comprendre dans le double horizon des revendications des premiers livres et d'une inquiétude de plus en plus marquée au sujet des mots, de leurs sens et contre-sens, à l'époque du *Quart livre*. Si en 1552, dans le contexte des guerres de religion, Rabelais jure de son orthodoxie aussi bien

12 Brunel 1992, p. 77.
13 Voir Malabou 1996.
14 Rabelais 1994, p. 517.
15 Ibid., p. 703.

politique que religieuse,[16] le ton était moins solennel dans le prologue du *Pantagruel* de 1532. Or, du *Pantagruel* au *Quart livre*, il s'agit à chaque fois de négocier un rapport au lecteur et, partant, le statut de la fiction et sa vérité. On se souvient de la fin du prologue du premier livre où le narrateur menace son lecteur de tous les maux si ce dernier ne croit « fermement » tout ce qu'on lui raconte dans cette « chronique ».[17] Si elle se veut indéniablement ludique, la violence de ton sert aussi à dramatiser le scénario de lecture qui se met en place, à attirer l'attention sur ce qui se joue au seuil de la fiction. La préface radicalise en effet l'interrogation qui gouverne déjà les « chroniques gargantuines », un ensemble de récits fictifs qui ne sont pas (ou que partiellement) de la main de Rabelais, mais où l'auteur du *Pantagruel* puisera plusieurs épisodes qui formeront la trame de ses propres fictions. La plus « rabelaisienne »[18] de ces chroniques, le *Vroy Gargantua* publié autour de 1533, est munie d'un prologue qui pose la question de la vérité, de l'histoire et de la fable :

> Pour le commencement de ceste vraye cronique vous devez sçavoir comme tesmoigne l'escripture de plusieurs Cronicqueurs dont nous ne laisserons aulchuns [...] Lesquelz ne servent rien à propos quant à ceste presente histoire. Mais prandrons Isaye le triste, Tristan de lionnoys, Huon de bordeaulx, Papot le goinfre, Martin gros pied, Gingolfe Ragouget, Tysouart de Canarie, Lancelot du lac.[19]

La « vérité » revendiquée est celle de la fable littéraire dont le prologue affirme l'autorité contre celle des historiens – tout en minant immédiatement cette nouvelle légitimité même ou du moins en semant le doute sur la véracité de cette « vraye cronique » dont l'énumération des modèles fait se croiser, se contaminer de vrais et de faux titres ouvertement parodiques que l'auteur anonyme invente de son cru. Si le texte affiche d'emblée son caractère fictionnel, il n'en reste pas moins qu'à une époque où la littérature ne forme pas un domaine protégé à part, ce jeu sur la vérité est à lire comme un geste critique. Démasquer les fictions, les fausses vérités de l'autre, n'est en effet pas innocent dans ces années 1530 où les affrontements religieux entrent dans une phase décisive en France et que les fictions rabelaisiennes, déjà, se voient embarquées dans les conflits de leur temps.

Les premiers lecteurs et imitateurs de Rabelais n'auront pas été insensibles à ce que permettent, d'abord sur le plan littéraire, ces jeux de la vérité. Témoin le *Disciple de Pantagruel* publié en 1538 soit par Denis Janot à Paris soit par Denys de Harsy à Lyon,[20] la plus ancienne qui nous soit parvenue d'une vingtaine

16 Voir à ce sujet la conclusion dans Frei 2011.
17 Rabelais 1994, p. 215.
18 Sur ces textes et leur rapport à l'œuvre rabelaisienne voir Huchon 1981 ainsi que l'édition de Christiane Lauvergnat-Gagnière et Guy Demerson [*Chroniques* 1988].
19 Rabelais 1994, p. 174.
20 Voir l'introduction de Demerson et Lauvergnat-Gagnière dans *Disciple* 1982, p. LIX–LX.

d'éditions qui attestent du succès du livre dans les années trente et quarante du XVI^e^ siècle. Si les éditeurs modernes du texte ont raison de parler de « contes à dormir debout »,[21] la vraie question est en effet ailleurs. Certes, à part quelques tentatives peu convaincantes de recréer la langue rabelaisienne dans ses imitations proches de la Grande Rhétorique, la dette à l'égard de Rabelais n'est pas de l'ordre d'un style, mais d'une posture. Dans le « Prologue de l'auteur » du *Disciple*, le narrateur se dit certes « deliberé d'ensuyvyr » la vérité, mais « non pas de si près » qu'il « luy marche sur les talons ». Il précisera en effet que son « intention est de la suyvre ung petit à gauche sans la perdre de veue ».[22] Les éditeurs modernes du *Disciple* notent au sujet de l'expression « suivre à gauche » : « Expression proverbiale signifiant ‹ s'écarter de la direction ›, et donc, à propos de la vérité, ‹ prendre à contre-sens › ».[23] Elle désignerait ainsi un rapport fait à la fois de fidélité et d'infidélité, de proximité et de distance, de soumission et de résistance à cette « vérité » que le narrateur du *Disciple* se propose de servir en « vray imitateur de verité ».[24] Une posture éminemment ambivalente qu'illustrera à sa façon la fin du texte que signe un « Maistre d'hostel de sa cuysine » qui se donnerait à voir « icy derrière ».[25] La mention renvoie dans l'édition de 1538 à la gravure qui clôt le volume. Elle montre un chevalier en armure, l'épée à la ceinture, brandissant un bâton et tourné non pas vers le lecteur, mais faisant face au texte qui le désigne et dont il semble se protéger grâce à un bouclier qui ressemble à un masque grotesque de visage humain. L'image est doublement une citation de Rabelais dans le face-à-face qu'elle met en scène. D'une part, elle est reprise à une édition de 1537 du *Pantagruel*[26] et, d'autre, elle donne justement à voir le rapport complexe qu'instaure Rabelais dans ses imitations des chroniques et de leur matière chevaleresque où l'auteur s'avance à son tour masqué dans ses gauchissements grotesques. Et c'est dans cette mise en scène que le *Disciple* trouve son intérêt pour une histoire de la réception de Rabelais dans la mesure où la copie imite non pas l'histoire du modèle, mais son dispositif, la machine textuelle qu'elle n'arrive sans doute pas à reproduire, mais qu'elle réussit à identifier dans son propre jeu, aussi maladroit soit-il.

Deux rééditions du *Disciple* en particulier témoignent de cette proximité, faisant de Rabelais, malgré lui, le contre-signataire de l'œuvre de son faussaire. A commencer par le *Pantagruel* que publie en 1542 à Lyon Etienne Dolet en incorporant le *Disciple* au corpus rabelaisien. La même gravure illustrant le « prologue de l'auteur » et du *Pantagruel* et du *Disciple* (ainsi que l'adresse « Au

21 Ibid., p. XIV.
22 Ibid., p. 1–2.
23 Ibid., p. 2, n. 1.
24 Ibid., p. 3.
25 Ibid., p. 86.
26 Plan 1904, p. 78–80 (n° 36).

Lecteur benevole » de la *Pantagruéline Prognostication*), l'ensemble, l'original et la copie, est placé sous la même autorité : celle de Rabelais lui-même. Le procédé ne passera pas inaperçu : la même année, les *Grands Annales et croniques*, qui réunissent des textes véritablement de la main de Rabelais, le dénoncent en effet dans un avant-propos (« L'imprimeur au Lecteur ») comme l'œuvre d'un « plagiaire, homme encliné à tout mal ».[27] D'autres continueront pourtant à brouiller les pistes. Dans leur édition rouennaise de 1545 du *Disciple*, publiée sous le titre *Bringuenarilles, cousin germain de Fessepinte*, Robert et Jehan Dugort intègrent, sans le signaler bien évidemment, deux chapitres du *Pantagruel*, recopiés à la lettre avec quelques rares modifications, à leur faux Rabelais.[28]

Au lieu de simplement dénoncer le parasitage de son œuvre, Rabelais se réappropriera la logique du faussaire. Le *Quart livre* de 1552 ainsi que le *Cinquiesme Livre* de 1564, publié de façon posthume à partir de fragments laissés par l'auteur,[29] montrent comment. L'imitation est d'abord thématique. Ainsi le *Cinquiesme livre* s'empare-t-il de l'épisode, qui ne fait que quelques lignes dans le *Disciple*, de « l'Isle des ferrements » pour en faire la matrice d'une réécriture où Rabelais projette des virtualités de sens que le modèle ne laissait même pas soupçonner. Surjouant la logique de la liste dans un excès de mots où se met en scène le travail d'expansion que la réécriture rabelaisienne imprime à son modèle, le chapitre du *Cinquiesme livre* ouvre à une réflexion, absente du modèle, sur la création – celle de Nature, de ses formes et déformations monstrueuses. Qui plus est, l'épisode de l'« Isle des ferrements » finit chez Rabelais par donner en spectacle ce qui, depuis au moins le *Quart livre*, hante l'univers rabelaisien et plus largement son temps : l'incompréhension devant une création et ses créatures qui ne semblent plus faire sens. Voici en effet la conclusion de ce qui dans le *Disciple* n'était qu'une anecdote parmi d'autres : « [J]e vis derriere je ne scay quel buysson je ne scay quelles gens, faisans je ne scay quoy, et je ne scay comment, aguisans je ne scay quels ferremens, qu'ils avoient je ne scay où, et ne scay en quelle maniere ».[30] Dans le contexte des errements que traversent les figures de Rabelais, qui ne cessent d'échouer sur des régions de plus en plus monstrueuses, les arrière-pensées scabreuses que font entendre les je-ne-sais-quoi aux connotations érotiques du passage cachent mal un malaise plus profond quant au sens de l'aventure et du monde qu'elle découvre.

Si le *Disciple* n'a rien du tragique des derniers textes de Rabelais, il aura fourni

27 Rabelais 1542 [Annales], édition non foliotée.

28 Il s'agit des chapitres 32 et 33 du *Pantagruel*.

29 C'est du moins l'hypothèse défendue par celles et ceux qui ne le considèrent pas simplement comme à son tour un faux, voir à ce sujet la notice de Mireille Huchon dans Rabelais 1994, p. 1595–1607.

30 Ibid., p. 747.

à sa « saison en enfer »[31] son mode de représentation, son dispositif textuel : le récit d'un voyage en mer. Ce dispositif ressemble à un collage sans grand intérêt dans le *Disciple* là où Rabelais exploite les potentialités narratives et critiques de ce qui devient alors à proprement parler une matrice textuelle. Une matrice que Frank Lestringant a décrit, à propos du *Quart livre*, comme « fiction en archipel »[32] où le monde des choses et des signes se fragmente, s'atomise pour ne laisser subsister que des îlots précaires de sens dans un univers désormais privé de toute signification d'ensemble. Si après le jeu sur la vérité des « chroniques » dans le *Pantagruel* et le *Gargantua*, le *Tiers livre* de 1546 a radicalisé une critique des savoirs de son temps dans une quête qui n'aboutit jamais, il revient au *Quart livre* de donner forme à cette narration aporétique dans ses excès de mots et de sens, emblématique de ce que l'écriture rabelaisienne, outre sa verve, aura légué aux récits de la modernité. Le choix de la structure narrative est sans doute surdéterminé à une époque fascinée par la littérature de voyage, mais c'est dans le *Disciple* que Rabelais a pu en trouver le modèle. Ce qui se joue ainsi entre Rabelais et le *Disciple*, c'est donc bien plus qu'une aventure éditoriale mettant à profit, en l'usurpant, la renommée de l'auteur du *Pantagruel*. Dans le cas du *Quart* (et du *Cinquiesme*) *Livre*, on pourrait parler, pour reprendre une expression de Thomas Greene, d'une « imitation dialectique »[33] qui dramatise, en l'exposant, un rapport conflictuel à son modèle.

## Rabelais et l'Europe littéraire à venir

Et c'est précisément une dynamique conflictuelle, « dialectique », qui présidera aux imitations-adaptations de Rabelais à venir, à commencer par la traduction en allemand du *Gargantua* que Fischart publie à la fin du XVI^e^ siècle sous le titre *Geschichtklitterung*. Le titre en dit l'ambivalence, le verbe *klittern* désignant à la fois une écriture bâclée, voire un collage – qui, dans le texte même de Fischart, peut être explicitement de l'ordre d'un bricolage, d'un copier-coller textuel[34] – et le fait de tacher, de souiller.[35] Position ambivalente érigée d'emblée en posture auctoriale par le traducteur-écrivain qui au seuil de son texte glose le titre qu'il donne à son ouvrage : *Geschichtklitterung*, c'est-à-dire « faits et gestes […] jadis conçus en français par Monsieur François Rabelais, mais maintenant fondus de façon très-horrifiquement drôle dans un moule allemand (*überschrecklich lustig*

31 Berry 1977.
32 Lestringant 1988.
33 Greene 1982, notamment p. 45.
34 Cf. Fischart 1963 [1590], p. 253 : « Gebettformular, die heut ein jeder Cantzelstand und Predigstulbeschreiter zusammen klittert ».
35 Voir les explications dans Nyssen 1964, p. 19.

*in einen Teutschen Model vergossen*) et [...] mis sens dessus dessous dans notre babil maternel (*in unser Mutter Lallen über oder drunder gesetzt*) ».[36]

La première traduction anglaise de l'œuvre rabelaisienne, que publie en 1653 l'Ecossais Thomas Urquhart, fera à son tour jouer cette rhétorique de la rivalité, mais cette fois-ci sur une échelle européenne. Avec une forte dose d'autocongratulation, Urquhart fait remarquer dans son *Pantagruel*, à propos de l'œuvre rabelaisienne, qu'« écrite en français avec tant d'ingéniosité et de génie que plus d'exemplaires en ont été vendus que d'aucun autre livre jamais publié », elle s'avère « si difficile à traduire dans une autre langue que beaucoup des plus grands esprits dans la plupart des nations d'Europe (*many prime spirits in most of the Nations of Europe*), depuis 1573, après avoir essayé, ont dû se résoudre, non sans regrets, à abandonner l'entreprise d'une traduction jugée impossible ».[37] Pourquoi 1573 ? L'hypothèse d'un clin d'œil à la *Geschichtklitterung*, dont l'édition princeps remonte à 1575, a été avancée.[38] Mais la vraie énigme est sans doute ailleurs. Quel est, en effet, le théâtre de cette rivalité ? Quelle image se dessine ici d'une Europe qui se construit en se disputant l'héritage de Rabelais ?

L'Europe en question semble en tout cas loin du rêve d'une *Weltliteratur* où les rivaux d'antan ne parleraient plus que d'une seule voix. « [J]e suis persuadé », notera Goethe en 1827, « qu'une littérature universelle est en train de se former ». Elle serait fondée, expliquera le poète, sur l'expression de ce qui est « universellement humain » – « universalité » appelée à « briller et transparaître à traves le caractère national et individuel ».[39] Les héritiers de Rabelais dont il a été question esquissent une autre utopie qui, elle, serait plutôt de l'ordre de ce que Jacques Derrida, notamment dans son travail sur l'Europe et son aspiration démocratique, aura pensé comme « à venir »,[40] à savoir un héritage dont le sort ne sera jamais fixé, mais au contraire à jamais à faire, à réimaginer dans son sens et ses possibles, au risque de la confrontation, de la contradiction, de l'incompréhension même. Goethe en aura identifié la possibilité, mais pour en faire une étape vers une unification qui en neutraliserait les conflits et non pas comme horizon d'un échange sans fin, d'une dialectique sans relève, toujours à l'œuvre : « Toutes les autres nations regardent vers nous [les Allemands], elles nous approuvent ou nous critiquent, nous acceptent ou nous rejettent, nous imitent et nous déforment, nous comprennent et se méprennent sur nous ».[41] C'est là un autre mythe qui prend forme, plus explicitement politique cette fois-ci dans le

36 Fischart 1963 [1590], p. 5.
37 Rabelais 1653 [Second Book], f°A 2 v°–A 3 r°.
38 Kraaijveld / Smith 1997, p. 176.
39 Goethe 1996, p. 298.
40 Voir, entre autres, Derrida 2003, notamment p. 126–133.
41 Goethe 1996, p. 298.

pouvoir contestataire qu'il met en jeu, et dont la littérature d'après Rabelais aura, du moins un temps, entrevu non pas la menace, mais la chance.

## Bibliographie

*Bringuenarilles, cousin germain de Fessepinte.* Rouen 1545.
*Les chroniques gargantuines.* Paris 1988.
*Le Disciple de Pantagruel* (*Les Navigations de Panurge*). Paris 1982 [1538].
Fischart, Johann: *Geschichtklitterung* (*Gargantua*). Düsseldorf 1963 [1590].
Goethe, Johann Wolfgang von: *Ecrits sur l'art.* Paris 1996.
Rabelais, François: *Grands Annales ou croniques tres veritables* [...]. [Caen] 1542.
Rabelais, François: *Pantagruel, roy des Dipsodes, restitué à son naturel* [...]. Lyon 1542.
Rabelais, François: *The First Book of the Works of Mr. Francis Rabelais.* Londres 1653.
Rabelais, François: *The Second Book of the Works of Mr. Francis Rabelais.* Londres 1653.
Rabelais, François: *Œuvres complètes.* Paris 1994.
Voltaire: *Le Temple du goût.* Genève 1953 [1733].

Berry, Alice Fiola: « ‹ Les Mithologies Pantagruelicques ›: Introduction to a Study of Rabelais's Quart Livre », in : *PMLA* 92–3 (1977), p. 471–480.
Brunel, Pierre: *Mythocritique. Théorie et parcours.* Paris 1992.
De Grève, Marcel: *L'interprétation de Rabelais au XVI*^e^ *siècle.* Genève 1961.
Derrida, Jacques: *Voyous. Deux essais sur la raison.* Paris 2003.
Eco, Umberto: *L'œuvre ouverte.* Paris 1965.
Foucault, Michel: « Nietzsche, la généalogie, l'histoire », in : *Dits et écrits* II (1970–1975). Paris 1994, p. 136–156.
Fougère, Marie-Ange: *Le rire de Rabelais au XIX*^e^ *siècle: histoire d'un malentendu.* Dijon 2009.
Frei, Peter: « ‹ Rabelais, il a raté son coup ›. L'histoire d'une canonisation paradoxale », in : Bernsen, Michael (éd.): *Un canon littéraire européen ? Actes du Colloque International de Bonn des 26, 27 et 28 mars 2014.* Bonn 2017, p. 13–19.
Frei, Peter: « Le scandale de Rabelais : une Renaissance contre-nature », in : Roberts, Hugh / Peureux, Guillaume / Wajeman, Lise (éd.): *Obscénités renaissantes.* Genève 2011, p. 349–361.
Greene, Thomas M.: *The Light in Troy. Imitation and Discovery in Renaissance Poetry.* New Haven 1982.
Huchon, Mireille: *Rabelais grammairien. De l'histoire du texte aux problèmes d'authenticité.* Genève 1981.
Kraaijveld, Enny E. / Smith, Paul J.: « Les premiers traducteurs de Rabelais: Wieringa lecteur de Fischart et Urquhart », in : Smith, Paul J. (éd.): *Editer et traduire Rabelais à travers les âges.* Amsterdam 1997, p. 174–194.
Kundera, Milan: *Le Rideau. Essai en sept parties.* Paris 2005.
Kundera, Milan: « [Réponse à une ‹ Nouvelle enquête sur la question nationale ›] », in : *La Règle du jeu* (3) 1991, p. 232–233.

Lestringant, Frank: « L'Insulaire de Rabelais ou la fiction en archipel (pour une lecture topographique du Quart livre », in: Céard, Jean / Margolin, Jean-Claude (éd.): *Rabelais en son demi-millénaire.* Genève 1988, p. 249–274.
Malabou, Catherine: *L'avenir de Hegel. Plasticité, temporalité, dialectique.* Paris 1996.
Nyssen, Ute: *Geschichtklitterung: Glossar.* Düsseldorf 1964.
Plan, Pierre-Paul: *Les éditions de Rabelais de 1532 à 1711.* Paris 1904.

Uwe Baumann (Bonn)

# ›Land der Liebe und Leidenschaft, des Giftmords und der politischen Intrige‹: Italien im Drama der Shakespearezeit[1]

## I. Prolog

›Land der tyrannischen Herrscher, des promiskuösen Hofes und der Syphilis‹, so hätte ich vermutlich einen Beitrag über Frankreich im Drama der Shakespearezeit genannt; oder ›Land des Irrtums und der aggressiven Diplomatie, des Antichristen und der Jesuiten‹ wäre ein entsprechender Titel über Spanien im Drama der Shakespearezeit gewesen. Wie man diesen beiden Titeln und auch dem tatsächlichen Titel für diesen Beitrag »›Land der Liebe und Leidenschaft, des Giftmords und der politischen Intrige‹: Italien im Drama der Shakespearezeit« entnehmen kann, handelt es sich jeweils um Konstruktionen, die unter den entsprechenden Überschriften zu analysieren sind, wenn man genau ist, sogar um doppelte Konstruktionen: die moderne, heutige Konstruktion dessen, was im Drama der Shakespearezeit bereits Konstruktion war. Ein solches Unternehmen erzwingt daher zunächst einmal einige theoretische Vorüberlegungen und sodann gleich hier das Eingeständnis, dass ich im folgenden aufgrund der Materialfülle hoch selektiv vorgehen werde, und mich auf einige wenige, jedoch zentrale und repräsentative Beispiele beschränke. Dabei mischt sich durchaus Bekanntes mit weniger Geläufigem, wie angesichts der Forschung, die sich bisher nahezu ausschließlich auf das dramatische Werk William Shakespeares und Italien konzentriert hat,[2] auch nicht anders zu erwarten ist. Etliche interessante

1 Der Beitrag geht in seiner Argumentation auf mehrere Vorträge zurück, die ich in den letzten Jahren mit unterschiedlichen Schwerpunkten in Birmingham, London, Warwick, Paris, Neapel, Florenz und Bonn gehalten habe. Der Vortragscharakter wird grundsätzlich beibehalten, jedoch die wichtigsten Belege in den Fußnoten ergänzt, wobei jeweils das Ziel einer pointierten Synthese, die im Detail jederzeit ergänzt, weiter auskonturiert werden könnte, Auswahl, Schwerpunkte und allgemein den Duktus bestimmt.

2 Vgl. Barasch (1999); Bartlett (1980); Bassi (2016); Bruzzi (1999); Cairns (1991); D'Amico (2001); Domenichelli (1999); Franssen (2004); Grillo (1949/1973); Hart (1999); Hoenselaars (1993a, 1993b); Holland (1996); Jones (1970); Klein / Marrapodi (1999); Kruse (1996); Lethbridge (1999); Levin (1993); Levith (1989); Lievsay (1964); Lombardo (1997); MacKenzie (1999); Mahler (1993); Marrapodi / Hoenselaars / Cappuzzo / Santucci (1993); Morrison

Aspekte, die zum Umfeld unseres Themas gehören, klammere ich gleich von vornherein aus: die Bedeutung italienischer Novellen, Tragödien und Komödien als unmittelbare oder mittelbare Vorlagen für Dramen der Tudor- und Stuartzeit[3] werde ich genauso wenig berücksichtigen wie die in Komödien immer wieder präsentierten Diskussionen um Realitätsgehalt und argumentative Reichweite petrarkistischer Liebeskonzepte. Ein hier ebenso ausgesparter Aspekt ist die literarisch-dramatische Präsentation des antiken Italiens, Roms und der römischen Geschichte, wiewohl diese publikumswirksamen und gelehrten Konstruktionen für eine angemessene Würdigung des politisch-mentalitätsgeschichtlichen Designs der Dramatik der englischen Renaissance insgesamt kaum zu überschätzen sind.[4] Stattdessen werde ich – auf der Basis repräsentativer Beispiele – das Bild, oder vielleicht besser: die Bilder von Italien vorstellen, die von den Dramatikern der Tudor- und Stuartzeit ihrem Publikum präsentiert wurden, Konstruktionen eines Italien, in dem fast alles möglich scheint, freilich ein »Italy made in England«.[5]

## II. Theoretische Vorüberlegungen

Die Konstruktion, bzw. die Konstruktionen Italiens in der englischen Renaissance, ist bzw. sind keine individuellen Konstruktionen, wiewohl sich der Einzelne auch immer wieder auf die Prinzipien von Autopsie und Authentizität zurückziehen mag. In seiner großen Anthologie *The Fatal Gift of Beauty* konnte Manfred Pfister zeigen, dass selbst Reiseberichte von Italienreisenden viele überindividuelle Gemeinsamkeiten aufweisen:[6]

> Indeed, what this anthology demonstrates is to what extent shared assumptions about the difference between Italy and England, between Italianness and Englishness, over-

(2013); Pfister (1993); Rhu (1999); Roe / Metternich / Wright (2011); Salingar (1991); Sohmer (1999); Stanton (1999); Zacharasiewicz (1971). Selbstverständlich werden das Setting Italien und / oder italienische Charaktere auch in der mittlerweile unüberschaubar gewordenen Forschungsliteratur zu einzelnen Komödien, Tragikomödien und Tragödien jeweils punktuell diskutiert, zumeist jedoch ohne synthetisierende Perspektiven oder Intentionen.

3 Vgl. dazu z. B. – neben den jeweiligen Einleitungen der Drameneditionen – Appoloni (2016); Comensoli (1993); Hutson (2010); Peacock (1991); Shewring / Mulryne (2007); Tomita (1999); Williams (1970); Zacharasiewicz (1971).

4 Vgl. insbesondere Baumann (1992, 1994, 1995, 1996, 1998, 1999, 2007, 2009, 2012, 2016a, 2016b, 2016c). Interessanterweise korrespondieren die Dramatisierungen des antik-römischen Kaiserhofes (vgl. insbes. Baumann (1995, 1999 und 2016b)) mit ihren tyrannischen Herrscherfiguren und der ubiquitär herrschenden Unmoral und Lasterhaftigkeit den stereotypen Konstruktionen des (späteren und zeitlosen) Italiens.

5 Pfister (1996), S. 3.

6 Pfister (1996), S. 3–4. Vgl. insgesamt auch Abiteboul (1976); Bate (1996); Flynn (1938); Frank (1953); Masello (1985).

> rule distinctions of individual temperament, character, and vision. The Italy for which the traveller sets out is never a *tabula rasa* but already inscribed with the traces of previous texts, i. e. pre-scribed by his or her culture. [...] They define Italy and Italianness in terms of difference from England and Englishness, Britain and Britishness, and often the difference takes the form of direct contrast or opposition. Thus, each description or definition of the other culture implies a self-description or self-definition – or, to put it more forcefully, it *is* a self-description, a self-definition.

Ein miteinander verknüpftes Ensemble von Oppositionen konstituiert die Gründung der Konstruktion Italien in Relation zur Konstruktion England: Norden vs. Süden (geographisch und psychologisch), Germanisch vs. Lateinisch, männlich vs. weiblich, kalt vs. heiß (sowohl klimatisch als auch bezüglich des Temperaments), protestantisch vs. römisch-katholisch (mit allen Konsequenzen, etwa Wort und Schrift vs. Idolatrie und Spektakel, Wahrheit vs. Aberglaube, usw.), bürgerliche Freiheit vs. päpstlicher oder feudaler Despotismus, politische Ordnung und Stabilität vs. Anarchie, moderne Errungenschaften vs. klassisches Erbe, usw., usw., eine Liste, die prinzipiell offen ist.[7]

Die politische Gliederung Italiens etwa wird von Robert Dallington (1561–1637) anschaulich und pointiert wie folgt resümiert:[8]

> in Italy there are four great states above all the other without exception, which notwithstanding in some one particular compared together, exceed one another: the Pope greatest in authority, the Kingdom of Naples greatest in land-forces, the Venetians mightiest at sea, and this Great Duke [sc. of Tuscany] mightiest in purse.

Korollar und Symptom des insgesamt ›despotischen‹ (›merely *despotical*‹) Regierungssystems ist für Dallington der unmittelbare Einfluss des Herzogs auf den höchsten Gerichtshof (*Gl'Otto di guardia e balia*), der nichts ohne direkten Befehl des Herzogs beschließt.[9] Englische Reiseerzählungen fokussieren immer wieder das ihnen ungewöhnlich Erscheinende, etwa Thomas Hoby (1530–1566) kaum sanktionierte Gewaltexzesse in Venedig,[10] oder Thomas Coryate (1577–1617) die so irritierend faszinierenden venezianischen Kurtisanen oder die zivilisatorische Neuerung des Essens mit Messer und insbesondere Gabel.[11] Dekadente Effeminierung und Lüsternheit einerseits und temperamentvolle prin-

7 Vgl. insgesamt die Einleitung von Pfister (1996), bes. 4 ff.

8 Robert Dallington, *A Survey of the Great Dukes State of Tuscany. In the yeare of our Lord 1569*, London: Edward Blount, 1605; zit. nach Pfister (1996), S. 225.

9 Vgl. Dallington, zit. nach Pfister (1996), S. 225–226.

10 Thomas Hoby, *The Travels and Life of Sir Thomas Hoby, Knight of Bisham Abbey, Written by Himself*, 1547–1564; zit. nach Pfister (1996), S. 256; vgl. insgesamt auch Masello (1985).

11 Thomas Coryate, *Coryat's crudities hastly gobled up in five moneths travells* [...], *newly digested in the hungry aire of Odcombe* [...], London: William Stansby 1611; zit. nach Pfister (1996), S. 256–259.

zipielle Rache- und Gewaltbereitschaft andererseits bestimmen für Fynes Moryson (1566–1630) wesentlich den italienischen Nationalcharakter:[12]

> The Italians, the old Conquerors of the world, are at this day so effeminate and so enamoured of their Paradise of Italy, as nothing but desperate fortune can make them undertake any voyages by sea, or land […]. In their nature they are most impatient of any the least reproach or injury, but the common sort revenge them [themselves] by fighting at cuffs (being allowed no use of weapons). And the greater men by treasonable murders. […] Nothing is more proper to pride than to circumvent enemies for revenge of wrongs by treason and upon all disadvantages, yet this is so bread in the bone of the Italians, as it will never out of their nature. Also it is a manifest token of cowardice to use no measure in revenge, as finding no safety but in the death of him who has in any small measure wronged them, whereupon it is proverbially said, that it is better to fall into the hands of a valiant than of a proud enemy, yet this kind of revenge is generally most proper to the Italians' nature. […] For fleshly lusts, the very Turks (whose carnal religion allows them) are not so much transported therewith, as the Italians are (in their restraint of civil laws and the dreadful law of God). […] In general the men of all sorts are carried with fierce affection to forbidden lusts, and to those most, which are most forbidden, most kept from them, and with greatest cost and danger to be obtained.

James Howell (ca. 1593–1666) akzentuiert nur eine Generation später in seinem ›Reiseführer‹ primär die Gefahren, die in Italien ›lauern‹:[13]

> And being now in *Italy that great limbique* [alembic] *of working brains*, he must be very circumspect in his carriage, for she is able to turn a *Saint* into a *Devil*, and deprave the best natures, if one will abandon himself to pleasure, and become a prey to dissolute courses and wantonness. The *Italian*, being the *greatest embracer of pleasures*, [is] the *greatest Courtier of Ladies* of any other. Here he shall find Virtue and Vice, Love and Hatred, Atheism and Religion in their extremes, being a witty contemplative people; and *Corruptio optimi* est *pessima*. Of the best wines you make your tartest vinegar.

Neben kritischen und teils nicht unwitzigen Detailbemerkungen – Florenz etwa ist für Henry Wotton (1568–1639) ein Paradies, das von Teufeln bewohnt wird und in dem Laster praktiziert werden, die selbst in Venedig unbekannt wären[14] – kommen selbstverständlich in einer Vielzahl englischer Reiseberichte auch die genretypischen ›Sight-Seeing-Berichte‹ nicht zu kurz;[15] interessanter für unsere Erkenntnisinteressen sind jedoch die (teils knappen) Bemerkungen zur religiösen Differenz, zur politischen Struktur und Kultur, sowie zum Nationalcharakter. Nicht immer explizierte Referenz für die durchaus in Details variierenden

12 Fynes Moryson, *An Itinerary written by Fynes Moryson Gent* […] *containing his ten yeeres travel* […], London: John Beale 1617; zit. nach Pfister (1996), S. 285–286.

13 James Howell, *Instructions for Forreine Travell*, London: Humphrey Mosely 1642; zit. nach Pfister (1996), S. 286.

14 Vgl. Pfister (1996), S. 356.

15 Vgl. insgesamt die Materialien bei Pfister (1996), bes. S. 163ff.

›Wertungen‹ der Konstruktion Italiens ist die jeweils individuelle Konstruktion Englands.

Eine Horrorvorstellung des berühmten Humanisten Roger Ascham (1516–1568) ist – durchaus konsequent angesichts seiner eigenen, pointiert geschilderten Reiseerfahrungen (1552) – der italianisierte Engländer:[16]

> I was once in Italy myself: but I thank God, my abode there was but ix. Days: And yet I saw in that little time, in one City [Venice], more liberty to sin than ever I heard tell of in our noble City of London in ix. years. I saw, it was there as free to sin, not only without all punishment, but also without any man's marking, as it is free in the City of London to choose, without all blame, whether a man lust to wear shoe or pantocle [slipper]. [...] I learned, when I was at Venice, that there it is counted good policy, when there be four or five brethren of one family, one only to marry: & all the rest, to welter, with as little shame, in open lechery, as Swine do here in the common mire. [...] If some yet do not well understand, what is an English man Italianated, I will plainly tell him. He, that by living, & travelling in Italy, brings home into England out of Italy, the Religion, the learning, the policy, the experience, the manners of Italy. That is to say, for Religion, Papistry or worse: for learning, less commonly than they carried out with them: for policy, a factious heart, a discoursing head, a mind to meddle in all men's matters: for experience, plenty of new mischieves never known in England before: for manners, variety of vanities, and change of filthy living.

Verdeutlicht dieses knappe Zitat aus Roger Aschams *The Scholemaster* nochmals die prinzipiell relationale Konstruktion Italiens, so gab es selbstverständlich auch in der Renaissance andere Stimmen, die Italien umgekehrt primär als Heimat des antiken Erbes, der antiken Kultur, als Wiege der christlichen Kirche und des Humanismus verehrten.[17] Für unsere Zwecke können wir freilich festhalten, dass dieses Bild Italiens im Drama der Shakespearezeit nur eine marginale Rolle spielt; dort dominiert die Konstruktion Italiens als Land der Liebe und Leidenschaft, des Giftmords und der politischen Intrige, wobei die jeweilige individuelle Konturierung des Bildes auch tendenziell gattungsdifferenzierende Funktionen hat, wie im folgenden noch im Detail zu zeigen ist.

## III. Komödien

Insgesamt fünf der Komödien William Shakespeares spielen ganz oder zum größten Teil in Italien, wogegen nur eine im zeitgenössischen England angesiedelt ist: *The Merry Wives of Windsor.* Wie bei der thematischen Konzentration der Komödie allgemein auf Liebe und deren Komplikationen, »[t]he course of true love never did run smooth« heißt es in *A Midsummer Night's Dream* (*MND*

16 Roger Ascham, *The Scholemaster* (veröffentlicht 1570), zit. nach Pfister (1996), S. 79.

17 Vgl. die Materialien bei Pfister (1996), bes. S. 163 ff. und 337 ff.

I,1,134) nicht anders zu erwarten, ist es primär das Italien der Liebe und Leidenschaften, das in diesen Komödien präsentiert wird, wiewohl das Porträt Venedigs und Messinas in *The Merchant of Venice* (1594–1597) und *Much Ado About Nothing* (1598–1600) durchaus vielschichtiger und komplexer ist.

In *The Two Gentleman of Verona* (1590–1598) ist die für Shakespeare charakteristische Kontrastierung einer aristokratisch-petrarkistischen Liebeskonzeption mit einer mehr realistischen Sicht der Liebe bereits vorgeprägt, wie insbesondere die Parodie einer romantischen Werbung um ein Milchmädchen und die analytisch klaren Kommentare Speeds verdeutlichen (vgl. bes. *TGV* III,1,260–365); ebenso zentral ist der Kontrast zwischen dem sich primär über Intrige und Gegenintrige definierenden Hof des Herzogs von Mailand und der ›Robin-Hood-Welt‹ des Waldes bei Mailand, wo schließlich Reue und Vergebung zur Vereinigung der Liebenden führen.[18] Angesichts der unterschiedlichen Realitätsebenen der Komödie, die immer wieder Komik generieren, stört es nicht, dass Mailand und Verona durch einen Seeweg miteinander verbunden sind, oder dass Banditen ihren Gefangenen wegen seines angenehmen Äußeren und seiner Sprachgewandtheit spontan zu ihrem Anführer wählen.

In vielfacher Hinsicht unterscheidet sich die in den frühen 90er Jahren des 16. Jahrhunderts entstandene Komödie *The Taming of the Shrew*[19] von den anderen Komödien Shakespeares, wiewohl sie mit ihnen das zentrale Thema ›Liebe‹ teilt. Wird dieses Thema ansonsten fast immer in der ersten Phase, der Werbung behandelt, so findet die Hochzeit der Protagonisten Katherine und Petruccio bereits im dritten Akt statt. Zu den genretypischen Werbeszenen und Verwicklungen um die beiden Töchter Baptistas – Katherine und Bianca – gesellen sich Szenen einer Ehe, die nicht eher vollzogen wird, bis die widerspenstige Ehefrau Katherine erfolgreich ›gezähmt‹ ist.

Der schon im Titel der Komödie *The Taming of the Shrew* erscheinende Begriff ›Zähmung‹ bezeichnet im alltäglichen Sprachgebrauch die menschliche Unterdrückung der natürlichen Instinkte und Triebe eines wilden Tieres zum Zwecke der Domestizierung und gründet in der angenommenen Überlegenheit des Menschen gegenüber dem Tier. In der Katherine-Handlung zähmt Petruccio Katherine; hier begründet die als natürlich angenommene Überlegenheit des Mannes über die Frau die ›Domestizierung‹. Dies wird u.a. durch die reiche Tiermetaphorik, die Vergleiche mit der ›Zähmung‹ von Falken (*TotS* IV,1,169–177) betont. Katherines Widerspenstigkeit, mit der sie ihr cholerisches Temperament auslebt (*TotS* IV,1,161; IV,3,19), wird zur Verweigerung und Ablehnung eben jener sogenannten natürlichen Ordnung patriarchaler Hierarchie und ihrer sprachlichen Codes.

18 Vgl. Pfister (1978), S. 447–451, bes. S. 449.
19 Vgl. insgesamt Baumann (2000), bes. S. 39–46; vgl. ebenfalls Cioni (2004); Marrapodi (1999).

Symptom der patriarchalisch-hierarchischen Ordnung ist, dass Töchter von ihren Vätern auch ohne ihre Einwilligung verheiratet werden können, wobei monetäre Überlegungen eine weitaus größere Rolle spielen als Gefühle. In Bianca und Katherine personalisieren sich zwei unterschiedliche Antworten auf diese – sozialgeschichtlich durchaus realistisch geschilderte – Ausgangssituation: Katherine verweigert sich und wird gegen ihren Willen verheiratet; Bianca spielt das gefügige Mädchen, wird von ihrem Vater gleichsam an den Meistbietenden versteigert (*TotS* II,1,333–389) und vereitelt die väterlichen Pläne schließlich doch, indem sie sich heimlich mit Lucentio vermählt.

Kehren wir in aller Kürze zur ›Zähmung‹ Katherines zurück: Ohne seine zukünftige Frau jemals gesehen oder gar gesprochen zu haben, handelt Petruccio mit Katherines Vater die Ehe aus; schnell ist man sich einig (*TotS* II,1,112–126), entspricht doch die Mitgift den Erwartungen Petruccios. Genauso schnell, und ebenfalls noch, ohne Katherine gesehen zu haben, verrät Petruccio dem Publikum seine Strategie für die Behandlung Katherines (*TotS* II,1,168–178). In der sich anschließenden ersten Begegnung, der ›Werbeszene‹, setzt Petruccio seine Strategie in die Tat um, versichert Katherine ungeachtet ihres Tobens, dass er sie für überaus liebenswürdig, höflich und sanft hält. Die gesamte Werbeszene (*TotS* II,1,180–267) gestaltet Shakespeare als brillanten rhetorischen Wettstreit, der – wie die übrigen Wortduelle zwischen Katherine und Petruccio – die seit vierhundert Jahren ungebrochene Bühnenwirksamkeit der Komödie erklärt und der zugleich mehr ist als ein »Test, in dem man die sprachlichen und geistigen Fähigkeiten mißt und sich auf diese Weise kennenlernt«.[20]

Katherine, die Petruccio an Wortwitz und rhetorischer Schlagfertigkeit nicht nachsteht, scheitert im Anschluss an die eigentliche ›Werbung‹ darin, ihrer Bewertung der ›Werbung‹ Petruccios Gehör zu verschaffen, weil sie sich einerseits vom Zorn auf ihren Vater ablenken und mitreißen lässt (*TotS* II,1,277–281) und weil andererseits sowohl Baptista als auch Gremio und Tranio nur allzu schnell bereit sind, den dreisten Lügen Petruccios Glauben zu schenken (*TotS* II,1,294–316). Katherine scheitert an ihrem eigenen Temperament und an der stillschweigenden Interessenallianz der Männer, für die die Eheschließung Katherines Voraussetzung für das nächste Geschäft ist, die Verheiratung Biancas.

Petruccios Strategie geht auf, die Ehe wird geschlossen und auch die ›Zähmung‹ gelingt; er bezwingt Katherine »in her own humour« (*TotS* IV,1,161) und ist dabei nach Einschätzung seiner Diener »more shrew than she« (*TotS* IV,1,71). Er predigt ihr Enthaltsamkeit und entzieht ihr Nahrung und Schlaf. Das alles mit voller Berechnung, wie er dem Publikum in einem die Szene IV,1 beschließenden Monolog enthüllt (*TotS* IV,1,169–190):

20 Suerbaum (1996), S. 204.

Thus have I politicly begun my reign,
And 'tis my hope to end successfully. [...]
And in conclusion she shall watch all night,
And if she chance to nod I'll rail and brawl
And with the clamour keep her still awake
This is a way to kill a wife with kindness,
And thus I'll curb her mad and headstrong humour.

Neben dieser – im Vergleich zur volkstümlichen Stoff-Tradition deutlich abgemilderten – physischen Folter, in die sich Petruccio allerdings selber miteinbezieht, verlässt er sich ansonsten ausschließlich auf seine primär psychisch ausgerichtete Strategie. In seiner *taming school* führt Petruccio Katherine ihr eigenes cholerisches Verhalten spiegelbildartig vor (*TotS* IV,1) und zwingt sie während der Hochzeit und der »Flitterwochen« auf seinem Landgut durch Demütigungen der verschiedensten Art, den Wert gesellschaftlicher Konventionen zu überdenken. Eine der kürzesten Szenen der gesamten Komödie (*TotS* IV,6) wird zur Schlüsselszene: In ihr greift Katherine Petruccios abstruse Behauptung einer verkehrten Wirklichkeit auf und bestätigt sie, um diese gleich im nächsten Moment wieder in ihr Gegenteil zu verkehren (*TotS* IV,6,1–50). Sie ist Petruccio eine ebenbürtige Partnerin in Geist, Witz und Erfindungsreichtum, ganz so wie Petruccio sich den Fortgang des Spiels gedacht hat.

Die in der Komödie zentrale ›Zähmung‹ Katherines vollzieht sich zwar weitgehend ohne physische Gewalt, gleichwohl bleibt es eine gewaltsame Domestizierung. Welten liegen zwischen dieser ›Zähmung‹ und der modernen Uminterpretation des Begriffs, wie sie der Fuchs in Antoine de Saint-Exupérys *Le Petit Prince* dem kleinen Prinzen, auf dessen dreimalige Frage, was ›zähmen‹ heißt, vorträgt: »›Das ist eine in Vergessenheit geratene Sache‹, sagte der Fuchs. ›Es bedeutet: sich vertraut machen‹«.[21] Welten liegen freilich auch zwischen Petruccios ›Werbung‹ um Katherine und der Werbung Lucentios um Bianca. Die drastisch-derbe Vitalität Petruccios und die witzig-schlagfertigen Repliken Katherines hinterlassen jedenfalls beim Publikum einen sehr viel nachhaltigeren Eindruck als die aus George Gasgoignes *Supposes* (1566) adaptierte Handlung um Bianca. Die rhetorische Brillanz Petruccios, die ganz zu Anfang der Komödie bereits von Grumio gerühmt wird (*TotS* I,2,103–110), und die in Katherines Wortwitz und Schlagfertigkeit ihr ebenbürtiges Pendant findet, kann nicht vergessen machen, dass es ausschließlich Petruccio ist, der die Regeln dieser Wortgefechte festlegt. Alle – primär für das Publikum – komischen Einfälle Petruccios, mit denen er Katherine in seinem Landhaus seine ›*shrewness*‹ vorspielt, sollten nicht die brutale Tatsache verdrängen können, dass Katherine durch Schlafmangel und Nahrungsentzug ›domestiziert‹ wird.

21 Vgl. insgesamt, inklusive der Zitatnachweise Baumann (2000), S. 45.

Zumindest einer der Zeitgenossen Shakespeares hat die ›Zähmung‹ Katherines wohl ähnlich verstanden. Um 1611 schrieb John Fletcher eine Fortsetzung von Shakespeares Komödie, in der Petruccio als Witwer nun seinerseits von seiner zweiten Frau, Maria, »*a chaste witty Lady*«, ›gezähmt‹ wird: *The Woman's Prize, or The Tamer Tam'd. A Comedy.*[22]

Messina, insbesondere der Landsitz des Governors Leonato in *Much Ado About Nothing* (1598–1600),[23] ist einerseits arkadischer Rückzugsort, wo sich Don Pedro, Fürst von Aragon, mit seinen Gefolgsmännern vom Krieg erholt, andererseits Ort der Liebe und Leidenschaft, freilich auch der Intrigen, bösartiger und freundlicher. Orientieren sich insgesamt die Dialoge der Gefolgsleute Don Pedros am von Baldassare Castiglione (*The Book of the Courtier*, 1528) formulierten Prinzip der *sprezzatura*, der Kunst des witzig-spritzigen spontan wirkenden und Gemeinschaft stiftenden Dialogs, so schließt sich Don John, der Bastardbruder Don Pedros, von vornherein aus dieser Gemeinschaft aus. Er ist es dann auch, der die bösartige Intrige ins Werk setzt und Claudio, den naiven Freund und Gefolgsmann Don Pedros, glauben macht, die ihm versprochene Hero betrüge ihn noch am Vorabend der Hochzeit. Die andere Intrige, Beatrice und Benedick, die sich offensichtlich schon länger kennen und ihr jeweiliges, überschäumendes Temperament in witzig-spritzigen Streitereien als »merry war« ausagieren, glauben zu machen, der jeweils andere sei in ihn oder sie unsterblich verliebt, geht von Don Pedro aus und ist zunächst genauso erfolgreich wie die Don Johns. Im Grunde ist es jedoch der scheinbare Erfolg der Intrige Don Johns, der das Band zwischen Beatrice und Benedick wirklich knüpft, sie zur Erkenntnis der wahren Qualitäten und Gefühle des bzw. der jeweils anderen bringt. Vor diesem Hintergrund erweist sich dann auch die Berechtigung des zumindest doppeldeutigen Komödientitels: »Viel Lärm um Nichts« oder auch – da *Nothing* und *Noting* in der Shakespearezeit sehr ähnlich ausgesprochen wurden – »Viel Lärm ums Bemerken«. Eine dritte Verständnismöglichkeit des Titels, da *Nothing* in der Shakespearezeit auch Euphemismus für Vagina / Vulva war, »Viel Lärm um eine Vagina / Vulva«, sollte – da auf die entscheidende Szene der Intrige Don Johns beziehbar – nicht unterschlagen werden, wiewohl diese Bedeutung primär in *The Winter's Tale* (1610–1611)[24] expliziert wird.

In *The Winter's Tale* reduziert der vor Eifersucht rasende Leontes, Fürst von

22 Vgl. die Einleitung von Daileader / Taylor (2006), S. 1: »Sometimes only a man can afford to be a feminist. John Fletcher (1579–1625), writing in an age when notions of male supremacy were virtually unchallenged, was just such a man. His play *The Tamer Tamed* answers and inverts Shakespeare's misogynist masterwork, The *Taming of the Shrew.*«

23 Vgl. zuletzt Salkeld (2018).

24 Vgl. insgesamt Baumann (2010); Marrapodi (1993).

Sizilien, seine Frau Hermione mit seiner unkontrollierbaren Imagination zu einer Vagina / Vulva (*WT* I,2,189–203):

> There have been,
> Or I am much deceived, cuckolds ere now;
> And many a man there is, even at this present,
> Now while I speak this, holds his wife by th'arm,
> That little thinks she has been sluiced in's absence
> And his pond fished by his next neighbor, by
> Sir Smile, his neighbour. Nay, there's comfort in't
> Whiles other men have gates and those gates opened,
> As mine, against their will. Should all despair
> That have revolted wives, the tenth of mankind
> Would hang themselves. Physic for't there's none.
> It is a bawdy planet, that will strike
> Where 'tis predominant, and 'tis powerful. Think it:
> From east, west, north, and south, be it concluded,
> No barricado for a belly. Know't,
> It will let in and out the enemy
> With bag and baggage.

Leontes bezieht nicht etwa aus der Einsicht, dass auch andere Männer untreue Ehefrauen haben, Trost, sondern er imaginiert ein ganz wesentlich auf die Sexualität reduziertes Konzept von Weiblichkeit, zu dessen Natur es geradezu gehört, Männer zu betrügen. Alle Übel dieser Welt reduziert und verkürzt er auf die sexuelle Untreue der Frau (*WT* I,2,283–295):

> Is whispering nothing?
> Is leaning cheek to cheek? Is meeting noses?
> Kissing with inside lip? stopping the career
> Of laughter with a sigh? – a note infallible
> Of breaking honesty! – horsing foot on foot?
> Skulking in corners? wishing clocks more swift?
> Hours, minutes? noon, midnight? and all eyes
> Blind with the pin and web but theirs, theirs only,
> That would unseen by wicked? Is this nothing?
> Why, then the world and all that's in't is nothing,
> The covering sky is nothing, Bohemia nothing,
> My wife is nothing, nor nothings have these nothings,
> If this be nothing.

Das sprachhistorische Wissen um die Bedeutung von »nothing« in elisabethanisch-jakobäischer Zeit erscheint als Interpretationshilfe noch nicht einmal nötig, um die leidenschaftliche, ja geradezu obsessive Reduzierung Hermiones zu einer ausschließlich sexuellen Entität in der Imagination des Leontes zu erkennen.

Venedig, Seehafen, Handelszentrum, berühmt wegen seiner Luxusgüter und Kurtisanen, fasziniert auch in der Konstruktion als Ort des multikulturellen Lebens, wiewohl Shakespeare in *The Merchant of Venice* (1594–1597)[25] – ungeachtet aller sonstigen Komplexität dieser düsteren Komödie – verdeutlicht, dass Toleranz und kulturelle Akzeptanz Grenzen hat; immerhin gibt es dort ein Gesetz, dass alle Fremden dem Tode überantwortet, die Leib und Leben eines Bürgers von Venedig Schaden zufügen.[26]

Bevor wir die Gattung Komödie verlassen – und im Kontext der Komödien Shakespeares bliebe noch darauf hinzuweisen, dass Prospero der rechtmäßige Herzog von Mailand ist, der durch eine Intrige seines Bruders vertrieben wurde (*The Tempest*),[27] oder dass die perfide Intrige, die Imogen fast das Leben kostet, von einem Italiener, Iachimo, in Rom ersonnen und ins Werk gesetzt wurde (*Cymbeline*)[28] –, werfen wir noch einen kurzen Blick auf Ben Jonsons *Volpone, or the Fox* (1605–1606).[29]

In dieser Komödie präsentiert Ben Jonson ein historisch präzise recherchiertes Venedig[30] als Setting für seine eindringliche Studie menschlicher Habgier, die nahezu alle Protagonisten, Volpone, Mosca, Voltore, Corvino und Corbaccio vollkommen beherrscht; und dieses Venedig besucht ein englisches Ehepaar, Sir und Lady Politique-Would-Be, das in seinen Reaktionen auf das Geschaute und Gehörte die Stereotypen der Konstruktion Venedigs und die Konstruktion englischer Reisender bestätigt: Insbesondere Sir Politique-Would-Be sucht überall, selbst auf dem Marktplatz, wo der als Quacksalber verkleidete Volpone stärkende Essenzen anpreist, die politische Intrige, wobei er freilich bei aller vorgetäuschter Sensibilität für den Doppelsinn von Worten nicht bemerkt, dass seine Frau sich Volpone anbietet (vgl. *V* IV,1).

25 Vgl. Auffret (1994); Barthelemy (2004); Mulryne (1993); Pullan (2003); vgl. auch allgemein zur Bedeutung des Venedig-Mythos im Drama der englischen Renaissance (mit den Schwerpunkten Shakespeare und Ben Jonson) Jones-Davies (1989); Lombardo (1993); McPherson (1990); Mullini (1993); Oz (1993); Parker (1991); Salingar (1993).

26 Vgl. insbes. *MV* IV,1,346–354 [Portia]: »It is enacted in the laws of Venice, / I fit be proved against an alien / That by direct or indirect attempts / He seek the life of any citizen, / The party 'gainst the which he doth contrive / Shall seize one half his goods; the other half / Comes to the privy coffer of the state; / And the offender's life lies in the mercy / Of the Duke only, 'gainst all other voices«.

27 Vgl. Baumann (2006); Brown (1999).

28 Vgl. insbes. Hopkins (1999); Olsen (1999); Redmond (1999).

29 Vgl. Creaser (1975); Hallett (1970); Parker (1991, 1976a, 1976b); Scheve (1950); Steiger (1984), S. 97–109; Vinter (2014); Watson (2012).

30 Vgl. die Einleitung von Brockbank (1968), bes. S. xvii–xix.

## IV. Tragödien

Die Tragödien William Shakespeares können wir im Grunde übergehen, präsentieren sie doch eine den Komödien weitgehend analoge Konstruktion Italiens als Land der Liebe und Leidenschaften: *Romeo and Juliet* (1595) gilt – ungeachtet der aggressiven Gewaltbereitschaft der Männer – als die künstlerisch bedeutendste Darstellung der »courtly love« auf der englischen Renaissance-Bühne[31] und die rasende Eifersucht Othellos, zum Teil gründend in seinem Außenseiterstatus in Venedig, zum größeren Teil jedoch in der Unfähigkeit, seine erotische Imagination zu kontrollieren (*Othello*, 1603–1604), spricht für sich selbst.[32]

In diesen Kontext fügt sich dann ein, dass geradezu selbstverständlich die intensivste Auseinandersetzung mit dem in den ersten beiden Dekaden des 17. Jahrhunderts so beliebten Inzestmotivs nach Italien verlegt wird, in John Fords *'Tis Pity She's a Whore* (1629?–1633).[33] Politische und erotische Intrigen stehen im Mittelpunkt einer ganzen Reihe von Tragikomödien und Tragödien der Zeitgenossen Shakespeares, wobei sie das jeweilige Setting, italienische Fürstenhöfe und Bürgerhäuser, zur eigengesetzlichen Welt stilisieren, in der nahezu alles denkbar und möglich ist (John Marston, *Antonio and Mellida* [1599/1600], John Marston, *Antonio's Revenge* [1599/1600], John Marston, *What You Will* [1601/1602], John Marston, *The Malcontent* [1603/1604], John Marston, *Parasitaster, or the Fawn* [1604–1606]; Francis Beaumont & John Fletcher, *Philaster, or Love Lies a Bleeding* [1608/1609], John Webster, *The Duchess of Malfi* [1612–1614], Thomas Middleton, *Women Beware Women* [um 1621], Philip Massinger, *The Maide of Honour* [1621/1622], Philip Massinger, *The Great Duke of Florence* [1627]), wie stellvertretend[34] eine kurze Szene aus Philip Massingers *The Duke of Milan* (1621/1622) verdeutlichen mag: Im 5. Akt dieser den Herodes-Mariamne-Stoff variierenden Rachetragödie hat Herzog Lodovico, nachdem er seine Ehefrau aus rasender, wenngleich unbegründeter Eifersucht ermordet hat, den Verstand verloren und fleht die Ärzte an, Marcelia ins Leben

31 Vgl. Baumann (2000), bes. S. 93–99. Vgl. ebenfalls Kruse (1996); Laroque (2004); Locatelli (1993); Melchiori (1993); Moore (1930); Paravano (2018); Rossi (1993).

32 Vgl. Baumann (2010); vgl. auch Malieckal (1999); Thorssen (1979).

33 Vgl. Abiteboul (1989); Amtower (1998); Boehrer (1984); Bolam (2003); Boling (1991); Champion (1975); Clark (2010); Clerico (1992); Davey (2017); Dente (1999); Foster (1988); Gauer (1987); Hopkins (1998, 2010, 2012); Ide (1986); Jephson / Boehrer (1994); Martin (2012); McCabe (2006); Mintz (2003); Monsarrat (1980); Neill (2001); Rosen (1974, 1986); Sheeha (2017); Silverstone (2010); Stavig (1986); Wiseman (2001); Woods (2010).

34 Jede einzelne dieser Tragikomödien und Tragödien (insbesondere John Websters *The Duchess of Malfi* und Thomas Middletons *Women Beware Women*), wie auch ihre intertextuellen, interfiguralen und Motiv-Verknüpfungen verdienten in der Sache eine eigenständige, detailliertere Analyse, ohne jedoch insgesamt die argumentative Reichweite unserer Synthese einzuschränken.

zurückzuholen. Die Hofärzte sind verständlicherweise ratlos, da melden sich die als jüdischer Arzt und Gehilfe verkleideten Geschwister Marcelias; Francisco verleiht dem Leichnam mit Schminke das Aussehen eines lebendigen Menschen, jauchzend vor Freude küsst Lodovico die Tote, ... und stirbt an dem Gift, mit dem die Rächer ihre Lippen bestrichen haben (vgl. *DM* V,2,47*–269).[35]

Neben den zahllosen Einblicken in das lüstern-erotische und machiavellistisch-intrigante Treiben an italienischen Fürstenhöfen, wie sie speziell die Tragikomödien und Rachetragödien der Stuartzeit bieten, sind es besonders die blutigen Rachetragödien Cyril Tourneurs und John Websters, die Italien geradezu zum Land der unbegrenzten erotischen, morbiden und grausigen Phantasien und Taten stilisieren, wie abschließend exemplarisch *The Revenger's Tragedy* und *The White Devil* dokumentieren sollen.[36]

In Art eines Tableaus präsentiert Tourneur in der ersten Szene seiner *Revenger's Tragedy* (1606/1607) eine »Prozession der zum Untergang Verdammten«,[37] die im Licht der Fackeln von ihrem ganz in Schwarz gekleideten ›cosmic exterminator‹ mit dem sprechenden Namen Vindice beobachtet und kommentiert wird. Vindice hält den Totenschädel seiner Geliebten dabei in den Händen, und immer wieder wendet er sich mit seinen Worten direkt an den Totenschädel (*RT* I,1,14): »Thou sallow picture of my poisoned love«.[38] Der Mord an der geliebten Gloriana vor neun Jahren, die sich den Gelüsten des Herzogs nicht hingeben wollte, setzte die Rachehandlung in Gang: »Verkleidet als gewiefter Zuhälter erledigt Vindice nicht nur seine eigentliche Aufgabe und ermordet den Herzog [...] mit Glorianas vergiftetem Totenschädel, sondern er schickt auch die meisten Herzogskinder, ob ehelich, unehelich oder angeheiratet, mit eigener Hand oder unter tätiger Mithilfe des Zufalls, gleich mit über den Jordan. [...] Leider geht aber auch Vindice auf dem Pfad seiner vermeintlichen rächerischen Tugend allzu weit: Als er sich ganz naiv seiner mordlustigen Taten rühmt, läßt ihn der die neue Ära einleitende Antonio seinen Opfern nach ins Jenseits befördern«.[39] Dieser karge Handlungsabriss verdeutlicht bereits hinreichend, wie der Tod die Handlung und die Figuren dominiert, ein Aspekt, der im übrigen in einigen modernen Inszenierungen mit Hilfe des Bühnenbildes in besonderer Weise akzentuiert wurde. So füllte beispielsweise in Claus Peymanns Inszenie-

35 Vgl. insbesondere die Schlusssentenz als moralisches Resümee (*DM* V,2,268–269): »And learne from this example, ther's no trust / In a foundation that is built on lust.«

36 Vgl. insgesamt Baumann (1993), bes. S. 151–155 (Webster) und S. 155–158 (Tourneur).

37 Steiger (1984), S. 112. Vgl. insgesamt auch Abiteboul (1986); Bagchee (1980); Bhattacharyya (1987/88); Brucher (1981); Dollimore (1980); Entezareghaem (2016); Evans (1987); Gauntlett (1992); Hallett (1980); Lokaj (2000); Mehl (1986); Mooney (1983); Mullaney (1994); Neill (1996); Rizzoli (1993); Robertson (1991); Sabatier (2009); Stallybrass (1991); Steiger (1984), bes. S. 111–121; Stockard (2016); Teyssandier (1991).

38 Vgl. ebenfalls *RT* I,1,14–25 und I,1,44–49.

39 Steiger (1984), S. 112.

rung der *Revenger's Tragedy* (Hamburger Schauspielhaus: 1972) ein gigantisches Skelett die Bühne, »innerhalb von dessen Ausgespreiztheit die moribunden Vorgänge agiert wurden«.[40]

Der herzogliche Hof der *Revenger's Tragedy* ist ein Hof des hemmungslosen, frivolen Vergnügens, der Feste, Bankette, mit einem Wort, ein Hof der unkontrollierten Sinnlichkeit (*RT* I,2,190–202; I,4,27–48). Das Leben in dieser Welt ist zu einem jagenden Tanz von einem Vergnügen zum anderen pervertiert, und begierig reichen die einzelnen Tänzer der Lust die Hand, aber sie werfen sich damit zugleich dem Tod in die Arme, wie es vielleicht am deutlichsten das Bild des lüsternen Herzogs, der eine Jungfrau zu küssen wähnt, zu emblematischer Dichte kondensiert zeigt (*RT* III,5,143–149):

Duke: Lady, sweetly encountered: I came from Court,
I must be bold with you – oh! What's this? Oh!
[*He kisses the skull*]
Vindice: Royal villain, white devil!
Duke: Oh!
Vindice: Brother – place the torch here that his affrighted eyeballs
May start into those hollows. Duke, dost know
Yon dreadful vizard? View it well; 'tis the skull
Of Gloriana, whom thou poisonedst last.

Die Lustbarkeiten des Hoflebens bilden gleichsam die idealen Bedingungen für die mörderischen Intrigen, für den blutigen Kampf jeder gegen jeden (vgl. bes. *RT* V,1,172). Die Figuren der *Revenger's Tragedy* sind allesamt überzeugt davon, klug, vorausschauend und zielstrebig zu handeln. Aber sie alle irren sich, auch wenn Vindice ihre Pläne nicht immer hemmt; sie alle sind, was sie allerdings zu keinem Zeitpunkt auch nur annähernd verstehen, nicht einmal ahnen, Teil eines größeren Universums, wo irdische Verbrechen und Sünden bestraft werden, wie der Schluss der Tragödie nochmals – als Totentanz, der von Donnerhall abgelöst wird – expliziert (*RT* V,3,42s. d.): »*The revengers dance. At the end [they] steal out their swords and these four kill the four at the table, in their chairs. It thunders*«.[41]

Von Anfang an beherrscht das Thema Tod auch in John Websters Rachetragödie *The White Devil* (1609–1612) die Szenerie.[42] Die erste Szene bereits prä-

40 Steiger (1984), S. 113.

41 Vgl. Baumann (1993), bes. S. 157–160.

42 Vgl. insgesamt Appoloni (2018); Bäckmann (1984); Barker (2005); Baumann (1993, 2000); Behling (1996); Bliss (1983); Bloomfield (2016); Bregazzi (1992); Bromley (1991); Calvo (1985); Coleman (2016); Culpeper / Archer / Findlay / Thelwall (2018); Desai (1984); Ellis (2006); Finin-Farber (1994); Frazer / Hansen (2016); Goldberg (1987); González Fernández de Sevilla (1996); Hansen (2016); Hirsch (2016); Hirsh (2002); Horlacher (2011); Jones (1991); Keel (1993); Kroll (1986); LaPerle (2015); Lehman Den (2011); Luckyi (1999, 2001, 2016); Lurie (1997); Luther (1998); McElroy (1979); Rizzoli (1996); Sabatier (2010, 2012);

sentiert mit Graf Lodovico einen wegen mehrfachen Mordes Verbannten (*WD* I,1,30–32: »Worse than these, / You have acted certain murders here in Rome, / Bloody and full of horror«), der zugleich jedoch mit zynischer Einsicht in das Walten der irdischen Gerechtigkeit, die eben nur die in der sozialen Hierarchie unten angesiedelten ereilt, aufzuwarten weiß (*WD* I,1,38–44).

Die nächste Szene, nachdem Graf Lodovico dem Publikum die für das Verständnis der Handlung nötigen Informationen gegeben hat (*WD* I,1,41–43: »The Duke of Brachiano, now lives in Rome, / And by close panderism seeks to prostitute / The honour of Vittoria Corombona«), präsentiert erstmals einen Blick auf zwei der Protagonisten. Im Hause Camillos wirbt Flamineo im Auftrag Brachianos um Vittoria Corombona; Flamineo, der Bruder Vittorias, arrangiert mit Erfolg eine ungestörte Liebesnacht seines fürstlichen Dienstherren mit Vittoria, und er tut dies, indem er Camillo, seinem Schwager, vorheuchelt, sich bei seiner Schwester für den Schwager zu verwenden (vgl. *WD* I,2).

Die ehebrecherische Verbindung Vittorias zu Brachiano, zuvor schon stadtbekannt (vgl. *WD* I,1,41–43), löst nun die weiteren Verwicklungen und Verbrechen aus. Durch die Erzählung eines Traums (*WD* I,2,220–244) pflanzt Vittoria wohl erstmals Mordgedanken in des Geliebten Hirn, wie es Flamineo unzweideutig und mit boshafter Anerkennung kommentiert: »Excellent Devil. / She hath taught him in a dream / To make away his Duchess and her husband« (*WD* I,2,245–247). Zwei *dumb shows* im zweiten Akt zeigen die reale Umsetzung dieser von Vittoria insinuierten und im Auftrag Brachianos ausgeführten Verbrechen: Isabella, die Ehefrau Brachianos, stirbt durch Gift (ein Porträtgemälde Brachianos, das seine Ehefrau abends zu küssen pflegte, war von Brachianos gedungenen Meuchelmördern mit einem Kontaktgift bestrichen worden [*WD* II,2,23*]), und Camillo, der Ehemann Vittorias, wird von Flamineo und einigen Helfershelfern bei einem übermütigen Fest erschlagen (*WD* II,2,38*). Diese grausamen Verbrechen rufen nun die Rächer auf den Plan.

Ohne die verwickelte Handlung mit all ihren überraschenden Wendungen im Detail nachzuzeichnen, und auch ohne die stetig wachsende Faszination, die Vittoria auf Brachiano (und das Publikum)[43] ausübt, gebührend würdigen zu können, gilt es auch in dieser Rachetragödie, den Blick auf das schaurige Finale, die grausige Vergeltung für die verübten Schandtaten, zu lenken. Am Tage der

Sheeha (2018); Stevenson (1991, 2008); Strycharski (2012); Tempera (1993); Tosi (1991a, 1991b, 1996); Waudby (2010); Wiggins (1997); Williamson (2007); Wilson (2006).

43 Vgl. hierzu neben der (oben) zusammengestellten Literatur noch den einleitenden Essay von Alfred Marnau (Marnau (1986a)), der insgesamt die ›magische‹ Allmacht Vittorias beschwört (S. 9): »Die Gefahr, die wir in seiner [sc. des Dramas] Mitte zu bestehen haben, heißt Vittoria Corombona, ihre Leidenschaft und Niedertracht, ihre sphinxische Unwiderstehbarkeit, das Versprechen und Versagen ihrer Wonnen. Und doch ist sie nicht so sehr Sphinx, besteht sie nicht so sehr aus Rätseln als aus Überraschungen«.

Hochzeit mit Vittoria wird Brachiano beim festlichen Turnier mittels eines vergifteten Helmvisiers beseitigt (*WD* V,2,76*; V,3,1–26). Die von Francisco de Medici, dem Bruder Isabellas, gedungenen Mörder, Lodovico und Gasparo, treiben darüber hinaus mit dem vor Schmerzen rasenden, halbwahnsinnigen Brachiano (*WD* V,3,30–129) noch ihren grausamen Spott. Als Kapuziner verkleidet treten sie an das Bett des Sterbenden, um ihm scheinbar die Beichte abzunehmen. Außer Hörweite der übrigen Anwesenden geben sie sich ihm jedoch zu erkennen und flüstern Brachiano Verwünschungen ins Ohr (*WD* V,3,163–166). Nicht die Tatsache, dass seine Beichte und die ihm gewährte Absolution durch die falschen Kapuziner theologisch bedeutungslos sind, entsetzt Brachiano; erst die Drohung, schon vor der Leichenrede vergessen zu sein, reißt ihn aus seinem Dämmerzustand: »Vittoria! Vittoria! (*WD* V,3,167)«. Aber die falschen Kapuziner schicken Vittoria aus dem Raum und erdrosseln Brachiano (*WD* V,3,168–176). Die Rache, der Tod regiert die Welt, die höllischen Mächte haben sich gleichsam befreit, wie Vittoria mit einem Schmerzensschrei bezeugt: »O me! this place is hell« (*WD* V,3,177).

Der nächste, dem sich das Verhängnis auf leisen Sohlen nähert, ist Flamineo, der inzwischen auch noch einen Brudermord auf sein Gewissen geladen hat (vgl. *WD* V,2,1–17). Flamineo sorgte sich schon, dass ihn der sterbende Brachiano zu oft beim Namen nannte – ein traditionelles Todesvorzeichen –, dann erscheint ihm der Geist seines einstigen Herrn leibhaftig (*WD* V,4,120*–138):

> *Enter Brachia[no's] Ghost. In his leather cassock and breeches, boots, a cowl [and in his hand] a pot of lily-flowers with a skull in't.*
> Ha! I can stand thee. Nearer, nearer yet.
> What a mockery hath death made of thee? Thou look'st sad.
> In what place art thou? in yon starry gallery,
> Or in the cursed dungeon? No? not speak?
> Pray, sir, resolve me, what religion's best
> For a man to die in? or is it in your knowledge
> To answer me how long I have to live?
> That's the most necessary question.
> Not answer? Are you still like some great men
> That only walk like shadows up and down,
> And to no purpose: say:
> *The ghost throws earth upon him and shows him the skull*
> What's that? O fatal! He throws earth upon me.
> A dead man's skull beneath the roots of flowers.
> I pray speak sir; our Italian churchmen
> Make us believe, dead men hold conference
> With their familiars, and many times
> Will come to bed to them, and eat with them. *Exit Ghost*
> He's gone; and see, the skull and earth are vanish'd.

Grotesk wie das Nebeneinander der Symbole von Totenschädel und Lilien spielen Flamineo und Vittoria in der übernächsten Szene ein letztes großes Spiel um Leben und Tod. Flamineo heuchelt der Schwester vor, freiwillig aus dem Leben scheiden zu wollen. In Wirklichkeit jedoch will er nur die Gesinnung seiner Schwester auf die Probe stellen; er weiß, dass die Pistolen, die er Vittoria und deren Zofe Zanche in die Hände drückt, nur mit Pulver, nicht aber mit Kugeln geladen sind. Zanche und Vittoria schwören (*WD* V,6,97: »Most religiously«), Flamineo in den Tod zu folgen, dann ›erschießen‹ die beiden Flamineo. Wie der sterbende Brachiano von Gasparo und Lodovico verhöhnt wurde, so spotten die Frauen nun über den vermeintlich sterbenden Flamineo (*WD* V,6,117–131); die Hölle warte auf ihn (*WD* V,6,134–135: »No fitter offering for the infernal Furies / Than one in whom they reign'd while he was living«), der – wie sie behaupten und beweisen würden – Hand an sich selbst gelegt hätte: »Yes, and drive a stake / Through thy body; for we'll give it out, / Thou didst this violence upon thyself« (*WD* V,6,143–145). Flamineo beendet das groteske Spiel, springt auf und enthüllt der Schwester seine wahren Absichten (*WD* V,6,147–155):

> The pistols held no bullets: 'Twas a plot
> To prove your kindness to me; and I live
> To punish your ingratitude; I knew
> One time or other you would find a way
> To give me a strong potion. O men
> That lie upon your death-beds, and are haunted
> With howling wives, ne'er trust them; they'll remarry
> Ere the worm pierce your winding sheet; ere the spider
> Make a thin curtain for your epitaphs.

Das groteske Spiel um Leben und Tod, das Flamineo inszenierte, wird dann für ihn selbst und seine Schwester blutiger Ernst. Verkleidet betreten Lodovico und Gasparo das Zimmer, werfen ihre Verkleidung ab und verkünden, dass sie im Auftrag Francisco de Medicis, des Herzogs von Florenz, erschienen sind, die Verbrechen Flamineos und Vittorias zu rächen. Vittoria, die »glorious strumpet« (*WD* V,6,203), stirbt, jeder Zoll eine Herzogin (*WD* V,6,206–210):

> You, my death's-man;
> Methinks thou dost not look horrid enough,
> Thou hast too good a face to be a hangman;
> If thou be, do thy office in right form;
> Fall down upon thy knees and ask forgiveness.

Wie Vittoria in der Vergangenheit ihre Umgebung, vorwiegend die Männer ihrer Umgebung, einschließlich Brachianos, mit ihren Augen und Worten in die Knie zwang, so erweist sie sich auch in der Stunde ihres Todes als Wölfin und Göttin zugleich (*WD* IV,2,88–89: »Woman to man / Is either a god or a wolf«), die selbst dem Todesstoß noch auf halbem Weg entgegenkommt und mit ihren letzten Worten ihre Mörder schmäht: »'Twas a manly blow. / The next thou giv'st, murder some sucking infant, / And then thou wilt be famous« (*WD* V,6,229–231).

Mit ähnlichem Hohn für die Handlanger des Todes, Lodovico und Gasparo, stirbt auch Flamineo (*WD* V,6,231–234). Seine letzten Gedanken gelten jedoch seiner Schwester (*WD* V,6,238–244), die er jetzt erst, vielleicht das erstemal überhaupt, liebt: »Th'art a noble sister, / I love thee now« (*WD* V,6,238–239).

Der Todesreigen ist mit dem Tod Flamineos immer noch nicht zu Ende. Auch die rächenden Mörder entgehen ihrem Schicksal nicht, sie werden auf Befehl von Brachianos Sohn, Giovanni, ins Gefängnis geworfen und dort den Folterknechten und den Henkern überantwortet (*WD* V,6,288–290). Wie schon Flamineo und Vittoria mit moralischen Sentenzen auf den Lippen starben,[44] so beschließt der neue Herrscher, Giovanni, mit einer Sentenz die Tragödie: »*Let guilty men remember their black deeds / Do lean on crutches, made of slender reeds*« (*WD* V,6,297–298).

## V. Epilog

Abschließend – eine Zusammenfassung der sich jeweils ergänzenden und bestätigenden Detailbefunde erscheint unnötig –, gilt es noch, ein kleines Detail der eingangs präsentierten Vorbemerkungen zu modifizieren: Obwohl diese Rachetragödie geradezu exemplarisch die Konstruktion Italiens als Land der Liebe und Leidenschaften, der politischen Intrige und des Giftmords präsentiert, und obwohl es kaum glaublich erscheint, dramatisiert John Webster in seiner Rachetragödie historisch sehr gut bezeugte Ereignisse der Jahre 1581 bis 1585.[45] Die Protagonisten der Geschichte, Vittoria Accoromboni, Paolo Giordano Orsini, Herzog von Bracchiano, und alle übrigen waren im wirklichen Leben nicht weniger berechnend, brutal, lasterhaft und grausam als in Websters Tragödie;[46]

44 Vgl. bes. *WD* V,6,258–259 [Vittoria]: »O happy they that never saw the court, / Nor ever knew great men by report« und *WD* V,6,266–273 [Flamineo]: »'Tis well yet there's some goodness in my death, / My life was a black charnel. I have cought / An everlasting cold. I have lost my voice / Most irrecoverably. Farewell glorious villains, / *This busy trade of life appears most vain, / Since rest breeds rest, where all seek pain by pain.* / Let no harsh flattering bells resound my knell, / Strike thunder, and strike loud to my farewell«.

45 Vgl. die Einleitung von Brennan (1966), bes. S. ix–xxix; vgl. ebenfalls die Einleitung von Marnau (1986a), bes. S. 19–23.

46 Vgl. Marnau (1986a), der nach genauem Quellenstudium – für die Tragödie perspektiviert / pointiert – festhält (S. 18): »Sie [sc. Vittoria] hat ein Herz wie aus Stahl, nur die Glut äußerster Leidenschaft kann es schmelzen. Ihr Leben verfliegt schnell – wenn das Spiel beginnt, ist sie vierundzwanzig Jahre alt, ein Jahr später ist alles vorbei. Die fünf Akte ihres Dramas, das nicht so sehr ein Trauerspiel als eine Teufelskabale ist, sausen nur so dahin: im ersten, die

dies gilt selbst für den Todfeind der beiden, Montalto / Monticelso, den Papst Sixtus V., dem das römische Volk nachsagte, es habe sich, als er im Sterben lag, Satan die Tiara zurückgeholt, die er seinerzeit für seine Seele eingetauscht hatte.[47]

In theoretisch-struktureller Perspektive darf damit festgehalten werden, dass die Konstruktionen Italiens in der englischen Renaissance-Dramatik als Land der Liebe, der Leidenschaften, des Giftmords und der politischen Intrige in dem Maße ihren Konstruktcharakter verlieren und realistischer werden, in dem sie in der dramatischen Repräsentation in historisch gut bezeugten Stoffen, Motiven und charakterlichen Details ihrer jeweiligen Protagonist(inn)en gründen.[48] Solche eventuellen Gründungen in historischen Quellen *en détail* zu analysieren, verdiente für nahezu alle Komödien, Tragikomödien und Tragödien der Shakespearezeit, die Konstruktionen Italiens als Setting, Episoden italienischer Geschichte und / oder italienische ›Charaktere‹ präsentieren, weitere Detailstudien.

## Bibliographie

Brennan, E. M. (Hg.), John Webster, *The Duchess of Malfi* (The New Mermaids), 2$^{nd}$ Ed. London / New York 1983, ND 1985.

Brennan, E. M. (Hg.), John Webster, *The White Devil* (The New Mermaids), London / New York 1966.

Brockbank, P. (Hg.), Ben Jonson, *Volpone* (The New Mermaids), London / New York 1968.

Clare, J. (Hg.), *Four Revenge Tragedies: The Spanish Tragedy, The Revenger's Tragedy, 'Tis Pity She's a Whore, The White Devil*, London 2014.

Daileader, C. R. / G. Taylor (Hgg.), John Fletcher, *The Tamer Tamed; or, The Woman's Prize* (Revels Student Editions), Manchester / New York 2006.

Edwards, P. ; C. Gibson (Hgg.), *The Plays and Poems of Philip Massinger*, 5 Bde., Oxford 1976.

Versuchung, dann das Verbrechen – und die drei übrigen Akte: Gericht, Vergeltung und Tod. Ein Hin und Her von Doppelfiguren, die in fieberhafter Hitze ihren Untergang erwirken. Flamineo und Vittoria, nicht weil Bruder und Schwester, sondern weil schicksalsverschwistert; Francesco ist total gespalten und figuriert in zwei Existenzen: er ist Herzog von Florenz im ersten Teil, der Kondottiere Mulinassar im zweiten; er ist dann schwarzhäutig, in der Farbe des Teufels. Und Monticelso, der sich in der Unterwelt auskennt, wo der geheime Abschaum haust, erteilt dennoch, über Nacht zum Papst geworden, den Segen *Urbi et Orbi*; Isabella, keusch und lieblich, zugleich brennend verzehrt von Sehnsucht in ihrer geschlechtlichen Vereinsamung. Sie leiden und sterben alle jung; Bestien, vielleicht, aber herrliche Bestien«.

47 Vgl. Marnau (1986a), bes. S. 23.

48 Wie John Websters *The White Devil* (s. oben) gründet z. B. auch seine zweite berühmte Rachetragödie *The Duchess of Malfi* über weite Strecken der Handlung und für nahezu alle Figuren in der literarischen Bearbeitung guter historischer Überlieferung (vgl. die Einleitungen von Brennan (1983/85), bes. S. ix–xii und Marnau (1986b), bes. S. 10–11).

Gibbons, B. (Hg.), Cyril Tourneur, *The Revenger's Tragedy* (The New Mermaids), London 1967.

Greenblatt, S.; W. Cohen; J. E. Howard; K. E. Maus (Hgg.), *The Norton Shakespeare. Based on the Oxford Edition*, New York / London 1997.

Marnau, A. (Hg.), John Webster, *Die Weiße Teufelin / The White Divel*, Tragödie in fünf Aufzügen, 1609; aus dem Englischen von A. M., Nördlingen 1986. [1986a]

Marnau, A. (Hg.), John Webster, *Die Herzogin von Malfi / The Duchess of Malfi*, Tragödie in fünf Akten, 1612; aus dem Englischen von A. M., Nördlingen 1986. [1986b]

Mulryne, J. R. (Hg.), Thomas Middleton, *Women Beware Women* (The Revels Plays), Manchester 1975.

Pfister, M. (Hg.), *The Fatal Gift of Beauty: The Italies of British Travellers. An Annotated Anthology* (Internationale Forschungen zur Allgemeinen und Vergleichenden Literaturwissenschaft Bd. 15), Amsterdam / Atlanta 1996.

Turner, R. K. (Hg.), »Philaster«, in: F. Bowers (Hg.), *The Dramatic Works in The Beaumont and Fletcher Canon*, Bd. I, Cambridge 1966, S. 367–540.

Wood, H. (Hg.), *The Plays of John Marston* (The Blackfriars Dramatists), 3 Bde. Edinburgh / London 1934–1939.

Abiteboul, M., L'Italie e l'Angleterre des Tudors: voyageurs et traducteurs, in: *Helios* 2 (1976), S. 1–12.

Abiteboul, M., *The Revenger's Tragedy* de Cyril Tourneur; Ou, Les Intermittences de la foi, in: *Mythes, Croyances et Religions Interdisciplinary* 4 (1986), S. 29–40.

Abiteboul, M., Analyse spectral du phenomena religieux dans *'Tis Pity She's a Whore* de John Ford, in: *Mythes, Croyances et Religions dans le Monde Anglo-Saxon* 7 (1989), S. 19–31.

Amtower, L., 'This Idol Thou Ador'st: The Iconography of *'Tis Pity She's a Whore*, in: *Papers on Language and Literature: A Journal for Scholars and Critics of Language and Literature* 34,2 (1998), S. 179–206.

Appoloni, J., *Tales of Resistance: Combating Legal Power from Italian Shores to London Streets*, Diss. Univ. of Minnesota 2016.

Appoloni, J., ›Ravisht Justice‹: Transnational Law and Disorder in the Works of John Webster, in: *ANQ: A Quarterly Journal of Short Articles, Notes and Reviews* 31,3 (2018), S. 168–175.

Auffret, J., The Merchant of Venice – From Tyre to London, in: *Cahiers Elisabethains: Late Medieval and Renaissance Studies* 46 (1994), S. 23–58.

Bäckman, S., Devil and Jewel: A Note on a Possible Pun in *The White Devil*, in: *Moderna Sprak* 78,3 (1984), S. 205–209.

Bagchee, S., ›To be honest is not to be i'th world‹: Defining a Perspective on *The Revenger's Tragedy*, in: *Journal of English* 7 (1980), S. 28–51.

Barasch, F. K., Shakespeare and Commedia dell'Arte: An Intertextual Approach, in: Klein / Marrapodi (1999), S. 374–401.

Barker, R., ›Another Voyage‹: Death as Social Performance in the Major Tragedies of John Webster, in: *Early Theatre: A Journal Associated with the Records of Early English Drama* 8,2 (2005), S. 35–56.

Barthelemy, A. G., ›What News on the Rialto‹: Luxury, Sodomy, and Miscegenation in *The Merchant of Venice*, in: M. Marrapodi / K. Elam (Hgg.), *Shakespeare, Italy, and Intertextuality*, Manchester 2004, S. 131–144.

Bartlett, K. The Strangeness of Strangers: English Impressions of Italy in the Sixteenth Century, in: *Quaderni d'italianistica* 1 (1980), S. 46–63.

Bassi, S., New Directions: The Names of the Rose: *Romeo and Juliet* in Italy, in: J. R. Lupton / C. Dearner (Hgg.), *Romeo and Juliet: A Critical Reader*, London 2016, S. 177–198.

Bate, J., The Elizabethans in Italy, in: J.-P. Maquerlot / M. Willems (Hgg.), *Travel and Drama in Shakespeare's Time*, Cambridge 1996, S. 55–74.

Baumann, U., Das Drama der Englischen Renaissance als Politische Kunst: Die zeitgenössische Aktualität der Römerdramen I, in: *Literaturwissenschaftliches Jahrbuch* 33 (1992), S. 101–131.

Baumann, U., Das Leben als Tanz in den Tod in der Rachetragödie der englischen Renaissance, in: F. H. Link (Hg.), *Tanz und Tod in Kunst und Literatur* (Schriften zur Literaturwissenschaft Bd. 8), Berlin 1993, S. 139–160.

Baumann, U., Das Drama der Englischen Renaissance als Politische Kunst: Die zeitgenössische Aktualität der Römerdramen II, in: *Literaturwissenschaftliches Jahrbuch* 35 (1994), S. 63–100.

Baumann, U., The Presentation of the Roman Imperial Court in Jacobean Tragedy, in: J. Hogg (Hg.), *Jacobean Drama as Social Criticism* (Salzburg Studies in English Literature. Jacobean Drama Studies Bd. 101), Lewiston / New York 1995, S. 73–93.

Baumann, U., *Vorausdeutung und Tod im englischen Römerdrama der Renaissance (1564–1642): ›The heavens themselves blaze forth the death of princes‹* (Kultur und Erkenntnis Bd. 13), Tübingen / Basel 1996.

Baumann, U., Die Tragödien Ben Jonsons als humanistische Auseinandersetzung mit Niccolò Machiavelli, in: W. G. Müller / B. Bauer (Hgg.), *Staatstheoretische Diskurse im Spiegel der Nationalliteraturen von 1500 bis 1800* (Wolfenbütteler Forschungen Bd. 79), Wiesbaden 1998, S. 295–318.

Baumann, U., Tyrannen, Attentäter und Intrigen: Die Darstellung des Römischen Kaiserhofes in der Jakobäischen Tragödie, in: U. Baumann (Hg.), *Basileus und Tyrann. Herrscherbilder und Bilder von Herrschaft in der Englischen Renaissance* (Düsseldorfer Beiträge aus Anglistik und Amerikanistik Bd. 8), Frankfurt/Main 1999, S. 419–440.

Baumann, U., *Shakespeare und seine Zeit* (Uni-Wissen Anglistik / Amerikanistik), 2. Aufl. Stuttgart / Düsseldorf / Leipzig 2000.

Baumann, U., William Shakespeare *The Tempest*, oder: Die Macht der Magie, in: *Programmheft Theater Bonn: Der Sturm*, Bonn 2006, S. 6–11.

Baumann, U., Historia magistra vitae? Römische Geschichte im Drama der Shakespearezeit, in: A. Steiner-Weber / T. A. Schmitz / M. Laureys (Hgg.), *Bilder der Antike* (Super alta perennis. Studien zur Wirkung der Klassischen Antike Bd. 1), Göttingen 2007, S. 89–126.

Baumann, U., *The Roman Actor* als Politisches Drama, in: *Bonn University Shakespeare Company, Programmheft: The Roman Actor by Philip Massinger, A Theatrical Movie Experience*, Bonn 2009, S. 18–21.

Baumann, U., ›The green-eyed monster‹: Eifersucht im Drama der Shakespearezeit, in: J. Bromand / G. Kreis (Hgg.), *Was sich nicht sagen lässt. Das Nicht-Begriffliche in Wissenschaft, Kunst und Literatur*, Berlin 2010, S. 555–579.

Baumann, U., Römisches Recht. Rezeption und literarische Repräsentation in der englischen Kultur und Literatur, in: I. Fargnoli / S. Rebenich (Hgg.), *Das Vermächtnis der Römer. Römisches Recht und Europa* (Berner Universitätsschriften Bd. 57), Bern / Stuttgart / Wien 2012, S. 233–273.

Baumann, U., Sklaven und Sklaverei im Drama der Shakespearezeit, in: W. Schmitz (Hg.), *Antike Sklaverei zwischen Verdammung und Beschönigung. Kolloquium zur Rezeption antiker Sklaverei vom 17. Bis 20. Jahrhundert* (Forschungen zur antiken Sklaverei Bd. 40), Stuttgart 2016, S. 35–54. [2016a]

Baumann, U., Basileia und Tyrannis in der Dramatik und der Dichtung der Englischen Renaissance, in: C. Strosetzki / W. Mesch / C. Pietsch (Hgg.), *Ethik und Politik des Aristoteles in der Frühen Neuzeit* (Archiv für Begriffsgeschichte Sonderhefte Bd. 12), Hamburg 2016, S. 9–44. [2016b]

Baumann, U., Die zeitgenössische (1599) politische Aktualität von William Shakespeares *Julius Caesar*, in: *Bonn University Shakespeare Company, Programmheft: Julia Caesar by William Shakespeare*, Bonn 2016, S. 29–35. [2016c]

Behling, L. L., ›S/He Scandles Our Proceedings‹: The Anxiety of Alternative Sexualities in *The White Devil* and *The Duchess of Malfi*, in: *English Language Notes* 33,4 (1996), S. 24–43.

Bhattacharyya, J., The Tragedies of Cyril Tourneur and the Medieval Moral Tradition, in: *Criticism & Research* 8 (1987/88), S. 349–362.

Bliss, L., *The World's Perspective: John Webster and the Jacobean Drama*, New Brunswick 1983.

Bloomfield, J., The Critical Backstory, in: Frazer / Hansen (2016), S. 23–54.

Boehrer, B., ›Nice Philosophy‹: *'Tis Pity She's a Whore* and the Two Books of God, in: *Studies in English Literature 1500–1900* 24,2 (1984), S. 355–371.

Bolam, R., Ford, Mary Wroth, and the Final Scene of *'Tis Pity She's a Whore*, in: M. Hattaway (Hg.), *A Companion to English Renaissance Literature and Culture*, Oxford 2003, S. 276–283.

Boling, R. J., Prayer, Mirrors, and Self-Deification in John Ford's *'Tis Pity She's a Whore*, in: *Publications of the Arkansas Philological Association* 17,1 (1991), S. 1–12.

Bregazzi, J., Weaving and Ironic Web. Irony as Structure in *The Duchess of Malfi* and *The White Devil*, in: M. L. Dañobeitia (Hg.), *Actas del III Congreso Internacional de la Sociedad Española de Estudios Renacentistas Ingleses*, Granada 1992, S. 39–48.

Bromley, L., The Rhetoric of Feminine Identity in *The White Devil*, in: D. Kehler / S. Baker (Hgg.), *In Another Country: Feminist Perspectives on Renaissance Drama*, Metuchen 1991, S. 50–70.

Brown, E. C., ›Like Men At Chess‹: Time and Control in *The Tempest*, in: Klein / Marrapodi (1999), S. 481–489.

Brucher, R. T., Fantasies of Violence: *Hamlet* and *The Revenger's Tragedy*, in: *Studies in English Literature 1500–1900* 21,2 (1981), S. 257–270.

Bruzzi, Z., ›A most extracting frenzy‹: *Twelfth Night*, Performance and the Traditions of English Petrarchism, in: Klein / Marrapodi (1999), S. 190–210.

Cairns, C., Aretino's Comedies and the Italian ›Erasmian‹ Connection in Shakespeare and Jonson, in: J. R. Mulryne / M. Shewring (Hgg.), *Theatre of the English and Italian Renaissance* (Warwick Studies in the European Humanities), Houndmills / Basingstoke / Hampshire / London 1991, S. 113–138.

Calvo, C., El germen de una tanática websteriana: *The White Devil*, Act 5, Scene 6, in: *Revista Canaria de Estudios Ingleses* 10 (1985), S. 157–173.

Champion, L. S., Ford's *'Tis Pity She's a Whore* and the Jacobean Tragic Perspective, in: *PMLA: Publications of the Modern Language Association of America* 90,1 (1975), S. 78–87.

Cioni, F., Shakespeare's Italian Intertexts: *The Taming of the / a Shrew*, in: M. Marrapodi / K. Elam (Hgg.), *Shakespeare, Italy, and Intertextuality*, Manchester 2004, S. 118–128.

Clark, S., The State of the Art, in: Hopkins (2010), S. 60–76.

Clerico, T., The Politics of Blood: John Ford's *'Tis Pity She's a Whore*, in: *English Literary Renaissance* 22,3 (1992), S. 405–434.

Coleman, D., New Directions: Ritual Dissonance in *The White Devil*, in: Frazer / Hansen (2016), S. 107–131.

Comensoli, V., Merchants and madcaps: Dekker's *Honest Whore* plays and the *commedia dell'arte*, in: Marrapodi / Hoenselaars / Cappuzzo / Santucci (1993), S. 125–139.

Creaser, J., *Volpone:* The Mortifying of the Fox, in: *Essays in Criticism: A Quarterly Journal of Literary Criticism* 25 (1975), S. 329–356.

Culpeper, J. / D. Archer / A. Findlay / M. Thelwall, John Webster, the Dark and Violent Playwright?, in: *ANQ: A Quarterly Journal of Short Articles, Notes, and Reviews* 31,3 (2018), S. 201–210.

D'Amico, J., *Shakespeare and Italy. The City and the Stage*, Gainesville 2001.

Davey, K., Ungovernable Passion in John Ford's *'Tis Pity She's a Whore*, in: *Early Modern Literary Studies: A Journal of Sixteenth- and Seventeenth-Century English Literature* 26 (2017) [electronic].

Dente, C., Reading Symptoms of Decadence in Ford's *'Tis Pity She's a Whore*, in: M. St. John (Hg.), *Romancing Decay: Ideas of Decadence in European Culture*, Aldershot 1999, S. 27–38.

Desai, R. W., ›Spectacles fashioned with such perspective art‹: A Phenomenological Reading of Webster's *The White Devil*, in: *Medieval & Renaissance Drama in England* 1 (1984), S. 187–198.

Dollimore, J., Two Concepts of Mimesis: Renaissance Literary Theory and *The Revenger's Tragedy*, in: J. Redmond (Hg.), *Drama and Mimesis*, Cambridge 1980, S. 25–50.

Domenichelli, M., ›The Courtier's, Soldier's, Scholar's Eye, Tongue, Sword …‹: Italianate Cynicism, Knowledge of the World, and the Collapse of Chivalry in *Troilus and Cressida*, in: Klein / Marrapodi (1999), S. 427–459.

Ellis, A., The Machiavel and the Virago: The Use of Italian Types in Webster's *The White Devil*, in: *Journal of Dramatic Theory and Criticism* 20,2 (2006), S. 49–74.

Entezareghaem, S., Consciousness and Jacobean Drama: The Case of Cyril Tourneur's *The Revenger's Tragedy*, in: D. Meyer-Dinkgräfe (Hg.), *Consciousness, Theatre, Literature, and the Arts 2015*, Newcastle upon Tyne 2016, S. 34–43.

Evans, R. C., Women and the Meaning of *The Revenger's Tragedy*, in: *Postscript* 4 (1987), S. 65–73.

Finin-Farber, K., Framing (the) Woman: *The White Devil* and the Development of Law, in: *Renaissance Drama* 25 (1994), S. 219–245.

Flynn, V. J., Englishmen in Rome during the Renaissance, in: *Modern Philology* 36 (1938), S. 121–138.

Foster, V., *'Tis Pity She's a Whore* as City Tragedy, in: M. Neill (Hg.), *John Ford: Critical Re-Visions*, Cambridge 1988, S. 181–200.

Frank, T., Elizabethan Travellers in Rome, in: *English Miscellany* 4 (Rom, 1953), S. 95–132.

Franssen, P., From Shakespeare's Italy to Italy's Shakespeare: Biographical Fantasies of Love and Power, in: T. Clayton / S. Brock / V. Forès / J. Levenson (Hgg.), *Shakespeare and the Mediterranean*, Newark 2004, S. 332–343.

Frazer, P. / A. Hansen (Hgg.), *The White Devil: A Critical Reader*, London 2016.

Gauer, D., Heart and Blood: Nature and Culture in *'Tis Pity She's a Whore*, in: *Cahiers Élisabéthains: Late Medieval and Renaissance Studies* 31 (1987), S. 45–57.

Gauntlett, M., ›Had His Estate Been Fellow to His Mind‹: Ironic Strategies in *The Revenger's Tragedy*, in: *Cahiers Elisabethains: Late Medieval and Renaissance Studies* 42 (1992), S. 37–48.

Goldberg, D., ›By Report‹: The Spectator as Voyeur in Webster's *The White Devil*, in: *English Literary Renaissance* 17,1 (1987), S. 67–84.

González Fernández de Sevilla, J. M., The Jacobean Radical Picture of *The White Devil*, in: *Revista Alicantina de Estudios Ingleses* 9 (1996), S. 53–61.

Grillo, E., *Shakespeare and Italy*, Glasgow 1949, ND New York 1973.

Hallett, C. A., The Satanic Nature of Volpone, in: *Philological Quarterly* 49 (1970), S. 41–55.

Hallett, C. A. / E. S. Hallett, *The Revenger's Madness: A Study of Revenge Tragedy Motifs*, Lincoln 1980.

Hansen, A., New Directions: The Look of Love? – Pornography and *The White Devil's* ›Terrible Vision‹, in: Frazer / Hansen (2016), S. 173–199.

Hart, J., Shakespeare's Italy and England: The Translation of Culture and Empire, in: Klein / Marrapodi (1999), S. 460–480.

Hirsch, B. D., *The White Devil:* The State of the Art, in: Frazer / Hansen (2016), S. 83–105.

Hirsh, J., Vittoria's Secret: Teaching Webster's *The White Devil* as a Tragedy of Inscrutability, in: K. Bamford / A. Leggatt (Hgg.), *Approaches to Teaching English Renaissance Drama*, New York 2002, S. 73–79.

Hoenselaars, A. J., Italy staged in English Renaissance drama, in: Marrapodi / Hoenselaars / Cappuzzo / Santucci (1993), S. 30–48. [1993a]

Hoenselaars, A. J., ›Under the dent of the English pen‹: the language of Italy in English Renaissance drama, in: Marrapodi / Hoenselaars / Cappuzzo / Santucci (1993), S. 272–291. [1993b]

Holland, P., ›Travelling hopefully‹: the dramatic form of journeys in English Renaissance drama, in: J.-P. Maquerlot / M. Willems (Hgg.), *Travel and Drama in Shakespeare's Time*, Cambridge 1996, S. 160–178.

Hopkins, L., Knowing Their Loves: Knowledge, Ignorance, and Blindness in *'Tis Pity She's a Whore*, in: *Renaissance Forum: An Electronic Journal of Early Modern Literary and Historical Studies* 3,1 (1998) [electronic].

Hopkins, L., ›It Is Place Which Lessens and Sets Off‹: Perspective and Representation in *Cymbeline*, in: Klein / Marrapodi (1999), S. 253–268.

Hopkins, L., John Ford: Suffering and Silence in *Perkin Warbeck* and *'Tis Pity She's a Whore*, in: T. Hoenselaars (Hg.), *The Cambridge Companion to Shakespeare and Contemporary Dramatists*, Cambridge 2012, S. 197–211.

Hopkins, L. (Hg.), *'Tis Pity She's a Whore: A Critical Guide*, London 2010.

Horlacher, S., ›Mothers Reign Supreme‹? Weiblichkeit, Mutterschaft und die Wiederkehr des Abjekts in der elisabethanisch-jakobäischen Tragödie: John Webster, in: G. Pailer / F. Schößler (Hgg.), *GeschlechterSpielRäume: Dramatik, Theater, Performance und Gender*, Amsterdam 2011, S. 21–42.

Hutson, L., ›Che indizio, che prova ...?‹ Ariosto's Legal Conjectures and the English Renaissance Stage, in: *Renaissance Drama* 36–37 (2010), S. 179–205.

Ide, R. S., Ford's *'Tis Pity She's a Whore* and the Benefits of Belatedness, in: D. K. Anderson (Hg.), *›Concord in Discord‹: The Plays of John Ford, 1586–1986*, New York 1986, S. 61–86.

Jephson, V. L. / B. T. Boehrer, Mythologizing the Middle Class: *'Tis Pity She's a Whore* and the Urban Bourgeoisie, in: *Renaissance and Reformation / Renaissance et Réforme* 18,3 (1994), S. 5–28.

Jones, A. R., Italians and Others' *The White Devil*, in: D. S. Kastan / P. Stallybrass (Hgg.), *Staging the Renaissance: Reinterpretations of Elizabethan and Jacobean Drama*, New York 1991, S. 251–262.

Jones, R. C., Italian Settings and the ›World‹ of Elizabethan Tragedy, in: *Studies in English Literature 1500–1900* 10 (1970), S. 251–268.

Jones-Davies, M. T. (Hg.), *L'image de Venise au temps de la Renaissance*, Paris 1989.

Keel, G. W., ›Tush for Justice‹: Adultery and Outspokenness in John Webster's *The White Devil*, in: *Conference of College Teachers of English Studies* 58 (1993), S. 71–77.

Klein, H. / M. Marrapodi (Hgg.), *Shakespeare and Italy* (A Publication of the Shakespeare Yearbook Bd. 10), Lewiston / Queenston / Lampeter 1999.

Kroll, N., The Democritean Universe in Webster's *The White Devil*, in: C. Davidson / C. J. Gianakaris / J. H. Stroupe (Hgg.), *Drama in the Renaissance: Comparative and Critical Essays*, New York 1986, S. 236–254.

Kruse, A., Shakespeare's Italy in *Romeo and Juliet:* A Nightingale in a Pomegranate Tree, in: G. Little (Hg.), *Imperfect Apprehensions: Essays in English Literature in Honour of G. A. Wilkes*, Sydney 1996, S. 30–43.

LaPerle, C. M., Gendering Pathos on the Early Modern Stage: Persuasion and Passion in John Webster's *The White Devil* and *The Duchess of Malfi*, in: *Interdisciplinary Literary Studies: A Journal of Criticism and Theory* 17,1 (2015), S. 19–38.

Laroque, F., ›Rare Italian Master(s)‹: Roman Art in *Romeo and Juliet, Antony and Cleopatra* and *The Winter's Tale*, in: M. Marrapodi / K. Elam (Hgg.), *Shakespeare, Italy, and Intertextuality*, Manchester 2004, S. 227–238.

Lehman Den, F., ›We Counfound Knowledge with Knowledge‹: Posthumanism and Sensory Encounter in John Webster's *The White Devil*, in: *Cahiers Élisabéthains: A Biannual Journal of English Renaissance Studies* 80 (2011), S. 35–46.

Lethbridge, J. B., Misrepresentation through porous borders: Italy and the Concept of England in Shakespeare, in: Klein / Marrapodi (1999), S. 317–332.

Levin, H., Shakespeare's Italians, in: Marrapodi / Hoenselaars / Cappuzzo / Santucci (1993), S. 17–29.

Levith, M. J., *Shakespeare's Italian Settings and Plays*, Houndmills / Basingstoke / Hampshire / London 1989.

Lievsay, J., *The Elizabethan Image of Italy*, Ithaca 1964.
Locatelli, A., The fictional world of *Romeo and Juliet:* cultural connotations of an Italian setting, in: Marrapodi / Hoenselaars / Cappuzzo / Santucci (1993), S. 69–84.
Lokaj, R. J., A Senecan Quote in Tourneur's *The Revenger's Tragedy* (1607), in: *Giornale Italiano di Filologia* 52,1–2 (2000), S. 275–322.
Lombardo, A., The Veneto, metatheatre, and Shakespeare, in: Marrapodi / Hoenselaars / Cappuzzo / Santucci (1993), S. 143–157.
Lombardo, A., Shakespeare in Italy, in: *Proceedings of the American Philosophical Society* 141,4 (1997), S. 454–462.
Luckyi, C., Gender, Rhetoric, and Performance in John Webster's *The White Devil*, in: V. Comensoli / A. Russell (Hgg.), *Enacting Gender on the English Renaissance Stage*, Urbana 1999, S. 218–232.
Luckyi, C., Gender, Rhetoric, and Performance in *The White Devil*, in: S. Simkin (Hg.), *Revenge Tragedy*, Basingstoke 2001, S. 190–207.
Luckyi, C., New Directions: Boy Prince and Venetian Courtesan-Political Critique in *The White Devil*, in: Frazer / Hansen (2016), S. 155–171.
Lurie, R., Language, Conflict and Power in the Trial Scene of Webster's *White Devil*, in: M. Maufort / J.-P. van Noppen (Hgg.), *Voices of Power: Co-Operation and Conflict in English Language and Literatures*, Liège 1997, S. 105–115.
Luther, D. C., *Melancholy, Religious Despair, and Social Disintegration in the Plays of John Webster*, Diss. Wayne State Univ. 1998.
MacKenzie, C. G., Andrea Alciati's Emblem Books and Shakespeare's Drama: The Conference of Iconographic Significances and Theatrical Designs, in: Klein / Marrapodi (1999), S. 122–140.
Mahler, A., Italian vices: cross-cultural constructions of temptation and desire in English Renaissance drama, in: Marrapodi / Hoenselaars / Cappuzzo / Santucci (1993), S. 49–68.
Malieckal, B., ›Bondslaves And Pagans Shall Our Statesmen Be‹: Moors, Turks, and Venetians in *Othello*, in: Klein / Marrapodi (1999), S. 162–189.
Marrapodi, M. / A. J. Hoenselaars / M. Cappuzzo / L. F. Santucci (Hgg.), *Shakespeare's Italy. Functions of Italian Locations in Renaissance Drama*, Manchester / New York 1993.
Marrapodi, M., ›Of that fatal country‹: Sicily and the rhetoric of topography in *The Winter's Tale*, in: Marrapodi / Hoenselaars / Cappuzzo / Santucci (1993), S. 213–228.
Marrapodi, M., Crossdressing, New Comedy, and the Italianate Unity of *The Taming of the Shrew*, in: Klein / Marrapodi (1999), S. 333–358.
Martin, M. R., The Raw and the Cooked in Ford's *'Tis Pity She's a Whore*, in: *Early Theatre: A Journal Associated with the Records of Early English Drama* 15,2 (2012), S. 131–146.
Masello, S. J., Thomas Hoby: A Protestant Traveller to Circe's Court, in: *Cahiers Élisabéthains* 27 (1985), S. 67–81.
McCabe, R. A., *'Tis Pity She's a Whore* and Incest, in: G. A. Sullivan / P. Cheney / A. Hadfield (Hgg.), *Early Modern English Drama: A Critical Companion*, New York 2006, S. 309–320.
McCanles, M., The Moral Dialectic of Middleton's *Women Beware Women*, in: K. Friedenreich (Hg.), *›Accompaninge the players‹: Essays Celebrating Thomas Middleton, 1580–1980*, New York 1983, S. 203–218.

McElroy, J. F., *The White Devil, Women Beware Women*, and the Limitations of Rationalist Criticism, in: *Studies in English Literature 1500–1900* 19,2 (1979), S. 295–312.
McPherson, D. C., *Shakespeare, Jonson, and the Myth of Venice*, Newark 1990.
Mehl, D., Corruption, Retribution and Justice in *Measure for Measure* and *The Revenger's Traegedy*, in: E. A. J. Honigmann (Hg.), *Shakespeare and His Contemporaries: Essays in Comparison*, Manchester 1986, S. 114–128.
Melchiori, G., ›In fair Verona‹: *commedia erudita* into romantic comedy, in: Marrapodi / Hoenselaars / Cappuzzo / Santucci (1993), S. 100–111.
Mintz, S. B., The Power of ›Parity‹ in Ford's *'Tis Pity She's a Whore*, in: *Journal of English and Germanic Philology* 102,2 (2003), S. 269–291.
Monsarrat, G. D., The Unity of John Ford: *'Tis Pity She's a Whore* and *Christ's Bloody Sweat*, in: *Studies in Philology* 77 (1980), S. 247–270.
Mooney, M. E., ›This Luxurius Circle‹: Figurenposition in *The Revenger's Tragedy*, in: *English Literary Renaissance* 13,2 (1983), S. 162–181.
Moore, O. H., The Origins of the Legend of Romeo and Juliet in Italy, in: *Speculum: A Journal of Medieval Studies* 5,3 (1930), S. 264–277.
Morrison, S., Embodying the Blazon: Performing and Transforming Pain in *Measure for Measure* and *The Duchess of Malfi*, in: D. Uman / S. Morrison (Hgg.), *Staging the Blazon in Early Modern English Theater*, Farnham 2013, S. 67–81.
Mullaney, S., Mourning and Misogyny: *Hamlet, The Revenger's Tragedy*, and the Final Progress of Elizabeth I, 1600–1607, in: *Shakespeare Quarterly* 45,2 (1994), S. 139–162.
Mullini, R., Streets, squares and courts: Venice as a stage in Shakespeare and Ben Jonson, in: Marrapodi / Hoenselaars / Cappuzzo / Santucci (1993), S. 158–170.
Mulryne, J. R., History and myth in *The Merchant of Venice*, in: Marrapodi / Hoenselaars / Cappuzzo / Santucci (1993), S. 87–99.
Neill, M., Bastardy, Counterfeiting, and Misogyny in *The Revenger's Tragedy*, in: *Studies in English Literature 1500–1900* 36,2 (1996), S. 397–416.
Neill, M., ›What Strange Riddle's This?‹: Deciphering *'Tis Pity She's a Whore*, in: S. Simkin (Hg.), *Revenge Tragedy*, Basingstoke 2001, S. 229–254.
Olsen, T. G., Iachimo's ›Drug-Damn'd Italy‹ and the Problem of British National Character in Cymbeline, in: Klein / Marrapodi (1999), S. 269–296.
Oz, A., Dobbin on the Rialto: Venice and the division of identity, in: Marrapodi / Hoenselaars / Cappuzzo / Santucci (1993), S. 185–209.
Paravano, C., ›Reappropriating‹ *Romeo and Juliet:* The Play Restored to Italy, in: *New Theatre Quarterly* 34,2 (134) (2018), S. 186–194.
Parker, B., Jonson's Venice, in: J. R. Mulryne / M. Shewring (Hgg.), *Theatre of the English and Italian Renaissance* (Warwick Studies in the European Humanities), Houndmills / Basingstoke / Hampshire / London 1991, S. 95–112.
Parker, R. B., *Volpone* and *Reynard the Fox*, in: *Renaissance Drama* 7 (1976), S. 3–42.
Parker, R. B., Wolfit's Fox: An Interpretation of *Volpone*, in: *University of Toronto Quarterly: A Canadian Journal of the Humanities* 45 (1976), S. 200–220.
Peacock, J., Ben Jonson's Masques and Italian Culture, in: J. R. Mulryne / M. Shewring (Hgg.), *Theatre of the English and Italian Renaissance* (Warwick Studies in the European Humanities), Houndmills / Basingstoke / Hampshire / London 1991, S. 73–94.
Pfister, M., Die heiteren Komödien, in: I. Schabert (Hg.), *Shakespeare-Handbuch. Die Zeit – Der Mensch – Das Werk – Die Nachwelt*, 2. Aufl. Stuttgart 1978, S. 435–552.

Pfister, M., Shakespeare and Italy, or, the law of diminishing returns, in: Marrapodi / Hoenselaars / Cappuzzo / Santucci (1993), S. 295–303.

Pullan, B., Charity and Usury: Jewish and Christian Lending in Renaissance and Early Modern Italy, in: *Proceedings of the British Academy* 125 (2003), S. 19–40.

Redmond, M. J., ›My Lord, I Fear, Has Forgot Britain‹: Rome, Italy, and the (Re)Construction of British National Identity, in: Klein / Marrapodi (1999), S. 297–316.

Rhu, L. F., Shakespeare's Ariostan Skepticism, in: Klein / Marrapodi (1999), S. 359–373.

Rizzoli, R., La peripezia ironica: Vendetta e ideologia di corte in *The Revenger's Tragedy*, in: *Textus: English Studies in Italy* 6 (1993), S. 105–134.

Rizzoli, R., La vendetta come potere: Materialismo e disseminazione della peripezia in *The White Devil*, in: *Quaderni del Dipartimento di Lingue e Letterature Straniere Moderne, Università di Genova* 8 (1996), S. 9–42.

Robertson, K., Chastity and Justice in *The Revenger's Tragedy*, in: C. Levin / K. Robertson (Hgg.), *Sexuality and Politics in Renaissance Drama*, Lewiston 1991, S. 215–236.

Roe, R. P. / H. R. Metternich / D. L. Wright (Hgg.), *The Shakespeare Guide to Italy: Retracing the Bard's Unknown Travels*, New York 2011.

Rosen, C. C., The Language of Cruelty in Ford's *'Tis Pity She's a Whore*, in: *Comparative Drama* 8 (1974), S. 356–368.

Rosen, C. C., The Language of Cruelty in Ford's *'Tis Pity She's a Whore*, in: C. Davidson / C. J. Gianakaris / J. H. Stroupe (Hgg.), *Drama in the Renaissance: Comparative and Critical Essays*, New York 1986, S. 315–327.

Rossi, S., Duelling in the Italian Manner: the case of *Romeo and Juliet*, in: Marrapodi / Hoenselaars / Cappuzzo / Santucci (1993), S. 112–124.

Sabatier, A., Dramatizing the Fleshless Body in Cyril Tourneur's *The Revenger's Tragedy* (1607), in: *GRAAT: Groupe de Recherches Anglo-Américaines de Tours* 5 (2009), S. 250–260.

Sabatier, A., ›You have ravished justice‹ (3,2,274): De la parodie de la justice dans *The White Devil* de John Webster, in: *GRAAT: Groupe de Recherches Anglo-Américaines de Tours* 7 (2010), S. 97–107.

Sabatier, A., White or / and Red? Defining and Re-Defining the Colour of Corruption in John Webster's *The White Devil*, in: Interfaces: *Image Texte Language* 33 (2012), S. 135–148.

Salingar, L., Elizabethan Dramatists and Italy: A Postscript, in: J. R. Mulryne / M. Shewring (Hgg.), *Theatre of the English and Italian Renaissance* (Warwick Studies in the European Humanities), Houndmills / Basingstoke / Hampshire / London 1991, S. 221–237.

Salingar, L., The idea of Venice in Shakespeare and Ben Jonson, in: Marrapodi / Hoenselaars / Cappuzzo / Santucci (1993), S. 171–184.

Salkeld, D., New Directions: Letting Wonder Seem Familiar – Italy and London in *Much Ado About Nothing*, in: D. Cartmell / P. J. Smith (Hgg.), *Much Ado About Nothing: A Critical Reader*, London 2018, S. 89–109.

Scheve, D. A., Jonson's *Volpone* and Traditional Fox Lore, in: *Review of English Studies: A Quarterly Journal of English Literature and the English Language* 1,3 (1950), S. 242–244.

Sheeha, I., ›I Haue Paid the Duty to the Sonne, Which I Haue Vowed to the Father‹: Serving the Father in John Ford's *'Tis Pity She's a Whore*, in: *Early Modern Literary Studies: A Journal of Sixteenth- and Seventeenth-Century English Lit*erature 26 (2017) [electronic].

Sheeha, I., ›Her Ladyship's Foolish‹: The Servant's Disobedience in John Webster's *The White Devil*, in: *ANQ: A Quarterly Journal of Short Articles, Notes, and Reviews* 31,3 (2018), S. 182–190.

Shewring, M. / J. R. Mulryne, Dancing towards Death: Masques and Entertainments in London and Florence as Precedents for Thomas Middleton's *Women Beware Women*, in: *Dance Research: Journal of the Society for Dance Research* 25,2 (2007), S. 134–143.

Silverstone, C., New Directions: Fatal Attraction: Desire, Anatomy and Death in *'Tis Pity She's a Whore*, in: Hopkins (2010), S. 77–93.

Sohmer, S., Another Time: The Venetian Calendar in Shakespeare's Plays, in: Klein / Marrapodi (1999), S. 141–161.

Spinrad, P. S., The Sacralization of Revenge in *Antonio's Revenge*, in: *Comparative Drama* 39,2 (2005), S.169–185.

Spivack, C., Marriage and Masque in Middleton's *Women Beware Women*, in: *Cahiers Élisabéthains: Late Medieval and Renaissance Studies* 42 (1992), S. 49–55.

Stallybrass, P., Reading the Body and the Jacobean Theater of Consumption: *The Revenger's Tragedy* (1606), in: D. S. Kastan / P. Stallybrass (Hgg.), *Staging the Renaissance: Reinterpretations of Elizabethan and Jacobean Drama*, New York 1991, S. 210–220.

Stanton, K., *All's Well* at the *Decameron's* Well: Women and Sexual Societal Healing in Boccaccio's *Decameron* III.9 and Shakespeare's *All's Well That Ends Well*, in: Klein / Marrapodi (1999), S. 225–252.

Stavig, M., Shakespearean and Jacobean Patterns in *'Tis Pity She's a Whore*, in: D. K. Anderson (Hg.), *›Concord in Discord‹: The Plays of John Ford, 1586–1986*, New York 1986, S. 221–240.

Steiger, K. P., *Vom Misterienspiel zum Stuart-Drama. Theatralische Vielfalt aus heutiger Sicht*, Grundlagen der Anglistik und Amerikanistik Bd. 14, Berlin 1984.

Stevenson, S. A., ›As Differing as Two Adamants‹: Sexual Difference in *The White Devil*, in: C. Levin / K. Robertson (Hgg.), *Sexuality and Politics in Renaissance Drama*, Lewiston 1991, S. 159–174.

Stevenson, S. A., ›As Differing as Two Adamants‹: Sexual Difference in *The White Devil*, in: T. Schoenberg / L. J. Trudeau (Hgg.), *Literature Criticism from 1400 to 1800*, Bd. 149, Farmington 2008, S. 102–109.

Stockard, E., Violent Brothers, Deadly Antifeminism, and Social Suicide in *The Revenger's Tragedy* and *The Duchess of Malfi*, in: *Renaissance Papers* (2016), S. 91–102.

Strycharski, A., Ethics, Individualism, and Class in John Webster's *The White Devil*, in: *Criticism: A Quarterly for Literature and the Arts* 54,2 (2012), S. 291–315.

Suerbaum, U., *Shakespeares Dramen*, Tübingen / Basel 1996.

Tempera, M., The rhetoric of poison in John Webster's Italianate plays, in: Marrapodi / Hoenselaars / Cappuzzo / Santucci (1993), S. 229–250.

Teyssandier, L., Corps reel, corps fictive dans *The Revenger's Tragedy*, in: B. Brugière (Hg.), *Les Figures du corps dans la literature et la peinture anglaises et américaines de la Renaissance à nos jours*, Paris 1991, S. 61–68.

Thorssen, M. J., Massinger's Use of *Othello* in *The Duke of Milan*, in: *Studies in English Literature 1500–1900* 19,2 (1979), S. 313–326.

Tomita, S., Elizabethan Dramatists and Italian Books: Henry Cheke's *Freewyl* and the Social Context, in: Klein / Marrapodi (1999), S. 97–121.

Tosi, L., Convenzioni metadrammatiche / metateatrali nel teatro tragic di Webster, in: *Textus: English Studies in Italy* 4 (1991), S. 3–32.

Tosi, L., Intertextuality in John Webster's *The White Devil*, in: *Annali di Ca' Foscari: Rivista della Facoltà di Lingue e Letterature Straniere dell'Università di Venezia* 30,1–2 (1991), S. 317–334.

Tosi, L., La conversazione del ›villain‹ nelle tragedie di John Webster, in: C. Dente Baschiera / M. Domenichelli / A. L. Johnson (Hgg.), *Lo spazio della conversazione*, Pisa 1996, S. 131–142.

Vinter, M., ›This Is Called Mortifying of a Fox‹: Volpone and How to Get Rich Quick by Dying Slowly, in: *Shakespeare Quarterly* 65,2 (2014), S. 140–163.

Watson, R., The Fox and His Pause: Punctuating Consciousness in Jonson's *Volpone*, in: R. McDonald / N. D. Nace / T. D. Williams (Hgg.), *Shakespeare Up Close: Reading Early Modern Texts*, London 2012, S. 199–207.

Waudby, J., Contextualizing Vittoria: Subjectivity and Censure in *The White Devil*, in: *This Rough Magic: A Peer-Reviewed, Academic, Online Journal Dedicated to the Teaching of Medieval and Renaissance Literature* June (2010), 1–24 [electronic].

Wiggins, M., Conjuring the Ghosts of *The White Devil*, in: *Review of English Studies: A Quarterly Journal of English Literature and the English Language* 48 (192) (1997), S. 448–470.

Williams, R. I., Machiavelli's *Mandragola*, Touchwood Senior, and the Comedy of Middleton's *A Chaste Maid in Cheapside*, in: *Studies in English Literature 1500–1900* 10 (1970), S. 385–396.

Williamson, E., The Domestication of Religious Objects in *The White Devil*, in: *Studies in English Literature 1500–1900* 47,2 (2007), S. 473–490.

Wilson, L., *The White Devil* and the Law, in: G. A. Sullivan / P. Cheney / A. Hadfield (Hgg.), *Early Modern English Drama: A Critical Companion*, New York 2006, S. 225–236.

Wiseman, S. J., *'Tis Pity She's a Whore:* Representing the Incestuous Body, in: S. Simkin (Hg.), *Revenge Tragedy*, Basingstoke 2001, S. 208–228.

Woods, G., New Directions: The Confessional Identities of *'Tis Pity She's a Whore*, in: Hopkins (2010), S. 114–135.

Zacharasiewicz, W., Der Perfekte Rachemord: Bemerkungen zum Italienbild der Engländer im 16. und 17. Jahrhundert, in: K. Lichem / H. J. Simon (Hgg.), *Studien zu Dante und anderen Themen der romanischen Literaturen*, Graz 1971, S. 221–234.

Pierre Frantz (Paris)

# Le rôle du drame dans l'unification de la culture européenne au XVIII^e siècle

Le drame est, en Europe, une forme que les historiens, les philosophes, les critiques littéraires mais aussi les auteurs dramatiques, les metteurs en scène et les acteurs ne cessent de scruter. Un genre sur lequel les jugements les plus fermes se contredisent et qui suscite polémiques et contradictions. On ne sait exactement de quoi l'on parle quand on le nomme. S'agit-il d'un genre dramatique, comme la tragédie ou la comédie ? Se distingue-t-il de formes théâtrales qu'on lui oppose, comme le théâtre « épique » ? Est-il propre à un temps comme le suggère une expression comme « théâtre postdramatique » ? Désigne-t-il, comme un terme collectif, toutes les formes de poèmes dramatiques ? Tout, dans son histoire, n'est que débats et discussions : à l'intérieur de nos littératures nationales, pour le seul XVIII^e siècle, Diderot contre les classiques, Goldoni contre Gozzi, Lessing contre l'illustre professeur Gottsched, mais, c'est plus amusant, entre nos littératures nationales, Lessing contre Corneille et ces fichus Français, Voltaire contre Shakespeare, et au siècle suivant *Racine et Shakespeare*, ou Shakespeare et Stendhal, Tchekhov et Mallarmé contre l'insignifiance de la « pièce bien faite » et, allons, Brecht contre Aristote, Florence Dupont contre « le vampire du théâtre occidental ». Le drame semble susciter à l'envi polémiques et affirmations nationales, cependant que, à l'évidence, il n'a cessé de se nourrir chez les voisins. Au point de constituer un modèle de littérature européenne. Witcherley adapte *Le Misanthrope*, Voltaire tire de Witcherley *La Prude*, Diderot traduit *The Gamester* de Moore, adapte Il *Vero Amico* de Goldoni, Lessing voit le théâtre français à Hambourg, Mercier assiste à la représentation des *Räuber* à Mayence, Kotzebue règne un temps au théâtre des Variétés étrangères.[1] Et il suffit aujourd'hui de regarder les programmes de nos théâtres pour prendre conscience de son incroyable opérabilité européenne.

Entendu comme une forme littéraire englobante, la forme-drame, chez les critiques héritiers de Hegel – et je prendrai Peter Szondi comme le principal représentant de cette pensée critique –, le drame surgit en quelque sorte deux fois,

1 Voir, à ce sujet, la thèse d'Andrée Denis (1976).

dans la Grèce ancienne d'abord, puis dans l'Europe baroque, avec Eschyle et Sophocle redécouverts, ensuite avec Shakespeare, Calderón et Corneille, se confondant plus ou moins avec la tragédie, avant de s'exténuer sous le double coup de boutoir de Brecht et de ces dramaturges, nos contemporains, qu'on s'est plu à qualifier de « postdramatiques ». Le concept de drame englobe ou prend sous son aile l'ensemble du théâtre sérieux écrit, du théâtre littéraire et, dans cette perspective, il peine à se distinguer de la comédie, de la haute comédie, en tous cas.

En France, et pour la critique française, le drame s'entend dans un sens différent. C'est un genre dramatique qui a une date de naissance extrêmement précise, 1757, date du *Fils naturel* de Diderot et de la première théorie esthétique du philosophe, *Dorval et moi*, les *Entretiens sur le Fils naturel.* De quoi s'agit-il ? de ce qu'en Allemagne – Szondi lui-même en est un bon exemple – on appelle *bürgerliches Trauerspiel* et en France le « drame bourgeois », *il dramma borghese* dans la traduction italienne. Distinct de la tragédie et de la comédie, il renaît au XIX$^{e}$ siècle en s'affublant d'un petit chapeau nouveau, et s'appelle alors « mélodrame », « drame romantique », « comédie bourgeoise » et, plus tard, il réapparait sous un troisième avatar, celui du « drame symboliste ». Ce drame des Français serait ainsi un cas particulier, une sous-espèce d'un genre bien plus vaste, de même que le *bürgerliche Trauerspiel* a des rapports variés avec ce qu'on appelle *Drama* en allemand. C'est un genre « mixte », distinct en tout cas, je le répète, de ce que nous appelons « comédie » et « tragédie ». La critique universitaire française est ici, depuis le XIX$^{e}$ siècle, directement tributaire de la théorie du drame, philologique et formelle, explicitée par Diderot, Mercier, Beaumarchais ou Chénier.

Pour évoquer le drame, je prendrai un appui critique dans deux livres de Peter Szondi, essentiels pour toutes les études théâtrales sur le drame. Ils enregistrent implicitement ces deux acceptions. Le premier livre, qui fut la thèse de Szondi, *Theorie des modernen Dramas, Théorie du drame moderne*,[2] prend comme focale le drame des années 1880–1900. Il fait mourir ou se métamorphoser le drame dans une agonie de 70 ans entre 1880 et 1950, entre Ibsen et Beckett. Il entend le drame dans le sens de Hegel, comme une forme, un moment dans l'art. On peut compléter sa lecture par un *Essai sur le tragique* paru en 1961 (*Versuch über das Tragische*) qui précise un peu les choses en même temps qu'il les « décale ». Le second, *Die Theorie des bürgerlichen Trauerspiels im 18. Jahrhundert*, est né d'un cours et a été publié après sa mort par Gert Mattenklott dans le premier volume des *Studienausgabe der Vorlesungen.*[3] La dénomination « *das bürgerliche Trauerspiel* » et le choix de mettre en avant sa théorie permet de rentrer dans le

2 Szondi 1965.
3 Szondi 1973.

second débat, celui des rapports entre drame et tragédie, entre drame et comédie en oubliant ou en laissant à l'arrière plan l'autre pensée du drame.

Quoi qu'il en soit, la naissance française du drame est inséparable d'une polémique violente, déclenchée par les adversaires des encyclopédistes contre Diderot. Né dans ce conflit philosophique, le genre nouveau se définit en opposition à un système des genres dramatiques, où comédie et tragédie s'opposent dans tous les termes de leur définition poétique, terme à terme, haut / bas, vers nécessaire / prose possible, nobles héros nécessaires / personnages bourgeois ou populaires possibles, action politique / action domestique etc. Mais dans la perspective allemande et anglaise, la dimension polémique est bien plus faible sans être absente. Chez Lessing, cependant, le drame et la théorie de Diderot donnent des arguments à une autre polémique : l'auteur de la *Dramaturgie de Hambourg* retourne contre le théâtre français et contre Gottsched les théories de Diderot. Son approche devient ainsi un plaidoyer pour le théâtre national allemand. Or, de ce drame bourgeois français, de ce *bürgerliches Trauerspiel* allemand, de ce *Fils naturel*, de la *Miss Sara Sampson* de Lessing et du *Hofmeister* de Lenz vont alors sortir bien d'autres œuvres, dont la définition « bourgeoise » première n'est guère présente, sinon dans un sens bien plus vaste, les drames historiques d'un Louis Sébastien Mercier ou le *Götz von Berlichingen* de Goethe et *Die Räuber* de Schiller, le *Pinto* de Lemercier ou *Die Soldaten* de Lenz. Au reste, le qualificatif « bourgeois » du drame n'est pas apparu tout de suite en France et il est resté minoritaire jusqu'au XIX^e^ siècle, où il a servi à désigner un type de drames parmi d'autres, apparus par la suite. Le mot drame surgit donc en France au sein d'un véritable nuage terminologique.

Les avatars de la dénomination « drame » ont été décrits de façon précise par Gunnar von Proschwitz[4] dont nous reprendrons les conclusions. On sait qu'elle a son origine historique dans les pièces de théâtre de collège qui, dès le XVI^e^ siècle, sont appelées « *drama* », ce qui est en général traduit par « pièce dramatique » aux XVII^e^ et XVIII^e^ siècles dans les programmes en langue française, et ce que Lesage rend par « drame » dans *Le Diable boiteux*. On rencontre cependant ce terme, une fois seulement, chez d'Aubignac. Mais le premier exemple de l'emploi du terme « drame » date de 1693. Son introduction progressive répond à un souci de prudence des pédagogues de collèges, à une époque où le théâtre est regardé avec suspicion. Prévost l'enregistre en 1750 dans son *Manuel lexique* et le *Dictionnaire de l'Académie française* en 1762 dans le sens de « pièce de théâtre soit tragique, soit comique ». C'est à dire dans le sens neutre, non marqué. Beaumarchais, Baculard d'Arnaud et Saurin l'utilisent pour désigner le genre nouveau. Mercier souligne que c'est le « mot collectif, le mot originel, le mot propre ». Cet emploi donne au mot une extension qui dépasse son emploi au sens de « genre

4 Von Proschwitz 1964.

moyen ». Desfontaines recommande de l'employer avec un adjectif qui le qualifie et lui donne le roman pour origine : « La *Mélanide* de M. de La Chaussée sera intitulée drame romanesque jusqu'à ce qu'il plaise au public d'adopter le mot nouveau que j'ose lui présenter : c'est celui de romanédie ».[5]

On remarquera cependant l'hésitation de Diderot, qui préfère appeler « comédie » *Le Fils naturel* et *Le Père de famille.* Il choisit, dans une partition ternaire des genres dramatiques, l'expression « genre sérieux » dans *Les Entretiens sur le Fils naturel,* distingué ainsi du genre tragique et du genre comique, puis « drame » opposé à tragédie et comédie. Dans le *Discours sur la poésie dramatique,* il distingue, dans une répartition à quatre éléments, la « tragédie domestique », sur le modèle anglais, de la « tragédie » à la française, de la comédie gaie et de la comédie sérieuse. Népomucène Lemercier se donne comme l'inventeur véritable de la « comédie historique », terme qu'il retient pour son *Christophe Colomb* et son *Pinto.* Mais si l'on regarde de près ces différentes pièces, elles ne se séparent en réalité que sur leur thème : les unes sont historiques, les autres ont un sujet contemporain. Le procédé consiste à retenir un substantif neutre et à lui ajouter un adjectif qui le qualifie selon un choix thématique (pièce historique) ou une volonté de se démarquer (pièce nouvelle) ou bien un substantif marqué et détourné par l'adjectif (comédie historique, tragédie bourgeoise). Dans tout cela, point de drame bourgeois. Ou guère… dans tout cela encore on observera l'hésitation entre l'aménagement et le refus du système des genres, tel que le XVII^e^ siècle de Corneille et d'Aubignac est censé l'avoir construit. Entre la volonté de composer la comédie française avec son public académique, conservateur, et la volonté de rompre, d'innover, d'affirmer une originalité.

Ces hésitations terminologiques placent le mot de drame entre l'idée d'un compromis avec le système classique des genres et celle de la disparition de celui-ci, au profit d'un genre unique, non marqué. Mais elles inscrivent aussi des positionnements différents, par rapport au système : « tragédie domestique » affiche une naissance dans la tragédie alors que « genre sérieux » ancre plutôt le nouveau genre dans une origine comique, comme la comédie larmoyante. La *Théorie du drame moderne* de Szondi admet implicitement que le drame soit un développement de la tragédie, même s'il fait allusion à la comédie larmoyante française.

Les dénominations génériques, on le sait, visent des effets délibérés, visés, construits et voulus par un auteur ou un groupe d'auteurs, ou un public. Les mots, qui les créent, ont une valeur pragmatique forte. En ce sens, ils participent de la polémique, dont les encyclopédistes ont pris l'initiative en 1757. Il s'agissait pour

5 Pierre-François Guyot, abbé Desfontaines, *Observations sur les écrits modernes,* cité par Lanson 1903, p. 25.

ceux-ci, en effet, d'imposer une esthétique nouvelle et d'affirmer une hégémonie dans le champ académique et dans le champ du théâtre officiel. Il leur fallait conquérir l'Académie Française et la Comédie-Française. L'examen des stratégies diverses des auteurs le confirme.

Le premier à afficher l'intitulé générique « drame », avec une claire intention provocatrice, c'est Beaumarchais, avec *Eugénie,* en 1767, dix ans après le *Fils naturel.* L'auteur avait d'abord intitulé sa pièce *Eugénie ou la vertu au désespoir,* « tragédie domestique »,[6] avant de choisir « drame ». Alors qu'on craignait un échec, ce fut un succès et la carrière de ce drame à la Comédie-Française se prolonge jusqu'en 1863. Comme avait fait Diderot en 1757 et 1758, l'auteur fait résonner le genre nouveau en le saluant d'une fanfare théorique, l'*Essai sur le genre dramatique sérieux.* Beaumarchais, qui use aussi de l'expression « genre dramatique sérieux » pour rendre hommage à Diderot, qui défend cette expression dans les *Entretiens sur le Fils naturel,* glose encore « drame » par le sobre « pièce de théâtre ».[7] Sedaine, autre père du nouveau genre, préfère en revanche nommer *Le Philosophe sans le savoir* « comédie ». Il est vrai que « comédie » a aussi, aux XVII^e^ et XVIII^e^ siècles, une valeur neutre, mais c'est qu'il entend amadouer la Comédie-Française et lui faire accepter un « drame » de contrebande. Saurin, pour sa part, choisit « tragédie bourgeoise » pour *Beverlei.* Madame de Graffigny, timidement, dénomme sa *Cénie* « Pièce nouvelle », dans l'édition de 1751, terme repris par l'éditeur de ses *Œuvres choisies* de 1783 alors que la *Suite du répertoire* de Lepeintre en 1826 la donne pour un « drame ».[8] Mercier donne comme des drames *Jenneval, Le Déserteur, Zoé, Nathalie, La Brouette du vinaigrier, Jean Hennuyer.* Il désigne comme « drames héroïques » *Childéric Ier, Olinde et Sophronie,* « pièce nationale » *La Destruction de la ligue,* « pièce historique » *La Mort de Louis XI,* « pièce » *Montesquieu à Marseille* (alors que le catalogue du libraire répertorie cette pièce comme « drame ») et *Le Portrait de Philippe II, L'Habitant de la Guadeloupe* et *Charles II* sont des « comédies ».

Cette guerre de dénominations est-elle présente en allemand ? On en doute même si on marque la rupture avec la conception à la française de la tragédie, « Tragödie », de Gottsched. Goethe dénomme *Clavigo* « Trauerspiel », Lessing appelle *Emilia Galotti* « *ein Trauerspiel in fünf Aufzügen* ». De même *Miss Sara Sampson.* Mais *Nathan der Weise* est sous titré « *Ein dramatisches Gedicht in fünf Aufzügen* » et *Minna,* bien sûr « *ein Lustspiel* ». Ces œuvres étant regroupées dans les éditions de poche, de Insel ou de Rowohlt, sous le titre « *Lessings Dramen* ».

Szondi ne s'attarde pas sur la question terminologique, pas plus que sur la pragmatique générique. Mais il fait observer une contradiction dans la pensée

6 Voir Pierre Larthomas, dans : Beaumarchais, *Œuvres* 1988, p. 1240.
7 Beaumarchais, *Essai sur le genre dramatique sérieux, Œuvres,* p. 123.
8 Françoise de Graffigny, *Cénie* 1751, *Œuvres choisies* 1783, tome II.

diderotienne du drame et de la tragédie. D'un côté, Diderot préconise un drame bourgeois, dans le genre du *Père de famille* ou du *Fils naturel*, c'est à dire un théâtre qui relèverait de ce que Francesco Orlando appelait un « code mélodramatique »,[9] mais de l'autre, il demande un retour à une tragédie sauvage et originaire, une tragédie sublime dont il propose comme exemple le *Philoctète* de Sophocle et ses cris inarticulés. Cette observation est intéressante parce qu'elle nous place devant ce qui constitue une sorte d'aporie de la pensée française du drame. Tantôt celui-ci se déduit de la tragédie et entend renouer avec son « origine », tantôt il reste lié à la comédie de La Chaussée, Destouches ou Voltaire, dont il renforce la caractérisation sociale et morale. Si on envisage les effets mêmes du drame qu'envisage Diderot, on aperçoit toute la gamme des effets que celle-ci pouvait provoquer et on peut observer une gamme d'effets différents. D'un côté, certains, comme Lessing, sont tentés d'affaiblir l'effet même du tragique, proposant de traduire *Phobos* par *Furcht*, plutôt que par *Schrecken*, tandis que d'autres, comme Baculard d'Arnaud, poussent la terreur jusqu'à l'horreur. Le chapitre que Michael Bernsen consacre à cette montée au paroxysme le démontre.[10] Le drame se partage en quelque sorte entre l'attendrissement bourgeois et les convulsions frénétiques de l'horreur. En revanche, la ligne de partage n'est pas nettement tracée. Quand Diderot veut fonder un système ternaire, celui-ci est donc fragile, et il lui substitue immédiatement un autre, non moins fragile, à quatre entrées, la comédie, le genre sérieux, la tragédie domestique, la tragédie. Et cette fragilité se lit aussi dans les textes de Szondi, qui, s'il n'oublie pas la comédie, lui donne une importance restreinte et, peut-être emporté par le terme allemand de *Trauerspiel*, tire le drame bourgeois du côté de la tragédie domestique.

Revenons donc à Peter Szondi. Il prend dès son premier livre un ferme appui dans la pensée de Hegel et pose comme pierre angulaire cette affirmation de l'auteur de la *Science de la logique* « [n]e sont de véritables œuvres d'art que celles dont le contenu et la forme sont parfaitement identiques »,[11] avant de poser le second moellon, avec la poétique de Staiger, qui « enracine les concepts de genre dans les différentes manières d'être un homme ». On dirait, je pense, que, si, pour Szondi, l'idée du drame, né à la Renaissance, en Angleterre et en France, avec le classicisme, se définit par opposition à l'épique, à l'épopée, comme une forme qui exprime les rapports interpersonnels, elle est liée à une immense époque, qui recouvre l'histoire moderne et contemporaine, tout comme celle de l'épopée est liée au monde antique et médiéval.

9 Voir dans Orlando 1982 et Iotti 1995, p. 19–51.

10 Michael Bernsen, « Angst und Fatalität in Baculard d'Arnauds Schauerdrama und Schauererzählung. Eine psychologische und diskursive Vorbereitung der Legitimation revolutionärer terreur. » dans : Bernsen 1996, p. 216s.

11 Hegel, *Science de la Logique*, cité par Szondi dans *Théorie du drame moderne* 1965, p. 8.

> L'homme n'entrait dans le drame, pourrait-on dire, que dans sa relation à autrui. La sphère de l' « inter » lui apparaissait comme la sphère essentielle de son existence ; la liberté et le lien, la volonté et la décision ses principales déterminations. Le lien où il parvenait à se réaliser dramatiquement, c'était l'acte de se décider. Cette décision en faveur du monde des relations à autrui révélait son être intérieur et le rendait présent dans le drame. Mais sa décision d'agir rapportait à lui ce monde relationnel, lui permettant alors d'accéder à la réalisation dramatique.[12]

« La thèse est celle d'un rapport dialectique entre la forme dramatique et ses contenus modifiés par les transformations sociales et politiques ».[13] Et cette idée du drame, l'auteur la saisit à partir d'un point d'observation, dans le moment où entrant en crise, elle apparaît dans sa plénitude, mais comme passée ou entrant dans un autre temps de l'histoire.

Désignant ainsi une nouvelle époque de la crise du sujet Szondi se confronte au paradoxe d'une analyse qui désigne comme crise et fin du drame des œuvres qui représentent sa réussite la plus convaincante.[14] L'idée hégélienne du drame est reprise dans la théorie du drame bourgeois, qui est le sujet de l'autre livre de Szondi, mais elle est alors transposée dans une approche sociologique, celle de Max Weber et de *L'Éthique du protestantisme et l'esprit du capitalisme.* Le drame du XVIII$^{e}$ siècle est alors l'adaptation historique du drame de l'âge moderne à un moment historique, celui de la vie bourgeoise dans l'Europe du XVIII$^{e}$ siècle. « Diderot savait très bien – explique Szondi – que la tragédie était d'ordre culturel ou mythique ; mais celle du XVII$^{e}$ et du XVIII$^{e}$ siècle ne l'était plus depuis longtemps, et la tragédie bourgeoise, loin d'être une usurpation, constitue la légitime adaptation du drame sérieux à la réalité sociale de son temps. »[15] L'adéquation de la forme et contenu, caractéristique de l'œuvre d'art selon Hegel, exige une transformation, une adaptation historique car le contenu, tel que Szondi le désigne est de nature sociale. *Der Kaufmann, der Hausvater und der Hofmeister*, telles sont les trois « conditions » exemplaires de la vie bourgeoise moderne, que Szondi commente, s'appuyant sur *The London Merchant* de Lillo, sur *Le Père de famille* de Diderot, sur Lessing, Lenz et Mercier. C'est la *condition* qui formule ce moment historique, telle que Diderot en donne la théorie. Szondi décrit les différentes acceptions de ce terme dans les théories et l'écriture dramatique de ses auteurs. Diderot oppose ainsi la condition et les « relations » (le

12 Szondi 1965, p. 13.
13 Jobez 2005, p. 577.
14 « C'est ainsi que nous saisissons ici le drame à partir de son empêchement actuel, et nous comprenons déjà ce concept de drame comme un moment dans le questionnement sur la possibilité du théâtre moderne », Szondi 1965, p. 11.
15 Peter Szondi, *Diderot et le théâtre*, dans *Diderot*, Comédie-Française, 1984, p. 43. Ce texte est la traduction en français du chapitre consacré à Diderot dans *Die Theorie des bürgerlichen Trauerspiels* (1973).

père) au caractère de la comédie et au héros singulier de la tragédie. À ceux qui ont objecté que Diderot, après avoir présenté une théorie sociale du personnage à travers la notion de condition, la met en question aussitôt en affirmant que ce n'est pas la reine qui nous émeut en Clytemnestre mais la mère de famille, Szondi répond en soulignant que, chez Diderot, les personnages, rois, reines, nobles ou bourgeois, sont pris dans la sphère familiale, celle de la famille bourgeoise moderne. Il se réfère alors à ce que dit Habermas de la « privatisation » de la vie qu'on observe au XVIII^e^ siècle. Diderot se trouve ainsi entre Lillo, qui met en avant la condition de ses personnages pour montrer la vertu bourgeoise dans son austère rigueur, et Lessing qui traverse d'emblée la condition pour s'intéresser à l'homme universel, à l'individu bourgeois, conçu à l'image du sujet bourgeois, comme universel dans sa particularité même. C'est parce que je suis un individu que je suis universel.

Sur un autre point, Szondi met en avant l'historicité de la conception de Diderot. Alors que celui-ci ne dispose pas « encore » d'une pensée de l'histoire telle qu'on la lit chez Herder, sa conception de l'action est celle de l'âge bourgeois. Diderot condamne le recours au coup de théâtre car, écrit Szondi, la société du XVIII^e^ siècle bannit tout imprévu. « La gestion rationnelle de la vie qui caractérise cette société n'a pas eu pour moindre effet d'éliminer le hasard. Le capitalisme, d'après Max Weber, avait remplacé le traditionalisme qui prenait la fortune pour guide ».[16]

C'est identifier, plus ou moins clairement, l'action dramatique, en tant que narration, avec une représentation narrativisée de la société. On touche ici à une question qui, dans la détermination essentialiste du drame est essentielle, celle de la logique, de l'enchaînement des causes et des conséquences dans l'écriture du drame. Cette écriture de l'action dramatique est sans doute ce qui caractérise la forme-drame dans la lecture qu'on a faite d'Aristote, entre Corneille ou d'Aubignac et Brecht. Logique des enchaînements et, de façon solidaire, puissance de l'illusion qui en découle. Cette illusion étant en vérité pensée selon des modalités variées, la plus courante étant celle de la vraisemblance. De ce point de vue, si l'on voit bien ce qui distinguerait le drame de Diderot de celui de Shakespeare, il y aurait identité entre le classicisme français, celui de Corneille, Racine, Boileau ou d'Aubignac et le drame diderotien.

Trois aspects fondent la dimension *absolue* du drame. D'une part il est fondé sur une exclusion de l'énonciation épique : seuls y parlent ceux qu'il définit comme les agissants, les acteurs, *prattontes.* D'autre part, l'action nécessaire se déploie selon une dynamique unique, celle qui, chez Aristote, va de la puissance à l'acte, dynamique qui trouve son principe dans la raison analytique. Enfin, le spectateur est exclu du spectacle. Cette lecture est partagée par les tenants de

16 Szondi 1984, p. 44.

l'aristotélisme français, Corneille ou d'Aubignac, par les tenants du drame bourgeois, par Brecht, Szondi ou Hans Thies Lehmann.[17] Elle autorise donc une pensée de la forme dramatique qui englobe les auteurs baroques, le classicisme français, le drame bourgeois et le drame de la fin du XIX<sup>e</sup> siècle. Un certain nombre d'études, diversement fondées, l'ont validée en France. Je pense à celles de Georges Forestier, qui montre comment Corneille construit le développement de ses tragédies à rebours, à partir du dénouement. Son analyse de *Rodogune* est exemplaire à cet égard. Il souligne la rigueur de la construction, la cohérence du dénouement mais il met en cause sa signification religieuse. Alors que Corneille souligne la dimension providentielle du dénouement, qui démontre l'œuvre divine dans l'action de sa tragédie, Forestier conteste cette signification,[18] non dans sa réalité, car Appien, source de Corneille, indique bien cette signification édifiante, mais dans sa portée. L'intervention de la Providence apparaît à travers les réaménagements que Corneille a fait subir à ses sources, comme relevant d'un impératif de cohérence esthétique et non pas d'un propos religieux délibéré. La forme-sens se détache de la dimension religieuse que Corneille affiche, et donc de la signification historique, qu'une approche hégélienne pourrait lui conférer. Elle s'affaiblit en une forme dans l'histoire.

J'irais plus loin et j'ajouterais qu'on peut s'interroger sur l'extraordinaire résonance d'un dénouement qui a enthousiasmé le XVIII<sup>e</sup> siècle tout entier, au point de faire de *Rodogune* la tragédie de Corneille l'une des plus jouées du siècle. Le spectaculaire des dernières scènes, la tentative d'empoisonnement du héros par sa mère, le suicide fou de Cléopâtre, qui s'empoisonne devant les spectateurs, est évidemment « excédentaire » par rapport à sa fonction de dénouer l'intrigue. Il engage le sens bien au delà de la signification providentielle ou du respect de l'intégrité morale du héros ; bien au-delà de ce que la vraisemblance poétique exige. Parions que, dans ce « clou », il y a quelque chose de plus. Car c'est bien du côté de la fascination du mal que nous sommes entraînés. Assez loin de la divine Providence, de la vertu récompensée ou de la consécration des règles aristotéliciennes. Tableaux et clous de mélo répondent à cet excès. On observerait, dans la même tendance et bien des années plus tard, l'hésitation de Victor Hugo, dans l'écriture de sa *Lucrèce Borgia*. La violence insupportable, l'excès absolu de cet amour impossible de la mère et du fils, celle du parricide, comment Hugo pouvait-il les faire advenir sur la scène ? Les cinq versions successives du dénouement, qui nous conduit au « Gennaro, je suis ta mère », telles qu'Anne Ubersfeld les a étudiées,[19] témoignent de ce débord, qui relève non d'une dérive spectaculaire mais du *théâtre en soi*, de celui qui structure tout fantasme.

17 Lehmann 2002.
18 Forestier 1996, p. 353.
19 Voir Ubersfeld 1974, p. 168.

J'aimerais ici souligner ce que la conception essentialiste du drame (et même si on considère l'essence dans l'histoire) laisse de côté, ce reste essentiel, la représentation, la performance, la séance et, dans le texte, l'excès, inassignable à toute logique. La mise en avant du hasard, comme dynamique d'action dramatique, de Beaumarchais à Scribe, en passant par Lemercier et Picard, destitue le providentialisme comique ou la fatalité tragique assez souvent pour contredire exactement l'idée de Szondi. Cette force du hasard est certes liée à l'univers de la satire, de la comédie et non de la tragédie. *Ibam forte via sacra*, écrit Horace dans une célèbre satire, indiquant ainsi la dimension hasardeuse qui préside à la conduite du développement satirique, et que de comédies nous montrent les rencontres de hasard, celle des *Fâcheux*, celles de Don Juan avec le frère d'Elvire, avec Gusman, « fâcheuse rencontre ». Et au dénouement de *L'Avare* – quelle dérision du dénouement providentiel exigé par la structure de la comédie ! Mais le drame est aussi fait d'éléments comiques. La tragédie ou le *Trauerspiel*, escamotent les éléments comiques, qui sont bien présents dans le drame, et qui inscrivent en lui l'hétérogène.[20] Un exemple ? *Ruy Blas* et l'arrivée de Don César de Bazan. Ou les scènes de la vie florentine de *Lorenzaccio*. Szondi, ou Brecht, précisément parce qu'il les recommande, excluent de la forme-drame les actions qui se forment par montage. Brecht entend bien se situer « après Aristote » alors même que Szondi situe le montage à l'intérieur du drame, même si c'est pour y lire la crise moderne du drame. Mais *Les Paravents* de Genet sont bien un drame « monté » et j'ajoute qu'on en dirait autant du *Soulier de satin* de Claudel, du *Woyzeck* de Büchner. Le drame de Büchner est inachevé, mais l'ordre séquentiel des tableaux peut être construit de plusieurs façons. Du reste le choix opéré pour le *Wozzeck* de Berg est différent de celui que les philologues ont retenu pour le drame de Büchner. Cohérence ou tension résultent de l'activité du lecteur, du spectateur, du comédien, du metteur en scène. L'épicisation du drame, telle que Brecht l'a voulue, ne va-t-elle pas précisément aussi dans ce sens ? C'est parce qu'on ne peut dissocier le drame de sa performance, celle-ci fût-elle virtuelle, que la clôture du sens est littéralement impossible.

Une dernière observation de Szondi, dans sa théorie du drame moderne, retiendra notre attention. Elle porte la marque des débats théâtraux des deux décennies 1950–1970. Il s'agit du troisième aspect qui fonde la dimension absolue du drame, celui de l'exclusion du spectateur. Aux yeux de Szondi, la scène à l'italienne inscrit dans sa forme même la dimension absolue du drame.

> La forme scénique que s'est donnée le théâtre de la Renaissance et de l'époque classique, la scène à l'italienne tant décriée, est la seule adéquate au caractère absolu du drame, et chacun de ses traits en témoigne. Elle ne connaît guère de transition vers la salle (par exemple des marches) pas plus que le drame ne s'écarte du spectateur par degrés. [...] La

20 Voir Klotz 2005.

rampe qui éclaire [la scène] est là pour donner l'illusion que le jeu dramatique sur scène dispense de lui-même la lumière dont il a besoin.[21]

Curieusement, l'auteur ne reprend pas cette remarque lorsqu'il analyse la théorie du tableau chez Diderot, alors que, précisément, c'est cette idée qui, chez le philosophe, traduit la théorie de la coupure « absolue » de la scène et de la salle. Le tableau dramatique, Szondi l'analyse avec une grande finesse, traduit la conception de l'illusion subsumée par l'idée de théâtre à l'italienne. Cependant, l'ouverture du théâtre, sur le modèle de celui des Anciens, est, elle aussi, bien présente chez Diderot, et dans le même horizon théorique. Le drame, dans l'esprit de Diderot, peut parfaitement s'ouvrir à la cité. Szondi est sensible à la dimension utopique du théâtre de Lampedusa, mais la vocation du drame à renouer avec la composante rituelle et politique, qui le caractérisait dans l'antiquité est affirmée par Diderot. On connaît sa fortune an XX^e^ siècle.

On pourrait conclure en soulignant que le drame, si on le pense dans sa plus large extension, comme on l'a fait dans la critique, comme a fait Szondi, ne peut se déduire de la seule tragédie et que, de ce fait, sa poétique est nécessairement plus ouverte qu'on ne l'a dit. Les approches essentialistes manquent alors ce que permet une approche des genres par la réception et l'horizon d'attente. Bref, je tiens que la plasticité du drame, ses formules hétérogènes, son ouverture sur le plein ciel lui donnent un avenir qui n'est pas de disparaître dans le théâtre « postdramatique ». La lecture finaliste de l'histoire du drame par Lehmann, qui fut un élève de Szondi, si brillante soit-elle (Lehmann est un admirable spectateur de théâtre et un critique vraiment très avisé), rencontre une double limite : le drame a toujours inscrit le post dramatique et le post dramatique ne rompt pas avec le drame. La Comédie-Française a donné récemment une pièce de David Lescot, *Les Ondes magnétiques,* qui répond tout à fait aux critères du « post dramatique » et pourtant, à l'arrière plan elle inscrit un drame qui implique profondément les spectateurs, celui de l'histoire d'une illusion politique qui se défait en une molle catastrophe.

## Bibliographie

Beaumarchais, Pierre Augustin Caron de: *Œuvres*, Bibliothèque de la Pléiade. Paris: Gallimard 1988.

Desfontaines, Abbé d.i. Pierre-François Guyot, *Observations sur les écrits modernes.* 4 vol. Paris: Chabert 1735–1743.

Graffigny, Françoise de, *Cénie.* Paris: Cailleau 1751.

Graffigny, Françoise de, *Œuvres choisies.* Londres 1783.

21 Szondi 1965, p. 15.

Bernsen, Michael: *Angst und Schrecken in der Erzählliteratur des französischen und englischen 18. Jahrhunderts. Wege moderner Selbstbewahrung im Auflösungsprozess der theologisch-teleologischen Weltanschauung.* München: Fink 1996.

Denis, Andrée: *La fortune littéraire et théâtrale de Kotzebue en France : pendant la Révolution, le Consulat et l'Empire.* Paris: Champion 1976.

Forestier, Georges: *Essai de génétique théâtrale. Corneille à l'œuvre.* Paris: Klincksieck 1996.

Iotti, Gianni: *Virtù e identità nella tragedia di Voltaire.* Paris: Champion 1995.

Jobez, Romain: « La Double Séquence du spectateur », dans: *Le Théâtre sans l'illusion, Critique* (699–700), août-septembre 2005, p. 572–583.

Klotz, Volker: *Forme fermée et forme ouverte dans le théâtre européen*, Paris: Circé 2005.

Lehmann, Hans-Thies: *Postdramatisches* Theater, Frankfurt/Main: Verlag der Autoren [5]2011 (1999).

Lehmann, Hans-Thies: Le *Théâtre post dramatique*, trad. Philippe-Henri Ledru. Paris: L'Arche 2002.

Lanson, Gustave: *Nivelle de La Chaussée et la comédie larmoyante.* Paris: Hachette 1903.

Orlando, Francesco: *Illuminismo, barocco e retorica freudiana.* Torino: Einaudi 1982.

Proschwitz, Gunnar von: « Le Mot ‹ Drame › et ses changements de valeur du *Diable boiteux* à *La Comédie humaine* », dans: *Cahiers de l'Association internationale des études françaises* n°16, mars 1964, p. 43–58.

Szondi, Peter: *Versuch über das Tragische*, Frankfurt/Main: Insel 1961.

Szondi, Peter: *Theorie des modernen Dramas (1880–1950)*, Frankfurt/Main: Suhrkamp 1965.

Szondi, Peter: *Théorie du drama moderne*, traduction de Sibylle Muller, Paris: Circ 1965.

Szondi, Peter: *Die Theorie des bürgerlichen Trauerspiels im 18. Jahrhundert*, Frankfurt/Main, Suhrkamp 1973.

Ubersfeld, Anne: *Le Roi et le bouffon.* Paris: José Corti 1974.

Martin Neumann (Hamburg)

# Aufklärungsrezeption in Portugal: Der Fall Manuel Maria Barbosa du Bocage

Manuel Maria Barbosa du Bocage (1765–1805) ist einer derjenigen Fälle, in denen sich die abenteuerliche Biographie des Autors so stark über das Œuvre schiebt, dass letzteres tendenziell verschwommen und in Gemeinplätze abdriftend wahrgenommen wird. In der Tat suggerieren die schieren Fakten das Leben eines unangepassten und respektlosen Bohémien *avant la lettre.* Dies beginnt mit seiner überraschenden Entscheidung, kaum siebzehnjährig, eine militärische Karriere einzuschlagen und 1783 zur Companhia dos Guarda-Marinhas, d. h. nach Lissabon zu gehen, wo er sich mehr in Kneipen als in den nautischen Kursen herumtrieb und mit improvisierten, oft obszönen Gedichten erste dichterische Erfolge feierte; es zeigt sich in seiner ›Desertion‹ in Damão in Indien, der abenteuerlichen Flucht nach Macau und seiner Rückkehr nach Portugal 1790 – ein Lebenslauf, dessen Parallelen (inklusive einer unglücklichen Liebe) zu demjenigen von Camões er selber gerne hervorzuheben pflegte –, bis hin zu seiner kurzen Zeit als prominentes Mitglied der Nova Arcádia; und es geht weiter mit einer unsteten, sich ständig am Abgrund bewegenden Vita, die wegen als aufrührerisch eingestufter Gedichte in einem Aufenthalt im berüchtigten Gefängnis Limoeiro 1797 gipfelte und in einem frühen Tod ihr eher unrühmliches Ende fand.

Was die literarhistorische Einordnung Bocages betrifft, so war die Forschung lange Zeit damit beschäftigt zu klären, ob Bocage der (neo-)klassizistischen Arcádia zuzuschlagen oder als deutlich ausgeprägter Vorläufer der Romantik zu klassifizieren sei – beides gerechtfertigt durch seinen uneindeutigen Lebensentwurf und seine poetische Praxis.[1] 2003 erschien dann ein schmaler Band, der sich mit den Einflüssen der Französischen Revolution auf das Werk Bocages auseinandersetzte, das eher durch eine Art passiver Rezeption der fortschrittlichen Ideen aus Frankreich gekennzeichnet sei als durch einen genuin eigenen Beitrag, in Portugal die Fackel der Freiheit zu entzünden.[2] Erst Pires bezeichnet

1 Vgl. Braga 1876, Pinto do Amaral 2003 oder noch Müller 2006.
2 Vgl. Arranja 2003.

ihn als »um dos iluministas portugueses mais representativos«[3] – und es wird nun zu klären sein, wie es um diesen Status steht.

Schon Teófilo Braga war davon ausgegangen, dass das Hin- und Heroszillieren Bocages zwischen verschiedenen literarischen Strömungen seinen Grund hatte in der ausgesprochen unruhigen Zeitsituation im Portugal des 18. Jahrhunderts.[4] Denn trotz seiner Lage an der europäischen Peripherie war Portugal unmittelbar betroffen von den politischen, ökonomischen, philosophischen Krisen, die ganz Europa vor allem in der zweiten Jahrhunderthälfte erschütterten. Auch in Portugal gilt das 18. als ein Jahrhundert des Übergangs, in dem sich zwei Welten, diejenige des Ancien Régime und diejenige des aufklärerischen Fortschritts, einen erbitterten Kampf liefern. So wird die portugiesische Politik bis zu seiner Entmachtung nach dem Tod von König José I. 1777 geprägt durch den Marquês de Pombal, der zwar gewissen aufklärerischen Ideen durchaus zugeneigt war (was sich etwa in seinem anti-jesuitischen Kurs niederschlug), der jedoch insgesamt eine sehr eigenwillige Variante des aufgeklärten Absolutismus praktizierte. Unter der frommen D. Maria I, die ihrem Vater auf den Thron folgte, wurden kirchlich-traditionelle Einflüsse und mit ihnen die Inquisition wieder stärker, aber letztlich stieg der ehemalige Vertraute des Marquês de Pombal, Diogo Inácio de Pina Manique, zum neuen starken Mann auf, der während seiner ›Herrschaft‹ als (all)mächtiger Intendente-Geral das Polícias do Reino von 1780–1805 eine Art Staat im Staat aufbaute,[5] dessen oberstes Ziel es war, das Einsickern aufklärerischer Ideen nach Portugal zu verhindern, besonders nachdem in Frankreich die Revolution ausgebrochen war und in ihrer Folge sogar gekrönte Häupter in den Sand gerollt waren. Mittel zum Zweck waren ein ausgeklügeltes Spitzel- und Denunziantentum sowie die Zensur, in Form der Real Mesa Censória, die in enger Zusammenarbeit mit dem Tribunal do Santo Ofício (also der Inquisition) und der Intendência-Geral da Polícia funktionierte.[6]

Trotzdem konnte er nicht verhindern, dass aufklärerische Ideen, aus vielerlei Quellen gespeist, in Portugal rezipiert wurden. Hier spielten eine besondere Rolle die *estrangeirados*, d. h. Portugiesen, die im Ausland lebten, entweder weil sie verbannt worden waren oder weil sie in diplomatischen Diensten der portugiesischen Krone standen, die den frischen Wind neuer Ideen nach Portugal brachten.[7] Auch Zeitschriften wie etwa die 1762 gegründete *Gazeta Literária* oder das *Jornal Enciclopédico* (ab 1791) trugen dazu bei. Sogar im offiziellen Regierungsorgan, der *Gazeta de Lisboa* wurde bis zum 4. September 1789 ohne

3 Pires 2004, S. XI.
4 Vgl. Braga 1876.
5 Vgl. Pires 2004, S. XVIII.
6 Vgl. Pires 2006, S. 138.
7 Vgl. Carmona Mourão / Pereira Nunes 1998, S. 19.

weitere Zensur über die aktuellen Ereignisse in Frankreich berichtet,[8] die von den sogenannten *afrancesados* begeistert aufgenommen und weiterverbreitet wurden.[9]

Zu letzteren gehörte auch Bocage, der sein fließendes Französisch wohl gar nicht über seine französischstämmige Mutter erworben hat, sondern es ganz klassisch innerhalb seines Erziehungsprogramms gelernt und eigentlich erst in Lissabon so perfektioniert hat,[10] dass er in der letzten Dekade seines Lebens mit Übersetzungen aus dem Französischen seine stets prekäre finanzielle Situation etwas verbessern konnte. Sieht man jedoch vom 1. Buch sowie 116 Seiten des 2. Buchs von Lesages *Gil Blas de Santillane* sowie einem Auszug aus Voltaires *Henriade* ab, die Pina Manique zeitweilig auf seinen persönlichen Index gesetzt hatte, übertrug Bocage Werke ins Portugiesische, die mit französisch-fortschrittlichen Ideen überhaupt nichts zu tun hatten: so 1801 Jacques Delilles *Les Jardins ou l'art d'embellir les paysages* (1782), Pierre Fulcrand de Rossets *L'Agriculture* (1774) oder René Richard Castels *Les Plantes* (1797); in diese Kategorie ›botanischer‹ Schriften gehört außerdem Demetrius de La Croix' *Connubia florum.* Und auch Werken wie Ovids *Metamorphosen*, Lucans *Pharsalia*, Tassos *Gerusalemme liberata*, Metastasios *Attilio Regolo*, der *La Colombiade ou la Foi portée au Nouveau Monde* seiner französischen Großtante Anne-Marie du Boccage (die er allesamt in Auszügen übersetzte) sowie Baculard d'Arnauds *Euphémie, ou le triomphe de la religion*, Anchets *La Vestale*, einer *Galateia* von Jean-Pierre Claris de Florian, dem anonymen Theaterstück *Rogério e Vitor de Sabran ou o trágico efeito do ciúme* bis hin zu Bernardin de Saint-Pierres *Paul et Virginie* kann man schwerlich revolutionäres Potential zusprechen.[11]

Offensichtlich rezipierte er aber auch die ganze Palette aufklärerischer Autoren wie Voltaire, Rousseau, Diderot, d'Alembert, La Mettrie, d'Holbach, Helvétius etc. und natürlich die *Encyclopédie*[12] sowie Aretino und die erotischen Texte des 17./18. Jahrhunderts französischer Provenienz,[13] deren Kenntnis in seinem Werk immer wieder durchscheint. Dies manifestiert sich ab 1783, als er 18-jährig nach Lissabon kam, wo er bis 1786 ein ziemlich liederliches Leben in Kaschemmen führte, wo die Ideen von Freiheit, Gleichheit und Brüderlichkeit laut diskutiert wurden. Von April 1786 bis zu seiner Rückkehr nach Portugal 1790 war er in Indien,[14] wo offenbar die Zensur nicht so scharf griff wie im

8 Vgl. Arranja 2003, S. 29.
9 Vgl. Gonçalves 2003, S. 184.
10 Vgl. Gonçalves 2003, S. 95.
11 Vgl. Gonçalves 2003, S. 243–247, S. 277, S. 286–289 und S. 318.
12 Vgl. Pires 2004, S. XI.
13 Vgl. Höfner 2006.
14 Vgl. Pinto do Amaral 2003, S. 24f.

Mutterland, so dass der Erzbischof von Goa glaubte, einen Hirtenbrief veröffentlichen zu müssen gegen die massiven und unkontrollierten Lieferungen von »[livros] considerados heréticos, perversos, escandalosos e contrários aos dogmas da fé«.[15] Als Bocage im August 1790 wieder nach Lissabon zurückkam, wurde er wohl vom revolutionären Geist, der über Pamphlete, Gazetten und Bücher trotz allem heimlich ins Land gelangte, angesteckt, was er zwar nicht in Taten, aber doch in seinen Gedichten zum Ausdruck brachte. Seine literarischen Erzeugnisse hatten oft deutlich obszönen, oder schlimmer, subversiven Charakter und zirkulierten in Abschriften unter der Hand, in Lissabon, Coimbra und sogar in Brasilien,[16] und seine Beziehungen zur Freimaurerei zwischen 1795 und 1797 sind inzwischen nachgewiesen.[17] Kein Wunder also, dass er bald die Aufmerksamkeit von Pina Manique auf sich zog, der ihn am 7. August 1797 unter dem Vorwurf, der Verfasser von »›alguns papeis impios, sediciozos e criticos‹« zu sein,[18] verhaften und im Limoeiro einkerkern ließ. Dort blieb er bis zum 14. November, als er aufgrund einflussreicher Fürsprecher in den Palácio dos Estaus, das Gefängnis der Inquisition, transferiert wurde,[19] was durchaus günstig für ihn war, denn das bedeutete, dass die Anklage ›Verbrechen gegen den Staat‹ fallen gelassen und er stattdessen lediglich des ›Aufruhrs gegen die Religion‹ bezichtigt wurde, was als sehr viel harmloser einzustufendes Vergehen zu betrachten war.[20] Nachdem er sich in allen Anklagepunkten für schuldig befunden hatte, wurde er am 17. Februar 1798 zur Strafe in das Benediktinerkloster São Bento da Saúde eingewiesen und wiederum mit Hilfe eines hochstehenden Freunds am 12. März 1798 in das Real Hospício de Nossa Senhora das Necessidades verlegt, wo er – von der ausgezeichneten Bibliothek dieser Kongregation des Oratoriums profitierend – mit den oben erwähnten Übersetzungen begann.

Bislang war nur in sehr allgemeiner Weise von ›aufklärerischem Gedankengut‹ die Rede. Konkret ging es in den aufklärerisch geprägten Werken Bocages um das Hochhalten des Primats der Vernunft gegen Vorurteile aller Art, die Begeisterung für (wissenschaftlichen) Fortschritt und Technik, das unverhohlene Sympathisieren mit den Idealen der Französischen Revolution, das Denunzieren von Despotismus und Fanatismus, das Aufdecken klerikaler Scheinheiligkeit und Doppelbödigkeit, einen Hang zu deistischen Positionen sowie die Einforderung der Körperlichkeit, mithin die ebenso offene wie herbe Kritik an der herrschenden katholischen Sexualmoral.

Das Werk, das Bocage letztlich den Aufenthalt im Limoeiro einbrachte, war

15 Gonçalves 2003, S. 158.
16 Vgl. Pires 2006, S. 142.
17 Vgl. Gonçalves 2003, S. 211 ff.
18 Pires 2006, S. 138.
19 Vgl. Gonçalves 2003, S. 239.
20 Vgl. Carmona Mourão / Pereira Nunes 1998, S. 16.

*Verdades Duras,*[21] auch bekannt als *Pavorosa Ilusão da Eternidade* oder als *Epístola a Marília,*[22] vermutlich von 1797, und es handelt sich dabei zweifellos um den paradigmatischsten Aufklärungstext Bocages. Es ist bemerkenswert, dass die erste, nicht klandestine Ausgabe dieses Textes erst während des Primavera Marcelista 1970 erschien, die allerdings auch im 20. Jahrhundert nur den handverlesenen Subskribenten der entsprechenden Ausgabe von Hernâni Cidade zugänglich war, so dass sich die darin enthaltene »corrupção de costumes«[23] nicht allzu weit verbreiten konnte.

Was die formale Gestaltung des Textes betrifft, so trägt das Werk die Gattungsbezeichnung *epístola*, also Versepistel. Diese geht nach Anfängen in der griechischen Antike (bei Platon, Aristoteles oder Epikur) in erster Linie zurück auf das Vorbild Horaz und auf Ovid,[24] den Bocage besonders schätzte. Ab Mitte des 18. Jahrhunderts häufen sich Versuche, die poetische Epistel gattungstheoretisch präziser zu fassen, wobei die Theoretiker auf eine gewissen Unvereinbarkeit der Spontaneität des Briefes und der ›unnatürlichen‹ Versform hinweisen. In seinem *Cours de Belles-Lettres, ou Principes de la Littérature* handelt Charles Batteux 1753 den poetischen Brief unter der Rubrik ›didaktische Poesie‹ ab, und wenn man an einen Titel wie Wielands *Moralische Briefe* (1752) denkt, wird die Richtung deutlich, in die sich die poetische Epistel ab Mitte des 18. Jahrhunderts entwickelt: Sie wird didaktisierend und moralisch.[25] Gleichzeitig profitierte sie bis zu einem bestimmten Grad von den Vorzügen der Gattung Brief, insofern als die Verfasser – bei aller Artifizialität, die die gebundene Rede mit sich bringt – den ›vertrauten Ton‹, mit dem ein persönlicher Adressat angesprochen wird, eine gewisse Planlosigkeit und eine Art Unmittelbarkeit des Gefühlsausdrucks zu erzeugen versuchen. Bocage benutzt also mit der Versepistel ein altehrwürdig-traditionelles Genre, unterläuft es aber ideologisch und inhaltlich. Ideologisch, weil er hier keineswegs der platonischen Liebe das Wort redet, sondern eher der fleischlich-konkreten Variante, und inhaltlich dadurch, dass er seine *epístola* zwar sehr wohl ›didaktisierend‹ füllt, aber nicht – wie vom Zeitgeist erwartet – im klassischen Sinne ›moralisch‹. So erweist sich die Gattung als ein eigenartig hybrides Gebilde, in dem sich ein inhaltlich – zumindest bei Bocage – revolutionärer Gestus verbindet mit einer höchst klassischen Form.

Der heute übliche Titel gibt die pragmatische Situation vor: Das lyrische Ich versucht in einem monologischen ›Brief‹, die verschiedenen Widerstände und

21 Vgl. Gonçalves 2003, S. 227.

22 »O poema ›Verdades duras‹, além de conhecido como ›Pavorosa‹, também passou a circular com o título ›Epístola a Marília‹, que seria o pseudónimo escolhido por Bocage para homenagear Maria Margarida Constâncio« (Gonçalves 2003, S. 230).

23 Pires 2004, S. XXIII.

24 Vgl. Motsch 1974, S. 13–67.

25 Vgl. Dörrie 1968, S. 24ff.

Vorurteile, die ihm von seiner Geliebten Marília aufgrund von Erziehung und offiziell gültiger Verhaltenscodizes offenbar entgegengesetzt werden, zu entkräften und zwar in vier Schritten, die auch typographisch mit I–IV herausgehoben werden. Unter I, das als eine Art Einleitung fungiert, gibt es gleich einen revolutionären Paukenschlag, Punkt II und III widmen sich der Frage nach dem damals verbreiteten Gottesbild und fragen auch nach dem *cui bono?*, während IV schließlich die Geliebte Marília auffordert, sich von allen diesbezüglichen Vorurteilen freizumachen und in die Arme des Geliebten zu fliegen.[26]

Die 37 zehnsilbigen Verse des ersten Teils sind eine flammende Anklage an alle Despoten und ›Bonzen‹ (in Bocages Terminologie die Bezeichnung für die Mächtigen in der Kirche), denen der Sprecher des Gedichts vorwirft, eine *política opressora* zu betreiben, die sich schamlos der menschlichen Furcht vor dem Jenseits und den Höllenstrafen bediene, um Gutgläubige zu beherrschen. Das lyrische Ich bemüht sich, dies mit der Isotopie ›Illusion‹ zu konterkarieren, so wie gleich im bekannten Eingangsvers »Pavorosa ilusão da Eternidade«, und Begriffe wie *vão, fingir, engano, credulidade* usw. häufen sich hier ebenso wie die Hinweise darauf, dass es sich bei diesen »dogma[s] funesto[s]« um Obskurantismus, Aberglaube und Ignoranz handle, die im Übrigen von Menschen gemacht sei (»Dos homens o pincel e a mão conheço«), die aus Gott einen Tyrannen gemacht hätten, weil sie ihn sich auf diese Weise am besten zunutze machen konnten. In seinem Namen würden sodann die ›ewigen, unveränderlichen und notwendigen Neigungen der Natur‹ zu ›schrecklichen und eigensinnigen Verbrechen‹ erklärt. All dies stand natürlich in offenem Widerspruch zur katholischen Lehre, nach der der Mensch ein gefallener Mensch sei, dessen niedrige Instinkte durch eine regelnd eingreifende Instanz – die Kirche – gezähmt werden müssten. Zu allem Überfluss, so aber der Sprecher weiter, werde auch noch mit zweierlei Maß gemessen: diejenigen, die diese strenge Moral von der Kanzel – Fasten, Büßerhemd und Geißeln einfordernd – predigten, seien dieselben, die sich im nächsten Moment ›widerlichen Vergnügungen und käuflichen Genüssen‹ hingäben und die Liebe in den Schmutz zögen.

Teil II, mit 73 Versen der umfangreichste Part, ist zweifellos aus aufklärerischer Perspektive der einschlägigste. Er beginnt mit der Vermutung, dass man sich Gott durchaus nicht als blitzeschleudernden Tyrannen vorzustellen habe, der den Menschen erst einen *suave instinto* gegeben hätte, um ihn dann dafür zu bestrafen. Allerdings hätten sich sehr schnell die »Monstros de vis paixões, danados peitos / Regidos pelo sôfrego interesse« seiner bemächtigt und malten seither ein Bild von ihm, das der Vernunft (*razão*) und der Natur (*natureza*), also den zwei zentralen Pfeilern aufklärerischen Denkens, diametral widerspreche. Die *ministros dos altares*, denn um diese geht es hier, hätten nur das Ziel, ihre

26 Vgl. Pires 2004, Vol. VII, S. 3–9.

Schreckensherrschaft aufrecht zu erhalten, die Unschuld zu zerstören und vor allem zu verhindern, dass die Vernunft immer mehr in den menschlichen Geist Einzug halte. Zu diesem Zweck verkauften sie das Gottesbild des Alten Testaments: Gott als Tyrann und Bestrafer, ja Henker seines Volkes Israel, der in Moses einen ebenso blutrünstigen wie scheinheiligen Erfüllungsgehilfen gefunden hätte. Zwölf Verse sind dem wörtlichen Befehl dieses Gottes an Moses gewidmet, ihn geradezu wie ein Berserker für die Schmach zu rächen, dass das Volk Israel es gewagt habe, andere Götter und den schnöden Mammon anzubeten. Ströme von Blut, Tod und Höllenstrafen sind die unmittelbare Folge, aber es fällt auch ein wichtiger aufklärerischer Begriff: der Rachefeldzug Moses' und der *fanatismo*, der sich damit einhergehend ausbreitet, führe dazu, dass die *natureza* das menschliche Herz verlasse: Dann wendeten sich Eheleute, Väter, Mütter und ihre Kinder gegeneinander und begingen im Namen Gottes schaurige Verbrechen, unter denen der Vatermord wörtlich genannt wird. Dieser Gott wird als *bárbaro impostor, monstro sedento* apostrophiert, der die Blaupause geliefert hätte für alle ›Imperien der Tyrannen‹, indem er ihnen zeigte, wie man das eigene Volk in ein eisernes Joch zwingt. Ein solcher Gott sei einer, den sich die Despoten dieser Erde geschaffen hätten, die in seinem Namen zwar herrschten, aber eigentlich gar nicht an ihn glaubten, und der, so die Schlussfolgerung, die eine deistische Position bezieht, »Da eterna divinidade o nome augusto« beleidige! Das heißt, Bocage attackiert hier tatsächlich ganz unverhohlen zum einen die gängigen Gottesvorstellungen bzw. entlarvt ihre Mechanismen, und er prangert zum anderen die unheilvolle Verbindung von Religion und (absolutistischer) Tyrannei an.

Zu Beginn des dritten Teils (40 Verse) wird die Geliebte Marília angesprochen, die vom lyrischen Ich aufgefordert wird, sich von diesen trügerischen Traditionen freizumachen, die aus dunklen Zeiten stammten und von gutgläubigen Vätern, die ebenfalls nur um ihre Herrschaft bangten, als ›Chimären, Visionen, Trugbilder und Träume‹ an die Töchter weitergegeben würden. Und es folgt ein positiver Gegenentwurf zu dem vorher beschrieben Gottesbild, denn es gebe sehr wohl einen Gott, dessen oberstes Prinzip jedoch die Liebe sei, sowie Friedfertigkeit und Erbarmen. Dieser Gott habe den Menschen wohlwollend ihre Leidenschaften gegeben und die Liebe als ewiges Gesetz institutionalisiert, was sowohl der *razão* als auch der *natureza* entspreche, die sich auch niemals auseinanderdividieren lassen würden. Gleichzeitig würden Vernunft und Natur auch verhindern bzw. verbieten, dass die Leidenschaften exzessiv ausgelebt würden, das sei Irrsinn; ihr Missbrauch würdige den Menschen »ao nível dos brutos« herab, was mit plakativen Beispielen beschrieben wird. Allerdings komme dies – so das lyrische Ich, offenbar von Rousseaus Ideen über die natürliche Güte des Menschen beeinflusst – eigentlich nicht häufig vor, denn Vernunft und Natur würden in diesem Fall ein schlechtes Gewissen erzeugen, so dass man erst gar nicht schuldig werde. Einen solch liebenden Gott könne man gar nicht in dem Sinne umdeuten, so die *conclusio*, wie es von seinen offiziellen Stellvertretern ständig vorgeführt werde.

Nachdem bislang sozusagen die theoretische Einleitung ausgearbeitet wurde, führt der Sprecher im vierten Teil (61 Verse) nun aus, was er von der geliebten Marília konkret erwartet. Erneut werden die Hölle und ihre Strafen als Illusion bezeichnet, bevor er sie auffordert, auf ihr Herz zu hören, das sie niemals belügen werde. Als der große Gegner des Glücks der beiden Liebenden entpuppt sich übrigens der *pai severo* der jungen Dame, der scheinbar mit ihrer Wahl nicht einverstanden ist und dagegen die volle Macht seiner väterlichen Autorität ausspielt. Dass der Sprecher seine Angebetete bekniet, sie möge sich im Schutz der Dunkelheit mit ihm vereinen, ihren Gefühlen und Empfindungen freien Lauf lassen, keine unnötige Scham empfinden sowie schließlich in entsprechenden Seufzern die *petite mort* zu sterben, ist Standard. Eine interessante Einschränkung besteht jedoch darin, dass dieses Szenario definitiv enden soll im »perpétuo nó, que chamam sacro«, oder wie es einige Verse weiter heißt im »ditoso himeneu«, was für einen aufklärerischen Text dieses Kalibers allerdings erstaunlich ist. Und so klingt schließlich die Feststellung, ›zu lieben sei, jenseits der Lust, eine Pflicht, eine Notwendigkeit und kein Verbrechen‹ beinahe nach der christlichen Ehemoral, die Bocage eigentlich auf's Korn nehmen will.

Letztere Tendenz lässt sich auch in den *Cartas de Olinda a Alzira* feststellen, die deutlich erotischer sind als die *Epístola a Marília*. Dieser Briefwechsel zwischen zwei Freundinnen, die gemeinsam im Kloster erzogen wurden, der ausdrücklich auf europäische Vorbilder Bezug nimmt, ist ein Plädoyer für unverkrampfte Sexualität, deren Gegner neben den Eltern erneut die menschengemachten (christlichen) Traditionen sind, was allerdings ebenfalls einhergeht – in eindeutiger Ablehnung von Modellen wie z. B. demjenigen der *Thérèse philosophe* des Marquis d'Argens – mit der letztlichen Sanktionierung von Erotik, deren Basis die gegenseitige Liebe und deren Ziel die Fortpflanzung ist (!), in der Ehe. Hier werden also nicht – wie in den italienischen (Aretino) oder französischen (neben der *Thérèse philosophe* noch *Ecole des filles*, *Académie des Dames*) Hypotexten – in größerem Maße soziale Konventionen verletzt oder gar für ungültig erklärt; was hier an fortschrittlich-aufklärerischen Inhalten (gesellschaftlicher, religiöser oder philosophischer Art) verhandelt wird, bleibt im Grunde auf der Ebene von eher harmlosen Gemeinplätzen, die hinter die Deutlichkeit der *Epístola a Marília* zurückfallen.[27] Etwas Ähnliches gilt auch für die zahlreichen erotischen Sonette Bocages, die weniger aufklärerischen

27 Vgl. Neumann 2006.

Zwecken dienen als der lustvollen Provokation, und die immer wieder in die Pornographie abgleiten.[28]

Natürlich gibt es auch zahlreiche Sonette Bocages, in denen er aufklärerische Positionen bezieht. In seiner Neuausgabe des Gesamtwerks von 2004 hat Pires in Band I ein Kapitel ›Ideias políticas‹ zusammengestellt, in dem die Ideen des Dichters zur Freiheit (»Liberdade, onde estas? Quem te demora«, S. 171), gegen Despotismus (»Sanhudo, inexorável Despotismo«, S. 172) Elogen der Erfolge Napoleons (»A prole de Antenor degenerada«, S. 173 oder »Tendo o terrível Bonaparte à vista«, Bd. VII, S. 86), und mehrere Gedichte zu Ehren Nelsons erfasst sind. Genau diese Gedichte werden immer wieder in beinahe jeder Untersuchung (besonders zur aufklärerischen Ader Bocages) zitiert. Das gilt letztlich auch für sein bekanntes, aber einziges Loblied auf den technischen Fortschritt, ein Sonett mit der Überschrift »À intrepidez do Capitão Lunardi, fazendo em 24 de Agosto de 1794, em Lisboa, a sua ascensão aerostática«.[29] Aber in der umfangreichen und vielfältigen literarischen Produktion Bocages machen sie einen minimalen Anteil aus, gehen beinahe unter.

So kann man zusammenfassend feststellen, dass es neben dem neoklassizistischen und dem vorromantischen tatsächlich auch einen aufklärerischen Bocage gibt. Aber er hat zweifellos weder das Format noch die logische Stringenz seiner französischen Vorbilder, denn sein Aufklärertum wird immer wieder in vielfacher Hinsicht sozusagen verwässert. So sucht er mehrfach, wenn er pleite ist oder sich verfolgt fühlt, Zuflucht in Klöstern, und zum Tod Marie-Antoinettes schreibt er die Elegie »À trágica morte da rainha da França Maria Antonieta, guilhotinada a 16 de Outubro de 1793«, in der er ihren Tod bedauert und die Art und Weise, wie er herbeigeführt wurde, verurteilt, ja eigentlich gegen alle aufklärerischen Errungenschaften des 18. Jahrhunderts wettert. Seine selbstreflexiven und -kritischen Gedichte (»Meu ser evaporei na lida insana« oder »Já Bocage não sou!... À cova escura«)[30] erinnern deutlich an »contricção católica«[31] und er stirbt auch in christlicher Reue. Und zu guter Letzt gibt es einen nicht so richtig erklärbaren Widerspruch zwischen der vernunftbasierten Freiheit des Individuums, die er so gerne verherrlicht, und seinen eigenartigen Glauben an das Schicksal, das *fatum* als einer Macht, der der Mensch ohnehin nichts entgegenzusetzen vermag.[32] So darf man vermuten, dass das aufklärerische neben dem arkadischen und dem frühromantischen eines der drei Register ist, die Bocage virtuos beherrscht und bedient, ohne jedoch in besonderer Weise für eines davon zu stehen oder es in besonderer Weise zu internalisieren.

28 Vgl. Höfner 2006.
29 Pires 2004, Bd. I, S. 213.
30 Pires 2004, Bd. 1, S. 9 und 10.
31 Braga 1876, S. 253.
32 Vgl. Pinto do Amaral 2003, S. 21.

## Bibliographie

Bocage, Manuel Maria Barbosa du: *Obra Completa. Volume I: Sonetos*. Hg. v. Daniel Pires, Porto 2004.

Bocage, Manuel Maria Barbosa du: *Obra Completa. Volume VII: Poesias Eróticas, Burlescas e Satíricas*. Hg. v. Daniel Pires, Porto 2004.

Arranja, Álvaro: *Bocage, a Liberdade e a Revolução Francesa*. Setúbal 2003.

Braga, Teóphilo: *Bocage, sua vida e época litterária*. Porto 1876.

Carmona Mourão, Maria Antónia / Pereira Nunes, Maria Fernanda: »Introdução«, in: Carmona Mourão, Maria Antónia / Pereira Nunes, Maria Fernanda (Hg.): *Bocage. Antologia Poética*. Lissabon [3]1998, S. 7–50.

Dörrie, Heinrich: *Der heroische Brief*. Berlin 1968.

Gonçalves, Adelto: *Bocage, o perfil perdido*. Lissabon 2003.

Höfner, Eckhard: »Anthropologie und Epistemologie der Erotik im 18. Jahrhundert. Zur *Poesia erótica* des Manuel Maria Barbosa du Bocage«, in: Neumann, Martin (Hg.): *Zwischen allen Stühlen: Manuel Maria de Barbosa du Bocage*. Bonn 2006, S. 79–133.

Motsch, Markus: *Die poetische Epistel*, Bern / Frankfurt/Main 1974.

Müller, Christoph: »Bocage – ein Dichter der Arcádia«, in: Neumann, Martin (Hg.): *Zwischen allen Stühlen: Manuel Maria de Barbosa du Bocage*. Bonn 2006, S. 187–199.

Neumann, Martin: »Intertextuelles Spiel oder aufklärerisches Programm? Überlegungen zur Funktion der Erotik in den *Cartas de Olinda e Alzira*«, in: Neumann, Martin (Hg.): *Zwischen allen Stühlen: Manuel Maria de Barbosa du Bocage*. Bonn 2006, S. 145–169.

Pinto do Amaral, Fernando: »Prefácio: Os Enigmas do Amor«, in: Pinto do Amaral, Fernando (Hg.): *Bocage. Antologia de Poesia Erótica*. Lissabon 2003, S. 17–22.

Pires, Daniel: »Introdução«, in: Bocage, Manuel Maria Barbosa du: *Obra Completa. Volume VII Poesias Eróticas, Burlescas e Satíricas*. Hg. Daniel Pires, Porto 2004, S. IX–LV.

Pires, Daniel: »Alguns problemas que a edição da poesia erótica de Bocage encerra«, in: Neumann, Martin (Hg.): *Zwischen allen Stühlen: Manuel Maria de Barbosa du Bocage*. Bonn 2006, S. 135–144.

Willi Jung (Bonn)

# »Denk ich an Europa…« – Zu Europavisionen einiger europäischer Schriftsteller (Balzac, Hugo, Camus, Muschg)

»Denk ich an Deutschland in der Nacht«, dichtete Heinrich Heine 1843 in seinem Pariser Exil »dann bin ich um den Schlaf gebracht«.[1] Auch manchen Europäern wird es heute wohl ähnlich ergehen, denken sie an Europa. Bei allem Respekt vor den großen politischen Aufgaben der Union vermögen leider auch immer wieder Quisquilien, mit denen sich höchste europäische Ebenen befassen, und nationale Kleinkrämerei den Sinn der europäischen Einigung infrage zu stellen. Auch eine neue Teilung Europas in Nord und Süd, Ost und West scheint sich nicht nur aufgrund der Himmelsrichtungen,[2] sondern auch der ideologischen Positionen neuer Blöcke wie ein Virus auszubreiten. Wo sind heute die großen europäischen Utopien? Treten an ihre Stelle vielmehr Dystopien, also Erzählungen mit negativem Ausgang? Wem dienen die heutigen apokalyptischen Szenarien? Umberto Eco hat in seinen Studien unter dem Titel »Apocalittici e integrati« schon 1964 Apokalyptiker und Integrierte unterschieden; im Hinblick auf die Europawahlen 2019 entwirft auch Emmanuel Macron eine vergleichbare Trennlinie zwischen Progressisten und Populisten. Macron arbeitet seit seiner Wahl zum Präsidenten der Französischen Republik hartnäckig an der Verteidigung der europäischen Idee und der Reform der Europäischen Union, allein es fehlen ihm die Verbündeten im europäischen Haus. Deutschland ist seit der Wiedervereinigung und der daraus resultierenden Veränderung der politischen Parteienlandschaft weitgehend mit sich selbst beschäftigt und sieht global auch seine transatlantische Bindung durch einen unberechenbaren amerikanischen Präsidenten gefährdet. Es braucht eine Wiederbelebung des Glaubens an die einigende Kraft der Europa-Idee und die Zukunft des europäischen Kontinents, die nur gemeinsam nach innen und nach außen gestaltet werden kann. An fähigen europäischen

1 Titel in Anlehnung an Heinrich Heines »Nachtgedanken« aus dem Pariser Exil 1843, Heine 1997, S. 432f. Die einen lesen es als bittere Vaterlandsklage, die anderen als Liebeserklärung an die Mutter. »Widerwärtig, tief widerwärtig war mir dieses Preußen, dieses steife, heuchlerische, scheinheilige Preußen, dieser Tartüff unter den Staaten.« *Französische Zustände*, in: Heine 1980, S. 68.

2 Siehe hierzu Lepenies 2013.

Politikern und kompetenten Eurokraten fehlt es – auch bei mancher berechtigten Kritik – gewiss nicht, leider verschaffen sich aber wieder zunehmend Kräfte der Destruktion in weiten Teilen der europäischen Bevölkerung Gehör.

Mit der Verlagerung der Bundeshauptstadt aus Bonn nach Berlin hat auch die deutsche Europapolitik, soweit heute schon erkennbar, neue Akzente gesetzt. Leider ist sie nur zögerlich und mit kaum erkennbarem Profil bei neuen europäischen Initiativen am Werk.

## Bonn und die Europa-Idee

Ludwig van Beethoven, der große Sohn der Stadt Bonn, hat mit seiner neunten Symphonie ein musikalisches Meisterwerk geschaffen, deren »Hymne an die Freude« zu Europas Hymne wurde. Beethovens Anfänge als Musiker sind mit dem Hof des Kölner Erzbischofs und Kurfürsten in Bonn aufs engste verbunden. Im ehemaligen kurfürstlichen Schloss befinden sich heute die Universität Bonn – an der auch Heinrich Heine studierte – und das Bonner Romanische Seminar. Mit der ehemaligen Bundeshauptstadt Bonn und dem Altkanzler Konrad Adenauer ist die Neugründung Europas nach zwei verheerenden Weltkriegen in den fünfziger Jahren des 20. Jahrhunderts als Friedensprojekt untrennbar verknüpft, und beide haben bis heute ihren eigenen Platz im Europadiskurs. Der große Europäer Robert Schuman, auf den mit der Gründung der Montanunion die Geburtsstunde Europas am 9. Mai 1950 zurückgeführt wird, hat zu Beginn des 20. Jahrhunderts an der Universität Bonn Jura studiert und sich als »Lothringer« der deutsch-französischen Verständigung schon qua Geburt verbunden gefühlt.[3] An ihn erinnert daher mit gutem Grund die Robert-Schuman-Gedenktafel am Institut français Bonn, einem An-Institut der Rheinischen Friedrich-Wilhelms-Universität. An der 1818 – nach Breslau und Berlin – gegründeten preußischen Reform-Universität[4] entwickelte sich schon sehr früh die romanische Philologie im 19. Jahrhundert zu einer historisch-vergleichenden europäischen Wissenschaft, die im Laufe des Jahrhunderts auch zahlreiche neue Forschungsrichtungen initiiert hat. Studierende und Forscher aus der ganzen Welt – unter ihnen Gaston Paris und Luigi Pirandello – begaben sich nach Bonn an die »Wiege der Romanistik«, um ihre Studien der romanischen Sprachen und Literaturen zu vertiefen.[5] Dem großen Bonner Romanisten Ernst Robert Curtius galt Europa als geistige Lebensgemeinschaft, sein Opus Magnum *Europäische Literatur und lateinisches Mittelalter* sieht die Wurzeln der europäischen Identität und Kultur

3 Vgl. hierzu Bossuat 2012.
4 Vgl. Geppert / Becker / Rosin 2018.
5 Hirdt 1993.

in der mittelalterlichen Einheit der Sprache und des Glaubens, des Lateinischen und des Christentums.[6] Für den Austausch der Studierenden und Lehrenden im Mittelalter gab es keine Sprachbarrieren, Sprache der Wissenschaft war das Lateinische, und dies galt noch lange bis ins 19. Jahrhundert hinein.[7] Nach den großen Bildungsreformen in den 1970er Jahren zeigten sich erste Ansätze einer - auch auf institutioneller Ebene - zunehmend intensiver werdenden Internationalisierung und Kooperation. Aus der Zusammenarbeit in Wissenschaft und Forschung ergab sich auch sukzessiv die Einrichtung von internationalen Studiengängen. So wurde in Bonn 1995 ein erster deutsch-italienischer Studiengang mit dem Doppelhauptfach Italianistik/Germanistik in Kooperation mit der Universität Florenz eingerichtet. 2004/05 folgte die Kooperation mit der hoch angesehenen Pariser Sorbonne (Paris IV) ebenfalls in einem Doppelhauptfach-Studium Französistik/Germanistik. Seit mehreren Jahren werden auch trinationale Sommeruniversitäten zu europäischen Themen im Rahmen des Weimarer Dreiecks organisiert, unter Beteiligung der Universitäten Paris-Sorbonne, Strasbourg, Warschau und Bonn. Die Bachelor- und Masterstudiengänge wurden erweitert um Promotionsstudiengänge, zunächst im Fach Italianistica und in einem interdisziplinären Promotionsstudiengang »Europäische Gründungsmythen«, unter dem Dach eines Trinationalen Graduiertenkollegs. Seit seiner Berufung an die Universität Bonn im Jahre 2006 engagiert sich Michael Bernsen in diesen Projekten und ist heute Sprecher des Graduiertenkollegs sowie eines von ihm initiierten Forschungsnetzwerkes europäischer Universitäten. Zu Ehren des Jubilars soll und muss mein Beitrag daher Europa zum Thema haben, und er versteht sich als Fußnote zu dem weiten Forschungsfeld Europa.[8] Im Folgenden sollen Europavisionen einiger europäischer Autoren des 19. Jahrhunderts (Balzac und Hugo) und des 20. Jahrhunderts (Camus und Muschg) skizziert werden.[9]

## Alternativen zur Heiligen Allianz: Europäische Konföderation (Balzac) – Vereinigte Staaten von Europa (Hugo)

Nach dem Zusammenbruch des napoleonischen Europas, das auf der Hegemonie einer Nation begründet war, versuchte die europäische Aristokratie den *status quo ante* wiederherzustellen, d.h. die Entwicklungen der Französischen Revolution und des Empire rückgängig zu machen. Doch die demokratischen

6 Curtius 1984.

7 Adolf Muschg nennt Latein »Europas Vatersprache«, Vergil den »Vater des Abendlandes« (Muschg 2005, S. 104).

8 Siehe u.a. Baumann / Klesczewski 1997; Behringer 1999; Renger / Ißler 2009; Böttcher 2014; Ißler 2015; François / Serrier 2017.

9 Lützeler 1992; Kraume 2010.

und republikanischen Ideen haben sich dennoch im Laufe des 19. Jahrhunderts immer wieder – auch durch Revolutionen – behauptet. Die nationalen Bewegungen Europas waren im positiven Sinne demokratische und freiheitliche Phänomene. In *Séraphîta* hat Balzac in der Figur des Wilfried das napoleonische Europa umrissen, in seinem großen Desillusionsroman *Illusions perdues* zeigen sich erste Ansätze eines republikanischen Europa,[10] personifiziert in einer Nebenfigur mit dem Namen Michel Chrestien, die sozusagen die Inkarnation Balzacscher Europa-Ideen ist. Als Ernst Robert Curtius sich 1950, nach seiner großen Monographie aus dem Jahre 1923,[11] erneut mit Balzac beschäftigte, stellte dies für ihn auch eine Wiederbegegnung mit sich selbst dar.[12] Was Curtius über die Diversität des Balzacschen Werkes hinaus faszinierte, war die Einheit des Werkes. Nach dem Ende des Zweiten Weltkrieges glaubte sich Curtius in Balzac wiederzuerkennen, denn ihm wurde bewusst, dass seine Studien über das lateinische Mittelalter, die er im inneren Exil verfasst hatte, eine organische Einheit bilden, der er den Titel *Europäische Literatur und lateinisches Mittelalter* gab. In einer schwarzen Phase der Geschichte die kulturelle Einheit eines politisch zerrissenen Europas aufzuzeigen, Europa als Einheit zu verstehen, das die Vielfalt seiner Staaten und seiner Sprachen transzendiert, das galt Curtius als Aufgabe des Dichters und Kritikers.[13] Für Curtius stand fest, dass der monarchistisch und legitimistisch gesonnene Balzac das neue Europa nicht akzeptieren konnte, das 1815 aus dem Wiener Kongress hervorgegangen und durch die Heilige Allianz militärisch stabilisiert wurde. Denn diese Koalition der europäischen Aristokratien stellte für ihn keinen Fortschritt der europäischen Familie dar, sie war nichts anderes als eine Solidarität der Könige gegen die Völker.[14] 1830 plädiert Balzac daher für eine Politik der nationalen Energie.[15] Die aus der Juli-Revolution hervorgegangene Regierung hätte seiner Meinung nach »un gouvernement nationalement énergique« sein müssen. Auch vertritt er die seit Ludwig XIV., der Französischen Revolution und Napoleon proklamierte Idee der natürlichen Grenzen, wenn er schreibt:

> A l'aspect de l'Europe qui ne nous assignerait pas pour frontières les Pyrénées, les deux mers, les Alpes et le Rhin ? Tout ce bassin est France, la Savoie est France, la Belgique et

10 Ulrike Guérot z. B. vertritt aktuell auch diesen Ansatz einer »Republik Europa«. Sie spricht dazu im Rahmen der Ringvorlesung an der Universität Bonn im Wintersemester 2018/19 unter Leitung von Frank Decker.

11 Curtius 1923.

12 Curtius, »Wiederbegegnung mit Balzac«, in: Curtius 1984, S. 95–119.

13 Vgl. Jung 1992.

14 Vgl. Honoré de Balzac, *Illusions perdues*, in: Balzac 1961, S. 233f.

15 Zum Energiebegriff vergleiche die grundlegende Studie von Delon 1988.

les bords du Rhin sont France. Dans ce vaste carré toute langue, tout cœur, toute science, tout génie est français.[16]

Für Balzac ist durch die Französische Revolution Frankreichs historische Rolle als erste Nation der Welt definiert, denn sie beschleunigt die Emanzipation der Völker. Die französische Idee der *Gesta Dei per Francos* kommt hier u. a. zum Ausdruck, die sich über die Französische Revolution zurück bis zum Rolandslied verfolgen lässt. Balzacs politisches Ideal ist die Konzentration der motorischen Energie.[17] In diesem Zusammenhang sind auch seine Schriften *Sur la situation du parti royaliste* (1832) und *La France et l'Etranger* in der *Chronique de Paris* (1836) zu verstehen. Das Frankreich des 19. Jahrhunderts war nicht nur ein Modell für Europa, sondern auch für Deutschland, denn hier konnte man die erste moderne Gesellschaftsformation studieren. In Paris schlägt der Puls des 19. Jahrhunderts,[18] die Stadt ist das Zentrum, in dem in Europa historisch und intellektuell die Zeit in Bewegung ist. Deutschland war ökonomisch im Vergleich zu den Ländern im Westen sehr verspätet, zudem ein auf viele Kleinstaaten verteiltes Volk, dessen einziges Ziel jenseits der gesellschaftlichen Probleme die nationale Einheit war. Ebenso wie der Soziologe Lorenz Stein sah sein Zeitgenosse Curtius in Frankreich ein Modell für die Bewegungen, die Europa in jener Epoche voranbrachten. Balzac verwandte nach Curtius dieselben historischen Analysemethoden wie Lorenz Stein, indem er zunächst die Rolle Frankreichs und anschließend jene andere Länder überprüfte. Ein Modell für die europäische Einheit ist das von einem Menschen angeführte Europa, das napoleonische Europa, wie es von Balzacs Hauptfigur Wilfried in *Séraphîta* (1834/35) personifiziert wird. Wilfried ist der Typus des amoralischen und ästhetischen Übermenschen, der Europa verwüsten will und dessen Ursprung romantischer Natur ist. Die europäische Familie durch die Gewalt der Bajonette zu einigen war das Ziel Napoleons, und er ist damit gescheitert. So bleibt nur noch die Fiktion, stellt Wilfried fest: »Ainsi j'aurais conquis l'Europe, elle se trouve à une époque où elle attend ce Messie nouveau qui doit ravager le monde pour en refaire les sociétés. L'Europe ne croira plus qu'à celui qui la broiera sous ses pieds«.[19] Die fortschrittlichste und vielleicht modernste Europa-Konzeption Balzacs findet sich bei der fiktiven Romanfigur Michel Chrestien, einem Mitglied des Cénacle in den *Illusions perdues*.[20] Balzac hatte schon immer eine Bewunderung für den antiken Idealtypus des Republikaners, von dem auch die Männer der großen Revolution

16 Honoré de Balzac, »Enquête sur la politique des deux ministères«, in: Balzac 1996, S. 986. Vgl. hierzu jetzt auch die Aufsätze von Michel Lichtlé 2019 und Roland Ißler 2019.

17 Curtius 1923, S. 239.

18 Vgl. hierzu Walter Benjamin, »Paris, die Hauptstadt des XIX. Jahrhunderts« (Benjamin 1974).

19 Honoré de Balzac, *Séraphîta*, in: Balzac 1980, Bd. XI, S. 837).

20 Zur Typik der Figur vgl. Jung 1990.

geträumt hatten. Der royalistische Dichter d'Arthez entwirft folgendes intellektuelles Kurzporträt:

> Michel Chrestien était un ange [...]. Je ne sais pas, dans les héros de l'antiquité, d'homme qui lui soit supérieur. [...] Michel rêvait la fédération suisse appliquée à toute l'Europe. Avouons-le, entre-nous ! après le magnifique gouvernement d'un seul, qui, je crois, convient plus particulièrement à notre pays, le système de Michel est la suppression de la guerre dans le vieux monde et sa reconstitution sur des bases autres que celles de la conquête [...]. Les républicains étaient, à ce titre, les gens les plus voisins de son idée.[21]

Die Schweizer Föderation wird nach diesem Zitat zu einem Modell für die europäische Union, denn eine Reorganisation Europas im Sinne Michel Chrestiens setzte die Anwendung des Schweizer Modells auf ganz Europa voraus. Die Chance einer friedlichen Koexistenz der Nationen und der Sieg über das Feudalsystem schienen nur so möglich. Die Idee eines föderalen und republikanischen Europa, einer friedlichen europäischen Konstruktion, die Kriege als Instrument der Politik verhindert, war damals eine Utopie und andererseits so revolutionär, dass es zweier Weltkriege bedurfte, bevor es in der zweiten Hälfte des 20. Jahrhunderts zur europäischen Einigungsbewegung kam. Dabei ist die Idee eines föderalen und republikanischen Europas bis heute aktuell geblieben, für die etwa Namen wie Muschg und Guérot stehen. 1839 musste diese Idee natürlich als revolutionär wahrgenommen werden, denn die europäischen Aristokratien hatten nach dem Wiener Kongress nichts anderes als die Restauration und Wiederherstellung des Ancien Régime im Sinn. Noch 1848 klagte Balzac über die inflationistischen Verfassungs- und Regierungswechsel in Frankreich, die zu einer Schwächung des Landes beitrugen. Das letzte politische Statement Balzacs ist seine in *Le Constitutionnel* vom 19. April 1848 erschienene *Profession de foi politique*. Es ist ein Plädoyer für eine überparteiliche, alle Systeme und alle Traditionen überwindende Politik nationaler Energie, daher kann er auch von keiner politischen Ideologie vereinnahmt werden. Ursprung und Ende der Geschichte bleiben für Balzac ein Mysterium. »La portée de cette époque est inconnue à la majeure partie de ceux qui en sont les auteurs, et qui, se trouvant les pivots ou les rouages de cette grande machine, ne sauraient en avoir le prodigieux spectacle«, schreibt Balzac im Vorwort zu *Une fille d'Eve* und evoziert anschließend »la grande famille continentale, dont tous les efforts tendent à je ne sais quel mystère de civilisation.«[22] Mit den drei Begriffen Kontinent, Familie und Mysterium werden zugleich drei Konzepte, Europa zu denken, erkennbar: geographisch (*continent*), soziologisch (*famille*), historisch oder religiös (Mys-

21 Honoré de Balzac, *Les Secrets de la princesse de Cadignan*, in: Balzac 1977, Bd. VI, S. 970.
22 Honoré de Balzac, *Une fille d'Eve*, in: Balzac 1976, Bd. 2, S. 272; Balzac, *Enquête sur la politique des deux ministères*, in: Balzac 1996, Bd. II, S. 990.

terium). Die fiktive Romanfigur Michel Chrestien sah in Jesus Christus »le divin législateur de l'Égalité«:[23] Denn der Gleichheitsbegriff der Französischen Revolution hat seine ideologischen Wurzeln im Christentum. Die Onomastik ist zugleich Symbol: Michel deutet auf den Schutzpatron der Normandie und Frankreichs, den Erzengel Michael, hin, Chrestien ist die altfrz. Orthographie für »christlich«. Welche Bestimmung die Vorsehung für die europäische Zivilisation vorgesehen hat, bleibt am Ende »mysteriös«. War es die von Curtius so definierte »geistige Lebensgemeinschaft«?

Während Balzacs Europavisionen eher repräsentativ für die erste Hälfte des 19. Jahrhunderts sind, sind die Vorstellungen von Victor Hugo – der übrigens die Leichenrede auf Balzac hielt – für die gedankliche Auseinandersetzung mit Europa in der zweiten Hälfte des 19. Jahrhunderts symptomatisch. In den aktuellen Europadiskursen findet sich daher als Referenz vor allem der große französische Dichter Victor Hugo, der ganz auf dem Boden der Französischen Revolution und der sie auslösenden Aufklärung ein Kämpfer für Humanität, Freiheit und Frieden geworden ist. Die moderne europäische Demokratie hat ihm viel zu verdanken. Nach der Machtübernahme durch Louis Napoléon Bonaparte 1851/52 geht er ins Exil nach Jersey und Guernsey. Die Republik zieht er als Staatsform den royalistischen Systemen in Europa vor, engagiert sich für die Demokratie und Sozialreformen zur Verbesserung der Lebensbedingungen der Unterprivilegierten. Sein 1862 aus dem Exil publizierter Sozialroman *Les Misérables* ist bis heute ein wichtiges Dokument seiner sozialen Haltung, dazu gehören auch sein Einsatz und Kampf gegen die Todesstrafe. 1838 und 1840 hat Hugo drei Rhein-Reisen unternommen, von Belgien bis in die Schweiz. Die Erstausgabe der Briefe erschien 1841 in drei Bänden. Am Ende des dritten Bandes findet der Leser in einer Art Zusammenfassung die Europavisionen des Dichters. Sein berühmtester Europa-Text bleibt jedoch seine Eröffnungsrede zum Friedenskongress in Paris am 21. August 1849, in der er die Vereinigten Staaten von Europa als Ziel der europäischen Einigung formuliert:

> Un jour viendra où les boulets et les bombes seront remplacés par les votes, par le suffrage universel des peuples, par le vénérable arbitrage d'un grand Sénat souverain qui sera à l'Europe ce que le parlement est à l'Angleterre, ce que la diète est à l'Allemagne, ce que l'Assemblée législative est à la France ! Un jour viendra où l'on montrera un canon dans les musées comme on y montre aujourd'hui un instrument de torture, en s'étonnant que cela ait pu être ! Un jour viendra où l'on verra ces deux groupes immenses, les États-Unis d'Amérique, les États-Unis d'Europe, placés en face l'un de l'autre, se tendant la main par-dessus les mers, échangeant leurs produits, leur commerce, leur industrie, leurs arts, leurs génies.[24]

23 Honoré de Balzac, *Illusions perdues*, in: Balzac 1961, S. 239.

24 Victor Hugo: »Avant l'exil. Congrès de la paix, 21 août 1849«, verfügbar unter: http://www.assemblee-nationale.fr/13/evenements/textes_victor_hugo.asp [14.12.2018].

In einer weiteren Rede beim Friedenskongress vom 4. September 1869 in Lausanne spricht er dann von der föderalen europäischen Republik:

> Concitoyens des États-Unis d'Europe,
> Permettez-moi de vous donner ce nom, car la République européenne fédérale est fondée en droit, en attendant qu'elle soit fondée en fait. Vous existez, donc elle existe. Vous la constatez par votre union qui ébauche l'unité. Vous êtes le commencement du grand avenir.
> Vous me conférez la présidence honoraire de votre congrès. J'en suis profondément touché.[25]

Im Zeichen des deutsch-französischen Krieges von 1870/71 warnt er am 1. März 1871 in seiner Parlamentsrede davor, nicht leichtfertig einen Unterwerfungsfrieden zu unterzeichnen. Er endet mit den Worten: »Plus de frontières ! Le Rhin à tous. Soyons la même République, soyons les États-Unis d'Europe, soyons la fédération continentale, soyons la liberté européenne, soyons la paix universelle !«[26] Gegen Ende seines Lebens setzte sich Hugo auch dezidiert für die Arbeiterbewegung ein. Die Gräuel des Völkermords an den Serben durch die Türken auf dem Balkan veranlassen ihn zu einer letzten Stellungnahme zu Europa unter dem Titel »Pour la Serbie« am 29. August 1876. Darin fordert er eine militärische Friedensgarantie im Namen Europas, eine Idee, die sich bereits im großen Plan von Sully (1559–1641) findet und heute ganz aktuell unter dem Stichwort ›europäische Verteidigungsarmee‹ diskutiert wird. Darin resümiert Hugo letztlich sein Europa-Denken:

> Ce que les atrocités de Serbie mettent hors de doute, c'est qu'il faut à l'Europe une nationalité européenne, un gouvernement un, un immense arbitrage fraternel, la démocratie en paix avec elle-même, toutes les nations sœurs ayant pour cité et pour chef-lieu Paris, c'est-à-dire la liberté ayant pour capitale la lumière. En un mot, les États-Unis d'Europe. C'est là le but, c'est là le port.[27]

## Von der »Unité et diversité«[28] Europas (Camus) zur Confoederatio Europea (Muschg)

Albert Camus' Europavisionen sind untrennbar verbunden mit seinen Konzepten von Freiheit, Demokratie und Solidarität. In seinen *Lettres à un ami*

25 Hugo 1985, S. 623.

26 Hugo 1985, S. 756.

27 Hugo 1985, S. 951. Die Entwicklung des Europa-Denkens erläutert sehr gut im Zusammenhang Walter 2014; vgl. auch Cabanis / Cabanis 2002; Chenet-Faugeras 1995.

28 Das Motto der europäischen Union, »Unie dans la diversité – In Vielfalt geeint« (vgl. Europäische Union, »Das Motto der EU«, verfügbar unter: https://europa.eu/european-union/about-eu/symbols/motto_de [14.12.2018]), wurde erst 2000 im Zuge eines Wettbewerbs

*allemand*[29] hat er ein freiheitliches Europa dem nationalsozialistisch-totalitären Europa gegenübergestellt. Nach dem Ende des Zweiten Weltkrieges hat er sich weiterhin jeder Form des Totalitarismus und damit auch dem Stalinismus widersetzt. Nach Brigitte Sändig haben die Systemkritiker in Osteuropa dankbar diese Unterstützung als außergewöhnliches Phänomen in der westeuropäischen Linken wahrgenommen.[30] Raymond Arons Buch *L'opium des intellectuels* (1955) hat akzentuiert die Position Camus' in dieser intellektuellen Debatte jener Zeit herausgearbeitet. Michel Onfray verweist ebenfalls in seiner großen Studie über Camus unter dem Titel *L'ordre libertaire. La vie philosophique d'Albert Camus* (2012) auf die eminente historische Bedeutung des Schriftstellers in den ideologischen Auseinandersetzungen seiner Zeit. Sein Engagement für Freiheit und Demokratie charakterisierte auch, wie gesagt, seine Europavisionen.[31] In dem 1957 unter dem Titel *Le Pari de notre génération* erschienenen Interview erklärt Albert Camus:

> Unité et diversité, et jamais l'une sans l'autre, n'est-ce pas la formule même de notre Europe ? Elle a vécu de ses contradictions et s'est enrichie de ses différences et, par le dépassement continuel qu'elle en fait, elle a créé une civilisation dont le monde entier dépend même quand il la rejette. C'est pourquoi je ne crois pas à une Europe unifiée sous le poids d'une idéologie ou d'une religion technique qui oublierait ses différences. Pas plus que je ne crois à une Europe livrée à ses seules différences, c'est-à-dire livrée à une anarchie de nationalismes ennemis.[32]

In seiner im selben Jahr gehaltenen Nobelpreisrede unterlässt es Camus nicht – wie viele andere Schriftsteller seiner Zeit – daran zu erinnern, dass weiterhin ein Europa der Folter und der Gefängnisse existiert (»Europe de la torture et des prisons«[33]). Schon früh ist er sich dessen bewusst, dass das Schicksal des europäischen Kontinents sich im Osten abspielt bzw. entscheidet.[34] Ein demokratisch gewordenes Russland schließt er aus diesem Kontinent nicht aus: sein Europa reicht vom Atlantik bis zum Schwarzen Meer. Camus ist ein Mensch der Peripherie; ein Europa, das sich abkapselt und eingenommen ist von seiner Überlegenheit, sozusagen eine Bastion der weißen Rasse, kommt für ihn nicht in Betracht. Ganz im Gegenteil denkt er Europa als weltoffen, als einen Kontinent,

---

ausgewählt, an dem sich Schüler aus den damals 15 Mitgliedstaaten beteiligt hatten. Es findet sich in dem nicht in Kraft getretenen Vertrag über eine Verfassung für Europa. Dort taucht es nicht nur in der Präambel auf, sondern ist auch in Art. I-8 als eines der Symbole der Europäischen Union genannt.

29 Camus 2006, Bd. II, S. 20–24.

30 Vgl. Sändig 2013.

31 Zu Camus und Europa vgl. Camus 1956; Guérin 1985; Meunier 2011; Montfrans 2011, S. 124; Smets 1991; Oswald 2003. Zu den politischen Ideen von Camus vgl. Guérin 1986; Guérin 2013.

32 Albert Camus, »Le Pari de notre génération«, in: Camus 2008, Bd. IV, S. 586.

33 Albert Camus, »Discours de Suède«, in: Camus 2008, Bd. IV, S. 241.

34 Zur Bedeutung Osteuropas in der Zeitgeschichte vgl. Gradvohl 2011; Gradvohl 2016.

der Partnerschaften eingeht. Sein letzter Text ist eine Antwort auf einen Fragebogen der libertären Zeitschrift *Reconstruir* aus Buenos Aires, in dem er ein mit der Welt vernetztes Europa vorhersieht: »une Europe unie qui s'appuierait sur l'Amérique latine et, plus tard, quand le virus nationaliste aura perdu sa force, sur l'Asie et l'Afrique.«[35] Die letzte Utopie Camus' ist ein Europa als Mediator einer universellen Versöhnung. Die Vereinigten Staaten von Europa, deren Bildung er gewünscht hatte, sollten sich seiner Meinung nach weder auf einen einzigen gemeinsamen Markt noch einen Hort des Friedens beschränken. Sein Europa ist nicht das Europa der Spekulanten und Händler, sondern das Europa der Arbeit[36] und der Kultur.[37]

Adolf Muschgs Buch unter dem Titel *Was ist europäisch?*[38] ist aus vier Vorträgen hervorgegangen, die er 2004/05 in Essen gehalten hat. In den vier Kapiteln »Europa, oder die Geschichte einer Ent-Täuschung« (1), »Europa: Die Kunst der Teilung« (2), »Europa: Wo liegen seine Grenzen?« (3), »Europa: Das Fest, der Tod und die Andern« (4) befasst er sich mit der Geschichte Europas und seinen Teilungen, seinem Föderalismus und den Ausprägungen seiner Identität.[39] In diesem klugen Buch hat er u. a. die Idee von der Kultur als sinnstiftender Einheit Europas fortgeschrieben:

35 Albert Camus, »Réponse à un questionnaire de *Reconstruir*«, in: Camus 2008, Bd. IV, S. 660.

36 Vgl. dazu die aktuelle und kontroverse Debatte über eine europäische Arbeitslosenversicherung.

37 Vgl. Jung 2008. – Hingewiesen sei hier auch auf die kontrovers diskutierte Position von Giorgio Agamben. Er plädiert in einem Artikel in Anlehnung an den Essai von 1947 von Alexandre Kojève (l'Empire latin) für einen Zusammenschluss von Frankreich, Spanien und Italien (vgl. Agamben 2013). In einem Interview mit Iris Radisch (*Die Zeit*, 27.08.2015) sagt er: »Zunächst gilt es, der Lüge entgegenzutreten, dieser Vertrag zwischen Staaten, den man als Verfassung ausgibt, sei das einzig denkbare Europa, diese ideen- und zukunftslose institutionalisierte Lobby, die sich der düstersten aller Religionen, der Religion des Geldes, blind verschrieben hat, sei die rechtmäßige Erbin des europäischen Geistes [...]. Angesichts des Interesses der herrschenden Mächte, die Vergangenheit in Museen auszulagern und ihr geistiges Erbe zu entsorgen, ist jeder Versuch, in eine lebendige Beziehung zur Vergangenheit zu treten, ein revolutionärer Akt. Aus diesem Grund glaube ich mit Michel Foucault, dass die Archäologie – anders als die Zukunftsforschung, die per definitionem im Dienst der Macht steht – vor allem eine politische Praxis ist. Die Zukunft Europas ist seine Vergangenheit – freilich unter der Bedingung, dass es auf ihrer Höhe ist.« (Agamben 2015). Zur Position der Philosophen zu Europa siehe Faye 1992.

38 Adolf Muschg, *Was ist europäisch?* (Muschg 2005).

39 Angela Gutzeit befindet in ihrer Rezension (*Frankfurter Rundschau*, 19.10.2005), Muschg stelle sich in diesen Vorlesungen als »produktiver Zweifler« vor, der die Unsicherheit und die Undefiniertheit Europas zur Stärke wendet. Die bestimmende Charaktereigenschaft Europas sei in den Augen des Schriftstellers die »Spaltung«, eine Spaltung, die großartige Errungenschaften und schreckliche Ereignisse zeitigte. Weshalb, und hier scheint die Rezensentin mit Muschg durchaus einer Meinung zu sein, Europa nur mit einem »politischen wie kulturellen Polytheismus« gelingen könne (Gutzeit 2005).

> Europa braucht keinen Mythos seiner selbst, aber eine gute Erzählung seiner Geschichte – wie diejenige der phönizischen Prinzessin seines Namens. Und solche Geschichten sind es, die ihm erlauben, seine Erfahrungen von Tag zu Tag als Teil eines kulturellen Zusammenhangs zu begreifen und symbolisch zu lesen. In gewissem Sinn muss die Einigung Europas für ihre Teilnehmer selbst das Gewicht einer symbolischen Handlung annehmen. Denn nur so bildet sich ein Gegengewicht zur normalen Enttäuschung des politischen Alltags. Europa muss eine sinnstiftende Sache sein.[40]

Der Blick des Schweizers Muschg auf Europa aus der Peripherie unterscheidet sich – ähnlich wie bei Albert Camus – von dem binneneuropäischen Blick mancher Autoren, denn bei Muschg wird die Schweiz in Bezug zu Europa gesetzt:

> Die Schweiz wird ihr politisches Dasein in Europa neu zu denken haben – dafür steht dem politischen Europa der Einigungsprozess noch bevor, den der Kleinstaat in seiner Mitte mit einigem Erfolg hinter sich gebracht hat, und ich gestehe mir gelegentlich den Traum zu, es habe dazu beizutragen. So oder so wird Europa seiner eigenen langen Erfahrung bedürfen, um vom gewaltigen Opus Magnum einer Föderation, für die es kein Vorbild gibt und die in verhältnismäßig kurzer Zeit aufgebaut sein will, nicht ebenso gewaltig überfordert zu sein.[41]

Wie sich die Schweiz zur politischen Konstruktion Europas neu positioniert, ist nach Muschg auch eine politische Herausforderung für die Schweiz selbst. Ähnlich wie die Schweiz muss Europa seine kulturelle Vielfalt als Reichtum begreifen. »In meinem Land, der Schweiz, fühlt sich die Mehrheit immer noch als Bürger ihres Kantons, in zweiter Linie sind wir Bürger einer Gemeinde, und erst in dritter Linie kommt der Bundesstaat, die *Confoederatio Helvetica:* im strengen Sinn keine Nation, und doch mehr als die Summe seiner Teile.«[42] Einen ähnlichen Traum von Europa träumte auch die Romanfigur Michel Chrestien in den *Illusions perdues*, die Schweizer-Föderation angewandt auf ganz Europa. Und hier treffen sich auf erstaunliche Weise Europavisionen von Balzac und Muschg, jene von 1839 und diese von 2005. Erstaunlicherweise – oder auch nicht – geben beide Autoren, Muschg und Balzac, auf die Frage: »Was ist europäisch?« die Antwort, die Schweiz. »Es geht ohne Illusionen,«[43] so Muschg. Im Blick haben die Autoren dabei die politische Konstruktion Europas, Europa als föderale Einheit. Bis zur Entstehung einer europäischen Gesinnung ist es freilich noch ein langer Weg, wie die aktuellen europakritischen Strömungen in Europa und auch der Schweiz zeigen. Im Zusammenhang mit der Frage, wie sich denn eine echte europäische Gesinnung herausbilden kann, sagte 1962 Romano Guardini: »Dass Europa werde, setzt voraus, dass jede seiner Nationen ihre Geschichte umdenke; dass sie

40 Muschg 2005, S. 33.
41 Muschg 2005, S. 30.
42 Muschg 2005, S. 100.
43 Muschg 2005, S. 103. Und Michel Chrestien tritt in Balzacs Roman mit dem Titel, zu Deutsch, »Verlorene Illusionen« auf.

ihre Vergangenheit auf das Werden dieser großen Lebensgestalt hin versteht. Welches Maß an Selbstüberwindung und Selbstvertiefung aber bedeutet das!«[44]

## Conclusio

Der kleine Streifzug durch einige Europavisionen europäischer Schriftsteller zeigt, wie sehr die Visionen der beiden Autoren des 19. Jahrhunderts, Balzac und Hugo, im jeweiligen Kontext ihrer Zeit zu verorten sind. Balzac ist konfrontiert mit einem restaurativen Europa, in dem der Geist der Französischen Revolution und des napoleonischen Systems nachwirkt und die Vorstellung von den natürlichen Grenzen Frankreichs präsent bleibt. Das künftige Europa wird republikanisch sein und sich nach dem Modell der Schweiz organisieren, so Balzac. Für Victor Hugo, der die demokratischen und revolutionären Entwicklungen aus seinem Exil auf den Kanalinseln beobachtet, sind die Vereinigten Staaten von Europa – durchaus in Anlehnung an die Vereinigten Staaten von Amerika mit ihrem Motto *e pluribus unum* – die Antwort auf die Neugründung des deutschen Kaiserreiches unter Bismarck. Albert Camus nimmt bereits mit seiner Formel das Motto der künftigen Europäischen Union vorweg, wenn er Einheit und Vielfalt als Anker europäischer Identität definiert. Für ihn sind nicht die Ideologie des Marktes, sondern Arbeit und Kultur in Europa einheitsstiftend. Der Schweizer Schriftsteller Adolf Muschg empfiehlt, ähnlich wie Balzac, aber ohne auf ihn zurückzugreifen, die *Confoederatio Helvetica* als Organisationsmodell, das durchaus im Bewusstsein der Spaltung sowohl die europäische Einheit als auch die Vielfalt gewährleiste. Nur so könne Europa mit einem »politischen wie kulturellen Polytheismus« gelingen.

Diese wenigen Beispiele zeigen in einem kleinen Ausschnitt, in welchem Maße die Intellektuellen nicht nur »Europa denken«, sondern auch zur europäischen Konstruktion, wie wir sie heute kennen, beigetragen haben und beitragen. Der Exit europäischer Nationen aus der EU, die ja zunächst als Friedensprojekt die Antwort auf zwei verheerende Weltkriege war, ist eine latente Gefahr für das Ganze. Aber Europa war schon immer ein Kontinent der Hoffnung, der Glaube an seine Einheit wird hoffentlich auch in Zukunft von seinen Gliedern gefestigt werden, nicht zuletzt von seinen europäischen Schriftstellern.

44 Romano Guardini, Rede anlässlich der Verleihung des Praemium Erasmianum zu Brüssel am 28. April 1962 (Guardini 2018).

## Bibliographie

Balzac, Honoré de: *Enquête sur la politique des deux ministères*, in: Honoré de Balzac, *Œuvres diverses.* Paris: Gallimard (Bibliothèque de la Pléiade, II), 1996, S. 983–1016.

Balzac, Honoré de: *Illusions perdues*, édition d'Antoine Adam. Paris: Garnier, 1961.

Balzac, Honoré de: *Les Secrets de la princesse de Cadignan*, in: Honoré de Balzac, *La Comédie humaine.* Paris: Gallimard (Bibliothèque de la Pléiade, VI), 1977, S. 938–1005.

Balzac, Honoré de: *Séraphîta*, in: Honoré de Balzac, *La Comédie humaine.* Paris: Gallimard (Bibliothèque de la Pléiade, XI), 1980, S. 693–860.

Camus, Albert: »Discours de Suède«, in: Albert Camus, *Œuvres complètes.* Paris: Gallimard (Bibliothèque de la Pléiade, IV), 2008, S. 239–243.

Camus, Albert: »Le Pari de notre génération«, in: Albert Camus, *Œuvres complètes*, Paris: Gallimard (Bibliothèque de la Pléiade, IV), 2008, S. 582–588.

Camus, Albert: *L'avenir de la civilisation européenne. Entretien avec Albert Camus*, Colloque 1955, Athènes: Union culturelle gréco-française, 1956.

Camus, Albert: *Lettres à un ami allemand*, in: Albert Camus, *Œuvres complètes.* 1944–1948. Paris: Gallimard (Bibliothèque de la Pléiade, II), 2006, S. 3–29.

Heine, Heinrich: »Nachtgedanken«, in: Heine, Heinrich: *Sämtliche Schriften*, hg. von Klaus Briegleb. München: dtv, 1997, Bd. 4, S. 432–433.

Heine, Heinrich: *Französische Zustände*, in: Heinrich Heine, *Historisch-kritische Gesamtausgabe der Werke*, 16 Bde., in Verbindung mit dem Heinrich-Heine-Institut hg. von Manfred Windfuhr. Hamburg: Hoffmann und Campe, 1973–1997, Bd. XII (1980): Französische Maler, Französische Zustände, Über die Französische Bühne.

Hugo, Victor: *Œuvres complètes. Politique*, présentation de Jean-Claude Fizaine. Paris: Laffont 1985.

Hugo, Victor: »Avant l'exil. Congrès de la paix, 21 août 1849«, verfügbar unter: http://www.assemblee-nationale.fr/13/evenements/textes_victor_hugo.asp [14.12.2018].

Muschg, Adolf: *Was ist europäisch?* München: Beck, 2005 (Lizenzausgabe für die Bundeszentrale für politische Bildung, Bonn 2005).

Agamben, Giorgio: »Europa muss kollabieren«, Interview mit Iris Radisch, in: *Die Zeit* (35), 27. August 2015.

Agamben, Giorgio: »Que l'Empire latin contre-attaque!«, in: *Libération*, 24. März 2013.

Baumann, Uwe / Klesczewski, Reinhard (Hg.): *Penser l'Europe – Europa denken*, Tübingen / Basel: Francke 1997.

Behringer, Wolfgang (Hg.): *Europa. Ein kritisches Lesebuch.* München: Beck 1999.

Benjamin, Walter: »Paris, die Hauptstadt des XIX. Jahrhunderts«, in: Walter Benjamin, *Ausgewählte Schriften. Bd. 1: Illuminationen.* Frankfurt/Main: Suhrkamp 1974, S. 170–184.

Bossuat, Gérard: *La France et la construction de l'unité européenne.* Paris: Armand Colin 2012.

Böttcher, Winfried (Hg.): *Klassiker des europäischen Denkens. Friedens- und Europavorstellungen aus siebenhundert Jahren europäischer Kulturgeschichte.* Baden-Baden: Nomos 2014.

Cabanis, André / Cabanis, Danielle: *L'Europe de Victor Hugo.* Toulouse: Privat 2002.

Chenet-Faugeras, Françoise (Hg.), *Victor Hugo et l'Europe de la pensée*, Colloque de Thionville-Vianden (8, 9 et 10 octobre 1993). Paris: Nizet 1995.

Curtius, Ernst Robert: »Wiederbegegnung mit Balzac«, in: Ernst Robert Curtius, *Kritische Essays zur europäischen Literatur.* Frankfurt/Main: Fischer 1984 (¹1950), S. 95–119.

Curtius, Ernst Robert: *Balzac.* Bonn: Cohen 1923 (zuletzt: Frankfurt/Main: Fischer 2016).

Curtius, Ernst Robert: *Europäische Literatur und lateinisches Mittelalter.* Bern / München: Francke ¹⁰1984 (1948).

Delon, Michel: *L'idée d'énergie au tournant des Lumières (1770–1820).* Paris: P.U.F. 1988.

Europäische Union, »Das Motto der EU«, verfügbar unter: https://europa.eu/european-union/about-eu/symbols/motto_de [14. 12. 2018].

Faye, Jean-Pierre: *L'Europe une. Les philosophes et l'Europe*, préface de Jacques Delors. Paris: Gallimard 1992.

François, Étienne / Serrier, Thomas (Hg.): *Europa – Notre histoire.* Paris: Les Arènes 2017.

Geppert, Dominik / Becker, Thomas Paul / Rosin, Philip (Hg.): *Geschichte der Universität Bonn.* 4 Bde. Göttingen: V&R unipress / Bonn University Press 2018.

Gradvohl, Paul: »L'ire et la frayeur en Europe centrale«, in: *Esprit* (mars–avril 2016), S. 74–83.

Gradvohl, Paul: *L'Europe médiane au XXe siècle: Fractures, décompositions, recompositions, surcompositions.* Prague: CEFRES 2011.

Guardini, Romano, »Warum ich Europäer bin«, Rede anlässlich der Verleihung des Praemium Erasmianum zu Brüssel am 28. April 1962, wiederabgedruckt in: *Die Zeit* (40), 28. September 2018.

Guérin, Jeanyves (Hg.): *Camus et la politique*, Actes du colloque de Nanterre (5–7 juin 1985). Paris: L'Harmattan 1986.

Guérin, Jeanyves: »L'Europe dans la pensée et l'œuvre de Camus«, in: Smets, Paul F. (Hg.): *Albert Camus. Textes réunis à l'occasion du 25ᵉ anniversaire de la mort de l'écrivain.* Bruxelles: Éditions de l'Université de Bruxelles 1985, S. 57–70.

Guérin, Jeanyves: *Albert Camus. Littérature et politique.* Paris: Honoré Champion (Classiques; Essais, 18) 2013.

Gutzeit, Angela: »Polytheismus pur. Adolf Muschg und Geert Mak zeichnen Europas Physiognomie im Wandel«, in: *Frankfurter Rundschau*, 19. 10. 2005.

Hirdt, Willi (Hg.): *Romanistik – Eine Bonner Erfindung*, 2 Bde., in Zusammenarbeit mit Richard Baum und Birgit Tappert hg. von Willi Hirdt. Bonn: Bouvier (Academica Bonnensia, 8) 1993.

Ißler, Roland Alexander: *Europa Romanica. Stationen literarischer Mythenrezeption in Frankreich, Italien und Spanien zwischen Mittelalter und Moderne.* Frankfurt/Main: Klostermann (Analecta Romanica, 84) 2015.

Ißler, Roland Alexander: »Europas Strom, aber nicht Europas Grenze. Zur Genese einer europäischen Sicht auf den Rhein zwischen Rheinromantik und deutsch-französischer Rheinkrise«, in: Jung, Willi / Lichtlé, Michel (Hg.): *Der Rhein – Le Rhin. Im deutsch-französischen Perspektivenwechsel – Regards croisés franco-allemands.* Göttingen: Bonn University Press (Deutschland und Frankreich im wissenschaftlichen Dialog, 8) 2019, S. 161–204.

Jung, Mathias: *Einheit in Vielheit? Europas kulturelle Identität als Forschungsaufgabe*, hg. von der Guardini-Stiftung. Berlin: Berliner Wissenschaftsverlag 2008.

Jung, Willi: »Un type révolutionnaire: Michel Chrestien«, in: *L'Année balzacienne (Balzac et la Révolution)* 1990, S. 89–97.

Jung, Willi: »Ernst Robert Curtius, Balzac et l'Europe«, in: *L'Année balzacienne (Balzac et l'Europe)* 1992, S. 379–390.

Kraume, Anne: *Das Europa der Literatur: Schriftsteller blicken auf den Kontinent (1815–1945).* Berlin: De Gruyter 2010.

Lepenies, Wolf: *Der europäische Himmelsrichtungsstreit.* Festvortrag, gehalten anlässlich der Gründung des Aleksander-Brückner-Zentrums für Polenstudien der Martin-Luther-Universität Halle-Wittenberg am 12.12.2012. Halle an der Saale: Universitätsverlag Halle-Wittenberg 2013.

Lichtlé, Michel: »Le Rhin dans la pensée de Balzac«, in: Jung, Willi / Lichtlé, Michel (Hg.): *Der Rhein – Le Rhin. Im deutsch-französischen Perspektivenwechsel – Regards croisés franco-allemands.* Göttingen: V&R unipress / Bonn University Press (Deutschland und Frankreich im wissenschaftlichen Dialog, 8) 2019, S. 205–222.

Lützeler, Paul Michael: *Die Schriftsteller und Europa. Von der Romantik bis zur Gegenwart.* München / Zürich: Piper 1992.

Meunier, Jean-Louis (Hg.): *L'Europe selon Camus. Les Rencontres méditerranéennes Albert Camus.* Avignon: Barthélémy 2011.

Montfrans, Manet van: »'Europe is the Country of the Spirit': Albert Camus and Europeanism in France, 1944–7«, in: Spiering, Menno / Wintle, Michael (Hg.): *European Identity and the Second World War.* Basingstoke, Hampshire: Palgrave Macmillan 2011, S. 124–137.

Oswald, John: »Camus et la multiplicité de l'Europe«, in: Brodziak, Sylvie (Hg.): *Albert Camus et les écritures du XXe siècle*, avec la collaboration d'André Abbou. Arras: Artois Presses Universitaires (Études littéraires) 2003, S. 189–199.

Renger, Almut-Barbara / Ißler, Roland Alexander (Hg.): *Europa – Stier und Sternenkranz. Von der Union mit Zeus zum Staatenverbund.* Göttingen: V&R unipress / Bonn University Press (Gründungsmythen Europas in Literatur, Musik und Kunst, 1) 2009.

Sändig, Brigitte: »Camus im Osten. Zur Rezeption des Autors in der DDR und in osteuropäischen Ländern«, in: Jung, Willi (Hg.): *Albert Camus oder der glückliche Sisyphos – Albert Camus ou Sisyphe heureux.* Göttingen: V&R unipress / Bonn University Press (Deutschland und Frankreich im wissenschaftlichen Dialog, 4) 2013, S. 355–365.

Smets, Paul-F.: *Le pari européen dans les essais d'Albert Camus.* Bruxelles: Bruylant 1991.

Walter, Klaus-Peter: »Victor Hugo (1802–1885)«, in: Winfried Böttcher (Hg.): *Klassiker des europäischen Denkens. Friedens- und Europavorstellungen aus siebenhundert Jahren europäischer Kulturgeschichte.* Baden-Baden: Nomos 2014, S. 341–347.

Franz Lebsanft (Bonn)

# Macron und das Französische – ein Lobgesang auf eine dezentrierte, enthierarchisierte, post- und transnationale *langue-monde*?

Als Emmanuel Macron am späten Abend des 7. Mai 2017 aus der Richtung des *Passage Richelieu* kommend die *Cour Napoléon* betrat, um sich als frisch gewählter Präsident seinem Wahlvolk (»Macron, président!, Macron, président!«) zu zeigen und zu danken (»Merci, mes amis!«), da benötigte er genau fünf Minuten, um gemessenen Schrittes aus dem Dunkel des Louvre in das gleißende Licht der für ihn vor der *Pyramide* erbauten Bühne zu treten, die wenigen Stufen zu erklimmen und die Pose des Siegers hinter dem schlichten Rednerpult einzunehmen, das auf weißem Grund die Farben der Trikolore zierte und mit dem Macron'schen Wahlslogan »Ensemble, la France!« versehen war.[1] Noch bevor das Spotlight Macron vor der Gebäudewand des Louvreflügels suchend ertastete, ertönten bereits die ersten Klänge von Beethovens *Ode an die Freude*, freilich nicht in der Originalfassung des Komponisten, sondern in der für diesen speziellen Anlass zeitlich gestreckten Version der vom Europarat 1972 proklamierten und 1985 von der Europäischen Union übernommenen Europäischen Hymne, die nur einen Ausschnitt aus dem Vorspiel des vierten Satzes der Neunten Symphonie darstellt und die bekanntlich auf den Schiller'schen Text verzichtet. Dies scheint die einzige Möglichkeit zu sein, dem Motto der EU, *In Vielfalt geeint*, gerecht zu werden – es sei denn, man würde den Text in den zur Zeit (2018, noch vor dem Brexit) 24 Amtssprachen der EU, vom Bulgarischen über das Französische bis zum Ungarischen, simultan bieten. Macron hatte die Stichwahl gegen Marine Le Pen unter anderem auch wegen seiner in den Klängen der Europahymne symbolhaft zum Ausdruck kommenden proeuropäischen Orientierung gewonnen. Diese ist in seinem bisherigen, noch kurzen *quinquennat* zweifellos die Leitlinie der französischen Innen- und Außenpolitik geblieben. Anders sieht es jedoch mit Macrons sprachpolitischen Konzepten aus, die das Französische keineswegs als eine (unter vielen) ›europäische‹, sondern

1 LREM 2017.

als eine ›universelle‹ Sprache eines neuen, besonderen Typs entwerfen,[2] und zwar als eine sogenannte *langue-monde*. Bei näherer Betrachtung wird man daher – wie zu zeigen sein wird – nicht umhin kommen, trotz aller anderen Bekundungen einen geradezu ›uneuropäischen‹ Kern in diesem Konzept auszumachen.

Die Themen der französischen Außenpolitik, die das regierungsamtliche Portal *France Diplomatie* verzeichnet,[3] reichen von *Action humanitaire d'urgence* bis zu *Francophonie et langue française*. Die Texte unter den zwei Stichwörtern *francophonie* (gemeint in den beiden Bedeutungen als ›Gesamtheit der frankophonen Sprecher‹ bzw. ›supranationale politische Institution‹) und *langue française* stellen die in Artikel 2, Satz 1 der Verfassung statuierte Amtssprache der Französischen Republik (»La langue de la République est le français«)[4] in den Mittelpunkt eines v. a. quantitativ abgesicherten Sprachlobs (»Le français est parlé par 274 millions de locuteurs sur tous les continents«; »il se situe au 5$^{e}$ rang des langues les plus utilisées« usw.)[5] und einer daraus abgeleiteten Politik. Sie präsentiert sich, wie es in der Überschrift des ersten Unterpunkts von *Francophonie et langue française* heißt, als *Stratégie internationale pour la langue française et le plurilinguisme*.[6] Diese Strategie sei das Ergebnis eines »travail participatif«, d. h. einer im Januar 2018 lancierten Bürgerbefragung zum Thema »Mon idée pour le français«, das auf der *Conférence internationale pour la langue française et le plurilinguisme dans le monde* am 14.–15. Februar 2018 in Paris diskutiert wurde und in einen 33-Punkte-Plan unter den Überschriften »Apprendre en français«, »Communiquer en français« und »Créer en français« mündete.[7] Hier wird ein wesentliches Charakteristikum von Macrons Politikstil sichtbar, das bereits seinen in so spektakulärer Weise erfolgreichen Weg zur Präsidentschaft bei der Schaffung der »Bewegung« *En marche!* und dann der Partei *La République en Marche* gekennzeichnet hatte. Etwas ironisch, aber gleichwohl zutreffend kann man von einer *top-down*-initiierten *bottom-up*-Politik sprechen, die darin besteht, der Zivilgesellschaft organisiertes Handeln erfordernde Themen vorzugeben, diese gesteuert diskutieren zu lassen und anschließend zu suggerieren, dass das Ergebnis, das sich an den Vorgaben orientiert, eine von den Menschen selbst gewünschte Zielsetzung darstellt, die der Präsident schließlich in die Tat umsetzt.

Als zentralen Text der auf diese Weise initiierten und inszenierten Sprach-

---

2 Zu der von Macron nicht mehr aufgerufenen Tradition der *universalité de la langue française* s. Haßler 2009.

3 MEAE 2018.

4 Legifrance 1958 / 2018.

5 MEAE 2018. Man vgl. auch die materialreiche Darstellung Pilhion / Poletti 2017 sowie die substantiellen Überblicke von Reutner 2015 und Reutner 2017.

6 MEAE 2018.

7 MEAE 2018.

politik bezeichnet *France Diplomatie* die am 20. März 2018, d.h. während der *Journée internationale de la Francophonie* in der *Académie française* gehaltene Rede des Präsidenten, die in der Tat sehr aufschlussreich ist und im Folgenden genauer analysiert wird.[8] Den Kern macht das bereits von Macrons Vorgänger François Hollande verwendete Konzept des Französischen als einer *langue-monde* aus,[9] ein Konzept, das Macron freilich genauso wenig wie Hollande genauer beschreibt, sondern als bekannt voraussetzt, wenn er sagt, das Französische

> s'est au fond émancipé de la France, il est devenu cette langue monde, cette langue archipel parce que d'autres langues se parlent dans des continents immenses et des centaines de millions de nos concitoyens la partagent mais il est peu de langues qui se parlent dans cet archipel monde qui est le nôtre.[10]

*Langue-monde* knüpft an den (von Macron ebenfalls benutzten) Begriff *littérature-monde* an, mit dem 44 Schriftsteller französischer Sprache, von Muriel Barbery bis Abdourahman A. Waberi, in einem in *Le Monde* vor mehr als zehn Jahren – 2007 – publizierten Manifest gefordert hatten, den Begriff der »französischen Literatur« von demjenigen der »französischen Nation« zu entkoppeln und die Gegenüberstellung von (zentraler) »französischer« vs. (peripherer) »frankophoner Literatur« aufzugeben:

> Le centre, ce point depuis lequel était supposée rayonner une littérature franco-française, n'est plus le centre. Le centre jusqu'ici, même si de moins en moins, avait eu cette capacité d'absorption qui contraignait les auteurs venus d'ailleurs à se dépouiller de leurs bagages avant de se fondre dans le creuset de la langue et de son histoire nationale: le centre, nous disent les prix d'automne [d.h. die an frankophone Schriftsteller vergebenen Literaturpreise der *rentrée littéraire*], est désormais partout, aux quatre coins du monde. Fin de la francophonie. Et naissance d'une littérature-monde en français.[11]

Aus der Perspektive der Autoren des Manifests sollte konsequenterweise auf das Konzept der Frankophonie insgesamt verzichtet werden:

> Soyons clairs: l'émergence d'une littérature-monde en langue française consciemment affirmée, ouverte sur le monde, transnationale, signe l'acte de décès de la francophonie.

---

8 Macron 2018; MEAE 2018.

9 Hollande 2016: »nous sommes dépositaires d'une langue qui est une langue universelle, une ›langue monde‹«. Je stärker sich das Konzept verfestigt, desto mehr wird es – wie auch von mir – mit Bindestrich geschrieben.

10 Macron 2018, S. 2. Die Idee der »langue archipel« geht auf Édouard Glissant zurück, den Macron an dieser Stelle auch nennt. Zu Glissants Begriff s. Gauvin 1999, S. 281f.

11 Barbery u.a. 2007. Zeitgleich erschien – worauf *Le Monde* hinwies – Le Bris / Rouaud / Almassy 2007. Zu den Hintergründen des von Michel Le Bris initiierten Manifests, zum Konzept *littérature-monde* und zu der an das Manifest sich anschließenden Debatte (die hier bibliographisch nicht erfasst wird) s. im Rückblick kritisch Calderón 2013 und Blaschke 2014.

> Personne ne parle le francophone, ni n'écrit en francophone. La francophonie est de la lumière d'étoile morte. Comment le monde pourrait-il se sentir concerné par la langue d'un pays virtuel?[12]

Vor diesem Hintergrund wird deutlich, dass das Französische als *langue-monde* das post- und transnationale, dezentralisierte und enthierarchisierte sprachliche Korrelat dieser Literatur ist, eine »langue libérée de son pacte exclusif avec la nation [d.h. française].«[13] Nun will der Politiker Macron den in der französischen Außenpolitik fest verankerten Begriff der *francophonie* selbstverständlich genauso wenig wie seine Vorgänger aufgeben; doch interpretiert er ihn im Sinne des Manifests von 2007, wenn er in Vorbereitung der Einführung des Konzepts *langue-monde* ausführt:

> Ce qu'on appelle francophonie aujourd'hui ce n'est pas cet espace incertain à la périphérie de la France laquelle en serait le centre, c'est la langue française elle-même qui est devenue le centre de toutes les nations et de tous les peuples où elle a fait souche dans sa variété étourdissante. C'est cela la francophonie, ce continent humain qui admet comme Constitution une grammaire partagée, comme articles de loi une syntaxe, comme code civil un vocabulaire. Et c'est fort de cela qu'aujourd'hui des centaines de millions de personnes affrontent le monde, le vivent et le racontent dans ce que Salah Stétié appelle ›L'autre langue‹, celle dont il dit d'ailleurs qu'il ne sait pas s'il l'a au fond choisie. Et la France doit aujourd'hui s'enorgueillir d'être au fond un pays parmi d'autres qui apprend, parle, écrit en français, et c'est aussi ce décentrement qu'il nous faut penser.[14]

Angesichts dieser Überlegungen ist es eine intellektuelle *tour de force* des Präsidenten, der zentralistischen *Académie française* einerseits seine Reverenz zu erweisen (»Et tandis que je parle de notre langue archipel me voici avec vous en ce lieu. Et si je suis ici c'est parce que l'Académie française fut un lieu séminal pour cette immense aventure de la langue française«)[15] und andererseits ihr im selben Atemzug eine Einsicht in die Dezentrierung des Französischen abzuverlangen. Das soll mit dem geschickten, ja geradezu listigen Hinweis auf die von der *Académie* ursprünglich verteidigte Idee der »prééminence« des Sprachgebrauchs gelingen, der am Beginn des 21. Jahrhunderts eben nicht mehr – und an

12 Barbery u.a. 2007.

13 Barbery u.a. 2007. Zur Entwicklung des Konzepts *langue-monde* s. erste Beobachtungen bei Samoyault 2016. Demnach beziehe sich *langue-monde* auf »le Divers des langues« (Samoyault 2016, S. 344), das sich aus der Situation einer Sprache – ihr Beispiel ist das Englische – ergebe, in der das quantitative Übergewicht der Zweit- über die Erstsprachler dazu führe, dass die ersteren sich nicht mehr an den Sprachnormen der letzteren orientierten. Samoyault (die keine Linguistin ist) beruft sich für diesen Gedanken auf Graddol 1997. Für das Englische ist der Prozess der Entwicklung neuer *dialects* und ihrer Normen systematisch von Schneider 2003 beschrieben worden; eine Anwendung seiner Ideen und Modelle auf die romanischen Sprachen ist m. W. bisher noch nicht versucht worden.

14 Macron 2018, S. 2.

15 Macron 2018, S. 3.

dieser Stelle greift Macron das Manifest mit Worten Jean Rouauds fast wörtlich auf (siehe meine Kursivierung im folgenden Zitat) – derjenige einer einzigen (d. h. also der französischen) Nation sei:

> Nous passons de l'idée ancienne d'une francophonie qui serait la marge de la France à cette conviction que la francophonie est une sphère dont la France avec sa responsabilité propre et son rôle historique n'est qu'une partie agissante, volontaire mais consciente de ne pas porter seule le destin du français. Jean Rouaud en a exprimé l'enjeu en des termes d'un lumineux optimisme: ›désormais *déliée de son pacte avec la Nation*, écrit-il, libérée de l'étreinte de la source-mère, devenue autonome, choisie, retournée à son champ premier, nourrie par d'autres aventures, n'ayant plus de comptes à régler avec la langue des anciens maîtres, la langue française a de nouveau à proposer, vue d'Afrique, d'Asie ou des Caraïbes, de Chine ou d'Iran, d'Amérique du nord ou du Vietnam, son interprétation du monde, un monde sachant que sans récit il n'y a pas d'intelligence du monde‹.[16]

Macrons Konkretisierung des Konzepts erfolgt unter den weiter oben genannten und angeblich von der Zivilgesellschaft selbst erarbeiteten Gesichtspunkten des »Apprendre«, des »Communiquer« und des »Créer«. Gerade die Ausführungen des Präsidenten zum Erlernen des Französischen – im mutter- wie im zweit- bzw. fremdsprachlichen Unterricht – lassen allerdings ganz erhebliche Zweifel daran aufkommen, dass das zuvor entwickelte Konzept einer enthierarchisierten und dezentrierten Sprache über ein wie auch immer geartetes, theoretisch solides Fundament verfügt und ihm ein substantieller politischer Wille tatsächlich entspricht:

> Apprendre à parler et écrire le français d'abord c'est établir dans toute la francophonie cette Constitution qui nous unit et nous rapproche. Il y a dans le rapport à une langue le rapport à une autorité, elle a ses règles et une langue permet des libertés, vous en êtes pour nombre d'entre vous de merveilleux visages, mais elle n'existe pas si d'abord on n'accepte pas de se soumettre à ses règles, si on n'accepte pas son autorité première, les usages que d'autres femmes et hommes en ont fait et qui s'est progressivement sédimenté, dont on peut retracer l'histoire ou se perdre dans ses rais.[17]

Macron geht es offensichtlich zuvörderst um den Erwerb der offenbar für alle gleichermaßen geltenden, traditionellen hexagonalen Norm und ihrer klassischen Diskurstraditionen, für die ihm kein schöneres, aber eben doch auch kein konventionelleres Beispiel einzufallen scheint als die zweifellos beeindruckende Leistung, dass aus dem Vorderen Orient geflüchtete Schüler Racines *Britannicus* zur Aufführung bringen.[18] Konkretere Vorstellungen davon, wie ein nicht (wie er

16 Macron 2018, S. 4. Das Rouaud-Zitat, das Macron natürlich nicht nachweist, findet sich in Le Bris / Rouaud / Almassy 2007, S. 20.

17 Macron 2018, S. 5.

18 Macron 2018, S. 5.

es beschreibt) mono-, sondern plurizentrisches, d.h. über mehrere, gleichberechtigte präskriptive Normen verfügendes Französisch – denn darum müsste es gehen – aussehen und kodifiziert werden könnte, hat der Präsident ganz offensichtlich nicht.[19]

Macrons zweiter Gesichtspunkt, »Communiquer«, betrifft die von *France Diplomatie* ins Spiel gebrachte Mehrsprachigkeit und damit die Sprachenkonkurrenz. Aus dem Blickwinkel der dem Englischen in der internationalen Kommunikation unterlegenen Sprache präsentiert Macron in der Kontinuität seiner Vorgänger das Französische als eine nicht-hegemoniale Sprache:

> le second objectif, le second défi est de faire du français une langue majeure d'échange, de communication et, en quelque sorte, de faire de cette langue une manière d'échanger non hégémonique.[20]

Der Realismus des Präsidenten führt ihn dazu, seinen eigenen Gebrauch des Englischen bei öffentlichen Anlässen zu verteidigen, will er ihn doch – wenig überzeugend – ›dialektisch‹ auf das Französische bezogen wissen:

> Lorsque je me suis rendu à Davos, je me suis d'abord exprimé en anglais, puis en français. Certains auraient préféré que je ne m'exprime qu'en français mais s'exprimer en anglais dans une enceinte réunissant la communauté des affaires, c'est d'abord utile et c'est montrer que le français se construit dans ce passage, dans ce plurilinguisme, dans cette capacité à parler la langue de l'autre, y compris lorsque c'est la langue devenue dominante, parfois à visée hégémonique, dans le monde des affaires, mais aussi pour ramener ceux qui parlent anglais à la langue française lorsqu'il faut parler des valeurs qui nous guident et du regard que nous portons sur la mondialisation.[21]

Ein zweiter Aspekt der Sprachenkonkurrenz betrifft die Mehrsprachigkeit der frankophonen Länder. Macron versteigt sich zu der Behauptung, Frankreich sei das einzige monolinguale Land der Frankophonie (»Au fond, nous sommes le seul pays de la Francophonie qui ne vit qu'en français«),[22] während alle übrigen frankophonen Länder mehrsprachig seien. Es ist bemerkenswert, dass der Präsident zahlreichen afrikanischen und den auch auf dem Boden der Französischen Republik gesprochenen Kreolsprachen ausdrücklich Respekt zollt:

> Et notre mission est [...] aussi de défendre le wolof, le mandingue, le bassa, le lingala, le kikongo, le swahili, tous les créoles – mauricien, guadeloupéen, haïtien, martiniquais,

19 Zum Begriff der Plurizentrik s. demnächst die ausführliche Einleitung sowie auch die einschlägigen Artikel zum Französischen in Lebsanft / Tacke i. Dr.

20 Macron 2018, S. 9.

21 Macron 2018, S. 11. Ein weiteres und wesentlich prominenter gewordenes Beispiel der Verwendung des Englischen (auf das hier möglicherweise auch angespielt wird) ist Macrons Verteidigung des Pariser Klimaabkommens mit der Abwandlung eines Trump'schen Slogans: »Make our planet great again«, s. Macron 2017 / 2018.

22 Macron 2018, S. 12.

> réunionnais –, des langues qui, comme le français, rassemblent des millions de locuteurs au-delà des frontières et contribuent à la circulation des savoirs et des cultures,[23]

doch in klarer und scharfer Abkehrung von der Sprachpolitik seiner Vorgänger die von Nicolas Sarkozy initiierte Verfassungsreform, welche die *langues régionales* 2008 zum kulturellen Erbe Frankreichs erhob (»Les langues régionales appartiennent au patrimoine de la France«),[24] buchstäblich mit keinem Wort erwähnt. Die »Vielfalt«, die ein Leitmerkmal europäischer ›Diskurse‹ ist (und, wie man metaphorisch sagen könnte, einen europäischen ›Gründungsmythos‹ darstellt), betrifft in sprachpolitischer Hinsicht gerade auch die nichtamtlichen Muttersprachen europäischer und eben auch französischer Bürger, die für Macron offensichtlich keine Rolle spielen, obwohl sie nicht nur in der Verfassung, sondern auch im französischen Schulsystem verankert sind.[25] Während Sarkozy die europapolitische Schmach noch kompensieren wollte, dass Frankreich als Gründungsmitglied des Europarats die *Europäische Charta der Regional- oder Minderheitensprachen*, welche der sozialistische Europaminister Pierre Moscovici aus Anlass der 50-Jahr-Feier ebendieser Institution 1999 in Budapest (!) immerhin unterzeichnet hatte,[26] nicht ratifizieren konnte und wollte, singt Macron nunmehr das Lob der *Ordonnance* von Villers-Cotterêts (1539) und sogar des Abbé Grégoire, den er nicht etwa mit dem Projekt einer Vernichtung von Sprachen,[27] sondern mit einer »volonté de liberté« und einer »volonté de ne pas céder« assoziiert![28] In Bezug auf die *Ordonnance* führt Macron aus:

> Ceux qui prétendent que Villers-Cotterêts ne fut pas l'acte de naissance du français comme langue de la France [*Nota bene*] ont sans doute raison historiquement mais ils ont tort sur le plan culturel et politique, car la portée symbolique de cet édit résonne encore jusqu'à nous.[29]

Es ist dies eine Auffassung, die der Präsident mit allen jakobinischen französischen Intellektuellen teilt.[30] Sie veranlasst ihn, das königliche Schloss Franz' I. in

---

23 Macron 2018, S. 13.

24 Legifrance 2008 / 2018 (Artikel 40); Legifrance 1958 / 2018 (Artikel 75–1). Man vgl. dazu Tacke 2015, S. 226.

25 Auf der Website *France Diplomatie* werden die (französischen) Regionalsprachen in einem Atemzug mit den Fremdsprachen unter der Überschrift »La promotion du plurilinguisme en France: l'enseignement des langues vivantes« genannt, s. MEAE 2018 mit Verweis auf MEN 2018. Ist dies eine symbolische Einbürgerung der Fremd- oder eine Ausbürgerung der Regionalsprachen?, möchte man fragen.

26 Lebsanft 2004, S. 184. Zur Europäischen Charta s. Lebsanft / Wingender 2012a, 2012b.

27 Zum Abbé Grégoire s. immer noch die klassische Monographie De Certeau / Julia / Revel 1974.

28 Macron 2018, S. 3.

29 Macron 2018, S. 4.

30 Unter den Zuhörern von Macrons Rede in der *Académie française* dürfte auch der *acadé-*

Villers-Cotterêts (Aisne) restaurieren zu lassen und an diesem »lieu emblématique« ein »laboratoire de la Francophonie« schaffen zu wollen.[31] Zu diesem Vorhaben passt, dass Alexandre Dumas in Villers-Cotterêts geboren wurde:

> Il y a quelques mois, je n'étais alors pas en fonction, je me rendais dans les dernières semaines de la campagne présidentielle à Villers-Cotterêts et Villers-Cotterêts est bien entendu la ville de l'Edit royal que je citais tout à l'heure. C'est aussi la ville où Alexandre Dumas est né d'un père mulâtre, esclave émancipé devenu soldat de la France et qu'il a quittée à pied, dit-on, pour rejoindre Paris quand il a voulu devenir écrivain. Et c'est aujourd'hui une ville qui doute, a été bousculée par les grands bouleversements du monde et a parfois pu céder à quelques sirènes de repli.[32]

– freilich nicht im königlichen Schloss.

Die Idee eines »Laboratoriums« beruht auf dem dritten und letzten Gesichtspunkt der sprachpolitischen Strategie unter dem Stichwort »Créer«: »Enfin le français doit devenir cette langue qui raconte le monde de demain. Mieux, elle doit être cette langue qui crée le monde demain et la création en français voilà notre troisième défi.«[33]

Die der *littérature-monde* verpflichtete Idee des »die-Welt-der-Zukunft-Er-

---

*micien* Alain Finkielkraut gewesen sein, der den *monolinguisme républicain* mit Verweis auf Villers-Cotterêts verteidigt, s. Lebsanft 2017, S. 139. Macrons Innenminister vergisst nicht, bei einer Einbürgerungszeremonie im Panthéon auf die selbstverständlich nachvollziehbare Pflicht der Neubürger, Französisch zu beherrschen, mit der Erwähnung der *Ordonnance* zu verweisen (Collomb 2017): »Devoir également que la maîtrise de notre langue, cette belle langue française dont Albert Camus écrivait qu'elle était ›sa patrie‹. Elle constitue depuis 1539 et l'ordonnance de Villers-Cotterêts, le ciment qui unit les Français.«

31 Macron 2018, S. 15. Zur Interpretation der bekannten die Sprache betreffenden Bestimmungen der *Ordonnance* vgl. man Lodge 1997, S. 173f. und Chaurand 1999, S. 150f. Es gehe (so die Sprachhistoriker) zwar sicherlich im 16. Jahrhundert noch nicht um eine systematische Verdrängung der nichtfranzösischen Vernakularsprachen, doch gleichwohl um eine Privilegierung des Französischen. S. auch Lusignan 2011, S. 84: [L'ordonnance de Villers-Cotterêts] »marquait la volonté d'éradiquer l'usage du latin et accessoirement des vernaculaires régionaux. L'édit s'adressait uniquement aux instances administratives et ne se préoccupait en rien des populations. Le roi n'avait cure des langues parlées par ses sujets. Il fallut attendre la Révolution et la mise en œuvre de l'idée de nation pour que l'État français se donne l'objectif politique qu'une même langue soit partagée par tous. En reconnaissant à chacun la qualité de citoyen, elle érigeait tous les Français en sujets politiques auxquels il s'imposait de parler la langue de l'État. Cet objectif que la France s'était donné à la toute fin du XVIII^e siècle ne devait devenir une réalité qu'après la Première Guerre mondiale«. Zur Vorgeschichte der »homogénéisation du français écrit« vgl. man jetzt die Hinweise der exzellenten Synthese von Gleßgen 2017, S. 385.

32 Macron 2018, S. 15. Mit dem letzten Satz des Zitats dürfte Macron auf den hohen Stimmenanteil des *Front National* (nunmehr *Rassemblement National*) in Villers-Cotterêts anspielen. In der Stichwahl der Präsidentschaftswahlen am 07.05.2017 erzielten dort Macron 50,18 % und Le Pen 49,82 % der Stimmen; im ersten Wahlgang am 23.04.2017 lag Le Pen mit 43,26 % sogar weit vor Macron mit 18,34 % der Stimmen. Seit 2014 ist ein Vertreter des *Front / Rassemblement National* Bürgermeister der Kommune.

33 Macron 2018, S. 13.

zählens« ist wohl eine vage Vorstellung von kultureller, literarischer und sprachlicher Hybridisierung, die dem Französischen neue Ausdrucksmöglichkeiten schaffen und damit seine Weltgeltung sichern soll. Sie wird mit ganz erstaunlichen Worten beschrieben:

> La langue française est d'une abondance et d'une richesse de sens incomparable aussi parce qu'elle est constamment dans cette intranquillité avec les autres langues, dans cette cohabitation avec les autres langues, parce qu'elle a elle-même vécu dans notre propre pays dans cette intranquillité. Et ce fut d'ailleurs au cœur des premières batailles de l'Académie française. Nous n'avons jamais été une langue unique complètement ou hégémonique totalement. C'est cela qui nous a donné cette richesse et c'est cela qui fait que la création a une place toute particulière dans la langue qui est la nôtre.[34]

Angesichts solcher Bekundungen kann sich selbst ein wohlmeinender Leser nur verwundert die Augen reiben. Dass die Geschichte des Französischen der Neuzeit in statusplanerischer Hinsicht eine Geschichte des Miteinanders von Sprachen gewesen sei – duldet es diese auf dem eigenen Territorium doch nur unter der Bedingung ihrer Musealisierung als *patrimoine* – und dass aus korpusplanerischer Perspektive die Herausbildung und Entwicklung des *bon usage* und dessen *ne varietur*-Tradition ein Muster der Flexibilität und Heterogenität darstelle, sind kühne Thesen, denen nicht nur ein ungläubiger Thomas keinen rechten Glauben schenken mag.[35] Indem es sie mit eleganten Formulierungen schönredet, lässt Macrons Plädoyer für das Französische als *langue-monde* dessen nicht unschwierige europäisch-hegemoniale Geschichte letztlich unbedacht hinter sich und beansprucht für die »Sprache der Republik« eine neue Art nicht europäischer, sondern universeller Geltung. Wenn Macrons *Discours à l'Académie française* allerdings nicht als der alte Wein des französischen Sprachnationalismus in den neuen Schläuchen der *langue-monde* wahrgenommen werden soll, dann wollen eine überzeugende, über die Anerkennung einzelner nicht aus Frankreich stammender literarischer Werke weit hinausgehende Legitimität und präzise sprachliche Konturen erst noch mühsam erarbeitet sein.

## Bibliographie

Barbery u. a. 2007 (= Barbery, Muriel / Ben Jelloun, Tahar / Borer, Alain / Brival, Roland / Condé, Maryse / Daeninckx, Didier / Devi, Ananda / Dugrand, Alain / Glissant, Edouard / Godbout, Jacques / Huston, Nancy / Kwahulé, Koffi / Laferrière, Dany / Lapouge, Gilles / Laclavetine, Jean-Marie / Layaz, Michel / Le Bris, Michel / Le Clézio, JMG / Le

34 Macron 2018, S. 14.

35 Zu den auf Heinz Kloss zurückgehenden Konzepten der Status- und Korpusplanung s. Haugen 1987.

Men, Yvon / Maalouf, Amin / Mabanckou, Alain / Moï, Anna / Mouawad, Wajdi / Nimrod / N'Sondé, Wilfried / Orner, Esther / Orsenna, Erik / Peeters, Benoît / Rambaud, Patrick / Pineau, Gisèle / Pirotte, Jean-Claude / Polet, Grégoire / Raynal, Patrick / V. Raharimanana, Jean-Luc / Rouaud, Jean / Sansal, Boualem / Sitje, Dai / Svit, Brina / Trouillot, Lyonel / Vallaeys, Anne / Vautrin, Jean / Velter, André / Victor, Gary / Waberi, Abdourahman A.): »Pour une ›littérature-monde‹ en français«, in: *Le Monde* 15.03. 2007, verfügbar unter: https://www.lemonde.fr/livres/article/2007/03/15/des-ecrivains-plaident-pour-un-roman-en-francais-ouvert-sur-le-monde_883572_3260.html [08.09.2018].

Blaschke, Bernd: »Für? eine? Welt? – Literatur? Auf Französisch? Thesen und Fragen zum Manifest von Michel Le Bris und seinen 43«, in: Moser, Christian / Simonis, Linda (Hg.): *Figuren des Globalen. Weltbezug und Welterzeugung in Literatur, Kunst und Medien.* Göttingen 2014, S. 181–192.

Calderón, Jorge: »Les implications du manifeste ›Pour une *littérature-monde* en français‹«, in: Francis, Cecilia W. / Viau, Robert (Hg.): *Trajectoires et dérives de la littérature-monde. Poétiques de la relation et du divers dans les espaces francophones.* Amsterdam / New York 2013, S. 29–53.

Chaurand, Jacques (Hg.): *Nouvelle histoire de la langue française.* Paris 1999.

Collomb, Gérard, »Allocution à l'occasion de la cérémonie de naturalisation, Panthéon, 9 novembre 2017«, 2017, verfügbar unter: https://www.interieur.gouv.fr/Le-ministre/Interventions-du-ministre/Ceremonie-de-naturalisation-au-Pantheon [08.09.2018].

De Certeau, Michel / Julia, Dominique / Revel, Jacques: *Une politique de la langue. La Révolution française et les patois: L'enquête Grégoire.* Paris 1974.

Gauvin, Lise: »L'imaginaire des langues: tracées d'une poétique«, in: Chevrier, Jacques (Hg.): *Poétiques d'Édouard Glissant.* Paris 1999, S. 275–284.

Gleßgen, Martin, »La genèse d'une norme en français au Moyen Age: mythe et réalité du ›francien‹«, in: *Revue de Linguistique Romane* (81) 2017, S. 313–397.

Graddol, David: *The Future of English. A Guide to Forecasting the Popularity of the English in the 21st Century.* London 1997.

Haßler, Gerda: »Universelle Geltung«, in: Haßler, Gerda / Neis, Cordula: *Lexikon sprachtheoretischer Grundbegriffe des 17. und 18. Jahrhunderts.* Berlin / New York 2009, I, S. 945–963.

Haugen, Einar: »Language Planning«, in: Ammon, Ulrich / Dittmar, Norbert / Mattheier, Klaus J. (Hg.): *Sociolinguistics.* Berlin / New York 1987, I, S. 626–637.

Hollande, François, »Discours d'ouverture du Président de la République à l'occasion du Sommet de la Francophonie 2016 à Madagascar«, 2016, verfügbar unter: http://discours.vie-publique.fr/notices/167003474.html [08.09.2018].

Le Bris, Michel / Rouaud, Jean / Almassy, Eva (Hg.): *Pour une littérature-monde.* Paris 2007.

Lebsanft, Franz: »Frankreichs Mehrsprachigkeit. Jakobiner gegen Girondisten: Die Debatte um die Europäische Charta der Regional- und Minderheitensprachen (1996–1999)«, in: Schmitz-Emans, Monika (Hg.): *Literatur und Vielsprachigkeit.* Heidelberg 2004, S. 175–188.

Lebsanft, Franz: »Le français, langue malheureuse? Autour d'un aspect de *L'Identité malheureuse* d'Alain Finkielkraut (2013–2014)«, in: Bernsen, Michael (Hg.): *Un canon littéraire européen? Actes du colloque international de Bonn des 26, 27 et 28 mars 2014.* Bonn 2017, S. 135–144.

Lebsanft, Franz / Tacke, Felix (Hg.): *Manual of Standardization in the Romance Languages.* Berlin i. Dr.

Lebsanft, Franz / Wingender, Monika (Hg.): *Die Sprachpolitik des Europarats. Die ›Europäische Charta der Regional- oder Minderheitensprachen‹ aus linguistischer und juristischer Sicht.* Berlin / Boston 2012a.

Lebsanft, Franz / Wingender, Monika (Hg.): *Europäische Charta der Regional- oder Minderheitensprachen. Ein Handbuch zur Sprachpolitik des Europarats.* Berlin / Boston 2012b.

Legifrance, »Constitution du 8 octobre 1958, version consolidée au 08 septembre 2018«, 1958 / 2018, verfügbar unter: https://www.legifrance.gouv.fr/affichTexte.do?cidTexte=LEGITEXT000006071194 [08.09.2018].

Legifrance, »Loi constitutionnelle n° 2008-724 du 23 juillet 2008 de modernisation des institutions de la V$^{e}$ République«, 2008 / 2018, verfügbar unter: https://www.legifrance.gouv.fr/affichTexte.do?cidTexte=JORFTEXT000019237256 [08.09.2018].

Lodge, R. Anthony: *Le français. Histoire d'un dialecte devenu langue.* Paris 1997.

LREM 2017 = La République en Marche, »Emmanuel Macron au Louvre, Discours du 7 mai 2017«, 2017, verfügbar unter: https://www.youtube.com/watch?v=2cJh_v5mmuc [08.09.2018].

Lusignan, Serge: »Le français médiéval: perspectives historiques sur une langue plurielle«, in: Lusignan, Serge / Martineau, France / Morin, Yves Charles / Cohen, Paul: *L'introuvable unité du français. Contacts et variations linguistiques en Europe et en Amérique (XII$^{e}$–XVIII$^{e}$ siècle).* Laval 2011, S. 5–107.

Macron, Emmanuel, »Make our Planet Great Again, 02.06.2017«, 2017, verfügbar unter: https://www.youtube.com/watch?time_continue=54&v=03NMa4X0dyQ [08.09.2018].

Macron, Emmanuel, »Discours du Président de la République, Institut de France, Mardi 20 mars 2018« [=»Discours à l'Académie française«], 2018, verfügbar unter: https://www.diplomatie.gouv.fr/IMG/pdf/21_03_transcription_du_discours_du_president_de_la_republique_a_l_institut_de_france_cle8b8911.pdf [08.09.2018].

MEAE 2018 = Ministère de l'Europe et des Affaires étrangères, »France Diplomatie«, 2018, verfügbar unter: https://www.diplomatie.gouv.fr/fr/ [08.09.2018].

MEN 2018 = Ministère de l'Éducation Nationale: »Les langues vivantes étrangères et régionales«, 2018, verfügbar unter: http://www.education.gouv.fr/cid206/les-langues-vivantes-etrangeres.html [08.09.2018].

Pilhion, Roger / Poletti, Marie-Laure: *... et le monde parlera français.* Paris 2017.

Reutner, Ursula: »Aménagement linguistique et défense institutionnalisée de la langue: Francophonie«, in: Polzin-Haumann / Schweickard, Wolfgang (Hg.): *Manuel de linguistique française.* Berlin 2015, S. 171–195.

Reutner, Ursula: »Vers une typologie pluridimensionnelle des francophonies«, in: dies. (Hg.): *Manuel des francophonies.* Berlin: De Gruyter 2017, S. 9–64.

Samoyault, Tiphaine: »De la langue mondiale à la langue-monde«, in: *Critique* (827) 2016/4, S. 334–345.

Schneider, Edgar W., »The Dynamics of New Englishes: From Identity Construction to Dialect Birth«, *Language* (79) 2003, S. 93–104.

Tacke, Felix: »Aménagement linguistique et défense institutionnalisée de la langue: les français régionaux et les langues des minorités«, in: Polzin-Haumann / Schweickard, Wolfgang (Hg.): *Manuel de linguistique française.* Berlin 2015, S. 216–241.

Michel Delon (Paris)

# Liberté, Égalité, Fraternité. Dynamique d'une devise

La devise se trouve au fronton des monuments publics, mairies, écoles et même, pas toujours lisible, sur les façades des églises et cathédrales construites avant la séparation de l'Eglise et de l'Etat en 1905. Elle est également présente sur le logo officiel de la République : un profil de femme, formant le blanc d'un bandeau tricolore, est sous-titré « Liberté, Égalité, Fraternité. / République française ». On la trouvait autrefois sur les pièces et billets libellés en francs, elle demeure sur certaines pièces en euros. Les centimes d'euros montrent Marianne, allégorie de la République, les dizaines de centimes portent au revers une semeuse, variante de la République nourricière et éducatrice, et les pièces d'un et de deux euros un arbre stylisé, entouré de « Liberté, Égalité, Fraternité ». Cette symbolique apparaît sous la Révolution. Au moment où les femmes étaient refoulées de l'espace public et voyaient leurs clubs interdits, au moment où elles étaient égales devant l'échafaud, mais pas devant le droit de vote, les allégories de la nation devenaient féminines à la place du visage du roi, présent en particulier sur les pièces de monnaies, sur les *louis*. Il est vrai que les allégories abstraites sont grammaticalement féminines en français.[1] Aujourd'hui, au moment où le pays devient de plus en plus citadin et économiquement tertiaire, où le monde paysan se sent délaissé par l'État, la symbolique reste largement agricole et végétale avec ces images de semailles et d'arbre. La devise s'impose donc sur les architectures, ce qui s'immobilise, et sur les pièces de monnaie, ce qui circule. Elle identifie la France, à côté des trois couleurs et de la Marseillaise, du coq gaulois et de la tour Eiffel, de la haute couture et du TGV. Le grand inventaire des *Lieux de mémoire*, réuni par Pierre Nora, s'ouvre sur les trois couleurs et comporte parmi ses derniers chapitres une belle analyse de la devise par Mona Ozouf,[2] à laquelle j'emprunterai plusieurs éléments.

La devise n'a été officialisée et institutionnalisée qu'en 1848, de façon éphé-

1 Tel est le débat entre Maurice Agulhon et Lynn Hunt: voir Agulhon 1973, élargi dans: Agulhon 1979 et Hunt 1995.

2 Ozouf 1992.

mère, puis de façon pérenne en 1880 lorsque la Troisième République écartait le risque d'une restauration monarchique et fondait une nouvelle légitimité. Elle disparut quelques années durant l'Occupation et le régime de Vichy de 1940 à 1944. Je me souviens, enfant de l'après-guerre, des pièces d'un alliage très léger à base d'aluminium qui circulaient encore. Elles portaient d'un côté une francisque, arme archaïque, ou plutôt deux haches dont le manche était un bâton de maréchal, entourés d'épis de blés, et mentionnaient, de l'autre côté, « Etat français » avec une devise « Travail, famille, patrie ». Un projet qui n'a pas été retenu faisait figurer à l'avers le profil du maréchal Pétain et au revers les deux haches, sur le modèle de la pièce italienne contemporaine de 20 lires avec le profil du roi et le faisceau de licteur.[3] La France n'était plus alors une république et les citoyens ne se définissaient plus par leur liberté individuelle, l'égalité de chance et la solidarité entre personnes indépendantes, mais par leur appartenance à une corporation professionnelle, une famille biologique, une patrie enracinée dans un territoire, dans une terre. La fraternité renvoie à une configuration familiale, mais horizontalement : tous les citoyens sont frères d'une communauté nationale. Dans la devise de Vichy, la configuration est verticale : le Travail suppose un Patron, la famille un Pater familias, la patrie un Chef, qui, dans le cas du régime de Vichy, est aussi un chef militaire, un maréchal de France qui s'est illustré durant la Première Guerre mondiale. Au début de la Troisième République, Joseph-Aimé Peladan, qui se faisait appeler d'un pseudonyme mystique Le Sar Mérodack Joséphin Peladan, s'indignait : « Ces trois mots que les catholiques ont eu la lâcheté [...] de laisser écrire au fronton des églises, sont trois affreux blasphèmes – contre le Saint-Esprit [...] – Le vrai nom de *liberté*, c'est DEVOIR ; le vrai nom d'*égalité*, c'est HIÉRARCHIE ; le vrai nom de *fraternité*, c'est CHARITÉ ».[4] La Révolution de 1789 et la déclaration des droits de l'homme entérinaient en effet le basculement opéré par la philosophie des Lumières. L'image de la lumière au singulier, longtemps religieuse et verticale, descendant du ciel sur les hommes, était devenue *lumières* au pluriel, savoirs concrets et abstraits qui circulaient entre les êtres, savoir humain en constitution permanente par les échanges et le dialogue à la surface du globe. La devise « Liberté, Égalité, Fraternité » consacre cette horizontalité entre frères, rendus égaux par l'abolition du droit d'aînesse. La triade « Travail, famille, patrie », qui a prétendu la remplacer durant l'Occupation, abandonnait une définition de citoyens, bénéficiant de droits, pour revenir à une conception de membres de communautés professionnelle, familiale, nationale, soumis à des devoirs de travail et d'obéissance. « Liberté, Égalité, Fraternité » ouvre l'avenir à des individus mus par le désir de se réaliser, par

3 Manas 2013.
4 *Le Vice suprême* (1884), cité par Antoine 1989, p. 140.

l'ambition de devenir eux-mêmes tandis que « Travail, famille, patrie » rappelle aux enfants de la patrie d'où ils viennent et à quelles collectivités ils se doivent.

Tous ceux qui ont réfléchi sur l'histoire de la devise républicaine ont noté qu'elle a été lente à se formuler et longue à se fixer. On trouve d'abord le couple de la liberté et de l'égalité qui incarne les deux premiers moments forts de la Révolution en 1789 : la prise de la Bastille le 14 juillet et l'abolition des privilèges et des droits féodaux le 4 août. La prise d'assaut, puis la démolition d'une vieille forteresse, devenue prison d'Etat, aux portes de la Capitale, manifestent une liberté en marche, tandis que le vote du 4 août abolit les distinctions sociales, établit l'égalité des sujets en train de devenir citoyens. La *Déclaration des droits de l'homme et du citoyen* est adoptée par l'Assemblée nationale constituante le 26 août 1789 ; l'article premier stipule : « Les hommes naissent et demeurent libres et égaux en droits, les distinctions sociales ne peuvent être fondées que sur l'utilité commune ». Cent cinquante ans plus tard, la *Déclaration universelle des droits de homme*, adoptée par l'Assemblée générale des Nations unies, le 10 décembre 1948, déclarait dans son article premier: « Tous les êtres humains naissent libres et égaux en dignité et en droits. Ils sont doués de raison et de conscience et doivent agir les uns envers les autres dans un esprit de fraternité ». Les Nations unies ajoutaient la fraternité et retrouvaient la devise de la République française.

Mona Ozouf et Michel Vovelle[5] ont réuni une iconographie où la liberté et l'égalité apparaissent comme deux jeunes femmes habillées à l'antique qui tiennent l'une le bonnet phrygien et l'autre une balance ou une équerre ou un niveau, instrument de maçon pour contrôler l'horizontalité d'un plan. Souvenir des esclaves romains affranchis, généralement rouge, le bonnet phrygien devient un signe de ralliement des manifestants et des émeutiers à partir de 1789. Un geste transgressif, le 20 juin 1792, lors de la prise d'assaut des Tuileries, a été de forcer le roi à se couvrir d'un bonnet rouge, orné d'une cocarde tricolore, à boire un verre de vin rouge et à crier : Vive la nation. L'équerre ou le niveau assurent, par ailleurs, l'égalité entre les citoyens. La liberté est une force qui va, elle est combattante ; l'égalité assure un cadre, impose une règle. La liberté et l'égalité constituent un couple, sinon conflictuel du moins dynamique. Elles sont réunies, dans les allégories, par la Nature ou par la Raison ou par le Peuple souverain. En 1794, Antoine-Jean Gros, connu pour ses tableaux napoléoniens ultérieurs, travaille à Gênes comme portraitiste et miniaturiste. Il reçoit commande d'un écusson pour la légation de France à Gênes. Il représente la République en jeune femme, coiffée d'un casque. La tunique à l'antique qui lui laisse un sein nu rassemble les trois couleurs : manteau bleu, tunique blanche, ceinture rouge. Elle tient de la main droite une pique surmontée du bonnet phrygien, tandis que la

5 Vovelle: « La Révolution en symboles », dans: Vovelle 1986, t. I, p. 296–311.

main gauche est posée sur un niveau et un faisceau.[6] La toile de Gros est aujourd'hui perdue, on en possède une esquisse ou une réplique de plus petite taille, aujourd'hui à Versailles. Si la liberté est un droit qu'il faut conquérir puis défendre par les armes, l'égalité est un principe fondateur et fédérateur de la vie en commun. Le niveau assure l'égalité de tous les éléments du faisceau.

Durant ces années révolutionnaires, la tradition iconologique est bousculée et des sens bien différents assignés aux divers symboles. La réunion des Etats généraux, l'égalité devant l'impôt et la Déclaration des droits de l'homme suggèrent l'utilisation du triangle équilatéral. Une estampe *Trois têtes sous un même bonnet* montre les trois ordres d'Ancien Régime, le Clergé, la Noblesse et le Tiers Etat, rassemblés dans un même triangle surmonté par le bonnet phrygien. Formellement proche du triangle, le niveau de maçon illustre l'égalité. Le principe de la triade, depuis longtemps porté par la théologie chrétienne et renouvelé au XVIIIe siècle par la symbolique de la maçonnerie, s'incarne dans ces trois ordres qui sont convoqués aux États généraux. On le retrouve dans les trois couleurs du drapeau national, où le blanc monarchique est entouré par le bleu et le rouge de la ville de Paris. Lorsque Jacques Louis David entreprend un vaste tableau destiné à célébrer le Serment du jeu de Paume, il fait converger tous les bras des députés vers Jean Sylvain Bailly, astronome, membre de l'Académie des sciences et député parisien du Tiers, président des Etats généraux se proclamant Assemblée nationale constituante. Pour illustrer le principe d'égalité, le peintre n'isole pas le président, selon la structure hiérarchique traditionnelle, mais l'insère « dans la masse solide formée par les députés ».[7] L'astronome Bailly incarne la fondation du nouvel ordre social sur la base d'un ordre cosmique à la façon dont Benjamin Franklin a pu être célébré, peu de temps auparavant, comme l'inventeur du paratonnerre et l'ambassadeur de la Révolution américaine à Paris : « *Eripuit coelo fulmen, sceptrumque tirannis*, il arrache la foudre au ciel et son sceptre au tyran ».[8] Bailly fait face au spectateur du tableau et l'inclut dans l'appel à la fraternisation. David ajoute à son tableau un orage qui fait voler les rideaux des fenêtres et un éclair qui frappe l'Eglise du château de Versailles. Il installe aux fenêtres des spectateurs qui pourront transmettre l'événement au dehors et qui donnent une place aux « absents de la représentation de la Nation », les pauvres, les femmes, les enfants ou citoyens futurs.[9] Il a l'idée aussi de réunir au premier rang trois religieux qui s'étreignent: Christophe Antoine Gerle, chartreux, Henri Grégoire, prêtre, et Jean-Paul Rabaut Saint-Etienne, pasteur réformé. Esthétiquement ils auraient fourni au tableau jamais achevé trois couleurs frappantes, le

6 Agulhon 1979.
7 Bordes 1983, p. 57.
8 *Benjamin Franklin, un Américain à Paris* 2007, p. 204, et plus récemment Ritz 2016, p. 190.
9 Loty 2009. Voir aussi Trey / de Baecque 2008.

blanc du froc monastique, le noir de la soutane et le costume civil du pasteur avec jabot de dentelle. Symboliquement ils disent la concorde des religions et le principe de liberté des opinions, ils rappellent les trois ordres des Etats généraux dont la réunion a permis la naissance d'un nouvel ordre politique, mais au pied de Bailly, ils incarnent aussi une caution religieuse au-delà des religions particulières, ils représentent un Etre suprême immanent, non plus au-dessus des êtres humains, mais au cœur même de la représentation nationale. David retrouve également la triade des Horaces qui jurent à leur père de vaincre ou de mourir ou celle des trois héros helvétiques qui prêtent serment sur le Rütli pour citer deux groupes peints par lui-même et par Füssli dans les années qui précèdent la Révolution. En dessous de « l'épicentre » (Ph. Bordes) que constitue Bailly, le triangle central donne son sens et sa cohérence à la diversité des mouvements qui agitent la salle du Jeu de Paume. Pour apprécier l'audace symbolique de David, il faut comparer son œuvre à la toile que donne, un demi-siècle plus tard, son élève Auguste Couder pour répondre à une commande de Louis-Philippe.[10] Trois éléments désamorcent le geste esthétique de David : Bailly ne fait plus face aux spectateurs d'hier et d'aujourd'hui, au centre de la toile. Il est présenté de profil sur la droite et ne s'adresse qu'à ses collègues. Il domine plus nettement l'assemblée, tandis que disparaît le trio religieux et que le cadrage plus serré ignore la tempête extérieure. La rupture révolutionnaire laisse place à une institutionnalisation.

Le modèle ternaire va finir aussi par s'imposer dans la devise de la République. Camille Desmoulins dans son journal *Les Révolutions de France et de Brabant* rend compte de la fête de la Fédération qui célèbre, au Champ de Mars le 14 Juillet 1790, le premier anniversaire de la prise de la Bastille, ce Champ de Mars où un siècle plus tard pour célébrer cette fois le centenaire de l'événement on érigera la Tour Eiffel. Le ci-devant roi de France devenu roi des Français prête serment à la nouvelle constitution, suivi par La Fayette, commandant de la garde nationale. « Après le serment surtout, ce fut un spectacle touchant de voir les soldats citoyens se précipiter dans les bras l'un de l'autre en se promettant, liberté, égalité, fraternité ».[11] Au serment solennel, politique et religieux, succèdent ces accolades entre frères. Quelques mois plus tard, Maximilien Robespierre prononce un discours au club des Jacobins *Sur l'organisation des gardes nationales* qu'il reprend à la tribune de l'Assemblée. Il souhaite des gardes qui, selon la formule de Camille Desmoulins, soient réellement des « soldats citoyens » et ne risquent pas de se constituer en armée de métier, séparée de la nation. Pour manifester cette union, il propose plusieurs éléments réglementaires. Le seizième concerne l'habillement et la devise : « [Les gardes nationales] porteront sur leur

10 Auguste Couder, *Le Serment du Jeu de paume* (1848), Vizille, Musée de la Révolution.
11 Camille Desmoulins, *Les Révolutions de France et de Brabant*, cité par Bosc 2010.

poitrine ces mots gravés : LE PEUPLE FRANÇAIS, et, en dessous : LIBERTÉ, ÉGALITÉ, FRATERNITÉ. Les mêmes mots seront inscrits sur leurs drapeaux, qui porteront les trois couleurs de la nation ».[12] La fraternité apparaît ici comme troisième terme de la devise dans un contexte militaire et viril pour marquer une fraternité d'armes dans le texte de Camille Desmoulins, une communauté d'intérêt entre le peuple et son armée dans le texte de Robespierre. Mais, comme le remarque Mona Ozouf, les formules ternaires abondent dans ces années et la triade « Liberté, Égalité, Fraternité » n'est que l'une parmi bien d'autres: La Nation, la Loi, le Roi, ou Force, Égalité, Vertu, ou Liberté, Sûreté, Propriété.[13] Un dessin de François Gérard, conservé au Cabinet des dessins du Louvre, représente *La Journée du 10 août 1792* : le peuple vient demander la destitution du Roi à l'Assemblée. Des bonnets phrygiens sont visibles, des piques brandies, on lit sur des étendards et pancartes : *Plus de rois* et *Patrie, Égalité, Liberté.* On trouve encore d'autres variantes en tête des documents administratifs. « La Fraternité, à l'évidence, met du temps à s'imposer aux côtés de la Liberté et de l'Egalité ».[14] La proclamation de la République fait apparaître une formule que le directoire du département de la Seine souhaite voir peinte sur les façades : *Unité, Indivisibilité de la République, Liberté, Égalité, Fraternité ou la mort.* L'expression est brutale et semble exprimer une politique de Terreur. Mais la mort est d'abord moins une menace pour les ennemis de la République qu'un engagement à se sacrifier pour l'idéal révolutionnaire. Mort du martyr et non de l'ennemi. Le peintre Jean-Baptiste Regnault présente ainsi au Salon de 1795 une grande allégorie, historiquement décalée par rapport à l'époque thermidorienne : *La liberté ou la mort*, aujourd'hui conservé à la Kunsthalle de Hambourg. Le Génie de la France, ailes largement déployées, expose le choix qui s'offre aux citoyens : la liberté, sous les traits d'une jeune femme qui tient un bonnet phrygien et un niveau et qui a à ses pieds un faisceau, ou bien la mort sous la forme d'un squelette avec sa faux. La mort acceptée héroïquement par les défenseurs de la patrie risque de se renverser en une mort infligée aux adversaires de la patrie. Les trois objets allégoriques renvoient aux trois mots qui scellent lentement leur union au cours du XIXe siècle pour devenir la devise républicaine.

Il est temps de s'interroger sur chacun d'eux dont la force symbolique recouvre des tensions. L'efficacité d'un mot se nourrit souvent de contradictions. Mon ancien professeur de philosophie Jean Deprun a rappelé par exemple que le culte de l'Etre suprême, théorisée et pratiqué par Robespierre, mettait en avant un nom de Dieu parfaitement orthodoxe, fréquemment employé par les théologiens catholiques, mais en même temps recevable dans une spiritualité panthéiste

12 « Organisation des gardes nationales », dans: Robespierre 1830, p. 320.
13 Calorenni 2012.
14 Ozouf 1992, p. 591.

comme le sommet de l'échelle des êtres.[15] De même doit-on rappeler avec Montesquieu : « il n'y a point de mot qui ait reçu plus de différentes significations, et qui ait frappé les esprits de tant de manières, que celui de liberté. » En théoricien des lois, il s'intéresse à la liberté politique. « Enfin chacun a appelé liberté le gouvernement qui étoit conforme à ses coutumes ou à ses inclinations ».[16] Il propose une définition qui équilibre *pouvoir* et *devoir*, elle consiste à « pouvoir faire ce que l'on doit vouloir, et à n'être point contraint de faire ce que l'on ne doit pas vouloir. [...] La liberté est le droit de faire tout ce que les lois permettent ».[17] Mais l'auteur de *L'Esprit des lois* est aussi le romancier des *Lettres persanes*. La dernière lettre est un cri de révolte de l'épouse préférée d'Usbek qui proclame sa liberté morale avant de se suicider :

> Comment as-tu pensé que je fusse assez crédule pour m'imaginer que je ne fusse dans le Monde que pour adorer tes caprices ? que, pendant que tu te permets tout, tu eusses le droit d'affliger tous mes désirs ? Non ! J'ai pu vivre dans la servitude, mais j'ai toujours été libre : j'ai reformé tes lois sur celle de la Nature, et mon esprit s'est toujours tenu dans l'indépendance.[18]

Magnifique déclaration d'une femme qui se réclame d'une liberté naturelle contre toutes les lois civiles ! Et belle fonction de l'imaginaire romanesque qui prolonge, corrige, déborde la réflexion théorique. Jean-Jacques Rousseau distingue à son tour, dans *Du contrat social*, liberté naturelle et liberté civile : « Ce que l'homme perd par le contrat social, c'est sa liberté naturelle et un droit illimité à tout ce qui le tente et qu'il peut atteindre ; ce qu'il gagne, c'est la liberté civile et la propriété de tout ce qu'il possède ».[19] La liberté naturelle n'a de bornes que les forces de l'individu alors que la liberté civile est limitée par la volonté générale. Mais le théoricien du *Contrat social* est lui aussi romancier. *La Nouvelle Héloïse* place sous la plume d'un personnage une défense de la conscience et de la liberté morale. Le cadre intime et familial ne se confond pas avec le cadre social. Aux lendemains de la Révolution, Benjamin Constant distingue la liberté des anciens, comme participation à une vie collective qui assujettit chacun à la communauté, et la liberté des modernes, comme indépendance de l'individu dans sa sphère privée et dans ses initiatives économiques.

> Le danger de la liberté antique était qu'attentifs uniquement à s'assurer le partage du pouvoir social, les hommes ne fissent trop bon marché des droits et des jouissances individuelles. Le danger de la liberté moderne, c'est qu'absorbés dans la jouissance de

15 Deprun 1972.
16 Montesquieu, *De l'esprit des lois*, XI.2, 1951, II, p. 394.
17 Montesquieu, *De l'esprit des lois*, XI.3, 1951, II, p. 395.
18 Montesquieu, *Lettres persanes*, lettre CLXI, Roxane à Usbek, 1949, I, p. 372.
19 Rousseau 1964, t. III, p. 364s.

> notre indépendance privée, et dans la poursuite de nos intérêts particuliers, nous ne renoncions trop facilement à notre droit de partage dans le pouvoir politique.[20]

Telle sont la force et l'ambivalence de cette liberté affichée en tête de la devise nationale : revendication collective et réclamation individuelle, participation à la vie politique et droit particulier à la vie privée. En 1787, un an après *Les Noces de Figaro*, était crée à Prague le *Don Giovanni* de Mozart. À la fin du premier acte, Don Giovanni en train de séduire la jeune Zerlina accueille des invités à la fête qu'il organise pour prouver son faste et avancer ses manœuvres. Il chante « Viva la libertà », mais quand son mot d'ordre est repris par Leporello, double parodique et critique de son maître, puis par donna Anna, donna Elvire, don Ottavio drapés et masqués, et même par Zerlina et Masetto, les mots dans leur bouche n'ont pas le même sens. La liberté du grand seigneur suivant son bon plaisir n'est pas celle de la collectivité en quête d'une loi commune. La force de certains moments historiques et la magie de certains mots sont de faire chanter en chœur les uns et les autres. Jean Starobinski a pu résumer l'esprit des Lumières dans l'Europe du XVIIIe siècle par « l'invention de la liberté », il indique la mutation de cette idée de liberté qui devient un droit individuel qui se décline dans une série de libertés particulières.

Le risque d'incompatibilité entre la revendication du grand seigneur et celle des paysans, entre les désirs du mâle conquérant et ceux des femmes qui ne se contentent pas d'être des proies est exorcisé par le deuxième terme de la triade. L'égalité ne fait pas moins débat que la liberté. Elle caractérise la démocratie dans la typologie des gouvernements selon Montesquieu, mais ce régime doit se garder de deux excès: « l'esprit d'inégalité, qui la mène à l'aristocratie, ou au gouvernement d'un seul ; et l'esprit d'égalité extrême, qui la conduit au despotisme d'un seul, comme le despotisme d'un seul finit par la conquête. » Montesquieu consacre un chapitre à « l'esprit d'égalité extrême ». Il y explique : « Dans l'état de nature, les hommes naissent bien dans l'égalité ; mais ils n'y sauroient rester. La société la leur fait perdre, et ils ne redeviennent égaux que par les lois ».[21] Jean-Jacques Rousseau répond à la question proposée par l'Académie de Dijon: « Quelle est l'origine de l'inégalité parmi les hommes, et si elle est autorisée par la loi naturelle ». Il dénonce la propriété privée comme perte de l'égalité primitive et aliénation de l'histoire des hommes.

> « Le premier qui ayant enclos un terrain, s'avisa de dire *ceci est à moi*, et trouva des gens assez simples pour le croire, fut le vrai fondateur de la société civile. Que de crimes, de guerres, de meurtres, que de misères et d'horreurs, n'eût point épargnés au genre humain celui qui arrachant les pieux ou comblant le fossé, eût crié à ses semblables : [...]

---

20 « De la liberté des anciens comparée à celle des modernes » (1819), dans: Constant 1997, p. 616.

21 Montesquieu, *De l'esprit des lois*, VIII.2 et 3, 1951, I, p. 351, 352.

> Vous êtes perdus si vous oubliez que les fruits sont à tous, et que la terre n'est à personne ».[22]

Dans le succès de cet argumentaire se mêlent tradition évangélique, rêveries sur l'âge d'or, renouvelées par les récits de voyage et par les échanges avec des peuples non-européens, et utopies communistes.[23]

Durant la Révolution s'affrontent une égalité « devant les lois », selon la formule de Montesquieu, c'est-à-dire une égalité juridique, et une égalité politique et sociale. On a pu caractériser les moments et les mouvements de la Révolution selon l'un et l'autre principe, la Liberté et l'Égalité. La Révolution est déclenchée par l'exigence de liberté et d'abolition des privilèges. Elle se prolonge et se radicalise dans la revendication de protection sociale et de redistribution. Un des derniers mouvements insurrectionnels en 1797 est la « Conspiration des Égaux » de Gracchus Babeuf (François Noël Babeuf qui a choisi son prénom en souvenir des frères romains) et de Philippe Buonarroti, venu de Toscane. On peut assimiler par simplification les deux premières notions de la devise nationale aux Girondins, attentifs à la Liberté, et aux Jacobins, plus soucieux d'Égalité, puis au libéralisme, défenseur de l'entreprise et du profit individuel, et au socialisme, porteur d'un idéal de plus grande égalité. Le choc des idées et le heurt des mots expliquent la multiplication des néologismes jusqu'à aujourd'hui. *Libéral* n'a pas le même sens au XIXe et au XXe siècle, en français et en anglais : favorable à la liberté économique ou bien aux libertés en général et à un progrès qui ne soit pas seulement quantitatif. Le *libertaire* se définit parfois contre le libéral et le *libertarien* est un ultra-libéral. De même, l'*égalitarisme* définit la revendication d'une égalité qui ne soit pas seulement formelle et juridique, mais équilibre la liberté d'entreprendre grâce à l'intervention régulatrice des Etats et aujourd'hui des institutions internationales. La tension entre la liberté et l'égalité est le moteur historique de la Révolution et peut-être le moteur politique de nos démocraties depuis deux siècles. Henri Bergson a pu parler de ces deux valeurs comme de « sœurs ennemies », de même que Rousseau et Diderot sont les frères ennemis des Lumières, que Voltaire et Rousseau sont la base du Panthéon national et les figures de proue des grandes querelles idéologiques du XIXe siècle.

> Telle est la démocratie théorique. Elle proclame la liberté, réclame l'égalité et réconcilie ces deux sœurs ennemies en leur rappelant qu'elles sont sœurs, en mettant au-dessus de toute la fraternité. Qu'on prenne de ce biais la devise républicaine, on trouvera que le troisième terme lève la contradiction si souvent signalée entre les deux autres, et que la

22 *Discours sur l'origine et les fondements de l'inégalité parmi les hommes*, dans: Rousseau 1964, t. III, p. 164.

23 Voir l'étude, souvent polémique, d'André Delaporte 1987.

> fraternité est l'essentiel : ce qui permettrait de dire que la démocratie est d'essence évangélique et qu'elle a pour moteur l'amour.[24]

Bergson dans *Les Deux sources de la morale et de la religion* voit ainsi une dialectique dans la triade nationale qui dépasse les conflits latents entre la liberté et l'égalité dans l'émotion de la fraternité. Si la liberté et l'égalité apparaissaient fréquemment dans les en-têtes des correspondances officielles de la Révolution, « Salut et fraternité » était la formule qui remplaçait, à la fin des lettres, le traditionnel « Je suis votre serviteur ». La relation horizontale de fraternité prenait la place de la relation hiérarchique de maître et de serviteur. Cette fraternité est sensible au début de la Révolution dans les moments de rassemblement fusionnel que nous avons évoqués : Serment du Jeu de paume, fête de la Fédération. Les trois religieux qui s'étreignent au premier plan du tableau de David rappellent que la fraternité a une tradition religieuse, reprise par la spiritualité maçonnique. La fête de la Fédération est une messe, prolongée par une ferveur populaire. La Fayette appelle à s'unir « tous les Français par les liens indissolubles de la fraternité ».[25] Mais les députés et les gardes nationaux sont exclusivement des hommes. L'ambivalence de cette fraternité suggère à certains psychanalystes la critique d'une telle complicité virile et militaire pour le meurtre du Père et l'exclusion de la Mère.[26] La fraternité révolutionnaire se fait méfiante envers toute sensibilité jugée féminine, suspectée d'amollissement, de modérantisme. Jacques André a pu parler en ce sens de *La Révolution fratricide.* Avec la Terreur mise à l'ordre du jour, l'élan fusionnel s'inverse en dénonciation de l'ennemi, extérieur ou intérieur, mise à l'écart de ceux qui se montrent tièdes, prudents, tempérés, de ceux qui crient moins fort. Les passions négatives l'emportent sur les positives, l'enthousiasme laisse place à la peur. « Au sacrifice *pour* l'autre s'est substitué celui *de* l'autre ».[27] Mais la fraternité se comprend aussi comme solidarité économique et sociale entre victimes des privilégiés, des profiteurs et des accapareurs.[28]

La devise qui semble se figer et s'immobiliser au fronton des monuments est toujours restée l'enjeu de débats et de combats. On fait appel à elle pour dénoncer les atteintes à la liberté, les inégalités, les défauts de solidarité. Patrick Weil dans un essai intitulé *Liberté, égalité, discriminations*[29] a rappelé ceux et celles qui ont été victimes d'exclusion au cours de l'histoire nationale : les femmes qui ont dû attendre le droit de vote un siècle et demi après les hommes, les musulmans qui

24 Bergson, *Les Deux sources de la morale et de la religion*, cité par Antoine 1989, p. 73.
25 La Fayette 1838, p. 337.
26 Voir André 1993.
27 Mall 2012.
28 Voir David 1987.
29 Weil 2008. Voir aussi l'actualité de la trilogie chez Borgetto 1997 et Peillon 2018.

n'étaient pas citoyens à part entière dans une Algérie pourtant considérée comme des départements français, les naturalisés n'ayant longtemps pas bénéficié de tous les droits civiques, les Juifs enfin sous le régime de Vichy, mais la République et sa devise avaient alors été remplacées par l'Etat français et sa tout autre devise. Nous nous interrogeons aujourd'hui sur les menaces que font penser sur nos libertés individuelles le développement des échanges informatiques et le cynisme des multinationales de la communication, mais aussi la lutte nécessaire contre le terrorisme. Nous nous inquiétons des inégalités économiques croissantes entre le haut et le bas de l'échelle sociale, entre l'Ouest et l'Est de l'Europe, entre le Nord et le Sud de la planète. Nous sommes témoins d'une concurrence entre une fraternité refermée sur elle-même entre des semblables strictement identiques derrière des frontières, des murs et des barbelés et une fraternité ouverte à tous les hommes, quelles que soient la couleur de leur peau, leur religion, leur orientation sexuelle, leur place dans le commerce mondial. En juillet 2018, le Conseil constitutionnel a rappelé la valeur constitutionnelle du principe de fraternité et empêché que soit poursuivi un « délit de solidarité » : « Il découle du principe de fraternité la liberté d'aider autrui, dans un but humanitaire, sans considération de la régularité de son séjour sur le territoire national ».[30] Le Conseil postule dans la même décision une conciliation « entre le principe de fraternité et la sauvegarde de l'ordre public ».[31] En décembre 2018, au milieu d'autres plus violentes, voire incendiaires, une des inscriptions des gilets jaunes à la bombe se contente d'inverser l'ordre des termes dans la devise de la République, assortie d'un point d'interrogation: Egalité, Liberté, Fraternité ? Au même moment se multiplient les références aux cahiers de doléance, à la crise de l'Ancien Régime et au bouillonnement de 1789. La liberté, l'égalité et la fraternité sont ce que nous en faisons, en tant qu'hommes et femmes, citoyens et citoyennes, jour après jour.

## Bibliographie

La Fayette, Gilbert Du Motier: *Mémoires, correspondance et manuscrits du général Lafayette*, publiés par sa famille, t. Ier, Bruxelles 1838.

Montesquieu: *Œuvres complètes.* Texte présenté et annoté par Roger Caillois. II vol. Paris (Bibliothèque de la Pléiade) 1949, 1951.

Robespierre, Maximilien de: *Mémoires authentiques de Maximilien de Robespierre.* Paris 1830.

Rousseau, Jean-Jacques: *Œuvres complètes*, Bibliothèque de la Pléiade, t. III. Paris 1964.

30 Conseil constitutionnel (2018), Décision n° 2018–717/718 QPC du 6 juillet 2018, § 8.

31 Conseil constitutionnel (2018), Décision n° 2018–717/718 QPC du 6 juillet 2018, § 10.

Agulhon, Maurice: « Esquisse pour une archéologie de la République. L'allégorie civique féminine », *Annales* (janv.-mars 1973), p. 5–34.

Agulhon, Maurice: *Marianne au combat, l'imagerie et la symbolique républicaines de 1789 à 1889.* Paris 1979.

André, Jacques: *La Révolution fratricide. Essai sur la psychanalyse du lien social.* Paris 1993.

Antoine, Gérald: *Liberté, Égalité, Fraternité ou les fluctuations d'une devise.* Paris 1989.

*Benjamin Franklin, un Américain à Paris (1776–1785).* Paris 2007.

Bordes, Philippe: *Le Serment du Jeu de paume de Jacques-Louis David.* Paris 1983.

Borgetto, Michel: *La devise « Liberté, Égalité, Fraternité ».* Paris 1997.

Bosc, Yannick: « Sur le principe de fraternité », 2010, https://revolution-francaise.net/2010/01/19/359-sur-le-principe-de-fraternite [16.03.2019].

Calorenni, Fabrizio: « Indépendance, égalité et possession. Saint-Just et le ‹ trinôme républicain › », *Annales historiques de la Révolution française* (370) oct.-déc. 2012, p. 81–102.

Conseil constitutionnel (2018), Décision n° 2018–717/718 QPC du 6 juillet 2018, https://www.conseil-constitutionnel.fr/decision/2018/2018717_718QPC.htm [23.03.2019].

Constant, Benjamin: *Ecrits politiques.* Paris 1997.

David, Marcel: *Fraternité et Révolution française.* Paris 1987.

Delaporte, André: *L'Idée d'égalité en France au XVIIIe siècle.* Paris 1987.

Deprun, Jean: « Les noms divins dans deux discours de Robespierre », *Annales historiques de la Révolution française* (208) avril-juin 1972, p. 161–180.

Hunt, Lynn: *Le Roman familial de la Révolution française.* Paris 1995.

Loty, Laurent: « L'inachèvement emblématique du Serment du Jeu de Paume », *Dix-huitième siècle* 41 (2009), pp. 27–41.

Mall, Laurence: « Le deuil de la fraternité dans les Mémoires de Louvet (1795) », *Itinéraires.* Paris 2012.

Manas, Arnaud: « Les signes monétaires de l'État français. La numismatique et l'art du billet au service de Vichy ? », *Revue numismatique* 2013, p. 473–502.

Ozouf, Mona: « Liberté, Égalité, Fraternité », in: *Les Lieux de mémoire*, sous la direction de Pierre Nora, III. *Les France. 3 De l'archive à l'emblème.* Paris 1992, p. 580–629.

Peillon, Vincent: *Sur le républicanisme français, Liberté, égalité, fraternité.* Paris 2018.

Ritz, Olivier: *Les Métaphores naturelles dans le débat sur la Révolution.* Paris 2016.

Trey, Juliette / Baecque, Antoine de: *Le Serment du Jeu de paume. Quand David récrit l'histoire.* Catalogue de l'exposition. Versailles 2008.

Vovelle, Michel: *La Révolution française. Images et récit 1789–1799.* Paris 1986.

Weil, Patrick: *Liberté, égalité, discriminations. L'Identité nationale au regard de l'histoire.* Paris 2008.

# Abbildungsverzeichnis

## Titelabbildung

Jacob Jordaens: *Het schip van Odysseus door Calypso bevoorraad*, 1630–1635, Zeichnung, 23,7 x 29,1 cm, Antwerp, Museum Plantin-Moretus (Printroom collection) - UNESCO, World Heritage

## Paul Geyer (Bonn): Der Amor-Begriff in Petrarcas *Canzoniere*

Abb. 1: *Systematik und Dialektik der Seelenvermögen*, Graphik des Autors
Abb. 2: [Tomasini, Giacomo Filippo:] IACOBI PHILIPPI | TOMASINI PATAVINI | EPISCOPI ÆMONIENSIS | PETRARCHA REDIVIVVS, | Integram Poetæ celeberrimi Vitam Iconibus æere | cælatis exhibens. | PATAVII, MDCL. | Typis Pauli Frambotti Bibliopolæ. | Superiorum permissu. Köln, Biblioteca Petrarchesca Reiner Speck

## Thomas Hunkeler (Fribourg): Les hommes au Pétrarque. François Ier et les débuts du pétrarquisme en France

Abb. 1: Jean Clouet: *Homme au Pétrarque*, vers 1530, huile sur toile, 38,4 x 33 cm, Windsor, Royal Collection

## Roland Alexander Ißler (Bonn): Ovid – Petrarca – Aldana. Italienisch-spanischer Kulturtransfer und literarische Mythenrezeption zwischen Cinquecento und Siglo de Oro

Abb. 1: Francisco de Aldana: Frontispiz des zweiten Bandes der postumen Werkausgabe Madrid 1591, Madrid, Biblioteca Nacional de España

## Linda Simonis (Bochum): Gründungsszenen in der europäischen Literatur der Frühen Neuzeit. Niccolò Machiavelli und Pierre de Ronsard

Abb. 1: Toussaint Dubreuil: *Hyanthe et Climène offrent un sacrifice à Vénus*, ca. 1600, Öl auf Leinwand, 190 x 140 cm, Paris, Musée du Louvre

## Ludger Scherer (Aachen / Bonn): Rubén Darío und der *modernismo* als interkontinentaler Gründungsmythos

Abb. 1: Anonymus: Büste Rubén Daríos, undatiert, 55 cm, Bonn, Foyer der Romanischen Bibliothek der Universität Bonn, Foto des Autors

## Lucia Bruschi Borghese (Florenz): Otto Vermehrens »Toteninseln«. Zur frühen Rezeption Arnold Böcklins

Abb. 1: Otto Vermehren: *Selbstbildnis mit der Muse Euterpe* [?], Neunziger Jahre des 19. Jahrhunderts, Öl auf Leinwand, 73 x 58 cm, Güstrow, Museum der Stadt Güstrow (vorher Florenz, Collezione Augusto Vermehren)
Abb. 2: Otto Vermehren: *Toteninsel* nach Arnold Böcklins fünfter und letzter (Leipziger) Version der *Toteninsel*, signiert unten rechts: »cop. v. Otto Vermehren«, ohne Jahresangabe, Öl auf Leinwand, 70 x 135 cm, Güstrow, Museum der Stadt Güstrow (vorher Florenz, Collezione Augusto Vermehren)
Abb. 3: Otto Vermehren: *Toteninsel*, Variation nach Arnold Böcklins fünfter und letzter (Leipziger) Version der *Toteninsel*, ohne Jahresangabe, Öl auf Holztafel, 12,8 x 21 cm, Brescia, Privatsammlung (vorher Florenz, Collezione Augusto Vermehren)

## Rolf Lohse (Bonn): Faszination Altes Ägypten

Abb. 1: Marc Antoine Mathieu: *Le décalage*, Paris: Delcourt 2013, Umschlagtitel
Abb. 2: Marc Antoine Mathieu: *Le décalage*, Paris: Delcourt 2013, Seite 29, Panels 1–2
Abb. 3: Marc Antoine Mathieu: *Le décalage*, Paris: Delcourt 2013, Seite 29, Panels 4–6
Abb. 4: Marc Antoine Mathieu: *Le décalage*, Paris: Delcourt 2013, Seite 36, Panels 1–3

## Angel Valentinov Angelov (Sofia): Italienische Bilder der nationalen Unabhängigkeitskämpfe in Griechenland

Abb. 1: Francesco Hayez: *I Profughi di Parga*, 1826–1831, Öl auf Leinwand, 210 x 290 cm, Brescia, Pinacoteca Tosio Martinengo, © Archivio fotografico Musei di Brescia – Fotostudio Rapuzzi
Abb. 2: Cesare Mussini: *Saremo liberi*, um 1833, Öl auf Leinwand, 164,5 x 137,5 cm, Torino, Palazzo Reale (Ausschnitt)
Abb. 3: Ludovico Lipparini: *Un Suliotto che riflette sulla desolazione della patria*, 1838, Aquarell, Sammlung des Erzbischofs von Zypern (Ausschnitt)
Abb. 4: Letterio Subba: *Episodio della guerra di indipendenza greca*, um 1836, Öl auf Leinwand, Messina, Museo Regionale, © *Su concessione della Regione Siciliana, Assessorato dei Beni Culturali e della Identità siciliana – Dipartimento dei Beni Culturali e della Identità siciliana – Polo Regionale di Messina per i Siti Culturali – Museo interdisciplinare di Messina.* Nachdruck verboten
Abb. 5: Horace Vernet: *Dans le désert (L'enfant adopté)*, 1848, Öl auf Leinwand, 54 x 46 cm, Milano, Galleria d'Arte Moderna (in deposito dalla Pinacoteca di Brera), © Saporetti Immagini d'Arte

## Claudia Jacobi (Bonn): Le discours saphique en poésie et dessin : les « Femmes damnées » de Baudelaire et *Les amants transpercés* de Boulanger

Abb. 1: Louis Boulanger: *Les amants transpercés / Paolo et Francesca*, 1830, encre de Chine, lavis brun et craie rouge sur papier, 36,3 x 25,4 cm, Angers, Musée des Beaux-Arts